21 世纪法学系列教材

证据法学

Evidence Law

| 第五版 |

主　编 | 陈光中

撰稿人 | 陈光中　陈学权　张建伟
（以撰写章节为序） | 郭志媛　纪格非　王万华
| 刘　玫　汪海燕　郑　曦

法律出版社
——北　京——
始创于 1954 年

好书,同好老师和好学生分享

图书在版编目(CIP)数据

证据法学 / 陈光中主编. -- 5 版. -- 北京 : 法律出版社, 2023(2026.1 重印).
ISBN 978-7-5197-8309-9

Ⅰ. ①证… Ⅱ. ①陈… Ⅲ. ①证据－法学－中国－教材 Ⅳ. ①D925.013

中国国家版本馆 CIP 数据核字(2023)第 166075 号

证据法学(第五版)
ZHENGJU FAXUE(DI-WU BAN)

陈光中 主编

责任编辑 刘 琳
装帧设计 凌点工作室

出版发行 法律出版社
编辑统筹 法律教育出版分社
责任校对 裴 黎 李慧艳
责任印制 刘晓伟
经 销 新华书店

开本 787 毫米×1092 毫米 1/16
印张 24.5 字数 572 千
版本 2023 年 9 月第 5 版
印次 2026 年 1 月第 6 次印刷
印刷 三河市兴达印务有限公司

地址:北京市丰台区莲花池西里 7 号(100073)
网址:www.lawpress.com.cn
投稿邮箱:info@lawpress.com.cn
举报盗版邮箱:jbwq@lawpress.com.cn
销售电话:010-83938349
客服电话:010-83938350
咨询电话:010-63939796

书号:ISBN 978-7-5197-8309-9 定价:62.00 元
凡购买本社图书,如有印装错误,我社负责退换。电话:010-83938349

出 版 说 明

法律出版社作为中国历史悠久、品牌积淀深厚的法律专业出版社，素来重视法学教育图书之出版。

原“21世纪法学规划教材”系列作为本社法学教育出版的重心，延续至今已有十余年。该系列一直以打造新世纪新经典教材为己任，遍揽名家新秀，因其卓越品质而颇受瞩目并广受肯定。当前，根据法学教育发展变化的客观需要，本社将原有教材系列调整重组，形成新编“21世纪法学系列教材”，以便更好地为法学师生服务。

中国的法学教育正面临深刻变革，未来的法学教育势必以培养高素质法律人才为目标，以知识教育与应用教育相结合、职业教育与素质教育相结合、精英教育与大众教育相结合为导向，法学教育图书的编写与出版也将由此进入变革与创新的时代。

为顺应未来法学教育的改革方向和发展趋势，本社将应时而动，为不同学科、不同层次、不同阶段、不同需求的法学师生量身打造法学教材及教学辅助用书。在教材方面，将推出课堂教学系列、实训课程系列、通识课程系列、简明本系列、双语教学系列等；在教学辅助用书方面，将推出案例教程系列、法规教程系列、练习与测验系列、法学讲座系列、专业培训系列等。或革新，或全新，以厚基础、宽口径、多元化、开放性为基调，力求从品种、内容和形式上呈现崭新风采，为法学师生提供更好教本与读本，同享教材规划之盛。

“好书，同好老师和好学生分享。”本社在法学教育图书出版上必将继往开来，以精益求精的专业态度，打造全新“21世纪法学系列教材”，传播法学知识，传承法学理念，辅拂法律教育事业，积累法律教育财富，服务万千法学师生和明日法治英才。

法律出版社

2015年1月

第五版说明

本书第4版于2018年发行后，受到广大读者的普遍好评。近五年来，随着我国社会主义法治建设的不断发展和新一轮司法改革的持续深入，制定和修改了许多重要的法律、法规和法律解释，其中不少涉及证据法的规定。如新颁布的《民法典》，新修订的《民事诉讼法》、最高法《解释》、最高检《规则》、最高法《民诉法解释》、最高法《民诉证据规定》等。在此情况下，我们对本书进行了修改，以反映立法的最新动态，更好地适应教学科研的需要。

本书作者及分工较之前版本没有变化，现按原次序载列如下：

陈光中　中国政法大学终身教授、博士生导师

第一章，第四章，第十二章第一、二节

陈学权　对外经济贸易大学法学院教授、博士生导师

第一章，第十四章，第十六章第二节

张建伟　清华大学法学院教授、博士生导师

第二章，第三章，第七章第一至六节、第八、九、十一节

郭志媛　中国政法大学教授、博士生导师

第五章，第六章，第九章第二、三节

纪格非　中国政法大学教授、博士生导师

第七章第七节，第八章第六节，第十一章第三节，第十二章第三节，第十三章第三节，第十五章第一节，第十六章第一节

王万华　中国政法大学教授、博士生导师

第七章第十节，第十一章第四节，第十二章第四节，第十三章第四节，第十五章第二节

刘　玫　中国政法大学教授、博士生导师

第八章第一至五节，第九章第一节、第四至七节

汪海燕　中国政法大学教授、博士生导师

第十章，第十一章第一、二节，第十三章第一、二节

郑　曦　北京外国语大学教授、博士生导师

参加部分案例编写并兼任秘书工作

本书存在的不足，敬请各位读者不吝指正。

本书编写组

2023 年 7 月

第四版说明

本书第3版自2015年发行以来，受到使用本书的广大师生和其他读者的好评，发行量逐年增加。但3年来，我国社会主义法治建设有了新的发展，制定和修改了相当数量的重要法律、法规和有关法律解释，其中不少涉及证据法的规定，丰富、发展了证据法的相关内容，如新修订的《宪法》《刑事诉讼法》《民事诉讼法》《行政诉讼法》《人民法院组织法》《人民检察院组织法》，新制定的《监察法》、两院三部《严格排除非法证据规定》、两院一部《电子证据规定》与最高法《行诉法解释》等。另外，在本次修订中，我们将书中外国部分的内容略作删减，以使本书更加适应教学需要。我们还对本书现有案例进行调整，添加近年来司法中新的典型案例，如聂树斌案等，共计50个。

本书作者及分工重新载列如下：

陈光中　中国政法大学终身教授、博士生导师
　　第一章，第四章，第十二章第一、二节

陈学权　对外经济贸易大学法学院教授、博士生导师
　　第一章，第十四章，第十六章第二节

张建伟　清华大学法学院教授、博士生导师
　　第二章，第三章，第七章第一至六节、第八、九、十一节

郭志媛　中国政法大学教授、博士生导师
　　第五章，第六章，第九章第二、三节

纪格非　中国政法大学教授、博士生导师
　　第七章第七节，第八章第六节，第十一章第三节，第十二章第三节，第十三章第三节，第十五章第一节，第十六章第一节

王万华　中国政法大学教授、博士生导师
　　第七章第十节，第十一章第四节，第十二章第四节，第十三章第四节，第十五章第二节

刘　玫　中国政法大学教授、博士生导师
　　第八章第一至五节，第九章第一节、第四至七节

汪海燕　中国政法大学教授、博士生导师
　　第十章，第十一章第一、二节，第十三章第一、二节

郑　曦　北京外国语大学副教授、硕士生导师
参加部分案例编写并兼任秘书工作

本书存在的不足，望大家不吝指正。

本书编写组
2018 年 11 月

第三版说明

本书修订版(第2版)发行一年半后,我们又在羊年将至之际放弃寒假休息对其作新的修改。这是因为党的十八大以来我国的法治建设发展极为迅速:党的十八届三中全会和四中全会的相关决定,为保证公正司法、提高司法权威和公信力,提出了一系列新的重要举措,其中不少内容涉及证据法理论和制度;2014年11月1日第十二届全国人民代表大会常务委员会第十一次会议通过了对《行政诉讼法》的修改;最高人民法院又在2015年1月30日发布了《民诉法解释》,对民事证据适用问题作了不少新规定。在此情况下,我们与时俱进地对本书进行修改,以更好地适应培养法律人才的需要。

本书第3版的作者与分工和前两版没有变化。现将本书作者重新按原次序载列如下:

陈光中　中国政法大学终身教授、博士生导师

陈学权　对外经济贸易大学法学院教授、博士生导师

张建伟　清华大学法学院教授、博士生导师

郭志媛　中国政法大学教授

纪格非　中国政法大学教授、博士生导师

王万华　中国政法大学教授、博士生导师

刘　玫　中国政法大学教授、博士生导师

汪海燕　中国政法大学教授、博士生导师

北京外国语大学法学院副教授郑曦仍担任秘书工作。

本书编写组

2015年2月

修订版说明

本教材自2011年5月出版以来，反响良好。在此期间，我国证据立法取得重要进展。2012年3月14日第十一届全国人民代表大会第五次会议通过的《关于修改〈中华人民共和国刑事诉讼法〉的决定》以及2012年8月31日第十一届全国人民代表大会常务委员会第二十八次会议通过的《关于修改〈中华人民共和国民事诉讼法〉的决定》，分别对刑事、民事证据制度作了较大的修改完善。最高人民法院、最高人民检察院、公安部、国家安全部、司法部以及全国人大常委会法制工作委员会等部门分别或联合制定的若干解释文件对刑事证据制度作了进一步补充性完善。为了适应立法、司法实践以及理论研究发展的需要，我们及时对该书进行了修订。

此次修订与原版在编章结构和体例上没有变化，但内容上有较大修改，并增加了案例。

本版作者以及分工也没有变化，其中江海燕教授、陈学权副教授已被评为博士生导师。另外，本版由北京外国语大学法学院教师郑曦博士担任秘书，郑曦和对外经济贸易大学法学院教师曾新华博士参加了编辑工作。

书中不足之处，希望各位读者不吝指出。

本书编写组

2013年6月28日

前　言

证据是司法公正之基石，证据法学则是法学中显学之一。在20世纪50年代中期，我作为一名年轻的刑事诉讼法学教师，就对刑事证据理论情有独钟、饶有兴趣，这是因为它理论深邃，富有哲理性，且实用性极强。几十年来，我虽在证据法学研究方面稍有建树，但由于种种原因，没有出版过一本证据法学教材，对此我颇有负债感，并下决心在耄耋之年弥补此缺憾。承蒙法律出版社盛情约稿，经作者们共同努力，由我主编的《证据法学》即将付梓，了却我几十年来的一桩宿愿，欣慰之情，无以复加。

对于这本证据法学教材，我作以下几点说明：

一、本书以大学本科法学专业学生为主要读者对象，也可作为研究生和司法人员学习研究的参考书。

二、本书是作者和其他人员共同努力的成果，凝聚着大家的心血。由于证据法学中从基本理念到具体问题，学界争论热烈，分歧很大，为保持本书在立论上的前后连贯性和一致性，本书在学术观点上尊重和采纳主编的学术主张，但对不同的学术观点，也择其要者加以客观介绍。

三、本书力求理论与实际相结合，既注意阐述证据法的基础理论、基本知识，也论述司法实践中运用证据的经验和存在的问题，并尽量介绍最近公布的相关法律和司法解释，以保持资料的新鲜性和实用性。

四、本书以阐述我国证据法为主，同时对外国的证据法和联合国有关证据法的规定作适当介绍，以使读者扩大证据法的视野，并了解全球证据法的来龙去脉和发展趋势。

五、案例教学是最成功的教学方法之一，为此，本书每章都附有案例，全书共选载古今中外典型案例47个并作简要评析，期望读者从这些鲜活案例中得到启发，更有效地掌握本书的内容。

六、本书虽经多次讨论、统稿，但疏漏乃至错误之处在所难免，望法界同仁和读者不吝赐教指正。

七、本书作者及具体分工如下（按照章节顺序排列）：

陈光中　中国政法大学终身教授、博士生导师
　　　　第一章，第四章，第十二章第一、二节
陈学权　对外经济贸易大学法学院副教授、法学博士
　　　　第一章，第十四章，第十六章第二节
张建伟　清华大学法学院教授、博士生导师
　　　　第二章，第三章，第七章第一至六节、第八、九、十一节

郭志媛　中国政法大学教授、法学博士
第五章，第六章，第九章第二、三节
纪格非　中国政法大学教授、法学博士
第七章第七节，第八章第六节，第十一章第三节，第十二章第三节，第十三章第三节，第十五章第一节，第十六章第一节
王万华　中国政法大学教授、博士生导师
第七章第十节，第十一章第四节，第十二章第四节，第十三章第四节，第十五章第二节
刘　玫　中国政法大学教授、博士生导师
第八章第一至五节，第九章第一节、第四至七节
汪海燕　中国政法大学教授、法学博士
第十章，第十一章第一、二节，第十三章第一、二节

北京理工大学法学院彭海青副教授、中国政法大学郑曦博士参加了本书的编辑工作，郑曦还负责秘书工作。最后，对法律出版社及本书责任编辑王扬女士的鼎力支持表示衷心感谢！

陈光中
2011年2月27日

本书法律文件全称简称对照表

中国法律文件

序号	全 称	简 称
1	《中华人民共和国宪法》	《宪法》
2	《中华人民共和国刑事诉讼法》(1979 年)	1979 年《刑事诉讼法》
3	《中华人民共和国刑事诉讼法》(1996 年)	1996 年《刑事诉讼法》
4	《中华人民共和国刑事诉讼法》(2012 年)	2012 年《刑事诉讼法》
5	《中华人民共和国刑事诉讼法》(2018 年)	《刑事诉讼法》
6	《中华人民共和国监察法》	《监察法》
7	《中华人民共和国刑法》	《刑法》
8	《中华人民共和国律师法》	《律师法》
9	《中华人民共和国人民警察法》	《人民警察法》
10	《中华人民共和国国家安全法》	《国家安全法》
11	《中华人民共和国人民法院组织法》	《人民法院组织法》
12	《中华人民共和国人民检察院组织法》	《人民检察院组织法》
13	最高人民法院、最高人民检察院、公安部、国家安全部、司法部、全国人大常委会法制工作委员会《关于实施刑事诉讼法若干问题的规定》	六部门《规定》
14	最高人民法院、最高人民检察院、公安部、国家安全部、司法部《关于办理死刑案件审查判断证据若干问题的规定》	两院三部《办理死刑案件证据规定》
15	最高人民法院、最高人民检察院、公安部、国家安全部、司法部《关于办理刑事案件排除非法证据若干问题的规定》	两院三部《非法证据排除规定》
16	最高人民法院、最高人民检察院、公安部、司法部《关于进一步严格依法办案确保办理死刑案件质量的意见》	两院两部《办理死刑案件意见》
17	最高人民法院、最高人民检察院、公安部、国家安全部、司法部《关于办理刑事案件严格排除非法证据若干问题的规定》	两院三部《严格排除非法证据规定》

续表

序号	全　称	简　称
18	最高人民法院、最高人民检察院、公安部、国家安全部、司法部《关于推进以审判为中心的刑事诉讼制度改革的意见》	两院三部《以审判为中心意见》
19	最高人民法院、最高人民检察院、公安部、司法部《关于刑事诉讼法律援助工作的规定》	两院两部《法律援助规定》
20	最高人民法院、最高人民检察院、公安部《关于办理刑事案件收集提取和审查判断电子数据若干问题的规定》	两院一部《电子证据规定》
21	全国人民代表大会常务委员会《关于司法鉴定管理问题的决定》	人大常委会《司法鉴定管理决定》
22	最高人民法院《关于适用〈中华人民共和国刑事诉讼法〉的解释》	最高法《解释》
23	最高人民法院《人民法院办理刑事案件庭前会议规程（试行）》	最高法《庭前会议规程》
24	最高人民法院《人民法院办理刑事案件排除非法证据规程（试行）》	最高法《排除非法证据规程》
25	最高人民法院《人民法院办理刑事案件第一审普通程序法庭调查规程（试行）》	最高法《法庭调查规程》
26	最高人民检察院《人民检察院刑事诉讼规则》	最高检《规则》
27	公安部《公安机关办理刑事案件程序规定》	公安部《规定》
28	司法部《司法鉴定程序通则》	司法部《司法鉴定通则》
29	《中华人民共和国国家赔偿法》	《国家赔偿法》
30	《中华人民共和国民事诉讼法》（2007 年）	2007 年《民事诉讼法》
31	《中华人民共和国民事诉讼法》（2012 年）	2012 年《民事诉讼法》
32	《中华人民共和国民事诉讼法》（2017 年）	2017 年《民事诉讼法》
33	《中华人民共和国民事诉讼法》（2021 年）	《民事诉讼法》
34	《中华人民共和国行政诉讼法》（1989 年）	1989 年《行政诉讼法》
35	《中华人民共和国行政诉讼法》（2017 年）	《行政诉讼法》
36	最高人民法院《关于适用〈中华人民共和国民事诉讼法〉的解释》	最高法《民诉法解释》
37	最高人民法院《关于适用〈中华人民共和国行政诉讼法〉的解释》	最高法《行诉法解释》
38	最高人民法院《关于民事诉讼证据的若干规定》	最高法《民诉证据规定》
39	最高人民法院《关于行政诉讼证据若干问题的规定》	最高法《行诉证据规定》
40	最高人民法院《关于人民法院民事调解工作若干问题的规定》	最高法《民事调解规定》

联合国法律文件

序号	全　称	简　称
1	联合国《公民权利和政治权利国际公约》	联合国《两权公约》
2	联合国《关于保护面对死刑的人的权利的保障措施》	联合国《死刑犯权利保障措施》
3	联合国《禁止酷刑和其他残忍、不人道或有辱人格的待遇或处罚公约》	联合国《禁止酷刑公约》
4	联合国《囚犯待遇最低限度标准规则》	联合国《囚犯待遇规则》
5	联合国《关于司法机关独立的基本原则》	联合国《司法独立原则》
6	联合国《关于检察官作用的准则》	联合国《检察官作用准则》
7	联合国《关于律师作用的基本原则》	联合国《律师作用基本原则》
8	联合国《打击跨国有组织犯罪公约》	联合国《打击跨国犯罪公约》

目　　录

第一编　总　　论

第二编 证 据 论

第三编 证 明 论

第一编　总　　论

第一章　证据法学概述

第一节　证据法的性质、渊源和立法模式

一、证据法的性质

证据法学是研究证据法之学。什么是证据法？证据法是国家制定或认可的关于诉讼中如何收集、审查和判断证据以认定案件事实的法律规范。我国没有独立的证据法典，有关证据的法律规范主要分散规定在刑事诉讼法、民事诉讼法和行政诉讼法中。

关于证据法之性质，理论界有不同的看法。我们认为，证据法具有程序法与公法之性质。

（一）程序法

按照规定内容的不同，可将法划分为实体法和程序法。实体法所规定的主要是法律关系主体的实体权利与义务；程序法所规定的主要是保证法律关系主体的实体权利和义务得以实现的程序或方式。证据法是程序法还是兼有实体法和程序法的双重属性？理论界有两种不同的观点。第一种观点认为，证据法是程序法的组成部分，如我国台湾地区著名诉讼法学者陈朴生先生认为："刑事证据法，乃刑事诉讼法之一部。"〔1〕第二种观点认为，证据法兼有实体法和程序法的双重属性，理由是：有一些有关证据的法律规范出现在实体法中，而且这些证据规范与实体权利义务的分配紧密相关。如有学者指出："《法国民法典》贯彻一个思想，认为证明责任分配问题不是简单的技术性规定，而是实体法上对权利义务关系和当事人的利益分配，因此应当在实体法中规定。"〔2〕

我们认为，部分证据法律规范确实具有一定的实体法性质，如有关民事证明责任分配的规定，与民事责任的归责原则就存在紧密的关系，在很大程度上具有实体法的性质。但是，程序法和实体法的划分并不是绝对的，判断一种法律是程序法还是实体法，不能仅仅抓住其中的部分内容，而应从总体看该法律中占据主导地位的内容是程序法还是实体法。在此，需要指出的是，基于大陆法系国家的一些民法典，如《法国民法典》《德国民法典》中规定了部分民事证据的内容，有学者认为证据法是实体法。对此，我们认为，大陆法系国家的民法典将部分证据法内容纳入其中，并不意味着大陆法系学者就认为证据法属于实体法。如松冈义正曾指出："就法国言之，法国于一千六百六十七年之敕令，曾将证据之法则，悉规定于诉

---

〔1〕 陈朴生：《刑事证据法》（重订本），台北，三民书局 1992 年版，第 1 页。

〔2〕 张卫平主编：《外国民事证据制度研究》，清华大学出版社 2003 年版，第 456 页。

讼法之中;厥后制定法国民法时,则将证据一般之法则规定于债务关系之中,而将其他证据之法则规定于民事诉讼法之中,显系以民事诉讼法为民法中规定证据之补充。此种编纂,实缘于起草民法者之错误,早为识者所批评……由此观之,法国规定证据之法则,其非以之属于民法之见地,已可明了矣"。〔3〕总之,考虑到证据法中绝大部分条款具有程序法的性质,只有少部分条款具有实体法的性质,我们主张,将证据法纳入程序法的范畴进行研究。当然,鉴于部分证据法律规范具有实体法的性质,我们在研究证据法时不能脱离相关实体法的内容。

(二)公法

按其是否涉及国家和个人的关系,可将法划分为公法和私法。公法是调整国家与个人之间关系的法律,私法是调整平等主体之间法律关系的法律。我国刑事诉讼法、民事诉讼法和行政诉讼法中的证据法调整的是当事人、其他诉讼参与人与公安机关、人民检察院以及人民法院之间有关证据收集、审查和判断的权利义务关系,涉及国家专门机关权力的运行,因而具有公法的性质。

证据法的公法性质,决定了在证据法中必须处理好国家权力和公民权利的关系,实现两者的平衡,如应正确处理侦查机关强制取证与被取证人权利保障的关系、人民法院依职权调查取证和当事人举证的关系等。需要指出的是,证据法从总体上讲属于公法,但是并不排除个别证据法律规范具有私法的性质。如在民商事领域,由于当事人意思自治是民事法律关系的核心内容,在解决此类争议的诉讼中,民事证据法在很大程度上必须尊重当事人的"意思自治",如自认规则、证据契约等,故而其在很大程度上就具有私法性质。

二、证据法的渊源

证据法的渊源是证据法律规范的存在形式。我国证据法的渊源如下:

(一)宪法

宪法是国家的根本大法,具有最高的法律效力,是制定一切法律的根据。我国《宪法》第13条第1款规定:"公民的合法的私有财产不受侵犯。"第33条第3款规定:"国家尊重和保障人权。"第37条规定:"中华人民共和国公民的人身自由不受侵犯。任何公民,非经人民检察院批准或者决定或者人民法院决定,并由公安机关执行,不受逮捕。禁止非法拘禁和以其他方法非法剥夺或者限制公民的人身自由,禁止非法搜查公民的身体。"第39条规定:"中华人民共和国公民的住宅不受侵犯。禁止非法搜查或者非法侵入公民的住宅。"等等。这些规定为有关证据收集的法律规范的制定奠定了基础。我国宪法规定的公民的基本权利在诉讼中时常被侵犯,这与我国关于证据的收集、非法证据的排除等法律规范不够完善是密切相关的。因此,保障公民宪法权利,有必要完善我国的证据立法。

---

〔3〕 参见[日]松冈义正:《民事证据论》,张知本译,中国政法大学出版社2004年版,第30页。

（二）诉讼法

我国刑事、民事和行政诉讼法中有关证据的规定构成了我国证据法的核心内容。我国《刑事诉讼法》在第一编第五章（第50~65条）用16个条款、《民事诉讼法》在第一编第六章（第66~84条）用19个条款、《行政诉讼法》在第五章（第33~43条）用11个条款对证据问题进行了专门规定。此外，还有一些证据规定散见在三部诉讼法有关审判程序的章节之中。

（三）其他法律

全国人民代表大会及其常务委员会制定的与证据法有关的其他法律规定主要包括《刑法》《民法典》《行政处罚法》《治安管理处罚法》《行政复议法》《海事诉讼特别程序法》《律师法》《引渡法》《电子签名法》《监察法》等法律中规定的与证据相关的条款。如《刑法》第395条规定的巨额财产来源不明罪以及第282条第2款规定的非法持有国家绝密、机密文件、资料、物品罪，就蕴含被告人对自己巨额财产的来源以及持有国家绝密、机密文件、资料或其他物品的合法性要承担举证责任。《民法典》对一些特殊侵权行为的举证责任分配作了特别规定。《海事诉讼特别程序法》用专章共11个条款就海事证据保全作出了规定。《电子签名法》第5条规定了数据电文视为原件的要求，第8条规定了判断数据电文真实性需要考虑的因素，以及第14条规定了电子签名与手写签名具有同等的证明效力等。《监察法》第33条第1款、第2款规定："监察机关依照本法规定收集的物证、书证、证人证言、被调查人供述和辩解、视听资料、电子数据等证据材料，在刑事诉讼中可以作为证据使用。监察机关在收集、固定、审查、运用证据时，应当与刑事审判关于证据的要求和标准相一致。"这些规定均直接涉及证据法的重要内容。

（四）行政法规和部门规章

这是指国务院颁布的行政法规和相关行政部门颁布的行政规章中有关证据法的规定。如在行政执法以及随后可能引起的行政诉讼领域中，涉及证据法律规定的有国务院颁布的《道路交通安全法实施条例》，其中第92条第1款规定："发生交通事故后当事人逃逸的，逃逸的当事人承担全部责任。但是，有证据证明对方当事人也有过错的，可以减轻责任。"公安部颁布的《道路交通事故处理程序规定》第34条第2款、第3款规定："对涉嫌饮酒或者服用国家管制的精神药品、麻醉药品驾驶车辆的人员，公安机关交通管理部门应当按照《道路交通安全违法行为处理程序规定》及时抽血或者提取尿样等检材，送交有检验鉴定资质的机构进行检验。车辆驾驶人员当场死亡的，应当及时抽血检验。不具备抽血条件的，应当由医疗机构或者鉴定机构出具证明。"该规定对刑事诉讼中有关证据的收集和运用也作出了一些规定。

（五）司法解释和相关规定

这是指被授权作司法解释的最高人民法院、最高人民检察院就审判工作和检察工作中如何具体收集、运用证据所作的解释、通知、批复等。目前，专门就证据问题颁布的司法解释主要有：最高人民法院2001年12月21日公布并于2008年调整、2019年修正的最高法《民诉证据规定》,2002年6月4日通过的最高法《行诉证据规定》,最高人民法院、最高人民检察院、公安部、国家安全部和司法部联合颁布并于2010年7月1日实施的两院三部《办理死刑案件证据规定》和两院三部《非法证据排除规定》,2017年6月27日施行的两院三部《严格排除非法证据规定》,以及最高人民法院制定并于2018年1月1日施行的《排除非法证据规程》。最高人民法院在2021年1月公布的最高法《解释》、最高人民检察院在2019年12月公布的最高检《规则》,最高人民法院在2022年4月1日公布的最高法《民诉法解释》,以及在2018年2月6日公布的《行诉法解释》中也有不少有关证据的规定。这些法律解释有的是就诉讼法有关证据的规定进行了进一步的细化和明确,有的则完全是一些新的规定。

(六)国际公约

我国已经签署并批准的与证据法有关的国际公约主要有:联合国《禁止酷刑公约》、联合国《反腐败公约》、《关于从国外调取民事或商事证据的公约》及《承认及执行外国仲裁裁决公约》等。我国已经签署但尚未批准的与证据法紧密相关的重要国际公约是联合国《两权公约》。这些条约中有一些证据相关的规定,如联合国《两权公约》第14条第2款规定:"凡受刑事控告者,在未依法证实有罪之前,应有权被视为无罪。"第3款(戊)、(庚)项规定:"讯问或业已讯问对他不利的证人,并使对他有利的证人在与对他不利的证人相同的条件下出庭和受讯问""不被强迫作不利于他自己的证言或强迫承认犯罪。"联合国《反腐败公约》第28条规定:"根据本公约确立的犯罪所需具备的明知、故意或者目的等要素,可以根据客观实际情况予以推定。"第32条第1款规定:"各缔约国均应当根据本国法律制度并在其力所能及的范围内采取适当的措施,为就根据本公约确立的犯罪作证的证人和鉴定人并酌情为其亲属及其他与其关系密切者提供有效的保护,使其免遭可能的报复或者恐吓。"对于我国缔结的条约,我国应当履行。我国《民事诉讼法》第267条规定:"中华人民共和国缔结或者参加的国际条约同本法有不同规定的,适用该国际条约的规定,但中华人民共和国声明保留的条款除外。"这一规定表明我国缔结或参加的国际条约是我国法律的渊源之一。

三、证据法的立法模式

由于历史文化和法律传统的差异,世界各国和地区的证据立法模式并不统一,大致可以分为以下两大类:

一类是就证据进行单独立法,制定专门的证据法典。英美法系国家多采此立法例。具体来说,此种立法模式又可以分为以下三种情形:一是制定统一的证据法,即在法典中同时规定刑事证据、民事证据的内容,在效力上适用于两种诉讼的审判程序,如1975年美国《联邦证据规则》、1872年《印度证据法》和1995年《澳大利亚证据法》等。二是制定独立的专门适用于某一诉讼的证据法,即仅涉及刑事或民事证据制度的内容,只适用于相关的诉讼领域,如英国1979年制定的《刑事证据法》和1995年制定的《民事证据法》等。三是就诉讼中某些特定问题制定单行的成文法,如英国1984年制定的《警察与刑事证据法》、南非共和国1998年制定的《证人保护法》和加拿大1998年制定的《DNA鉴定法》等。

另一类是不就证据制度进行单独立法,而是将证据制度规定在相应的诉讼法典或其他相关法典之中,使证据法律规范与其他法律规范混为一体。大陆法系国家及地区采取此立法模式，但在具体的做法上存在一定的差别。就民事证据立法而言，相当一部分国家或地区在民事实体法中作出了规定，如法国民法典、我国澳门特区民法典就有部分民事证据的内容，不过有关民事证据的规定更多的是在其民事诉讼法中。就刑事证据立法而言，主要是在刑事诉讼法中作出规定，但在具体体例上，又存在以下四种不同的情形：一是在刑事诉讼法中，对证据法没有集中、系统的规定，有关证据的规定分散在通则以及相应的诉讼程序之中，如法国、德国的刑事诉讼法；二是在刑事诉讼法中，除将法庭证据调查的规则规定在审判程序中外，其他所有有关证据的内容都集中规定在刑事诉讼法典第一部分的某一专门章节中，如意大利和我国澳门特区的刑事诉讼法；三是在刑事诉讼法中，不是在通则（或总则），而是在一审程序中用专章或专节就证据的基本原则和证据能力问题予以集中规定，至于收集、审查和判断证据的具体程序规定则散见在总则或其他具体的程序中，如日本和韩国的刑事诉讼法；四是在刑事诉讼法的总则部分，将证据的定义、种类等作为一章专门予以规定，同时在侦查、起诉和审判程序中就证据的收集、审查和判断等分别予以规定，如俄罗斯的刑事诉讼法。

我国证据法的现行立法模式，采取的是与大陆法系相同的做法，证据法的内容主要规定在刑事诉讼法、民事诉讼法和行政诉讼法中。尽管也有学者主张中国应考虑采取英美法系的统一证据法典模式，但这种主张不太符合我国国情，因而至今未被立法机关认同和采纳。

第二节　证据法学的学科定位及研究对象

一、证据法学的学科定位

证据法学是一门研究证据和证据法的学问。关于这门学科之称谓，中外学者有的将其称为“证据”或“证据学”，如19世纪初期英国最著名的证据法学家边沁（Jeremy Bentham）的代表作定名为《证据原理导论》（*An Introductory View of the Rationale of Evidence*）；19世纪中期知名法学者贝斯特（William Best）的代表作定名为《证据原则》（*The Principles of Evidence*）。再如，20世纪西方国家著名的证据法学大师威格摩尔（John H. Wigmore）的代表作，其名称为《在普通法审判中的英美证据体系专论》（*A Treatise on the Anglo－American System of Evidence in Trials at Common Law*），以及由约翰·W. 斯特龙（John W. Strong）主编的反映当代美国证据法学主流观点、被称为美国证据法学理论集大成者的证据法学教科书定名为《麦考密克论证据》（*McCormick on Evidence*）。就我国而言，20世纪90年代初，中国人民大学出版社出版的由陈一云教授主编的比较有代表性的证据教材就定名为《证据学》。

当然，也有许多学者将其定名为“证据法”或“证据法学”，如英国19世纪以前最有影响力的证据法学家吉尔伯特（Gilbert）的专著就定名为《证据法》（*The Law of Evidence*）；再如，19世纪早期出版的一批证据法学专著，皮克（Thomas Peake）编写的《证据法纲要》（*A Compendium of the Law of Evidence*）、菲利普斯（Samuel Phillipps）编写的《证据法专论》（*A Treatise on the Law of Evidence*）以及斯塔基（Thomas Starkie）编写的《证据法实用专论》（*A*

Practical Treatise on the Law of Evidence)等,也都定名为“证据法”;近几年,我国诉讼法学者出版的相关教材一般都定名为“证据法学”。对于此门学科的称谓问题,我们主张采用“证据法学”,不仅考虑到其研究的主要是法律所规定的证据制度,而且还考虑到其是法学的一门分支学科。

证据法学能否作为一门独立的学科?理论界对此有不同看法。笔者认为,判断证据法学能否作为一门独立的学科,不应以是否有独立的证据法典为标准,关键要看是否有独立的研究对象和完整的理论体系。事实上,我国现行的法典数量远远大于法学学科数量,这说明有独立的法典并不意味着就能成为独立的法学学科。相反的是,行政法学等没有对应的统一法典,却成了一门独立的法学学科。就研究对象和理论体系而言,尽管证据法学与诉讼法学和民法学等实体法学在部分内容上有交叉,但是没有哪一门学科能完全包容证据法学的全部研究内容。因此,证据法学应该作为一门独立的学科。

二、证据法学的研究对象

证据法学有广义和狭义之分。狭义的证据法学仅仅研究诉讼中的证据制度及相关问题。广义的证据法学除研究诉讼证据制度外,还研究行政执法、公证、监察、仲裁以及调解等活动中的证据问题。在民主法治国家中,非诉讼的纠纷解决方式和行政执法活动最终都必须接受司法监督;因此,行政执法、公证、监察、仲裁以及调解等活动在证据的收集与运用方面必须考虑到诉讼证据法的基本规则。基于此,本书采用狭义的证据法学之范围,研究对象主要包括诉讼证据法律规范、司法实践和诉讼证据法理论。需要明确的是,此三个方面的内容不限于当代中国的证据法律、实践和理论,而是包容古今中外的证据法律、实务和理论。当然,本书的内容还是以当今中国的证据法律、实务和理论为主。

(一)证据法律规范

我国没有统一的证据法典,证据法律规范主要分散在刑事、民事和行政三部诉讼法之中。除三部诉讼法中的证据法律规范外,其他相关法律中有关证据的规定,以及最高人民法院、最高人民检察院就审判、检察业务中具体应用证据法律所作的司法解释等,都属于证据法学的研究对象。

研究证据法律规范,要准确解读证据法条文的字义、词义及其内容含义,同时还要研究证据法律规范的结构,把握证据法律规范之间,以及证据法律规范与三部诉讼法中其他法律规范之间的关系,这是对证据法律规范本身进行研究的基础。另外,要准确了解证据法律规范,不能只知其形而不知其神,即不能仅仅局限于对证据法律规范的外在形式进行研究,还必须对其内在的精神进行研究,主要包括立法的背景、立法的指导思想及其所反映的法律价值选择等。当前,我国证据法律规范还不够完善,对我国证据法律规范的研究重点之一是探讨如何从立法上健全和完善证据法。

另外,随着当今世界经济全体化和政治格局多极化的发展,我国签署的国际公约也越来越多。在这些国际公约中,相当一部分都与证据法律规范有关,如联合国《两权公约》《反腐败公约》《打击跨国犯罪公约》等。加强对这些与证据有关的国际公约的研究,使国内的证据法律规范与之有效衔接,是当前我国证据法学研究的重点课题。此外,还有一些与证据有关的国际公约,如《国际刑事法院罗马规约》及其附件《程序和证据规则》等,虽然我国目前尚未签署,但是这些公约在国际上具有重要的影响力,因此也应被纳入我国证据法学研究的范畴。

(二)与证据运用和证据法实施有关的司法实践

证据法学是一门实践性很强的应用型学科,必然要将与证据运用和证据法实施有关的司法实践作为研究对象,即研究证据法律规范在司法实践中的适用和实施情况,从中总结经验,发现和解决具体实施证据法过程中存在的问题。司法实践是检验法律是否合理、完善的标准,研究与证据运用和证据法实施有关的司法实践,可以提出改进立法和司法的意见,如改进我国司法实践中存在的刑讯逼供、冤案错案和证人不出庭作证等问题。

同时,司法实践不断提出新的研究课题,促使证据法学针对司法实践的需要探索如何进一步健全证据法律制度。如当前测谎技术、DNA 鉴定技术、网络技术等科学技术在司法实践中的广泛应用,迫切需要证据法对其进行规范,以使科学技术这把“双刃剑”在司法实践中能最大限度地发挥积极作用并抑制消极作用。实践是知识的源泉,证据法学离开了实践,便成为无源之水、无本之木。证据法学只有根植于司法实践之中,不断总结实践、服务实践、促进实践,才能使自己获得新的繁荣和发展。

(三)古今中外的证据制度与证据理论

理论是开启智慧的钥匙。只有创建和发展科学的证据法理论,才能制定和不断完善科学的证据法律规范,才能不断科学地解决司法实践中与证据运用和证据法实施有关的疑难问题。人类如何查明案件事实真相的进步过程,就是一个证据法理论发展的过程。在人类证据理论发展的历史长河中,古今中外的证据法学者提出了诸多理论和学说,例如,从古代的神判证据制度、欧洲大陆中世纪的法定证据制度,到近代西方的自由心证证据制度等。这些证据理论,在今天看来有的已经不合时宜,有的甚至明显违反了科学性,然而这些证据理论在当时特定的社会历史和条件下对于“定分止争”、维护社会秩序无不起到了重要的作用。对这些历史上先后出现的证据制度的产生、演变和特点等进行深入研究,揭示证据理论发展的规律,科学、客观地评价其优劣,认真地从中总结经验和吸取教训,也是证据法学研究的重要内容。

自党的十一届三中全会以来,我国证据法学理论的研究取得了长足的进步和丰硕的成果,特别是近几年来,陆续出版了一批证据法学教科书和专著,一大批专攻证据法学的青年学子获得了法学博士学位,越来越多的学者开始投入证据法学理论的研究。但是,应当指出的是,当前我国证据法学理论研究的现状,应该说还是比较薄弱的,一些事关我国证据制度的建构、证据法学发展的重大理论问题还远未达成共识,证据法学理论的研究与司法实践的要求还相差较远。无疑,我国证据法学理论的研究,任重而道远。

第三节　证据法学的研究方法

掌握正确、科学的研究方法,是科研成败及取得成效大小的重要因素。从根本上说,我们要坚持马克思主义的唯物辩证法。就证据法学的研究方法而言,我们强调以下几点。

一、坚持理论思辨与实证研究相结合

证据法学是一门有深厚理论根基的学科,离不开理论思辨。理论思辨,是指研究主体从反映客观事物的概念、原理或定律出发,通过事物之间存在的关联性,经过严密的逻辑分析和推理而得出认识结论的活动。证据法学研究中的理论思辨,主要是从事实、证据和证明等基本概念着手,根据诉讼认识和诉讼价值的规律,寻求查明案件事实的基本方法。

实证的研究方法,就是指通过实践调查,然后对客观实践情况进行具体分析,最后得出认识结论的一种研究方法。与单纯的理论研究相比,实证研究往往更有说服力,更有助于实践问题的解决。目前,实证研究的方法已经引起我国诉讼法学界的重视,越来越多的学者开始运用实证的方法研究证据问题。具体来说,在证据法学研究领域,实证研究的具体方法主要包括:(1)个案分析。对实践中典型案例的证据问题进行深入解剖,挖掘其存在的制度原因,从而对证据制度的改革完善提出建议。(2)案件统计分析。与个案分析相比,运用统计学的方法对一定范围内的案件进行数据分析,得出的结论往往更具有广泛性。当然,在用统计分析方法时,抽样的范围应尽量广一点,样本的提取应是随机的,否则得出的结论可能有失偏颇。(3)访谈。通过与公安机关、检察机关、审判机关等司法工作人员交流和座谈,了解和掌握司法实践中证据运用的相关情况。(4)问卷调查。问卷调查是由调研人员先设计出系列问题,然后让一定数量的相关人员回答,最后就回答结果进行统计分析并得出结论的研究方法。在证据法学研究中采用问卷调查,可以了解特定群体对证据运用的基本看法。(5)司法改革试点。证据法学研究中的司法改革试点,是指有关部门及其人员将其精心设计的证据制度、证据规则在一定范围内的司法部门试用,根据试用效果不断修正、总结,以此探索出既适合我国国情,又有助于我国法治建设的证据制度。

二、坚持比较借鉴与立足我国国情相结合

证据法学中的比较研究,既包括纵向比较,也包括横向比较。纵向比较是古今比较。在人类的发展史上,先后经历了神判证据制度、口供证据制度、法定证据制度和自由心证证据制度等类型。这些证据制度和理论,有的反映了历史局限性的糟粕;有的在今天看来甚至非常荒谬,如通过神灵裁判的神判证据制度;有的不同程度地反映了人类运用证据、查明案件事实真相的实践经验和客观规律,如法定证据制度中对各种证据证明力的规定在一定程度上是对实践经验的总结,自由心证证据制度强调裁判者的主观心证在诉讼证明中的作用比较符合认识的心理学规律。对于以上自古至今的证据制度,我们应该予以扬弃、继承和吸收,做到以古为镜,古为今用。

横向比较主要包括以下两个方面:一是三种诉讼中证据制度和理论的比较。三种诉讼中的证据制度和理论既有共性,也有差异性。为此,我们要通过比较,找出其中的共性和差异,并分析原因,从而总结三种诉讼证据制度和理论的一般规律和原理,促进三种诉讼证据制度和理论的完善。如就三种诉讼的证明标准而言:其共性就是都必须坚持以辩证唯物主义认识论为指导,坚持客观真实与法律真实相结合的诉讼证明理念;其差异则在于刑事诉讼的证明标准应当高于民事诉讼的证明标准,而造成此差异的根本原因在于刑事诉讼事关公

民的人身自由乃至生命等基本权利,因此对公民作出有罪认定必须从严。二是中外证据制度和理论的比较。在对中外证据制度和理论进行比较时,不仅要注意在中国和外国之间进行比较,也应进行两大法系之间的比较,甚至同一法系内部不同国家之间的比较。例如,就刑事诉讼中的非法证据排除规则而言,两大法系就存在差异;同时即使同为英美法系国家,英国和美国也存在差异,如对非法获取的实物证据,美国采取的是强制排除,而英国采取的却是自由裁量排除。在比较的过程中,我们不仅要找出其制度上的差异,而且要注意分析制度背后的社会历史、文化背景。当前,两大法系证据规则的发展有呈融合的趋势,如传统上比较重视证据规则的英美法系国家,近年来其中的许多证据规则如传闻证据规则、最佳证据规则等在逐渐淡化,出现了越来越多的例外;而传统上证据规则不太发达的大陆法系国家,则在逐步加大证据规则立法的完善。比较的目的是借鉴,在借鉴外国时,既要吸收它们的有益经验,又必须坚持从中国国情出发,形成具有中国特色的社会主义证据制度和证据法学。

三、坚持证据法学与其他相关学科相结合

证据法学是一门交叉学科,它与民事诉讼法学、行政诉讼法学和刑事诉讼法学以及民法学、刑法学等程序法学和实体法学有着密切的联系。离开了这些部门法学,证据法学将毫无用武之地。因此,对证据法学的研究,必须从这些部门法学中汲取养料,并在这些相关学科的背景下进行。例如,证据法中的举证、质证、认证等具体制度就与诉讼法学存在直接的联系,因为证据制度总是与诉讼模式相适应。如与英美法系强调程序正义的对抗式诉讼相适应,其证据制度特别强调当事人的举证和质证规则,因而对证据的可采性规则、关联性规则、非法证据排除规则以及庭审的交叉询问规则等作出了详尽的规定,禁止法官主动调查、收集证据;与大陆法系强调实质真实发现主义的职权主义诉讼相适应,其证据制度显得比较原则粗疏,对证据能力并没有像英美国家那样作出详尽规定,而出于发现客观真相之需要,法官也可以主动调查、收集证据。再如,证据法中有关证明责任的分配问题,就与实体法存在密切联系,如民事诉讼中特殊侵权的举证责任倒置以及行政诉讼中原则上要求被告承担举证责任等,如果不与相关的实体法联系起来,就很难明白其中的缘由。

除此之外,证据法学与哲学、心理学、逻辑学、侦查学、犯罪学、法医学以及自然科学等也存在密切的联系。例如,诉讼证明标准的问题,在很大程度上就是一个哲学中认识论在诉讼中的具体运用问题。脱离了辩证唯物主义认识论,客观真实与法律真实相结合的证明观就失去了理论根基。又如,占据证据种类半壁江山的言词证据,对其真实性与可靠性之审查,就必须借助心理学的一般规律。再如,现代科学技术的发展,已经对证据种类、各种证据规则等造成了一系列的冲击和影响,证据法要跟上时代的步伐,就必须对现代科学技术作出相应的回应。还如,前几年修改的《刑事诉讼法》《民事诉讼法》《行政诉讼法》,为适应科技证据的发展,在证据种类上增加了“电子数据”。因此,唯有充分利用这些相关学科的研究成果,将证据法学的研究与这些相关学科的研究有机结合起来,才能进一步地开阔证据法学的研究视野,拓宽证据法学的研究领域,促进证据法学的繁荣。

四、坚持普通思维与法律思维相结合

普通思维是按照一般的认识规律来思考、分析和解决问题的方式,这种思维方式也适用

于证据法学的研究。例如,两院三部《办理死刑案件证据规定》第5条第2款第5项要求“根据证据认定案件事实的过程符合逻辑和经验规则,由证据得出的结论为唯一结论”,其中逻辑和经验规则就体现了普通思维方式在诉讼证明中的运用。法律思维是按照法律的原理、规律和规定来思考、分析和解决法律问题的方式。

普通思维与法律思维是一般与特殊的关系。在证据法学研究中坚持普通思维与法律思维相结合,要求我们妥善处理好个性与共性的关系,既不能用法律思维的个性掩盖普通思维的共性,也不能以普通思维的共性抹杀法律思维的个性。例如,在无罪推定问题上,如果只讲普通思维不讲法律思维,一味地强调“不预定立场,一切从实际出发”,就会得出既不能搞有罪推定,又不能搞无罪推定的结论;但是,从法律思维的角度来讲,无罪推定只不过是一种先假定、然后再证明的法律思维方式,这种思维方式在本质上与普通思维方式并没有根本性的冲突。因此,在证据法学研究中,务必破除片面的思维方式,学会将普通思维与法律思维结合起来。

【案例1】 湖北佘祥林“杀妻”案——证据法的重要性

【案情】 1994年1月20日,佘祥林的妻子张在玉离家出走后下落不明,张在玉的亲属怀疑其被佘祥林杀害。同年4月11日中午11时,京山县雁门口镇吕冲村九组窑凹堰水面上发现一具女尸。京山县公安局通过尸体检验、组织辨认后认为,此女尸系张在玉。经侦查,警方怀疑作案凶手为张在玉的丈夫佘祥林。

随后,佘祥林因涉嫌故意杀人罪被批准逮捕,在经过漫长的审讯并受到严酷的刑讯逼供后,佘详林交代了独自杀人沉尸的经过。鉴于案情重大,京山县人民检察院于1994年5月将佘祥林故意杀人案移送至荆州市人民检察院。检方审查起诉后,要求警方补充侦查:(1)杀人现场和杀人工具的有关资料;(2)被告人佘祥林所捡蛇皮袋的来源;(3)被告人佘祥林作案时所穿衣服里能否检出死者的血迹;(4)被告人藏衣服的瓜棚和烧毁衣服的材料。

1994年8月2日,京山县公安局对检察院的补充侦查要求作出如下回应:(1)作案时间距案发时有3个月之久,杀人凶器无法寻找;(2)佘祥林拾的蛇皮袋无法查清;(3)对佘祥林作案时所穿衣服检验未见血迹;(4)对佘祥林烧毁衣服的灰土进行了查找,灰土已被清除过,无法取证。

1994年9月22日,荆州市人民检察院将佘祥林以故意杀人罪起诉至荆州市中级人民法院。1994年10月13日,荆州市中级人民法院判决:被告人佘祥林犯故意杀人罪,判处死刑,剥夺政治权利终身。佘祥林对此判决不服,上诉至湖北省高级人民法院。

1995年1月10日,湖北省高级人民法院裁定:事实不清,证据不足,发回重审。随后,由于行政区划的变更,此案被移送至荆门市。1997年10月8日,荆门市政法委在京山县人民检察院召开协调会,会议决定对该案降格处理,对佘祥林判处有期徒刑。1998年6月15日,京山县人民法院判决被告人佘祥林故意杀人罪成立,判处有期徒刑15年,附加剥夺政治权利5年。佘祥林不服,又提出上诉。同年9月22日,湖北省荆门市中级人民法院驳回上诉,维持原判。

2005年3月28日,“死者”张在玉突然回到了吕冲村。2005年3月29日,荆门市中级人民法院紧急下发再审决定书。同年4月13日，京山县人民法院再审后判决佘祥林无罪。

【评析】 佘祥林案是一起震惊全国的重大冤案。此案的发生，就证据的运用而言，主要存在以下错误：一是警方对女尸身份认定错误。本案中，警方确定死者是张在玉的证据主要是张在玉家人的辨认笔录；但是，由于尸体已经腐烂，加上张在玉家人心情悲痛，辨认出现错误。如果警方当时能够采用DNA鉴定技术证明死者身份，就不会发生此冤案。二是警方刑讯逼供，佘祥林屈打成招。根据我国有关司法解释的规定，通过刑讯逼供取得的口供，应当排除，不能作为认定有罪的证据；遗憾的是，本案有关司法机关没有严格执行此规定。三是没有严格遵守"事实清楚，证据确实、充分"的证明标准。在审查起诉以及审判过程中，有关检察院和法院已经意识到本案在证据上存在若干重大疑点，但最后都没有坚持原则，在明知证据不足的情况下继续追诉定罪。该案告诉我们：证据是司法公正的基础；对证据法的重视和研究于司法公正和人权保障具有重要的意义。

【案例2】 纽约中央公园强奸案——误用证据铸冤案

【案情】 "纽约中央公园强奸案"堪称美国司法史上的重大冤案之一。1989年4月19日晚，一位28岁的投资银行女职员在中央公园慢跑锻炼，遭到强奸，还差点儿被打死，足足昏迷了12天才苏醒。警方认定这是一个黑人青年流氓团伙干的；这个团伙由40个西班牙裔黑人青年组成，经常在公园附近游荡，寻找"刺激"。警方逮捕了该团伙的多数成员，在反复审讯之下，经过警方的欺骗式讯问，最终有5名黑人少年"认罪"。他们是14岁的雷蒙德·桑塔纳、凯文·理查德森，15岁的安特隆·麦克维和余瑟夫·萨拉姆以及16岁的凯瑞·威斯。

这起强奸案当时在纽约引发了强烈的种族对抗情绪，纽约白人愤恨地谴责"那些黑人犯下的滔天罪行"；而黑人们则认为，很多黑人妇女也遭到蹂躏，但是都得不到政府的关注，这起案件得到如此重视的原因是，受害者是个富有的白人女性。

在审理过程中，此案件就存在很多疑点：一是受害者应该是最重要的人证，但是那位女性当时被击晕，不省人事，什么都不记得了。那么物证呢？警方出示的"证据"——在被告(5名黑人少年)夹克衫上发现了两根金色的头发和一根阴毛，与受害人的"相似"。然而在那个时候，DNA技术还不够发达，无法确定这些毛发是否属于受害者。二是当时的DNA测试已经可以证实，受害人袜子上的精液并非这5名黑人少年的，那么，精液到底是谁的？三是受害人流了大量的血，但是在5名被告人的身上以及衣服上，都没有发现血液的痕迹。

尽管疑点重重，但是警方宣称，5名少年都已认罪，其中4名还曾描述犯罪的具体过程，这些在招供录像上都可以看到。然而被告的律师们却坚称，孩子们是被迫录像的。5名少年在法庭上也大喊冤枉。但最终，由于受到"认罪"录像带的深刻影响，陪审团还是宣判5名少年强奸、攻击和企图谋杀等罪名成立，分别对其判处5年到15年监禁。

此时此刻，真正的强奸犯、黑人男子雷耶斯也正在牢狱之中。1989年8月5日，雷耶斯因强奸罪被判处33年监禁。雷耶斯的作案地点距离中央公园只有几个街区，但遗憾的是，警方没有把这两起案件联系到一起。2002年1月，31岁的雷耶斯向监狱警官说出了隐瞒多年的秘密，曼哈顿区检察长得知此事后，立即展开相关调查。经过DNA测试，受害者袜子上遗留的精液确实属于雷耶斯。而且,当年所谓的那些毛发也不是受害人的。案件终于得以真相大白。

【评析】 纽约中央公园强奸案错判的成因在于在收集运用证据定案的过程中发生了一系列的错误。首先,在该案中,警方对5名被追诉人进行了长时间的讯问,其间大量的欺骗式讯问方式导致这些被追诉人在不自愿的情况下作出了与案件真相相悖的认罪供述。其次,无论是控方还是裁判者,都过度依赖这些口供,而忽视了其他能够证明这些被追诉人无罪的证据。最后,最关键的是,尽管定罪证据疑点重重,没有达到排除合理怀疑的标准,陪审团仍然主要根据口供判定被告人有罪。如果没有真正的犯罪人主动坦白交代,此案能否得到改判纠正也是一个谜。

第二章　证据法的历史沿革

习近平总书记指出："历史和现实告诉我们，只有传承中华优秀传统法律文化，从我国革命、建设、改革的实践中探索适合自己的法治道路，同时借鉴国外法治有益成果，才能为全面建设社会主义现代化国家、实现中华民族伟大复兴夯实法治基础。"〔1〕

法律制度是人类社会发展到一定阶段、为了满足实际需要而产生的，证据法律制度也不例外。由于存在纠纷甚至犯罪，当事人不能自行解决，就需要由纠纷双方以外的第三方出面裁决。第三方裁决的方式提供了冤冤相报以外理性的纠纷解决方法。随着政治、法律的历史演进，国家最终充当了裁决双方争议的第三方。国家要做到定分止争以及惩罚犯罪，就需要先了解事实，在此基础上判明是非；这就不能不注重揭示真相的证据，由此催生了证据法律制度的产生和发展。

纵观世界各国证据法律制度发展的历程，可以看到，证据法律制度不是一朝一夕形成的，某些具体制度有着长久悠远的沿革史。证据法律制度经过了神明裁判制度、口供裁判制度和证据裁判制度三个阶段。近几百年来，证据法律制度的发展尤其快速，取得了可观的成就。本章择其要而述之。

第一节　外国证据法的历史沿革

一、外国主要国家证据立法概况

（一）古代的证据立法

在人类历史的早期，已经存在各种纠纷和讼争，美国学者 E. 霍贝尔指出："即令是在粗陋的文化中，也应用种种方法来测验控词之真伪或争执之是非，但所用方法通常饱含该族所通行的法术兼宗教的观念。"由此形成诅誓（oath）和神断（ordeal）制度。〔2〕 当时实行的是与法术和宗教相关的司法习惯，这些司法习惯成为解决各种纠纷的依据。

公元前 2400 年，最初占据巴比伦土地的萨麦族人有了自己的法典"*Sumerian Code*"（萨麦法典），当时的司法制度初具雏形，法典书写于泥板上，其证据制度有无以及内容如何不得其详。大约于公元前 1776 年，汉穆拉比在任时期制定了法典，后人称为《汉穆拉比法典》

---

〔1〕 习近平：《坚定不移走中国特色社会主义法治道路 为全面建设社会主义现代化国家提供有力法治保障》，载《求是》2021 年第 5 期。

〔2〕 参见［美］罗维：《初民社会》，吕叔湘译，商务印书馆 1987 年版，第 488 页。

(*The Code of Hammurabi*)。《汉穆拉比法典》用古代的楔形文字刻在玄武岩石柱上面,共282条。《汉穆拉比法典》是"古苏美尔法律的进一步发展和汇编,古苏美尔法律对巴比伦的立法曾产生了强大的影响。《汉穆拉比法典》比古苏美尔的判牍集稍有系统,而在这个法典里,立法者想把内容相近的各项条文各自结合到一起的意图显而易见。但这个法典毕竟还不能被认为是名副其实的法典,而不如说是个别法律判决(判例法)的汇编"[3]。在巴比伦王国,刑事诉讼和民事诉讼没有明确的划分,《汉穆拉比法典》是诸法合体的,它对传唤证人、举证责任、法官责任、神明裁判等有关证据的内容作出了规定。证人要出庭作证,传唤证人时必须单独传唤。如果证言没什么价值或者不确定,就以神明裁判的方法来取证。《汉穆拉比法典》第2条规定:"设若某人控他人行妖术,而又不能证实这事,则被控行妖术的人应走近河边,投入河中。如果他被河水制服,则揭发者可以取得他的房屋;反之,如果河水为这人剖白,使之安然无恙,则控他行妖术的人应处死,而投河者取得揭发者的房屋。"《汉穆拉比法典》明文规定诅誓制度,该法典第126条规定:"设若某人并没有失落什么而声称'我失落了某物',并诬陷自己的邻居,则他的邻居应在神前发誓来揭穿他并没有失落什么,而他则应加倍偿还他的邻居自己所贪图的物品。"

按照古巴比伦法律,书面合同不能被双方另外达成协议的口头证据所推翻。[4] 这与今天的法律规定相似。对于通奸,实施神明裁判制度,以水审法进行审判。[5]

古代立法的辉煌成就是古罗马人创造的。此前古希腊人也创造了法律的辉煌成就,但古希腊法对于后世的影响,逊色于古罗马法。古罗马时期制定了古罗马法,该法的全面发展持续了1000年。现今可考的最初的古罗马成文法典为《十二铜表法》,该法典共有108条,其中第二牌共4条,是关于诉讼中审问的规定;第三牌共6条,含有关于自认的规定。这些都属于证据制度的范畴。除《十二铜表法》外,古罗马人还制定了《查士丁尼法典》。当时的法庭具有程序完备的特点,辩护律师也已经出现并活跃在古罗马的法庭审判中。帕皮尼安、保罗和乌尔比安主持的法庭发现并确立了一系列证据原则、制度和规则,体现在一些法谚上,诸如:"举证责任在于确认之人而不在否认之人"(ei qui affirmat non ei qui negat incumbit probatio)、"兼听"(audi alteram partem)、"任何人都没有使自己牵连进刑事案件的义务"(nemo tenetur speipsum accusare)、"一切行为都被推定是正确的和严肃地作出的"(omnia praesumuntur rite et solemniter esse acta)、"遇有疑义作有利于被告一方的解释和处理"(in dubio pro reo)等。古罗马法为现代证据制度提供了雏形,其确立的证据原则、制度、规则成为现代证据原则、制度和规则的主要来源之一。法庭为了取证,常对当事人的奴隶加以刑讯。值得赞赏的是,哈德良严格限制对奴隶使用刑讯,只有不得已才可以实施,他提醒法院不可信赖刑讯获得的证据。不过,古罗马的法院并未停止刑讯,到3世纪甚至将刑讯的范围扩大到自由人。[6]

继古罗马法之后,公元5~9世纪的欧洲形成了日耳曼法。尽管日耳曼法是在日耳曼部

---

〔3〕［俄］阿甫基耶夫:《古代东方史》,王以铸译,上海书店出版社2007年版,第72页。

〔4〕此即外部证据规则。

〔5〕参见［美］约翰·麦·赞恩:《法律的故事》,刘昕、胡凝译,江苏人民出版社1998年版,第71~75页。

〔6〕参见［美］威尔·杜兰:《恺撒与基督》,东方出版社2003年版,第517页。

族原有习惯的基础上发展而成的，但其却在西欧法律发展史上占有重要地位。日耳曼法确立了神明裁判的证明制度。

古罗马法、日耳曼法为后世欧洲各国中世纪法律的发展提供了源泉，它们不但影响教会法的发展，而且对中世纪的法国、德国、英国等国的法制也产生了重大而深远的影响；那时的审判模式和证据法律制度，至今仍然可以在欧美等国的诉讼和证据制度中看到其影响。

公元4～15世纪，罗马天主教的法规从古罗马法和日耳曼法中借鉴了许多法律原则和制度，成为欧洲中世纪的重要法律。教会法以《圣经》、宗教会议的决议、法令与法律集、教皇教令集等为法律渊源。教会法采用书面审理程序和代理制度，证据必须经过宣誓提出，法官依据“理性和良心”进行审判，必须发自内心地相信他所作出的判决。教会法在诉讼中确立了纠问式诉讼程序，如英诺森三世的教会法规定，根据公众告发或私人控告，法院可以对案件进行调查，从调查证据到刑罚执行都由官方负责。纠问式诉讼程序成为欧洲大陆各国在中世纪的诉讼模式。

在中世纪，法国的法律经历了由习惯法到古罗马法再到王室立法的发展过程（从9世纪到18世纪）。法国的司法审判先采用“神明裁判”与“司法决斗”，后采用法定证据制度。法国从13世纪导入的法定证据制度，经过几百年的经验积累和发展，到16世纪得到确立。

日耳曼习惯法和古罗马法对德国法的产生和发展产生了重要影响。德国早期沿袭日耳曼人的习惯，采取弹劾式诉讼。1220年德国编成了《萨克森法典》。后来受到教会—意大利法影响，德国于1532年颁布了《加洛林纳法典》，该法典共179条，确立了“有罪推定”原则和刑讯制度。《加洛林纳法典》也是法定证据制度的代表性法典，标志着法定证据制度在全德意志各公国取得统治地位。

俄国直接从部落习惯法转化为早期封建制法。11世纪的《俄罗斯法律汇典》已经把各种证据按照它们的不同价值区别开来，这些价值是由法律预先规定的各种不同条件所决定的。《俄罗斯法律汇典》中的民事诉讼法条文和刑事诉讼法条文中均有反映形式证据制度原则的条文。《俄罗斯法律汇典》还保留着若干神判的做法，规定受“铁的考验”的证据具有证明价值，例如，被告人在经受烧红的铁考验时“没有烧坏”就意味着其是无罪的。《俄罗斯法律汇典》还规定了完善的证据种类和不完善的证据种类。俄国1497年和1550年颁布的两部律书（前者称“大公律书”，后者称“沙皇律书”或“第二律书”）对法院的权限、诉讼费用、诉讼程序作出了规定；1649年制定的会典采用了纠问式诉讼制度。1833年俄国编纂了《俄罗斯帝国法律全书》，原为15卷，42,000余条，规模十分庞大。该全书在修订和补充时增补了《1664年审判条例》作为第16卷，对法定证据制度作出了详细规定。

（二）近现代的证据立法

近现代证据立法的发展较快，形成了相当成熟、完整的体系，在英美法系国家尤为突出。证据制度的新发展与人权、自由结合在一起，成为这一阶段证据法演进的特征。英国的《人身保护律》（1679年）、《权利法案》（1689年），美国的《美利坚合众国宪法》（1787年）的修正案，法国的《人权和公民权宣言》（以下简称法国《人权宣言》）（1789年）及许多国家的宪法，往往含有与证据制度有关的规定。

法国《人权宣言》确立了无罪推定原则，“任何人在其未被宣告为犯罪以前应被推定为无罪”(第 9 条)。该宣言明确反对酷刑,“即使认为必须予以逮捕,但为扣留其人身所不需要的各种残酷行为都应受到法律的严厉制裁”(第 9 条)。法国大革命以后,拿破仑亲自主持法典的编纂。法国 1808 年公布的《治罪法》(刑事诉讼法典),确立了内心确信(l'intime conviction)的证据制度和其他一些具有现代精神的证据原则、制度和规则,对欧洲大陆诸国产生了深远的影响,而且影响远及亚洲、非洲和美洲的许多国家,成为大陆法系国家证据制度的奠基之作。例如 1865 年,意大利以法国刑事诉讼法典为蓝本制定了意大利刑事诉讼法典,确立了无罪推定、内心确信(自由心证)制度。

在美国,《美利坚合众国宪法修正案》(以下简称《宪法修正案》)是依照《宪法修正案》第 5 条的规定,经国会提出和各州州议会批准而增添与修正的。《宪法修正案》第 1 ~ 10 条于 1791 年批准生效,称为“权利法案”,多处涉及与证据法有关的原则和制度。例如,《宪法修正案》第 4 条规定:“人民保护其人身、住房、文件和财物不受无理搜查扣押的权利不得侵犯;除非有合理的根据认为有罪,以宣誓或郑重声明保证,并详细开列应予搜查的地点、应予扣押的人或物,不得颁发搜查和扣押证。”《宪法修正案》第 5 条规定:“不得在任何刑事案件中被迫自证其罪。”《宪法修正案》第 6 条规定,在一切刑事诉讼中,被告应享有与原告证人对质、以强制程序取得有利于自己的证据的权利。除宪法有关证据制度的规定外,美国证据法本身也得到发展。1776 年至 19 世纪 30 年代,证据法明显趋向严格。此前传闻证据被随意采纳,律师不待轮到质证的时候便随意插话发问。对法官和陪审团的不信任催生了证据规则的确立。到 19 世纪,传闻法成为主要证据规则之一,那些不可靠的、第二手的、不适当的证据被排除在陪审团的视野之外。1800 年出现夫妻相互不得提供有利或不利于对方的证据。1828 年纽约州和 1835 年密苏里州的法律规定医生拥有免证特权。在法律制度的发展中,美国证据法的复杂性超过了英国。〔7〕

俄国本属大陆法系国家,1917 年十月社会主义革命(以下简称十月革命)诞生了苏维埃政权,新政权宣布废除沙皇时代的司法制度和基本立法,但由于来不及在短时期内制定出完备的新法律,允许沿用一部分旧法律。1918 年苏维埃政权宣布完全禁止在诉讼文件中引用旧法令,确立了苏维埃诉讼和证据制度,后又通过制定和完善诉讼法典,确立了社会主义类型的诉讼和证据制度。

20 世纪后半期,强化人权保障成为刑事证据制度改革的主要趋向;另外,两大法系诸国相互借鉴吸收,使许多具体原则、程序和规则进一步趋同。

在此时期,美国的证据立法取得显著进展。美国一些著名证据法专家热心推动证据法的起草工作,1942 年美国法学会编纂了《模范证据法典》,以供立法者参考。美国联邦和州制定了一些证据法典或者证据规则,诸如 1953 年《统一证据规则》、1965 年《加利福尼亚州证据法典》和 1975 年《联邦证据规则》等。在美国,最具权威性的证据法典是由联邦最高法院于 1965 年起草、由国会于 1975 年 1 月 2 日批准颁布的《联邦证据规则》,该规则对证据制度进行了总结、归纳,对有关证据的原则和制度作出了详细的规定。为完善之,每隔几年修订一次。

在美国,联邦最高法院通过一系列判例丰富了普通法证据制度。特别值得一提的是,20 世纪五六十年代美国联邦最高法院在首席法官厄尔·沃伦的主持下扩展了权利法案保障的

〔7〕 参见[美]劳伦斯·M. 弗里德曼:《美国法律史》,苏彦新等译,中国社会科学出版社 2007 年版,第 146 ~ 148 页。

权利的实体内容并使这些权利对各州产生约束力。在马普诉俄亥俄州案件(1961年)、吉迪恩诉温赖特案件(1963年)、米兰达诉亚利桑那州案件(1966年)等著名判例中,美国联邦最高法院强化了对被告人获得律师辩护和沉默权的保护和对非法获取证据的排除,掀起了美国法制史上的"正当程序革命",给证据制度带来革命性的变革。

英国以判例法为主,但也制定了若干成文法,特别是制定了一系列用来规范诉讼证明活动的单行法律。包括1843年《证据法》、1851年《证据法》、1898年《刑事证据法》、1965年《刑事证据法》、1968年《民事证据条例》、1972年《民事证据法》、1984年《警察与刑事证据法》、1995年《刑事证据法》和1999年《青少年审判与刑事证据法》等。1994年的《刑事审判与公共秩序法》对起源于英国并得到广泛应用的沉默权规则作出较大改革。

同属于英美法系的印度于1872年成功制定了《印度证据法》,这部法典是边沁的后继者詹姆斯·斯蒂芬完成的。此外,加拿大和澳大利亚也都制定了统一的证据法典。

在英美法系国家,证据规则颇具特色,它主要是由排除规则构成的。排除规则通常适用于两种情况:一是排除那些与争议事实无关的材料。二是排除那些虽然具有相关性,但与案件事实只有微弱的联系,不值得花费时间去核实的证据;或者与案件事实相关甚至也很重要,但由于其自身的特点,会使一般人误以为其证明力比其实际更大的证据,以及违反正当程序、损害公民受法律保障的权利而取得的证据。英美法系国家的某些证据规则可以追溯到中世纪,绝大多数的证据规则是以17世纪至18世纪的判例为基础的。19世纪和20世纪,英美国家进行了一系列法律改革,证据制度得到进一步发展。在英美法系国家,证据规则有:诱导性询问规则、意见证据规则、证据的相关性规则、最佳证据规则、传闻证据规则、自白和沉默权规则、非法证据排除规则等。

英美法系国家的一整套证据规则,通常是在解决具体问题中确立起来的,其宗旨是保障发现案件的真实,维护程序正义,提高诉讼效率,防止冤枉无辜。英美法系国家的证据规则具有严格性,而且常常有利于确保被刑事追诉者的权益,这被认为具有极大的法制价值。一些证据规则,如米兰达规则,体现了实质真实与正当程序存在矛盾时将正当程序置于实质真实之上的价值取向,反映出英美国家对司法人权保障的重视。另外,证据规则与诉讼机制的设置存在密切关系,在英美国家,由于陪审团成员的非专业性,法庭不得不建立起许多规则,以排除某些看起来容易使他们受到错误引导的证据。

"9·11"恐怖袭击发生后,为加强打击恐怖犯罪,一些西方国家纷纷修订法律。美国通过了《爱国者法案》(*Patriot Act*),英国、加拿大、澳大利亚等国也纷纷进行反恐立法,对有关司法程序进行修订,放宽了羁押、监听、扣押、秘密侦查等方面的适用条件,强化了打击恶性犯罪的能力。这些法律有的属于证据法的内容;有的虽然不属于证据法的内容,但对证据法的调整会产生一定影响。

苏联自1917年十月革命建立社会主义制度后,打碎旧国家机器,并在它的废墟上建立新的政权机构和法律制度。苏联的法律制度建立在列宁关于社会主义国家学说的基础之上,证据法律制度也体现了社会主义的意识形态。1923年苏联制定《苏俄民事诉讼法典》,1964年又根据《苏联和各加盟共和国民事立法纲要》制定了新的《苏俄民事诉讼法典》。这些法典,包括其中的证据部分,对其他社会主义国家产生了示范作用。

在证据制度中,强调事实不依赖人的主观意志而存在的客观性,确立刑事诉讼领域的无罪推定原则、客观真实原则和证据调查中的职权原则,“法院在选择用一定证据事实来证明一定事实的方式上,是不受任何限制的”[8]。不过,在民事诉讼中是有限制的。苏联的诉讼法典对于证据种类作出具体规定,称为“证明方法”或者“证据来源”,禁止采纳不确定的传说、传闻、侦缉机关之侦缉员的汇报等作为证据。苏联还实行内心确信制度,《苏俄刑事诉讼法典》规定根据审判员的内心确信自由判断各种证据的原则。

苏联和东欧发生剧变后,社会主义制度在苏联和东欧被放弃,俄罗斯等国对于法律制度进行了改革。1991 年 12 月苏联解体后,俄罗斯联邦沿用原刑事诉讼法典并进行了增删、修订。1993 年 12 月俄罗斯新宪法颁布,规定了一系列刑事诉讼原则、制度和规则。同年,俄罗斯议会通过了规范陪审团制度的法律,1993 年 12 月,陪审团审理了第一起案件。陪审团制度的确立,使诉讼中呈交证据、质询证人、出示物证、对陪审团进行法律指导等程序和制度得以建立。俄罗斯根据新宪法的规定并借鉴其他国家立法经验,对刑事诉讼法典作了多次重要修改,但基本框架没有改变。2001 年 11 月 22 日俄罗斯国家杜马通过新《俄罗斯联邦刑事诉讼法典》。该法典于 2001 年 12 月 5 日经联邦委员会批准,于 2002 年 7 月 1 日生效,后来又进行多次修订和增补,一直沿用至今。该法典第三编专门就证据与证明作出规定,该编第十章规定了“刑事诉讼中的证据”,第十一章规定了“证明”。[9] 新法典第 14 条根据新宪法规定确定了无罪推定原则及其相关内容;第 17 条规定了自由心证原则;第 7 条第 3 款规定了非法证据排除规则,这是根据宪法第 50 条的规定制定的;第 46 条、第 47 条、第 275 条实质上规定了沉默权;第 56 条第 3 款正式规定了作证豁免权制度。2002 年 10 月 23 日,俄罗斯国家杜马通过了《俄罗斯联邦民事诉讼法典》,同年 10 月 30 日经俄罗斯联邦委员会批准,该法典自 2003 年 2 月 1 日起施行。新民事诉讼法典第一编第六章专门就“证据与证明”作出规定。俄罗斯新的刑事诉讼法典和民事诉讼法典吸收了西方国家的相关制度,但也在一定程度上保留了苏联的制度,其中的证据制度也是如此。

古代日本效仿中国的《唐律》制定了本国法律,19 世纪末,日本由上而下进行全面西化与现代化改革运动,称为“明治维新”。明治维新以及此后的日本,在亚洲率先进行了法制的近现代化改革,建立起具有近现代精神的诉讼和证据制度。1948 年日本以其宪法为依据并参照美国模式改革了证据制度,强化了审判中心主义和控辩双方的对抗作用、限制口供的证据能力、限制传闻证据等。日本在亚洲率先吸收英美法律制度的因素来完善本国制度,为亚洲其他国家提供了示范,在这个过程中,其证据法也发展到了一个新的阶段。

二、欧洲大陆国家证据制度的历史沿革

从欧洲大陆证据制度演进的角度来看,证据制度经历了神判证据制度、法定证据制度和自由心证证据制度等阶段。

(一)神判证据制度

神判证据制度是依据神明的启示来判断诉讼中是非曲直并以此为裁判依据的证据制

---

[8] [苏]切里佐夫:《苏维埃刑事诉讼》,中国人民大学刑法教研室译,法律出版社 1955 年版,第 194 页。

[9] 本书关于外国现行刑事诉讼法条文的内容,均参见《世界各国刑事诉讼法》编辑委员会编译:《世界各国刑事诉讼法》,中国检察出版社 2016 年版。

度。以获取神的启示为断案的方法,是神明裁判制度的本质特征。这种证据制度是在生产力低下的状况下产生的,主要发端和盛行于亚欧各国的奴隶社会和欧洲的封建社会前期。

在实行神判证据制度的社会里,人们将自然界的各种现象和人世间的悲欢离合归结为神意。神被奉为万物的创造者,是宇宙的主宰。人们普遍相信,神无所不在,无所不知,神意代表着公正、正义,违背神的意志、欺骗神灵必遭天谴;人们相信可以凭借神的启示发现是非善恶并进而惩恶扬善,实现神的意志。

神明裁判的方式有很多,获得神的启示是通过某些确定的仪式完成的,这些仪式主要有以下几种。

1. 诅誓

诅誓是向神发誓,并以此作为当事人或证人自清以及裁判者认定事实的证明方法。古代日耳曼法和西欧中世纪初期的《萨利克法典》均有这类规定。在笃信宗教的社会,诅誓是常见的证明方式,人们相信诬誓者(发假誓的人)必应誓,所以凡是宣过誓的,便算是无罪。倘若后来他发誓的内容应验了或遇其他意外,大家都说是由于他诬誓(发假誓)造成的。[10]诅誓的历史十分悠久,德国直到 1933 年才取消将宣誓当作询问证人替代方法的做法。

2. 水审

水审是用水来检验当事人的陈述是否真实或者被控告的人是否有罪的证明方法。水审分为冷水审和沸水审两种方法。冷水审是将被控告的人投入河水中来检验其是否有罪的方法;沸水审是以在沸水中放置物件令被控告的人用手取出来验证其是否有罪的方法。检验标准通常是,烫伤后向神祷告或发咒语,在一定时间内如果烫伤痊愈或者有即将痊愈的迹象,则认定无罪;脓肿溃烂,则认定有罪。

有一种审判方法与沸水审类似,就是用油取代水,实行热油审。

3. 火审

火审是用火或者烧热的铁器检验被控告的人是否有罪的方法。欧洲 9 世纪法兰克人《麦玛威法》规定:“凡犯盗窃罪,必须交付神判。如在神判中为火所灼伤,即被认为不能经受神火的考验,处以死刑。反之,如不为火所灼伤,允许其主人代付罚金,免处死刑。”

4. 决斗

决斗是由当事人双方使用武器对打以决胜负的神判方式。凡在决斗中获胜的一方将被认为是无罪的,失败的一方则被认为是有罪的。实行决斗的原因是“人们认为上帝会给予诉讼理由合理的格斗者一方以勇气,让他击败他的对手”[11]。因此,“政府通过在尽可能小的范围内加以限制的方式开始了诉讼,在这种诉讼案中通过单个格斗来证明或否认有罪的做法是合法的。根据 501 年通过的以勃艮第国王名字命名的贡德巴尔达斯法,在所有法律诉讼程序中是允许用格斗代替发誓来作证的。在查理曼时代,勃艮第人的做法已传遍法兰西帝国”。不仅刑事案件用到决斗,“随着时间的推移,这种做法扩大到所有民事和刑事案件的审判中去,所有案件都必须由决斗来决定”[12]。

---

〔10〕 参见[美]罗维:《初民社会》,吕叔湘译,商务印书馆 1987 年版,第 488 页。

〔11〕 [英]查尔斯·麦凯:《人类愚昧疯狂趣史》,朱品凡等译,漓江出版社 2000 年版,第 292 页。

〔12〕 [英]查尔斯·麦凯:《人类愚昧疯狂趣史》,朱品凡等译,漓江出版社 2000 年版,第 292 页。

5. 卜筮

卜筮是就当事人双方争议的事实向神祷告,然后进行占卜,法官根据卦象式签牌的内容判断何者胜诉的神判方式。

6. 十字形证明

十字形证明是当事人双方对面站立,手臂左右伸直,使身体呈十字形,保持这一姿势时间最久者胜诉,为信仰基督教的民族所采用。

神明裁判还有其他方法,不一而足。总体来看,神判证据制度是在生产力发展水平很低的情况下形成的。不过,值得肯定的是,这种方式为利用神的无形力量解决难以裁决的纠纷进而维护社会秩序提供了一种途径。当然,作为一种调查案件事实的方法,它显然是靠不住的,即使以神判方法发现了案件的真相也是偶然的。在通常情况下,神判证据制度既不能发现案件的真相,也不可能保障当事人的合法权益。

随着人类知识的提高,神明裁判受到激烈的反对。不过,法国迟至路易九世(1226～1270 年)才将其废除。决斗一直存续到 20 世纪初。

(二)法定证据制度

各种证据的证明力大小,以及对它们的取舍和运用,都由法律预先明文规定,法官在审理案件的过程中不得自由评断和取舍,法官在审理案件中运用证据查证案件情况,只需符合法律形式规定的各项规则,并不要求符合案件的客观真实情况,这就是法定证据制度,又称“形式证据制度”。

法定证据制度的因素在古罗马帝制时期已经出现,随着 5 世纪西罗马帝国的崩溃,日耳曼蛮族法的形式证据制度又在西欧占据了主导地位。“法兰克时代开始出现的纠问程序中,形式证据制度的因素与实质证据制度的因素并存,法庭证据原则并未得到发展。同时,通过意大利注释法学派从 12 世纪开始的发掘和阐释罗马法的努力,法定证据原则逐渐在意大利半岛城市国家与教会法的纠问程序中得到确立。从 13 世纪开始,作为教会法向世俗法渗透的一环,法定证据原则也逐渐向西欧大陆各主要国家扩散,并在这些国家的诉讼制度中得到普及和发展。”[13] 中世纪后期的欧洲国家大多实行法定证据制度,16 世纪至 18 世纪这种制度发展得最为充分。1532 年神圣罗马帝国的《加洛林纳法典》、1670 年法兰西王国的《刑事法令》、1853 年的《奥地利刑事诉讼法》和 1857 年的《俄罗斯帝国法规全书》都含有法定证据制度的内容,同属于法定证据制度的代表性法典。

法定证据制度主要表现在以下几个方面。

1. 关于证据分类

根据欧洲中世纪后期各国法典的有关规定,证据可以分为完善的和不完善的,或完全的(plena probatio)和不完全的。不完全的证据又区分为不太完全的(minus plena probatio)、多一半完全的(semi plena major)和少一半完全的(semi plena minor)。例如,在 1857 年《俄罗斯帝国法规全书》里,受审人的自白、书面证据、亲自的勘验、有专门知识的人的证明、与案

---

〔13〕 王亚新:《刑事诉讼中发现案件真相与抑制主观随意性的问题——关于自由心证原则历史和现状的比较法研究》,载《比较法研究》1993 年第 2 期。

件无关的人的证明（证人证言）等证据被列为完善的证据。受审人相互间的攀供、询问四邻得知的关于犯罪嫌疑人的个人情况和行为、实施犯罪行为的要件、表白自己的宣誓被列为不完善或不完全的证据。按照证据规则，几个不完全的证据可以合成一个完全的证据。例如，一个证人的陈述被视为半个证据，两个证人完全相同的陈述构成一个完全的证据。按照《俄罗斯帝国法规全书》第306条的规定，凡能消除“受审人供述无罪的一切可能”的证据就是有罪的完善的证据。该法规全书第306条还规定：只要有一个完善的证据，就“足够认定判刑是不必怀疑的”。该法规全书第307条规定，不完善的证据就是那些“不能消除受审人供述无罪的可能”的证据。《俄罗斯帝国法规全书》还具体列举了完善的证据和不完善的证据。完善的证据包括受审人的坦白（这被法规全书认为是“全部证据中最好的证据”）、书面证据、亲自勘验（在犯罪现场进行的并用以证明这一事件的真实情况）、有专门知识的人员的证明（这些人员在法律上只是指一些“医务官员”）、与案件无关的人的证言。在民事证据中，完善的证据是民事原告和被告双方共同举出的证人的证言。即使不是双方共同举出的证人，只要两个证人陈述一致，也应认为是完善的证据。不完善的证据包括：受审人的攀供、询问四邻（针对犯罪嫌疑人的个人情况和行为向其邻人作普遍的查询）、罪证、表白自己的宣誓。在法院外进行的坦白被认为是无效的，如果该坦白经两个证人确认，应认为有一半证据效力。罪证或间接证据是不完善的证据，但如果受审人不善于辩驳，该证据的效力可以增大。[14]

2. 关于收集和判断某些具体证据

在所有证据中，被告人的自白被认为是最有价值和最完善的证据，即“证据之王”（regina probationum），它对案件的判决和被告人的命运起决定性的作用。在中世纪，刑讯是各国刑事诉讼中普遍采用的方法。在日耳曼和法兰西的刑事诉讼中，刑讯成为“整个大厦的中心”。一些国家的诉讼法典对刑讯规则作了详细规定。对于证人证言，法律规定也很详细。两个典型的证人的证言，应当认作完全的和完善的证据。一个可靠证人的证言，算作半个证据，只能提供高度的盖然性。当几个可靠证人的证言相互矛盾的时候，按多数证人的证言判断案情。如果提供不同情况的证人彼此人数相等，则按以下规则评定：男子的证言优于女子的证言；学者的证言优于非学者的证言；显要者的证言优于普通人的证言；僧侣、牧师的证言优于世俗人的证言。证人证言的效力根据两种情况决定：（1）证人是否值得信任；（2）证言是否经过宣誓。此外，至少应当有两个证人。[15]

3. 关于运用证据认定某些特定案件

有些国家对运用证据认定某些特定案件作出了具体规定，例如《俄罗斯帝国法规全书》第312条规定，审理强奸案件必须具备下列情况才能定罪量刑：（1）切实证明确有强暴行为；（2）证人证明被害人曾呼喊求助；（3）她的身上或被告人身上，或者两个人身上，显露血迹、青斑或衣服被撕破，能够证明有过抗拒；（4）立即或在当日报告。

---

〔14〕 参见［苏］安·扬·维辛斯基：《苏维埃法律上的诉讼证据理论》，王之相译，法律出版社1957年版，第92～93页。

〔15〕 参见［苏］安·扬·维辛斯基：《苏维埃法律上的诉讼证据理论》，王之相译，法律出版社1957年版，第93页。

4. 关于运用证据的总的定案标准

按照法律规定,在办理刑事案件过程中,一旦收集到完善的证据,法官必须形成确信,认定被告人罪行属实;收集到不完善的证据,这些证据虽有几分可信但不足以证实被告人有罪,可以认定被告人有犯罪嫌疑而对其进行刑讯。如果经过刑讯仍然收集不到完善的证据,德国、法国等国法律规定,法院可以据此作出“存疑判决”。

在证据制度的发展史上,法定证据制度较之神判证据制度是一大进步。法定证据制度的产生是基于统一的需要,是随着集权制国家的建立而逐步发展起来的。用法律的形式,具体规定各种诉讼制度中证据的证明力和运用的规则,有利于消除各地在诉讼中运用证据的混乱状态,使各地在割据、闭关自守的格局下都有自己的司法机关和诉讼制度的状况得以消除。法定证据制度的一个重要的诉讼功能是在一定程度上限制法官个人的专横武断。按照这一制度,法官在审理案件的过程中运用证据遵守法律统一规定的各项规则,法官的任意判断将受到一定限制。不过,尽管法定证据制度的各项规则相当详尽、具体,但法官在审理案件时仍有回旋的余地,即可以利用对法定规则的解释,上下其手,使审判的结果有所偏颇。而且,法定证据制度将被告人的自白视为最佳证据,甚至将刑讯作为合法的取证手段。如法国1670年王令规定,在符合可判死刑的重罪案件、犯罪本身确实发生、存在一定证据的条件下可以进行刑讯。因此,在刑讯合法化的制度下存在大量刑讯现象是不难理解的,诉讼不公也就成了一种必然。

法定证据制度中的有些规则,如关于书证的原本、副本证明力的规则,在一定程度上反映了书证的某些特征和运用书证的经验。但法定证据制度将审理某些案件中运用证据的局部经验,当作一切案件收集、判断证据的普遍规律,把某些证据形式上的特征作为评价所有证据的证明力的标准,并把这些内容规定在法律中,要求法官在审理案件时加以机械地遵守,因此遏制了法官在审理案件中的主观能动性,束缚了他们的手脚,依这种刻板的断案方式进行案情调查,往往难以发现案件真相。

(三)自由心证证据制度

自由心证证据制度,又称“内心确信”证据制度,是指法律对证据的证明力不作预先规定而由法官在审理案件中加以自由判断的证据制度。在古罗马共和时期,“当时对证据的评价并不存在任何法定规则的制约,从这个意义上说,自由心证主义的萌芽在古罗马时期即已出现”[16]。在中世纪的欧洲大陆国家,法定证据制度呈现一统天下的局面。

最早提出在立法中废除法定证据制度的是法国的杜波尔。1790年12月26日,杜波尔向法国宪法会议提出革新草案,建议废除书面程序及其形式证据,只把法官的内心确信作为诉讼的基础,用自由心证制度取代法定证据制度。会议经过辩论,于1791年1月18日通过了杜波尔提出的草案。1791年9月29日,法国发布训令明确宣布:法官必须以自己的自由心证作为裁判的唯一根据。1808年法国制定的《治罪法》较详细地规定了自由心证制度。1808年《治罪法》第342条规定:“法律对于陪审员通过何种方法而认定事实,并不计较;法

---

〔16〕 王亚新:《刑事诉讼中发现案件真相与抑制主观随意性的问题——关于自由心证原则历史和现状的比较法研究》,载《比较法研究》1993年第2期。

律也不为陪审员规定任何规则,使他们判断已否齐备及是否充分;法律仅要求陪审员深思细察,并本诸良心,诚实推求已经提出的对于被告不利和有利的证据在他们的理智上产生了何种印象。法律未曾对陪审员说,'经若干名证人证明的事实即为真实的事实';法律也未说:'未经某种记录、某种证件、若干证人、若干凭证证明的事实,即不得视为已有充分证明';法律仅对陪审员提出这样的问题:'你们已经形成内心的确信否?'此即陪审员职责之所在。"现行《法国刑事诉讼法》第353条对自由心证的文字表述作了简化,但其基本内容是一致的。

继法国之后,欧洲各国立法也相继规定了自由心证制度。与欧洲大陆国家不同的是,英国在长期的诉讼发展中,没有形成类似于欧洲大陆的那种纠问式诉讼;虽然证据制度在一定程度上存在形式主义特征,但并没有形成严格的法定证据制度,刑讯也不盛行。英国的证据法并不预先具体规定各种证据的证明力,而是确立一整套证据规则用以规范采用证据和判断证据的活动。

值得肯定的是,自由心证制度把法官从法定证据制度的束缚下解放出来,使他们能够根据自己的理智和信念判断证据和认定事实,从而为发现案件的实质真实创造条件。不过,对于自由心证的理解和运用不当,势必会造成司法专横和主观擅断。因此,许多国家在赋予法官自由判断证据证明力的权力的同时,为防止法官利用这一权力主观擅断,对自由心证的形成规定了若干限制条件,包括:(1)内心确信必须是从本案情况中得出的结论;(2)必须基于一切情况的酌量和判断;(3)所考察的情况必须不是彼此孤立的,而是它们的全部总和;(4)必须是对每一证据"依据证据的固有性质和它与案件的关联"加以判断的结果。法官必须在证据调查和辩论的基础上,按照经验法则和逻辑要求合理地进行判断;否则,可以被列为上诉(上告)的理由被提起上诉(上告)。

三、联合国司法准则中有关证据的规定

1945年英、美、法、苏、中等国家倡议成立联合国,并通过了《联合国宪章》。该宪章第一次将"人权"规定在一个普遍性的国际组织文件中,成为成员方应遵守的最基本的国际准则。鉴于法西斯主义肆虐时代对人权的极大侵犯,人们意识到如果国际社会存在一些保护人权的有效的国际制度,则这些暴行可以得到制止。1948年12月10日,联合国大会通过了《世界人权宣言》。该宣言虽不是一项国际条约,但它提供了一份不容剥夺的人权一览表。为了使《世界人权宣言》公约化,"作为所有人民和所有国家努力实现的共同目标"(序言),1966年12月16日第21届联合国大会通过了包括《经济、社会及文化权利国际公约》、联合国《两权公约》以及《公民权利和政治权利国际公约任择议定书》的"国际人权公约",联合国《两权公约》于1976年3月23日生效。

联合国《两权公约》确立的证据准则主要有:

第一,禁止酷刑或施以残忍的、不人道的或侮辱性的待遇或刑罚。联合国《两权公约》第7条规定:"任何人均不得加以酷刑或施以残忍的、不人道的或侮辱性的待遇或刑罚……"所谓酷刑是指"为了向某人或第三者取得情报或供状,为了他或第三者所作或被怀疑所作的行为对他加以处罚,或为了恐吓或威胁他或第三者,或为了基于任何一种歧视的任何理由,蓄意使某人在肉体或精神上遭受剧烈疼痛或痛苦的任何行为,而这种疼痛或痛苦又是

在公职人员或以官方身份行使职权的其他人所造成或在其唆使、同意或默许下造成的"[17]。

第二,质证权。在法庭上人人有权在同等条件下讯问对他不利和有利的证人(联合国《两权公约》第14条第3款戊目)。

第三,无罪推定。联合国《两权公约》第14条第2款规定:"凡受刑事控告者,在未依法证实有罪之前,应有权被视为无罪。"

第四,反对强迫自证其罪。联合国《两权公约》第14条第3款(庚)项规定:"不被强迫作不利于他自己的证言或强迫承认犯罪。"

在《世界人权宣言》通过之后,世界各地区根据该宣言相继制定了人权公约,如《欧洲人权公约》(1950年11月4日)、《美洲人权公约》(1969年11月22日)、《非洲人权和民族权宪章》(1981年通过)。这些公约中涉及刑事司法准则的内容与《世界人权宣言》大体相同。

联合国《两权公约》制定后,联合国大会及其所属组织还通过了一系列有关司法的单项法律文书[18],规定某一方面的准则,将联合国《两权公约》确立的证据准则具体化。

其中关于保护未成年人的有:《儿童权利宣言》(1959年11月20日通过)、《联合国少年司法最低限度标准规则》(以下简称《北京规则》,1985年11月29日通过)、《儿童权利公约》(1989年11月20日第44届联合国大会第25号决议通过)、《联合国预防少年犯罪准则》(1990年12月14日通过)、《联合国保护被剥夺自由少年规则》(1990年12月14日通过)。这些法律文件规定,在诉讼的各个阶段,应当有保证基本程序方面的保障措施,诸如假定无罪、指控罪状通知本人的权利、保持缄默的权利、与证人对质和盘诘证人的权利等。

其中关于禁止酷刑的有:《保护人人不受酷刑和其他残忍、不人道或有辱人格待遇或处罚宣言》(1975年12月9日通过)、联合国《禁止酷刑公约》(1984年12月10日通过)、《关于医务人员、特别是医生在保护被监禁和拘留的人不受酷刑和其他残忍、不人道或有辱人格的待遇或处罚方面的任务的医疗道德原则》(1982年12月18日通过)。这些法律文件宣布:任何国家不得容许或容忍酷刑或其他残忍、不人道或有辱人格的待遇或处罚;应确保在任何诉讼程序中,不得援引任何已经确定系以酷刑取得的口供为证据,但这类口供可用作施用酷刑者被控刑讯逼供的证据;应确保酷刑受害者得到补偿;医务人员特别是医生,如积极或消极地从事构成参与、共谋、怂恿或企图施行酷刑或其他残忍、不人道或有辱人格的待遇或处罚的行为,为严重违反医疗道德的行为。

对于预防和控制犯罪,联合国制定了《反贪污腐败的实际措施》(如公布财产、举证责任倒置等),《预防和控制有组织犯罪的实际措施》(如允许截获电信和使用电子监视等)。联合国为加强打击犯罪的国际合作,于2000年11月15日通过了联合国《打击跨国犯罪公约》,2003年10月31日又通过了联合国《反腐败公约》,均涉及有关证据法的内容,要求更有效地打击犯罪,强化对犯罪进行打击的力度和能力。

此外,1998年7月17日国际刑事法院全权代表外交会议通过的《国际刑事法院罗马规约》(2002年7月1日生效)为国际刑事法院制定了程序和证据规则。该规约第51条就"程序和证据规则"作出了一般性规定。此外,第五编"调查和起诉"和第六编"审判"规定中也

〔17〕 联合国《禁止酷刑公约》第1条第1款。

〔18〕 本书未注明会议通过名称的均指联合国大会通过的文书。

含有关于收集证据等方面的规定,包括无罪推定原则、不得强迫自证其罪的权利等。第69条专门就证据作出规定,包括证人宣誓制度,证人亲自出庭及其例外规定,当事各方举证的权利和法院要求提交一切其认为必要的证据的权力,法院根据多个因素裁定证据的相关性或可采性的权力,本法院应尊重和遵守《程序和证据规则》规定的保密特权、司法认知、非法证据排除规则等。

第二节　我国证据法的历史沿革

一、我国古代的证据法

我国古代有着长期的司法历史,这个过程离不开诉讼证据的收集与运用。随着司法制度的发展,我国古代不但有各种证据的区分和对于这些证据的规律性认识,也形成了本国证据制度的若干特点。

(一)古代中国证据制度的特点

我国古代证据制度与社会发展、司法模式相联系,形成如下特点。

第一,神判制度消失得比较早。从现有的史料来看,我国古代虽然存在神判制度,但与其他一些国家相比,并不算发达。我国的“法”字,古代写作“灋”。按照《说文解字》的解释:“灋”的意思是“刑也。平之如水,从水。廌所以触不直者去之,从去”[19]。其中的“廌”是传说中的一种神兽,似牛或者羊,生有独角,古者决讼,令触不直。这反映了古代的神判观念。[20] 徐朝阳指出:“在我国古代诉讼亦有宣誓之制,盖古代信赖神权,中外一致,而我国古代且有司盟之官,专司其事,如《周礼·秋官·司盟》云:‘有狱讼者则使之盟诅。’其方法,即‘凡盟诅各以其地域之众庶,共有牲而致焉,既盟则为司盟,共祈酒脯。’至于盟之场所,则不一定。(见《疏》)据此,我国古代诉讼审理亦采法定证据主义,可无疑义。”[21] 不过,我国古代的神判制度,在有历史记载的周代已经衰落。孔子不语“怪力乱神”,明示“未知生,焉知死”,影响所及;尽管我国古代迷信盛行,但诉讼中注重经验,不以神明启示为判决依据。

第二,口供主义与刑讯逼供相结合。我国古代实行纠问制诉讼,裁判者承担主动收集证据、发现案件真实情况的职责;在诉讼中注重口供的作用,要求裁判者“必取输服供词”。那么,“既然口供对定案起决定性作用,而被告又不会一问就供,这就只有通过刑讯逼供来解决矛盾了”[22]。为了取得口供和发现案件真相,刑讯逼供成为法定取证手段,不但对于被告可以进行刑讯,对于原告甚至证人也可以进行刑讯。在口供主义与刑讯逼供相结合的情况下,很容易出现冤错案件,“特别是那些以镇压百姓为能事,以罗致人罪为升官资本的酷吏,

〔19〕 (汉)许慎撰、(清)段玉裁注:《说文解字注》,上海古籍出版社1981年版,第470页。

〔20〕 参见《陈光中法学文选》(第1卷),中国政法大学出版社2010年版,第59页。

〔21〕 徐朝阳:《中国诉讼法溯源》,商务印书馆1931年版,第10页。

〔22〕 陈光中、薛梅卿、沈国峰:《试论我国封建法制的专制主义特征》,载《陈光中法学文选》(第1卷),中国政法大学出版社2010年版,第49页。

不仅要以严刑拷打来逼取口供,有时还要把被告活活打死"[23]。

第三,我国古代没有形成法定证据制度。在中国古代的诉讼活动中,对于证据,一般交由法官自由判断。虽然存在根据"众证定罪"(有三人以上明证其事才能定罪)和"罪从供定"等机械规定,但这些只是局部表现,不占主流地位,还构不成法定证据制度,判断事实主要还是靠法官个人决断。

第四,儒家思想有着深远影响。我国先秦时期,诸子百家纷纷著书立说,形成学术的活跃局面。儒家思想是其中重要一派经国济世齐家修身的思想学说。虽然孔子的思想并未被列国所接受和实行,但汉代以后,儒家思想在董仲舒等人的推动下占据主导地位,通过"春秋决狱"深入司法裁判;在儒家亲亲相隐观点的影响下,亲属之间相为容隐的制度得到巩固。儒家思想在许多方面都有所体现。"中国的立法既大受儒家的影响,政治上又标榜以孝治天下、宁可为孝而屈法,所以历代的法律都承认亲属相容隐的原则。"[24]

(二)我国古代主要证据制度

我国古代受儒家思想影响,注重司法经验的总结和提炼,允许刑讯逼供,形成如下证据制度。

1. 五听制度和兼听原则

我国古代五听制度是建立在司法经验基础上的证据制度。《吕刑》有这样的说法:"简孚有众,惟貌有稽。"《周礼·秋官·大司寇》云:"五声听狱讼,求民情:一曰辞听,观其出言,不直则烦;二曰色听,观其颜色,不直则赧然;三曰气听,观其气息,不直则喘;四曰耳听,观其听聆,不直则惑;五曰目听,观其眸子,不直则眊然。"这就是有关五听的规定。五听的意思是:辞听,根据言语是否错乱判断其是否说谎;色听,观其颜色,看是否脸红而判断其是否说谎;气听,根据其喘息是否加重判断其是否说谎;耳听,如果听不清法官的话,则可能在设法自圆其说而注意力分散;目听,两眼慌乱无神则有可能说谎。古时要求承办案件的官员"先之以五听,参之以验证,妙睹情状,穷鉴隐状。使奸无所容,罪人必得"[25]。例如,唐朝"依狱官令,察狱之官,先备五听"[26]。另外,《吕刑》还说:"明清于单辞""两造具备,师听五辞"。这是关于兼听的规定,所谓兼听则明,偏信则暗,道理并不复杂。五听与兼听是司法经验的总结,也是历代司法活动的准则,为法律和承审法官所诚服认同。

我们认为,兼听是发现案件真实情况的科学态度和方法,至今值得提倡和发扬;对于五听制度则应当具体分析,五听是在司法经验积累的基础上形成的,反映了一定的客观规律,这是应该被肯定的,但其中察言观色的一套做法,难免带有较强的主观色彩,可能随人而有不同意会,不尽科学,因此不能不加分析地予以全盘肯定。

2. 亲亲相隐制度

在中国,亲属之间相为容隐的制度可谓历史悠久。所谓"亲亲相隐"是指"亲属之间有

---

〔23〕 参见陈光中、薛梅卿、沈国峰:《试论我国封建法制的专制主义特征》,载《陈光中法学文选》(第1卷),中国政法大学出版社2010年版,第49页。

〔24〕 瞿同祖:《中国法律与中国社会》,中华书局1981年版,第56页。

〔25〕 (唐)令狐德棻等:《周书·苏绰传》,中华书局1971年版,第388页。

〔26〕 (唐)长孙无忌等:《唐律疏议》,中华书局1999年版。

罪应当相互隐瞒,不告发和不作证的不论罪,反之要论罪"。在我国古代,"实行这项原则,是为了维护封建伦常和家族制度,巩固君主专制统治"〔27〕。

即使在受儒家影响较小的秦代,也有此类规定。《法律答问》云:"子告父母,臣妾告主,非公室告,勿听。"不过《法律答问》又有鼓励妻子告丈夫的规定。

我国儒家思想注重亲情关系,《论语》记述:"叶公语孔子曰:'吾党有直躬者,其父攘羊,而子证之。'孔子曰:'吾党之直者异于是,父为子隐,子为父隐。直在其中矣。'"孔子不认同"其父攘羊,而子证之"的做法,认为应当"父为子隐,子为父隐"。《论语》中孔子与叶公的一段对话,成为后世亲亲相隐的主要依据。

就亲亲相隐制度而言,我国古代可谓由来已久。汉宣帝曾下诏曰:"父子之亲,夫妇之道,天性也,虽有祸患尤蒙死而存之,诚爱结于心,仁厚之至也,岂能违之哉!自今子首匿父母、妻匿夫、孙匿大父母,皆勿坐。其父母匿子、夫匿妻、大父母匿孙,殊死皆上请。"〔28〕《唐律》名例律规定:"诸同居,若大功以上亲及外祖父母、外孙,若孙之妇、夫之兄弟及兄弟妻,有罪相为隐;部曲、奴婢为主隐;皆勿论……小功以下相隐,减凡人三等。"同时规定其例外:"若犯谋叛以上者,不用此律。"明代洪武元年(1368年)有令文规定:"即告人祖父,不得指其子孙为证;告人兄,不得指其弟为证;告人夫,不得指其妻为证;告人本使,不得指其驱奴婢为证,违者治罪。"《大清律例》名例律也规定:"凡同居,若大功以上亲及外祖父母、外孙、妻之父母、女婿,若孙之父、夫之兄弟及兄弟妻,有罪相为容隐。奴婢、雇工人为家长隐者,皆勿论。若泄露其事及通报消息,致令罪人隐匿逃避者,亦不坐。"这表明,在我国古代长期的刑事司法中,亲属之间不承担互相揭发其罪的义务。这种法律制度的设定不是因为该证言有极大的虚假可能性从而可能误导法官作出错误的裁决,也不是为了限制国家权力使之不被滥用,而是基于维护儒家理想的伦理秩序,培养或鼓励忠孝的品格或行为的理由。按照中国传统的观点,亲属关系的和谐和稳定是整个社会和谐和稳定的基础,"中国人在乡村中的社会组织,主要依靠他们的亲属关系,其次才作为人们彼此为邻的团体"〔29〕。亲属、主奴间的相隐,或因恩重或因义重,所以这种制度的设置要保障的是恩义孝忠这样的法律价值。不过,亲属相容隐的规定不适用于谋反、谋大逆、谋叛大罪,"于此可见家族与国,忠与孝,在并行不悖或相成时,两皆维持,但在两者互相冲突而不能两全时,则国为重,君为重,而忠重于孝,所以普通的罪许子孙容隐,不许告讦,而危及社稷背叛君国的重罪,则为例外"〔30〕。

3. 刑讯制度

在我国古代诉讼中,刑讯是法定的调查取证的方法。"刑讯者,讯问狱囚,在昔并不重视证据,而惟取于口供,于是法官对于狱囚,遂得以榜掠之,而为法之所许;尤其关乎盗命重案,为录口供,视为当然有刑讯之必要,但其结果,善良者或因刑逼,而为诬服,凶恶者或玩刑无供,终得免罪,则又失其平矣。历代对此亦尝有改革,惜皆除恶未尽,过时复张,不可谓非中国法制史上之一污点也。"〔31〕

---

〔27〕《陈光中法学文选》(第1卷),中国政法大学出版社2010年版,第125页。

〔28〕(清)刘宝楠撰、高流水点校:《论语正义》,中华书局1990年版,第537页。

〔29〕[美]费正清:《美国与中国》,孙瑞芹、陈泽宪译,商务印书馆1971年版,第32页。

〔30〕瞿同祖:《中国法律与中国社会》,中华书局1981年版,第59页。

〔31〕陈顾远:《中国法制史》,商务印书馆1935年版,第250页。

刑讯始于何时,已难考察。根据《礼记》的有关记载可以看出,在周朝的诉讼活动中已经存在刑讯。《礼记·月令》中有在仲春之月"毋肆掠,止狱讼"的记载。

陈顾远指出:"秦汉刑讯不见于法令,或为法官一种淫威,如秦之榜掠是也;或为默认之事实,如贾谊所谓'司寇小吏,詈骂而榜笞之'是也。"[32]《史记·李斯列传》载李斯及其子李由被诬谋反,赵高一伙对李斯"榜掠千余,不胜痛,自诬服"。值得注意的是,在秦朝,并非禁止刑讯,而是以刑讯为下策。秦代《封诊式》中《治狱》和《讯狱》是与诉讼有关的内容,其内容是对官吏审理案件作出要求,以"毋笞掠"为治狱的上策,意思是不得拷打逼供。[33]

汉代刑讯也颇普遍和严重,《后汉书·章帝本纪》有"钻鑽之属,惨苦无极"的记载。汉景帝中六年(公元前144年)发布诏令规定,笞长五尺,其本大一寸,其竹也末薄本寸,皆平其节。[34] 陈顾远认为:"至于汉景帝箠令之设,原为笞罪之刑具,非为拷问之设;吏滥用之,非本意也。"[35]

到了南北朝以后,刑讯进一步制度化,法律中不但明确确认了这种方法,而且明确规定了刑讯的对象、条件、工具、规则等。拷问的对象通常为被告人,但对原告人、证人也允许拷问。刑讯的条件一般是,存在一定的证据而被告人拒绝供认或者所犯罪行比较严重。

在南北朝,"梁首立测罚之制,测罚者,测度其情节以施之罚,使之据实招供;故囚人之不服罪者,断其食,三日听家人进粥二升,一百五十刻乃与粥,满千刻止,逼之使招。陈,凡赃验昭然而不款服者,则加以立测之罚,容囚于垛,鞭笞械杻兼施,最终不承者免死。北魏,理官鞫囚,杖限五十,然有司欲免之则以细捶,欲陷之则先大杖,民多不胜而诬引,或绝命于杖下;献文帝为之立制,捶用荆,平其节,讯囚者其本大三分,杖背者二分,挞胫者一分,拷悉依令,皆从轻简。至于枷之为用,原本掌囚,而法吏亦多为重枷,刑讯囚人。甚以缒石系于囚颈,伤肉至骨,勒以诬服,太武帝尝下令禁止之"。

隋朝仍然大施刑讯,"楚毒备至,多所诬服;虽文致于法,而每有枉滥,莫能自理,遂尽除苛惨之法。但仍以常刑讯囚,数不过二百,且不许易人行刑"[36]。

《唐律》规定,审判官认为需要进行刑讯时,需要经过"立案",由所在长官共同审讯。刑讯的工具通常是杖,其规格有固定的要求。拷打的部位一般限于腿、臀和背。南北朝和隋朝以后,刑讯形成了一些特定规则,如《唐律》规定:"诸应讯囚者,必先以情,审察辞理,反复参验,犹未能决,事须讯问者,立案同判,然后拷讯。违者杖六十。"又规定:"诸拷囚不得过三度,数总不得过二百。杖罪以下不得过所犯之数。拷满不承,取保放之。"即拷讯不得超过三次,每次相隔二十天,总数不得超过二百。如果属于依法拷讯而造成意外死亡,审判官不承担责任。拷讯已达法定数限仍不承认的,取保释放。不仅如此,"诸拷囚限满而不首者,反拷告人。其被杀、被盗家人及亲属告者,不反拷。被水火损败者亦同。拷满不首,取保并放。违者以故失论"。即拷打被告人满了法定数额后,反过来拷打原告人,但被杀被盗案件

---

〔32〕 陈顾远:《中国法制史》,商务印书馆1935年版,第254页。

〔33〕 参见北京政法学院诉讼法教研室编辑:《刑事诉讼法参考资料》(第1辑)(下册),北京政法学院诉讼法教研室1980年版,第238~239页。

〔34〕 参见《汉书·刑法志》。

〔35〕 陈顾远:《中国法制史》,商务印书馆1935年版,第254页。

〔36〕《隋书》卷二十五·志第二十。

以及被水决火烧案件中的家人及亲属例外。另外,《唐律》规定:“诸应议、请、减,若年七十以上,十五以下,及废疾者,并不合拷讯,皆据众证定罪。”[37]对于上述这些人也不能进行刑讯。及至高宗,特别是武后称帝,任用酷吏,滥施酷刑,变本加厉。

宋太宗时几废讯刑,如《文献通考·刑考》谓:“太平兴国六年诏:自今系囚如证左明白而捍拒不伏合讯掠者,集官署同讯问之,勿令胥吏拷次。”[38]但后世并未继续奉行,刑讯遂得以延续,直至明清,仍在板起杖落地进行刑讯。

毫无疑问,刑讯是一种野蛮、落后的审判方式,无论合法还是非法的刑讯,都会造成严重的后果。古代刑讯是大量冤错案件的来源,再加上法外用刑,造成了无数人间惨剧。

4. 勘验制度

我国的勘验制度历史悠久。《礼·月令》云:“孟秋之月,命理瞻伤、察创、视折、审断”,即为勘验。

秦汉以至唐朝,都有勘验法规。我国出土的《封诊式》有98支竹简,简文分25节。每节第一支简简首写有小题目。其中之一为“厉(疠)”,记载某里的里典送来该里士伍丙,报告说:“怀疑是麻风病,将他送到。”讯问丙,丙供称:“在三岁时患有疮疡,眉毛脱落,不知是何病症,没有其他过犯。”[39]令医生丁诊断,可见那时已经有医生进行的人身检查。又有“贼死”“经死”诸则;“经死”的内容,对勘验尸体及吊死现场的记述可谓详尽。《封诊式》在该则中还介绍了勘验尸体的方法、要求。

宋代对于勘验,颇有兴致。[40] 宋代孝宗淳熙元年(1174年)采纳郑兴裔的建议,颁行郑兴裔创制的检验格目,后来又颁行徐似道设计的检验正背人刑图。明代法律规定了勘验的程序,规定:“凡刑部遇有应检尸伤,该司付行照磨所取到部印尸图一幅,先时止行顺天府大兴宛平二县委官如法检验填图,各取结状缴报。今多行委五城兵马,如尸伤不一……仍行检验,若尊长殴死卑幼,据律不应偿命者,亦止相验不检,并各省直府州县检验。”(《明会典》)清律规定:“遇告讼人命,除内有自缢自残及病死而妄称身死不明,意在图赖挟财者,究问明确,不得一概发检,以启弊窦外,其果系斗杀故杀谋杀等项当检验者,在京初发五城兵马,覆检则委京城知事,在外初委州县正,覆检则委推官。务求于未检之先,即详鞫尸亲证左凶犯人等,令其实招,以何物伤,何致命之处,立为一案。随即亲诣尸所督令仵作,如法检报,定执要害致命去处。细检其圆长邪正青赤分寸,果否系某物所伤,公同一干人众,质对明白,各情输服,然后成招,中间或有尸久发变青赤颜色,亦须详辩,不许听凭仵作混报殴伤,辄拟抵偿。”(《大清律·刑律·断狱》)

免检规定。清代法律规定:“诸人自缢溺水身死,别无他故,亲属情愿安葬,官司详审明白准告免检。若事主被强盗杀死,若主自告免检者,官与相视伤损,将尸体给亲埋葬。其狱囚患病责保看治死者情无可疑,亦许亲属告免检覆外,据杀伤而死者,亲属虽告不听免检。”(《大清律·刑律·断狱》)

---

〔37〕《唐律疏议·断狱》卷二十九。

〔38〕(宋)马端临编撰:《文献通考》卷一百六十六·刑考五。

〔39〕睡虎地秦墓竹简整理小组编:《睡虎地秦墓竹简》,文物出版社1978年版,第263页。

〔40〕参见徐朝阳:《中国诉讼法溯源》,商务印书馆1931年版,第48页。

检验不实之处罚。《大元通制·职制》云:“诸检尸有司故迁延及覆检牒到不受,正官笞三十七,首领官司各四十七。其不亲临,或使人代之,致增减不实,移易轻重,及初检检官相符同者,正官随事轻重论罪黜降,首领官司各笞五十七罢之,仵作行之杖七十七,受财者以枉法论。”《大明律·刑律·断狱》规定:“凡检验尸伤,若牒到托故不即检验,致令尸变,及不亲临监视,转委吏卒,若初复检官吏相见符同尸状,及不为用心检验,移易轻重增减尸伤不实,定执致死根因不明者,正官杖六十,首领官杖七十,吏典杖八十。仵作行人检验不实符同尸状者,罪亦如之。因而罪有增减者,以失出入人罪论,若受财,故检验不以实者,以故出入人罪论。赃重者,计赃以枉法各从重论。”清代也有相同规定。[41]

5. 疑罪的处理原则

诉讼案件中难免有疑罪案件,对于疑罪案件的处理,我国古代确立了一定的原则。中国古代刑事司法中,对于疑罪案件通常采取以下处理方式:

(1)疑罪从赦。对疑罪案件的被告人加以赦免,如《吕刑》:“五刑之疑有赦,五罚之疑有赦。”《礼记·王制》云:“疑狱,汜与众共之。众疑,赦之。”

(2)疑罪从轻。对疑罪案件的被告人加以从轻处理,如《尚书·大禹谟》记载:“罪疑惟轻,功疑惟重,与其杀不辜,宁失不经。”

(3)疑罪从赎。允许疑罪案件的被告人交纳一定的金钱财物“赎买”刑罚,如《唐律》规定:“诸疑罪,各依所犯,以赎论。即疑狱,法官执见不同者,得为异议,议不得过三。”《宋刑统》:“诸疑狱,各依所犯,以赎论。”

人们通常认为,疑罪从赦、疑罪从轻、疑罪从赎,皆为疑罪从有。依现代刑事诉讼的标准看,被告人经法庭审判证明并被裁决为有罪之前都应当被推定为无罪。按照这一原则,既然不能证明被告人有罪,自当按无罪处理,这就是“疑罪从无”的处理原则。

(三)我国古代主要证据种类

在中国古代,证据种类主要有被告人口供、证人证言、物证、书证和检验结果等。

1. 证人证言

证人证言是重要的证据种类。《周礼·地官·小司徒》记载:“凡民讼,以地比正之。”疏谓:“民讼六乡之民有争讼之事,是非难辨,故以地之比邻知其是非者,共正断其讼。”《周礼·秋官·朝士》云:“凡属责者,以其地傅而听其辞。”李嘉会解释说:“地传者当土之事,当时为传别者,若今牙保也,属责于人有地传为之证,则听其词而理之。”这些都是关于人证的记载。郑锷解释说:“属字当为亲属,以财相贷,盖有不用判书而与之者,及其有责而相讼,不可以其送亲之人为证。何则?彼以亲故,或不能无相容隐之情,证其曲直,或至于伤恩,故于法亲不为证,但以其地相传近之人证之,乃为之听其词。”徐朝阳认为,这表明周代已有亲不为证之制。[42]

古代关于证人资格的规定。《唐律·断狱》规定:“年八十以上十岁以下及笃疾者,皆不得令其为证,违者减罪人罪三等。”其理由是“不堪加刑”。《大明律》规定:“年八十以上十岁

[41] 参见徐朝阳:《中国诉讼法溯源》,商务印书馆1931年版,第52~57页。
[42] 参见徐朝阳:《中国诉讼法溯源》,商务印书馆1931年版,第48页。

以下,若笃疾,皆不得令其为证,违者笞五十。”(《刑律·断狱·老幼不考讯条》)《大清律·刑律·断狱》也有这一规定。

古代法典对于伪证和翻译作伪的法律责任作出了规定。《唐律》:“诸证不言情,及译人诈伪,致罪有出入者,证人减二等,译人与同罪。”(谓夷人有罪,译传其对者)《明律》:“若鞫囚而证佐之人不言实情,故行诬证,及化外人有罪,通事传译番语,不以实对,致罪有出入者,证佐人减罪人罪二等。通事与同罪。”

2. 被告人口供

口供在司法审判中具有重要价值,口供主义是中国古代司法的基本特征之一。尽管我国古代司法重视口供以外的证据的收集,但相比之下,口供受倚重的程度明显超过其他证据,司法案件实行“罪从供定”、无供不敢定案。

我国古代司法历来注重口供。戴炎辉指出:“我国旧制上断罪,重视被告的招认(自白)。惟自白究为证据中的一种,抑或为与证据并立?按法官的定谳,本于其自由心证(但唐制,对特殊身份人,须据众证定罪,即有形式的限制),此心证乃对判断资料加以内心的判断而来。招认既为判断资料中的一种,应是证据的一种。若是说招认以外的证据仅是迫使被告招认的方法,则无招认,便不得定谳;可是唐代以来,亦可据招认以外的证据而断罪。《唐律》:‘赃状露显,理不可疑,虽不承引,即据状断之;若事已经赦,虽须追究,并不合拷。’招认或称为首、首实、承、承引。招认之被重视,该被告对自己的行为最为清楚,作为判断的基础,亦最有价值;且裁判要使被告心服,而心服宜以被告自招为印证。不过,因旧制裁判,采取申覆制,且下级机关的定拟,必受上级机关的监督,非被告自招,恐在上级审判时被推翻。因而实际上,法官往往迫使被告招认,以图卸其责任。”〔43〕按照《吕刑》,非出自诚信的自白,不得为证据。徐朝阳曾指出:“《书·吕刑》‘无简不听’之言,则不诚信之自白,仍不得为证据,故‘简孚有众,惟貌有稽’。”〔44〕

3. 书证、物证

书证也是诉讼中的常见证据。《周礼·地官·小司徒》云:“地讼以图正之。”注:“地讼争疆界,图谓邦国本图。”疏:“言地讼争疆界者,谓民于疆之上横相侵削者也。图谓邦国本图者,凡量地以制邑,初封量之时,即有地图在于官府,于后民有讼者,则以本图证之。”也就是说,调取官署保存的地图为证据。《周礼·秋官·士师》云:“凡以财狱讼者,正之以傅别约剂。”郑锷解释说:“因争财而有狱讼,必以传别约剂正之。小宰八成所谓听称责与买卖者是也。称责之财,则传之以约束,别而为两,人执其一,买卖之财,则立为限,约而有剂券以身执,故以财致讼者,操此以为决。”这规定的是以契约为证据。〔45〕

诉讼中经常用到物证。《周礼》记载,周朝设“司厉”的官职,专门执掌“盗贼之任器货贿”。所谓任器,就是杀伤人的凶器;货贿就是盗窃所得财物。《唐律》规定:“若赃状露验,理不可疑,虽不承引,即据状断之。”这些都是关于物证的记载或者涉及物证的规定。

---

〔43〕 戴炎辉:《中国法制史》,台北,三民书局2000年版,第169~170页。

〔44〕 徐朝阳:《中国诉讼法溯源》,商务印书馆1931年版,第11页。

〔45〕 参见徐朝阳:《中国诉讼法溯源》,商务印书馆1931年版,第48页。

二、近现代中国的证据法

(一)清末证据法

清朝在进入20世纪后为收回治外法权,模仿西方国家的法制开始了法制的近代化改革。制定诉讼法是清末立法的项目之一。当时仿行欧洲大陆国家的惯例,将证据法规定在诉讼法之中。

1906年4月,在沈家本、伍廷芳主持之下起草的《大清刑事民事诉讼法草案》,明令禁止刑讯,该草案第17条规定:"凡审讯一切案件,概不准用杖责、掌责及他项刑具或语言威吓、交逼,令原告、被告及各证人偏袒供证,致令淆乱事实。"第18条规定,违反者将被降革治罪。对证人调查,实行隔别讯问制度(第50条)。证人作证前实行宣誓制度,该草案第51条规定:"无论刑事民事案件,原告及两造证人须矢誓后方可供证。不允矢誓者,清心据实供述亦可。如查有砌词诬告或供词故意虚伪等情,即处以一千元以下之罚金。民事案内之被告,亦同。"对人证进行调查时实行诘问制度。该草案还规定了审案官对于证据的审查判断方法:"审案官应先将下列各项细心研究:一、两造各证人之名誉若何,所供是否可信;二、两造所呈之证据;三、每造前后各供有无自相榁梏之处;四、权衡两造供词之轻重;五、权衡两方情节之虚实;六、所呈证据是否足定被告之罪;七、证据已足,是否为法律所准。"该草案在第四章"刑事民事通用规则"第三节"证人"中以第9条规定了证人制度,包括证人作证资格、义务,对于职官命妇作为证人时的礼遇,以及传闻法则。该草案第243条规定:"凡证人供证须以目亲或自知之实情,不得以传闻无稽之词妄行陈述。"

1907年颁行的《各级审判厅试办章程》,虽然不是正式的诉讼法典,条文也比较简单,但对鉴定作出了专门规定。该章程第74条规定:"凡诉讼上有必须鉴定始能得其事实之真相者,得用鉴定人。"第75条又规定:"鉴定人由审判官选用。不论本国人或外国人,凡有一定之学识经验及技能者,均得为之。"

1911年年初延请日本冈田朝太郎等人帮助起草的《大清刑事诉讼律草案》中,规定了对被告人的讯问、检证、搜索、扣押及保管、证言等属于证据法范围的内容。该草案规定"讯问被告人禁用威吓及诈罔之言",必要时实行对质制度。该草案规定了搜查、扣押制度:"官吏、公吏或曾为官吏、公吏之人所管理或管有之物,如本人或该官厅署称为有关职务上秘密者,非经监督吏员承诺,不得实施扣押或保管。监督吏员除妨害国家安宁外,不得拒绝前项承诺。"(第126条)"僧道、医师、药剂师、药材商、产婆、律师、公证人或曾居此等地位之人,因受职业上委托所持有之物,如关职业上秘密者,非经本人承诺,不得实施扣押或保管。"(第127条)"军事上秘密处所非经长官队长或其代理官承诺,不得实施检证、搜索、扣押及保管。"(第128条)值得关注的是,该草案还规定"日出前或日没后因实施检证、搜索、扣押、保管而入人所居住或有人看管之宅第、建造物、矿坑、船舶者,应得户主、管理人或代理人之承诺。于日间实施前项处分者,得继续至夜"(第128条)。该草案还规定了免证特权制度、证人具结制度、鉴定人资格和鉴定制度、书证制度和各种证据调查制度等,与同期日本等国的立法水准一致。

我国清末司法改革已经废除刑讯,刑讯的废除得力于沈家本、伍廷芳等修律大臣的主张，该做法适应了司法向近现代转变的要求。《大清刑事民事诉讼法草案》第 15 条规定："凡审讯原告或被告及诉讼关系人，均准其站立陈述，不得逼令跪供。"该草案第 17 条还规定："凡审讯一切案件，概不准用杖责、掌责及他项刑具或语言威吓、交逼，令原告、被告及各证人偏袒供证，致令淆乱事实。"

（二）民国时期证据法

1911 年 10 月 10 日，辛亥革命爆发，推翻了清朝政府，成立了孙中山领导的南京临时政府。1912 年南京临时政府颁布《大总统令内务司法两部通饬所属禁止刑讯文》，废除了刑讯制度，规定："不论行政司法官署，及何种案件，一概不准刑讯，鞫狱当视证据之充实与否，不当偏重口供。"〔46〕同时，命令各级官府"从前不法刑具，悉令焚毁"。

1912 年，袁世凯就任临时大总统之职，因民国法律还没有制定颁布，于是下令准许暂时援用清朝施行的法律，即《暂行新刑律》《刑事诉讼律》《民事诉讼律》等。1914 年 4 月袁世凯撤销约占全国 2/3 的地方审检厅和全部初级审检厅，恢复县知事兼理民事刑事案件的制度。《县知事审理诉讼暂行章程》规定："审判方法由县知事或承审员相机为之，但不得非法凌辱。"

在袁世凯执政时期，对于证人作证制度，当时的《刑事诉讼法草案》作出了具体规定。我们可以通过这部法律草案的内容一窥民国时期证据法的全貌，因为后来的法律是在此基础上斟酌损益而形成的，故述之不妨略详。

关于证人资格者，《刑事诉讼法草案》第 150 条规定："不问何人，检察厅及审判衙门得以为证人而讯问之，但有特别规定之人不在此限。"〔47〕

关于免证特权者，《刑事诉讼法草案》第 152 条规定："左列各人得拒绝证言：第一，被告人之亲族，其亲族关系消灭后亦同；第二，被告人之监护人、监督监护人及保佐人。"〔48〕同时，该草案第 152 条规定："应行讯问之事实遇有左列各款得拒绝证言：第一，僧道、医师、药剂师、药材商、产婆、律师、公证人或曾居此等地产之人因受职业上委托应守秘密者；第二，证人之陈述恐致证人或证人之亲族、监护人、监督监护人、保佐人为刑事被告人者，其亲族关系消灭后亦同。"〔49〕《刑事诉讼法草案》第 151 条规定："官吏、公吏或曾为官吏、公吏之人所知之事实，如本人或该管公署称为有职务上秘密者，非经监督吏员承诺不得以之为证人而讯问之。"〔50〕

民国时期采作证前具结制度，有关此规定者，《刑事诉讼法草案》第 159 条规定："左列证人不命其具结而讯问之：第一，未满十五岁者；第二，因精神障碍不解具结之意义及效果者。"

为配合诉讼法有关证据的规定，当时的刑法也作出了相应规定。《暂行新刑律》就证据方面的犯罪作出的相应规定，包括：(1)湮灭证据罪。《暂行新刑律》第 178 条规定："湮灭关

〔46〕 中国科学院近代史研究所史料编译组编辑：《辛亥革命资料》，中华书局 1961 年版，第 215 页。

〔47〕 《暂行新刑律汇解》，第十二章第 2 页。

〔48〕 《暂行新刑律汇解》，第十二章第 2 ~ 3 页。

〔49〕 《暂行新刑律汇解》，第十二章第 3 页。

〔50〕 《暂行新刑律汇解》，第十二章第 2 页。

系他人刑事被告事件之证据或伪造或行使伪造之证据者处四等以下有期徒刑、拘役或三百圆以下罚金。”有论者指出：“本条所谓证据者，其于刑事被告人有利或不利，皆不为之区别，而处分亦不预定其轻重。”“证据字样，既明揭关于刑事被告事件，则关于民事者不在此限，自无待言。按湮灭民事证据，有毁弃文书之规定，且被害者可以要求赔偿，故无庸设民事处分之专条。盖湮灭证据，为侵犯该官吏之搜索权；湮灭民据，为侵损被害者之利益，二者绝不相侔也。”“湮灭刑事证据，有曲庇犯人使之转重为轻，幻有作无者。有陷害犯人，使之轻者加重，无而为有，二者情形虽异，处分则一。其伪造或行使者亦同。”[51]（2）亲属之间得为容隐的规定得以延续。《暂行新刑律》第178条规定：“犯罪人或脱逃人之亲属为犯罪人或脱逃人利益计而犯本章之罪者免除其刑。”当时有判例规定：亲属湮灭证据（兄藏匿胞弟烟具）不得处刑（院判四年非字十七号）。（3）对于提供伪证的行为，《暂行新刑律》第181条规定：“依法令于司法或行政官署为证人而为虚伪之陈述者处二等至四等有期徒刑。”“依法令于司法或行政官署为鉴定人、通译人而为虚伪之鉴定、通译者，亦同。”“犯前两项之罪未至确定审判而自白者，得免除其刑。”判例规定：“判决后及未命具结，均不能为证人。又不陈述，不能为伪证。”（院判四年五月二十九日非字第十号）

1922年，北洋政府制定了《民事诉讼条例》《刑事诉讼条例》颁行全国，规定了证据裁判原则“犯罪事实，应依证据认定之”（《刑事诉讼条例》第305条）以及自由心证原则“证据，由法院自由判断之”（《刑事诉讼条例》第306条）。同时规定：“法院认为被告之犯罪嫌疑不能证明……应谕知无罪的判决。”

及至国民党执政时期，立法院于1928年7月颁布了《中华民国刑事诉讼法》和《中华民国刑事诉讼法施行法》，1934年这两部法律得到修正并于次年颁布施行，1945年再次修正公布。1930年公布实施，1935年和1945年两次修正定型的《民事诉讼法》主要模仿日本1891年实施、1926年修订的民事诉讼法和1898年7月16日实施的《人事诉讼程序法》，其在第三节中规定了证据制度，共分通则、人证、鉴定、书证、勘验、证据保全六目。1935年《刑事诉讼法》在第九章规定了“被告之讯问”（第94～100条），在第十一章规定了“搜索及扣押”（第122～153条），在第十二章规定了“勘验”（第154～161条），在第十三章规定了“人证”（第162～183条），在第十四章规定了“鉴定及通译”（第184～198条）。这些章节皆与证据有关或者本身就是关于证据的规定。

此时的诉讼法是在进一步取法德国、日本等大陆法系的诉讼制度基础上制定的，采职权主义的诉讼模式，确立了如下有关证据法的原则。（1）职权进行原则。法院对于诉讼的进行或者终结，依据职权而进行必要的诉讼行为，不受当事人意思表示的约束，也不必等待当事人的声请，务求发现实质的真实。（2）直接审理原则。法官应当亲自接触当事人和收集证据，但有例外，即允许委托受命推事进行若干诉讼行为。《刑事诉讼条例》（1921年）第304条和《刑事诉讼法》（1928年）第267条规定：讯问被告后，审判长应调查证据。《民事诉讼法》第212条第2款规定：“推事非参与为判决基础之言词辩论者不得参与判决。”（3）言词辩论原则。举证、辩论等行为以言词为之，例外是第三审案件不经过言词辩论等。《刑事诉讼法》第200条规定：“判决除有特别规定外，应经当事人之言词辩论为之。”《民事诉讼

〔51〕《暂行新刑律汇解》，第十二章第2～3页。

法》(1930年)在第四章诉讼程序中专设第五节规定言词辩论,具体规定了言词辩论程序。《民事诉讼法》第212条第1款还规定:“判决除别有规定外,应本于当事人之言词辩论为之。”(4)实质真实原则。关于事实和证据,不受当事人意思所拘束,务必发现案件实质的真实,例如《刑事诉讼法》第270条规定:“被告虽经自白,仍应调查其他必要之证据,以察其是否与事实相符。”(5)公平注意原则。对于不利和有利于被告人的证据应加以公平注意。《刑事诉讼法》第2条规定:“实施刑事诉讼程序之公务员,就该管案件,应于被告有利及不利之情形,一律注意。”(6)自由心证原则。对于证据的证明力,法律不预先作出规定而由法官自由判断。《刑事诉讼条例》第306条规定:“证据由法院自由判断之。”《刑事诉讼法》第269条规定:“证据之证明力,由法院自由判断之。”《民事诉讼法》第213条规定:“法院审理事实,应斟酌辩论之意旨及调查证据之结果,依自由心证以为判决,但别有规定者不在此限。”(7)证据裁判原则。对案件事实的认定,应当以证据为根据,例如《刑事诉讼法》第268条规定:“犯罪事实,应依证据认定之。”(8)自白任意性规则。对于自白,只有符合任意性才能具备证据能力。《刑事诉讼法》第270条规定:“讯问被告,应出以恳切之态度,不得用强暴、胁迫、利诱、诈欺及其他不正之方法且与事实相符者,得为证据。”(9)无罪推定原则和疑罪从无规定。《刑事诉讼条例》第338条规定:“法院认为被告之犯罪嫌疑不能证明或其行为不成犯罪者,应谕知无罪之判决。”《刑事诉讼法》第293条规定:“不能证明被告犯罪或其行为不罚者,应谕知无罪之判决。”(10)正当取证原则。取证应当符合程序正当性要求,禁止以不正当的方法取证。《刑事诉讼法》第98条规定:“讯问被告,应出以恳切之态度,不得用强暴、胁迫、利诱、诈欺及其他不正之方法。”明确禁止非法获取被告人的口供。

我国民国时期证据法律制度连同整个中华民国法制,而后适用于我国台湾地区,一直沿用至今。2002年和2003年我国台湾地区的“刑事诉讼法”的修改,限缩了法院职员的调查义务,确定检察官的实质举证责任,明确规定证据排除法则和传闻法则,明确规定无罪推定原则,确立自白任意性的调查顺序和举证责任等。

三、我国当代的证据法

早在1931年以前,工农民主政权便在各根据地建立起革命法庭或裁判部,处理和裁判诉讼案件。1931年12月,江西瑞金工农民主政权颁布《中华苏维埃共和国中央执行委员会暂行组织和裁判条例》;1931年12月13日,中华苏维埃临时中央政府颁布第6号训令,明确宣布“在审讯方法上,为彻底肃清反革命组织及正确判决反革命案件,必须坚决废止肉刑,而采用收集确实证据和各种有效方法”[52]。1932年6月颁布《中华苏维埃共和国司法程序》,确立了禁止肉刑逼供的原则。当时证据制度的特点是:严禁刑讯逼供;要求正确对待被告人口供,“收集确实证据”“充分的证据”;要求原告向司法机关提供证据。[53] 1932年9月9日,福建省苏维埃政府发布训令,要求坚决废止刑讯。1933年5月,中央苏维埃司法人民委员部向各级司法机关发布指示,重申“绝对废止刑讯”的要求。[54]

---

〔52〕 张希坡、韩延龙主编:《中国革命法制史》,中国社会科学出版社2007年版,第404页。

〔53〕 参见陈一云主编:《证据学》,中国人民大学出版社2000年版,第80~82页。

〔54〕 参见张希坡、韩延龙主编:《中国革命法制史》,中国社会科学出版社2007年版,第405页。

抗日战争时期,冀鲁豫边区、陕甘宁边区等地的抗日民主政权颁布了保障人权的单行条例。1940 年 9 月,中央社会部《关于锄奸政策与锄奸工作的指示》指出:“真正的提高革命警惕性,反对锄奸工作的扩大化。因此要反对无证据无法律的乱捕乱杀,反对严刑逼供,虐待敌人,要以革命的法治精神,客观的慎重态度,依靠侦察,根据证据,废止肉刑……”[55] 1941 年 5 月《陕甘宁边区施政纲领》重申了上述原则。陕甘宁边区政府颁布了《陕甘宁边区保障人权财权条例》,规定了司法活动保障公民人身自由的程序和证据要求。当时强调调查研究,实事求是,严禁刑讯、诱骗或强迫供述,重视口供以外的其他证据,不轻信口供;明确当事人提供证据的责任。解放战争时期,人民民主政权确立了合法的传讯和搜查程序,以及禁止使用肉刑和乱打乱杀、案件复核、平反已决案件的原则、制度。强调定罪证据必须确实、充分,否则应释放被告人或宣告无罪。

1949 年 10 月 1 日中华人民共和国成立,证据法律制度转而取法苏联。1957 年起草、1963 年形成的《刑事诉讼法草案(初稿)》第 140 条就明确了审判员应当根据其在法庭上亲自查实的证据来确定被告有罪还是无罪,并据此制作判决。为使直接原则得以贯彻,该草案也作了类似于苏联模式的规定,要求:所有当事人在公开审判时都必须出庭(第 133 条);证据必须由法院直接审查,证人与鉴定人必须到庭(第 137 条、第 138 条);原则上,每一案件的诉讼程序不得中断,每一案件的组成人员不得更易(第 19 条、第 146 条)。此后证据法律制度又经历颠沛,直到“文化大革命”结束以后,中国法制进程重新起步,证据法律制度也在这个过程中得以复苏和发展。

我国当代证据法的发展经历了以下阶段:

新中国成立初期到 1979 年的 30 年间,我国没有制定诉讼法典,只是在宪法和颁布的若干单行法律法规中规定了司法机关体系及若干诉讼原则和程序。

1950 年 7 月颁行《人民法庭组织通则》,规定法庭“受理案件后,应认真地进行调查证据,研究案情,严禁刑讯”。1951 年中央人民政府委员会颁布了《中华人民共和国人民法院暂行组织条例》、《中央人民政府最高人民检察署暂行组织条例》和《各级地方人民检察署组织通则》。这些法规规定了人民法院、人民检察署的组织原则和组织形式,规定人民检察署是国家法律监督机关,但没有涉及具体的证据制度。1954 年 9 月,第一届全国人民代表大会第一次会议在通过颁布宪法的同时通过颁布了《中华人民共和国人民法院组织法》和《中华人民共和国人民检察院组织法》,同年 12 月颁布了《中华人民共和国逮捕拘留条例》。这些法律明确规定了若干重要的诉讼原则,同样没有就证据法作出具体规定。1956 年 10 月,最高人民法院总结了新中国司法实践经验,公布了“各级人民法院刑、民事案件审判程序总结”,对审查判断证据的司法经验加以规范化、制度化,用以指导实践。例如,其规定:“对被告人加以讯问,被告人有数人的时候,根据具体情况,可以隔离讯问,也可以不隔离讯问。讯问证人的时候,应当指出本案需要他证明的问题,并让他作充分的陈述。证人有数人的时候,应当隔离讯问,必要时可让他们互相对质。调查中,对案卷内已有的证据和当事人在法庭上提出的新证据,都应当加以审查鉴别。鉴定人的鉴定意见书,需要当庭加以宣读,并且要让双方当事人辩解。物证须当庭审查,辨别真伪,并让被告人辨认。被告人的供词,必须

---

〔55〕 张希坡、韩延龙主编:《中国革命法制史》,中国社会科学出版社 2007 年版,第 282 页。

经过调查研究确与客观事实相符的，方可采用。”

1976 年 10 月以后，中国逐步走向改革开放，中国的法制建设重获发展契机。1979 年 7 月 1 日正式通过、1980 年 1 月 1 日起施行的《刑事诉讼法》是我国第一部社会主义类型的刑事诉讼法典。该法就刑事证据法作出了粗略的规定。1996 年 3 月 5 日召开的第八届全国人民代表大会第四次会议审议了《中华人民共和国刑事诉讼法修正案（草案）》，1996 年 3 月 17 日该修正案以《全国人民代表大会关于修改〈中华人民共和国刑事诉讼法〉的决定》的名称通过。这次修正，涉及刑事诉讼的多个环节，但在证据一章中只将“视听资料”增列为独立的证据种类，其他证据内容没有修改。1998 年最高人民法院、最高人民检察院、公安部、国家安全部、司法部、全国人大常委会法制工作委员会联合制定、下发了《关于刑事诉讼法实施中若干问题的规定》，最高人民法院、最高人民检察院、公安部也分别制定、下发了关于执行 1996 年《刑事诉讼法》的解释、规则、规定等，这些规范性文件中关于证据和诉讼证明的规定，在司法实践中起到了填补法律空白的作用。

1982 年第五届全国人民代表大会常务委员会通过了《中华人民共和国民事诉讼法（试行）》，1996 年 3 月第八届全国人民代表大会第四次会议修改了这部法律。2001 年 12 月 6 日，最高人民法院审判委员会第 1201 次会议通过了最高法《民诉证据规定》，对民事诉讼中当事人举证、人民法院调查收集证据、举证时限与证据交换、质证、证据的审核认定等作出规定，共 83 条，在一定程度上满足了司法实践的特别需要。

1989 年 4 月第七届全国人民代表大会第二次会议通过了《行政诉讼法》，设立专章就行政诉讼证据作出了规定。2002 年 6 月 4 日，最高人民法院审判委员会第 1224 次会议通过了最高法《行诉证据规定》，对行政诉讼中举证责任分配和举证时限、提供证据的要求、调取和保全证据、证据的对质辨认和核实都作出了具体规定，共 80 条，弥补了行政诉讼证据和证明在规定上的不足。

第十届全国人民代表大会常务委员会第十一次会议于 2004 年 8 月 28 日通过《中华人民共和国电子签名法》，该法律正式表明承认电子签名的法律效力，并规定了电子签名具有法律效力的条件，对电子证据的诉讼应用具有重要意义。

为了解决诉讼活动中存在的司法鉴定体制的问题，2005 年 2 月 28 日，第十届全国人民代表大会常务委员会第十四次会议通过了《司法鉴定管理决定》，规定国家对从事法医类鉴定、物证类鉴定、声像资料鉴定等司法鉴定业务的鉴定人和鉴定机构实行登记管理制度。该决定具体规定了从事司法鉴定业务的个人、法人或者其他组织的登记条件和鉴定责任，并对司法鉴定体制进行了重大改革，有利于加强对鉴定人和鉴定机构的管理，规范对鉴定意见的采信，保障诉讼活动的顺利进行。

自 2007 年 1 月 1 日最高人民法院统一行使死刑案件核准权以来，为保障死刑案件质量，2007 年 3 月，最高人民法院、最高人民检察院、公安部和司法部共同印发了《关于进一步严格依法办案确保办理死刑案件质量的意见》，目的是要把死刑案件办成“铁案”。2010 年 5 月 30 日，最高人民法院会同最高人民检察院、公安部、国家安全部和司法部总结近年来司法实践经验，特别是办理死刑案件的实际情况，针对办案中存在的证据收集、审查、判断和非法证据排除尚有不尽规范、不尽严格、不尽统一的问题。经过充分调研，广泛征求各方面意见，其共同起草并联合发布了两院三部《办理死刑案件证据规定》和《非法证据排除规定》。

这两个规定对政法机关办理刑事案件特别是死刑案件提出了更高的标准、更严的要求。两院三部《办理死刑案件证据规定》分为三个部分,共41条。其主要规定了证据裁判原则、程序法定原则及死刑案件的证明对象、证明标准等内容;规定了证据的分类审查与认定,除了法定的七种证据,还规定了实践中存在的其他证据材料如电子证据、辨认笔录等的审查与认定;规定了对证据的综合认证,包括如何运用间接证据定案,如何补正和调查核实存疑证据以及如何严格把握死刑案件的量刑证据等。两院三部《非法证据排除规定》对非法证据,特别是非法言词证据的内涵和外延进行了界定;同时,对排除非法证据问题规定了具体的操作规程,包括审查、排除非法证据的具体程序和对证据合法性的证明责任、证明标准及侦查人员的出庭作证问题。

2012年3月14日第十一届全国人民代表大会第五次会议通过《关于修改〈中华人民共和国刑事诉讼法〉的决定》对刑事诉讼法进行第二次修正。这次修正的重点之一是修改其中证据部分的条文。2012年《刑事诉讼法》第五章证据部分条文增加至16条,其他部分也多有涉及证据制度的内容。2012年《刑事诉讼法》新增加的内容主要包括:(1)明确提出"不得强迫任何人证实自己有罪"的要求。(2)将证据的法定定义修改为"可以用于证明案件事实的材料"。(3)将证据种类中物证与书证分列为两种证据种类,将"鉴定结论"改称"鉴定意见",增加"辨认、侦查实验等笔录"为证据,将"电子数据"从"视听资料"中分立。(4)细化证明标准。强调了证据要查证属实须经"法定程序",并将英美法系盛行的"排除合理怀疑"的主观证明标准引入其中,作为判断是否达到"犯罪事实清楚,证据确实、充分"的衡量指标。(5)确立非法证据排除规则,明确规定对于某些非法证据加以排除。(6)就证人出庭制度作出规定。(7)行政机关在行政执法和查办案件过程中收集的物证、书证、视听资料、电子数据等证据材料,在刑事诉讼中可以作为证据使用。(8)明确规定公诉案件中被告人有罪的举证责任由人民检察院承担,自诉案件中被告人有罪的举证责任由自诉人承担。(9)确立控辩双方的证据开示制度。辩护律师自人民检察院对案件审查起诉之日起,可以查阅、摘抄、复制本案的案卷材料。其他辩护人经人民法院、人民检察院许可,也可以查阅、摘抄、复制上述材料。辩护人收集的有关犯罪嫌疑人不在犯罪现场、未达到刑事责任年龄、属于依法不负刑事责任的精神病人的证据,应当及时告知公安机关、人民检察院。(10)被告人的配偶、父母、子女不被强迫出庭作证。

2012年8月31日,第十一届全国人民代表大会常务委员会第二十八次会议通过《关于修改〈中华人民共和国民事诉讼法〉的决定》,对民事诉讼法进行了第二次修正。2012年《民事诉讼法》的再修正中,对于民事证据制度作出了如下修改:(1)将"电子数据"列为独立的证据种类。(2)就举证时限作出新的规定,即人民法院根据当事人的主张和案件审理情况,确定当事人应当提供的证据及其期限。当事人在该期限内提供证据确有困难的,可以向人民法院申请延长期限,人民法院根据当事人的申请适当延长。当事人逾期提供证据的,人民法院应当责令其说明理由;拒不说明理由或者理由不成立的,人民法院根据不同情形可以不予采纳该证据,或者采纳该证据但予以训诫、罚款。(3)就证人制度作出的新的规定而言,有下列情形之一的,经人民法院许可,可以通过书面证言、视听传输技术或者视听资料等方式作证:因健康原因不能出庭的;因路途遥远,交通不便不能出庭的;因自然灾害等不可抗力不能出庭的;其他有正当理由不能出庭的。另外,为保障证人出庭,规定证人因履行出庭作证义务而支出的交通、住宿、就餐等必要费用以及误工损失,由败诉一方当事人负担。当事人申请证人作证的,由该当事人先行垫付;当事人没有申请,人民法院通知证人作证的,由人民法院先行垫付。(4)就鉴定制度作出修改,当事人可以就查明事实的专门性问题向人民法院申请鉴定。当事人申请鉴定的,由双方当事人协商确定具备资格的鉴定人;协商不成的,由人民法院指定。当事人未申请鉴定,人民法院对专门性问题认为需要鉴定的,应当委托具备资格的鉴定人进行鉴定。当事人对鉴定意见有异议或者人民法院认为鉴定人有必要出庭的,鉴定人应当出庭作证。经人民法院通知,鉴定人拒不出庭作证的,鉴定意见不得作为认定事实的根据;支付鉴定费用的当事人可以要求返还鉴定费用。(5)规定当事人可以申请人民法院通知有专门知识的人出庭,就鉴定人作出的鉴定意见或者专业问题提出意见。(6)就诉前保全制度作出规定,因情况紧急,在证据可能灭失或者以后难以取得的情况下,利害关系人可以在提起诉讼或者申请仲裁前向证据所在地、被申请人住所地或者对案件有管辖权的人民法院申请保全证据。最高人民法院于2015年2月4日发布《民诉法解释》[56],对民事诉讼法的适用问题作出较为具体、明确的司法解释,为2012年修正的《民事诉讼法》的顺利实施创造条件。

2014年12月23日,《中华人民共和国行政诉讼法修正案(草案)》提交第十二届全国人民代表大会常务委员会第六次会议审议,历经三次审议后通过。2014年修正的《行政诉讼法》在证据制度方面作出如下修改:(1)被告不提供或者无正当理由逾期提供证据,视为没有相应证据;但是,被诉具体行政行为涉及第三人合法权益,第三人提供证据或者人民法院依法调取证据的除外。(2)将在诉讼过程中被告及其诉讼代理人不得自行收集证据的对象扩展到第三人。(3)对于被告可以补充证据的情形作出规定。(4)原告可以提供证明具体行政行为违法的证据。原告提供的证据不成立的,不免除被告的举证责任。(5)在起诉被告不履行法定职责的案件中,原告应当提供其向被告提出申请的证据,同时规定了例外情形。(6)人民法院不得为证明具体行政行为的合法性调取被告作出具体行政行为时未收集的证据。(7)原告或者第三人不能自行收集某些特定证据时,可以申请人民法院调取。(8)证据应当在法庭上出示,并由当事人互相质证。对涉及国家秘密、商业秘密和个人隐私的证据,不得在公开开庭时出示。(9)人民法院对未采纳的证据应当在裁判文书中说明理由。(10)以非法手段取得的证据,不得作为认定案件事实的根据。

2013年11月12日中国共产党第十八届中央委员会第三次全体会议通过《中共中央关于全面深化改革若干重大问题的决定》(以下简称党的十八届三中全会《决定》)。该决定第九部分就推进法治中国建设作出决定,其中包含若干与证据制度有关或者对证据制度有一定影响的内容,包括:(1)提出"让审理者裁判、由裁判者负责"的改革要求;(2)录制并保留全程庭审资料;(3)增强法律文书说理性,推动公开法院生效裁判文书。2014年10月23日中国共产党第十八届中央委员会第四次全体会议通过《中共中央关于全面推进依法治国若干重大问题的决定》(以下简称党的十八届四中全会《决定》)。该决定特别提到司法公正的重要性,指出"公正是法治的生命线。司法公正对社会公正具有重要引领作用,司法不公对

---

[56] 最高法《民诉法解释》于2014年12月18日由最高人民法院审判委员会第1636次会议通过,公布后自2015年2月4日起施行。

社会公正具有致命破坏作用。必须完善司法管理体制和司法权力运行机制,规范司法行为,加强对司法活动的监督,努力让人民群众在每一个司法案件中感受到公平正义"。该决定要求:(1)推进严格司法,"坚持以事实为根据、以法律为准绳,健全事实认定符合客观真相、办案结果符合实体公正、办案过程符合程序公正的法律制度"。(2)推进以审判为中心的诉讼制度改革,确保侦查、审查起诉的案件事实证据经得起法律的检验。(3)全面贯彻证据裁判规则,严格依法收集、固定、保存、审查、运用证据,完善证人、鉴定人出庭制度,保证庭审在查明事实、认定证据、保护诉权、公正裁判中发挥决定性作用。(4)明确各类司法人员工作职责、工作流程、工作标准,实行办案质量终身负责制和错案责任倒查问责制,确保案件处理经得起法律和历史检验。(5)加强法律文书释法说理,建立生效法律文书统一上网和公开查询制度。(6)强化诉讼过程中当事人和其他诉讼参与人的知情权、陈述权、辩护辩论权、申请权、申诉权的制度保障。(7)健全落实罪刑法定、疑罪从无、非法证据排除等法律原则的法律制度。(8)完善审级制度,一审重在解决事实认定和法律适用,二审重在解决事实法律争议、实现二审终审,再审重在解决依法纠错、维护裁判权威。

2016 年 7 月 20 日发布的两院三部《以审判为中心意见》强调"未经人民法院依法判决,对任何人都不得确定有罪",以及"严格按照法律规定的证据裁判要求,没有证据不得认定犯罪事实"。该意见对于收集、运用刑事证据起了进一步的规范作用。

2017 年 6 月 20 日发布了两院三部《严格排除非法证据规定》,该规定于 2017 年 6 月 27 日起施行,涉及以下主要内容:(1)扩大了非法言词证据的排除范围。(2)明确了重复性供述的效力及其排除例外。(3)对于录音录像、提讯登记、体检记录的形成作出了较为具体的规定。(4)将非法证据排除作为庭前会议的一项主要内容,发挥庭前会议的作用,在庭前对证据收集的合法性问题达成一致意见。(5)发挥人民检察院驻看守所检察人员的作用,包括在看守所收押犯罪嫌疑人进行身体检查时可以在场,以及"对重大案件,人民检察院驻看守所检察人员应当在侦查终结前询问犯罪嫌疑人,核查是否存在刑讯逼供、非法取证情形,并同步录音录像"。

2017 年 11 月 27 日,最高人民法院发布《庭前会议规程》《排除非法证据规程》《法庭调查规程》,自 2018 年 1 月 1 日起在全国试行。这三项规程将证据制度在审判环节的完善推进了一步。

近年来,随着科技证据逐渐得到较多应用,有关电子证据的规范化规定也随之增多,主要有:2005 年公安部《计算机犯罪现场勘验与电子证据检查规则》,2005 年公安部《公安机关电子数据鉴定规则》,2009 年最高人民检察院《人民检察院电子证据鉴定程序规则(试行)》《人民检察院电子证据鉴定程序规则(试行)》,2014 年最高人民法院、最高人民检察院、公安部《关于办理网络犯罪案件适用刑事诉讼程序若干问题的意见》(已失效),2016 年 9 月两院一部《电子证据规定》等,为司法实践中收集、提取和审查判断等运用电子数据等科学证据提供了新依据。

总体来看,我国的证据制度正处在持续发展的过程中,相关立法和司法解释不断充实我国诉讼证据制度的多个环节,科技应用于司法取得的进步颇为显著。当然,我国的证据制度尚有进一步完善的空间。随着司法改革向纵深处拓展,立法机关和司法实践部门应当继续努力推动证据制度的进一步发展,以充分满足司法公正等诉讼法律价值的需要。

【案例1】 “十五贯”冤案——中国古代审案重视查明事实真相

【案情】 《双熊梦》(包含“十五贯”故事)是我国著名的昆曲戏剧,其剧情如下:

明朝,淮安山阳县有兄弟二人,因生计窘迫,哥哥熊友兰出外帮工,弟弟熊友蕙在家读书。贴邻冯玉吾是商人,家道小康,其子锦郎面目丑陋,举止粗俗,而童养媳侯三姑却“容颜娉婷”“资性伶俐”,玉吾便认为三姑怀有二心。此时传来了友蕙的读书声,三姑连声夸赞,玉吾疑心顿起,为防备三姑红杏出墙,令她连夜迁入内室。恰好此时,友蕙为避嫌也不约而同迁进内室,与三姑依然只有一墙之隔,冯家父子愈加疑心。玉吾将一付金环和十五贯钱交给三姑保管,夜里环和钱都被老鼠叼到熊家。因不堪鼠声搅扰,友蕙只得大早起床读书,却突然发现了老鼠叼来的金环。友蕙家资匮乏,囊中羞涩,正愁无米下锅,以为是上天所赐。门外有人叫卖老鼠药,友蕙买来掺入面饼,并把毒饼放入鼠穴。友蕙持环到冯家店铺换取钱米,玉吾见到金环,认定是三姑私下所赠。锦郎欲兴师问罪,却不巧在房门口发现了老鼠衔来的毒饼,误食中毒身亡。冯家将友蕙和三姑告到县衙,说他们因奸杀人。县令过于执听信冯玉吾的一面之词,又见三姑生得如花似玉,便认为她必定不安于室,与友蕙有奸情,不由分说将二人屈打成招,定为死罪,还逼迫友蕙交出冯家的十五贯钱。

听说兄弟被捕入狱,友兰心急如焚,带着客商陶复朱慷慨相赠的十五贯钱,赶回家去。无锡屠户游葫芦生意亏本,幸得姐姐资助十五贯钱,回家后骗继女戌娟说是卖她所得,戌娟不愿为婢,惊惧之余连夜出走。在路上,戌娟和友兰相遇,结伴同行。就在当夜,赌棍娄阿鼠潜入游家,见财起意,杀死游葫芦,偷走了十五贯钱。邻居发现游葫芦被害连忙报官,公差带众邻追赶,见戌娟和友兰同行,心生疑窦。苏戌娟说明自己是去高桥投奔姑母,熊友兰也说自己是过路人。众人半信半疑,夹在人群中的娄阿鼠却一口咬定“人在赃在”,游葫芦为友兰和戌娟杀害。于是,友兰和戌娟被扭送官府。正好,过于执升任常州府理刑,审理戌娟和友兰一案,又将二人屈打成招,判为死罪。

苏州太守况钟受命监斩两对年轻人,行刑前,两对年轻人鸣冤,况钟发现两桩案子疑点重重,决定暂缓行刑,连夜求见都察院御史周忱,为四人请命,要求复审。周忱感其恳切,以半月为限,令其查明案情。况钟星夜赶往淮安,到冯、熊两家仔细勘查。在熊家,他发现了一个老鼠洞,掘开一看,竟然找出一只掺有鼠药的面饼和冯家丢失的十五贯钱。于是,锦郎遇害一案真相大白,“凶手”原来是老鼠。初战告捷的他又马不停蹄地赶赴无锡,假扮算命先生微服私访。在城隍庙里,他采用心理战术,和游葫芦被害一案的真凶娄阿鼠周旋,终于套出口供,成功破案。

【评析】 我国古代审理案件重视查明事实真相,重视口供的作用,为了查清案件事实,不惜动用刑讯手段;因此刑讯是古代合法的取证手段,法律中确立了刑讯制度,对于刑讯的方法和要求有详尽的规定。不过,虽然刑讯在一些案件中有助于发现案件真相,但在口供主义与刑讯相结合的制度下,极易出现冤错案件,戏剧《双熊梦》中“十五贯”故事,熊友蕙和侯三姑、熊友兰和苏戌娟被屈打成招正是鲜明的例证。

各种证据与案件应有实质的关联性,不能仅满足于形式上的关联性。在戏剧《双熊梦》中,作为关键证物的熊友兰携带的十五贯钱与游葫芦的十五贯钱数量相同,但并没有实质的关联性,娄阿鼠劫走的钱与本案才有实质的关联性。中国古代并无证据关联性的概念,对于证据的关联性只有自发的认识和判断，昏官过于执将此案办成错案，正是因为其对于证据应具有的实质的关联性缺乏认识。

我国古代实行纠问制诉讼，官员办理案件，负有主动收集证据和发现案件真实的责任，因此往往亲自调查收集证据。调查收集证据是否全面、深入、细致，直接影响案件能否正确处理。本案中，况钟到冯、熊两家勘查，发现熊友兰和苏戌娟被冤枉的证据，又假扮算命先生微服私访，最终发现真凶，正是古代纠问制度的典型体现。

【案例2】　美国辛普森"杀妻"案——对抗制下的证据法

【案情】　O.J.辛普森曾是全美最杰出的橄榄球运动员之一。20世纪90年代中期，他因为涉嫌在1994年6月12日杀害其前妻尼科尔·布朗及其男友戈尔德曼而被捕并被起诉到法院。随后展开的诉讼被称为美国的世纪审判。

辛普森案件的陪审团由8名非裔美国人、2名西班牙裔美国人，1名美国印第安人和1个白种人组成。控诉方向法庭提交了如下证据。(1)在辛普森位于罗金汉的私人住宅里，寻获了一只血手套，据说符合辛普森手掌大小，是他曾经用过的样式；在布朗邦迪街住宅的犯罪现场找到另一只手套，与之成对。这只血手套上，有跟戈尔德曼衬衫一样的纤维、布朗和戈尔德曼的头发、野马跑车上的灰尘及一个黑人四肢上的毛发。据说，手套上的血迹也与戈尔德曼、布朗和辛普森的相符。(2)在辛普森卧室地板上发现有血渍的袜子，检方声称该血渍的DNA检测反应与辛普森和布朗的吻合。(3)在犯罪现场房屋后门发现的血迹。血迹在门上，四周则相当干净，检方声称该血迹保存得比较完整，DNA检测反应与辛普森的吻合。(4)在辛普森野马跑车上多处发现的血迹：驾驶室旁边的车门(辛普森的)、车内地板(布朗的)及中间置物箱(戈尔德曼、布朗和辛普森的)。(5)犯罪现场被害者身旁的血滴，检方声称该血渍的DNA检测反应与辛普森的吻合；采集其中一滴血，经过传统的血清检验证明，与辛普森的吻合。(6)在犯罪现场发现的毛发与衣服纤维。(7)在犯罪现场遗留的血脚印。脚印是12号，与辛普森的尺寸相合，属于布鲁明戴尔百货公司里一家布鲁诺·马利鞋店(辛普森经常光顾)所卖的一双160美元的休闲鞋子。(8)在辛普森罗金汉住处不同地点(车道上、大厅里)多次发现少量血迹，都证明是辛普森的。测试反应揭示：卧室的浴室水槽和莲蓬头有血迹。此外，控诉方还揭示辛普森有婚姻暴力史并具备作案时间。

对于控诉方提供的上述证据，辩护方强烈质疑，包括：(1)警察用毯子覆盖尸体，使尸体上找到的物证的来源存在其他可能性。(2)在从尸体采集毛发和纤维样本前，尸体已被移动。(3)警方没有按洛杉矶警察局规定的程序通知验尸官到场。(4)警方没有搜查证便进入辛普森的私人住宅。(5)进行搜查的警察菲利普·范耐特对事实"轻忽、毫不在意"。(6)尸体经过解剖，但法医艾温·高登没有被检方传唤作证。(7)采血样者之一是实习警察，以前没承担过这样的任务。(8)范耐特将辛普森血液样本放在没有封闭的玻璃瓶中达3小时，去喝咖啡，1.55CC血液去向不明，检方无法解释。(9)刑事鉴定人员第一次调查时没有在门和袜子上找到血迹。(10)采血的样本数量在一些环节缺乏记录。(11)负责侦办本案的富尔曼警官存在种族歧视，其证言不可靠。

1995年10月3日，陪审团作出裁判：O.J.辛普森无罪。

【评析】 在美国,O. J. 辛普森案是轰动全国的案件,这一案件从追捕到审判结束,一直受到全国民众的广泛关注。案件的审判结果也引起极大争议,70%的美国白人认为辛普森是有罪的,但绝大多数黑人为这一无罪判决感到欢欣鼓舞。

这一案件,从表面上看,控诉证据很多,也很有力,但经过辩护方的挑剔和质疑,却变得疑点不少,不能排除合理怀疑。有评论认为,被告人雇请的强大的辩护团对于无罪判决发挥了至关重要的作用。如果被告人不像辛普森这么有钱请得起顶级辩护律师,恐怕早就被定罪了。

每起案件都是证据法发展的试金石,辛普森案件这类社会广泛关注的案件更是如此。该案是美国依对抗制诉讼模式审理的案件,由陪审团对案件事实进行裁判。陪审团审判的特性催生了英美国家证据法的发展和完善,这些国家之所以有细密而完善的证据制度,是为了满足陪审制度良性运作的需要。我们可以从这一案件中体会到诉讼模式与证据制度的关系。由于实行对抗制诉讼,辩护方有足够的空间与控诉方展开诉讼上的竞争,对控诉方提供的证据强而有力地质疑,使控诉方的胜诉愿望落空。在这起案件中,辩护方充分利用证据规则并抓住证据的疑点不放,如提出警方没有搜查证便进入辛普森的私人住宅,就涉及非法证据排除规则。另外,科学技术的进步及其在刑事司法中的应用,也在这起案件的诉讼过程中得到了充分展现,如 DNA 技术的应用就是如此。

第三章　证据法学的历史发展

证据法学是随着人类知识和司法经验的积累而发展的，证据法学的发展过程正如证据法制的发展过程一样，可以被概括为理性化的过程。人类早期的证据制度体现为神判证据制度，以现在的眼光看来，是不理性的，那时盛行的迷信和宗教观念为这种缺乏理性的证据制度提供了理论和观念基础。法定证据制度与神判证据制度相比较，理性程度很高，但以法律预先规定各种证据证明力的方式来束缚法官的理性判断，就确认案件真相的证据法目的来说，无疑也是反理性的。近现代证据制度的发展建立在人类理性较为成熟的基础之上，证据法学除了自身发展以外，吸收了其他学科的发展成果，使如今的证据法学有了坚实、深厚的理论基础，为证据制度的完善提供了条件。

第一节　外国证据法学的历史发展

一、欧洲大陆国家证据法学

古时对于证据法学并没有全面、系统的研究。在欧洲大陆国家，早期法学研究中从事证据法学研究的法学家不多，也没有代表性的专门证据法学著作；这种现象不仅在欧洲大陆国家存在，英美国家也是如此。事实上，证据法学的全面、系统研究是中世纪后期的事情。到了近现代，对于证据法学的研究，可以概括为两个特点：一是证据法理论先行带动证据法进步；二是证据法进步推动证据法学的学术发展。

（一）古代欧洲大陆国家证据法学的研究

古代欧洲大陆国家虽然存在对某些证据制度的讨论，但不存在系统的专门论述和研究。有些讨论是基于宗教或者伦理的观念或原则进行的，当然，这些讨论构成了证据法学发展的组成部分，不应该被忽略。

古代希腊人的法律是相当发达的，从原始法向成文法的转变是古希腊率先完成的。古希腊的学者对于法律的哲学思想进行了深入研究，苏格拉底、柏拉图、亚里士多德等人的著作有很多涉及法律及其根本问题。柏拉图在其所著的有关苏格拉底案件的《欧绪弗洛篇》《申辩篇》里都讨论过诉讼证据。

古罗马有一批卓有成就的法学家，如盖尤斯、帕皮尼安、乌尔比安、保罗等。古罗马皇帝查士丁尼在1300年前下令编纂《学说汇纂》，盖尤斯的《法律的法理概要》成为《学说汇纂》的一部分，其对于公正提出了自己的观点。尽管古罗马的法学家并没有留下一部关于证据法的理论阐述著作,但古罗马创下的各种证据制度和规则,以及言简意赅的法律谚语,都反映了古罗马法学家的证据法思想。

在中世纪,决斗的方式遭到不少牧师的反对,其理由是:这种方式违反了宗教准则,体现的是一种尚武精神,这种习俗不仅可怕而且可恶,是由魔鬼传入来破坏人的肉体和灵魂的。宗教人士主张剥夺纵容决斗的君王的世俗权力,以阻止决斗的发生和蔓延。不过,教士们谴责决斗,却不谴责造成决斗的根源——"早期人们期望万能的上帝,不论人们什么时候请求他,都能给受到不公正指控的人创造出一个奇迹"[1]。教士们宣扬的恰恰是神判证据制度的知识基础,相信上帝会干预发生在人世间的各种纠纷。不过,决斗之所以能够继续存在直到20世纪初,不仅仅有宗教原因,还因为骑士精神。决斗成为贵族骑士维护自己名誉的一种公平方式,是他们自身荣誉的最佳裁判。[2] 亨利四世曾经试图激烈地反对决斗,但早年的教育和当时的社会偏见使他无法忍心去惩罚进行决斗的人。而且,他认为决斗为英国臣民带来的好斗精神是可贵的。[3] 那时有人对决斗抱有反对态度,苏利就是其中之一。他认为国王的纵容致使这一恶习蔓延,因此他不时地给亨利写信,恳求国王重修法令,严惩决斗者。亨利后来召开了一次特别政务会,会上苏利讲了古代和现代的决斗史;这场讨论导致一个敕令发布:决斗被确认为非法并将遭受惩罚。[4] 英国詹姆斯一世时期,弗朗西斯·培根以有力的雄辩反对决斗的习俗,批判和揭示决斗的本质和危害性;上议院把他的演说印刷成文,全国发行。[5] 在法国,红衣主教黎塞留的兄弟死于决斗,这使这位主教对决斗深恶痛绝。在他的《政治宣言》中专辟"制止决斗的方法"一章,对决斗发表了反对意见和遏制这一裁判方法的建议。[6]

在17世纪,法国的朴蒂埃在其著作中谈到了证据法,例如,在1671年出版的《债权法论》一书中,他谈到书证的证明力和口头补证等证据法问题。[7] 这是欧洲大陆国家涉及证据法研究的较早理论著作。

16世纪到18世纪,法定证据制度理论发展到顶峰,其影响一直延续到19世纪中叶。在法国,波尼厄尔(Bornier)在《证据论》一书中阐述了法官对证据进行加减的规则。[8] 在俄罗斯,收入《俄罗斯帝国法规全书》的《关于犯罪案件的诉讼法》是法定证据理论在立法上反映的代表性文献。按照法定证据制度的理论,"每一证据都有法律预先规定的分量和意义。法院和侦查机关在证据的判断上应当根据法律的规定。无论法院或是侦查机关都无权按照自己的见解去判断证据。法院和侦查机关的任务是对于它们所遇到的作为证据的每一事实,都要机械地适用法律规定的尺度,并作出法律规定的结论来"[9]。这种理论影响了欧洲大陆各国的刑事诉讼法。

---

〔1〕[英]查尔斯·麦凯:《人类愚昧疯狂趣史》,朱品凡等译,漓江出版社2000年版,第292~293页。
〔2〕参见[英]查尔斯·麦凯:《人类愚昧疯狂趣史》,朱品凡等译,漓江出版社2000年版,第292~293页。
〔3〕参见[英]查尔斯·麦凯:《人类愚昧疯狂趣史》,朱品凡等译,漓江出版社2000年版,第311页。
〔4〕参见[英]查尔斯·麦凯:《人类愚昧疯狂趣史》,朱品凡等译,漓江出版社2000年版,第311页。
〔5〕参见[英]查尔斯·麦凯:《人类愚昧疯狂趣史》,朱品凡等译,漓江出版社2000年版,第318页。
〔6〕参见[英]查尔斯·麦凯:《人类愚昧疯狂趣史》,朱品凡等译,漓江出版社2000年版,第313页。
〔7〕参见何家弘主编:《新编证据法学》,法律出版社2000年版,第83页。
〔8〕参见何家弘主编:《新编证据法学》,法律出版社2000年版,第74页。
〔9〕[苏]安·扬·维辛斯基:《苏维埃法律上的诉讼证据理论》,王之相译,法律出版社1957年版,第84页。

法定证据理论认为:如果一项证据有几分可信,但对于给被告人定罪而言,尚不够十分有力,即所谓不完善的证据,该证据可以作为有犯罪嫌疑的证据以及被告人应受刑讯的根据。

法定证据理论还根据不同种类证据的特征对证据进行分类,一些证据被划归法官直接确信的来源,另一些证据被划分为间接确信的来源。

当时的俄罗斯的法学理论精细地研究了"有价值的坦白的条件和属性",认为坦白具有证据效力的有关因素是:(1)坦白的内容,主要是坦白"内在的确实性"。确实性也需要一定条件,包括:要使坦白者能够正确和完全了解其陈述所涉及的关系;要使其愿意陈述真相;要使坦白所叙述的情节没有任何矛盾并符合案情。(2)坦白的形式,即供述的方式,包括:"在人满的法庭"获得坦白的必要性;坦白的真实性和准确性而不是暗示性;坦白的自愿性,坦白应是在未受任何身体上或精神上的强制的坦白。法定证据理论认为,坦白在具备以下四个条件时就成为完善的证据:(1)自动的坦白;(2)在审判机关里对法官进行的坦白;(3)坦白完全符合"已经过去的行为";(4)"所陈述的行为情况的可靠性和真实性不能使人有所怀疑"[10]。

法定证据理论可以分为积极理论和消极理论。前者要求法院在有法定证据的情况下必须作出有罪判决而不得作出无罪判决,也就是说,如果关于某一事实的证据已经符合法律规定的形式上的特征,即使法官尚未形成确信,也应当认定该事实是确实可靠的;后者要求在欠缺法律预定的必要证据的情况下,不得作出认定被告人有罪的判决。显然,两者强调的侧重点不同。18 世纪末叶之前,法定证据的积极理论占据上风,之后被消极理论取代。有人评价说:"消极理论不同于积极理论,大大减轻了形式证据理论的畸形弊害,反映了人道主义的影响,也反映了自然法学派和百科全书派对当时法官的专横提出抗议的影响。"[11]

(二)近现代欧洲大陆国家证据法学的发展

近现代证据法学的发展可以追溯到对法定证据制度的批判。在 1790 年,杜波尔提出废弃法定证据制度,引起激烈争论。议员蒲鲁昂提出:没有法定证据制度,案件就只能听凭法官的擅断。因此,"不可以任凭审判人员自由感觉地来判断证据,因为法官不能把盖然性同类似真实性,类似真实同真实,真实同确信,确信同显著性区别开来,就不可能决定被告人是有罪还是无罪"。"可以决定被告人命运的,只有在两个不变点中选定,即判定有罪和宣告无罪中来选定。决定这种问题的判断不可带有危害社会利益和危害无罪人安全的一种可能性。"杜波尔以下述理由反驳保持法定证据制度的意见:"当事实成为法院研究对象的时候,全部的注意应当集中在判明真实的这一点上。是不是有过这个事实——问题就在这里。认识这一点的手段是什么呢? 这种手段有两种:预先规定出来,什么样的证据是可以用来认识真实的,无论法官的确信如何,强使法官根据这种证据去作裁判,把这些证据作为固定不变的尺度加以采用;或是把那些用来认识真实情况的一切资料都精密地搜集起来并在法官目前阐明,而听凭法官去理解和进行内心判断。第一种证据——法定证据,第二种手段——道

---

〔10〕 [苏]安·扬·维辛斯基:《苏维埃法律上的诉讼证据理论》,王之相译,法律出版社 1957 年版,第 95 页。

〔11〕 [苏]安·扬·维辛斯基:《苏维埃法律上的诉讼证据理论》,王之相译,法律出版社 1957 年版,第 90 页。

德证据。我可以肯定地说,法定证据制度——它的本身就是一种荒诞的方法,是对被告人,对社会,都有危险的方法。"[12]争论的结果是杜波尔占了上风。

18 世纪启蒙思想家倡导的“自由”“理性”“良心”等思想,直接影响证据制度的各个方面。他们宣扬人道主义,尊重个人人格和保护个人人身权利,并以此带动法律制度的改革,确认了一系列现代证据制度的原则。1764 年 7 月 16 日,意大利的贝卡利亚出版了《论犯罪与刑罚》一书,系统地提出了无罪推定等现代刑事证据的基本原则,并主张废除刑讯。《论犯罪与刑罚》专章阐述了证人、口供、宣誓、刑讯等内容,提出了自己的诉讼证据理论。在书中,贝卡利亚指出:(1)关于证据的分类,“证实犯罪的证据,可以分为完全的和不完全的。那些排除了无罪可能性的证据,我称之为完全的。这种证据,只要有一个,就足以定罪。不能排除无罪可能性的证据,则是不完全证据。这种证据要变成完全的,需要有足够的数量。也就是说,从单个证据来看,无罪是可能的,而把这些证据连贯起来看,无罪则是不可能的”[13]。(2)证据应当公开,以便使公众对审判实施监督。“审判应当公开,犯罪的证据应当公开,以便使或许是社会唯一制约手段的舆论能够约束强力和欲望。”[14](3)证人应有一定数量。“一个以上的证人是必需的,因为,如果一个人肯定,另一个人否定,就什么也确定不了,在这种情况下,谁都有权被认为是无辜的。”[15](4)对于罪犯来说,宣誓并不足以使他说出真相。“理性宣布:一切违背人的自然感情的法律都是无益的,最终也是有害的。经验和理性都表明:这种宣誓是何等地徒劳无用。”[16](5)激烈抨击刑讯制度。贝卡利亚指出:“在诉讼中对犯人进行刑讯,由于为多数国家所采用,已经成为一种合法的暴行。”“如果犯罪是肯定的,对他只能适用法律所规定的刑罚,而没有必要折磨他,因为,他交代与否已经无所谓了。如果犯罪是不肯定的,就不应折磨一个无辜者,因为,在法律看来,他的罪行并没有得到证实。”他讥讽地说:刑讯是“想让痛苦成为真相的熔炼炉,似乎不幸者的筋骨和皮肉中蕴藏着检验真相的尺度”。刑讯的危害是:“痛苦的影响可以增加到这种地步:它占据了人的整个感觉,给受折磨者留下的唯一自由只是选择眼前摆脱惩罚最短的捷径,这时候,犯人的这种回答是必然的,就像在火与冰的考验中所出现的情况一样。有感性的无辜者以为认了罪就可以不再受折磨,因而称自己为罪犯。罪犯与无辜者间的任何差别,都被意图查明差别的同一方式所消灭了。”“这种方法能保证使强壮的罪犯获得释放,并使软弱的无辜者被定罪处罚。”“刑讯必然造成这样一种奇怪的后果:无辜者处于比罪犯更坏的境地。”“无辜者被屈打成招为罪犯,这种事情真是不胜枚举。”[17](6)提出无罪推定原则。贝卡利亚指出:“在法官判决之前,一个人是不能被称为罪犯的。只要还不能断定他已经侵犯了给予他公共保护的契约,社会就不能取消对他的公共保护。”[18]

贝卡利亚的《论犯罪与刑罚》具有开创现代刑法和刑事诉讼法之功,被伏尔泰誉为“人

---

〔12〕 [苏]安·扬·维辛斯基:《苏维埃法律上的诉讼证据理论》,王之相译,法律出版社 1957 年版,第 160 页。
〔13〕 [意]贝卡利亚:《论犯罪与刑罚》,黄风译,中国大百科全书出版社 2005 年版,第 19 ~ 20 页。
〔14〕 [意]贝卡利亚:《论犯罪与刑罚》,黄风译,中国大百科全书出版社 2005 年版,第 20 页。
〔15〕 [意]贝卡利亚:《论犯罪与刑罚》,黄风译,中国大百科全书出版社 2005 年版,第 22 页。
〔16〕 [意]贝卡利亚:《论犯罪与刑罚》,黄风译,中国大百科全书出版社 2005 年版,第 29 ~ 30 页。
〔17〕 [意]贝卡利亚:《论犯罪与刑罚》,黄风译,中国大百科全书出版社 2005 年版,第 31 ~ 34 页。
〔18〕 [意]贝卡利亚:《论犯罪与刑罚》,黄风译,中国大百科全书出版社 2005 年版,第 31 页。

权法典”,风靡一时,为人传诵。当时一些国家的君主受其影响而进行司法改革,如“俄国的卡德林娜女皇运用贝卡利亚的理论来促使完成俄国刑事审判制度的必要改革,以确保她的皇位”〔19〕。

不同法学流派理论对证据法学也有相当大的影响。例如,人类学派证据理论以生物学、心理学和精神病学为基础,将证明的重心置于被告人的个性之上,包括生理、心理和精神病理等属性,以客观原则分析这些个性。这一理论建立在不确实的前提之上,对诉讼证明采取形式、机械的态度,容易诱致主观擅断,偏离实质的正义。社会学派证据理论则试图将社会因素与生物学因素结合起来,走出不顾及社会因素而产生学术产品而存在研究缺陷的窠臼。

19 世纪以来,大陆法系国家对举证责任进行了深入而系统的研究,使证明责任理论成为较为深奥和复杂的证据法理论范畴之一。一些法学家对证明责任进行了理论上的分类,1896 年威利出版了《新民事诉讼中的证明责任》一书,1897 年阿得拉在《法学家》杂志上发表了论文,他们都在论及奥地利诉讼法时提出“客观证明责任”的概念。德国的费亭和博臣哥在 1894 年出版的《民事诉讼中的证明责任》中将证明责任划分为主观证明责任与客观证明责任。1900 年德国法学家尤利乌斯·格拉查又提出“实质的证明责任”和“诉讼上的证明责任”的概念。此后又有抽象证明责任与具体证明责任之分,以及本证之证明责任与反证之证明责任之分,不一而足。〔20〕

罗马法确立的两大举证原则,影响深远;后世许多学者在此基础上进行研究,自创了各种不同学说。例如:(1)消极事实说。主张消极事实者,不负举证责任。(2)主张积极事实者,就该事实负举证责任。(3)推定事实说。主张法律所推定之事实的争执者,对其主张的事实负举证责任。(4)基础事实说。主张将事实分类为权利发生要件事实、权利消灭要件事实和权利妨害事实。认为在诉讼中主张权利发生的当事人应当对权利发生要件事实承担举证责任,相对方对权利发生的欠缺要件事实(权利消灭要件事实和权利妨害事实)承担举证责任。(5)法律要件分类说。罗森贝克的规范说有很大影响,罗森贝克将法律规范分类为权利发生规范、权利妨害规范、权利消灭规范、权利排除规范。他认为,每一方当事人都必须主张和证明对自己有利的法律规范。莱昂哈德将法律规范分为权利发生规范和权利消灭规范两类,将权利排除规范归入权利消灭规范,将权利妨害规范归入权利发生规范。主张法律效果成立的当事人,应就发生该法律效果的所有法律规范的一切有关事实,承担举证责任。相对方就该法律效果变化或消灭所必需的法律要件的一切有关事实,承担举证责任。莱昂哈德还提出“反驳责任”和“指摘责任”,试图减轻原告的举证负担。(6)新的举证责任分配理论。当代社会,涉及大气污染等公害案件、医疗事故等新领域里的损害赔偿案件与日俱增,亟须建立新的举证责任分配原则;于是新的举证责任分配理论纷纷出台,如危险领域说、盖然性说、损害归因说等,都试图通过建立新的举证责任分配原则实现诉讼公平原则。在我国,罗森贝克的《证明责任论》,德国学者汉斯·普维庭的《现代证明责任问题》等均已翻译出版。这两部著作都是研究证明责任的深刻之作,一经出版即产生较大影响。

总而言之,大陆法系国家的证据法学:注重学说体系的完整性和概念的精确性;由于诉

〔19〕［斯洛文尼亚］卜思天·M. 儒攀基奇:《刑法理念的批判》,丁后盾译,中国政法大学出版社 2000 年版,第 20 页。

〔20〕参见［德］普维庭:《现代证明责任问题》,吴越译,法律出版社 2006 年版,第 11 页。

讼模式强调司法机关的职权作用，习惯于从司法机关的角度研究证据法；以实质真实为出发点研究证据法学，注重证据与证明的真确性；证据规则相对比较简单，对于证据规则的研究重视不够。[21]

二、英美国家证据法学

英美国家的证据法曾经颇为简单，与之相应，证据法学也颇浅陋。

在长期的历史中，英美国家对于诉讼证据的研究是零散而不成系统的。例如，在 18 世纪的英国，威廉·布莱克斯通（William Blackstone）在其名著《英国法释义》中对于证据法的论述内容很简单。在 17 世纪和 18 世纪，关于证据的论述一般都出现在实体法的法学著作中。17 世纪斯泰尔（Style）和邓肯比（Duncombe）的著作，虽然涉及证据，但不过是收集和罗列了若干案例而已。18 世纪以前几乎没有证据法学专著，1717 年内尔森出版的带有摘要性质的《证据法》被认为是证据法学专著的开山之作。1761 年《证据理论》一书出版，作者不详，该书以大力推崇"最佳证据规则"著称。1772 年，又一部作者不详的证据法学著作问世，书名为《有关尼西普里乌斯审判的证据法》（*Law of Evidence Relative to Trials at Nisi Prius*）。巴勒在 1772 年的《初审法院审判证据法》中将证据法归纳为 9 条规则，后来又将其扩充到 12 条。1789 年摩根（Morgan）出版了三卷本《证据法论文集》，与此前的其他许多同类作品一样，它们对证据法都缺乏系统、深入的研究，只是对一些判例进行摘要和注释而已。[22]

19 世纪以前，最有影响力的证据法学者是曾任英国高等法院首席法官的吉尔伯特，他的《证据法》一书于 1754 年出版，试图建立起证据法学的理论体系。吉尔伯特认为，以证据认定案件事实可以分为几个"证据等级"——完全确定和相信、猜定、怀疑、不信任、不相信。人们对生活中的许多事情是不能感知的，只能通过别人的行为或语言来识别，这就需要盖然性的判断。吉尔伯特还对证据进行了分类，并按照盖然性高低确定证据的等级，公共档案中的记录材料被称为最高等级的证据。[23]

19 世纪英美国家的证据法学发展取得明显进步，美国学者罗杰·帕克和迈克尔·萨克斯指出："证据法研究有着辉煌的历史，它吸引了 19 世纪最伟大的智者之一——杰里米·边沁。"[24] 19 世纪初英国法学家边沁撰写了很多证据法著作，包括《证据原理导论》《司法证据原理》等。《司法证据原理》是 19 世纪最有代表性和论证最全面的证据法学著作，"边沁的论著推进了对那一时代误入歧途的证据规则进行的激进的功利主义改革"[25]。边沁在自己的著作中抨击了吉尔伯特的证据理论。边沁认为，在诉讼中，追求裁判的真实性应当放在首位，在审判中就指控的案件事实作出判决必须以相关证据为依据。司法审判应当以对证据盖然性的估算为基础，这种估算必须以人的认识经验为基础，因此实现司法目标的最好制度

---

〔21〕 参见江伟主编：《证据法学》，法律出版社 1999 年版，第 36～39 页。

〔22〕 参见何家弘主编：《新编证据法学》，法律出版社 2000 年版，第 80 页。

〔23〕 参见何家弘主编：《新编证据法学》，法律出版社 2000 年版，第 80 页。

〔24〕 ［美］罗杰·帕克、迈克尔·萨克斯：《证据法学反思：跨学科视角的转型》，吴洪淇译，中国政法大学出版社 2015 年版，第 1 页。

〔25〕 ［美］罗杰·帕克、迈克尔·萨克斯：《证据法学反思：跨学科视角的转型》，吴洪淇译，中国政法大学出版社 2015 年版，第 1 页。

是“自然的证据体系”。应当让纠纷双方面对面陈述自己的理由并且允许相互质问。边沁反对证据排除规则,认为任何人的证言和相关的证据都不应被排除在这一证明过程之外,只要该过程带来的痛苦和花费是有关人员能够承受的。他甚至反对一切证据规则,因为法官对证据的评价很容易受到证据规则的影响。边沁对确保证人出庭作证、如何保证证据确实和充分以及如何指导法官评价证据进行了阐述。〔26〕

1806年,埃文斯专门探讨了法律问题和事实问题的区别、最佳证据规则、文书证据,比较了英国和法国在证据法方面存在的差异,建议限制证据排除规则的使用,主张法官在证据评价方面采取更为灵活的态度。〔27〕

1814年菲利普斯(Samuel March Phillips)出版了《证据法专论》一书并获得巨大成功。该书探讨了证人能力以及证人出庭问题,并研究了书证和各种诉讼需要的证明的性质问题,以清晰而系统的方法揭示证据法的基本原则,阐述各种证据规则,引用权威判例和审判材料,系统阐述了与英国法和司法实践紧密联系的证据法理论,并有意识地满足司法实践的需要。〔28〕

1824年托马斯·斯达克发表了《证据法的实务专论》,这是一本为司法实践部门撰写的证据法著作。书中提出证据法是一门科学,由一般原则加以调整,强调证据的排除规则。斯达克认为英国的证据法建立在正当和自由的原则基础之上。〔29〕

威廉·贝斯特在1844年出版了《法律与事实推定专论》,并在1849年出版了《证据原则》,在证据关联性、举证责任和传闻证据等方面提出自己的创见。他认为,证据必须与案件争议事实有关联性,在审判中若无这种关联性证据则败诉的一方当事人应承担举证责任,传闻证据在诉讼实践中已经作为指导性原则存在很久了,至少在理论上是任何一种法律制度都不可或缺的。〔30〕

詹姆斯·斯蒂芬是印度证据法的起草者,返回英国后曾向英国议会提交过一份证据立法的议案但没有被采纳。他于1876年出版了《证据法摘要》一书,他的贡献在于将证据法与程序法、证据规则与诉讼规则作了区分,尽可能地缩小了证据法的范围。〔31〕 他认为英国法过于复杂和技术化,应当加以简化。斯蒂芬对证据相关性的研究也颇有见地。他还试图把全部的证据法压缩成一条原则,即以关联性规则取代最佳证据规则,并提出:除了例外情况,判例制定的各条规则可以归纳成一条规则,即争执中的事实或与争执有关联的事实,而不是其他事实,得予以证明。〔32〕 19世纪以来,美国学者对证据法的研究开始引起学界注意。格林列夫的《证据法专论》成为最初产生影响的证据法学著作。在书中,他阐述了证据

〔26〕 参见[美]罗杰·帕克、迈克尔·萨克斯:《证据法学反思:跨学科视角的转型》,吴洪淇译,中国政法大学出版社2015年版,第81~82页。

〔27〕 参见[美]罗杰·帕克、迈克尔·萨克斯:《证据法学反思:跨学科视角的转型》,吴洪淇译,中国政法大学出版社2015年版,第83页。

〔28〕 参见宋英辉、汤维建主编:《证据法学研究述评》,中国人民公安大学出版社2006年版,第34~35页。

〔29〕 参见宋英辉、汤维建主编:《证据法学研究述评》,中国人民公安大学出版社2006年版,第35页。

〔30〕 参见何家弘主编:《新编证据法学》,法律出版社2000年版,第83页。

〔31〕 这个问题在我国的证据法学研究中恰是一个突出问题,证据法与程序法、证据规则与程序规则究竟有着怎样的区别,是我国不少学者忽视或者感到困惑的问题。

〔32〕 参见何家弘主编:《新编证据法学》,法律出版社2000年版,第85~87页。

法理论和在英美法系国家都有指导意义的一般原则。1848 年泰勒(John Pitt Taylor)出版的《适用于英格兰和爱尔兰的证据法专论》是对格林列夫的著作进行改编而写成的,以便适应英国司法的需要,这部著作相当成功。詹姆斯·塞耶于 1892 年出版了《普通法证据判例选编》,这本书成为多年以来美国法学院首选的证据法学教材。他从陪审团的产生和发展的角度研究了证据排除规则的起源和沿革,认为证据法的范围应当是狭窄的,推定和举证责任都不是证据规则;排除规则的主要基础是实质性而不是相关性。他主张扩大法官在运用证据方面的自由裁量权,简化证据规则。他提出,证据法的核心内容是一套基本上属于否定性的"规范和排除的技术规则"[33]。

到了 20 世纪,威格摩尔对证据法的权威研究使之成为不朽的法学家。1899 年,美国法学家威格摩尔受邀撰写一部证据法教科书,即《普通法审判中的英美证据法专论》(1904 ~ 1905 年出版)。这部著作,不仅在当时被视为里程碑式著作,而且至今仍被奉为证据法学研究的高峰。1913 年,威格摩尔出版了《建立在逻辑学、心理学和一般生活经验基础上的司法证明原则》,后来改名为《司法证明科学》,这部著作系统地阐述了司法证明理论体系。对于证据法学研究主要集中于可采性规则的状况,威格摩尔不以为然,他认为可采性规则与陪审团制度密切相关,属于"人造法律规则";证明原则才体现了对证据性事实进行处理的自然过程,因而具有更普遍的适用意义。他吸收心理学、逻辑学等其他学科知识对间接证据(包括对人类的动机、倾向等的分析)、证人证言等证据进行综合分析并运用图示法对证据和证明进行分析处理。

与威格摩尔同时代的证据法著名学者还有查尔斯·莫尔和查尔斯·张伯伦。查尔斯·莫尔在 1908 年出版了《对事实或证据的分量与价值的专论》,对证据的分量和价值以及证人的可信性进行了研究。虽然无法与威格摩尔比肩,但他们的著作也有一定影响。

埃德蒙·摩根是另一位证据法学研究的权威学者,他的著作《证据法之基本问题》被我国台湾地区学者李学灯译为中文,为中国证据法学者所熟悉。杰罗米·米切尔(Jerome Michael)与哲学家艾德勒(Mortimer Adler)合著《司法证明的性质——一个关于证据法逻辑、法律和实验方面的研究》一书,对证明进行了逻辑学和心理学研究。坎布利尼(Charles Frederrick Chamberlanyne)出版了五卷本《现代证据法专论》,对美国证据法发展作出解释,呼吁建立司法管理制度。他认为证据规则是司法管理准则,发现真实对于社会来说具有绝对优先的利益,进而从实质上改变了证据法和美国证据法的精神。[34]

在英美国家的证据法学研究中,对于证据规则的研究可谓汗牛充栋,有些证据规则存在很大争议,非法证据排除规则就是突出的例子。非法证据排除规则的拥护者认为,该规则有利于维护宪法权利,抑制违法取证行为,维护司法的完美性。它可以使司法程序免于受到非法证据的污染,从而加强对个人自由与权利的保障,有利于维护法律的正当程序,提升民众对司法的信心。在美国,这项规则的矛头直指执法人员而不是平民,体现了法院在个人权利保障与政府权力运作之间的平衡作用。非法证据排除规则的支持者认为,司法实践表明,不彻底消除违法行为的利益性,就难以解决违法行为的泛滥问题,就难以实现正当程序与实质

〔33〕 何家弘主编:《新编证据法学》,法律出版社 2000 年版,第 87 页。
〔34〕 参见宋英辉、汤维建主编:《证据法学研究述评》,中国人民公安大学出版社 2006 年版,第 40 ~ 43 页。

真实的和谐状态。[35] 非法证据排除规则的反对者批评说,非法证据排除规则的直接受益者是那些在非法搜查中被发现有犯罪证据者;没有被发现有犯罪证据的并不能直接从这一规则中受益,他们同社会一般民众一样,只是间接得益于这项规则给警察行为作出约束带来的好处。但非法证据排除规则在遏制警察违法搜查、扣押行为方面究竟发挥什么功效,并没有确实有力的实证证明。[36] 另外,只有当警察将搜查、扣押的目的置于起诉和审判时,非法证据排除规则才能发挥作用,否则就没有效果。[37] 这种批评发挥了一定效果,我们现在看到的非法证据排除规则的若干例外正是这种批评和改革的直接结果。

许多当代学者继续对英美证据法进行有益探索。英国著名法学家威廉·特文宁致力于法理学、证据法等学科研究,善于以法理学视角研究证据法,著有《反思证据:开创性论著》《证据理论:边沁与威格摩尔》《证据分析》等证据法学著作。他倡导将英美证据法研究从仅仅关注证据规则尤其是排除规则中突围出来,与法庭科学、心理学、证明逻辑、概率论等结合起来。他对吉尔伯特对证据法进行系统研究以来300余年的研究成果进行系统梳理并加以概括,指出证据法学在科技取得巨大进步的条件下,需要寻求突破,应当借助其他学科大力发展。

米尔吉安·R.达马斯卡教授(Professor Mirjan R. Damaska)以比较法视角对证据法学领域进行探索。这位出生于前南斯拉夫的学者,曾经在萨格拉布大学法学院任教10年,1972年到美国宾夕法尼亚大学任教,1976年起执教于耶鲁大学。他作为欧洲大陆国家的学者执教于美国,对于大陆法系和英美法系都有着深刻理解,其在两大法系诉讼制度和证据制度比较方面的著述令学界瞩目。达马斯卡证据法学著述《漂移的证据法》和《比较法视野中的证据制度》都已经有中译本出版。他对英美法系证据规则进行动态分析,阐明历史原因、技术原因对证据规则形成、发展的影响,并从认识论、证明方式、真实以及证据评价模式四个方面,对两大法系的证据制度和司法证明活动进行比较,归纳和评价其不同模式,对于司法裁判中的真实发现原则予以肯定。

罗纳德·J.艾伦教授是国际公认的著名证据法学家,也是对我国证据法学研究领域产生很大影响的学者,其主要著作有《宪法背景下的刑事程序》《证据法的分析路径》等证据法学著作。他撰写的《证据法:文本、问题和案例》一书被译成中文出版,成为我国研究美国证据法的权威学术著作和经典教材。

总的来说,英美国家证据法制度与欧洲大陆国家的法定证据制度有很大不同,英美证据理论也不同于欧洲大陆国家的法定证据理论。前者认同的是给予法官在事实判断上的自由,并不预先规定各种证据的证明力,它所关心的是:什么事实是可被证明的;什么证据可以用于证明;谁应提出证据或承担证明责任。由于英美国家实行陪审团审判,英美证据法理论注重各种证据和证据规则对陪审团的实际影响,防止陪审团受到某些证据的误导而作出错误的裁判。

英美国家的证据法学不甚追求体系的完整性和概念的精确性,而是注重对具体案例的

---

[35] See John N. Ferdico, *Criminal Procedure*, West Publishing Co., 1989, p. 56 – 57.

[36] 参见马跃:《美国刑事司法制度》,中国政法大学出版社2004年版,第210页。

[37] 参见马跃:《美国刑事司法制度》,中国政法大学出版社2004年版,第211页。

研究,将竞争概念引入诉讼领域并从当事人角度研究证据法是英美国家证据法学研究的特色。“英国证据理论的基本任务之一是企图从陪审人员眼光中消除不良的材料,便利陪审人员判断证据的工作。因此在英国的理论里是以对于个别证据效力和意义作出指导性的指示为其基本重点。”〔38〕英美证据理论重视个人自由,讲求公平竞赛,重视研究各种证据规则,重视对证据法进行个案的具体研究。英美人注重实效,不尚空谈,重视根据具体案件解决实际问题,这一特点在证据法学研究中有明显表现。

当今英美证据法学不但注重法教义学研究,而且对于与其他学科结合起来进行的研究也颇为重视,这些学科包括心理学、法庭科学、概率论、女性主义、经济学、统计学等;证据法学研究的视野得到进一步拓展,此外对科技证据的研究也有不少可贵的研究成果。

第二节　我国证据法学的历史沿革

一、我国古代证据理论与学说

我国古代并无证据法学专门著作,对于证据制度的讨论散见于史书或前人的单篇文章中,故作为学术研究性质的证据法学并不发达。

我国古代有律学,清代包世臣云:“南朝有律学,唐沿隋制,公式首载讲读律令之条,至今因之。”不过,其目的在于“军民能熟谙律文、深明律意者,准免犯过失、因人连累流罪一次”〔39〕。陈顾远认为:“中国之律学,似以所谓法家者流,承其正统,实则概言之耳。法家之能否独立,故置不论;而从事律学者不必限于法家,则为定谳。言法制者多宗《吕刑》,也多取材《周礼》,皆非法家著作。法学盛于战国,律家之著仅在汉魏,律学之衰确于东晋,东晋至宋初,律学虽衰,尚可例示;南宋至清末,律学已微,沦为小道。”〔40〕近年有学者指出:“汉代以后,法学伴随着‘百家争鸣’时代的结束而趋于萧条,但讲习、注释法律之风渐盛。后发展成私家的‘律学’,即学者对当朝以律为主的成文法进行注释的法学。律学方法是依据儒家经义,从文学上、逻辑上注释法律条文、章句及法律名词,也简述某些法律原理。东晋以后,律学逐渐由‘私家’转向‘官学’。因而,在整个中国法律文化中,贯穿的是以注释为主的法学研究方法。先秦的《法律答问》融法条与法理于一体,颇为可观。《唐律疏义》对注条的注疏更是达到了登峰造极的地步。相对于欧洲中世纪后期的注释法学,中国的律学及其方法产生的时间早、持续时间长,对立法和司法的作用大。”〔41〕

(一)秦汉以前

我国先秦时期已经存在有关司法和证据的诉讼实践,形成了一些有关证据的朴素观念。

---

〔38〕［苏］安·扬·维辛斯基:《苏维埃法律上的诉讼证据理论》,王之相译,法律出版社1957年版,第131页。

〔39〕(清)包世臣著、潘竟翰点校:《齐民四术》,中华书局2001年版,第228页。

〔40〕陈顾远:《中国法制史》,中国书店1988年版,第41~51页。

〔41〕田成有、陈令华、韦松涛:《法学理论研究方法的回顾与前瞻》,载http://www.yn148.com/flrzj/fl/spsj/fxllhgqz.htm。

《尚书》《周礼》等著作以及一些流传下来的史书,记述了有关证据的制度或观念。从这些内容来看,制度与理论不分,法学与法制被混合加以介绍,虽传至后世,却难以分开稽考。

《尚书》是我国最早的史书。春秋、战国时称《书》,及至汉代,方称《尚书》,儒家又尊称为《书经》。“尚”与“上”通用,“书”的原义是史,上古时史为记事之官,书为史官所记之史,该书记载的是上古的史事,故称为《尚书》。依时代,《尚书》可分为《虞书》《夏书》《商书》《周书》四部分,共100篇。《吕刑》为其中一篇。《吕刑》曰:“五刑之疑有赦,五罚之疑有赦,其审克之!简孚有众,惟貌有稽。无简不听,具严天威。”“非佞折狱,惟良折狱,罔非在中。察辞于差,非从惟从。哀敬折狱,明启刑书胥占,咸庶中正。”又曰:“罔不中听狱之两辞,无或私家于狱之两辞!”又曰:“两造具备,师听五辞,五辞简孚,正于五刑。”这些内容都与证据有一定关系,后世奉为经典言论并多加引用。

《周礼》著于西周时期(公元前770年至公元前476年),在汉代称《周官》或者《周官经》,西汉末期的刘歆开始称《周礼》,与《仪礼》《礼记》统称“三礼”。《周礼》为“三礼”之首,为古代官制典籍,在儒家经典中居举足轻重的地位。《周礼》分六篇,即天、地、春、夏、秋、冬六官。其中秋官为刑官,管理刑狱、司法政务,兼掌礼宾。有关刑官的内容与法制有关,如《周礼·秋官·小司寇》云:“古者取囚要辞,皆对坐。”

我国古代的法制建立在伦理原则的基础上,孔子及后世儒家学者针对诉讼提出了一系列主张,对证据法产生了重大影响;证据法的一些内容和司法的一些实际事例直接反映了这种影响,而儒家思想对证据法思想也产生了深远影响。如孔子主张“亲亲相隐”,《论语》记述:“叶公语孔子曰:‘吾党有直躬者,其父攘羊,而子证之。’孔子曰:‘吾党之直者异于是:父为子隐,子为父隐。直在其中矣’。”[42]其父攘羊,而子证之,叶公认为直,孔子则以子为父隐为直。这是古代法律中亲属相为容隐制度的直接来源。

(二)秦汉以后

我国秦朝遵奉法家思想,以严刑峻法来治理国家,刻薄寡恩。汉以后儒家思想占据主流,儒家经典不但给中华法系带来重大影响,而且在汉代能够作为判案的根据,即董仲舒提出的《春秋》决狱。例如,有如下案件:“时有疑狱,曰:甲无子,拾道旁弃儿乙,养之以为子。及乙长,有罪杀人,以状语甲,甲藏匿之。甲何论?仲舒断曰:‘甲无子,振活养乙,虽非所生,谁与易之?’《诗》云:‘螟蛉有子,蜾蠃负之。’《春秋》之义,父为子隐。甲宜匿子,而不当坐。”[43]董仲舒以《春秋》一书表达的儒家经义为依据,前后处理疑难案件232起。后世如在晋朝立法中,卫展多有建议。《晋书·刑法志》记载,卫展上书云:“设子孙犯事,将考祖父逃亡,逃亡是子孙,而父祖婴其酷。伤顺破教,如此者众。相隐之道离,则君臣之义废。君臣之义废,则犯上之奸生矣。”这就是以儒家经典为依托提出的立法建议。

除儒家外,先秦其他诸家也提出了一定的诉讼主张,特别是法家,其思想在我国古代的诉讼实践中也有一定的影响,但秦朝以后它们的影响力都不及儒家思想。

中国古代司法中的许多制度和做法以经验为来源,证据法学中也有许多经验之谈,例如

---

〔42〕《论语·子路》第十三。

〔43〕 袁长江主编:《董仲舒集》,学苑出版社2003年版,第412页。

对于五听制度的认识就是如此。“五听”之法得到认可，不仅缘于儒家经典对这个制度的肯定，也缘于它与实际经验的契合。

在古代的诉讼证据研究中，值得一提的是对于勘验的研究。韩非子曾言：“无参验而必之者，愚也；弗能必而据之者，诬也。”[44] 检验之方，隋唐犹无闻焉，至宋乃有《洗冤录》，而后又有《平冤录》《无冤录》；《洗冤录》集以上三书而成之，到清代又有《洗冤集表》，更为简明。[45]《洗冤录》为宋朝人宋慈（1186～1249 年）所著，是世界上最早的较完整的法医学专著，比世界各国在这个方面的专书早三个半世纪之久。作者宋慈，字惠父，南宋建阳（今属福建）人，宋宁宗嘉定十年（1217 年）进士，历任主簿、县令、通判兼摄郡事等职。嘉熙六年（1239 年）升任提点广东刑狱，后移任江西提点刑狱兼知赣州。淳佑年间，提点湖南刑狱并兼大使行府参议官。在任期间，宋慈核定当时的尸伤检验著作，参以自己的经验，完成了这部集以前外表尸体检验经验之大成的著作。该书主要内容包括：关于检验尸伤的法令、验尸的方法和注意事项、尸体现象、各种机械性窒息死、各种钝器损伤、锐器损伤、交通事故损伤、高温致死、中毒、病死和急死、尸体发掘等。自南宋以来，《洗冤录》成为历代官府尸伤检验的蓝本，被奉为宋以后各代刑事检验的准则。该书作为世界法医史上的第一部著作，曾被译成多种外国文字，深为世界各国所推崇，在世界法医学史上占有重要地位。

《洗冤录》虽为法医学著作，但其亦有证据法学上的意义，书中内容不仅对于证据的审查颇有价值，而且宋慈在书中提出了自己的证据法学观点。如其在开篇就提出不能轻信口供，认为“切不可凭一二人口说便以为信，及备三两纸供状谓可塞责。况其中不识字者”“告状切不可信，须是详细检验，务要从实”，对疑难案件尤“须是多方体访，务令参会归一，切不可凭一二人口说，便以为信”。对于检验，他提出检验官必须亲临现场，告诫“临时审察，切勿轻易，差之毫厘，失之千里”，他还强调尸格必须由检验官亲自填写等尸体检验原则。这些内容皆有证据法学价值。

另外，郑兴裔、徐似道都曾建议改革勘验，并被采纳而颁行。郑兴裔是浙西提刑，上言诸州县检验之弊，遂措置格目，行下所属州县。每一次检验，依立定字号用格目三本，一申所属州县，一付被害之家，一申本司照会，州县受词，差官检官受牌起发，皆注时日于上，关防详密，州县不得为欺。徐似道于嘉定四年（1211 年）提出，推鞫大辟之狱，自检验始，其间有因检验官司指轻作重，以有为无，差讹交互，以故奸吏出入人罪，弊倖不一，伏见湖南广西见行刊正背人刑，随格目给下，检验官司令于伤损之处，依样朱红画图，横邪曲直，仍于检验之时，唱喝伤痕，令罪人同共观看所画图本，众无异辞，然后着押，则吏奸难行，愚民易晓。

在我国古代，有一些学术见解出现在对法典的注释性著作中，这类著作有《唐律疏义》《唐明律合编》《读例存疑》等，其中都有若干对诉讼证据和证明的解释和观点，但内容并不多。

《唐律疏议》是唐代长孙无忌的著作。长孙无忌（约 594～659 年），字辅机，河南洛阳人，是唐太宗李世民的内兄，文德顺圣皇后之兄，他的《唐律疏议》是有关唐律的首屈一指的名著。有学者认为：“我国七世纪的著名法典注释书《唐律疏议》，无论在结构体系的合理

〔44〕《韩非子·显学》第五十。

〔45〕参见袁长江主编：《董仲舒集》，学苑出版社 2003 年版，第 412 页。

性、概念阐述的科学性、条文注释的完整性、原则内容的系统性等方面,都可以与古代罗马查士丁尼《国法大全》相媲美。"[46]我们可以从《唐律疏议》对"疑罪"的解释管窥一斑。唐律规定:诸疑罪,各依所犯,以赎论。《唐律疏议》对此条的注的内容是:"疑,谓虚实之证等,是非之理均;或事涉疑似,傍无证见;或傍有闻证,事非疑似之类。即疑狱,法官执见不同者,得为异议,议不得过三。"长孙无忌解释说:"'疑罪',谓事有疑似,处断难明。'各依所犯,以赎论',谓依所疑之罪,用赎法收赎。注云'疑,谓虚实之证等',谓八品以下及庶人,一人证虚,一人证实,二人以上,虚实之证其数各等;或七品以上,各据众证定罪,亦各虚实之数等。'是非之理均',谓有是处,亦有非处,其理各均。'或事涉疑似',谓赃状涉于疑似,傍无证见之人;或傍有闻见之人,其事全非疑似。称'之类'者,或行迹是,状验非;或闻证同,情理异。疑状既广,不可备论,故云'之类'。'即疑狱',谓狱有所疑,法官执见不同,议律论情,各申异见,'得为异议',听作异同。'议不得过三',谓如丞相以下,通判者五人,大理卿以下五人,如此同判者多,不可各为异议,故云'议不得过三'。"[47]

《唐明律合编》《读例存疑》是清代薛允升的著作。薛允升是陕西西安人,担任过山西按察使、刑部尚书等职,对于律学颇有研究,著有《唐明律合编》四十卷、《汉律辑存》六卷、《汉律决事比》四卷、《读例存疑》五十四卷以及《薛大司寇遗集》等书。薛允升对于律学的研究与见地可与沈家本相媲美。

在我国古代,历代都有关于废止刑讯或者痛陈刑讯弊害的吁求或主张。刑讯流行于秦汉,西汉路温舒极力反对刑讯。史载昭帝崩,昌邑王贺废,宣帝初即位。路温舒上书言宜尚德缓刑,对刑讯逼供痛下针砭,主张"尚德缓刑",云:"夫狱者,天下之大命也,死者不可复生,绝者不可复属。《书》曰:'与其杀不辜,宁失不经。'今治狱吏则不然,上下相驱,以刻为明,深者获公名,平者多后患。故治狱之吏,皆欲人死。非憎人也,自安之道,在人之死。是以死人之血,流离于市;被刑之徒,比肩而立;大辟之计,岁以万数。此仁圣之所以伤也,太平之未洽,凡以此也。"他还痛陈:"夫人情安则乐生,痛则思死,棰楚之下,何求而不得?故囚人不胜痛,则饰辞以视之,吏治者利其然,则指道以明之。上奏畏却,则锻练而周内之。盖奏当之成,虽咎繇听之,犹以为死有馀辜。何则?成练者众,文致之罪明也。是以狱吏专为深刻,残贼而亡极,愉为一切,不顾国患,此世之大贼也!故俗语曰:'画地为狱议不入,刻木为吏期不对。'此皆疾吏之风,悲痛之辞也。故天下之患,莫深于狱。败法乱正,离亲塞道,莫甚乎治狱之吏。此所谓一尚存者也。"路温舒进而提出:"广箴谏之路,扫亡秦之失,尊文武之德,省法制,宽刑罚,以废治狱;则太平之风,可兴于世。永履和乐,与天亡极,天下幸甚。"[48]宣帝览罢,深为赞同,史书记载"上善其言"。

到了南北朝时期,梁亡陈兴之际,删定律令,针对严酷的"测罚"进行了一场大论战。《陈书·沈洙传》记载:"梁代旧律,测囚之法,日一上起自晡鼓尽于二更,及比部郎范泉删定律令,以旧法测立时久,非人所堪,分其刻数日再上,廷尉以为新制过轻,请集八座丞郎并祭酒孔奂、行事沈洙,五舍人会尚书省详议,时高宗录尚书,集众议之。"在讨论中,周弘正指

---

〔46〕 何勤华:《法学形态考——"中国古代无法学论"质疑》,载《法学研究》1997年第2期。

〔47〕《唐律疏议》卷第三十。

〔48〕(西汉)路温舒:《尚德缓刑书》。

出:“凡小大之狱,必应以情正言,依准五听,验其虚实,岂可全恣考掠以判刑罪?且测人时节,本非古制,近代已来,方有此法;起自晡鼓,迄于二更,岂是常人所能堪忍?所以重械之下,危堕之上,无人不服,诬枉者多。”“夫‘与其杀不辜,宁失不经’;‘罪疑惟轻,功疑惟重’,斯则古之圣王垂此明法,愚谓依范泉著制,于事为允。”表明了支持范泉的立场。舍人盛权认为:“愚谓染罪之囚,狱官宜明加辨析,穷考事理,若罪有可疑,自宜启审分判,幸无滥测;若罪有实验,乃可启审测立,此则枉直有分,刑宥斯立。”主张对于是否犯罪尚有怀疑的,不实行“测罚”,对于有确实证据表明其有罪的,可以实行“测罚”,以示区别。讨论的结果,“众议以为宜依范泉前制”。杨鸿烈先生对此评论说:“按诸人所说,周弘正的言论最为鞭辟入里,在前汉路温舒反对‘刑讯’之后,要算他是出来继接几百年的绝响。”[49]

宋代胡太初在其所著《昼帘绪论·治狱》中批评刑讯,云:“甚至有狱囚不得一见知县之面者;不知吏逼求贿赂,视多寡为曲直,非法拷打,何罪不招?令合戒约推款,不得自行讯鞫,公事无小大,必令躬自唤上,诘问再三,顽狡不伏,尽情然后量施笞榜,周官有五听之法,亦以狱情难测,不可专事捶楚也……”

一些帝王对于刑讯也有批评,如《金史·刑法志》载金世宗谓:“棰楚之下,何求不得?奈何鞫狱者不以情求之乎?”

虽然如此,刑讯仍未被彻底废止。杨鸿烈感喟:“但历元、明至清,‘讯刑’尤为‘中国法系’的癌。”[50]

在我国,一些证据法观点出现在一些官员或者幕宾留下的著作中,例如对于案发之后最初的询问,元朝张养浩指出:“狱问初情,人之常言也。盖狱之初发,犯者不暇藻饰,问者不暇锻炼,其情必真而易见,威以临之,虚心以诘之,十得七八矣。少萌姑息,则其劳将有百倍厥初者。”[51]

清代汪辉祖[52]《学治臆说》等著作也有一些关于司法经验,包括证据运用以及审查判断的经验之谈。在《学治臆说》中,汪辉祖提到其“五听”的实际功效,还提到法官应当精力集中,故审理案件宜静。[53] 汪辉祖提出“草供未可全信”,对于口供,必须慎重对待,仔细审核,不应轻信。[54] 汪辉祖对刑讯持慎重态度,认为:“词讼细务,固可不必加刑矣。或谓命盗重案,犯多狡黠,非刑讯难取确供,此非笃论也。命有伤,盗有赃,不患无据。且重案断不止一人,隔别细鞫,真供以伪供乱之,伪供以真供正之。命有下手情形,盗有攫赃光景,揆之以理,衡之以情,未有不得其实者。特虚心推问,未免烦琐耳。顾犯人既负重罪,其获罪之故,当听其委婉自申,不幸身罹大辟,亦可与我无憾。若欲速而刑求之,且勿论其畏刑自诬,未可信也,纵可信矣,供以刑取,问心其能安乎?”[55] 我国古代司法重经验,有许多类似的经验之

---

〔49〕 杨鸿烈:《中国法律思想史》,上海书店1984年版,第163~165页。
〔50〕 杨鸿烈:《中国法律思想史》,上海书店1984年版,第166页。
〔51〕 (元)张养浩:《为政忠告》,辽宁教育出版社1998年版,第11页。
〔52〕 (清)汪辉祖(1731~1807年),字焕曾,号龙庄,晚号归庐,浙江绍兴府萧山县人,著有《学治臆说》《佐治药言》等著作。
〔53〕 参见(清)汪辉祖:《学治臆说》,辽宁教育出版社1998年版,第52页。
〔54〕 参见(清)汪辉祖:《学治臆说》,辽宁教育出版社1998年版,第25页。
〔55〕 (清)汪辉祖:《学治臆说》,辽宁教育出版社1998年版,第53页。

谈,值得重视。

二、清末证据法学研究

清末的证据法学研究是在西风东渐、朝廷变法的过程中展开的。关于证据法学的探讨首先是针对刑讯展开的。由于在漫长的历史过程中,刑讯得不到遏制,其便成了历久弥新的话题。光绪二十七年(1901 年)六月,两江总督刘坤一、两湖总督张之洞在《第二次会奏变法事宜疏》里还在说:"……敲扑呼号,血肉横飞,最为伤和害理,有悖民牧之义! 地方官相沿已久,漠不动心……拟请以后除盗案命案证据已确而不肯供认者,准其刑吓外,凡初次讯供时及牵连人证,断不准轻加刑责。"[56]

清末,明令禁止沿用了数千年的刑讯,沈家本在此发挥了重要作用。沈家本(1840 ~ 1913 年)是清末司法改革首屈一指的关键人物,字子惇,别名寄簃,浙江吴兴(今浙江湖州)人。他是光绪九年(1883 年)进士,留刑部补官,1902 年受命主持修订法律。其长期在刑部任职,有机会浏览历代法典与刑狱档案,对中国法律沿革与得失十分了解。当中华法系在西方法律制度和法学思想的影响下摇摇欲坠之际,沈家本开始悉心学习西方国家的法律,并吸收其法律思想,成为当时中国引进西方法律的积极倡导者。他受命主持修订法律,删改了原有的《大清律例》,制定了近代化的法典法规。沈家本著有多部与法律有关的著述,包括《沈寄簃先生遗书》甲编、乙编及未刻书目《秋谳须知》《律例偶笺》《律例杂说》等。

在沈家本的著作《历代刑法考》中,沈家本考证中国"考囚"制度的来龙去脉,提出废除刑讯,发出这样的质问:"李斯以丞相之贵而不免榜笞诬服,考掠之法,可畏如此,而世犹以考掠为必不可废,何也?"[57]沈家本指出"中外法制之最不相同者,为刑讯一端"。他主张:"无论各法是否俱备,无论刑事、民事大小各案,均不用刑讯。"他提出,按照中国旧例,"徒罪以上仍具有认证。有众证矣,则不得以刑逼取犯供更可知"。因此,禁止刑讯并不违背中国古制,不外是"申明旧章,略为变通"。沈家本还批驳了禁止刑讯则犯人不易招供从而使案件积压的反对派观点,提出:刑讯并未使诉讼效率提高,否则为何"各省积压之案有数年数十年不结者? 且有拖累无辜瘐毙多命者"。因此,不能以案件积压为反对禁止刑讯的理由。在沈家本的努力下,朝廷颁发了禁止刑讯的新章程。

针对上海租界内会审公堂不顾新章程的规定仍然刑求杖责的行为,沈家本还专门上折请求重申严禁刑讯。在《轻罪禁用刑讯笞杖改为罚金请申明新章程折》中,沈家本指出:"立国之要领,存乎法权,而法权之推暨,在乎严守。"他抨击上海会审公堂的中国官吏:"昧于交涉,狃于故常,任情敲扑,视宪典如弃髦,是非从严参办,不足以肃纲纪。"清廷在沈家本等人的促请下,谕令全国各地总督巡抚加强监督,"倘有阳奉阴违,仍率用刑求妄行责打者,即令该管上司指名严参,毋许循隐"[58]。

三、民国时期证据法学研究

到了民国时期,我国法制取法德国、日本等国,迅速走向现代化,法学研究也进入全新的

〔56〕 杨鸿烈:《中国法律思想史》,上海书店 1984 年版,第 167 页。

〔57〕 (清)沈家本著、张全民点校:《历代刑法考》,中国检察出版社 2003 年版,第 525 页。

〔58〕 杜钢建:《中国近百年人权思想》,载 http://www.jcrb.com/zyw/n6/ca12161.htm。

局面。当时出版了一些证据法学教材和著作，引人注目，主要有：周荣编著的《证据法要论》，由上海商务印书馆于 1936 年出版。全书分为 11 章，讲述了证据的定义，证据法的性质、范围、学说、分类，对举证责任、证据调查、人证、鉴定、书证、勘验、证据保全、证据的评说分别进行了专题研究。该书的特点是以论述本国法为主，略述英美证据法，并认为我国证据法采自由心证主义，英美证据法采法定证据主义。蒋澧泉编著的《民刑诉讼证据法论》，由上海法学院 1941 年出版，该书分 20 章，论述了证据的意义以及证据法的意义、性质、编制等问题。东吴大学法学院于 1948 年编写出版的《证据法学》一书，分为绪论、本论两大部分。盛振为著有《证据法学论》，由东吴大学法学院 1948 年编著出版，为该校讲义，分绪论与本论。该书后来又出了增订版，增加了证之安全、证之辩证两篇以及情状证一章，该书特点之一是引用资料较为丰富。[59]

另外，1933 年，上海法学编译社还出版了日本法学家松冈义正著、张知本译的《民事证据论》，书中论述了证据法的本质、意义、种类、目的物以及举证责任、自由心证、证据手续和证据方法等。此外，民国时期还出版了林行规的《英法证据法讲义》，介绍证据法的一般理论，对英国、法国证据法的关系事实、证明方法、证据的证明力、间接证据等进行了重点介绍和评论。[60]

民国学者对于自由心证主义，均抱持肯定态度。例如徐朝阳云："法定证据主义，虽可防裁判官之专横，然易受当事人之欺弄。盖诉讼材料之处分，均委之当事人。若当事人未主张之事实，与未提出之证据，法院均不能过问；苟为当事人之所主张或提出，无论是否真实，但有真实之形式，则法院不能舍此他求，其结果就刑事诉讼而言，则有罪者不得科刑，无罪者不能免罚，揆诸情理，岂得谓平？故为贯彻实体真实发现，自以采用自由心证为当。"[61]也有学者认为："罗马法上便已采用法定证据主义，这是因为罗马古代裁判官自由调查证据，不免渐次发生专横的流弊；所以就用证据法则加以制限。现代立法例多趋重自由心证主义，可是这两种主义各有短长，诉讼法上应当相互采用，那就可以产生良好的效果。"[62]"本于心证作用，决断证据的价值，有没有非难的余地呢？关于这一个问题，就有学者主张，说是自由心证的结果，每有同一证据，在此人心理上已经认为真确，但在别人仍旧要怀疑；那么，证据的证明成为没有一定的标准了。可是拥护自由心证论者却以为凡事不能超越一定的范围，如果轶出常情之外，那就立可发见偏颇的所在，某种证据该有怎样的证明力，一般具备常识的人都可兴起一种共同的心证作用，并且，人类的直觉本来具有一种判断力，再加以经验和学识，那就对于事物的性情，人事进行的顺序，意志情感的趋向，都有相当的认识，运用心证时，不离归纳或演绎的方法，也就不至于漫无标准。"[63]

证人制度是证据制度中非常重要的一环，民国法律对此规定颇详，学术研究也颇成熟。关于证人资格，民国学者认为："证人须非诉讼当事者，故推事、原告、被告及辅佐人、代理人、辩护人皆不能为证人，但此等人脱离诉讼关系时仍可以为证人。特认为无证人能力者，

〔59〕参见北京图书馆编：《民国时期总书目（法律）》，书目文献出版社 1990 年版，第 257～258 页。
〔60〕参见北京图书馆编：《民国时期总书目（法律）》，书目文献出版社 1990 年版，第 257～258 页。
〔61〕徐朝阳：《中国诉讼法溯源》，商务印书馆 1931 年版，第 10 页。
〔62〕朱采真：《刑事诉讼法新论》，世界书局 1929 年版，第 42 页。
〔63〕朱采真：《刑事诉讼法新论》，世界书局 1929 年版，第 101～102 页。

如奴隶、妇女及准死之人[受法律上一定制裁不齿于人类者]皆是。近世法律进步,无绝对认自然人为无证人能力之例。"[64]

对于某些证人具结义务的免除,学者一般认为,对于某些特定之人,各国立法例,本条所列各人,有不得为证言者,然审判官吏有自由取舍证言之权。无能力之证人,可毋庸加以限制。惟以其不能理会具结之意义及效果,故应免其具结之义务。[65]

对于讯问被告人(含"嫌疑人"),民国有学者认为:"讯问被告人,应有正大光明的态度,肉体的拷问固然是不像人类间的理性行为,还有精神的拷问也是违反于人道,胁迫、利诱、诈欺,就是所谓精神的拷问了。不过呢,精神拷问的种类很多,刑诉法上哪能一一列举,如同密行的追查程序中深夜讯问被告人,何尝不是使他精神上受痛苦呢?又像被告人对于过去的事实,不能完全记忆起来,原来也是人情之常;然而陈述上偶尔有了矛盾,本非故意,检察官或推事就利用这种矛盾之点,痛加驳诘,扰乱被告人的神志,这又何尝不是一种精神上的拷问呢?"[66]对于共同被告的供述,可否作为认定其他人犯罪事实的证据,民国时期学者尚有争议,有学者认为:"余谓共同被告,在他被告案内,虽未经讯问证人之程序,但其所为供述,于自己犯罪尚得为证据;于他被告犯罪,亦无不许为证据之理。"[67]

民国学者从心证程度角度将证明分为证明与释明,对于某一事物达到推测程度者,为释明;对于该事物达到确信程度者,为证明。证明一般用于实体关系的事实,释明则用于诉讼程序的事实。证据的种类分为本证与反证、直接证据与间接证据、人证与物证。证明的客体,通常为事实;当习惯法、自治法、外国法及特别经验法则需要依调查程序加以证明时,法律或经验法则亦可成为证明的客体。事实又分为实体法事实和程序法事实,前者须证明,不能证明则应谕知无罪;后者一般只需释明。无须证明的事实包括:法律上推定的事实,一般通有的事实,公知的事实。

四、新中国证据法学研究

我国新民主主义革命时期,共产党领导下的地区实行苏式法律制度,有关法制的思想受苏联影响的同时也有一定的本土特色。各地抗日民主政府要求法庭对案件的调查不受诉状的约束,依靠群众,以判明事实真相为目的,务必获取确凿证据。太行区对该地区的司法经验进行了总结。1946 年 5 月《太行区司法工作概况》提出分析案件材料的方法,包括:(1)"立场要公正严明,要富于怀疑精神,不要先入为主,先肯定罪状然后再去找材料。"对于法官,要求"一个法官审理案件是应从实际出发的,不应从感情出发,不要使个人好恶爱憎的感情,夹杂在处理问题之中"。(2)分析案件材料要有正确、科学的观点,不能机械、静止地看问题,"不要以为过去坏的人,现在必坏"。不要从形式上看问题,对案件要具体分析、研究。不要简单、孤立地看问题,要联系原、被告的历史特点和当地的历史条件。审理案件的方式要根据实际需要,斟酌案件情况来决定。

---

〔64〕《暂行新刑律汇解》,第十二章第 3 页。

〔65〕参见《暂行新刑律汇解》,第十二章第 3 页。

〔66〕朱采真:《刑事诉讼法新论》,世界书局 1929 年版,第 163 页。

〔67〕陈瑾昆:《刑事诉讼法通义》,朝阳大学 1930 年版,第 196 页。

随着新民主主义法制的发展，马克思主义法制学说同中国革命司法实践结合在一起，形成马锡五审判方式和相应的法制思想，重视深入基层调查研究，不拘形式，就地审判，方便群众，诉讼手续简便，对于案件力求全面正确，是非曲直摆在明处。[68]

这一时期我国处于战争时期，抗日根据地和解放区很难有深入的证据法学研究。共产党领导地区的证据法学研究要等到新中国成立以后才能真正开展起来。

(一)新中国成立初期

新中国成立初期，是社会主义法律思想和学术研究的起步期。当时全国范围内开展了以反对旧法观点、旧司法作风和司法机关改造为内容的司法改革运动。[69] 法学界和司法实务部门以马克思主义法律观分析和看待旧法观点，划清新旧司法的界限，总结和宣传人民司法经验，增强马克思主义法律学说的认识和修养，中断了近代以来我国法律借鉴西方的发展脉络，旧的法学从内容到形式均荡然无存，法学实际上面临重新创建的问题。

到了20世纪50年代，我国法学研究取法苏联，全面接受苏联法学的影响。这一时期，各门法学学科建设主要是通过学习、引进和借鉴苏联法学进行的。当时翻译出版了一系列苏联法律制度方面与证据有关的教材和专著，主要有：张君悌译《苏俄刑事诉讼法》(新华书店1949年版)，徐步衡译《苏联诉讼法纲要》(大众法学出版社1951年版)，M. A. 切里佐夫著、中国人民大学刑法教研室译《苏维埃刑事诉讼》(中国人民大学1953年版)，安·扬·维辛斯基著、王之相译《苏维埃法律上的诉讼证据理论》(人民出版社1954年版)，阿布拉莫夫著、中国人民大学审判法教研室译《苏维埃民事诉讼》(法律出版社1956年版)，克列(林)曼著，王之相、王增润译《苏维埃民事诉讼》(法律出版社1957年版)等。其中，安·扬·维辛斯基著、王之相译《苏维埃法律上的诉讼证据理论》对我国证据法学产生了较大影响。

值得一提的是，苏联在创建社会主义法制时，认同无罪推定这一现代法律制度的重要原则，“将保障被告人的各项权利，特别是在没有确定其罪责的充分根据时，不得检举其刑事责任和判他有罪作为一项重要的法制原则”[70]。社会主义苏联确立的无罪推定原则，迅速地影响了新中国的刑事诉讼立法和法学理论研究。早在20世纪50年代，我国就有学者公开发表学术论文提出将无罪推定原则作为建立辩护制度的根据，主张在我国实行无罪推定原则。

在学习和借鉴苏联法学的同时，我国也开始了本国法学学术的探索，开始编写本国教材。1956年，中国人民大学审判法教研室和北京政法学院刑诉教研室在司法部的指导下，合作编写了《中华人民共和国刑事诉讼教学大纲》。北京大学、中国人民大学和北京政法学院根据这一大纲联合编写了《中华人民共和国刑事诉讼教材》(因反右斗争开始而未能出版)。当时报刊发表了的法学论文中涉及证据的概念、特征、分类、审查判断以及无罪推定原则和证明责任等。[71]

---

〔68〕 参见张希坡、韩延龙主编：《中国革命法制史》，中国社会科学出版社2007年版，第423~445页。
〔69〕 参见《陈光中法学文选》(第1卷)，中国政法大学出版社2010年版，第176页。
〔70〕 [苏]安·扬·维辛斯基：《苏维埃法律上的诉讼证据理论》，王之相译，法律出版社1957年版，第92页。
〔71〕 参见《陈光中法学文选》(第1卷)，中国政法大学出版社2010年版，第177页。

(二)从整风反右、"文化大革命"到拨乱反正

1957年,反右派斗争扩大化,法学研究遭到严重挫折,一大批知识分子被打成右派,包括不少学有所成和崭露头角的法学研究者。当时受到严厉批判的证据法学观点包括无罪推定论、自由心证论和有利被告论等。

1962年,法学研究略有回暖。1963年4月形成《中华人民共和国刑事诉讼法草案(初稿)》。随着立法的脚步,相关法学研究也有所复苏,"当时刊物上发表的有关刑事诉讼法学方面的文章近一百篇,其中大部分都是刑事诉讼证据理论方面的文章"[72]。但好景不长,1963年以后,法学研究再次停顿下来。

"文化大革命"期间,法学学术研究无法开展。"有罪推定"泛滥成灾,许多人蒙受"莫须有"罪名。"文化大革命"结束后,人们深切地感到了"无罪推定"的宝贵价值。20世纪80年代初,当一些学者重新提出"无罪推定"问题时,得到了绝大多数同行的赞同。但在反对"精神污染"和"自由化"之时,又有人提出把无罪推定列为资产阶级自由化言论,但受到了一些学者的抵制和反驳。[73]

(三)改革开放至今

我国改革开放后第一部产生广泛影响的代表性证据法学教材是巫宇甦主编、1983年出版的统编教材《证据学》,此后又有陈一云主编、1991年出版的《证据学》,宋世杰著、1988年出版的《诉讼证据学》。除教材外,证据法学专著如张子培、陈光中等著《刑事证据理论》(1982年群众出版社出版)、汪纲翔编著《刑事证据理论与应用》(1987年上海社会科学院出版社出版)等陆续出版,其中《刑事证据理论》是我国第一本证据理论专著。江伟对这一时期的证据法学研究进行总结,认为我国证据法学的特点是:从司法机关的角度设计和研究证据法;以客观真实为设计和研究证据法的指导观念;注重对司法机关的约束和规范。但也存在如下问题:名称和术语不统一;司法实践基础薄弱;研究方法和观念陈旧;内容和体系不完整。[74]

证据法学研究曾经一度颇为沉寂,20世纪90年代后期直至现在,证据法学研究进入活跃期,一些教材和著作问世。教材如江伟主编《证据法学》,卞建林主编《证据法学》,刘金友主编《证据法学》,樊崇义主编《证据法学》,汪建成等著《刑事证据学》,陈卫东、谢佑平主编《证据法学》,陈瑞华著《刑事证据法》,何家弘、刘品新著《证据法学》,张保生主编《证据法学》,张建伟著《证据法要义》等。专著如沈达明编著《英美证据法》,崔敏、张文清主编《刑事证据的理论与实践》,卞建林主编《刑事证明理论》,张卫平著《民事证据制度研究》,龙宗智著《证据法的理念、制度与方法》,宋英辉、汤维建主编《我国证据制度的理论与实践》,汪建成著《理想与现实——刑事证据理论的新探索》,毕玉谦著《民事证据法及其程序功能》,宋

---

〔72〕《陈光中法学文选》(第1卷),中国政法大学出版社2010年版,第178页。

〔73〕参见黄道、铁犁:《无罪推定在新中国的命运——建国以来法学界重大事件研究(二)》,载《法学》1997年第7期。

〔74〕参见江伟主编:《证据法学》,法律出版社1999年版,第39~43页。

世杰著《举证责任论》,李浩著《民事举证责任研究》,高家伟、邵明、王万华著《证据法原理》,肖建华主编《民事证据法理念与实践》,何家弘著《短缺证据与模糊事实》,王敏远著《一个谬误、两句废话、三种学说——对案件事实及证据的哲学、历史学分析》、郑未媚著《自由心证原则研究——以刑事诉讼为视角》等。这些都是这一时期的学术成果。此外还出版了《证据法论坛》以及证据法学文库系列著作。中国政法大学证据科学研究院还创办了《证据科学》杂志,专门发表证据法学论文。

在改革开放以来的证据法学研究中,证据的概念与特征、证明对象、证明责任及其分配、无罪推定、自由心证、单凭被告人口供能否定案、证据的属性、证据开示、反对强迫自证其罪(沉默权)、非法证据排除规则、证明标准等都作为学术研究的热点问题得到了深入研究。对于外国证据法律制度的引入和外国证据法学理论的借鉴、吸收,极大地丰富了我国证据法学的研究内容,扩展了研究领域,促进了证据法理念的更新和转变,形成了新的研究思路和方法。

近年的证据法学研究中,证据法的理论基础成为讨论的热点。长期以来,我国证据理论将辩证唯物主义认识论视为证据制度的根本指导思想,有学者提出,诉讼活动尽管包含着认识过程,但认识活动在诉讼中并不具有根本的决定性意义,因此应否定辩证唯物主义认识论为证据制度的理论基础,作为证据法理论基础的是价值论而不是认识论。许多学者反对否定认识论在诉讼证明中的作用这一观点,认为公安机关进行立案和侦查活动,检察机关进行审查批准逮捕和审查起诉,法院进行立案、法庭审理等活动,对于立案条件所包含的事实,侦查对象事实、逮捕条件、起诉和不起诉条件所包含的事实,以及法院进行裁决所依据的事实,都必须通过感官感知以及理性判断加以认识,然后才能就推进、中止、终结诉讼进程或者进行实体处理等作出决定或者裁判。没有认识活动的参与,诉讼就不能进行。因此,认识论必然是证据法的理论基础之一,否定这一观点的理由是不能成立的。

进入20世纪90年代中期,我国一些学者开始再次关注证明标准问题,由此引出对法律真实与客观真实的讨论。诉讼法学界明显分为两派观点:一派坚持客观真实说,认为只要是真实发生的案件事实就是客观存在的,办案人员有可能通过收集证据来发现案件的真实情况,诉讼中应当努力发现案件真相,并在此基础上适用法律作出正确的裁判。这种追求主要体现于刑事诉讼中,与客观真实相近的概念是"实质真实"。另一派支持法律真实说,认为"客观事实"并不是法院判决的依据,法院定罪量刑依据的永远只能是"法律事实"。法律真实的主张者并不认为法律事实是主观真实,也不是形式真实。近年来,坚持客观真实说的一些学者对客观真实有了进一步认识,提出了新的客观真实观,认为单纯地追求客观真实在三种诉讼中都是不存在的,应当将客观真实与法律真实相结合,这种观点可谓折中的或者改革的客观真实观点。

在证据法研究领域,证据展示制度是另一研究热点。很多学者纷纷发表文章对这一制度进行研究,并提出引入这一制度的建议。有学者特别强调,证据开示的主要目的在于保护被告方的知悉权,至于提高庭审效率、明确庭审焦点应当属于证据开示的副产品;应当紧紧围绕保护防御方知悉权这一主要目的建立我国的证据开示制度。

在近年的证据法学研究中,证据规则成为研究的热点。毕玉谦等人的《诉讼证据规则研究》是专门研究证据规则的学术著作。杨宇冠的《非法证据排除规则研究》(2002年)对非法证据排除规则进行了深入研究。其他一些学者也纷纷对证据规则进行研究并发表了不少学术研究成果,如郑旭所著《非法证据排除规则》(2009年)、王超所著《排除非法证据的乌托邦》(2014年)、戴长林等著《中国非法证据排除制度》(2016年)等,都是这一主题的学术著作。这些学术成果涉及传闻证据规则、品格证据规则、非法证据排除规则、补强证据规则等诸多规则,采取的研究方法主要是比较方法。

为了推动我国证据法律制度的完善,一些学者还深入研究,提出一整套立法建议,其中有代表性的成果有陈光中主编《中华人民共和国刑事证据法专家拟制稿》、江伟主编《中国证据法草案(建议稿)及立法理由书》。毕玉谦、郑旭、刘善春也推出了他们的《中华人民共和国证据法草案(建议稿)》并细予论证,该书也得以出版。张保生等学者还推出了《〈人民法院统一证据规定〉司法解释建议稿及论证》,对最高人民法院作出关于证据的司法解释提出了具体建议。这些建议稿具有一定的创新性,丰富、发展了我国的证据法学。

近年来,证据法学研究继续取得进展。龙宗智在2004年将我国刑事诉讼证明模式归结为印证模式并进行了论证,在证据法学界引起了较大的反响。在大数据应用逐渐增多和司法信息化的背景下,对于科技证据的研究得到了拓展。陈学权的著作《科技证据论》(2007年版)和刘品新主编的《美国电子证据规则》(2004年版)及其著述的《中国电子证据立法研究》都是就电子证据等科技证据进行研究取得的优良成果。

一些中青年学者的证据法学著作,为证据法学研究的未来发展注入了活力,如周洪波的著作《刑事证明中的事实研究》、吴洪淇的著作《证据法的理论面孔》、李训虎的著作《排除合理怀疑的中国叙事》等,都是年轻一代学者在证据法学领域可喜的学术收获。

总的来看,我国的证据法学研究还在探索、发展阶段,虽然取得了一些成就,但还不能满足立法与实践的需要,证据法学研究还需要扩展和深化。我们理应期待证据法学继续繁荣,将理论研究引向深入,这对于中国证据法制的完善显然是必不可少的。

【案例1】 岳飞冤案——"莫须有"之罪

【案情】 岳飞是中国历史上著名的军事家、抗金名将。岳飞因其在军事方面的才能被誉为宋、辽、金、西夏时期最为杰出的军事统帅,是南宋"中兴四将"之首。然而岳飞却在对金作战节节胜利、"直捣黄龙府"指日可待之时死于冤狱,可谓千古奇冤。

岳飞一生战绩赫赫,却受人嫉恨,尤其是其收复中原、"迎还二圣"的志向触犯了宋高宗,因而被解除了兵权。在完颜宗弼(金兀术)、秦桧等人的密谋和宋高宗的默许下,岳飞被下狱。秦桧先让何铸审问岳飞,岳飞扯裂衣裳,将背脊朝向何铸,只见背上有"尽忠报国"四个大字。何铸查阅相关文件,没有确凿佐证,便判岳飞无罪。秦桧又让万俟卨审问岳飞,并诬陷岳飞,说岳飞虚报军情并夸大战争形势以惊动朝廷;又说岳飞想再取得兵权,并说这两封信都已被岳飞的部将焚毁。岳飞在监狱里熬了两个月,始终没有佐证。有人教导万俟卨,告诉他应从淮西战事上做文章。秦桧下令搜查岳飞的家,查到淮西作战期间赵构传给岳飞的御札,便将这些御札全部藏匿以隐瞒当时的军情;又逼迫他人作伪证,诬陷岳飞接到诏书后逗留不前。又命下属取来当时的行军日志胡乱做一番手脚,然后传送到审讯岳飞的监狱。

绍兴十一年年末,秦桧不想再让岳飞待在狱里,就亲手写了个小纸条交给下面的办案人员，让他们照纸上文字处治，随即狱中传出岳飞的死讯。岳飞卒年只有39岁。其子岳云也被杀害，连同岳飞父子一起遇害的还有他的旧部于鹏等6人。岳飞一案一经上报，韩世忠为岳飞鸣不平，亲自质问秦桧为何如此处治岳飞。秦桧说道："此事可谓'莫须有'。"韩世忠道："就'莫须有'三个字，何以让天下人信服？"

关于"莫须有"三个字的含义，历史上曾有过巨大争议。有人认为"莫须有"三字还是该从字面解释，认为该标点应为"莫，须有"："莫"表示秦桧的迟疑，"须有"表示必须有。还有一种观点，说莫须有是现在还没有，将来可能会有。根据《现代汉语词典》的解释，"莫须有"的意思是"也许有吧"。[75] 无论如何，"莫须有"表达出一种不确定的意思，成为捏造罗织罪名的代名词。

【评析】 岳飞是一代名将，却被人诬陷并伪造其犯罪的证据，以莫须有的罪名被罗织成罪，处以死刑。就此，"莫须有"一词也成为冤狱的代名词。在岳飞案件的审理中，审理案件的审判者不但未审案先定案，且受到行政长官的操控，更可怕的是，审判者亲自动手捏造被告人有罪的证据。可见，在没有完善的证据法制的古代，制度的缺陷使得司法办案者可以出入人罪，甚至让司法成为政治斗争的手段。这从反面告诉我们，证据法的完善与研究对于现代法治具有何等重要的意义。

【案例2】 中世纪英国和丹麦搜捕和审判巫师案——宗教迷雾中的证据法

【案情】 1589年，英国国王詹姆士六世到丹麦迎娶安妮公主，在苏格兰舰只和丹麦船只向北海航行途中遇到大风暴和海上灾难，这被认为是受魔鬼鼓动的巫师施用巫术的结果，因为魔鬼对信仰新教的王子的神圣联盟满怀恶意。这一情况发生后，英国和丹麦两个国家开始搜捕犯罪的巫师。许多人被当作巫师受到审判甚至被处决。

对巫术活动进行起诉，一般始于教区选民的指控书，指控的内容是某个有名有姓的人犯有咒人巫术的特殊罪行。指控书被送往基督教长老会执行理事会。巫师会被监禁，并在恐吓和诱骗下出具一份忏悔书。忏悔书往往是通过刑讯的办法获得的。1662年以后，对于巫术的追究和惩罚才开始衰退。[76]

【评析】 证据的收集与运用，乃至整个司法活动都受思想观念和理论的影响。在中世纪的欧洲，迷信普遍存在，巫术迫害在这一前提下展开。巫术迫害的根源是人们普遍相信魔鬼的存在，这种迷信对于证据的审查和判断有着重要影响。那些证明巫师与魔鬼勾结的"证据"，被采纳作为定案的根据。在欧洲，巫术理论的发展及其在巫术审判中的应用，对诉讼率产生了巨大的影响。对巫师个人的打击从孤立的区域性蹂躏发展到普遍的讨伐，再到公认的迷狂和迫害。巫术理论产生如此灾难性影响的原因，是"当局已认识到巫师的力量是真实存在的、令人畏惧的"；另外，这一理论宣扬巫师的力量来自与恶魔盟约。[77] 当时，由

---

〔75〕 参见中国社会科学院语言研究所词典编辑室编：《现代汉语词典》，商务印书馆1983年版，第802页。

〔76〕 参见[英]克里斯蒂纳·拉娜：《巫术与宗教——公众信仰的政治学》，刘靖华、周晓慧译，今日中国出版社1992年版，第29~37页。

〔77〕 参见[英]克里斯蒂纳·拉娜：《巫术与宗教——公众信仰的政治学》，刘靖华、周晓慧译，今日中国出版社1992年版，第2页。

于依据正常的裁判原则,要证实某人曾拒绝接受洗礼、与魔鬼订约是困难的,忏悔书就成为十分重要的证据。直到启蒙运动中理性主义兴起后,蔓延在欧洲的巫术迫害才停息。这显示了有关证据法的理论对于司法和证据制度及其运作,有着无可取代的重要意义。

第四章 证据法的基础理论

证据法的基础理论，是指对证据法制的构建与改革完善起指导作用的理论，是整个证据法的灵魂。选择建立在何种基础理论之上，事关能否保证证据法的科学发展和更好地在诉讼中发挥作用。在此重大问题上，有多种理论与学说竞相争鸣。[1] 我国20世纪80年代早期对证据制度研究时，通常仅将辩证唯物主义认识论作为其基础理论。当学界对一元化的基础理论进行反思时，多元论便逐渐兴起。有认识论与价值论说；认识论与程序正义说；形式理性与程序正义说；认识论、价值论与概率论说；认识论、价值论与方法论说以及认识论、价值论与目的论说等。我们选择以较多学者认同的认识论与价值论为证据法的基础理论。

第一节 认 识 论

我国证据法首先应当坚持以辩证唯物主义认识论为指导，将认识论的基本原理与诉讼证据运用的特殊规律结合起来，形成诉讼认识论，作为证据法的基础理论。

一、哲学上的认识论

哲学上的认识论与哲学上的本体论密切联系，而且是以本体论为前提的。本体论研究的是“存在”问题，或者说是物质和精神（意识）的关系问题。凡是主张物质为本源、精神为派生，即物质第一、精神第二的理论就是唯物主义的理论；反之，主张精神为本源、物质为派生，即精神第一、物质第二的理论，就是唯心主义的理论。哲学范畴的“物质”是指宇宙万物的“客观存在性”。精神或意识则是有了地球、人类之后才在人脑中产生的，是物质世界在人脑中的主观映象。

哲学上的认识论是对人类认识的来源、能力、范围、限度和真伪标准的研究，它回答人是否能够以及如何认识客观存在的问题。辩证唯物主义认识论是关于人类认识自然、社会和具体事物的一般规律的科学，具体包括可知论和真理论两方面内容。

可知论强调可知性与能动反映性，认为认识客体独立于认识主体而客观存在，主体（人）则能够反映客体（包括自然界、人类社会和人自身）。在研究认识的主体和客体时，必然涉及“事实”（fact）的问题。对此，我们坚持“客观存在状态”说，即事实是不依赖主体主观意识的客观存在状态。它既包括客体性事实，即一切对象的客观存在及其现实状况，也包括

---

〔1〕 参见宋英辉、汤维建主编：《证据法学研究述评》，中国人民公安大学出版社2006年版，第73～99页。

人本身的主体性事实,即“通过主体本身的存在和变化而表现出来的事实”[2]。

人的认识过程是从感性认识到理性认识。感性认识是通过人的感觉器官对外部客观事物的直接反映,属于事物的表象;理性认识是对感性直观的理性思维,从表象认识提升到本质认识。但两者不仅互相联系,而且不能绝对划分,实际上感性中有理性,理性中有感性。认识就是感性和理性的统一。而统一的基础是实践,也就是说,通过人的实践才可能取得感性认识并升华为理性认识。

在真理论中,就相关概念而言,“真理”与“真实”在英文中是同一个词“truth”;在现代汉语中,“真理”是指“真实的道理,即客观事物及其规律在人的意识中的正确反映”,“真实”则是指“跟客观事实相符合”。[3] 二者的定义角度有异,但本质含义基本相同。另外,在真理的本质问题上,坚持从世界的客观物质性和可知性前提出发,认为真理都具有客观内容,但真理的获得与掌握过程具有主观性,须发挥主观能动性,运用一切认识手段形成人的思维、判断。认识是主观能动的反映,如果将外在的事物客观地反映在人的头脑、思维之中形成了正确的认识,这在认识论上称为“真理”;而不正确的认识是一种歪曲的反映。此外,在真理的辩证法方面,真理是绝对性与相对性的统一。真理的绝对性或绝对真理一方面是指人的具体认识与客观事物符合,即包含不依赖认识主体的客观内容,同谬误有原则性的区别,不能被推翻,这一点是绝对的、无条件的;另一方面,人类认识按其本性来说,能够正确认识无限发展着的物质世界,认识每前进一步,都是向无限发展着的物质世界的接近,这一点也是绝对的、无条件的。真理的相对性或相对真理,是指人们在一定条件下,对客观世界及其发展规律的正确认识总是有限的、不完全的。一方面,从客观世界的整体来看,任何真理性的认识都是对无限宇宙的一个部分或片段的正确反映,世界上尚有未被认识的东西,我们的认识有待拓展。另一方面,从特定事物或现象来看,任何真理性的认识都是对该对象的一定方面、程度或层次的正确反映。认识反映事物的深度总是有限的,具有近似的性质,我们的认识有待深化。[4] 关于绝对真理与相对真理的辩证统一关系,恩格斯在《反杜林论》中曾指出:“人的思维是至上的,同样又是不至上的。它的认识能力是无限的,同样又是有限的,按它的本性、使命、可能和历史的终极目的来说,是至上的和无限的;按它的个别实现和每次的实现来说,又是不至上的和有限的。”[5]这里恩格斯是从宏观上来谈人的认识的无限性和有限性的。从微观的角度来看,实际上恩格斯也承认诸如“拿破仑死于1821年5月5日”“巴黎在法国”等对具体事实认识的真理性。正如列宁所言:“当一个唯物主义者,就要承认感官给我们揭示的客观真理。承认客观即不依赖于人和人类的真理,也就是这样或那样地承认绝对真理。”[6]总之,在一定范围内,真理既具有相对性,又具有绝对性,二者相互联系、渗透,相对中有绝对,绝对中有相对。

马克思主义还认为,实践不仅是人的认识的源泉,而且是检验认识是否具有真理性的唯

[2] 李德顺:《价值论》(第2版),中国人民大学出版社2007年版,第243页。

[3] 参见中国社会科学院语言研究所词典编辑室编:《现代汉语词典》(第5版),商务印书馆2005年版,第1730页。

[4] 参见李秀林等主编、李淮春等修订:《辩证唯物主义和历史唯物主义原理》(第5版),中国人民大学出版社2004年版,第297页。

[5] [德]恩格斯:《反杜林论》,中共中央马克思恩格斯列宁斯大林编译局译,人民出版社1999年版,第97页。

[6] 中共中央马克思恩格斯列宁斯大林著作编译局编:《列宁选集》(第2卷),人民出版社2012年版,第138页。

一标准。正如马克思指出的:“人的思维是否具有客观的真理性,这并不是一个理论的问题,而是一个实践的问题。人应该在实践中证明自己思维的真理性,即自己思维的现实性和力量,也即自己思维的此岸性。关于离开实践的思维是否具有现实性争论,是一个纯粹经院哲学的问题。”〔7〕

二、诉讼认识论

具体到诉讼认识论,它是一般认识原理对具体事物的认识在诉讼中的运用,与哲学上的认识论是特殊与一般的关系,既接受后者的指导,也有其自身的特殊性。诉讼认识的这种特殊性具体体现在以下几个方面:

第一,诉讼认识之主客体具有特定性。哲学意义上认识的主体是所有社会生活中的人,而诉讼认识的主体主要是公安、司法机关及其办案人员,此外,当事人及其法定代理人、辩护人和诉讼代理人也会以一定的方式和途径参与诉讼认识活动,如辩护或代理律师的调查取证、举证以及对案件事实真伪的主张等。

哲学意义上认识的客体通常是客观存在的事物与规律,而诉讼认识的客体是案件事实。与其他事实相比,案件的实体事实具有以下特性:(1)客观性。案件事实一旦发生,就独立于办案人员而客观存在。在诉讼的不同阶段,当事人对案件事实的主张,办案人员对案件事实的认识可能会发生变化,但实际上只有一个客观存在的案件本原事实。(2)确定性。与永不停息的运动变化着的客观世界相比,案件事实具有不变的确定性,这主要表现在案件事实发生的时间点是确定的,而且具体案情(何人、在何地、如何实施犯罪行为等情节)也是固定不变的。尽管有些情况下犯罪现场被伪装、凶器被处理、犯罪嫌疑人逃跑,但案件事实本身仍然是确定不变的。(3)过去性。案件事实发生在过去,只有在其发生之后,司法工作人员才参与办案。即便司法工作人员是犯罪实施的亲历者或目击者,他也只能是被害人或证人,而非办案人员。因而对办案人员来说,案件事实永远是过去的事实,只能通过法定的诉讼程序运用证据来还原它认识它。(4)法律性。案件事实不同于社会事件,是在诉讼中具有一定法律意义的,对双方当事人的权利和义务能够产生影响的事实,这就明确了办案人员的诉讼认识范围。刑事诉讼中的案件实体事实是与定罪、量刑有关的事实。

第二,诉讼认识的手段是证据。案件事实都是发生在过去的,但办案人员有可能通过证据基本再现案件事实,查明案件事实真相。证据成为诉讼认识主体(办案人员)与诉讼认识客体(案件事实)的唯一连接纽带与桥梁。尤其是在近现代,多数国家包括我国确立了证据裁判原则,明确要求认定案件事实必须依据证据;而且,这里的证据应当是经过合法程序收集、审查、认证的证据。

在诉讼中,通过证据认定的事实,学界一般称其为法律事实。这是主观的事实,属于办案人员的主观认识范畴。法律事实在法定程序保障下,在大多数情况下与案件的客观事实在基本内容上是一致的;但由于认识主体、认识程度的不同,并受客观条件等方面的限制,办案人员通过证据所认定的法律事实可能基本符合、可能部分符合,也可能不符合客观事实。

〔7〕 中共中央马克思恩格斯列宁斯大林著作编译局编译:《马克思恩格斯选集》(第1卷),人民出版社2012年版,第16页。

而且实践中公安司法机关对同一案件事实有时会先后作出不同的事实认定。因此,同一案件的法律事实可能是不同的,而且可能有多个,但案件的客观事实是永远不变的,只有一个。当法律事实与案件客观事实相符合时,对事实的认定是正确的;反之则是错误的。

第三,诉讼认识过程被严格法定化。诉讼认识除了要遵守一般认识所遵循的经验法则、逻辑规则,还要遵守法律的规定。首先,诉讼认识必须在有限的时间内完成。对此,我国在法律中专门规定了诉讼的各种期限,如刑事强制措施的期限、审查起诉的时间,一审的审理时间等;有些国家则规定了诉讼及时原则。其次,诉讼认识受到程序规则和证据规则的制约。在现代诉讼中,为了体现程序的公正、民主与文明,加强人权保障,对证据的收集、审查判断等都有严格的程序保障,并设置了一系列的证据规则,如非法证据排除规则、传闻证据规则等。我国两院三部《办理死刑案件证据规定》中明确规定了"法定程序原则""证据裁判原则"。诉讼认识过程的法定化,既是为了实现实体公正,也是为了保证程序正义。

第四,诉讼认识有可能达到主客观相一致。《刑事诉讼法》规定了"以事实为根据"。这里的"事实"强调的是客观事实与法律事实的统一,法律事实应当尽量与客观事实相符合,在刑事诉讼中则至少要与定罪、量刑有关的主要事实相一致。在诉讼中,强调案件事实可能被认识,是指在大多数情况下,办案人员对案件的基本事实的认识可以达到与客观的案件事实相一致,这已为无数的司法实践所证明。但由于诉讼认识受到各种主、客观条件的限制,司法实践中也会出现部分案件法律事实与客观事实不一致,甚至出现了冤案,或者有的案件真伪难辨,成了疑案。但是不能因此否认办案人员认识案件事实的可能性。例如,在佘祥林"杀妻"案中,佘祥林一审被判处死刑,但二审法院认为事实不清、证据不足,发回重审;后经退回补充侦查,法院以故意杀人罪判处其15年有期徒刑;之后"被杀害的妻子"突然归来,最终被改判无罪。这起错案从认识论上讲,就是只讲法律事实,而无视客观事实(死者根本不是佘祥林的妻子),最后的改判则是达到了法律事实与客观事实的统一,错案得到了昭雪。

三、客观真实与法律真实

近年来我国法学界和实务部门围绕诉讼真实问题展开了激烈的争论,这场争论集中表现为客观真实与法律真实之争。

(一)客观真实

诉讼中的客观真实,是指办案人员在诉讼中所认定的案件事实符合客观存在的案件事实。

1. 客观真实之渊源

考察证据制度的发展史,我们可以说诉讼中的客观真实观由来已久:在中国古代诉讼中,一贯强调案件事实真相的查明。周礼规定"三刺"之法[8],旨在求得案件的"实"和"真"。历史上的包拯坚持并善于追寻案件事实真相的精神一直为国人所称颂和传承。

[8] 《周礼·秋官·司刺》载:"司刺掌三刺、三宥、三赦之法,以赞司寇听狱讼。一刺曰讯群臣,二刺曰讯群吏,三刺曰讯万民。""云'赞司寇听狱讼者',专欲以成,恐不获实,众人共证,乃可得真,故谓赞之也。"

从渊源来说，现代的客观真实是对大陆法系内心确信的实体真实的继承和改造。大陆法系的“实体真实主义”，是法国、德国等欧洲大陆国家在资产阶级革命时期反对中世纪末期形式证据制度和形式真实论的斗争中形成的，沿袭运用至今。我国学者基于辩证唯物主义认识论在诉讼认识中的指导作用，将大陆法系内心确信上的“实体真实”改称为“客观真实”。

西方国家的许多学者主张法律真实论，但是，主张客观真实论的学者也不乏其人。如英国刑法教科书《肯尼刑法原理》指出，“我们的证据规则大都是在多年经验的基础上建立起来的，其宗旨只有一条，就是保证求得案件的客观真实，防止发生冤枉无辜的现象”。[9] 德国刑事诉讼法学教授许乃曼也说：“事实上，尽管人类的认识能力是有限的，而且事后再来澄清历史事实有着特殊困难，但是这并不妨碍对客观真实的追求。与此相反，由于不以客观真实为目标会导致刑事诉讼与实体法的基本要求脱节。”[10]

2. 坚持客观真实的必要性

为什么在诉讼中必须坚持客观真实？其理由在于：

一是坚持客观真实，是实现实体公正的前提。准确地认定案件事实，是实体公正的基本要求。一旦裁判认定的案件事实与客观事实不一致，就会发生错判、冤案，实体公正将无从谈起。

二是坚持客观真实，有助于增强司法裁判的可接受性，促进社会和谐。当法官认定的事实与案件事实一致时作出的裁判才最容易让当事人接受，胜诉的一方觉得正义得到了伸张，败诉的一方也不觉得冤枉。

三是坚持客观真实，促使办案人员积极地查明事实真相。消除办案人员在寻求诉讼真相过程中的懈怠情绪，防止案件在事实模糊的情况下了结。

正因如此，《四中全会决定》强调指出：推进严格司法，必须做到事实的认定“符合客观真相”。

坚持客观真实，就意味着办案人员应当忠实于案件的事实真相。忠实于事实真相是从办案人员的主观态度方面提出来的要求，是针对实践中办案人员故意隐瞒、歪曲事实真相而言的。要求办案人员忠实于事实真相，虽然并不意味着一定能查明事实真相，但是这是查明事实真相的前提。

3. 实现客观真实的可能性

诉讼中的客观真实不仅有必要实现，而且是有可能实现的，主要理由如下：

其一，根据辩证唯物主义认识论的可知论原理和古今中外的司法实践经验，在诉讼中查明案件事实真相，准确认定案件事实，在一定条件下、一定范围内是可能实现的。我们常说，要把案件办成经得起法律和历史检验的“铁案”就是这个意思。反之，如果不坚持追求客观真实，就可能经不起司法实践的检验。杜培武案、佘祥林案、赵作海案都在判决生效后一定时间内发现了真凶，而后不得不予以改判平反。

其二，案件事实本身所具有的特性为我们查清案件事实真相提供了前提条件。案件事实具有客观性、确定性，这意味着无论时光如何流逝，已经发生的案件事实总是固定不变的。

---

〔9〕［英］J. W. 塞西尔·特纳：《肯尼刑法原理》，王国庆等译，华夏出版社1989年版，第484页。

〔10〕［德］许乃曼：《论刑事诉讼的北美模式》，茹艳红译，载《国家检察官学院学报》2008年第5期。

在诉讼认识的过程中,办案人员的调查取证活动每向前前进一步,就意味着向案件事实真相接近了一步,最终有可能达到主观符合客观。

其三,作为认识手段的证据具有客观性。证据裁判主义是现代诉讼证据制度的基石。办案人员对案件事实的认识是通过证据来实现的。证据在刚被收集的时候,往往真伪难辨,但最后还是能对多数证据材料是否客观真实作出准确判断的。物证的客观性比较强,但主观性比较强的言词证据在一定情况下也是对客观事实的真实反映。证据的客观性为办案人员的主观认识与案件客观事实相符提供了可能。

其四,科学技术的发展及其在诉讼证明中的应用为实现客观真实提供了更多的保证。科学技术在诉讼中的应用增强了人们获得证据、发现真相的机会;大大扩展了人们对证据材料和案件事实的认知能力。如DNA鉴定技术的出现使人们可以利用血液准确地进行同一认定,其准确率可以达到99.9999%。在科学技术日新月异的今天,“客观真实无法达到”之论显得过于悲观了。

4. 传统的客观真实观需要完善和发展

近些年来客观真实理论受到了不少学者和专家的质疑。除了受西方形形色色的认识论、法律观的影响外,传统的客观真实理论的确存在缺陷。因此,我们既要坚持客观真实,又要完善和发展客观真实。

首先,我们需要正确地理解客观真实。传统的客观真实理论认为:“我国诉讼中的证明任务就是确定案件的客观真实……司法机关所确定的这些事实,必须与客观上实际发生的事实完全符合,确实无疑。”[11]诉讼中的“完全客观真实”要求诉讼主体对案件所有事实和情节的认识做到与客观事实全部一致和完全吻合。这种要求在诉讼中不可能做到,也没有必要实现。

我们主张的客观真实在一定意义上具有绝对真实的因素。所谓“绝对”,在汉语中有“肯定”“一定”之意。[12] 诉讼中的绝对真实体现在对关键事实的认定应当而且能够做到确定性和唯一性。具体来说,在刑事诉讼中,对于发生了“犯罪行为”以及“谁是犯罪行为人”这些关键事实的认定上必须达到确定性和唯一性。当然,我们主张的客观真实也具有相对性。诉讼中的相对真实体现在:一方面,基于主、客观多方面的原因,有些案件确实无法查清,例如有些刑事案件长期难以侦破;另一方面,有些案件虽然基本事实能够查清楚,但有些细节甚至是一些对责任认定有意义的事实也难以查清。

客观真实是绝对真实与相对真实的辩证统一。割裂二者的关系,只承认其中的任何一个方面都是片面的。只承认绝对真实而否认相对真实,犯了“绝对论”的错误。同样,只承认相对真实而否认绝对真实,就犯了“相对论”的错误,从而得出案件判决结果在任何情况下都不具有确定性、唯一性的错误结论。

其次,传统的客观真实观在诉讼证明标准上制定得过于机械,没有体现证明标准的层次性。传统的客观真实观强调对案件事实真相的追求无疑是好的,但是它没有考虑到三种诉讼性质的不同以及同一诉讼中不同构成要件事实性质的不同。一概要求都达到“证据确

---

〔11〕 巫宇甦主编:《证据学》,群众出版社1983年版,第78页。

〔12〕 参见辞海编辑委员会编纂:《辞海》(中),上海辞书出版社1999年版,第3330页。

实、充分"并"完全符合"客观真实,没有体现证明标准的层次性,这既不现实,也没有必要。

最后,传统的客观真实观对程序公正、诉讼效率价值有所忽略。它没有充分注意到办案人员对案件事实的认识还受诉讼期间、证据调查手段、证据规则以及科技水平等多方面的制约,再加上案件事实的复杂性,有时对案件关键事实的认识达不到客观真实,对案件全部事实的认识达到客观真实更是不可能。总之,现代诉讼的价值目标是多元的;而传统的客观真实仅仅关注实体公正,对程序公正、诉讼效率等价值观关注不够。

应当指出,客观真实理论与程序公正等法治原则总体而言是统一的,互助的,不存在根本冲突。因为:第一,坚持客观真实绝不意味着为了发现真相而不择手段,我们主张通过正当程序去实现客观真实。第二,采取刑讯逼供等违法的方法取得的证据材料往往是不真实的,不利于实现客观真实。刑事司法实践中的冤案错案绝大多数是刑讯逼供导致犯罪嫌疑人胡乱供述而造成的。第三,程序公正与发现客观真实有时的确存在矛盾,难以两全,此时坚持程序公正可能有碍发现真实;这种情况下应当在两者之间平衡价值,妥善处理,而不是必须放弃客观真实或牺牲程序公正。

(二)法律真实

在我国,法律真实是针对客观真实而被提出来的,是指对案件事实的认定只要符合法律规定的要求就被视为真实。从这个意义上来讲,法律真实就是形式真实。它强调认定案件事实的法定程序、规则和要求,而不追求认定事实的结果符合客观实际,而且认为追求客观真实是不可能达到的。

1.法律真实之渊源

法律真实观及其规则制度也是有历史渊源的,欧洲中世纪的法定证据制度就是其典型代表。当时的封建国家为了加强中央集权,需要统一规范法官的审判行为,使之完全听从于中央政权,由此,法定证据制度(又称形式证据制度)开始在欧洲大陆形成并逐渐盛行。法定证据制度的特点是证据证明力的大小以及如何取舍在法律中都有明确规定,法院裁判时必须按照法律的规定机械地计算证据的证明力,并在符合法律要求时对案件事实予以认定。这种制度束缚了法官的理性,限制了法官根据不同案件的具体情况运用逻辑思维判断事实,影响了真实的发现。因此,随着近代资产阶级革命的胜利,形式证据制度逐渐被自由心证的证据制度代替,封建社会时期的法律真实(形式真实)也被实质真实代替。

法律真实理论发展的现代典型形态是在英美法系当事人主义诉讼模式下的诉讼真实观。这种真实观的特征就是将通过正当程序认定的事实视为真实,认为:"在法庭上,只有证据,没有事实。"可见,法律真实就是形式真实。国外学者就在这一意义上使用了"形式法律真实""程序性真实""法律真实"的概念。如美国学者罗伯特·莎摩尔、阿西尔·莫兹在其著作中指出,"形式法律真实"就是由事实认定者(法官或陪审团)所认定的事实,并指出"在特定的案件中,形式法律真实的司法认定一般可能会达到与实体真实相一致。但是,在某一特定案件中,形式法律真实可能会偏离实体真实"〔13〕。德国学者汤马斯·韦思岸把由

---

〔13〕［美］罗伯特·莎摩尔、阿西尔·莫兹:《事实真实、法律真实与历史真实——事实、法律和历史》,徐卉译,载王敏远编:《公法》(第4卷),法律出版社2003年版。

一系列在法庭上形成的事实称为“程序性真实”,并指出程序性真实是刑事诉讼所应达到的真实。[14] 法律真实理念之所以会在英美法系形成、发展并占据显要的位置与当事人主义的诉讼模式有很大关系。“二战”以后的美国联邦最高法院通过一系列案件裁判,牢固树立了正当程序的理念,为程序人权保障提供了更多的可能。某些证据规则的确立在一定情况下使追求真相发生困难,如非法证据排除规则、拒绝作证特权规则等。这些因素促进了法律真实论的发展。

2. 对法律真实说的评价

法律真实说的提出和适用促使我们对传统客观真实说进行了理性反思,推动了我国诉讼理论的发展,具有积极意义。首先,法律真实论者指出了传统客观真实说在认识论上的片面性、机械性,看到了司法工作人员认识活动的局限性和相对性,这是值得肯定的。其次,法律真实论者大力倡导程序正义、程序人权保障、诉讼效率等多元诉讼价值观,推动了我国诉讼理念的发展。正是这种推动,使得我国传统的一元化诉讼价值观发生了多元化的转变。最后,法律真实说的提出和适用有助于我们解决实践中的一些问题。例如,由于传统上我们过分强调客观真实,从而使证明标准单一化,无法满足司法实践中不同类型诉讼多元的、有层次性的证明标准的需求。

但是,我们也应当看到法律真实说在理论上存在缺陷:第一,法律真实论者只承认诉讼认识的相对性,而否定诉讼认识的绝对性,认为在诉讼中司法工作人员对案件事实的认定只能达到相对真实,不具有确定性、唯一性。第二,有些人“把认识论的一般规律与诉讼证明的特殊规律对立起来,以个性否定共性,以特殊规律否定一般规律,犯了白马非马的错误”[15]。第三,有些人“过分夸大了程序公正的价值和作用,并把程序正义与认识规律对立起来,从而有意无意地否定或贬低了认识规律对诉讼证明的指导作用”[16]。

诉讼真实的理念对于司法实践的影响是时时刻刻存在的,它存在于办案人员的头脑中,直接影响对每一个案件事实的认定。如果片面强调和追求法律真实,其在司法实践中产生的消极作用和造成的危害后果是显而易见的:

一是不利于办案人员查清事实真相,准确认定案件事实。作为办案人员,如果认为对案件的证明无论如何努力都不会达到客观真实,而且法律对此也予以认同,那么办案人员在办案过程中遇到难题自然也不会去花费更大的精力,反而会想:这很正常,本来就查不清。在三种诉讼中,如果只注重证据的表面形式,而不通过证据查明事实真相,就有可能作出与实际情况不符的事实认定,从而造成实体不公,甚至铸成冤假错案。

二是为法官开脱责任开了方便之门。因为以法律真实说为理论指导,无异于认为办案人员只要程序上没有问题,得出的判决结果就是应当或可以接受的,即使与实际不符也不是错案,甚至从根本上否认错案的存在。这就会给办案人员的失职、渎职行为开绿灯。

---

〔14〕 See Thomas Weigend, *Is the Criminal Process About Truth*? A German Perspective, 29 Harvard Journal of Law and Public Policy 157, 2003.

〔15〕 陈光中、陈海光、魏晓娜:《刑事证据制度与认识论——兼与误区论、法律真实论、相对真实论商榷》,载《中国法学》2001 年第 1 期。

〔16〕 陈光中、陈海光、魏晓娜:《刑事证据制度与认识论——兼与误区论、法律真实论、相对真实论商榷》,载《中国法学》2001 年第 1 期。

(三)实现客观真实与法律真实相结合

目前,如何理性对待客观真实与法律真实,是三部诉讼法改革和完善所面临的重大问题,也是中国司法理论建设必须要回答的问题。我们认为,以法律真实代替客观真实是不正确的,简单地否定法律真实也是不现实的,理性的做法是实现客观真实与法律真实相结合,形成有中国特色的诉讼真实观。具体理由如下:

第一,必须坚持客观真实,否则,就会使诉讼的功能异化,社会公正无法得到保障。离开客观真实就谈不上实体公正甚至可能铸成冤案,活生生的司法实践教训就是最好的解释。实务部门如果过于强调法律真实,结果就是会造成很多案件"案结事不了",法律效果与社会效果不统一,涉讼信访增多,进而严重影响社会的稳定和发展。

第二,在诉讼中只讲客观真实,不承认法律真实,又难以行得通。比如,在诉讼中,由于证明的困难等原因不可避免地要使用推定。例如,最高法《民诉法解释》第 114 条就规定:"国家机关或者其他依法具有社会管理职能的组织,在其职权范围内制作的文书所记载的事项推定为真实,但有相反证据足以推翻的除外……"推定的事实虽然大多数情况下与客观事实一致,但是也可能与客观事实不一致。在这种情况下,如果非要达到客观真实是不现实的。因此,在讲客观真实的同时,应当承认法律真实在诉讼实践中有存在的必要性。

第三,追求事实真相不是诉讼的唯一目的,因此,出于不同诉讼目的和价值的考虑,客观真实有时需要让位于法律真实。正如前文所述,我们的诉讼价值观已经从传统的一元化转向了多元化,从单纯追求案件的事实真相转向追求实体公正、程序正义、诉讼效率等多重价值。三种诉讼都是如此,民事诉讼则更为明显。因此,出于价值平衡的考虑,诉讼证明需要给法律真实让出一定的空间。

司法部门总结实践经验教训,已经认同客观真实与法律真实相结合的司法理念。如最高人民法院 2005 年 4 月 1 日颁布的《关于增强司法能力提高司法水平的若干意见》第 20 条中就要求各级人民法院"树立科学的司法理念,坚持实体公正与程序公正的统一,坚持法律真实与客观真实的统一"。最高人民法院原副院长江必新指出:"把握好客观真实与法律真实的关系,做到二者的辩证统一:首先,必须坚持客观真实第一性、法律真实第二性原则。在任何时候都要尽可能地恢复事物的本来面目,只有在没有办法恢复客观真实的情况下,才通过法律真实来解决案件,终结纠纷。"[17]

第二节　价　值　论

上一节已指出,证据法的基础理论主要为认识论和价值论。二者有所交叉,共同对证据法制的构建、完善和发展起指导作用。

哲学上通常从"主体与客体"的关系来定义价值,将其视为一种主体同客体的关系,是主体对客体的需要和客体满足主体需要的程度。价值关系不仅发生在人与物之间,也发生

---

〔17〕 江必新:《辩证司法观及其应用》,中国法制出版社 2014 年版,第 50 页。

在人与人之间以及其他一切可能的对象性关系中。[18] 依据所满足的需要在主体生存发展中的整体性质和地位,人们常将价值定位为“目的价值”和“手段(工具)价值”。这二者的关系表现为目的决定手段、选择手段,而手段检验目的。

哲学上价值论的研究状况直接影响诉讼价值论的发展,我国传统的诉讼理论偏重于研究认识论而忽视价值论。随着哲学领域价值论研究的不断深入,我国诉讼法学界也更加关注诉讼价值。诉讼价值,一般是指诉讼活动及其结果满足民众、社会和国家需要的程度。我们认为,作为诉讼制度重要组成部分的证据制度之价值主要包括公正、人权、秩序和效率。

这些诉讼价值既是目的价值,也是手段价值。对这些价值的追求有有利于诉讼认识的一面,但在一定情况下也会妨碍诉讼认识,甚至与其相对立。可以说,价值论与认识论在证据法中有相统一的一面,也有矛盾之处;二者互相促进,但又有所制约。我们既要查明事实真相,又不应当只追求事实真相,必须通过证据制度和诉讼程序的规制,使多种诉讼价值互相结合并得以平衡实现。

一、公正

党的二十大报告指出:“公正司法是维护社会公平正义的最后一道防线。”公正,有多种不同的定义和解释,我们认为公正就是人与人之间权利义务分配上的平等、不偏不倚和合理。公正是人类追求的永恒目标,更是社会主义制度的首要价值。在法治社会,司法公正是社会正义的有机组成内容和重要保障。公正在诉讼价值中居于核心位置,是司法的灵魂和生命线。

司法公正包括程序公正和实体公正。现代证据法必须注重程序公正,确立程序法定原则,即任何诉讼主体尤其是国家专门机关收集、运用证据,必须严格遵守法定程序。证据法上的程序公正,根据我国相关法律的规定、国际人权公约的有关规定并参考外国的证据规则,我们认为在三种诉讼中有以下基本内容或者标准:(1)保持裁判者的中立、独立;(2)当事人平等参与;(3)直接言词原则;(4)无罪推定;(5)不得强迫自证其罪;(6)非法证据排除规则;(7)证据的公开。

证据法的实体公正在刑事诉讼中主要体现在准确认定犯罪事实(有关定罪量刑的事实)、罪疑作有利于被告人的处理以及纠正错案三个方面。国家实行刑罚权的实体公正性,最理想的状态当然是一切有罪的人都受到惩罚,一切无罪的人都没有受到追究,做到不枉不纵;然而这个目标是可望而不可及的。因此,行使刑罚权的实体公正性首先要体现在认定犯罪人以及有关犯罪情节的准确性上,即要求一个有罪判决,必须做到以确实充分的证据,准确地证明被告人犯罪,把真正的犯罪人绳之以法,适度处刑。这样的结果不论对犯罪人、被害人还是社会,都实现了实质性的公正。因此,在刑事证据法上制定严格的证明标准是十分必要的。

证据法实体公正在民事诉讼和行政诉讼中主要体现在:(1)运用证据准确认定案件事实;(2)依法适用推定和司法认知认定事实;(3)在案件事实难以完全查清的情况下,依据法定的证明标准和证明责任分配机制作出合理的实体判决。基于诉讼性质的不同,民事证据法和行政证据法在实体公正的实现方面与刑事诉讼有所不同,特别是在证明标准上。但是,

---

〔18〕 参见李德顺:《价值论》(第2版),中国人民大学出版社2007年版,第27~28页。

这并不意味着民事证据法和行政证据法中实体公正的实现不需要追求案件事实真相。实际上,民事诉讼和行政诉讼中实体公正之实现依然应注意查明案件事实真相,只有在案件事实真伪难辨的情况下,才考虑当事人的举证能力、诉讼效率等因素,根据法定的证明责任分配机制作出合理的判决,并保证判决认定的事实符合法律规定的证明标准。

在程序公正与实体公正的关系上,我们认为,程序公正既是实现实体公正的手段,又具有独立价值,与实体公正具有同等的重要价值。我们不赞成程序公正优先论或程序本位论而主张实体公正与程序公正并重的观点,具体理由在于:

第一,诉讼程序的首要价值是为了保证实体价值的实现,同时有着自己独立的价值。但是纯粹的程序的独立价值,在诉讼中是不存在的。对此,美国一本有分量的教科书也指出:"庞德在很久以前曾经指出:'法律程序,是手段而非目的,它必须附属于实体法,作为在诉讼中实现实体法的手段。'尽管程序也促进了一些独立于实体法目标的价值,但是庞德归纳出了一切程序性体系以实现实体法为存在的理由这一特征,在这一点上他无疑是正确的。"〔19〕美国的伦理学大师罗尔斯也指出:"一种程序的正义总是依赖(除赌博这种特殊情况之外)于其可能性结果的正义,或依赖于实质性正义。因此,程序正义与实质正义是相互联系而非相互分离的。"〔20〕正因如此,世界上有些国家的诉讼法典在立法宗旨上注意实体公正之保障。如《日本刑事诉讼法》第1条规定:"本法以在刑事案件上,于维护公共福利和保障个人基本人权的同时,明确案件的事实真相,正当而迅速地适用刑罚法令为目的。"我国《刑事诉讼法》第1条也规定,刑事诉讼法的立法宗旨首先是"保证刑法的正确实施"。

第二,当事人或专门机关启动诉讼、参与诉讼的直接目的是解决实体争议,实现实体公正。在民事诉讼中,原告起诉的动因是认为自己在民事实体法律关系中受到了不公正的对待;在行政诉讼中,原告起诉的动因是认为行政机关的行政行为侵犯了自己的实体权利;在刑事诉讼中,检察机关提起公诉或被害人提起自诉的目的是要求法院对被告人的犯罪行为加以惩罚;被告人及其辩护人参与法院审判的目的主要是使法院对被告人作出无罪或罪轻的裁判。当事人对未生效裁判的上诉、申请抗诉和对已生效裁判的申诉的主要原因也是对结果不服,程序不公一般是作为造成实体不公的原因而被附带提出来的。反之,如果法院作出的裁判在实体上令双方当事人或者控辩双方都很满意,即使在程序上存在一定瑕疵,双方诉讼主体一般也会服判息诉。总之,无论是什么诉讼,相关的诉讼主体为了追求实体上的公正,才启动或参与诉讼,要求法院裁判。诉讼一旦被启动后,尽管有关诉讼主体对程序公正也非常关注,但这主要也是由于公正的程序对实体公正的实现具有保障作用。诉讼主体所孜孜以求的还是最终有一个有利于自己的判决结果。

程序公正尽管不能完全保证实体公正,但是,只有严格地遵循法定的程序,实现程序公正,才有可能在刑事诉讼中最大化地实现实体公正,减少冤枉无辜的可能性,在民事诉讼和行政诉讼中减少实体不公和错案。因此,三种诉讼的证据制度都应该力图体现程序公正与实体公正并重的理念,既追求查明事实真相,又强调必须用文明的手段收集证据,遵循法定

---

〔19〕［美］伟恩·R.拉费弗、杰罗德·H.伊斯雷尔、南西·J.金:《刑事诉讼法》(上册),卞建林等译,中国政法大学出版社2003年版,第28页。

〔20〕［美］约翰·罗尔斯:《政治自由主义》,万俊人译,译林出版社2000年版,第449页。

的程序运用证据。其实,目前的一些司法解释文件中已明确规定如何处理实体与程序的关系。如2003年出台的最高人民法院《关于清理超期羁押案件有关问题的通知》中要求"各级人民法院要进一步提高认识,转变'重实体、轻程序'的观念,树立实体与程序并重的观念"。2007年两院两部《办理死刑案件意见》的通知中进一步要求"坚持程序公正与实体公正并重,保障犯罪嫌疑人、被告人的合法权利"。2010年两院三部印发《办理死刑案件证据规定》和《非法证据排除规定》的通知中再次强调"牢固树立惩罚犯罪与保障人权并重的观念、实体法与程序法并重的观念"。

实践中如何贯彻"并重",特别是在程序与实体冲突时如何解决?我们认为要根据具体情况区别对待,而非一律何者优先。就沉默权而言,绝对沉默权规则遵循的是程序优先,相对沉默权规则中的例外部分是实体优先,至于不采用沉默权则明显是以发现事实真相为基本价值。再以再审程序为例来分析。传统观念强调"实事求是,有错必纠",单纯追求实体公正,显然是片面的。现代化的再审程序必须把既判力理念、禁止双重危险规则(一事不再理原则)、程序安定性与纠正错判结合起来,区别有利于被判决人和不利于被判决人两种情况作不同处理。凡是发现新证据、新事实,查明被判决人无罪被判有罪、轻罪被定重罪或者量刑畸重的,均应提起再审,予以改判。至于发现新证据、新事实,查明不利于被判决人的情况的,除了漏判严重犯罪以及串通侦查人员、检察人员、审判人员枉法处理,串通证人、鉴定人作伪证、虚假鉴定导致作出有利于被判决人判决的案件应予以改判外,其他情况一律不予改判。这里不能只强调程序终局性而不注意纠正生效裁判的实体错误,特别是对无罪错判有罪的已生效裁判,任何时候都应当允许申诉,并且在查清案件事实真相后,必须改判平反,还无辜者清白,这样处理显然是实体公正优先。而且,在证据法中,有些证据制度和规则本身就是或者侧重于为查明事实真相而确立的,如公安机关、检察机关应全面、客观收集证据;诉讼中必须贯彻直接言词原则;某些类型的刑事案件允许采取特殊侦查手段等。

二、人权

何为人权(human rights)?中外学者有许多说法,通说认为人权就是人作为人应当享有的权利。人权理论源于17~18世纪启蒙学者的"天赋人权"或者"自然权利"说,以及"社会契约"说[21],他们认为人拥有与生俱来、源于人的本性的固有的权利。这种"自然权利"对每个人都是平等的,拥有和行使这种权利是正当和正义的。国家是为保护人的固有权利,由社会成员以社会契约的方式同意而成立的。人们按照社会契约放弃自然权利,是为让自己以"主权者的身份"得到其真正的权利。因此国家的本质是"人民主权",法律的制定是为了保障人权。资产阶级革命胜利以后,上述人权思想以人权宣言的法律形式确立。如被马克思称为"第一个人权宣言"的美国1776年《独立宣言》宣布"人人生而平等,他们都从他们的'造物主'那边被赋予了某些不可转让的权利,其中包括生命权、自由权和追求幸福的权利。为了保障这些权利,所以才在人们中间成立政府"(第1条)。1789年法国《人权和公民权宣言》也宣布:"在权利方面,人们生来是而且始终是自由平等的。"(第1条)"任何政治结合的目的都在于保存人的自然和不可动摇的权利。这些权利就是自由、财产、安全和反抗压

〔21〕"天赋人权"说和"社会契约"说的主要代表人物是格劳秀斯、霍布斯、洛克和卢梭等人。

迫。”(第2条)

在国际社会,人权的国际化和普遍化是一个不争的事实。“二战”后的1945年,50个国家的代表起草并签署了《联合国宪章》,其序言庄严宣告“欲免后世再遭今代人类两度身历惨不堪言之战祸,重申基本人权,人格尊严与价值,以及男女与大小各国平等权利之信念”。联合国自成立后的半个多世纪以来,一直致力于人权的发展。时至今日,联合国制定或通过的有关人权的文件,卷帙浩繁,其中最有代表性的有联合国《世界人权宣言》、《两权公约》和《经济、社会及文化权利国际公约》等。在联合国的推动下,各国在国内法上也致力于人权的发展与保护,当今世界已经有170多个国家的宪法都规定了对人权的保护。

具体而言,人权包括生命权、自由权和财产权这三项最基本的人权。其中生命权是一切权利的源泉,自由权是生命权的延伸,财产权则是实现生命权、自由权和其他权利的主要工具。

马克思主义认为人权不是天赋的,而是在一定的历史条件下产生和发展的;权利永远不能超出社会的经济结构以及由经济结构所制约的社会政治结构和文化底蕴。尽管马克思主义的人权观与西方人权观在理论基础上存在分歧,但马克思主义不仅不否定人权,还鲜明地高举人权的大旗。正如恩格斯所说的,“无产阶级的第一批政党组织,以及它们的理论代表都是完全站在法学的‘权利基础’之上的”[22]。中国共产党和中国政府以马克思主义的人权观为指导,主张以人为本,保障人权。我国2004年修改的《宪法》第33条第3款庄严规定:“国家尊重和保障人权。”第13条第1款规定:“公民的合法的私有财产不受侵犯。”

刑事诉讼的目的就是惩罚犯罪与保障人权,而惩罚犯罪说到底也是为了维护人权。刑事诉讼法和刑事证据法所保护的重点是诉讼参与人的权利,即诉讼人权,其中首要的是犯罪嫌疑人、被告人的人权保障。我国的刑事诉讼法、刑事证据法在人权保障上取得一定成就,但是总体上还显不够。例如,还没有明文规定无罪推定原则,辩护权的保障力度不够等,有待在今后立法司法中加以改革完善。

我们强调人权保障并不意味着放弃惩罚犯罪的价值追求,而是主张在加强人权保障的同时防止削弱打击犯罪的力度,在强化犯罪嫌疑人、被告人权利保障的同时强化被害人等其他诉讼参与人的权利保障,在总体上追求一种价值的平衡和协调。这也是世界上有的国家进行司法改革的走向。如英国2002年7月宣布的司法改革白皮书《所有人的正义》(*Justice for All*),批评英国现行刑事司法制度保护被告人权利太多,关心被害人和证人权利太少,强调:“重新调整刑事司法制度,使其有利于被害人和社会公众,减少犯罪,将更多的罪犯绳之以法。”

民事诉讼解决的是平等主体之间的人身纠纷和财产纠纷,当事人将案件诉诸法院的目的是维护其合法的人身权和财产权,因而案件的最终处理直接关系当事人的人身权和财产权两项最基本的人权。民事诉讼中双方当事人的力量基本上是平等的,这与刑事诉讼中控辩之间天然的不平等有明显差别。因此,民事诉讼中的人权保障主要体现在以诉讼的正当程序确定当事人的实体权利和义务。在民事诉讼的过程中,如何规范当事人的取证程序,如何在当事人之间分配举证责任等,都直接关系法院最终的裁判结果。为此,我国民事证据制

---

〔22〕《马克思恩格斯全集》(第21卷),人民出版社1965年版,第546~547页。

度在举证责任方面:一方面从原则上规定提出诉讼主张的当事人有提供证据的责任;另一方面考虑到当事人的举证能力,在一些特殊情况下,如产品缺陷侵权采取举证责任倒置。与此同时,为了尽可能查明案件事实,我国民事证据法还赋予法院在一定情况下调查收集证据的职责。这些都体现了我国民事证据制度努力实现认定案件事实符合客观真相,以确保案件在实体上的公正处理,体现人权保障思想。当然,民事证据中的人权保障,除体现在案件的实体公正方面外,还体现在程序公正之中。如在当事人收集证据方面,严格禁止当事人以侵害他人合法权益的方式收集证据;否则,不能作为认定案件事实的根据。

行政诉讼解决的是行政主体的行政行为是否合法的问题。从本质上讲,行政诉讼本身就是个人权利受到行政主体侵犯时的一种救济措施。行政诉讼中的人权保障,主要是法院通过对行政主体行政行为合法性进行审查,以确保行政相对人的人身权、财产权等基本权利不受行政主体的任意侵犯。不仅如此,行政诉讼制度之建立,还有助于警示每一个行政主体依法行政,不任意侵犯行政相对人的基本权利;否则,其将接受法院的司法审查。在行政诉讼过程中,证据的收集、运用和审查判断无一不体现着行政诉讼证据制度的人权保障思想。如在举证责任的分配方面,行政诉讼证据制度与民事诉讼证据制度和刑事诉讼证据制度明显不同,行政行为合法性之证明由行政主体(行政诉讼的被告人)承担。又如在证据的收集方面,行政诉讼证据制度对行政主体收集证据进行了诸多限制。再如在行政诉讼的过程中,行政主体及其诉讼代理人不得自行向原告和证人收集证据等。

人权与人性是紧密联系在一起的。尊重人性就是尊重人权。现代刑事、民事证据法中规定的证人拒绝作证权就体现了对人性的尊重。为了保障法律所维护的某些特定价值不因强迫具有某些主体身份的人履行一般公民的作证义务而有所损害,证据法赋予具有特定亲属关系的知情人以拒绝作证权。这种特定亲属关系指的是具有近亲属关系的知情人,包括近亲属或者曾经有过近亲属关系的人和监护人或者被监护人。亲属间拒绝作证权的规定体现了对于维护亲情、增进家庭和睦和家庭成员间的相互信任等社会伦理价值的追求,是维护人权的重要体现。在这个问题上,现行立法有待完善和改进。

三、秩序

秩序,是指自然界和人类社会的关系处于相对稳定、和谐、连续的状态。正如E.博登海默所说的,秩序"意指自然进程和社会进程中都存在着某种程度的一致性、连续性和确定性"[23]。秩序是人类生存和发展的必需,"历史表明,凡是在人类建立了政治或社会组织单位的地方,他们都曾力图防止不可控制的混乱现象,也曾试图确立某种适于生存的秩序形式。这种要求确立社会生活有序模式的倾向,绝不是人类所作的一种任意专断或违背自然的努力"[24]。我国治理社会的经验也表明,只有保持经济、政治、生活各方面的相对稳定性,社会经济才能得到较快的发展,民众的权利要求才能得到较大程度的满足。相反,如果社会动荡,秩序混乱,犯罪猖獗,人民不能平安生活、正常工作,那么,社会就不可能发展,更不可能持续发展。

---

〔23〕［美］E.博登海默:《法理学:法律哲学与法律方法》,邓正来译,中国政法大学出版社1999年版,第219页。
〔24〕［美］E.博登海默:《法理学:法律哲学与法律方法》,邓正来译,中国政法大学出版社1999年版,第220页。

秩序是法(包括证据法)所追求的基本价值目标之一,甚至在一定的意义上讲,法就是秩序。亚里士多德就曾认为:“今夫法者,秩序之谓也;良好法,即良好之秩序。”〔25〕恩格斯也认为,法“是由社会上一部分人积极地按自己的意志规定下来并由另一部分人消极地接受下来的秩序”〔26〕。

维持和谐的社会秩序,消除社会的不稳定因素,国家要做多方面的努力,特别要在民主、法治、正义、人权这些根本问题上多下功夫,以求防患于未然,保证国家的长治久安。同时,需要运用法律手段来规范人们的行为,制裁破坏社会秩序的违法行为。诉讼中秩序的追求就是指通过诉讼使社会秩序更有保障,更趋于稳定。证据是诉讼的基石,只有依法全面客观正确地收集、审查、判断证据,才能使诉讼制度在保障社会秩序方面发挥最大的作用。因此,刑事、行政和民事三种诉讼和证据法都必须以保障社会秩序为基本价值之一。

惩治犯罪是维护秩序的一项重要手段,只有有效地打击犯罪,才能保障公民和单位的权利不受犯罪分子侵犯,有力地维护国家安全和社会安全,实现“秩序”的法律价值。特别是一些严重犯罪,如恐怖犯罪,黑社会犯罪,毒品犯罪,杀人、抢劫、绑架等暴力犯罪,对人类社会造成极大危害和灾难,更应当依法严厉打击。刑法、刑事诉讼法和刑事证据法等刑事法律肩负着惩治犯罪的重任,如果这是法的“恶”的品格,那它则是不得已之“恶”,是维护公共利益之“恶”。没有这种“恶”,刑事法律就丧失其特性了。因此,刑事证据法必须明确将惩罚犯罪作为其立法目的之一,并在具体的条文中加以体现。如规定符合法定证明标准要求和其他条件的,对犯罪嫌疑人应当作出逮捕、提起公诉的决定,对被告人应当作出有罪的判决。另外,刑事证据法还应该允许侦查机关在侦查程序中使用一些强制方法和特殊侦查手段包括强制采样、监听、秘密拍照、录音录像、心理测试检查、派遣秘密侦查员和诱惑侦查等,以使侦查机关更好地运用各种侦查手段与犯罪作斗争。

值得注意的是,近 20 多年来,犯罪现象,特别是恐怖犯罪、暴力犯罪、腐败犯罪、跨国有组织犯罪等在全球范围内日趋严重。在严峻的犯罪形势下,许多国家甚至国际组织都在加强打击犯罪的力度,这在刑事证据法方面体现为:(1)扩展打击犯罪的取证手段。如联合国《打击跨国犯罪公约》第 20 条第 1 款规定:“主管当局……在其认为适当的情况下使用其他特殊侦查手段,如电子或其他形式的监视和特工行动,以有效地打击有组织犯罪。”联合国《反腐败公约》第 50 条第 1 款作出了与此基本相同的规定,但进一步明确了“并允许法庭采信由这些手段产生的证据”。(2)加强保护被害人、证人权利。如英国司法改革白皮书《所有人的正义》,对被害人人权保障给予了特别的关注,该文件主张刑事司法体制应当向有利于被害人和证人的方向重新平衡。(3)弱化证据规则的适用。如针对基于违反米兰达规则的自白而获得的实物证据是否将被作为毒树之果予以排除的问题,美国联邦最高法院在 2004 年以 5∶4 的表决结果作出裁决,某种情况下毒树之果规则将不被适用,同时通过间接违反米兰达规则而获得的实物证据将不被排除。英国在 1994 年从采取绝对沉默权原则改

---

〔25〕 [古希腊]亚里士多德:《政治论》,[英]本亚明·乔伊特英译,吴颂皋、吴旭初重译,商务印书馆 1935 年版,第 328 页。

〔26〕 中共中央马克思恩格斯列宁斯大林著作编译局编译:《马克思恩格斯全集》(第 2 卷),人民出版社 2012 年版,第 515 页。

为采取相对沉默权原则。根据1994年《英国刑事审判与公共秩序法》第34~37条的规定,对于特定情形,如果被告人保持沉默,法律允许法庭作出“看起来适当的推论”(对被告人不利的有罪推论)。之后在《所有人的正义》文件中,英国放松了关于可采性的苛刻规则;2003年《英国刑事司法法》又改革了刑事诉讼中关于传闻证据可采性的法律规定,允许使用符合特定条件的传闻证据(经转述的证据),包括原始的证据来源有正当理由不能出庭陈述,或者法官认为原始证据来源不出庭是适当的;另外,还修改了品格证据规则,允许在一定情况下,使用被告人犯有前科的证据,承认其关联性。(4)推定的适用。联合国《反腐败公约》第28条规定“根据本公约确立的犯罪所需具备的明知、故意或者目的等要素,可以根据客观实际情况予以推定”[27]。联合国《打击跨国犯罪公约》也有类似规定。这显然对犯罪主观要素降低了证明标准,加强了反腐败的力度。

但是在现代民主法治国家,打击犯罪的同时也绝不能忽视人权保障。也就是说,在打击犯罪的过程中要防止滥用职权,防止滥捕、错判、多杀。这种职权的滥用其实从另一方面造成了社会秩序的混乱,带来民众不满,从个案不停地被申诉、上告到当事人对整个社会的怨恨、报复,产生了新的秩序破坏。可见,秩序的维护不仅仅是靠打击犯罪,其也必须与保障人权结合起来;其关键在于依法规范和限制国家权力的行使。具体而言,在证据制度方面,国家权力的行使应当遵循三个原则:一是授权原则,即收集、审查判断证据必须依据法律所授予的权限,没有授权的不能行使;违反授权原则的,属于无效的诉讼行为。例如,只有法定的国家专门机关才有权讯问犯罪嫌疑人、被告人,询问证人,进行搜查、扣押物证以及其他取证活动。二是比例原则,即国家专门机关行使职权收集运用证据过程中限制或剥夺人的基本权利时必须依据需要而定,禁止恣意过度。如国家机关被授权使用特殊侦查手段取证时须以必要性为前提,并应遵循相称性原则的要求。三是程序法定原则,即对人权的限制和剥夺必须遵循法定的公正的程序。如两院三部《办理死刑案件证据规定》第3条规定:“侦查人员、检察人员、审判人员应当严格遵守法定程序,全面、客观地收集、审查、核实和认定证据。”

坚持秩序的理念,既要求我们有力度地打击犯罪尤其是恐怖、暴力等严重犯罪;也要求我们认真贯彻宽严相济政策,注意人权保障。因此,我们必须在打击犯罪与保障人权之间取得平衡。当然两者之间的平衡,是一种动态的能动的平衡,而不是一成不变的静态的平衡。在不同的国家、不同的历史时期,实现打击犯罪与保障人权的平衡可能会有不同的侧重点;甚至在同一国家的同一历史时期,对不同类型的犯罪和不同主体实施的犯罪在实现打击犯罪和保障人权平衡方面也会有不同的侧重点。就目前我国的实践情况而言,尽管有时依然需要有针对性地加大打击犯罪的力度,但我们更需要在保障人权方面作出更多的努力。

通过诉讼、仲裁和调解等途径解决民事纠纷是维持社会秩序的另一重要手段。据统计,

---

[27] See Article 28 of United Nations Convention against Corruption, Knowledge, intent and purpose as elements of an offence Knowledge, intent or purpose required as an element of an offence established in accordance with this Convention may be inferred from objective factual circumstances. 公约中被翻译为“推定”的原文是“infer”(名词形式 inference)与证据法术语中的“推定”(presume,名词形式为 presumption)不是同一个词,但其内涵有近似之处。

2013 年至 2017 年我国各级人民法院共审结一审民事案件 3139.7 万件,同比上升 54.1%。[28] 显然,只有民事诉讼、仲裁和调解在公正地解决民事纠纷方面发挥重大的积极作用,社会纠纷和矛盾才能及时地得到化解,良好的社会秩序才能长久地维持。民事诉讼、仲裁和调解等公正地解决民事纠纷,都必须以民事证据制度为基石。2017 年《民事诉讼法》第三次修改后,民事诉讼证据制度有所完善,为民事司法公正、便民提供了重要保障。

行政诉讼也是维持社会秩序的重要手段。行政主体依法行政,本身就是在维持社会秩序。但是,如果行政主体滥用行政权力,违法行政,则就是对社会秩序的破坏。为此,有必要通过行政诉讼对违法行政行为、破坏社会秩序的行为予以救济。在行政诉讼的过程中,双方争议和法院裁判的焦点实际上就是行政主体作出行政行为或消极地不作为时是否有相应的证据支持。因此,坚持行政诉讼证据制度的秩序理念,有助于行政主体依法行政。

四、效率

诉讼效率指诉讼中所投入的司法资源(包括人力、财力、设备等)与所取得的成果的比例。讲求诉讼效率要求投入的司法资源取得尽可能多的诉讼成果,即降低诉讼成本,提高工作效率,加速诉讼运作,减少案件拖延和积压的现象。在市场经济中,任何企业只有不断提高效率,才能在竞争中立于不败之地并得到发展;司法工作尽管不同于企业,但也必须注意提高效率,因为国家投入于司法中的资源毕竟是有限的,远不能满足司法的需要。在刑事诉讼中提高诉讼效率不仅是为了节约司法成本、缓和办案经费的紧张,更重要的是为了使犯罪分子及时得到惩罚,使无罪的人早日免受刑事追究,同时被害人也可及时得到精神上和物质上的补偿,从而更有效地实现刑事诉讼法的任务。如果办案拖拉,超期羁押,即使案件最后得到了正确处理,司法公正也必然受到严重影响。贝卡利亚在谈到刑罚的及时性时指出:"惩罚犯罪的刑罚越是迅速和及时,就越是公正和有益。"[29] 在民事诉讼和行政诉讼中,提高诉讼效率对当事人和社会而言,同样具有重要的意义。它不仅使当事人的合法权益能得到及时的保护,而且能使当事人尽早摆脱诉讼的纠缠,节省当事人的精力和财力,而且有助于被破坏的社会秩序尽快得到恢复。

现代三部诉讼法和证据法都把效率视为其基本理念和价值要求,并在一些诉讼和证据立法中加以规定。例如,美国《联邦证据规则》第 102 条规定:"本规则将用以保证公正施行,消除不合理的耗费和延误,促进证据法的发展壮大,以实现确定事实真相,公正处理诉讼。"《日本刑事诉讼法》第 1 条规定:"本法以在刑事案件上,于维护公共福利和保障个人基本人权的同时,明确案件的事实真相,正当而迅速地适用刑罚法令为目的。"《日本民事诉讼法》第 2 条规定:"法院应为民事诉讼公正并迅速地进行而努力。"我国《刑事诉讼法》在任务中规定了"准确、及时地查明犯罪事实",并且从诉讼期限、轻罪不起诉和简易程序等多方面体现诉讼效率的理念。我国的《民事诉讼法》和《行政诉讼法》也分别在任务中规定了"及时审理民事案件"和"及时审理行政案件",并从诉讼期限、二审书面审理等多方面体现诉讼效率。

---

[28] 参见周强在第十三届全国人大一次会议第二次全体会议上所作的《2018 年最高人民法院工作报告》。

[29] [意]贝卡利亚:《论犯罪与刑罚》,黄风译,中国大百科全书出版社 1993 年版,第 70 页。

需要指出的是,刑事诉讼效率不是单纯指审判的效率,而是整个程序的效率。在我国刑事诉讼中,侦查、起诉的时间占整个办案期限的很大比例,讲求效率应当包括从侦查一直到审判结束的整个刑事诉讼程序。

我们认为,刑事、民事、行政诉讼法的证据制度在以下方面体现效率价值:(1)证据的关联性。证据必须与案件事实具有关联性,以防止证据调查收集范围的无限扩大。《刑事诉讼法》第50条第1款也规定了关联性:“可以用于证明案件事实的材料,都是证据。”(2)免证事实和推定及民事证据制度中的自认制度。这些制度加快对有关事实的认定进程,避免不必要的证据调查。如最高法《民诉法解释》第93条规定:“下列事实,当事人无须举证证明:(一)自然规律以及定理、定律;(二)众所周知的事实;(三)根据法律规定推定的事实;(四)根据已知的事实和日常生活经验法则推定出的另一事实;(五)已为人民法院发生法律效力的裁判所确认的事实;(六)已为仲裁机构生效裁决所确认的事实;(七)已为有效公证文书所证明的事实。前款第二项至第四项规定的事实,当事人有相反证据足以反驳的除外;第五项至第七项规定的事实,当事人有相反证据足以推翻的除外。”其第92条第1款规定了自认制度。(3)民事和行政诉讼中举证时限制度。如《民事诉讼法》第68条第2款规定:“人民法院根据当事人的主张和案件审理情况,确定当事人应当提供的证据及其期限。当事人在该期限内提供证据确有困难的,可以向人民法院申请延长期限,人民法院根据当事人的申请适当延长。当事人逾期提供证据的,人民法院应当责令其说明理由;拒不说明理由或者理由不成立的,人民法院根据不同情形可以不予采纳该证据,或者采纳该证据但予以训诫、罚款。”(4)民事和行政诉讼中庭前证据交换制度。如《民事诉讼法》第136条第4项在“审理前的准备”程序中规定“需要开庭审理的,通过要求当事人交换证据等方式,明确争议焦点。”最高法《行诉证据规定》第21条也确立了该项制度。

如上所述,在诉讼中适当地追求诉讼效率,可以促进证据的及时收集以及案件事实真相的查明,从而有助于司法公正的实现。但是,如果过分地追求诉讼效率,就有可能损坏司法公正的实现。在公正与效率的关系上,我们主张公正第一、效率第二。因为公正是司法的本质品格,是社会首要的追求目标。美国学者约翰·罗尔斯说:“正义是社会制度的首要价值……某些法律和制度,不管它们如何有效率和有条理,只要它们不正义,就必须加以改造或废除。”[30]这句话说得可能有点绝对,但不无道理。西方的谚语说“迟来的正义非正义”,但是早来的不正义更是非正义。换言之,应当是在保证司法公正的前提下追求效率,而不能因为图快求多,草率办案,而损害程序公正和实体公正,甚至发生错案现象。如果发生错案,事后加以纠正和赔偿,反而损害了效率,此乃所谓“欲速则不达”。如民事证据规则中规定举证时限制度,应当考虑不能过度损害公正价值。此制度旨在促使当事人及时提交证据,但若规定“过死”,必然影响司法公正。《民事诉讼法》的修改比较好地解决了这个问题。当然,公正的优先地位不是绝对的,在一定情况下,为了效率,不得不对公正的价值作出适当牺牲,例如简易程序对证据调查的简化等。但是,这种牺牲不能过分,否则,就违反司法的基本要求了。而且从司法资源的宏观配置来讲,对轻微案件适用简易程序可以节省大量的诉讼资源,进而可以把这些资源用于比较重大复杂的案件上,这有利于在这些重大复杂的案件中

---

〔30〕［美］约翰·罗尔斯:《正义论》,何怀宏等译,中国社会科学出版社1988年版,第3页。

实现司法公正。

综上所述，我们对案件事实真相的追求与现代诉讼所确立的公正、人权、秩序和效率等基本价值之间，以及这些基本价值之间，既有相互一致的一面，也有相互冲突的一面。这种错综复杂的矛盾关系决定了我们既要坚持追求案件的客观真实，又应当根据三种诉讼的不同特点适度适用法律真实，以兼顾多方面诉讼价值的均衡实现。

【案例1】 张某、张某平冤案——"尊重和保障人权"是防范冤假错案的底线

【案情】 张某、张某平系叔侄关系。2003年5月18日晚9时许，被害人王某（17岁）经他人介绍搭乘张某、张某平驾驶的送货去上海的皖J-11×××解放牌货车，途经浙江省杭州市临安区昌化镇，次日凌晨1时30分到达杭州市天目山路汽车西站附近。被害人王某离开汽车西站后于2003年5月19日早晨被人杀害，尔后尸体被抛至杭州市西湖区留下镇留泗路东穆坞村路段的路边溪沟。

经公安机关侦查，认定此案系张某、张某平所为。两人于2003年5月23日被刑事拘留，同年6月28日被逮捕。在侦查讯问中，两人均供认，当晚在货车驾驶座上对王某实施强奸致其死亡，并在路边抛尸。但是，据杭州市公安局2003年6月23日作出的《法医学DNA检验报告》，所提取的被害人王某8个指甲末端检出的混合DNA谱带，系由死者王某和一名男性的DNA谱带混合形成的，排除张某、张某平与王某混合形成。2004年2月，杭州市人民检察院以张某、张某平犯强奸罪向杭州市中级人民法院提起公诉。2004年4月21日，杭州市中级人民法院以强奸罪分别判处张某死刑、张某平无期徒刑。2004年10月19日，浙江省高级人民法院二审分别改判张某死刑、缓期2年执行，张某平有期徒刑15年。但是，在狱中，张某平、张某均坚称自己无罪。

2011年11月22日，杭州市公安局将该案被害人8个指甲末端擦拭滤纸上分离出来的一名男性DNA分型与数据库进行比对时，发现其与勾某峰（杭州市另一起强奸杀人案的作案人，已于2005年4月27日被执行死刑）DNA分型7个位点存在吻合。该局将此结果送公安部物证鉴定中心再次鉴定。2011年12月6日，公安部物证鉴定中心出具《物证鉴定查询比对报告》，证明经查询比对，被害人8个指甲末端擦拭滤纸上的DNA检出的混合STR分型中包含勾某峰的STR分型。2013年2月6日，浙江省高级人民法院认为，此案有新的证据证明原判决确有错误，决定进行再审。

2013年3月26日，浙江省高级人民法院依法对张某、张某平强奸再审案公开宣判，撤销原审判决，宣告张某、张某平无罪。再审判决书称，经再审庭审查明，"侦查人员在审讯过程中存在对犯罪嫌疑人不在规定的羁押场所关押、审讯的情形；公安机关提供的张某首次有罪供述的审讯录像不完整；张某、张某平指认现场的录像镜头切换频繁，指认现场的见证人未起到见证作用；从同监犯获取及印证原审被告人有罪供述等侦查程序和行为不规范、不合法。因此，本案不能排除公安机关存在以非法方法收集证据的情形，张某、张某平的有罪供述、指认现场笔录等证据，依法应予排除，不能作为定案依据"。

【评析】 该案是2013年改判的又一起冤案。反思该案，办案机关恣意侵犯犯罪嫌疑人、被告人人权，违反法定程序办案，是造成这起冤案的根本原因。其集中体现在：一是违反

“不得强迫任何人证实自己有罪”原则。在本案中,侦查机关使用刑讯逼供等非法手段强迫张某、张某平作出有罪供述,最终造成冤案的发生。侦查机关还违法使用张某的同监犯袁某某采用暴力、威胁的方法协助公安机关获取张某的有罪供述,同时以该同监犯的证言为证据。二是在证明标准上未能达到“证据确实、充分”“唯一性和排他性”的程度。死刑案件“人命关天”,必须达到“对事实没有其他解释余地”的标准才能判处死刑。该案只有侦查机关通过非法方法收集的犯罪嫌疑人有罪供述,而没有任何证明被告人强奸杀人的客观性直接证据;间接证据极不完整,缺乏对主要案件事实的同一证明力,没有形成有效的证据链条。而且,能够有力排除张某、张某平作案可能性的《法医学 DNA 检验报告》却未能作为认定案件事实的证据。因此,本案显然未达到“排除合理怀疑”的程度。

该冤案的平反再次警示我们,尊重和保障人权是证据法的核心价值之一。只有切实保障犯罪嫌疑人、被告人的人权,才能正确惩罚犯罪,才能守住防范冤假错案的底线,才能真正实现“努力让人民群众在每一个司法案件中感受到公平正义”。

【案例2】 李娟诉张昆明债务纠纷案——体现法律真实的证明标准[31]

【案情】 这是2009年年初发生在中国江西省新余市的一起民间借贷纠纷案。法庭上,原告李娟出示了被告张昆明(均为化名)向其出具的20万元借条,并诉称,被告2007年5月14日因资金困难向其借款。此后,原告多次催讨未果,故诉至法院要求被告偿还借款。

张昆明辩称,在两人恋爱期间,原告要其承诺不能分手,否则就承担20万元的分手费。张昆明为证明真心,向原告出具了一张20万元的借条,实际上其未向原告借款。后原告提出分手,并多次到其所在单位闹,其先后给予原告7.2万元予以平息事情。现原告又凭借条起诉至法院,故请求法院驳回原告的诉讼请求。

张昆明为支持其辩解,向法庭出示了聂某某及傅某某的证言,证明其未向原告借款,聂某某及傅某某也出庭证明两人的恋爱关系。

法院审理后认为,被告承认该借条系其本人出具,二证人证言反映被告只因恋爱而向原告出具借条,没有真实的借贷关系,但该二证人也作证被告出具借条时未在场,其证言系传来证据,且没有其他证据补强,不能作为本案的定案依据。

2009年1月12日,江西省新余市渝水区人民法院审理后认为,被告张昆明的辩解缺乏证据证实,最后依据借条的真实性判决其归还原告李娟借款20万元。

【评析】 本案的处理结果是法院体现法律真实证明标准的结果。原告李娟凭被告人张昆明向其出具的借据将张昆明起诉至法院。尽管有证人证言证明张昆明系因恋爱关系向李娟出具借条,而没有真实的借贷关系,但案件最终处于真伪难明的状态。法院审理后,认为该证人证言系传来证据,故依据借条的真实性判决原告李娟胜诉。在证据法学中,原始证据直接源于案件事实,是“第一手”证据;而传来证据只是间接源于案件事实,如转述、传抄、复制等。一般而言,原始证据的效力高于传来的证据。另外,在证据法学理论中,书证的证

---

〔31〕 参见简永根:《男子自称为分手出具“空头借据”缺乏证据被判偿还》,载中国法院网,http://www.chinacourt.org/html/article/200901/13/339999.shtml,最后访问日期:2011年1月8日。

明力一般优于证人证言。本案中的借条属于书证,是原始证据,效力高于言词证据(包括当事人陈述和证人证言)。法院根据借条作出原告李娟胜诉的判决具有相对合理性。这表明,在主要涉及人身及财产权利纠纷的民事诉讼中,出现案件事实真伪难明的情况时适用法律真实的空间会更大。当然,这并不意味着所有民事案件都是法律真实的结果。相反,绝大多数民事案件的处理体现了客观真实与法律真实的结合,只有在少部分案件出现案件事实真伪难明时,才适用法律真实。

【案例3】 陕西邱某华杀人案——程序正当性的缺陷〔32〕

【案情】 该案是2006年7月发生在中国陕西省汉阴县的一起罕见的恶性凶杀案。陕西省石泉县农民邱某华是这一血案的制造者。

2006年7月14日晚,邱某华来到位于陕西省汉阴县平梁镇凤凰山山顶上的铁瓦殿,趁道观内管理人员和香客熟睡之机,持斧头、弯刀,将殿内道士熊某成、工作人员和香客等10人杀死。作案后被告人邱某华烧殿潜逃。2006年7月31日邱某华窜至随州市曾都区万福店农场魏岗村二组村民魏某凯家,用斧头和弯刀向魏某凯、魏某凯之妻徐某秀、魏某凯之女魏某梅的头部连砍数刀,致魏某凯死亡,徐某秀、魏某梅重伤。2006年8月19日晚邱某华在汉中被抓获归案。

2006年10月19日,安康市中级人民法院审理后当庭作出一审判决:以故意杀人罪和抢劫罪数罪并罚,决定判处邱某华死刑,剥夺政治权利终身;并处没收个人财产5000元。邱某华不服当庭表示要上诉,后递交上诉状。邱某华妻子叙述邱某华有精神病史。

在二审中,邱某华的辩护律师鉴于邱某华的妻子何某凤及其儿女们的一再恳求,以及邱某华犯杀人罪的前后经过、细节以及抓获归案后的精神状态、言谈举止,认为邱某华可能存在精神方面的问题,并向法庭提出对邱某华进行司法精神病鉴定的申请。法庭审理后认为邱某华犯故意杀人、抢劫犯罪时具有完全的辨认和控制自己行为的能力,故对辩护人要求对邱某华进行司法精神鉴定的意见不予采纳。庭审后,法庭宣布对此案择日宣判。

2006年12月28日,陕西省高级人民法院刑庭在安康市中级人民法院再次开庭,法庭当庭宣布了维持一审的终审裁定:判处邱某华死刑,剥夺政治权利终身。宣判后,对邱某华验明正身当即押赴刑场执行枪决。

【评析】 本案被告人邱某华的杀人行为是客观存在的,证据确凿,已经达到了结论唯一的程度。但是,邱某华作案时是否有精神病,是否负刑事责任或只负限制刑事责任是定罪量刑的关键所在。在被告人邱某华提出司法精神病鉴定的申请后,社会各界包括法律界对是否应当对被告人邱某华做司法精神病鉴定展开了激烈的争论。陕西省高级人民法院最终以辩护人未能提供有说服力的证据为由,拒绝采纳辩护人要求对邱某华进行司法精神病鉴定的意见。根据我国刑事诉讼法以及相关司法解释的规定,虽然被告人一方有权申请进行精神病司法鉴定,但是决定权在司法机关。我们认为,本案中,法庭在没有充分说明驳回鉴

〔32〕 参见百度百科"邱兴华",有删节。载 http://baike.baidu.com/view/474256.htm,最后访问日期:2013年7月23日。

定申请的理由的情况下就“不予采信”、不予鉴定,虽在当时不构成程序上的违法,但却是对程序正义的实质违反,而且不能排除邱某华有精神病的可能性。这样一来,很有可能对实体公正造成严重影响,不利于司法公正的实现。2007 年,两院两部《办理死刑案件意见》规定:“对可能属于精神病人、未成年人或者怀孕的妇女的犯罪嫌疑人,应当及时进行鉴定或者调查核实。”

当然,由于精神病鉴定受制于鉴定技术、被告人的主观意志等因素,即使进行司法精神病鉴定,也未必能够得到非常准确的结论。因此,进行司法精神病鉴定得出的结论通常是相对的,达不到唯一性的程度。

第五章　证据法的基本原则

第一节　概　述

证据法的基本原则，是指证据立法与证据运用过程中应该遵守的根本准则。它具有基础性地位，既体现该部门法最基本的价值，又是整个证据运行机制的指导思想。

由于法律思维方式、法律思想、立法技术和风格的不同，不同国家和地区证据法的基本原则在立法体例上存在较大差异。英美法系国家以判例法为传统，虽然在证据立法方面出现了成文化的趋势，但是其成文法缺乏大陆法系法典的完整性和逻辑性，一般没有关于证据法基本原则的专门规定。[1] 尽管如此，其具体的证据条文中仍然贯穿了证据法基本原则的精神。大陆法系国家虽然素有重视基本原则研究的理论传统，但是由于其证据制度规定在相应的诉讼法中，因此对证据法基本原则的规定不仅系统性、完整性不足，而且往往局限于与诉讼法相关的原则。

在我国，虽然越来越多的证据法学教材和著作涉及证据法的基本原则，但是，对于证据法的基本原则包括哪些，则众说纷纭。有的认为证据法的基本原则包括真实发现原则、证据裁判原则和自由评价原则[2]，有的主张证据法的基本原则包括证据裁判原则、自由心证原则、无罪推定原则和程序法定原则[3]，还有的主张证据法的基本原则包括客观真实原则、证据裁判原则、自由心证原则、直接原则和利益衡量原则[4]，还有的主张证据法的基本原则包括遵守法制原则、实事求是原则、证据为本原则、证据裁判主义、直接言词原则、公平诚信原则、法定证明与自由证明相结合原则[5]。

我们认为，证据法的基本原则包括证据裁判原则、程序法定原则、无罪推定原则和反对强迫自证其罪原则。理由如下：

首先，证据裁判原则是我国学界公认的一项证据法基本原则。上述各种关于证据法基本原则的学说无论存在何种差异，均承认证据裁判原则是证据法的基本原则之一，而且是首要原则。不仅如此，2010 年两院三部《办理死刑案件证据规定》第 2 条还明文规定，认定案件事实，必须以证据为根据。这是我国首次在刑事诉讼相关立法中明确确认证据裁判原则。

---

[1] 1995 年《澳大利亚证据法》对证据法的基本原则作了明确、系统的规定，确立了保障法院发现真实原则、民事诉讼与刑事诉讼区别对待原则、程序公正原则、程序可预测性原则、程序经济性原则等五项原则。

[2] 参见卞建林、潭世贵主编：《证据法学》（修订版），中国政法大学出版社 2010 年版，第 76～91 页。

[3] 参见何家弘主编：《证据法学研究》，中国人民大学出版社 2007 年版，第 279～291 页。

[4] 参见高家伟、邵明、王万华：《证据法原理》，中国人民大学出版社 2004 年版，第 173～193 页。

[5] 参见何家弘、刘品新：《证据法学》（第 3 版），法律出版社 2008 年版，第 76～97 页。

其次,程序法定原则是法治原则在证据法中的要求和体现。程序法定原则是现代法治国家进行刑事诉讼活动应遵循的重要原则之一,体现在证据法中,就是要求不仅要有健全的证据立法,而且司法人员和其他诉讼参与者要依法取证、依法举证、依法质证和依法认证。2010 年两院三部《办理死刑案件证据规定》第 3 条明确规定了程序法定原则。[6]《刑事诉讼法》也有体现,该法第 52 条规定,审判人员、检察人员、侦查人员必须依照法定程序,收集能够证实犯罪嫌疑人、被告人有罪或者无罪、犯罪情节轻重的各种证据。

再次,无罪推定原则虽然是刑事诉讼法的特有原则,但是由于诉讼活动与证明活动的统一性,刑事诉讼法的基本原则对于刑事证明活动同样具有指导意义。而且无罪推定还是证明责任分配的基本原则,对于证据制度具有举足轻重的影响。

最后,我们将反对强迫自证其罪原则也作为刑事证据法的基本原则,是因为刑讯逼供是当前刑事证明活动中屡禁不止的顽疾,遏制非法取证与贯彻反对强迫自证其罪原则密切相关。我国《刑事诉讼法》第 52 条明确规定,严禁刑讯逼供和以威胁、引诱、欺骗以及其他非法方法收集证据,不得强迫任何人证实自己有罪,即我国已经确立了不得强迫自证其罪原则。而且,《刑事诉讼法》第 56 条第 1 款明确规定,采用刑讯逼供等非法方法收集的犯罪嫌疑人、被告人供述和采用暴力、威胁等非法方法收集的证人证言、被害人陈述,应当予以排除。收集物证、书证不符合法定程序,可能严重影响司法公正的,应当予以补正或者作出合理解释;不能补正或者作出合理解释的,对该证据应当予以排除。这些条文体现了我国刑事诉讼法已经明确确立了非法证据排除规则。

综上所述,我们在不否认证据法可能还包括其他一些基本原则的前提下,重点论述上述四项基本原则,其中证据裁判原则和程序法定原则是适用于三种诉讼证明的共有原则,无罪推定原则是刑事诉讼证明特有的重要原则,反对强迫自证其罪原则主要适用于刑事诉讼,但也兼及其他诉讼。

第二节　证据裁判原则

证据裁判原则,又称“证据裁判主义”,是指在诉讼中,对于案件事实的认定必须依据证据。这一原则有两个基本含义:第一,诉讼中的事实应依据证据认定;第二,如果没有证据,不能对有关的事实予以认定。

一、证据裁判原则的产生

证据裁判原则不是自古有之,而是司法制度发展到一定历史阶段的产物。自从人类社会产生了解决纠纷的诉讼活动,裁判者就力求发现案件真实;而且随着社会的进步,发现真实的模式、原则和制度也呈现阶段性的演进。证据法学者通常将其概括为三个阶段,即神明裁判、法定证据和自由心证。我们认为,如不限于欧洲大陆而从世界范围来看,后面两个阶段改称为口供裁判、证据裁判似更符合实际情况。现概述如下:

---

[6]　该条规定,侦查人员、检察人员、审判人员应当严格遵守法定程序,全面、客观地收集、审查、核实和认定证据。

第一阶段：神明裁判。在古代奴隶社会和封建社会前期，由于生产力落后、人类处于愚昧状态，在司法证明上盛行“神明裁判”制度。在当时的诉讼中，如果双方当事人对案件事实的主张有争议，就根据神的示意来判断，将神的示意作为认定案件事实的唯一依据。因为当时人们相信，只有神能明辨是非、知道案件事实真相。神判方式多种多样，通行的有水审、火审等。中国古代的神判制度尽管消失得比较早，但根据有关史料记载也确实存在过。

第二阶段：口供裁判。随着社会的发展，人类认识能力的提高，证据制度从神判走向人判，证据在诉讼中得到一定程度的重视。但当时实行口供主义，以采用合法的刑讯手段取得的被告人口供作为定罪的主要根据，口供被称为“证据之王”。欧洲中世纪后期实行法定证据制度的代表性法典《加洛林纳刑法典》规定：被告人在法庭上的供认被认为是完全证据中最好的证据，足以认定犯罪。[7] 中国古代漫长的封建专制主义时期基本上不实行法定证据制度，但同样实行“罪从供定”的口供主义和合法刑讯制度。尽管这一时期司法裁判者也采用证人证言和物证等证据，但是由于其基本依靠刑讯获得的口供定罪，因而不能认为已经产生了证据裁判原则。

第三阶段：证据裁判。证据裁判原则发轫于资产阶级革命时期，在18世纪的欧洲大陆，资产阶级革命胜利夺取政权后，在民主、自由、人权的思想指导下，废除了刑讯逼供和法定证据制度，确立了自由心证原则。1808年《法国刑事诉讼法》第342条规定：法律仅要求陪审员深思细察，并本诸良心诚实推求已经提出的对于被告不利和有利的证据在他们的理智上产生了何种印象。只向他们提出这样的问题：“你们已经形成内心的确信否？”现行《法国刑事诉讼法》第353条保留了上述条文原意，只是在文字上略有简化。这一条著名的规定自由心证原则的条文，强调的是事实裁决者对证据审查判断的自由裁量，但它又体现出内心确信的根据是提交给法庭的对被告人有利和不利的证据，也就是说它包含证据裁判原则的内涵。后来德国在1877年制定的《刑事诉讼法》也参考法国上述条文确立了内心确信原则，即现行法典第261条规定：“对证据调查的结果，由法庭根据它在审理过程中建立起来的自由内心确信而决定。”法国、德国两国的刑事诉讼法典至今只规定自由心证原则而未专门规定证据裁判原则。意大利、俄罗斯的刑事诉讼法典也是如此，日本则不同。日本在法国的影响下于1876年制定的《日本断罪依证律》将《日本改定律例》原规定的“凡断罪，依口供结案”，修改为“凡断罪，依证据”，并规定“依证据断罪，完全由法官确定”，这样就把法国的自由心证原则在日本分别规定为证据裁判原则和自由心证原则。[8] “凡断罪，依证据”，这应该说是世界上最早正式规定证据裁判原则的条文。这一条文被日本现行的刑事诉讼法典所继承，现行《日本刑事诉讼法》第317条规定：“认定事实，应当依据证据。”如今大陆法系许多国家和地区规定了这一规则。如《韩国刑事诉讼法》第307条规定：“认定事实，应当以证据为依据。”我国台湾地区“刑事诉讼法”第154条也规定：“犯罪事实应依证据认定之，无证据不得认定犯罪事实。”由证据裁判原则的产生可见，它是反对口供主义的产物，是现代民主法治国家的重要司法原则。英美法系的国家在理念上是认同证据裁判原则的，但是它们根据自

---

〔7〕 参见《中国大百科全书》编辑部编辑：《中国大百科全书·法学》（修订版），中国大百科全书出版社2006年版，第68页。

〔8〕 参见［日］松尾浩也：《日本刑事诉讼法》（下卷），丁相顺译，中国人民大学出版社2005年版，第4页。

己的法制特色不用法律明文规定该原则而用一系列的证据规则如关联性规则、可采性规则等加以体现。[9]

二、证据裁判原则在我国的确立

2010年两院三部《办理死刑案件证据规定》第2条明确规定:“认定案件事实,必须以证据为根据。”这是现代刑事诉讼普遍奉行的证据裁判原则在我国刑事规范性法律文件上的首次明文确认。这一原则强调了法院审理刑事案件,对被告人犯罪事实的认定,必须依据证据;作为认定被告人犯罪事实依据的证据,必须达到确实、充分的程度。坚持证据裁判原则,必须做到认定案件事实应有相应的证据予以证明,一切都要靠证据说话,没有证据不得认定犯罪事实;必须做到用合法的证据来证明案件事实,对于非法取得的证据应当排除,不能作为定案的根据。我国《刑事诉讼法》虽然没有明文规定证据裁判原则,但相关规定表达了证据裁判原则的精神,如《刑事诉讼法》第55条第1款规定:“对一切案件的判处都要重证据,重调查研究,不轻信口供。只有被告人供述,没有其他证据的,不能认定被告人有罪和处以刑罚;没有被告人供述,证据确实、充分的,可以认定被告人有罪和处以刑罚。”《刑事诉讼法》第200条规定,在被告人最后陈述后,审判长宣布休庭,合议庭进行评议,根据已经查明的事实、证据和有关的法律规定,作出相应的判决。最高法《解释》第69条则重申“认定案件事实,必须以证据为根据”。

我国《民事诉讼法》以及《行政诉讼法》虽然没有对证据裁判原则作出直接规定,但最高人民法院的司法解释较早地规定了证据裁判原则的要求。2001年最高法《民诉证据规定》第63条规定:“人民法院应当以证据能够证明的案件事实为依据依法作出裁判。”最高法《行诉证据规定》第53条规定:“人民法院裁判行政案件,应当以证据证明的案件事实为依据。”

三、证据裁判原则的内涵

诉讼中的事实应依据证据认定,这是证据裁判原则最基本的含义。对此,可以从两个方面来加以理解。一是在诉讼中,认定事实的根据,除法律另有明文规定外,只能是证据。二是在诉讼中,证据以外的任何东西,如主观臆测、妄想、推测等,都不是认定事实的根据,或者说,它们均不具备作为事实认定基础的资格。

如果说诉讼中的事实应依据证据认定是从正面肯定认定事实的基础只能是证据,那么,它的第二层含义,即如果没有证据,不能对有关的事实予以认定,则从反面对证据裁判作出了限定。对这一含义的理解,关键在于对“没有证据”的情形的把握。“没有证据”从其字面含义来看,是指没有任何证据。然而这样的理解显然是不妥当的。对“没有证据”的情形,应从证据裁判原则的精神出发加以把握。在证据裁判原则下,证据与事实认定是相对应的。没有任何证据当然不能认定案件事实,然而,虽有证据,但证据却不足以认定案件事实,也即证据在数量和质量上不能满足在相应的诉讼阶段诉讼证明的需要,同样不能认定案件事实。

---

〔9〕 参见陈光中:《刑事证据制度改革若干理论与实践问题之探讨——以两院三部〈两个证据规定〉之公布为视角》,载《中国法学》2010年第6期。

事实上,考察其他国家和地区的相关做法,“没有证据”还不仅限于此。如在我国台湾地区,所谓无证据之裁判,不仅包括没有证据而推定犯罪事实或仅凭法官理想推测之词作为裁判基础的情形,还包括以下情形:(1)不依证据而为裁判者,即裁判理由内未记载其认定事实所凭之证据;(2)裁判书中叙明其认定事实所凭之证据与认定事实不相适合;(3)卷宗内无可查考之证据。这表明,“没有证据”不仅是指在实体上缺乏相应的、充分的证据,而且还指代那些在证据记载等程序性事项上或者说形式上未满足法律要求的情形,体现出程序法治的要求。当然,后者又是以程序法中存在相应的规定为前提的。

根据我国相关法律文件,证据裁判原则要求证据必须具备真实性、关联性和合法性,才能作为认定案件事实的依据。本书将在第六章第二节“证据的属性”中详细阐述,此处不再展开。

证据裁判原则有若干例外,主要包括民事诉讼中当事人的自认、司法认知、推定和拟制的事实。这些内容在本书其他章节中有详细论述,此处不再展开。这些例外情形,是为了解决诉讼中出现的无须证明、证明不能或者有证明困难的情况而设定的,是对证据裁判原则的一种补充。

第三节　程序法定原则

程序法定原则是民主法治国家中一切国家机关活动的基本原则。就证据法而言,程序法定原则,是指诉讼中收集、审查、判断证据以及依据证据认定案件事实都应当由法律规定的程序加以规范,侦查机关、检察机关、审判机关及其司法工作人员必须严格遵守。

习近平总书记在二十届中央纪委二次全会上发表重要讲话时强调,纪检监察机关“要增强法治意识、程序意识、证据意识,不断提高纪检监察工作规范化、法治化、正规化水平”。[10] 我国建立的监察机关在办理职务犯罪案件时,也应当按照监察法的规定,严格遵循程序法定原则。

一、程序法定原则的缘起与发展

从思想渊源上看,程序法定原则的产生与英美法系的正当程序观念密切相关;而在大陆法系国家,程序法定原则是与罪刑法定原则相伴而生的,共同构成法定原则的内容。罪刑法定原则要求“法无明文规定不为罪”“法无明文规定不处罚”;相应地,程序法定原则要求“只有法律才能确定负责审判犯罪人的机关以及它们的权限,确定这些法院应当遵守什么样的程序才能对犯罪人宣告无罪或者作出有罪判决。所有这一切,都要由立法者细致具体地作出规定”[11]。

程序法定原则最先由法国1789年《人权宣言》第7条加以规定,“除非在法律规定的情

〔10〕《一刻不停推进全面从严治党　保障党的二十大决策部署贯彻落实》,载《人民日报》2023年1月10日,第1版。

〔11〕［法］卡斯东·斯特法尼等:《法国刑事诉讼法精义》,罗结珍译,中国政法大学出版社1999年版,第10页。

况下,并按照法律所规定的程序,不得控告、逮捕和拘留任何人”。1791 年法国宪法对此加以确认,随后被大陆法系其他国家所吸收。如今,程序法定已经成为一项为世界法治国家所普遍接纳和遵行的法律原则,有些国家甚至将程序法定原则提升为一项宪法性原则,如从《德国基本法》第 1 ~ 20 条中,可以直接推导出法治国家程序原则,即程序法定原则。[12]《日本宪法》第 31 条也规定:“任何人,未经法律规定的程序,不得剥夺其生命、自由或者科处其他刑罚。”按照这一规定的要求,不仅在内容上,而且在形式上,都应当通过国家立法机构制定的法律来规定刑事程序。[13]

不仅如此,程序法定原则还得到了国际社会有关法律文件的认可,已经成为国际人权保障法的一项基本准则。如联合国《两权公约》第 9 条第 1 款规定:“人人有权享有人身自由和安全。任何人不得加以任意逮捕或拘禁。除非依照法律所确定的根据和程序,任何人不得被剥夺自由。”可见,刑事程序法定原则确实已经成为现代法治国家所普遍遵循的法治原则,在刑事司法领域发挥着重要的作用。只有切实地贯彻程序法定原则,才能有效地平衡和协调国家权力与个人权利的冲突,保障公民的自由与人权。

我国宪法和三部诉讼法都体现规定诉讼必须“以法律为准绳”;《宪法》第 37 条规定:“中华人民共和国公民的人身自由不受侵犯。任何公民,非经人民检察院批准或者决定或者人民法院决定,并由公安机关执行,不受逮捕。禁止非法拘禁和以其他方法非法剥夺或者限制公民的人身自由,禁止非法搜查公民的身体。”《刑事诉讼法》第 3 条第 2 款规定:“人民法院、人民检察院和公安机关进行刑事诉讼,必须严格遵守本法和其他法律的有关规定。”可以说,我国立法在一定程度上确立了程序法定原则。

2010 年两院三部《办理死刑案件证据规定》第 3 条明确规定,侦查人员、检察人员、审判人员应当严格遵守法定程序,全面、客观地收集、审查、核实和认定证据。作为程序法定原则在证据法中的要求和体现,这是我国首次在证据法上确认了程序法定原则。2014 年《四中全会决定》明确提出全面推进依法治国的总目标,并进一步强调要“健全事实认定符合客观真相、办案结果符合实体公正、办案过程符合程序公正的法律制度”。其中“办案过程符合程序公正”就是程序法定原则的要求。

二、程序法定原则在证据法上的要求

程序法定原则在证据法上的要求主要包括两个方面:一是立法方面,国家应当明确规定和设置收集证据、提交证据和审查判断的相应程序;二是司法方面,要求国家专门机关、当事人和其他诉讼参与人进行证明活动,都必须严格遵守法定的程序。

在证据法领域贯彻程序法定原则的具体要求包括:

第一,国家应当保证与证明有关的各种诉讼活动的程序化和法治化。国家不仅应以严密的法律形式明确哪些诉讼主体在证明活动中须承担证明责任,他们对哪些事项需要运用证据加以证明,以及证明责任的卸除需要达到何种证明标准,还应明确规定证明主体应通过

---

〔12〕 参见[德]约阿希姆·赫尔曼:《德国刑事诉讼法典》,李昌珂译,中国政法大学出版社 1995 年版,第 12 页。

〔13〕 本书关于外国现行宪法条文的内容,均参见《世界各国宪法》编辑委员会编译:《世界各国宪法》,中国检察出版社 2012 年版。

何种程序取得证据，遵循何种规则在法庭上举证和质证，使各项证明活动有法可依、有章可循。我国证据法的立法体例采取规定在诉讼法内部的形式，三部诉讼法都有专章规定证据制度。此外，由于诉讼过程与证明过程的同步性，一些诉讼活动同时也是证明活动。因此，三部诉讼法中许多诉讼程序的规定，也可以理解为证明程序的规定。例如，刑事诉讼中侦查程序的大部分规定同时也是对侦查机关取证活动的程序要求。

第二，国家机关和诉讼参与人在收集、运用证据证明的过程中应当严格执行和遵守法律，做到有法必依。国家机关的职权必须由法律授予。法律没有明确授予的权力，有关国家机关不得自行代表国家行使；即使是法律授予的职权，也必须在法定的授权范围内，依照法定的条件和程序行使。凡是超出法定权限或突破法定程序的国家机关行为，都应当被禁止，任何权利受到侵害的公民都有权抵制，并获得相应的法律救济。国家机关在证明活动中严格执法，包括严格执行实体法（主要是刑法、民法和行政法）和程序法（刑事诉讼法、民事诉讼法、行政诉讼法和相关程序法规）。在执行诉讼法和探求案件的实体真实发生冲突的时候，应坚持合法性优先，绝不能以发现案件真相的实际需要违反法律，如非法搜查、刑讯逼供、以拘代侦、超期羁押等。同时，法治原则也要求诉讼参与人依法享受其诉讼权利，履行其诉讼义务，严格遵守法律为他们规定的各项行为规则，如证人经合法传唤必须到场作证、必须如实作证等。

第三，明确违反法定程序所要承担的法律后果，确立制裁性措施。法律的效力体现在它的强制性，违反法律必须承担相应的法律后果。程序法定原则的贯彻，也必须以违法制裁为后盾。对于违反法定程序的行为的制裁，首先表现为对违法者实体法上的直接制裁，如侦查、检察、审判人员违法办案应负渎职责任，证人不作证和作伪证须承受法律责任，辩护律师制造伪证应受法律追究等。同时，各国还广泛采用程序上的制裁措施，即违反法定程序必将承担一定的程序性法律后果。程序性法律后果主要是指违反法定程序规定所获得的证据因其违法品格而丧失证据效力以致被排除于诉讼程序之外以及其他程序性的裁判后果。例如，排除违法方法收集的证据。确定程序性制裁的具体内容和条件，取决于各国占主导地位的诉讼价值观和刑事诉讼程序的特点，有的国家还赋予法官一定的裁量权。如因搜捕手续上的瑕疵而排除由此取得的物证，这一所谓的“证据排除原则”是否采用以及应用的条件和范围，各国就有区别；但排除违法取得的言词证据，则是各国一般认可的程序性法律后果。

我国刑事诉讼法明确规定了“非法证据排除规则”，对非法取得的言词证据、实物证据应依法予以排除，言词证据排除比实物证据排除严格得多。我国《民事诉讼法》、《行政诉讼法》以及有关司法解释对非法取得的证据排除也有明文规定，具体规定在后续章节中将作详细阐述。

第四节 无罪推定原则

一、无罪推定概述

无罪推定（presumption of innocence），是指在刑事诉讼中，任何被怀疑或者受到刑事控告的人未经司法程序最终确认为有罪之前,应在法律上被假定为无罪。无罪推定不仅是现代很多国家刑事司法通行的一项重要原则,也是国际公约确认和保护的一项基本人权。

尽管有人提出,在英国司法判例的不成文规则中,在古罗马"一切主张在未被证明前推定其不成立"的法律公式中,甚至在封建社会关于以证据定罪的某些规定中,都包含无罪推定的实际内容或朦胧思想。[14] 但是,意大利刑法学家贝卡利亚的论述一直被公认为关于无罪推定原则最早同时也是最经典的表述。贝卡利亚在其著作《论犯罪与刑罚》中精辟地指出:"在法官判决之前,一个人是不能被称为罪犯的。只要还不能断定他已经侵犯了给予他公共保护的契约,社会就不能取消对他的公共保护。"[15]"如果犯罪是不肯定的,就不应折磨一个无辜者,因为,在法律看来,他的罪行并没有得到证实。"[16] 从贝卡利亚的论述中不难看出,无罪推定原则的提出以社会契约论为直接理论预设,而其思想源流则要追溯更远。无罪推定原则将无罪作为法律所拟制的每个公民的原始状态,这一点与基督教神学中的原罪论恰成对照。后者认为,人从本性上是有罪的,需要某种神圣的帮助来赎罪。由于天主教神学坚持神是一切的出发点和归宿,因此对人的贬低和蔑视是其崇尚神权和教权的必然结果。15 世纪,西方世界觉醒,最早发源于意大利的人文主义运动很快发展成为遍及全欧的文化思潮。人文主义的基本精神是抬高人的地位,贬抑神的地位,其重大社会意义在于,以人性论为基础建立了新兴资产阶级的包括自由、民主、平等、科学等一整套理论、观点、方法的体系,把人从有罪的枷锁中解脱出来,恢复人的本来地位。因此,人文主义是无罪推定原则的最初思想渊源。

无罪推定经历了一个由政治思想原则到宪法原则,再到刑事司法活动准则的演变过程。自 1789 年法国《人权宣言》首次将无罪推定原则写入成文法以来,大陆法系国家纷纷将其纳入本国刑事诉讼法典,甚至上升为宪法原则。其中,法国 1789 年《人权宣言》第 9 条规定:"任何人在未经判罪前均应假定其为无罪,如非拘禁不可,法律应规定对他采取的严厉措施不得超过为防止他逃脱而必须采取的措施。"1947 年《意大利宪法》第 27 条规定:"被告人在最终定罪之前,不得被认为有罪。"而在英美法系国家,无罪推定是一项基本的普通法规则。在英国,法院似乎特别重视这一原则,以致英国刑事诉讼程序中一些比较特殊的做法,都是从这个原则引申出来的。《美国宪法第五修正案》以"正当法律程序"的概念涵盖了无罪推定原则,即在依照正当、公正的法律程序作出有罪判决之前,"所有的人都被推定为无罪"[17]。在加拿大,无罪推定原则最早出现于 1935 年的沃明顿案件中,1982 年被正式规定于《加拿大权利和自由大宪章》中。法国在 2000 年 6 月 15 日通过第 2000 - 516 号《关于加强保障无罪推定和被害人权利的法律》,对《法国刑事诉讼法》进行了较大规模的修改和补充,其中增加的序言第 3 项规定"犯罪嫌疑人或者受到追诉的任何人,只要没有认定其有罪,均推定无罪"。俄罗斯于 2001 年 11 月通过新的《俄罗斯联邦刑事诉讼法》,在第 14 条规定了无罪推定原则及其相关内容,即"(一)刑事被告人,在其罪过依据本法典规定程序未被证

---

〔14〕 参见宁汉林:《论无罪推定》,载《中国社会科学》1982 年第 4 期。
〔15〕 [意]贝卡利亚:《论犯罪与刑罚》,黄风译,中国大百科全书出版社 1993 年版,第 40 页。
〔16〕 [意]贝卡利亚:《论犯罪与刑罚》,黄风译,中国大百科全书出版社 1993 年版,第 31 页。
〔17〕 [美]卡尔威因、帕尔德森:《美国宪法释义》,徐卫东、吴新平译,华夏出版社 1989 年版,第 230 页。

明,抑或未被法院产生法律效力的刑事案判决所确定之前,应当被认定是无罪的。(二)犯罪嫌疑人或刑事被告人,没有义务证明自己无罪。对犯罪嫌疑人或者刑事被告人辩护中的指控与反驳理由予以证明的责任,应当由控诉方承担。(三)所有对刑事被告人是否具有过错的怀疑,不能依据本法典规定程序予以排除的,均应作有利于刑事被告人的解释。(四)认定有罪的刑事案判决,不得以假定作为认定的基础"。《韩国刑事诉讼法》第 275 条第 2 款规定:"在法院作出有罪判决前,被告人被推定为无罪。"

在为数不少的国家,尽管立法上对无罪推定原则未作明确规定,但无论是在诉讼理论上,还是在司法实践中,无罪推定都作为一项不言自明的原则在发挥着作用。

自 20 世纪中叶以来,随着一些重要地区性或国际法律文件的先后确认,无罪推定原则已成为一条世界各国普遍适用的联合国刑事司法准则。《世界人权宣言》第 11 条第 1 款规定:"凡受刑事控告者,在未经获得辩护上所需的一切保证的公开审判而依法证实有罪以前,有权被视为无罪。"联合国《两权公约》第 14 条第 2 款规定:"凡受刑事控告者,在未依法证实有罪之前,应有权被视为无罪。"《儿童权利公约》第 40 条 2b(一)规定,所有被指称或指控触犯刑法的儿童至少应得到"在依法判定有罪之前应视为无罪"的保证。《少年司法最低限度标准规则》第 7.1 条规定,在诉讼的各个阶段,应保证基本程序方面的保障措施,诸如假定无罪、指控罪状通知本人的权利、保持缄默的权利、请律师的权利、要求父或母或监护人在场的权利、与证人对质和盘诘证人的权利和向上级机关上诉的权利。

作为刑事诉讼的特有原则,无罪推定是一种针对刑事诉讼的特殊性专门为被告人设计的保障机制。与民事诉讼的性质不同,刑事诉讼是国家专门机关追究犯罪、惩罚犯罪的活动,诉讼的一方是作为国家机器拥有庞大权力的警察和检察机关,另一方则是处于被侦查、被指控地位的犯罪嫌疑人、刑事被告人个人。对抗双方实际上处于并不平等的地位。为了保障犯罪嫌疑人、被告人的合法权益,防止国家专门机关滥用权力、冤枉无辜,刑事诉讼中实行无罪推定,即诉讼的起点由被告人无罪开始,证明的天平首先向有利于被告人的一侧倾斜,公诉人的责任是逐一搬出证明被告人有罪的砝码堆放在对被告人不利的一侧,直至天平完全向被告人有罪一侧倾斜达到法律要求的定罪标准。这样,由无罪推定的前提出发,再对被告人辅之以辩护律师的帮助,使被告人有力量、有可能在诉讼中与控诉一方对抗,使国家专门机关权力的行使受到限制和制约,使诉讼更具公平性、对抗性,以保证程序正当,实现司法正义。

无罪推定原则不仅直接确立了"被告人不等于犯罪人"的观念,明确了被告人在刑事诉讼中的诉讼主体地位,它的另一重要发展还表现在对定罪主体的严格限制和程序保障的日益严密上。最初,有关无罪推定的法律规定,如法国《人权宣言》和《意大利宪法》,只是突出被告人在未被宣告有罪前应被推定为无罪或不得被认为有罪,至于谁才具有宣告被告人有罪的资格和权力,则不甚明确。后来才逐渐将定罪权统一到审判机关手中,即只有法庭才可以宣告某人有罪,法庭只有在依法进行审判后才能作出这种宣告;其他任何机关,包括国家侦查和检察机关,都无权在法律上认定公民有罪,从而对定罪主体有了严格的资格限制,有效地防止政府部门滥用权力,保证法律的统一正确实施。而对审判活动程序上的要求日益严格、对被告人权利的保障日益加强,更是无罪推定原则发展至今所具有的鲜明特点。"二战"以后,刑事诉讼民主化的发展潮流和人权运动的高涨,给无罪推定原则注入了新的更丰富的内涵。1948 年联合国大会通过的《世界人权宣言》明确宣告对被告人进行的审判应当是公开的,并且必须予以辩护上所需的一切保障。所谓"辩护上所需的一切保障",根据联合国随后通过的《两权公约》《联合国少年司法最低限度标准规则》等人权公约和刑事司法准则,具体来说,主要包括:指控罪状本人得知的权利;保持沉默的权利;获得律师帮助的权利;传唤证人询问证人的权利;最后陈述的权利;上诉的权利;等等。这样,被告人依据无罪推定所享有的程序性权利或者说无罪推定为被告人所提供的程序性保障就被提高到新的前所未有的程度。

联合国刑事司法准则对无罪推定原则的发展,对指导会员国改革和完善本国刑事司法制度具有积极意义。许多国家对本国法律进行了修订,贯彻联合国这一准则的精神。例如,埃及 1971 年 9 月 10 日通过的宪法要求,对被告人进行审判时应为辩护而提供所有手段;菲律宾 1973 年 1 月 13 日生效的宪法明确规定,在所有刑事诉讼中,直到犯罪被证明之前,被告应被推定无罪,并享有由其本人和辩护人进行陈述,知道对其进行控告的性质和原因,要求进行迅速、公平和公开审判,同证人面对面对质和要求以强制程序保证证人出庭为其提供证据的权利。这些宪法性规定,均充分体现了联合国刑事司法准则对无罪推定的理解和要求,并且在刑事诉讼立法和司法中予以贯彻实施。

二、无罪推定的证据法意义

无罪推定原则在其演变和发展过程中不仅对法律方法论产生了深刻的影响,而且对各项刑事诉讼制度的形成和发展起到了指导作用。不仅如此,无罪推定原则在证据法领域也具有特殊的意义。

无罪推定是设定被告人法律地位的规范性规则,而不是有关事实推理的规则。该原则要求以无罪对待被告人,并为其提供一系列的程序性保障措施,直到被告人被证明有罪,而不是要求陪审团或其他事实裁判者忽略证据中隐含的常识性信息。因此,无罪推定原则的存在并不妨碍对被告人犯罪事实的证明,只不过这种证明必须以无罪推定原则为证明的出发点,而且这种证明活动也要受到无罪推定原则的规范。因此,无罪推定原则的证据法意义在于,除非控诉被告人犯罪的机关或人员提供充分的证据来证明被告人被控的犯罪事实存在,否则不得认定被告人有罪。具体来说,无罪推定的证据法意义包括以下几个方面:(1)提供证据证明被告人有罪的责任由控诉一方承担,不得采用酷刑和其他非法方法收集证据;(2)控诉一方履行证明责任必须达到案件事实清楚、证据确实充分或者不存在合理怀疑的程度,若不能证明被告人有罪或者证明达不到法律的要求,则应判定被告人无罪,疑案作有利于被告人的处理,即所谓"疑案从无";(3)被告人有辩护的权利,却没有证明自己无罪的义务,不能因为被告人不能或没有证明自己无罪而认定被告人有罪。

无罪推定原则对证据法领域的最直接影响在于证明责任的分配。正如英国的罗纳德·沃克所言,无罪推定无须证明基础事实,因而仅仅是确定首先由谁负担证明责任的问题。[18]从这个意义上看,无罪推定的本质乃在于明确控诉机关在刑事诉讼中的证明责任。证明责任的实质在于诉讼中败诉风险的分配。证明责任的分配与其说是诉讼法问题,不如说是实体法问题。在实体法的严格规范形式下,往往隐藏着证明责任的分配方案,因此,证明责任

〔18〕　参见徐静村主编:《刑事诉讼法学》,法律出版社 1997 年版,第 177～178 页。

如何分配并不以具体的诉讼为转移。换言之,以“谁主张,谁举证”来概括证明责任的分配其实并不确当。那么,既然决定证明责任分配的是实体法立法背后的政策考虑,而非取决于司法过程中当事人主张与否,那么,哪些因素决定证明责任的分配呢? 一般来说,最方便提出证据的一方应负有证明责任;对现有事实状态要求改变的一方应负有证明责任;需要证明较少事实的提出肯定主张的一方负有证明责任,需要证明大量事实的提出否定主张的一方不负有证明责任等。在实际的立法中,往往是多种因素综合决定证明责任的具体分配。在刑事案件中,无罪推定原则的存在预先设定了公民或者被告人的原初法律地位,即无罪的状态,那么如果有人对现有的事实状态提出异议,他就要承担起证明其有罪的责任。而且,由于犯罪构成要件作为一种限制,证明一个人有罪需要列举的事实比证明一个人无罪要有限得多。因此,刑事诉讼中的证明责任便责无旁贷地落在了控方身上,也就是说,控方负有证明被告人有罪的最终的证明责任,否则便承担败诉风险,而辩方不承担证明被告人无罪的责任。辩方提出有利于被告人的证据的行为不是在履行证明责任,而是在行使辩护权。也正是无罪推定原则的存在,才真正使辩护行为的性质由责任转变成为一种权利。

但是,并非有了无罪推定原则,刑事诉讼中关于证明责任的一切问题便迎刃而解。无罪推定原则决定了终极意义上的证明责任的分配,即败诉风险的分配,这一点在整个刑事诉讼过程中都具有指导意义。但是,刑事诉讼在其具体的运作过程中仍存在许多具体的证明责任问题,如非法证据的证明、辩护理由的证明,都不是单纯一个无罪推定原则能够解决的。因此,解析刑事诉讼中的证明责任问题还需要更深入的探讨。

无罪推定原则不仅明确了证明责任在控辩双方之间的分配,而且对控方承担证明责任的程度提出了要求;如果达不到该要求,法官或其他事实裁判者就应作出有利于被告人的处理。人权事务委员会在对《两权公约》的无罪推定原则进行一般评论时明确指出:“由于无罪推定原则的存在,证明指控的责任在于控方,而且存疑时应当有利于被告人。除非指控已获排除合理怀疑的证明,不得推定任何人有罪。而且,无罪推定暗含了被告人应获得与此原则相符的待遇的权利。”可见,“排除合理怀疑的证明”是联合国刑事司法准则对刑事案件证明建议的证明标准;如果诉讼证明达不到此标准,则按“疑罪有利于被告人”原则作出处理。这实际上为推翻无罪推定设定了相当大难度的障碍。

证明标准是诉讼中负证明责任的一方为解除其证明责任需要所确立的证明程度,在刑事诉讼中则特指法官或其他事实裁判者作出有罪裁判时根据证据需要所确立的心证程度。可见,证明标准与证明责任具有十分密切的关系。在刑事诉讼中,控方负证明责任的原理必须与相当高的证明标准相结合,才能构成对无辜者权利的实质性保障;否则,即使控方负有证明责任,但是如果对其所要求的证明标准低得使控方能够轻易解除这种责任,那么无罪推定也不能对被告人构成实质性的保障,被告人也可以被轻易地置于有罪的地位。并非确立了无罪推定原则,无辜者的权利便一劳永逸地有了保障。因为说一个人被假定无罪并不意味着什么,除非这一声明指出了谁应该对罪责问题负证明责任,而且最为重要的是这种证明应该达到什么样的标准。如果证明标准很低,那么就很难说无罪推定原则对无辜者权利提供了实质性的保障。一般来说,证明标准距最高标准越近,无辜者被定罪的可能性越小,公众对有罪判决的信任度越高。否则,公众对罪责问题的疑问可能直接转化为对刑事司法制度可信赖性的疑问,进而危害它赖以建立的基础。

三、无罪推定原则与我国证据法

关于无罪推定是否适用于我国刑事诉讼的问题,长期以来看法不一,争论激烈。20世纪50年代,法学界曾对此问题展开过讨论,否定批判的和肯定赞同的观点都有,双方各执一词,展开争鸣。整风反右时却将无罪推定作为资产阶级刑事诉讼的原则加以批判,主张在我国适用或借鉴无罪推定的人士也受到冲击,从此无罪推定便成为法学研究的禁区。随着"文化大革命"的结束,国家开始走向改革开放,1979年《刑事诉讼法》颁布施行,无罪推定问题被重新提了出来,并逐渐成为研究的热点问题,从而使理论上的研究取得丰硕成果并为立法修订发挥积极的作用。

关于无罪推定是否适用于中国刑事诉讼的问题,有学者认为,无罪推定原则具有片面性,与实事求是相矛盾。目前,理论界大多认同无罪推定原则,认为无罪推定原则是刑事司法领域的"王冠明珠"原则,我国应参照联合国的相关规定在立法上对无罪推定原则进行规定,在司法上加以贯彻,进一步推进我国的司法人权保障。[19]

我国1979年《刑事诉讼法》中并没有确立无罪推定原则,1996年修正《刑事诉讼法》时,参加研究起草修改方案的人士强烈主张将无罪推定写进修改方案,其主要理由是:无罪推定为各国刑事诉讼普遍适用,国际公约对此也反复确认;已经制定的中国香港、澳门基本法对无罪推定也有明确规定;我国司法部门在司法实践中已经按照"疑罪从无"的精神处理疑难案件。1996年《刑事诉讼法》第12条明确规定:"未经人民法院依法判决,对任何人都不得确定有罪。"这被认为是我国吸收了无罪推定原则的基本内容的标志。与此相对应,规定人民检察院对于补充侦查后证据仍然不足不符合起诉条件的案件应当作出不起诉决定;人民法院经过审理,对于证据不足,不能认定被告人有罪的,应当作出证据不足、指控犯罪不能成立的无罪判决。

无罪推定原则与证明责任的关系在我国刑事诉讼法中具体体现为两点:一是进一步明确了控方的举证责任(提出证据责任)。《刑事诉讼法》第175条第1款规定,"人民检察院审查案件,可以要求公安机关提供法庭审判所必需的证据材料",以便支持其公诉。第176条第1款规定:"人民检察院认为犯罪嫌疑人的犯罪事实已经查清,证据确实、充分,依法应当追究刑事责任的,应当作出起诉决定,按照审判管辖的规定,向人民法院提起公诉,并将案卷材料、证据移送人民法院。"同时,对于起诉书有明确的指控犯罪事实的,人民法院应当决定开庭审判。在法庭审判过程中,由公诉人提出控方证据,展示说明控方证据的内容为其公诉主张服务。二是明确了控方的说服责任,确立了"疑罪从无"原则。《刑事诉讼法》第200条第3项规定:"证据不足,不能认定被告人有罪的,应当作出证据不足、指控的犯罪不能成立的无罪判决。"该条规定实质上是一条证明责任规范,即在案件事实或要件事实真伪不明,既不能肯定有罪也不能否定有罪的情况下,法官既不能任意作出裁判也不得拒绝裁判而必须作出有利于被告人的解释——无罪判决。根据认识论原理,在没有完成对事实真相认识的情况下,诉讼证明不可能无限期地拖延下去,因此必须根据证明责任分配规则作出裁判。实践中有大量的无罪判决都是法官援引该条作出的。正是这条规则的预设,促使控方

---

〔19〕 参见陈光中、张佳华、肖沛权:《论无罪推定原则及其在中国的适用》,载《法学杂志》2013年第10期。

积极提出证据证明其主张，而且其所举证据必须达到确实充分的程度以说服法官形成内心确信，否则责任未解除，负担未卸下，便需承担证明不力的法律后果。该项规定具有化解疑案的功能，是法院解决疑难案件的裁判规范，也是我国证明责任制度逐步走向成熟的标志之一。

但是，客观地说，虽然《刑事诉讼法》第 12 条的规定以及规定举证责任分配、证明标准的条款，如起诉方负证明责任、证明必须达到确实充分的标准、确立疑罪从无等，明确体现了无罪推定的基本精神，或者说吸收了无罪推定的合理内容，但是不可否认的是，我国对无罪推定的确认仍然是有所保留的，即使是修正后的《刑事诉讼法》，也残留了一些有罪推定的痕迹。痕迹之一：我国《刑事诉讼法》第 200 条第 3 项确立了疑罪从无的原则，其目的在于防止过去"疑罪从挂"、超期羁押等侵犯犯罪嫌疑人、被告人人身权利的现象；但是《刑事诉讼法》第 204 条第 2 项又规定，检察人员发现提起公诉的案件需要补充侦查，提出建议的，可以延期审理。在这里，对于延期审理的次数未作限制，检察机关和审判机关完全可以利用这条规定实行"疑罪从挂"。痕迹之二：《刑事诉讼法》第 160 条规定，犯罪嫌疑人不讲真实姓名、住址，身份不明的，侦查羁押期限自查清其身份之日起计算。这意味着只要犯罪嫌疑人身份未被查清就可以对其实行无限期羁押，表现出明显的有罪推定倾向。痕迹之三：法律未赋予犯罪嫌疑人、被告人沉默权，但却明确规定犯罪嫌疑人对侦查人员的讯问有"如实回答"的义务，在侦查、审查起诉和审判阶段均把讯问犯罪嫌疑人或者被告人作为必经的、首要的程序。因此很难说我国《刑事诉讼法》中已经完全确立了无罪推定原则，我国立法对无罪推定原则的吸收仍带有一定的渐进性和保守性。在我国刑事诉讼法中真正确立无罪推定原则，彻底贯彻联合国刑事司法准则，仍需要改变立法和执法上的传统观念，摆脱原有司法习惯的影响。

第五节　反对强迫自证其罪原则[20]

一、反对强迫自证其罪原则概述

反对强迫自证其罪，是指不得以暴力、胁迫等方式强迫任何人提供不利于他自己的证言或被强迫承认犯罪。反对强迫自证其罪源于"任何人无义务控告自己"的古老格言。按照这一格言，如果一个人回答追诉机关的提问将会暴露于自证其罪所造成的"真实的和可估计到的危险"之中，他有权拒绝提供证据。英国率先在法律中确立了反对强迫自证其罪的原则。1789 年，这一规则为《美国宪法第五修正案》所吸收，上升为宪法性保障，该修正案规定：任何人"在刑事案件中不得被强迫成为反对自己的证人"。最初反对强迫自证其罪原则仅仅适用于审判阶段，并不适用于在警局讯问过程中取得的未经宣誓的证言，理由是作证义务意味着法律上的强制；而在警局讯问过程中这种强制是不存在的，因为被讯问的嫌疑人既

---

〔20〕 本节部分内容参考张建伟《刑事司法：多元价值与制度配置》第三章"从供述的义务到反对强迫证其罪的特权"相关内容写成。参见张建伟：《刑事司法：多元价值与制度配置》，人民法院出版社 2003 年版，第 58 ~ 129 页。

不会因提供虚假证言而受到伪证罪的威胁,也根本不会因拒绝作证而受到藐视法庭罪的威胁。[21] 直到1897年以后,美国联邦最高法院在一系列判例中才逐渐扭转了这种认识并宣布:反对强迫自我归罪特权不仅适用于法庭证言,而且适用于审前拘禁讯问程序,任何对该特权的侵犯都会导致自白证据的排除。

许多其他国家和地区也在本国和地区的宪法或刑事诉讼法中确立了反对强迫自证其罪的特权或类似的权利、规则。如《日本宪法》第38条规定:"任何人都不受强迫作不利于自己的供述"(第1款);"通过强迫、拷问或威胁所得的口供,或经过不适当的长期拘留或拘禁后的口供,均不得作为证据"(第2款)。《意大利刑事诉讼法》第64条第2款规定:"不得使用足以影响被讯问者自主回答能力或者改变其记忆和评价事实的能力的方法或技术进行讯问,即使被讯问者表示同意。"

如今,反对强迫自证其罪原则不仅是现代法治国家的一项重要诉讼原则,而且成为联合国刑事司法准则所确定的"公正审判"的最低限度保障之一。如联合国《两权公约》第14条第3款(庚)项确认的"不被强迫作不利于他自己的证言或强迫承认犯罪"是在判定对他提出的任何刑事指控时人人完全平等地有资格享有的最低限度的保证,即在刑事诉讼中被指控的人享有反对强迫自证其罪的权利或特权。有些区域性的人权公约也对反对强迫自证其罪的原则作出了规定,如1969年《美洲人权公约》第8条第2款第7项将"有权不得被迫作不利于自己的证明,或被迫服罪"列为最低限度的司法保障。

反对强迫自证其罪原则包含如下具体内容:

(1)该原则在对人的效力上是针对一般意义上的"任何人"讲的,但是由于犯罪嫌疑人、被告人在刑事诉讼中处于被追诉的特殊地位,所以,该原则对犯罪嫌疑人、被告人便具有特别重要的保障意义。反对自证其罪的原则也适用于证人,在证言"可能导致他自己有罪"的情况下,证人可以援引该特权保护自己,拒绝透露有关事实。但是,需要注意,虽然许多国家和地区规定了法人承担某些犯罪的刑事责任,但是反对强迫自证其罪的特权仅适用于自然人,而不适用于法人。

(2)该原则在对事的效力上不仅适用于刑事诉讼,而且适用于各种司法或行政的听审,或者任何在比较正式的情况下要求某人作证的情况。适用的事实范围是可能导致刑罚或者更重刑罚的事实,既包括直接证明犯罪的事实和间接证明犯罪的事实,也在有些国家(如美国)包括能够成为导致发现犯罪线索的事实。但是反对强迫自证其罪的权利并不延伸至任何民事责任的范围,如果证人(包括被告人)回答的问题可能导致承担民事责任,不得以反对强迫自证其罪为由拒绝回答。至于被询问人的姓名、身份等是否受这一原则的保护,是以"陈述是否与导致犯罪直接相关"为界限的。各国和地区普遍认为,在核实身份、住址等事项时,只要不是说了即会自陷有罪,犯罪嫌疑人、被告人就有义务回答这些事项的提问。

(3)反对强迫自证其罪原则所适用的证据范围既包括口头陈述,也包括实物证据,但提取被讯问者的指纹、足迹、血样、笔迹、声纹,摄取被讯问者的照片,测量和检查被讯问者的身体等不受这一原则的限制。

(4)反对强迫自证其罪原则所禁止的是以暴力、胁迫等方法违背被询问人自由意志获

---

[21] See Wayne R. Lafave & Jerald H. Israel, *Criminal Procedare*, West Publishing Co., 1992, p. 313.

取有罪供述和其他证据的行为。包括酷刑,其他残忍、不人道或有辱人格待遇或处罚,以及妨害自由意志决定的一切行为。

(5)被讯问者不会因为沉默、拒绝提供陈述和其他证据而遭受惩罚或者法律上的不利推测。

(6)违反该原则取得的被告人供述应被排除,不得在审判中作为被告人有罪的证据使用。为了保证反对强迫自证其罪原则得以执行,人权事务委员会指出:"为了强迫被告人供认或作不利于己的证言,违反上述规定(反对强迫自证其罪的规定——笔者注)的方法经常被使用。法律应规定依靠上述方法提供的证据或者任何其他强迫方式是完全不能接受的。"[22]人权事务委员会在有关罗马尼亚的意见[23]中在涉及这个问题时指出:"委员会还关注在立法中未规定违反公约第7条而取得的被告人的陈述无效。成员国应当通过适当的立法使国家承担证明刑事诉讼中被告人的陈述是根据其自由意志所作出的,并规定违反公约第7条所取得的被告人陈述应当排除。"联合国《保护人人不受酷刑和其他残忍、不人道或有辱人格待遇或处罚宣言》第12条明确规定:"如经证实是因为受酷刑或其他残忍、不人道或有辱人格的待遇或处罚而作的供词,不得在任何诉讼中援引为指控有关的人或任何其他人的证据。"《禁止酷刑公约》第15条规定:"每一缔约国应确保在任何诉讼程序中不得援引任何确属酷刑逼供作出的陈述为证据,但这类陈述可引作对被控施用酷刑逼供者起诉的证据。"

二、反对强迫自证其罪原则的理论基础

作为刑事诉讼中的一项重要原则,反对强迫自证其罪已经成为国际社会的一种共识。它的理论基础在于:

第一,该原则符合对抗式诉讼模式的机理与诉讼主体学说。反对强迫自证其罪原则起源于实行对抗式诉讼模式的国家并非偶然,在对抗式诉讼中,刑事诉讼被视为政府与个人的争讼,为了限制政府的权力并发现案件的客观真实,该诉讼模式注重攻击与防御的作用与反作用。如果允许强迫自证其罪,则势必瓦解对抗式诉讼的基础。因此美国学者认为,反对强迫自证其罪"是我们对抗制中的基本原则。政府企图对某人进行惩罚时,必须摆出由政府直接获得的证据,不得强迫嫌疑犯提供对其本人进行判罪的证据"[24]。同理,既然诉讼理论中的主体学说承认受追诉人的主体地位,从而承认受追诉人的意志独立性,那么他就享有充分辩护的权利,在不愿答辩时也就享有不作答辩、不予回答即沉默的权利,而不得违背其意志强迫其作出答辩。否则,受追诉的人就会成为不具有独立性的诉讼客体。

第二,该原则是无罪推定及证明责任原理的必然要求。根据无罪推定原则,任何人在被法院依法宣判有罪以前在法律上应被视为无罪;那么,指控其犯罪的一方为证实其有罪,就必须负有提出排除任何合理怀疑的证据的责任,而不能强迫他本人提出证据证明自己有罪或者无罪,否则无罪推定及证明责任分配规则就会徒具形式。反对强迫自证其罪原则是证

---

〔22〕 参见人权事务委员会第13号一般性意见。

〔23〕 See HIC Comments on Romania(1999) UN doc. CCPR/C/79/Add. 111.

〔24〕 [美]卡尔威因、帕尔德森:《美国宪法释义》,华夏出版社1989年版,第229页。

明责任分配的重要依据之一。

第三,该原则是人权保障理论在刑事诉讼中的体现。赋予被讯问者反对强迫自证其罪的权利,目的在于削弱直至否定刑事诉讼中倚重口供的证据价值倾向,以防止酷刑取证等践踏人权的行为发生。经验表明,不消除违法行为的动因就难以遏制违法行为,正如日本学者所言:"如果加强了口供的证据效力,无论如何都容易产生强迫口供、拷问及其他蹂躏人权的行为。"[25]不但日本如此,古今中外都是如此。正是由于对人权保障的追求,在确认反对强迫自证其罪原则的过程中,均严厉禁止一切违背供述人意志的强迫取证的方法且在此种方法出现时坚决予以制裁。

第四,该原则也是人道主义、个人主义和自由主义的要求。从人道主义观点来看,公权力强迫被告人承认犯罪,无异于强迫被告人在自己头上戴枷锁。为尊重人的价值、天性,保障人格尊严和自由,有必要禁止公权力强迫一个人发表思想、信仰、隐私等个人内心想法和个人情况。这在刑事诉讼中便表现为禁止强迫自陷于罪,这是强调尊重个人价值和自由的个人主义和自由主义精神的必然结果。

第五,然而也是最重要的,该原则体现了刑事诉讼注重程序之正当性,体现了实体真实与程序正义并重的价值选择。如果没有反对强迫自证其罪原则,法的社会控制功能显然会增强。反之,如果超越单纯追求实体真实的刑事程序,注重程序的正当性与合理性,就必然强调对受讯问人人格尊严和意志自由的尊重与保障,也就必然反对在违背被讯问人意志的条件下科以供述真实的义务或强迫其供述。认识到刑事诉讼的程序价值,实体公正与程序公正并重已成为现代法治国家的一致选择,在这种形势和背景下,反对强迫自证其罪原则的设立显然是顺应潮流之举。

三、反对强迫自证其罪原则与我国证据法

我国《刑事诉讼法》第52条规定:"审判人员、检察人员、侦查人员必须依照法定程序,收集能够证实犯罪嫌疑人、被告人有罪或者无罪、犯罪情节轻重的各种证据。严禁刑讯逼供和以威胁、引诱、欺骗以及其他非法方法收集证据,不得强迫任何人证实自己有罪。必须保证一切与案件有关或者了解案情的公民,有客观地充分地提供证据的条件,除特殊情况外,可以吸收他们协助调查。"其中,2012年增加的"不得强迫任何人证实自己有罪"是反对强迫自证其罪原则在我国刑事证据法上的正式明文确认,这对我国刑事证据制度的发展具有重要意义。

我国《刑事诉讼法》确立反对强迫自证其罪原则乃社会发展和司法现状之必然选择。究其缘由,主要有三:其一,该原则是我国参考联合国公约原则的重要体现。反对强迫自证其罪原则是联合国《两权公约》等多项国际人权公约所确认的重要原则,中国政府已经于1998年签署了联合国《两权公约》,正待批准通过。通过修改《刑事诉讼法》确立该原则,有利于中国国内刑事立法与联合国公约顺利衔接。其二,该原则是国家强化"尊重和保障人权"的要求。"尊重和保障人权"是当代国际社会普遍承认的价值和政治道德观念,是评判

---

[25] [日]宫泽俊义著、[日]芦部信喜补订:《日本国宪法精解》,董璠舆译,中国民主法制出版社1990年版,第285页。

一个国家民主法治文明度的标杆，是刑事司法的基本原则和根本任务。在国家“尊重和保障人权”的要求之下，应当将反对强迫自证其罪这一人权保障的最低限度标准载入刑事诉讼立法。其三，该原则是遏制刑讯逼供现象的必由之路，是完善中国刑事证据法的重要内容。刑讯逼供被称为刑事诉讼程序中的三大痼疾之一，不仅对犯罪嫌疑人、被告人的人身权利和民主权利造成了侵害，也导致了许多冤案错案的发生，破坏了司法公正和司法权威。为遏制刑讯逼供现象，就需要对办案人员侦查讯问和调查取证活动加以规范，需要完善刑事证据立法，需要确立反对强迫自证其罪原则为刑事证据法的基本原则。

从我国《刑事诉讼法》的表述来看，我国证据法中反对强迫自证其罪原则较之国际通行理解而言，具有如下两点差别：第一，关于拒绝作证的范围，国际通例表述为“不利”证据（包括不利于自己的证言和认罪），我国立法表述中不是“不利”，而是只限于“有罪”证据。从这一点上来说，我国立法规定的强迫作证范围相对窄些，这是出于适应本国基本国情、符合目前打击犯罪的需要。但从社会发展和法律完善的趋势来看，我国反对强迫自证其罪原则的立法在未来应当将拒绝作证的范围扩展为“不利”证据。第二，在证明活动的表述上存在差异，国际通行表述为“作证或供认”（testify or confess），而我国立法表述为“证实”。作证或供认近乎于证明（prove），“证明”是“用可靠的材料来表明或断定人或事物的真实性”〔26〕，是证明一种存在的可能性，强调“证的过程”；而“证实”是“证明达到确实”，强调“证的结果”。反对强迫自证其罪原则经历了从英文表述到中文表述为一个“证”字，进而又演变为“不得强迫任何人证实自己有罪”的“证实”。我们认为，“证实”之表述并不恰当，是对反对强迫自证其罪原则的误读，易造成该原则适用上的混乱。例如，犯罪嫌疑人被强迫作出证明自己有罪的供述，该供述显然不可能已被“证实”，但是，该强迫行为亦应为不被强迫自证其罪原则所禁止。所以，我国立法表述若将“证实”改为“证明”则会更为准确。

除此之外，我国现行立法还存在与反对强迫自证其罪原则相冲突的规定，如《刑事诉讼法》第120条规定：“侦查人员在讯问犯罪嫌疑人的时候，应当首先讯问犯罪嫌疑人是否有犯罪行为，让他陈述有罪的情节或者无罪的辩解，然后向他提出问题。犯罪嫌疑人对侦查人员的提问，应当如实回答。但是对与本案无关的问题，有拒绝回答的权利。侦查人员在讯问犯罪嫌疑人的时候，应当告知犯罪嫌疑人享有的诉讼权利，如实供述自己罪行可以从宽处理和认罪认罚的法律规定。”如实陈述义务的规定与反对强迫自证其罪的刑事司法国际准则存在一定矛盾。“应当如实回答”要求犯罪嫌疑人、被告人在被讯问时不仅应当“回答”，而且应当“如实回答”。该义务被作为办案人员的办案武器，对犯罪嫌疑人、被告人产生了一定心理压力，虽未达到“强迫”的程度，却有违背反对强迫自证其罪原则精神之嫌，而当代法治国家只确认有“沉默权”，而没有类似这种规定。

【案例1】浙江吴某全“杀人”案——程序法定原则

【案情】 2006年9月3日，浙江省慈溪市长河镇垫桥村，吴某全和史某幺买好了次日去广州的火车票。那天晚上，垫桥村桥头商店的店主沈某云被人砍死在店内。睡梦中的吴

〔26〕 中国社会科学院语言研究所词典编辑室编：《现代汉语词典》（第5版），商务印书馆2005年版，第1741页。

某全被史某幺的电话叫了起来,出去后,史某幺说自己杀人了,“把桥头商店的老太婆砍死了”。史某幺告诉他,9月3日晚,他和陈某(真名班某全)吃饭的时候喝了点酒,借着酒劲儿,预谋抢劫。第二天一早,吴某全到史某幺同在垫桥村打工的二叔史某学家取了300元钱,随后和史某幺到余姚市搭上了去广州的火车。在火车上,史某幺向吴某全详细讲述了他的作案过程,并告诉吴某全,砍沈某云的刀被他扔到了小桥旁边的水井里。

2006年9月7日,慈溪市警方将史某幺和吴某全抓捕归案。归案后,史某幺由于是未成年人,被另案处理。在侦查过程中,吴某全受到了严重的刑讯逼供。据吴某全说,“那种痛法,不要说几分钟,就是一分钟,也受不了”[27]。2007年2月,宁波市中级人民法院以抢劫罪和故意杀人罪分别判处吴某全有期徒刑12年和死刑,决定执行死刑,剥夺政治权利终身。只有初中文化的吴某全,以为判处死刑后,立马就拉出去枪毙,所以,他已经做好了赴死的准备;而远在贵州老家的母亲,也为儿子准备好了棺材和寿衣。但是在律师的帮助下,吴某全上诉了。浙江省高级人民法院二审改判吴某全死刑缓期执行。2007年8月17日,吴某全被送到浙江省第四监狱服刑。在经历“屈打成招”,一审丢命,二审保命之后,吴某全竟然在监狱里碰到了班某全。此时,班某全已因另外一起故意伤害案被判处死刑缓期执行。如果蒙冤入狱后,吴某全未在狱中撞见真凶,那么,并未杀人的他,将要在高墙内消耗至少20年的时光。幸运的是,二审被判死刑缓期执行的他,在狱中撞见了元凶。真凶主动坦白,真相得以大白于天下。2009年10月14日,浙江省高级人民法院下发再审决定书。两周后,浙江省高级人民法院下发裁定书,撤销关于吴某全死刑和死刑缓期执行的一审、二审判决书,发回宁波市中级人民法院重审。2009年12月,慈溪市公安局以窝藏罪对吴某全立案侦查;2010年1月20日,慈溪市检察院以窝藏罪对吴某全提起公诉;3月12日,慈溪市人民法院以窝藏罪判处吴某全有期徒刑4年零4个月。同年8月10日,吴某全假释出狱,被法院安排到慈溪市振成机械有限公司“打工”。一个死刑冤案,以这种方式了结了。

【评析】　程序法定原则就刑事证据法而言是指侦查人员、检察人员、审判人员应当严格遵守法定程序,全面、客观地收集、审查、核实和认定证据。法定程序既有保障实体公正的工具价值,又有其自身所彰显的独立价值,因此公安司法机关在刑事诉讼收集运用证据的过程中必须严格遵守法律规定的程序。而吴某全案件从侦查阶段就出现了严重违反法定程序的情况。吴某全在侦查阶段作出的供述完全是在身体和精神受到强制、被刑讯逼供后做出的非任意自白。可见,侦查机关在办理吴某全案件的过程中出现了严重违反法定程序的刑讯逼供行为。从吴某全案件中可以看到,对程序的违背不但会损害程序自身所彰显的价值目标,而且会造成根本背离事实真相的严重恶果。

【案例2】　河南赵作海“杀人”案——有罪推定酿恶果

【案情】　1997年10月30日,河南省商丘市柘城县老王集乡赵楼村村民赵某晌和邻居赵作海打架后,赵某晌失踪。1998年2月15日,赵某晌的侄子赵某亮到公安机关报案,称其叔父赵某晌已失踪4个多月,怀疑被同村的赵作海杀害,公安机关立即进行了相关调查。

[27]　刘刚:《“浙江赵作海”曝狱中挨打》,载《新京报》2010年11月15日,第8版。

1999 年 5 月 8 日，村民在淘井时发现一具无头、膝盖以下部分缺失的男性尸体，以为死者就是该村村民赵某晌，其家属报警，柘城警方遂将赵作海带走审讯，并认定赵作海为犯罪嫌疑人，于 5 月 9 日将其刑事拘留。

1999 年 5 月 10 日至 6 月 18 日，在受到严酷的刑讯后，赵作海被迫作了 9 次有罪供述。但当地公安机关的一些工作人员也表示，在这起案件中，有些疑点确实没引起足够重视：一是警方确认无头、无四肢尸体为赵作海所杀的赵某晌后，没有追查凶器，也没有确定凶器所能造成的伤痕是否与尸体的伤痕相符。二是当时尸体已经高度腐败，警方先后做了 4 次 DNA 检测都未能确定死者身份，所以警方把尸体确定为赵某晌，具有主观色彩。三是当时警方根据残尸，对死者身高进行了确定，为 1.70 米；但实际上，失踪的赵某晌身高只有 1.65 米左右。

此后，警方两次将该案移交商丘市检察机关，都因“事实不清，证据不足”被退卷，要求补充侦查。1999 年 12 月 9 日，检察机关最后一次退卷后，再未受理，而警方坚持认为赵作海是杀人凶手，不肯放人。2001 年 7 月，商丘市委政法委召开了一次由公检法三部门参与的联席会议，对该案进行研究；会议研究的结论仍旧是尸源问题没有确定，不具备审查起诉的条件。赵作海被羁押 3 年零 3 个月后，该案被政法机关列为重点清理的超期羁押案件，要求迅速结案；商丘市委政法委等多次就该案召集会议，研讨案情。商丘市人民检察院最后于 2002 年 11 月 11 日提起了公诉。2002 年 11 月 25 日，商丘市中级人民法院开庭审理此案；2002 年 12 月 5 日，商丘市中级人民法院以故意杀人罪判决赵作海死刑缓期两年执行，剥夺政治权利终身。判决后，赵作海未上诉。2003 年 2 月 13 日，河南省高级人民法院复核后作出裁定，核准商丘市中级人民法院的上述判决。

2010 年 4 月 30 日，失踪多年的赵某晌回到柘城县家中。2010 年 5 月 5 日下午，河南省高级人民法院听取了商丘市中级人民法院关于赵作海案件情况的汇报后，决定启动再审程序。5 月 9 日，赵作海被宣布无罪释放。

【评析】 这一错案的发生与佘祥林案非常相似，也有着几个相同的关键词：“被害人”出现、刑讯逼供、证据不足等。但有罪推定才是造成这一错案的深层原因。事实上，本案至少有四个方面的疑点：第一，尸体身份没有确定。第二，案卷中提到，在从井中捞尸体的时候，上边还压着 3 个大石磙，每个石磙重达 500 斤，仅凭赵作海一人不可能把这么重的石磙推到井里。第三，这个案件中，不能合理排除刑讯逼供和诱供的可能性。第四，作案凶器一直没有找到。在这些疑点始终未能弄清的情况下，以口供作为定案的主要根据，先入为主地认为赵作海犯罪，对赵作海进行了有罪推定，放弃了对案件疑点的坚持，出现错案也就不足为奇了。

【案例 3】 英国李尔本案——反对强迫自证其罪

【案情】 1639 年某日，英国官员查获了一个“不法书商”，名叫约翰·李尔本，他贩运的书籍里被发现有几本中有“煽动性的文字”，大概是一些对查理一世的统治表示不满的意见。于是，李尔本便被抓住，以“贩运禁书”及“煽动反政府邪说”的罪名，押往伦敦，开庭审判。李尔本拒不承认自己有罪，也坚决不肯开口回答一切有可能引诱他跌入陷阱的问题。

李尔本在法庭上说:“任何人都不得发誓折磨自己的良心,来回答那些将使自己陷入刑事追诉的提问,哪怕是装模作样也不行。”[28]星座法院遂对其施以鞭挞和枷刑。于是,李尔本被拖到伦敦塔下的广场上。残酷的鞭刑公开执行了,其惨烈的场面令在场围观的市民惊得目瞪口呆。

鞭刑过程中,李尔本一直大声惨叫,也一直痛斥审讯的不公。伦敦的民众愤怒了——我们的自由权哪里去了?国王的法庭就不能文明些、人道些吗?大批民众包围了行刑吏,伦敦塔下,“沉默!沉默!”“权利!权利!”的呼声响入云霄。

1640年,英国资产阶级大革命爆发了,查理一世被推上断头台。议会掌权后,随即对李尔本案实行重审并宣布:法庭对李尔本一案的审判是不公正、不合法的。1640年,李尔本在英国国会呼吁通过法律确立反对强迫自证其罪的规则,得到国会的支持,英国由此率先在法律中确立了反对强迫自证其罪的原则。

【评析】　李尔本案件是反对强迫自证其罪原则的标志性案件,英国由此率先在法律中确立了反对强迫自证其罪的原则。反对强迫自证其罪原则不仅是现代法治国家的一项重要诉讼原则,而且成为联合国刑事司法准则所确定的“公正审判”的最低限度保障之一,已经得到世界许多国家法律的确认。

---

[28]　参见王以真主编:《外国刑事诉讼法学参考资料》,北京大学出版社1995年版,第427页。

第二编　证　据　论

第六章 证据概述

第一节 证据的概念

在一般意义上,证据是“能够证明某事物的真实性的有关事实或材料”。[1] 其中“事实”是指“事情的真实情况”。[2] 在牛津简明英文辞典中,“Evidence”(证据)一词被解释为“为相信某事或证明某事提供原因的资料”。[3]

作为一个法律术语,“证据”不仅是证据法学的基础概念,而且蕴含十分重要的理论意义。正确界定证据的概念,对于准确理解何为证据,并进一步分析证据的基本属性至关重要。我国诉讼法学者曾对证据下过各种各样的定义,大致可以分为三种学说:

其一,事实说。主张者认为证据即能够证明案件真实情况的一切事实,其代表性的表述是:刑事诉讼证据是侦查、检察、审判等人员依法收集和查对核实的,同刑事案件有关并能证明案件真实情况的一切事实。事实说在我国当代诉讼法学中最具影响,我国1996年《刑事诉讼法》第42条第1款给“证据”所下的定义正是事实说的典型表述。在我国民国时期也存在这样的定义,如“要之证据乃一种根据事实,以证明他种不明事实之用者也”。[4]

其二,双重含义说。主张者认为证据具有双重含义,它既可以指事实,即能够证明案件真实情况的一切事实;也可以指证据的表现形式,即证人证言、物证、书证等各个证据种类。

其三,统一说。统一说认为证据是由内容和形式共同构成的。证据的内容即事实材料,亦即案件事实的有关情况;证据的形式,又称为证明手段,它是证据的种种表现形式。证据乃是事实与证明手段的统一体。证据统一说的主张者不同意将证据的内容与形式分割开来或者无视证据的形式的观点,他们对证据的事实说和双重含义说进行了诘难,指出证明手段如不包含案件事实,那就什么都不能证明;反之,如果案件事实不依附于一定的证据形式,就无法存在并进入诉讼的轨道成为裁判的依据。

我们赞成证据统一说,《刑事诉讼法》第50条正是以证据统一说为依据,重塑了证据的法律定义,“可以用于证明案件事实的材料,都是证据。证据包括:(一)物证;(二)书证;(三)证人证言;(四)被害人陈述;(五)犯罪嫌疑人、被告人供述和辩解;(六)鉴定意见;(七)勘验、检查、辨认、侦查实验等笔录;(八)视听资料、电子数据。证据必须经过查证属实,才能作为定案的根据”。

---

〔1〕《现代汉语词典》(修订本),商务印书馆1996年版,第1608页。

〔2〕《现代汉语词典》(修订本),商务印书馆1996年版,第1153页。

〔3〕*Oxford Advanced Learning Dictionary of Current English*,4th ed.,p.413.

〔4〕郑竞毅、彭时编:《法律大辞书》,商务印书馆1940年版,第2198页。

犯罪事实一旦发生,犹如信源发出一定的信息,信息必须依附于一定的载体才有可能到达信宿。犯罪事实发生后,有关它的信息将依附于两方载体之上:(1)为人所感知。即案件事实转化为信息依附于人这一载体。作为这一载体的人包括证人、被害人、被告人等,他们都是在案件事实发生过程中或者发生前后感知与案件有关的事实的,这些事实通过人的感觉器官进入人脑并得到记忆。(2)在现场和现场外遗留反映案件事实以及与之相关的事实的痕迹、物品、文字材料,即反映案件事实的信息依附于物这一载体。这一载体包括各种痕迹物品、作案工具、书证等。人和物这两方载体就是所谓的“证据方法”,它们是提供“证据资料”的来源。离开这些载体,反映案件事实的信息就无法被收集和进入诉讼的轨道,无法为人所取得。所以,离开了证据的形式,单纯的“事实”在诉讼中不可能独立存在,也无法发挥证据的作用。

显然,证据的各种外部表现形式,就是证据事实的各种载体,被称为证据种类,又称为“证据事实的来源”或者“证据资料”。我国三部诉讼法对各种证据种类加以明确规定,赋予其特定的名称,并确立收集和审查判断证据的程序和规则,以规范诉讼证明活动。这些证据种类的规定具有法律的约束力,只有符合证据的法定形式的资料,才能够作为定案的依据。鉴于证据种类的法定性,故证据种类又被称为“证据的法定种类”和“证据在法律上的分类”。

我国《刑事诉讼法》第 50 条第 2 款对证据种类作了明确规定,“证据包括:(一)物证;(二)书证;(三)证人证言;(四)被害人陈述;(五)犯罪嫌疑人、被告人供述和辩解;(六)鉴定意见;(七)勘验、检查、辨认、侦查实验等笔录;(八)视听资料、电子数据”。

《民事诉讼法》第 66 条第 1 款规定:“证据包括:(一)当事人的陈述;(二)书证;(三)物证;(四)视听资料;(五)电子数据;(六)证人证言;(七)鉴定意见;(八)勘验笔录。”

《行政诉讼法》第 33 条第 1 款规定:“证据包括:(一)书证;(二)物证;(三)视听资料;(四)电子数据;(五)证人证言;(六)当事人的陈述;(七)鉴定意见;(八)勘验笔录、现场笔录。”

此外,《刑事诉讼法》第 50 条第 3 款、《民事诉讼法》第 66 条第 2 款、《行政诉讼法》第 33 条第 2 款都规定一切证据只有经过查证属实,才能作为定案或认定事实的根据。

综上所述:(1)从内容和实质上看,证据必须是与案件事实有关的事实;(2)从形式和来源看,证据必须具备法定的形式和来源;(3)从证明关系上看,证据必须具有证明案件事实的作用。因此,诉讼证据可以定义为,在诉讼中具有法定形式的能够证明案件事实的一切材料。

第二节 证据的属性

证据的属性,是指证据的本质特性。证据属性一直是我国证据法学研究中受到广泛关注并争议不休的一个重要问题。如今,随着世界证据法学的发展与影响,英美证据法中关联性、可采性的概念,大陆法系证据能力和证明力的概念逐渐成为证据属性研究中频繁出现的术语,并具有借鉴的价值。因此,有必要首先对证据属性进行比较法考察。

一、英美法系——证据的关联性与可采性

证据的关联性(Relevance)与可采性(Admissibility)是英美证据法的基本概念。证据的可采性以关联性为前提,但是,有关联性的证据不都具有可采性。

(一)证据的关联性

《布莱克法律词典》中对关联性的一般定义是,"'关联性'是指证据具有的可用来判断诉讼双方当事人所争议的事项的真伪的品质。关联性是指那种有助于证明有关假设的属性,这种假设一旦成立,将从逻辑上影响争议事项。[5]'有关联性的证据'是指那些与争议事实或观点相关或者有直接联系,并且能够证明或者倾向于证明待证事实的证据,或者有助于证明案件中某一理论的证据。'证据的关联性'是指能够证实待证事项的证明价值"。[6]

有成文证据法典或者证据规则的国家通常会对"关联性"或者"有关联性的证据"作出法律解释。例如,《美国联邦证据规则》第401条("相关证据"的定义)规定,"相关证据"是指证据具有某种倾向,使决定某项在诉讼中待确认的争议事实的存在比没有该项证据时更有可能或更无可能。[7]《美国模范证据法典》第1条也规定,有关联性的证据是指"在逻辑上具有证明任何实质性事项的倾向的证据,包括意见证据和传闻证据"。1995年《澳大利亚联邦证据法》第55条第1款规定,"诉讼程序中有关联性的证据,是指如果该证据被采纳时,可能合理地(直接或间接)影响对诉讼中争议事实存在的可能性进行评价的证据"。综上所述,英美法系中证据的关联性并不是一个很高的标准,几乎所有具有证明价值的证据均可满足该要求。只要证据的存在对待证事实的认定起到不同程度的肯定或者否定作用,即具有关联性。

(二)证据的可采性

证据的可采性,又称证据的容许性。在《布莱克法律词典》中,"可采证据"是指提交法庭的证据具有法庭或者法官极有可能接受它,也就是允许其在法庭上提出的品质。英国学者菲普森认为,"所谓可采性,是指证据必须为法律所容许,可用以证明案件的待证事实"。[8] 可见,凡是可以在诉讼过程中向法庭提出,供法官和陪审员据以判定被告人是否有罪、所犯何罪和罪行轻重的证据,都是可采证据。确定哪些事实可以援引以认定被告人有罪或无罪,以及什么人、在什么情况下、如何向法院提供这些事实,即证据的可采性问题,是英美证据法的核心问题。

---

〔5〕 Hampton v. State, 126 Tex. Cr. R. 211, 70S. W. 2d 1001.

〔6〕 Vine Street Corp v. City of Council Bluffs, lowa, 220N. W. 2. d. 860, 863. *Black's Law Dictionary* (5th ed.), p. 1160.

〔7〕 严格地说,没有哪个证据能使事实的实际存在更可能或者更不可能。事实或者存在,或者不存在。证据的作用只是使审判者更有可能或者更不可能发现该事实。因此《美国联邦证据规则》第401条应当被理解为只是要求证据具有使待证事实更可能存在或者更不可能存在的倾向。See Brain & Broderick, *The Derivative Relevance of Demonstrative Evidence: Charting Its Proper Evidentiary Status*, 25 U. C. Davis L. Rev. 957, 976, n. 64, 1023(1992).

〔8〕 M. N. Howard and Specialist Editors, *Phipson on Evidence*, 15th ed., Sweet & Maxwell, 2000.

可采性有广义和狭义两种理解,学者们通常对关联性和可采性进行区分,认为关联性完全是逻辑问题,而可采性则是法律问题,[9]这里所说的可采性即指狭义的可采性,即非因无关联性而排除证据的情况。相应地,包括关联性要求在内的可采性则属于广义的可采性。按照狭义的可采性理论,即使具有关联性和实质性的证据也可能基于外部政策而被排除。例如,政府文件可能基于公共政策而不允许在审判中提出,证明力轻微的证据出于节省诉讼时间的需要而不予采纳等。

一般而言,对于证据是否可以采纳,殊少积极的正面规定,而多为消极规定,即以成文法或判例法所体现的排除规则。普通法上的排除规则是可采性规则的重要内容,包括非法证据排除规则、自白排除规则、传闻证据排除规则、意见证据排除规则等。除此之外,对于书面证据、情况证据以及其他证据,如果可能导致不公正的偏见、混淆争议或误导陪审团的危险大于该证据可能具有的价值时,或者可能考虑到过分拖延、浪费时间或无须出示重复证据时,也可以不采纳。总之,可采性规则旨在保证法院采纳的证据只是相关的、可信任的、可靠的和不破坏程序公平的证据。但是值得注意的是,指控正式筛选时适用的可采性规则经常比审判时适用的可采性规则更为宽松。

除通过证据排除规则确定证据的可采性之外,法官还可通过自由裁量解决证据的可采性问题。对证据可采性的司法裁量是指法官采纳按照法律不可采的证据或者排除按照法律规定可采证据的权力。但是在普通法中,无论是刑事案件还是民事案件,都不存在采纳不可采证据的裁量权,只有排除可采证据的裁量权。

二、大陆法系——证据能力和证明力

大陆法系学者用“证据能力”和“证明力”来阐述证据的基本属性。

(一)证据能力

证据能力,又称“证据资格”或“证据的适格性”。证据能力是某一材料能够用于严格证明的能力或者资格,亦即能够被允许作为证据加以调查并得以采纳。这里所谓的“严格证明”,来自德国的证据理论。按照德国学者的观点,证明分为严格证明和自由证明,其中严格证明是针对犯罪事实是否存在以及与刑罚权的范围有关的待证事实严格依据证据法的规定进行的证明,它具有“严格的形式性”,表现在两个方面:一是法定证据方法的限制;二是法定调查程序之限制,亦即审判程序中关于案件事实的调查与证明,必须在依法律规定所准许的证据方法的范围之内,并且依据法律规定的调查证据程序加以实施。[10] 自由证明是针对若干程序事实而进行的非依严格证据法的规定、主要依靠法官的裁量而进行的形式较为灵活的证明。自由证明并没有法定证据方法的限制和法定调查程序之限制,“法院就调查证据的方法与程序,享有较为充分的选择自由,原则上可以使用所有的证据资料来证明,这

---

〔9〕 M. N. Howard and Specialist Editors, *Phipson on Evidence*, 12th ed., Para. 153.“可采性”有时用来指既有关联性又不违反任何排除规则的证据。因此虽然没有关联性的证据绝对不可采,但是有关联性的证据仍然可能不可采。

〔10〕 参见林钰雄:《刑事诉讼法》(上册·总论编),中国人民大学出版社2005年版,第348页。

也是称其为‘自由’的道理。据此,法官甚至于可以查阅卷宗或电话询问的方法来探求证据资料并形成心证,不受直接、言词及公开审理原则及传闻法则之限制”。[11]

大陆法系对于证据能力一般不作积极的规定,而只是消极地对无证据能力或者限制证据能力的情形作出规定。在德国,依据程序禁止和证据禁止的理论对证据能力加以限制。程序禁止是对收集和调查核实证据的程序加以限制,如违背搜查、扣押程序而取得的证物和违背勘验程序所形成的勘验笔录,有时不认为具有证据能力;证据禁止是对允许作为定案根据的证据材料的范围加以限制,如非出于任意性的自白,一般不认为具有证据能力。总的来说,大陆法系为了发挥职权主义的功能,对于证据能力很少加以限制。

(二)证明力

证明力,在民事诉讼中又称为“证据力”,是指证据对于案件事实有无证明作用及证明作用如何。证明力是证据本身固有的属性。如果证据具有客观性并与案件待证事实具有关联性,就具有一定的证明力,但不同的证据,因各自的特性和与案件待证事实的关系不同,对于待证事实往往具有不同的证明价值,发挥着不同程度的证明作用。

在以证据作为判断案件事实存在与否的手段的诉讼中,存在法定证据制度和自由心证证据制度,两者都是围绕证据证明力的判断和法官运用证据确认案件事实的认识方式而确立的制度。法律预先明文规定证据证明力的为“法定证据制度”。这一制度要求,法官在审理案件中运用证据,只需符合法律规定的各项规则,而且认为这样就能够借以发现案件真实。这种规定有利于约束法官,防止法官专权,但这种机械的做法只会窒息法官对案件的理性判断,难以作出符合案件真实的裁决。与之相反,法律对证据的证明力预先不作规定,允许法官在审理案件过程中自由加以判断的证据制度,称为“自由心证证据制度”。自由判断证据的证明力的制度顺应了诉讼证据本身的复杂性,可以使法官对证据进行理性的自由判断,所以成为现代世界各国普遍实行的证据制度。

三、我国的证据属性

我国证据法学者对证据属性的理论争鸣一直不断,其中最有代表性的两种学说分别是“两性说”与“三性说”,前者主张证据的基本属性应为“客观性”和“关联性”,而后者则主张“合法性”也是证据的属性。争论的结果是“三性说”成为通行观点。近年来,不少诉讼法学者对证据的属性进行了反思,也有学者主张用大陆法系的证据能力、证明力概念来概括我国的证据属性。这些争鸣无疑对于深化理论研究具有积极作用。根据现在有关法律文件、司法解释以及司法实践,我们认为,我国的证据属性应概括为真实性、关联性和合法性,其中,真实性和关联性二者内涵合起来近似于大陆法系的证明力,合法性内涵近似于大陆法系的证据能力,兹将证据三性分述如下。

(一)真实性

真实,相对于虚假而言,是指事物具有客观的属性。故证据的真实性,是指证据的形式

---

〔11〕 林钰雄:《刑事诉讼法》(上册 · 总论编),中国人民大学出版社2005年版,第353页。

与所表现的内容是客观存在的,而非编造的、虚假的。我国传统证据法学理论认为,客观性是证据的三大基本属性之一,甚至是证据最重要的属性。对于证据客观性的概念,学界的界定虽不一致,但基本内涵大同小异,即认为:“证据是客观存在的事实”;〔12〕“客观性指证据是在社会中实际发生,或者是实际存在的事实,而不是主观性推测、主观想象或者是人们捏造的东西”;〔13〕证据“是确实存在的事实,而非猜测和虚假的东西”。从这些定义可以看出,传统的证据法学理论将证据客观性的基本内涵界定为证据必须是客观存在的事实,这与1979年《刑事诉讼法》和1996年《刑事诉讼法》中的证据定义相符合。1979年《刑事诉讼法》第31条规定,证明案件真实情况的一切事实,都是证据。1996年《刑事诉讼法》第42条沿用了这一规定。

当今诉讼法学者一般认为,证据既具有客观性,又具有主观性,是主、客观的统一体,因为任何证据都不能离开提供证据者和收集证据者的主观意识而独立存在。言词证据本身是人的语言的表达,实物证据也是通过公安司法机关及其人员或其他诉讼主体收集的,因此都具有主观的因素。尽管具有主观因素,但作为证据,仍要求无论是在证据的形式上还是表述的事实上均应具有客观性。在开始收集的过程中,证据确实是真假难分的,但最后作为定案根据的还是经过审查判断属于真实的证据。因此,《刑事诉讼法》第50条第3款规定:“证据必须经过查证属实,才能作为定案的根据。”目前,我国相关法律均明确将真实性规定为审查判断证据的三性之一。最高法《民诉法解释》第104条明确规定,人民法院应当组织当事人围绕证据的真实性、合法性以及与待证事实的关联性进行质证,并针对证据有无证明力和证明力大小进行说明和辩论。在此便以“真实性”取代了“客观性”的说法,进一步明确了客观性的实质在于强调真实性。最高法《行诉证据规定》第56条也对证据的真实性作了规定。2010年6月两院三部《办理死刑案件证据规定》中在规定各种刑事证据的审查判断时,也多次提到要审查相应证据的“真实性”。两院三部《办理死刑案件证据规定》第26条第2款规定,勘验、检查笔录存在勘验、检查没有见证人的,勘验、检查人员和见证人没有签名、盖章的,勘验、检查人员违反回避规定的等情形,应当结合案件其他证据,审查其真实性和关联性。第27条第3款规定,对视听资料,应当结合案件其他证据,审查其真实性和关联性。第29条第3款规定,对电子证据,应当结合案件其他证据,审查其真实性和关联性。《人民检察院公诉人出庭举证质证工作指引》第40条第1款规定,质证应当一证一质一辩。质证阶段的辩论,一般应当围绕证据本身的真实性、关联性、合法性,针对证据能力有无以及证明力大小进行。第42条规定,公诉人可以根据需要将举证质证、讯问询问结合起来,在质证阶段对辩护方观点予以适当辩驳,但应当区分质证与辩论之间的界限,重点针对证据本身的真实性、关联性、合法性进行辩驳。第44条第1款规定,辩护方对公诉方当庭出示、宣读、播放的证据的真实性、关联性、合法性提出的质证意见,公诉人应当进行全面、及时和有针对性地答辩。

综上可见,证据属性中以“真实性”取代“客观性”更为切合实际和符合法律文件的要求。

---

〔12〕 法学教材编辑部《证据学》编写组编:《证据法学》,群众出版社1983年版,第67页。

〔13〕 程荣斌、庞华玲:《中国刑事诉讼法学》,人民法院出版社1997年版,第164页。

（二）关联性

关联性（又称相关性）作为证据的属性之一在我国极少受到质疑，但是，我国学界对关联性的理解与国际上通行的理解侧重点有所不同。我国学者一般认为，证据的关联性可以作如下理解：

1. 客观性

证据的关联性是客观存在的而不是主观想象的，司法人员在办理案件的过程中，必须尊重证据与案件待证事实之间的关系，如实评价证据对案件待证事实的证明作用，不能将没有客观联系的证据想当然地认为或者硬说成有客观联系的证据。

2. 多样性

关联性的表现形式是多种多样的，如因果联系、时间联系、空间联系、偶然联系和必然联系、直接联系和间接联系、肯定联系和否定联系等，不一而足。其中因果联系，指的是案件主要事实的原因或者结果；时间和空间联系指的是属于与案件事实有关的时间、地点、环境等事实。无论存在何种联系，都表明证据反映了与案件有关的事实。

3. 可知性

证据事实与案件事实的关联性能够为办案人员所认识，如果尚未被认识则不能断定其具有关联性，当然不能作为定案的依据。只有随着诉讼活动的不断发展而逐渐判明，某些事实与案件事实的关联性为办案人员所确认，这些事实才能成为认定案件事实的依据。

由此可见，我国证据理论中的"关联性"与作为英美法中的"关联性"并非同一概念。前者是指"可以作为证据的事实，与诉讼中应当予以证明的案件事实，必须存在某种（客观）联系，即能够反映一定的案件事实"。〔14〕 即我国证据法上的关联性，侧重于实质的关联性；而英美证据法中的关联性不涉及证据的真假和证明价值，侧重的是证据与证明对象之间的形式性关系。在大陆法系，关联性是指证明力评价的范畴，其作用在于要求法官在评价证据、形成心证时应遵从事物间的客观联系，以免不适当排除有助于查明案情的相关证据或者不适当地采纳不具有关联性的证据，而错误地认定事实。

（三）合法性

所谓合法性，是指证据的形式以及证据收集的主体、方法和程序应当符合法律的规定，并且证据必须经过法定的审查程序，其中重点强调证据收集手段、方法的合法性。

我国证据法中的"合法性"与英美证据法中"可采性"内涵与外延并不完全一致：有些情况下，合法的证据也可能由于其他方面的考虑而不被采纳，例如为提高诉讼效率而排除某些重复的合法证据；有些情况下，不合法的证据也有可能得到采纳，例如非法证据排除规则的例外情形。因此，"合法性"不可与"可采性"简单对应。

尽管有学者认为，以"可采性"取代"合法性"作为证据的法律属性更为严谨，但我国现行法律文件、司法实践甚至判决书中仍然习惯使用"合法性"这一说法。例如，最高法《行诉证据规定》第 39 条第 1 款规定，当事人应当围绕证据的关联性、合法性和真实性，针对证据

〔14〕 卞建林主编：《证据法学》，中国政法大学出版社 2005 年版，第 74 页。

有无证明效力以及证明效力大小,进行质证。最高法《民诉证据规定》第 87 条规定:“审判人员对单一证据可以从下列方面进行审核认定:……(三)证据的形式、来源是否符合法律规定;……”如前所引,《人民检察院公诉人出庭举证质证工作指引》第 40 条、第 42 条、第 44 条均强调控辩双方质证辩论的重点应为证据本身的真实性、关联性和合法性。考虑到与法律文件表述的一致性以及司法实践的接受度,我们认为仍应沿用“合法性”作为我国证据的第三个属性,但是应当注意合法的证据自然应获得证据资格,而在法定例外情形下,不合法的证据也会取得证据资格。

第三节　证据的意义

由于证据是认定案件事实的唯一合法手段,收集证据的过程又同个人权利与自由密切相关,因此我国学者对诉讼证据给予了高度重视,证据成为证据法学研究的核心问题。正确地运用证据查明案件事实,对于全面实现诉讼任务,维护当事人的合法权益,具有极其重要的意义。

证据在诉讼活动中的重要作用体现在如下几个方面:

一、证据是诉讼活动的基本条件

从某种意义上看,诉讼过程就是运用证据查明案件事实的过程。现代诉讼中,裁判必须建立在诉讼证据的基础之上,这一观念早已成为一项重要的诉讼原则,即“证据裁判原则”或“证据裁判主义”。这一原则的内容虽然并不复杂,无非要求作出裁判应凭证据,但这一原则却是人类经过长期的磨难最终得以确立的,它排斥以神灵启示、主观臆断等非理性的因素作为确认案件事实的根据,使裁判建立在客观实在、理性讨论的基础之上。

在实行证据裁判原则的现代诉讼中,证据是诉讼活动的基本条件。诉讼案件是已经发生且无法直接再现的客观事件,国家专门机关与诉讼当事人查明案情的唯一途径,是进行深入细致的调查研究,收集与案件有关的证据,通过证据与案件事实之间存在的客观联系,进行正确的推理判断,以达到因诉讼需要在认识上准确认定案件真实情况的目的。因此,从证明角度来看,诉讼过程本质上就是收集证据、运用证据和审查判断证据的过程。没有确实、充分的证据,就不可能准确地认定案件事实。从动态的角度来看,以刑事诉讼为例,各项诉讼活动都离不开对证据的运用。刑事案件的立案需要有证据证明是否有犯罪事实发生且需要追究刑事责任。自诉案件的自诉人如果不能提出足够的证据,法院就不会受理其自诉。在侦查阶段,如果没有证据证明有犯罪事实,就不能逮捕犯罪嫌疑人;不具备确实、充分的证据,就不能提起公诉,不能定罪判刑。采取其他诉讼措施也都需要具备相应的证据。不仅刑事诉讼如此,民事、行政诉讼也不例外。因此从这一意义上说,证据是推进诉讼活动的必要条件。

二、证据是实现司法公正的基础

证据对于司法公正的作用主要表现在:一方面,对案件的实体处理首先取决于能否运用证据准确地认定案件事实。在诉讼过程中,违法犯罪者出于趋利避害的本能,往往会狡猾抵赖、强词夺理,百般掩盖案件的事实真相,甚至隐匿、毁灭罪证或者伪造证据,企图逃避应负的法律责任。俗语说“铁证如山”,意思是说,只有依靠确实充分的证据才能有效地揭露、证实违法犯罪,并促使违法犯罪者放弃侥幸心理,如实交代和陈述自己的违法犯罪行为。实践证明,在取得被告人供述方面,证据比任何讯问策略更奏效。由此可见,证据具有揭示案件真实情况的作用,而发现案件真实情况是对案件作出符合客观实际的正确裁判的基础,没有证据,就难以实现实体公正。另一方面,诉讼过程通常是由法律加以规范的,由一定的原则加以统摄并由一定的程序和规则加以约束的。证据法律制度是我国诉讼法制的重要组成部分。有关证据立法可以起到限制国家专门机关的权力、保障诉讼权利、实现程序公正的作用。

三、证据是维护当事人合法权益的手段

证据在维护当事人合法权利方面具有以下两方面的意义:一方面,证据是当事人论证自己主张和请求的重要依据。参与诉讼的当事人,都与案件有着直接的利害关系,他们有自己的诉讼主张和请求,并且希望司法机关能够采纳,以维护自己的合法权益。然而,如果只是提出了诉讼主张和请求,而不依据确实、充分的证据来论证其请求的合理性,其主张很难为司法机关所接受。相反,如果当事人能够运用证据论证自己的诉讼主张,直至说服司法机关接受其主张,就能更好地维护自己的合法权益。另一方面,证据是确保无辜者不受法律追究的切实保障。证据不仅能够证明当事人违法犯罪,也能证明当事人无罪、罪轻。司法工作人员只有全面收集、运用证据,把对案件的处理建立在确实可靠的证据之上,才能避免使无辜者错误地受到法律追究,避免冤假错案的发生。

四、证据是进行法治宣传教育的生动材料

证据都能反映一定的案件事实。人们通过证据,可以看到违法犯罪行为是怎样发生的、为什么会发生、对社会和被害人造成怎样的危害,并使人们认识到合法权益会得到法律的维护,违法犯罪必将受到法律的制裁,从而使人们受到生动的法治教育,提高人们遵守法律的自觉性和同违法、犯罪行为作斗争的积极性,从而有利于预防犯罪,减少纠纷,维护安定团结。

【案例1】 呼格吉勒图案——错误运用证据铸成错杀冤案

【案情】 1996年4月9日,内蒙古呼和浩特市毛纺厂18岁职工呼格吉勒图和工友闫峰夜班休息时,听到女厕内有女子呼救,随后赶往女厕内施救。当他们赶到时,呼救女子已遭扼颈身亡,于是呼格吉勒图与闫峰到附近警亭报案。

然而,呼和浩特公安局新城分局办案人员却认定,呼格吉勒图在女厕对死者进行流氓猥亵时,用手掐住死者的脖子致其死亡。警方认定该案是呼格吉勒图所为的一个“铁证”就是血样鉴定。报道中称呼和浩特公安局新城分局刑警队技术室对呼格吉勒图的指缝污垢采样后进行理化检验,证明其指缝余留血样与被害者咽喉被掐破处的血样完全吻合。公安办案

人员还对呼格吉勒图采取不让撒尿、威胁等逼供手段迫使其从不承认到承认杀人,后又翻供。之后检方以"流氓罪"和"故意杀人罪"两项罪名对呼格吉勒图提起公诉,提交的证据包括"证人证言、公安机关刑事科学技术鉴定书、物证检验报告、尸体检验报告以及现场勘查笔录"。呼和浩特市中级人民法院认定呼格吉勒图犯流氓罪、故意杀人罪,判处死刑。1996年6月5日,内蒙古自治区高级人民法院二审维持原判,同时核准死刑。整个庭审的过程中,呼格吉勒图只有机会简短陈述自己的报案过程,并没有任何机会针对检方的证据作出抗辩。二审裁定出来的第5天,1996年6月10日,呼格吉勒图被押往刑场执行死刑,此时距离案件发生只隔了62天。

此案中存在诸多疑点,譬如在"4·09"案的收集证据中,警方提取了受害者体内的凶手所留精斑。但警方并没有将呼格吉勒图的精液与受害人体内的精斑进行对比。当2005年赵志红供述了自己是"4·09"案真凶后,原本保留在公安局的凶手精斑样本又无故丢失。

2005年10月23日,系列强奸、抢劫、杀人案的犯罪嫌疑人赵志红落网并交代自己是"4·09"命案的真凶,但纠错程序迟迟未被重启。2014年11月20日,在各方的努力下,呼格吉勒图案终于进入再审程序。2014年12月15日上午,内蒙古自治区高级人民法院对呼格吉勒图案作出再审判决,撤销原判,宣告原审被告人呼格吉勒图无罪,并向呼格吉勒图的家人赔偿2,059,621.40元。冤者终于得以昭雪,真相大白于天下。

【评析】 呼格吉勒图冤案的发生,直接源于证据收集运用的一系列错误。本案的侦查人员对于呼格吉勒图的指缝污垢采样鉴定后,发现其中的血样与被害者伤口血样吻合,即错误认定呼格吉勒图是犯罪嫌疑人。实际上血样吻合远未排除其他人作案可能性。而其后的侦查工作中,又没有将呼格吉勒图的精液与受害人体内的精斑进行比对,错失发现案件真相的机会。更为重要的是,呼格吉勒图多次受到刑讯逼供,因而作出了有罪供述。而检察院在审查起诉程序中、法院在审判程序中,均未对侦查程序中的证据运用错误进行纠正,而是快速定案执行,以致一错再错,最终酿成年仅18岁的呼格吉勒图含冤而死。本案从反面证明在刑事诉讼中依法正确收集、保全、审查判断证据的极端重要性,也证明了案件事实的认定特别是死刑案件事实的认定必须证据充分,符合客观真相。

【案例2】 白银市连环杀人案——科学证据协助破案

【案情】 1988年至2002年,甘肃省白银市白银区先后发生多起强奸残害女性的系列杀人案件,首案距今已有28年之久。其间,内蒙古自治区包头市昆都仑区也发生过类似案件。犯罪分子作案手段十分残忍,不仅强奸、杀害女性,还用刀切割女性生殖器官、人体组织等,受害人中年龄最小的仅8岁,社会影响极其恶劣,在当地造成严重恐慌。

2001年8月,此案被公安部列为督办案件。2004年8月5日,公安部组织专家对案件进行会诊,将白银、包头两地案件并案,确定为甘蒙"8·05"系列强奸杀人残害女性案。尽管各级公安机关全力侦破此案,但案件迟迟没有取得实质性突破。

2016年8月26日,犯罪嫌疑人高承勇在白银市落网,甘蒙"8·05"系列强奸杀人残害女性案成功告破。依据警方披露的细节,首先是与其同姓氏的远房堂叔因行贿被监视居住,警方因此采集到了此人的血样。经Y-DNA检验分析后,将此人遗传数据输入违法犯罪人员 Y－DNA 数据库中。初步对比，结果与“8·05”大案嫌犯的 Y－STR DNA 信息相符合。这一初步检测的结果表明，案犯与此人有相同的 Y 染色体遗传，是同一家族的男性成员，所以嫌犯应姓高。为了进一步确认，样本又送到甘肃省公安厅鉴定中心，做 Y－DNA 复核检验，结果符合，从而进一步确定案犯应为高姓。此后，警方询查了该家族所有的男性成员，经筛排分析，确认其侄儿高承勇具备作案条件，为“8·05”大案的嫌犯。高承勇归案后，其本人指纹和 DNA 与案发现场指纹和 DNA 检验对比，确认来自同一个体，其本人也供认了本案的犯罪事实。

2018 年 3 月 30 日，甘肃省白银市中级人民法院审理查明，被告人高承勇于 1988 年 5 月至 2002 年 2 月，先后在甘肃省白银市、内蒙古自治区包头市共作案 11 起，共致 11 名女性被害人死亡。白银市中级人民法院依法最终判处被告人高承勇死刑，剥夺政治权利终身，并处没收个人全部财产。宣判后，高承勇当庭表示不上诉。

【评析】 白银市连环杀人案曾是震惊全国的“悬案”，此案的破获与科学证据的运用、特别是 DNA 证据的运用有着直接的关系。在该案中，警方采用了大量传统侦查手段长期未能查明犯罪嫌疑人，但 DNA 数据库的建立为该案的最终告破打下了基础。在此基础上，警方通过偶然机会获得的实际犯罪人亲属的 DNA 信息与数据库中嫌疑人 DNA 信息的比对，确定了犯罪嫌疑人所在的家族，从而大大缩小了筛查的范围，并最终抓获犯罪嫌疑人。此案充分表明，以 DNA 证据为代表的现代科学证据，在刑事诉讼中有广泛的运用空间和前景，我们应当对其有高度的重视。

【案例 3】 杨某强奸案——巧用电子证据认定真凶

【案情】 被告人杨某于 2008 年 10 月强奸了一名 8 岁女孩。依据杨某的户籍登记和杨某本人供述，杨某出生于 1993 年 11 月，案发时年满 14 周岁，依据刑法规定应当负刑事责任。在法院开庭审判时，杨某的父亲向法院提出，杨某的户籍登记有误，实际出生日期为 1994 年 11 月，并向法院提交了村委会证明、邻居证言等证据材料。

为了查清杨某的真实年龄，公诉部门决定补充侦查。在补充侦查过程中，公诉部门发现，当时的武邑县计生委和赵桥镇计生办均已使用计算机登记管理已婚育龄妇女信息。为此，公诉部门调取了该镇计生办相关电子数据。随后，公诉部门委托专家对硬盘上删除的数据进行恢复，并运用解码技术对系统解密，分析对照所得数据，发现了杨某的出生日期于 2008 年 11 月被人为变更为 1994 年 11 月这一重要证据。在随后的开庭审理中，电子证据检验鉴定意见作为重要的定案依据被采纳，与其他证据形成证据链条，认定杨某在犯罪时已年满 14 周岁，应当承担刑事责任。

【评析】 本案中，电子证据成为认定年龄的关键证据。在相关电子证据被收集之前，司法机关对被告人年龄的认定陷入了困境，因为户籍证明与村委会证明、邻居证言等发生了冲突。为进一步核实证据，公诉部门从计生部门的计算机信息管理系统中调取了相关电子数据，虽然电子数据反映出的表面信息是“被告人于 1994 年 11 月出生”；但是，专家鉴定表明，在案发后的侦查过程中，相关电子数据被人为更改。此时电子数据及相关鉴定表明被告人出生于 1993 年 11 月，再结合户籍卡，因此完全可以认定被告人户籍卡记载年龄的真实性。本案鲜明地反映出电子证据的“脆弱性”和“可挽救性”等特征。

【案例 4】 方正集团、红楼研究所诉高术天力公司侵权案——证据的合法性:“陷阱取证”

【案情】 原告北大方正集团(以下简称北大方正)拥有方正 RIP 软件、方正文和软件的著作权,被告高术天力公司(以下简称高术)曾是北大方正的激光照排机销售商,该机使用的正是北大方正的 RIP 软件和文合软件。1999 年由于产生分歧,双方终止代理关系。此后,北大方正通过调查获悉高术非法制售上述软件,遂派员以普通用户的身份会同公证人员取证。2000 年 6 月起,北大方正员工以个人名义多次和高术员工联系商谈购买激光照排机及安装 RIP 软件事宜。在原告支付了 39 万元的货款之后,高术员工进行了激光照排机的安装、调试工作,并在主机中安装了一套盗版方正软件。应北大方正的邀请,北京国信公证处先后 4 次进行现场公证。依靠这种方法获得证据后,北大方正于 2001 年 11 月诉至北京市第一中级人民法院,要求对方承担侵权责任。

北京市第一中级人民法院经审理后认为,“陷阱取证”方式并没有被法律所明确禁止,法院予以认可,判决被告赔偿原告经济损失 100 万余元。被告不服,上诉至北京市高级人民法院。

北京市高级人民法院认为,该案中当事人用“陷阱取证”的方式取得的证据不具有法律效力。原告所要求的支付 40 余万元的取证费用的请求应当驳回。同时,法院认为,本案中原告的损失是能够查明的——一套软件的市场销售价 13 万元。原审法院关于销售盗版软件的数量难以计算,从而对赔偿数额予以酌定的做法是错误的。因此判决被告侵权行为成立,向原告支付赔偿金 13 万元。判决生效后,原告向最高人民法院申请再审。最高人民法院经审理认为,北大方正通过公证取证方式,不仅取得了高术现场安装盗版方正软件的证据,而且获取了其向其他客户销售盗版软件、实施同类侵权行为的证据和证据线索,其目的并无不正当性,其行为并未损害社会公共利益和他人合法权益,加之计算机软件著作权侵权行为具有隐蔽性较强、取证难度大等特点,采取该取证方式,有利于解决此类案件取证难问题,起到威慑和遏制侵权行为的作用,也符合依法加强知识产权保护的法律精神。此外,北大方正采取的取证方式亦未侵犯高术的合法权益。北大方正公司申请再审的理由正当,应予支持。

【评析】 本案涉及民事诉讼证据的合法性问题。与刑事诉讼不同,根据 2001 年最高法《民诉证据规定》的规定,在民事诉讼中,当事人的调查取证行为只要不违反法律的禁止性规定,不侵害他人的合法权益,即视为合法、有效的。在前述案例中,二审法院关于“此种取证方式并非获取侵权证据的唯一方式,且有违公平原则,一旦被广泛利用,将对正常的市场秩序造成破坏”的认定不当。原告调查取证的行为具有合法性。

第七章　证据的种类

第一节　概　　述

证据的种类是指法律规定的证据的不同表现形式。

这里所说的“证据的种类”是法律上对于不同证据的划分，由法律加以规定的证据形式具有法律的效力。诉讼中作为起诉依据和定案根据的证据，必须符合法律规定的证据形式和要求，也就是说，应当属于法定的证据种类中的一种。

我国《刑事诉讼法》第50条第2款以列举的方式规定了8种刑事证据：物证；书证；证人证言；被害人陈述；犯罪嫌疑人、被告人的供述和辩解；鉴定意见；勘验、检查、辨认、侦查实验等笔录；视听资料、电子数据。《民事诉讼法》第66条第1款也以列举的方式规定了8种民事证据：当事人的陈述；书证；物证；视听资料；电子数据；证人证言；鉴定意见；勘验笔录。《行政诉讼法》第33条第1款规定了行政诉讼证据有以下8种：书证；物证；视听资料；电子数据；证人证言；当事人的陈述；鉴定意见；勘验笔录、现场笔录。

许多国家的法律并不列举证据种类，在学术研究中也只是对证据进行粗略划分。例如，英国学者认为：“司法证据主要包括法庭能够接受为争议事实之证据的证言、传闻、文件、物品和事实。”这里的“证言”是指证人在法庭上的陈述，“传闻”指可以被法庭接受的传闻证据，“文件”是可以用作证据的文书，“物品”是诸如血迹、斧子等物证，事实是可以用以证明某一未知事实或者争议事实的相关的证据事实。[1] 又如，美国学者认为，“证据通常表现为证人的证言或者诸如书面材料和音像记录等物证”。[2] 在大陆法系国家，证据被区分为人的证据方法和物的证据方法两大类，具体分为物证、书证、勘验笔录、录音录像资料、证人、鉴定人等。也有一些国家在诉讼法中对各种证据种类加以明确列举，如《俄罗斯刑事诉讼法》第74条将刑事诉讼证据列为以下几种：犯罪嫌疑人、刑事被告人的陈述；刑事被害人陈述，证人的供述；鉴定人的结论与供述；专家的结论与供述；物证；侦查行为与审判活动笔录以及其他文件。《俄罗斯民事诉讼法》将民事诉讼证据列为5种：当事人和第三人的陈述，证人证言，书面证据，物证，鉴定意见。

我国法律中规定证据种类，是苏联法律影响的结果。苏联法学将证据种类称为“证据来源”，苏联法律和法学将“证据来源”分为两类。第一类是人的陈述，包括：(1)证人的证言；(2)鉴定人的意见；(3)被告人的辩解和供述。第二类是实物，包括：(1)物证；(2)文件

---

〔1〕 See Rupert Cross & Nancy Wilkins, *An Outline of the Law of Evidence*, Butterworth, 1964, p. 17－20.

〔2〕 [美]彼得·G. 伦斯特洛姆编：《美国法律辞典》，中国政法大学出版社1998年版，第162页。

及其他书面证据。[3] 文件及其他书面证据中包含侦查行为或者审判行为笔录以及其他文件。苏联法律对于证据来源的规定具有严格性,有学者指出:“这个证据来源种类的清单是详尽无遗的,不能根据侦查机关、检察长和法院的裁夺加以扩大。对案件有意义的事实材料,如果不是从法定证据来源中取得的,它就不符合证据相关性的要求,从而也就不能取得证据上的意义。从每一种证据来源中取得事实材料,都要遵守法律规定的发现它的形式,这有助于收集到确实的证据,并有助于在案卷中对它加以保存。在许多情况下,法律都指明为了取得对案件有意义的材料,必须利用哪一种证据来源。”[4]

不过,“‘证据’一词在广义上包括可以用以揭示未知或者争议事实的任何手段”[5],在法律上对证据种类加以明确规定,有时也存在问题,因为有的材料具有实质证明意义,但在法定证据种类中难以确切归类,能否使用该材料作为证据就成为一个难题。例如,当视听资料未列为独立的证据种类之前,该材料究竟是否可以作为证据使用,就存在疑问。严格按照当时法律规定的证据种类衡量,视听资料难以归入任何一种证据种类,是不能作为诉讼证据使用的;如果要使用它,只好将其归入物证或者书证,我国诉讼法在将视听资料单独列为一项证据种类之前,正是这么做的。

第二节 物 证

一、物证的含义和范围

物证是指以外部特征、存在状态、物质属性等来证明有关案件事实的实物和痕迹。这里的“实物”包括司法实践所有可以作为证据之物,如各种物品、动物、植物、人体等有形物和气体等无形物。

物证有广义与狭义两种含义。上述定义只是狭义的物证。广义的物证是与广义的人证相对应的概念,即以物体为材料的证据。广义的物证就是我们通常说的“实物证据”,即以物质形式表现出来的证据(详见第八章“证据的分类”)。我国诉讼法所谓“物证”是指狭义的物证。

物证范围广泛,包括作案的工具、行为所侵害的客体物、行为过程中遗留的痕迹和物品,以及其他能够作为揭露和证明与案件有关事实之用的物品和痕迹等。诸如:(1)犯罪使用的工具。例如,罪犯杀人时所用的凶器、毒药,盗窃时使用的钳子、万能钥匙等。(2)犯罪遗留下来的物质痕迹,即犯罪人在作案过程中留在某些物体上的犯罪痕迹。例如,犯罪人在犯罪现场上的指纹、足迹、血迹,人的体液(包括唾液、强奸案件中的精斑等),使用犯罪工具留下的犯罪痕迹等。(3)犯罪行为侵犯的客体物。例如,杀人案件的尸体,抢劫获得的财物,盗窃得到的赃款、赃物,等等。(4)犯罪现场留下的物品,例如,犯罪人留在犯罪现场的衣服、帽子、手绢、纽扣、烟头、火柴棒、票证、纸屑等。在美国的辛普森案件中,警方声称发现了

---

〔3〕 参见[苏]切里佐夫:《苏维埃刑事诉讼》,中国人民大学刑法教研室译,法律出版社 1955 年版,第 225 ~ 226 页。

〔4〕 [苏]蒂里切夫:《苏维埃刑事诉讼》,张仲麟等译,法律出版社 1984 年版,第 157 页。

〔5〕 William Shaw, *Evidence in Criminal Cases*, Butterworth & (Publishers) Ltd. , 1954, p. 2.

许多与案件有关的证据，其中一些证据属于"犯罪现场留下的物品"。(5)其他可以用来发现犯罪行为和查获犯罪分子的存在物。例如，某些动物（昆虫、蛆虫之类）也可以用来证明案件有关事实。

二、物证的特征

与其他证据种类相比，物证具有如下特点。

第一，物证以其外部特征、存在状态、物质属性等来证明有关案件事实。这里的"外部特征"是指物品的外形、颜色、体积、数量、重量、完好或者破损状态等；"存在状态"是指固态、气态、液态、摆放位置等；"物质属性"是指密度以及坚硬、柔软、尖锐、圆钝、容易破碎、容易折断、有毒、有害等物理或者化学属性。物证能够用于证明案件事实的机理，是这些外部特征、存在状态、物理属性对案件事实有证明作用。如犯罪嫌疑人身上黏附的血迹，经过DNA鉴定，证实是被害人的血迹，则犯罪嫌疑人身上黏附的血迹以其物质属性和存在状态对有关案件的事实起到证明作用。

第二，物证更直观，更容易把握。物证是客观存在的物品、痕迹，一般物证都可以用肉眼进行观察，因此具有直观和易于观察、了解的特点。随着司法科学技术的发展，过去一些由于过于微小、不可肉眼观察因而不能在审判中运用的证据也得以应用，例如，有些微量物证，虽然仅凭肉眼不易分辨，但可以借助仪器进行观察；还有些无形物，可以通过一些辅助手段（如化学试剂等）加以显现，使其能够被观察和了解。由于物证多为有形物，即使是同类物，其外在特征也往往有一定差异，这些特征可以用于辨别此物与他物之区别，从而为揭示案件真相提供重要依据。

第三，物证客观性强、真实性大。物证为"哑巴证据"，一旦形成，具有较强的客观性，不会自主地对自身负载的有关案件的信息加以改变。物证在形成后可以独立存在，并为人们所发现、固定、提取和收集。物证形成后，即使有人加以损毁，也往往会留下新的痕迹，使物证负载的有关案件的信息发生变化或者形成新的物证。这一特点与言词证据相比较更显突出，言词证据是由人提供的，人在提供这类证据之时，由于受到主客观因素的影响，有可能提供虚假或者错误的信息，有时虚假与真实的信息混杂，不容易分辨。由于言词证据可能掺有主观性，甚至虚假不实，它的运用一般需要由实物证据来印证，也就是说，言词证据往往需要同实物证据结合起来，才能被确认为真实，但物证却可以不依赖于言词证据的印证而独立发挥证明作用。不过，物证的客观性强、真实性大的特征并不意味着所有的物证都是真实的，有些证据是伪造或者变造的，对待物证要仔细甄别，防止将伪造或者变造的物证当作真实的证据，导致对案件作出错误判断。

第四，物证一般为间接证据。物证与案件事实的关联性往往不是显在的、一目了然的，常常需要由人加以揭示。另外，每个物证所能证明的，往往是有关案件事实的局部事实，通常不能证明案件的主要事实。因此，物证一般为间接证据。在特殊情况下，物证可能成为直接证据，如持有型犯罪案件，持有某些特定物品就是犯罪的直接证据，可以直接证明案件事实，不必借助与其他证据结合以及推理作用确认构成犯罪。

三、物证的分类

物证五花八门,多种多样。为了便于把握其规律或者加以描述,可以根据不同标准,将物证分为若干种类。包括:

(一)有形物和无形物

根据物证是否呈现一定形态,可以将物证分为有形物和无形物。

有形物是指有一定形状的证物,一般是以其外部特征(证物的外部形态、规格、大小、结构)来发挥证明作用。无形物是指没有一定形状的证物,而以其特殊属性来发挥证明作用,如声音、光线、气味、磁场、电等即属此类。

(二)有生命(活体)证据和无生命证据

根据物证是否有生命,可以将物证分为有生命(活体)证据和无生命证据。

有生命证据,又称为活体物证,是指由活着的人、动物等有生命的物体作为物证。无生命物证是指没有生命的物体,如人或者动物的尸体、植物和岩石、金属、水等其他无生命的物体作为物证。

(三)固态证据、液态证据和气态证据

根据物证外观形态不同,可以将物证分为固态证据、液态证据和气态证据。

固态证据是指在常温下表现为固体的物证。液态证据是指在常温下表现为液体的物证。气态证据是指在常温下表现为气体的物证。

(四)嗅觉物证、视觉物证、触觉物证和听觉物证

根据物证与感官的关系,可以将物证分为嗅觉物证、视觉物证、触觉物证和听觉物证。

嗅觉物证是凭借人的嗅觉器官加以感知的物证。视觉物证是通过人的眼睛加以观察的物证。触觉物证是凭借人的触觉加以感知的物证。听觉物证是通过人的耳朵加以感知的物证(可以根据敲打等行为发出的声音加以感知的物证)。

(五)巨型物证、常态物证和微量物证

根据物证体积大小不同,可以将物证分为巨型物证、一般物证和微量物证。

巨型物证是指体积庞大、不能随案移送的物证,如建筑物、火车、汽车、轮船等。一般物证是指体积适中、可以随案移送的物证。微量物证是指肉眼看不到、需要借助仪器才能发现的体积微小的物证,如微量粉末、微量痕迹等。

对于物证,还可以按其他标准进行分类,如根据物证是否具有安全性而将物证分为安全品和危险品;根据物证在日常环境中是否能够保存而将物证分为易腐烂变质物证和易保存物证等,不一而足。

对物证进行分类,便于把握不同物证的特点,在收集、固定、提取和应用时,根据这些不同物证的特点进行。例如,在司法实践中,对物证进行提取、固定和保全,可以根据物证的实

际情况,或者直接提取该物证本身,或者采取拍照、录像等方法。对某些体积庞大或者具有挥发性等难以移动或易于消失的物品、痕迹,可以采用制作模型的方式加以提取、固定和保全。在运用证据时,可以提出物证,也可以提出这些照片和模型本身,但原则上能提供原物和痕迹的,不宜用被拍摄的照片、复制的模型来替代原物和痕迹。不过,这些照片和模型是在诉讼过程中制作出来的,如果能够正确地反映客观存在的事物,可以起到物证的作用。

四、物证的意义

物证是一项重要的诉讼证据,在我国《刑事诉讼法》列举的证据种类中排在第一位。一般地说,物证主要有如下意义:

其一,物证具有较强的客观性,对当事人、证人等的陈述具有制约作用。在物证面前,当事人、证人等往往因无法抵赖或者回避问题,被迫作出如实陈述。在没有物证的情况下,当事人、证人等进行虚假陈述可能会失去有力制约,一些人(特别是刑事案件中的犯罪嫌疑人、被告人)会因为侦查、起诉或者审判机关没有掌握物证而避重就轻、避实就虚甚至进行虚伪陈述。当事人、证人等进行虚假陈述时,侦查、起诉或者审判人员可以根据物证判断其陈述的真伪,并用物证揭露其虚假陈述,以物证劝服或者迫使其改变态度。

其二,物证对其他证据起到引出或者印证作用。已经发现的物证可以为进一步侦查和调查提供线索、指明方向,也可以将其与其他证据进行比较、甄别,发现矛盾之处,进一步排除矛盾,淘汰虚假证据,建立其证明案件事实的证据体系。

其三,物证是进行诉讼证明和查明事实真相的重要手段。案件一旦发生,或者为人所感知,或者在物品痕迹上留下反映案件事实的信息。这些信息及其载体构成了认识者(如侦查、起诉或者审判人员)与被认识者(已经发生并且归于消灭的案件事实)之间的媒介物。物证是这种媒介物中十分重要的一种。要查明案件真相和为诉讼证明做准备,不能不重视收集、固定和提取物证。物证的说服力较强,在有物证在手的情况下,诉讼中的一方获得胜诉的把握一般较大;如果物证灭失,则无论进行诉讼证明还是调查事实真相,势必都面临较大困难。因此,全面、细致地进行物证的收集、固定和提取,对于办理案件或者赢得胜诉都意义重大。

第三节　书　　证

一、书证的含义和范围

书证是指以文字、符号、图画等表达的思想或者记载的内容来证明有关案件事实的书面文件或其他物品。

书证的范围十分广泛,包括载有文字、符号、数字、图画、印章或其他具有表情达意功能的许多实物材料,如出生证、工作证、身份证、护照、营业执照、户口本、账册、账单、票据、收据、经济合同、车船票、飞机票、日记、信件等。

二、书证的特点

不同种类的证据都有着各自的特点,同样,书证也有着自身特点,主要包括:

第一,书证以其表达的思想或者记载的内容来证明有关案件事实。以表达的思想或者记载的内容来证明有关案件事实,是书证的本质特征。书证与物证同为实物证据,它们的区别不在其表现形式,事实上,从载体的外部形态上难以区别物证与书证,因为书证像许多物证一样表现为一定的物体,包括纸张、书本、竹木、石头、墙体、金属物等,有的物体既可以作为书证也可以作为物证,称为"书证物证同体物"。

要区别书证、物证,关键是看它们在诉讼中发挥证明作用靠的是什么,物证是以其外部特征、存在状态和物质属性证明案件事实的,书证则是以其表达的思想或者记载的内容来证明有关案件事实。因此,"书证物证同体物"在某一案件中究竟属于书证还是物证,需要根据其以什么(是思想内容还是外在特征、物质属性或者存在状态)来证明与案件有关的事实来加以判断。

第二,表现形式和形成方式具有多样性。书证既可表现为文字、图形,也可表现为符号;文字、符号等的载体,既可以是纸张,也可以是金、石、土、木、布帛或其他材料;制作书证的工具,既可以是笔,也可以是刀、印刷机等;制作书证的方法,既可以是书写,也可以是雕刻或印刷等。无论从表现形式还是从形成方式上看,书证都具有多样性。

第三,书证记载的内容和表达的思想,能够为人们所认识和了解。书证的证明作用是通过其表达的思想或者记载的内容来实现的。要真正发挥证明作用,书证的思想内容不能不为人们所了解。书证无论表现为文字、图形还是符号,无论是人们熟知的文字、图形、符号还是不为一般人所了解的密码、暗号、标记,都应当是有意义的,能够表达一定的思想内容,或者反映书写者的情绪、精神状态。如果不表达任何思想或者内容与有关案件事实毫无关系,如练习书法进行描红而书写的文字,不能够作为书证使用。

三、书证的分类

在诉讼中使用的书证很多,为了便于识别这些书证的不同特点,可以根据不同的标准给书证分类,包括:

(一)公文书和私文书

根据制作者是否依职权制作,可以将书证分为公文书和私文书。

公文书,又称"公文书证",是单位或者国家公职人员依职权制作的文书。我国机关、企业事业单位、社会团体在其职权范围内制作的文书均属公文书。例如,民政部门颁发的结婚证书、离婚证书,法院的出庭通知书、判决书、裁定书,人民检察院不起诉决定书、起诉书,公安机关的不立案通知书、复议决定书、起诉意见书等,均为公文书。私文书,又称"私文书证",是公民个人或者单位非依职权制作的文书。一般认为,机关、企业事业单位、社会团体在其职权范围以外制作的文书,也属于私文书。例如,民事活动的双方当事人签订的合同、私人为借款写的欠条,都是私文书。

公文书是机关、企业事业单位、社会团体行使职权时的意思表示,其制作程序往往有严格要求,其形式一般也比较固定,一旦制作并发出后往往产生一定的法律后果。私文书无论在制作程序还是在形式上都没有那么严格,有时具有随意性。针对公文书和私文书的不同特点,可以确定不同的证据规则。例如,最高法《民诉法解释》第114条针对公文书特点作出规定:"国家机关或者其他依法具有社会管理职能的组织,在其职权范围内制作的文书所记载的事项推定为真实,但有相反证据足以推翻的除外。必要时,人民法院可以要求制作文书的机关或者组织对文书的真实性予以说明。"第115条第1款还规定:"单位向人民法院提出的证明材料,应当由单位负责人及制作证明材料的人员签名或者盖章,并加盖单位印章。人民法院就单位出具的证明材料,可以向单位及制作证明材料的人员进行调查核实。必要时,可以要求制作证明材料的人员出庭作证。"

(二)处分性文书和报道性文书

根据文书的内容不同,可以将书证分为处分性文书和报道性文书。

处分性文书是记载设立、变更或终止一定民事法律关系之内容的文书,如合同文本、变更合同的协议书、授权委托书、遗嘱等。

报道性文书是记载某事实而不以产生一定法律关系为目的,只是记述制作人的见闻、感想的文书,如会议记录、诊断书、日记等。

处分性文书与一定的法律后果相联系,能够引起一定法律关系的产生、变更或消灭,具有相应的法律效力。基于这一特点,处分性文书往往能够证明案件中的关键事实,使案件争点得到证明。报道性文书不能引起一定法律关系的产生、变更或消灭,但有些对于与案件有关的事实具有重要意义,如医院的诊断书对于证明案件有关人员的病情有很大价值;也有一些报道性文书,对案件有关事实的证明只有参考价值,但人们可以借助该文书对特定事实有一个初步判断。

(三)普通文书和特别文书

根据制作方式和程序方面有无特殊要求,可以将书证分为普通文书和特别文书。

普通文书是指在制作方式和程序方面无特殊要求的文书,如信件、日记、便条、借据、收据等。特别文书是指必须按照法律规定的特定形式和程序制作的文书,如土地使用权证、房产证、经过公证的合同文书等。

(四)原本、正本、副本、誊写本(缮本)、影印本、节(录)本、译本

根据制作方法和相互关系不同,可以将书证分为原本、正本、副本、誊写本(缮本)、影印本、节(录)本、译本等。

原本是制作人最初制作的原始文书。

正本是制作人按照原本制作的正式文书。正本出于原本,其效力亦与原本相同。

副本是制作人按照原本制作的、效力低于正本的文书。制作副本的目的,通常是送交有关单位或者个人,使其知晓原本的内容。

誊写本(缮本)是誊写、抄录原件全部内容的文书。

影印本是运用影印技术将原本、正本、副本等加以拍照或者复印形成的文书。

节(录)本是摘录原件部分内容的文书。

译本是将原来文书中的文字翻译成另一种文字而形成的文书。

四、书证的意义

在诉讼中,书证具有重要意义。在有的诉讼类型中,书证甚至具有至高地位。例如,在民事诉讼中,书证的重要性是首屈一指的。

其一,书证表达的思想内容往往能直接证明有关的案件事实。书证是通过其表达的内容和反映的思想来证明案件事实的,一些书证,如民事活动中当事人双方订立的合同,能直接证明民事法律关系的产生、变更或者消灭,这表明,有些书证能够直接证明有关的案件事实。还有些书证,伴随案件事实的发生而产生,这些书证反映的思想内容,是案件事实的一部或全部,获得这样的书证,就可以获知全部或者部分案件事实。

其二,书证的证明力较强,对确认案件事实有重要作用。书证同物证一样,一旦形成,往往脱离书写人而成为客观实在物,而且书证通常是以文字的形式来表现的,相对于口语而言,一般具有意思更为清楚、明确,表现的思想更具有逻辑性的特点。因为人们在书写文字材料时,通常比口头表达更讲求准确、清楚,作为证据,在揭示案件事实方面常常优于口头表达。

其三,书证对案件其他证据能够起到引出或者印证作用。有的书证有清楚的文字表述,揭示案件事实的来龙去脉,因此在揭示案情方面有其优势。例如,2004 年 9 月 23 日,程某趁夜深人静,来到沅江市桔园路一居民楼下,撬开胡某的车库,盗走摩托车一辆。没有想到的是,程某行为慌张,竟将自己的钱包遗落在车库内而未察觉,钱包内有他的电话缴费单。次日早晨,胡某发现摩托被盗,立即拿着钱包报警。警方根据电话缴费单上的姓名找到程某时,他正在寻找摩托车买主,人赃俱获,当即被捉拿归案。电话缴费单的记载发挥了提供破案重大线索的作用。另外,书证往往能够提供收集其他证据的线索,如有的书证有签名甚至签名人的住址和联系电话,可以根据签名及相关信息寻找知情人作证。不仅如此,书证的客观性较强,经过查证确认其真实性以后,可以将它与其他证据进行比对,确认其他证据的真实性,使其他证据得到甄别,进而对案件事实作出正确认定。

第四节　证 人 证 言

一、证人证言的含义

证人证言是指当事人以外了解有关案件事实情况的人,就其感知的有关案件事实,向公安司法机关所作的与案件有关事实情况的陈述。

这里的“证人”指的是对某一事件的全部或者部分事实有所感知并向公安司法机关陈述该事实的当事人以外的第三人。

在一些国家,证人包括两类:一类是事实证人(fact witness),是就自己感知的有关案件事实进行陈述的证人;另一类是专家证人(expert witness),是根据自己掌握的专业知识就案件涉及的专门性问题提出意见的专业人士，这类证人又称为“意见证人”。我国诉讼中的“证人”属于“事实证人”。

我国刑事诉讼法和民事诉讼法增加了“有专门知识的人”“专家辅助人”参与诉讼活动，可以在法庭审判中就鉴定意见发表意见。这里“有专门知识的人”“专家辅助人”与一些国家的“专家证人”不完全相同，他们就鉴定意见发表“意见”只是审查判断鉴定意见的一种手段，这种意见不属于法定证据种类，因此不具有证据能力。不过，也有学者和实务部门的人员认为“有专门知识的人”“专家辅助人”实际上是专家证人，其提供的意见可以视为专家证人的证言，但是在证据种类上尚难归类。

二、证人证言的特点

证人证言具有生动、形象、具体、丰富的优点，但由于受主观因素的影响较大，容易含有虚假成分。另外，证人往往存在较大的个体差异，由于他们对案件事实的感知能力、记忆能力、表达能力各不相同，与案件有关的事实发生时，其注意力也往往不尽相同，因此证人有可能无意间提供了虚假不实的情况。因此，对证人证言，不能偏听偏信，对其虚假的可能性，要保持高度警惕。

虚假证言的成因有两个：

一是故意提供伪证。有的因证人与被告人有亲情或人情关系，为掩盖不利于被告人的事实而作伪证；有的因证人对作证存在顾虑，不敢或不愿如实陈述案件事实而作虚伪陈述；有的因证人为了满足某种卑劣目的而提供伪证；有的证人为了陷害好人，虚构或者夸大事实；有的可能被有关人员贿买而作伪证；有的为迎合公安、司法工作人员或当事人等，按照他们的意愿提供不实证言。凡此种种，不一而足。

二是无意提供错证。在诉讼中，证人证言存在不真实的成分，多数属于无意形成的。由于受到感知、记忆和表达能力的制约，证人虽然本着良心作证，仍然可能提供虚假的陈述。虚假的陈述包括证人无意形成的错证与故意提供的伪证，故意提供伪证要承担法律责任，无意形成的错证则无须承担法律责任。

三、证人资格

证人资格就是一个人能够作为证人提供证言的资格。我国《刑事诉讼法》第 62 条也规定了证人资格，该条第 1 款规定：“凡是知道案件情况的人，都有作证的义务。”第 2 款规定：“生理上、精神上有缺陷或者年幼，不能辨别是非、不能正确表达的人，不能作证人。”由此可见，一个人有资格作为证人的条件是：

其一，感知案件事实。一个人通过自己的感官作用了解有关案件事实，是其具有作证资格的前提条件，这种感官作用包括看到、听到、嗅到以及以其他方式感受到有关案件的事实情况。

其二，具有辨别是非的能力。这里的“辨别是非”是指对事实存在与否、状态如何以及性质怎样能够正确认识和辨别。

其三，具有正确表达的能力。“正确表达”是指能够对自己所认识和辨别的事实存在与否、状态如何以及性质怎样进行正确的描述。需要注意的是，表达的方式既可以是口头方式,也可以是书面方式,还可以是其他人们能够理解的方式。不能口头表达的证人,可以以其能够表达的方式作证,例如,因聋哑或者因其他缘故不能口头表达的证人以书写或者打手势等方式进行表达并且能够被人们正确理解的,该证人属于具有正确表达能力的人。

以上三个条件必须同时具备,才有资格作为证人。

生理上、精神上有缺陷,或者年幼,不能辨别是非和正确表达的人,不得作为证人。这里所谓“生理上有缺陷”,是指存在盲、聋、哑或者其他生理方面的缺陷。“精神上有缺陷”,是指在智力上或者精神上存在障碍。“年幼”,是指年龄幼小,一般指14周岁以下。生理上、精神上有缺陷,或者年幼,在不能辨别是非和正确表达的情况下不得作为证人;但对于他们能够辨别是非和正确表达的事项,他们是可以作证的。与此相似,证人心智不健全的事实本身并不构成排除其作为证人的理由。只有当他的病患使他对看过或者听到和需要他提供证言的内容不能保持记忆或者他不能辨别是与非、对与错,他的证言才应被排除。[6]

正处于明显醉酒、麻醉品中毒或者精神药物麻醉状态的人,其辨别是非的能力和正确表达的能力受到酒精、麻醉品或者精神药物的影响,通常都会存在一定障碍,甚至受到幻觉的干扰,其陈述不是在神志清醒的情况下提供的,这样的陈述不具有证据能力。

在诉讼活动中,对于证人的身体或精神状况存在一定的问题,有可能影响其作证能力的,人民法院、人民检察院、公安机关在认为必要时应当指定医师进行检查,以确定其是否具有作证资格,对于经检查发现没有作证能力的,不得采纳其陈述作为证据。

四、证人的作证义务

作证义务是当事人以外了解案件事实的人承担的提供自己所了解的有关案件情况的义务。除法律有特别规定的以外,了解案件情况的人都负有作证义务。

案件一旦发生,往往在案发现场留下各种痕迹物品,并且为人所感知。感知了案件事实的人除犯罪人、被害人等当事人外,还有当事人以外的第三人。第三人作为知情人,一旦被要求向公安司法机关提供证言,就成为证人。向知情人了解他们感知的案件情况,是查明案件事实、适用法律,实现实体正义的重要途径。在许多案件中,证人证言是不可或缺的,没有知情人提供证言,案件的真相就会被湮灭,正义就不能得到实现。因此,作证义务,应当看作依法应予履行的公民责任,它的道义基础是整个社会要实现正义的普遍需要。

在承担作证义务的人员中,较为特殊的是侦查人员。在刑事诉讼中,有时需要就侦查过程中甚至立案以前侦查人员感知的有关案件的事实(如到达犯罪现场制止犯罪时感知的案件情况、抓捕犯罪嫌疑人的情况)或者侦查活动的事实(如搜查、勘验、检查等情况)听取了解情况的侦查人员的陈述,并以该陈述作为证据。法院可以应控诉方或者辩护方的申请或者依据职权主动通知侦查人员到法庭作证。侦查人员接到通知到法庭作证时,其身份应当是“证人”。接到出庭通知的侦查人员负有作证义务,不得拒绝作证。

证人作证义务中含有出庭作证的要求,也就是说,证人履行作证义务的基本方式之一,是接受法院的通知,出庭陈述自己感知的有关案件的事实,无正当理由拒不出庭作证的,是不履行或者不适当履行其作证义务的表现。证人的作证义务不仅包含作证之义,还包含如

---

〔6〕 See Albert H. Putney, *Evidence*, Cree Publishing Company, 1910, p. 195.

实陈述自己感知的有关案件事实的要求，故意作虚假陈述需要承担相应的法律责任。

为保证证人出庭和履行如实陈述的作证义务，对不履行作证义务的行为要追究其法律责任。我国《刑事诉讼法》第 64 条、第 65 条、第 193 条对证人出庭作出保障性和约束性规定：一是为证人、鉴定人与被害人及其近亲属提供保护，即对于危害国家安全犯罪、恐怖活动犯罪、黑社会性质的组织犯罪、毒品犯罪等案件，证人、鉴定人、被害人因在诉讼中作证，本人或者其近亲属的人身安全面临危险的，人民法院、人民检察院和公安机关应当采取以下一项或者多项保护措施，包括：(1)不公开真实姓名、住址和工作单位等个人信息；(2)采取不暴露外貌、真实声音等出庭作证措施；(3)禁止特定的人员接触证人、鉴定人、被害人及其近亲属；(4)对人身和住宅采取专门性保护措施；(5)其他必要的保护措施。证人、鉴定人、被害人认为因在诉讼中作证，本人或者其近亲属的人身安全面临危险的，可以向人民法院、人民检察院、公安机关请求予以保护。二是就证人作证费用及待遇作出规定，即证人因履行作证义务而支出的交通、住宿、就餐等费用，应当给予补助。证人作证的补助列入司法机关业务经费，由同级政府财政予以保障。有工作单位的证人作证，所在单位不得克扣或者变相克扣其工资、奖金及其他福利待遇。三是对于证人违背法定作证义务的行为，如何追究其法律责任的规定，即经人民法院通知，证人没有正当理由不出庭作证的，人民法院可以强制其到庭(但是被告人的配偶、父母、子女除外)。证人没有正当理由拒绝出庭或者出庭后拒绝作证的，予以训诫，情节严重的，经院长批准，处以 10 日以下的拘留。在此前的司法实践中，证人不履行自己的作证义务，通常是通过做思想工作来劝服证人履行作证义务，但如果劝说无效，公安司法机关没有行之有效的办法使证人提供配合、进行如实陈述，司法实践部门对此反应强烈。诉讼法学者大多赞同借鉴外国刑事诉讼法的相关规定，完善我国证人作证的相关法律制度。

五、拒绝作证的特权

拒绝作证的特权是指这样一种权利，由于某些人员拥有特定身份而享有免除作证义务的权利。赋予某些特定的人以拒绝作证权，是为了保障法律维护的某些特定价值不因强迫具有特定主体身份的人履行一般公民的作证义务而有所损害。

在许多国家，这一特权被视为十分重要的权利而被规定得十分具体。拥有拒绝作证特权的人可以分为以下几类：(1)国家公职人员或者曾经担任国家公职的人员，主要包括议员、公务员和其他公职人员等。就他们负有保密义务的事项进行询问，他们有权拒绝回答；拒绝回答，通常要经过对其负有监督职责的机构的同意，但该监督机构除妨害国家重大利益的情形外，不得同意其拒绝作证。此外，法官对于公开审判活动以外的审理活动(如评议情况)也有免于作证的特权。(2)可能因作证而自陷入罪的人，任何人对自己有受刑事追诉或受到有罪判决之虞的证言，都可以拒绝作证。(3)近亲属，如果作证可能会给自己的订婚人、配偶(即使已经离婚)、现在或者曾经是直系亲属或者直系姻亲、有特定血缘关系或者特定姻亲关系的人、自己的监护人、监护监督人或保护人造成追究刑事责任危险的，可以拒绝作证。例外情况是：与共犯或共同被告人中的一人或数人有上述关系者，那么在只与其他共犯或共同被告人有关的事项上，是不得拒绝证言的。(4)医师等特定职业者，包括神职人员、辩护人、律师、专利代理人、财会师、宣过誓的查账员、税务顾问和税务全权代表、医生、牙科医生、药剂师和助产士等特定人员,他们对受业务上的委托而得知的有关他人秘密的事项,可以拒绝证言。

我国《刑事诉讼法》规定某些知情人有拒绝作证的权利。我国《律师法》第38条第1款规定:“律师应当保守在执业活动中知悉的国家秘密、商业秘密,不得泄露当事人的隐私。”第2款规定:“律师对在执业活动中知悉的委托人和其他人不愿泄露的有关情况和信息,应当予以保密。但是,委托人或者其他人准备或者正在实施危害国家安全、公共安全以及其他严重危害他人人身安全的犯罪事实和信息除外。”这一规定表明,除非遇有法定特殊情况,律师对于履行辩护或代理职能而获悉的有关委托人和其他人不愿泄露的情况和信息承担保密义务,不过,这一保密义务是否意味着有权拒绝就这些情况和信息作证,《律师法》的规定并不明确。《刑事诉讼法》明确赋予辩护律师拥有拒绝作证的权利,该法第48条规定:“辩护律师对在执业活动中知悉的委托人的有关情况和信息,有权予以保密。”同时,该条规定了例外:“辩护律师在执业活动中知悉委托人或者其他人,准备或者正在实施危害国家安全、公共安全以及严重危害他人人身安全的犯罪的,应当及时告知司法机关。”另外,我国《刑事诉讼法》也规定了被告人的配偶、父母、子女也有不被强制出庭作证的权利。我国通过立法赋予包括律师在内的一些特定人员可以拒绝作证的权利,虽然享有免于作证特权的人员范围尚窄,但已经表明刑事诉讼法追求的价值不仅仅是发现案件真相,还有其他价值或目标需要实现。

六、证人的权利及安全保障

(一)保密

在侦查和审查起诉中,证人不愿公开身份、住址的,应当为其保守秘密。

对证人的询问,涉及证人的隐私的,应当为其保守秘密。

证人作证,往往担心自己的身份、住址被披露,为自己的生活、工作带来不便,甚至给自己或者近亲属的人身安全带来危险。还有一些证人,由于作证的内容涉及自己的隐私,证人不愿公开这些隐私。取证机关或者人员能够在一定范围内为其保密,有利于解除证人的顾虑,使其愿意积极配合,帮助完成证明任务或者查明事实真相。基于这一考虑,应当为证人作证提供保密措施,包括两项内容:

其一,为其保密。在侦查和审查起诉中,许多证人担心自己的安全受到威胁或者工作、生活受到干扰,不愿公开其身份。事实证明,在一些案件中,正是由于过早披露证人真实身份和地址,给证人带来了不应有的损害。为了保护证人的人身安全和其他利益不因作证受到损害,侦查机关和审查起诉机关应当为其保守秘密,不能泄露可能导致他们受到损害的证人真实身份或者其他基本情况。

其二,对证人的询问,涉及证人隐私的,应当为其保守秘密。证人作证,其证言中有些内容可能涉及该证人的隐私,在作证时必顾虑重重。为此,取证机关或者人员若能够为其保密,就为其积极配合创造了条件。为证人作证提供保密措施,有利于使证人解除顾虑,积极配合侦查机关、审查起诉机关和审判机关的取证活动,保证正确认定案件事实,实现司法公正。

(二)安全保障

证人不愿出庭作证的原因之一,是担心其本人及其近亲属遭受打击报复。在司法实践中,存在证人在作证前自己或者其近亲属的人身安全遭受威胁的现象,也存在证人在作证后遭到打击报复,自己或者自己的近亲属的人身安全遭受损害的情况。在有组织犯罪的侦查、起诉和审判中,这一打击报复证人的现象更加严重,证人的顾虑也更深重。事实证明,只有为证人解除后顾之忧,为其自己或者自己的近亲属的人身安全提供切实的保障,才有利于解决证人作证难的问题。如果法律上缺乏切实保障证人及其近亲属安全的有效措施,就不利于切实保护证人及其近亲属的合法利益,从而难以解决证人不愿出庭作证的问题。

我国《刑事诉讼法》第 63 条第 1 款规定:“人民法院、人民检察院和公安机关应当保障证人及其近亲属的安全。”同时在第 2 款规定:“对证人及其近亲属进行威胁、侮辱、殴打或者打击报复,构成犯罪的,依法追究刑事责任;尚不够刑事处罚的,依法给予治安管理处罚。”

对证人及其近亲属提供保护,对于保障证人履行作证义务,查明案件真相,保证刑事诉讼顺利进行,维护诉讼当事人的合法权利,显然具有必要性和积极的意义。

(三)经济补偿

依法如实作证是证人承担的义务,履行这一义务,可能会给证人带来一定的经济损失,包括:证人前往公安司法机关提供证言要支付的交通费,证人因到场作证要承担的误工费,远途的证人有的提前一天到达作证地点以及作证当天的住宿费,等等。这些费用都属于证人的合理支出。由证人承担这些费用,将会给证人带来经济损失,造成义务与权利失衡,其结果是可能会造成证人的作证积极性低落。因此,证人履行义务而产生的合理经济损失,国家应当予以补偿,不由其本人承担,这样可以体现义务与权利相结合。

我国《刑事诉讼法》第 65 条已经就证人出庭作证的费用问题作出规定,在司法实践中也开始为出庭作证的证人提供经济补偿。学术界曾有人提出证人作证乃出于义务,对于履行义务造成的经济损失,不必予以补偿。实际上,证人的义务是按照通知到场或者到庭作证的义务,这一义务还包括到场或者到庭后如实提供自己感知的有关案件事实情况的内容。但是,这并不意味着证人因履行上述义务而产生的经济损失也应当由自己负担。实际上,证人获得一定经济补偿,是其应有的权利。国家为其提供经济补助,可以体现义务与权利的结合,有利于调动证人的作证积极性,对于解决证人不愿出庭的问题有一定裨益。

七、证人证言的意义

证人证言,对于查明案件事实,证实某种诉讼主张,意义重大。证人证言的诉讼意义主要有:

其一,证人证言能够直接或者间接证明案件有关事实。有的证人直接目睹了案件主要事实经过,他的陈述能够直接揭示案件主要事实;有的证人了解到案件发生前后事实或者案件局部情况,虽非主要事实,但与其他证据结合起来能够揭示案件主要事实,或者为调查、侦查提供线索,对进一步调查并取得其他证据有很大帮助,因此在诉讼中证人证言一直颇受重视。

其二,证人证言丰富、生动、具体,更易于通过它了解案件事实的经过和全貌。一般来说,物证、书证的信息含量有限,不像证人证言的内容那么丰富;物证、书证不能向人"描述"事情的经过,不如人的言语表达生动、形象;物证、书证不能根据人们的需要进一步详尽表明与案件有关事实的细节,不如证人证言具体。因此,与物证、书证相比,证人证言作为证据有它的优势。如果证人提供的情况是真实的,它更便于人们直接了解案件有关情况,避免调查、侦查或者审判走弯路。

其三,证人证言客观性强于当事人所作陈述,证明力较强。证人是了解有关案件事实情况的当事人以外的第三人,多数证人与当事人没有亲友关系,立场较为中立,其对案件事实的陈述比较客观,其可靠程度一般优于当事人就有关案件事实所作的陈述。这里所说的证言客观性较强,是在与当事人的陈述相比较的意义上说的;与物证、书证等实物证据比起来,其客观性当然不如后者,证明力也不一定优于后者。但是,在言词证据中,证人证言通常比当事人所作的陈述更值得信赖,证明力也一般强于后者,这是公认的事实。

其四,证人证言可以与其他证据相互印证,用以甄别其他证据。证人证言是诉讼中常见的证据,该证据可以用于同案件中的其他证据相互对照,从中发现证据间存在的矛盾,促使调查、侦查或者审判人员进一步对证据进行审查、调查、核实,甄别证据的真伪。例如,可以将证人证言与当事人就有关案件事实所作的陈述作比较,揭示当事人所作陈述中虚假不实的内容,找出案件的真相。

第五节 被害人陈述

一、被害人陈述的含义

被害人陈述,是指受犯罪行为直接侵害的人就其了解的有关案件的事实向公安司法机关所作的陈述。

这里提到的"被害人",是指合法权益遭受犯罪行为直接侵害的人,一般是自然人,有的案件中可能是单位。刑事实体法意义的被害人与刑事程序法意义上的被害人有一定的差异,前者限于实际遭受犯罪行为侵害的人,后者只是在程序上作为遭受犯罪行为侵害的人存在,是否真的受到犯罪行为的侵害,需要经过诉讼证明并由法院最终以裁判加以确定。作为证据种类之一的"被害人陈述"中的"被害人"是否包含单位,刑事诉讼法并未加以明确。

二、被害人陈述的特点

被害人是受犯罪行为直接侵害的人。在犯罪行为发生时,被害人的生命遭受威胁或者身体遭受损害,经济上、物质上、精神上或者名誉上遭受损失,他们在犯罪行为发生后,一般都强烈要求公安司法机关惩罚犯罪,并获得经济赔偿、保护其本人及其亲属的安全。被害人的这些特点在其陈述中往往有所反映，形成其陈述的特点，主要包括：

第一，被害人陈述在证明功能上具有直接、具体、真切的特点。被害人陈述在证明功能上具有直接性、具体性和对侵害行为感受的真切性的特点，这是其他证据无法比拟的。在某些案件中，被害人与犯罪人有过直接的、正面的接触，就犯罪事实和犯罪人的陈述更为直接和具体；另外，人身和精神伤害的痛苦，一般只有通过被害人亲自陈述，才能为办案人员和社会所了解，其他人难以有被害人那样真切而深刻的体会。

第二，被害人陈述容易夸大或者缩小，虚假的可能性较大。被害人与案件事实、案件的诉讼过程及诉讼结果存在直接的利害关系，被害人对被害经过一般能够进行充分陈述，从而揭露有关犯罪事实和犯罪人；但也正因为此种直接利害关系，也有一些被害人可能出于各种动机而在陈述时夸大或者缩小犯罪事实，因此被害人陈述虚假的可能性很大。

基于上述特点，将被害人陈述作为独立的证据种类单列出来，对于更准确地把握这类证据的特点，是有积极意义的。

三、被害人陈述的意义

刑事案件一旦发生，在有被害人的案件中，尽早向被害人了解案件情况，对于揭示案件真相，查获犯罪行为人，并对案件起诉和审判具有重要价值。被害人陈述的意义主要有：

其一，被害人陈述往往能够证明案件的主要事实，直接揭示犯罪人。被害人是受到犯罪行为直接侵害的人，在被害过程中往往与犯罪人有过接触，如果其陈述真实、准确，能够揭示有关犯罪事实和破案线索，协助侦查机关发现犯罪事实，确认犯罪人；在起诉和审判过程中，能够证明犯罪事实的存在和犯罪嫌疑人、被告人是或者不是犯罪人，从而为是否起诉和裁决是否有罪提供有力的支持。

其二，被害人陈述是维护被害人自身权益和伸张正义的重要手段。案件一旦发生，被害人的合法权益受到侵害，其维护自己权益的主要方式是向公安司法机关报案、举报或者起诉。在报案、举报或者起诉中，他应当将自己被害经过原原本本向公安司法机关陈述，以便公安司法机关将这些陈述采纳为诉讼证据，运用为侦查线索、起诉依据、定案根据，查明案件真相，抓获犯罪人，挽回或者弥补被害人的损失，为社会伸张正义。

其三，被害人陈述可以被用于与其他证据相互印证，用以甄别其他证据。通常情况下，被害人与犯罪人一样了解案件事实经过，特别是前因后果以及鲜为人知的有关案件的细节；被害人一般也与犯罪人有过近距离接触，对犯罪人的某些特征有一定了解。因此，被害人的陈述可以与犯罪嫌疑人、被告人的陈述进行比对，特别是将被害人关于案件中某些细节的陈述与犯罪嫌疑人、被告人的陈述进行对照，当这些细节一致，并且排除了询问、讯问中的违法取证、不当询问或者错误记录等情况，可以确认陈述的真实性，认定案件事实的存在。当被害人陈述与犯罪嫌疑人、被告人的陈述不一致时，要查明这些不一致产生的原因，究竟是感知、记忆、表达等因素造成的，还是故意虚假陈述形成的，进而排除虚假证据，找出事实真相。此外，被害人陈述，可以用于同案件中的其他证据相互对照，从中发现证据间存在的矛盾，甄别证据的真伪。

第六节 犯罪嫌疑人、被告人的供述和辩解

一、犯罪嫌疑人、被告人的供述和辩解的含义和种类

犯罪嫌疑人、被告人的供述和辩解,又称“口供”“自白”,是指犯罪嫌疑人、被告人就其被指控的犯罪事实和其他有关情况,向公安司法机关所作的陈述,通常包括以下三种情形:

一是供述。即犯罪嫌疑人、被告人对被指控的犯罪事实表示承认,并如实陈述其实施犯罪的全部事实和情节。

二是辩解。即犯罪嫌疑人、被告人否认自己实施了犯罪行为;或者虽然承认犯罪,但辩称依法不应追究刑事责任或者应当从轻、减轻或者免除处罚等。

三是攀供。即犯罪嫌疑人、被告人揭发、检举同案其他犯罪嫌疑人、被告人的犯罪行为。揭发、检举的内容与该犯罪嫌疑人、被告人自己的犯罪行为有一定联系,可以在本案中当作证据使用,属于犯罪嫌疑人、被告人的供述和辩解的一种。为推卸自己的罪责或者报复陷害他人,故意虚构他人有犯罪行为而进行陈述,称为“攀诬”他人。如果犯罪嫌疑人、被告人陈述的是自己没有参与的他人犯罪事实,属于证人证言而非犯罪嫌疑人、被告人的供述和辩解。

二、犯罪嫌疑人、被告人的供述和辩解的特点

犯罪嫌疑人、被告人供述和辩解有以下特点:

第一,犯罪嫌疑人、被告人进行如实陈述,有可能全面、直接地揭示有关案件事实情况。犯罪嫌疑人、被告人对自己是否犯罪、犯罪的经过,特别是犯罪时的主观心理状态,知道得最清楚。对于真正的犯罪人来说,如实作出有罪供述,能够直接、全面地反映出其犯罪的动机、目的、手段、时间、地点、后果等事实情况;对于无辜者来说,他的无罪或罪轻的辩解,也会对公安司法机关发现案件的真相具有特别重要的意义。

第二,犯罪嫌疑人、被告人的供述和辩解虚假的可能性较大。犯罪嫌疑人、被告人是刑事诉讼中可能被定罪量刑的对象,案件的诉讼过程、处理结果与其有直接的利害关系。真正的犯罪人在诉讼过程中一般会千方百计掩盖事实真相或者编造谎言,企图蒙混过关。正是由于犯罪嫌疑人、被告人在诉讼中的口供具有虚假的极大可能性,因而对犯罪嫌疑人、被告人供述和辩解进行审查判断是必要和重要的。

犯罪嫌疑人、被告人供述和辩解是很复杂的,一方面,它是一种证据,正确地收集、审查和运用口供,对查明案情起着重要作用;另一方面,其虚假的可能性较大,一般地说,犯罪嫌疑人、被告人期望借助于虚假陈述逃避刑罚,达到大事化小,小事化无的目的。所以,对待口供要采取特别谨慎的态度,既不能盲目轻信,也不能完全不信。只有经过认真审查判断、查证核实以后,才能作为证据使用。

第三,犯罪嫌疑人、被告人的供述往往不稳定。在司法实践中,犯罪嫌疑人、被告人的心理活动往往十分激烈,波动很大。一般来说,犯罪嫌疑人刚被捕获,往往高度紧张恐惧,一方

面有逃避刑罚处罚的欲求与期望，另一方面，内心也存在可能无法逃避刑罚的想法，因而情绪不稳定。[7] 他们有时狡辩抵赖，有时欲供又止，有时供后又翻。到了审查起诉阶段、审判阶段，他们对于面临的前景已有明确预测，往往心理趋于稳定，但是仍然存有逃避刑罚处罚的期望，因此容易翻供，不承认原来作出的有罪供述。

三、犯罪嫌疑人、被告人的供述和辩解的意义

犯罪嫌疑人、被告人可以分为两类：一是有证据足以确定其犯罪者；二是仅有犯罪嫌疑，其罪行尚未得到确定者。犯罪嫌疑人、被告人的供述有以下作用与意义：

其一，与案件其他证据相互印证的作用。犯罪嫌疑人、被告人的供述和辩解与案件中的其他证据相互印证，从而确认案件事实。对于第一类犯罪嫌疑人、被告人——当其被抓获时，已经收集到证明其犯罪的较为充足的证据，其供述起到的是印证作用；此外，被告人已被起诉并在法庭上作出陈述时，其供述起到的也是印证作用。犯罪嫌疑人、被告人的供述和辩解可以用于与同案其他犯罪嫌疑人、被告人的供述和辩解相对照，以确定这些供述和辩解之间是否存在矛盾，寻找矛盾产生的原因，必要时还应当进一步收集证据，排除矛盾。犯罪嫌疑人、被告人的供述和辩解还可以用于与案件其他证据相互印证，达到甄别真伪，确认案件事实真相的目的。

其二，引导出其他证据和事实的作用。犯罪嫌疑人、被告人的供述和辩解引导出为侦查机关、公诉机关和审判机关尚未掌握的新的事实和新的证据——当犯罪嫌疑人被抓获时或者被告人被起诉后尚未收集到证明其犯罪的充分证据或者需要借犯罪嫌疑人、被告人的供述发现积案、隐案时，犯罪嫌疑人、被告人的供述便发挥着引导作用。这一作用，有利于公安司法机关迅速查明案件事实，收集必要证据，推进诉讼进程，提高办案效率。犯罪嫌疑人、被告人的检举、揭发，有利于公安司法机关及时掌握其他犯罪嫌疑人、被告人的犯罪事实和有关证据，对于全面查明案件情况，掌握各犯罪人在犯罪过程中的地位、实际作用和各自罪行起到促进作用。

其三，公安司法机关兼听有利于犯罪嫌疑人、被告人的事实，有利于公正处理案件。兼听则明，偏信则暗，公安司法人员在办案中既要听取被害方（或者控诉方）意见，收集被害人陈述作为意见，也要听取犯罪嫌疑人、被告人的辩解，以便全面了解案情，及时发现和纠正办案中的偏差。公安机关和人民检察院应当坚持客观立场，对不利于和有利于犯罪嫌疑人的证据一律加以注意，不能只收集不利于犯罪嫌疑人、被告人的证据，却对于其无罪或者罪轻的辩解视而不见，只有这样才能对案件作出公正处理。人民法院作为中立的裁判机关，更应认真听取被告人的辩解，在确认其辩解为真实的情况下，作出公允的裁决。事实证明：在诉讼过程中，犯罪嫌疑人、被告人的辩解有利于消除司法工作人员的主观臆断，有利于其公正处理案件。

---

〔7〕 参见蔡墩铭：《审判心理学》（再版），台北，水牛出版社1981年版，第459页。

第七节　当事人陈述

一、当事人陈述的概念与特征

(一)当事人陈述的概念

作为证据使用的当事人陈述是指当事人在诉讼中就与案件有关的事实,向法院所作的陈述。在广义上,当事人陈述还包括当事人关于诉讼主张的陈述、关于与案件有关的其他问题的陈述、关于案件性质和法律问题的陈述等。学理上,当事人关于事实的陈述是证据形式,当事人关于诉讼主张的陈述是诉讼资料。前者属于自由心证等范围,后者则具有确定证明对象等作用。

当事人在诉讼中是重要的程序主体,是诉讼程序的发动者和重要参与者,当事人关于案件事实的陈述对于法院明确案情、确定争点、形成裁判的基础事实等方面具有重要的作用;同时,当事人又是案件的亲身经历者,是最熟悉案件真实情况的人,是重要的证据来源,当事人关于案件事实的客观陈述对于法院正确认定案件事实意义重大。在民事案件审理的过程中,当事人向法院所作的陈述具有不同的表现形式和内容,包括当事人关于诉讼请求的陈述、关于诉讼请求或反驳陈述请求所依据的事实的陈述、关于与案件有关的其他事实的陈述、关于证据来源的陈述、关于案件的性质和法律问题的陈述等。[8] 但是并非当事人的所有陈述都属于民事诉讼法所规定的证据的范围。在上述内容中,只有当事人对于案件事实的陈述才能构成证据,具体来说,不能成为证据的当事人陈述包括诉讼请求、抗辩请求、各种程序上的申请、诉讼中发表的关于事实认定、证据调查、法律适用的意见等。这些请求、申请或意见有的起确定法院行使审判权范围的作用,有的则仅供法院参考,但是它们的共同之处是,都属于法律层面的问题,不属于事实层面的问题。因此,《民事诉讼法》第66条第1款中所指的"当事人的陈述",就是指诉讼中的原告、被告和第三人就他们对案件事实的感知和认识向法院所作的叙述。

当事人在诉讼过程中除可以本人向法院进行陈述外,还可以通过诉讼代理人或专家辅助人进行陈述。最高法《民诉法解释》第122条第1款规定:"当事人可以依照民事诉讼法第八十二条的规定,在举证期限届满前申请一至二名具有专门知识的人出庭,代表当事人对鉴定意见进行质证,或者对案件事实所涉及的专业问题提出意见。"第2款规定:"具有专门知识的人在法庭上就专业问题提出的意见,视为当事人的陈述。"

(二)当事人陈述的特征

由于当事人是争议的民事法律关系的主体,案件的处理结果与他们有法律上的利害关系,因此当事人的陈述具有两面性。

一方面,当事人是案件的知情人,他们对案件的实际情况最了解。因此,如果当事人能

---

〔8〕 参见江伟主编:《民事诉讼法》,高等教育出版社2004年版,第146页。

够客观地陈述案件事实，往往能够对事实的认定起到重要的作用。

另一方面，当事人由于与案件的处理结果有利害关系，因此在诉讼过程中往往只陈述对自己有利的事实，不陈述对自己不利的事实，甚至有可能虚构、篡改事实，歪曲真相。

二、当事人陈述的效力

不同的国家由于对当事人陈述的特征有不同的认识，因此在对待当事人陈述的效力方面采用了不同的规定方式。

在英美法学国家，当事人陈述是一种独立的证据形式。当事人和证人一样可以出庭作证，接受交叉询问，适用同样的证据规则。

德国、日本等国家出于对当事人陈述的可靠性的担心，传统立法一般不将它作为一种单独的证据形式。德国立法的上述情况直到1933年才发生变化，在修订后的《德国民事诉讼法》中，询问当事人取代了传统的当事人宣誓制度。根据当事人询问的规则，在某主张存在一定的"起始盖然性"，但还没有得到完全的证明以及其他认知渠道不再能够使用时，可以进行当事人询问。[9] 同时，《德国民事诉讼法》关于当事人真实义务的规定，大大提高了当事人在被询问过程中所作陈述的质量，因此即便《德国民事诉讼法》坚持当事人询问的从属性，但是目前的规则使得询问当事人成为一种独立的证据手段。

苏联和东欧一些国家的证据法理论认为，当事人虽然与案件有利害关系，可能作出虚假陈述，但是由于当事人最了解案件的真实情况，其提供的陈述有利于法院对事实作出正确的认定。因此，这些国家一般将当事人的陈述作为一种独立的证据形式，与其他类型的证据并列规定在民事诉讼法中。

我国对当事人陈述的效力的规定基本采用苏联的模式，《民事诉讼法》将当事人陈述作为一种独立的证据形式加以规定。按照当事人陈述内容的不同，在我国民事诉讼中，广义的当事人的陈述可能分别产生以下效力：

一是无须对方当事人证明的效力。当事人在诉讼中以承认对方当事人所主张的事实的方式作出了不利于己的陈述，该陈述构成民事诉讼中的自认，具有免除对方当事人证明责任的效力。最高法《民诉证据规定》第3条规定："在诉讼过程中，一方当事人陈述的于己不利的事实，或者对于己不利的事实明确表示承认的，另一方当事人无需举证证明。在证据交换、询问、调查过程中，或者在起诉状、答辩状、代理词等书面材料中，当事人明确承认于己不利的事实的，适用前款规定。"

二是可以作为定案根据。当事人所作的对自己有利的陈述，经其他证据证明为真实后，法院可以将当事人的陈述作为认定案件事实的根据之一。

三是不能作为定案根据。当事人所作的有利于己的陈述，如果未得到其他证据印证，法院不得将该陈述作为认定案件事实的根据，该陈述也就不具有证据效力。

从世界范围来看，多数国家的立法中没有将当事人的陈述作为一种独立的证据形式，因此许多学者对我国《民事诉讼法》的规定提出了质疑，主要理由是：(1)当事人的陈述通常包括两方面的内容——不利于自己的事实陈述和有利于自己的事实陈述。其中，当事人所作

---

[9] 参见[德]罗森贝克、施瓦布：《德国民事诉讼法》，李大雪译，中国法制出版社2007年版，第926页。

的不利于自己的事实陈述可以归入自认的范畴,具有免除对方当事人证明责任的效力。而当事人所作的有利于自己的陈述,则属于证明的对象,需要用证据加以证明,不应将其作为证据证明案件的其他事实。[10] (2)一些学者认为,将当事人陈述作为一种证据形式充满了职权主义色彩,不免带有中世纪封建专制下将当事人作为纠问对象之嫌,在诉讼程序中有使其丧失主体地位的倾向。[11]

我们认为,上述观点不无道理。基于世界范围的立法趋势,我们也有必要对我国的当事人陈述制度进行改革:一方面,应区分证据性当事人陈述与作为诉讼资料当事人陈述的区别。另一方面,将作为证据的当事人陈述限缩在最高法《民诉法解释》第110条的程序中,即只有当事人在回答法官询问的过程中进行的陈述,才能作为证据采纳。同时应通过学理解释,明确法官询问当事人的条件。

三、当事人陈述的分类

当事人陈述作为一种重要的证据形式可以对其从不同的角度加以划分:以当事人作出陈述的方式为标准,可以将当事人陈述划分为当事人的书面陈述和当事人的口头陈述两种;以当事人作出陈述的时间为标准,可以将当事人陈述划分为当事人在开庭审理前的陈述和当事人在开庭审理过程中的陈述;以当事人陈述的内容为标准,可以将当事人的陈述分为当事人的确认性陈述、当事人的否认性陈述和当事人的承认性陈述。

最后一种分类方式对立法及司法实践具有较高的价值,当事人的确认性陈述是指当事人以事实为依据,主张某一案件事实存在的陈述。例如,原告主张其与被告之间存在借贷关系,则原告对借款的时间、款项及其他具体细节的描述就属于确认性陈述。确认性陈述的主要特点是,其存在不以对方当事人的主张为前提,而是主动陈述对自己有利的案件事实。从内容上看,确认性陈述对作出陈述的当事人是有利的,如果当事人主动陈述对其不利的案件事实则构成承认性陈述。

否认性陈述是指当事人在诉讼过程中所作的否认某一事实存在的陈述。例如,被告所作的否认与原告之间存在合同关系的陈述就属于否认性陈述。与确认性陈述的相似之处在于,否认性陈述的内容同样对作出陈述方有利;但是不同之处在于,否认性陈述带有较强的被动性,它往往以对方当事人已经作出确认性陈述为前提,如被告之所以作出否认合同关系存在的否认性陈述,是因为原告作出了主张存在合同关系的确认性陈述。

当事人的承认性陈述也称当事人的自认,是指当事人对对方当事人提出的事实明确予以认可或不加争执。与当事人的确认性陈述和否认性陈述不同,多数情况下,当事人的承认性陈述的内容对作出陈述的一方当事人不利。例如,原告主张其与被告之间存在借贷关系,则被告承认借贷关系存在的陈述就属于承认性陈述。关于承认性陈述的构成要件及效力问题见本节当事人的自认部分。

---

〔10〕 参见宋朝武:《民事证据法学》,高等教育出版社2003年版,第159页。

〔11〕 参见毕玉谦:《民事证据法及其程序功能》,法律出版社1997年版,第62页。

四、当事人的真实陈述义务

真实义务是一项古老的制度，起源于罗马法。罗马法将当事人诉讼上的违法行为分为故意主张非真实的违法行为、故意违背法律而请求权利保护或防御的违法行为及目的在于迟延或使诉讼混乱和致真实发现感觉困难的违法行为。[12] 罗马法不但对真实义务作出了明确规定，并且对违反者将克以刑罚。随着诚实信用原则在民事诉讼中地位的确立，真实义务也受到现代各国民事诉讼立法的认可。最先以立法形式明确对真实义务作出规定的是1895年《奥地利民事诉讼法典》，该法第178条规定，当事人据以声明所必要之一切情事，须完全真实且正确陈述之。此后，匈牙利、德国、意大利、日本等国的民事诉讼法也纷纷效仿奥地利的做法，明确规定了当事人在诉讼中的真实义务。《德国民事诉讼法》第138条规定，当事人应就事实状况为完全而真实的陈述。《日本民事诉讼法》第230条规定，当事人或其代理人出于故意或重大过失，与事实相反去争执文书制作的真伪时，法院以裁定处以10万日元以下的罚款。

我国最高法《民诉法解释》第110条第1款、第2款规定："人民法院认为有必要的，可以要求当事人本人到庭，就案件有关事实接受询问。在询问当事人之前，可以要求其签署保证书。保证书应当载明据实陈述、如有虚假陈述愿意接受处罚等内容。当事人应当在保证书上签名或者捺印。"上述两款内容对当事人在我国民事诉讼中真实陈述的义务作出了具体明确的规定。同时，为了将当事人如实陈述的义务落到实处，该条第3款规定负有举证证明责任的当事人拒绝到庭、拒绝接受询问或者拒绝签署保证书，待证事实又欠缺其他证据证明的，人民法院对其主张的事实不予认定。

需要强调的是，民事诉讼中真实的义务是一项真正的法律义务，而不仅仅是对当事人的道德要求。因为当事人如果在诉讼过程中没有就所知悉的情况作完全、真实的陈述，按照不同国家法律的规定，可能被科以罚款或作出相反的认证，或者支付因虚伪陈述所增加的费用，或赋予对方当事人以请求损害赔偿的权利。

我国《刑法修正案（九）》第35条规定，以捏造的事实提起民事诉讼，妨害司法秩序或者严重侵害他人合法权益的，处3年以下有期徒刑、拘役或者管制，并处或者单处罚金；情节严重的，处3年以上7年以下有期徒刑，并处罚金。该规定使得当事人虚假陈述的行为有了被追究刑事责任的可能。但是最高人民法院与最高人民检察院联合公布的《关于办理虚假诉讼刑事案件适用法律若干问题的解释》（以下简称《虚假诉讼刑事案件解释》）第1条则要求，虚假诉讼罪限于"无中生有型"虚假诉讼行为。《虚假诉讼刑事案件解释》明确，刑法规定的"以捏造的事实提起民事诉讼"是指捏造民事法律关系，虚构民事纠纷，向人民法院提起民事诉讼的行为。其中，"捏造"是指无中生有、凭空捏造和虚构；"事实"是指行为人据以提起民事诉讼、人民法院据以立案受理、构成民事案由的事实。"捏造事实"行为的本质是捏造民事法律关系、虚构民事纠纷，两者应同时具备、缺一不可。对于"部分篡改型"虚假诉讼行为，即民事法律关系和民事纠纷客观存在，行为人只是对具体的诉讼标的额、履行方式等部分事实作夸大或者隐瞒的行为，不属于刑法规定的虚假诉讼罪的范畴。根据这一规定，

---

〔12〕 参见石志泉：《诚信原则在诉讼上之适用》，载《法令月刊》（第8卷）第10期。

当事人如果在诉讼中仅仅有虚假陈述的行为,没有捏造民事法律关系、虚构民事纠纷,并不会导致刑事责任的承担。

五、当事人的自认

(一)自认的概念与分类

自认是一方当事人作出的,认为对方当事人的事实主张是真实的意思表示。民事诉讼以解决当事人之间的争议为目的,如果双方当事人对某一具体事实不存在争执或一方当事人明确同意另一方当事人对该事实的主张,则对于这样的事实自然无须当事人再以证据证明之。在理论上我们可以从不同的角度对自认加以划分,其中具有重要意义的有如下几种分类方式:

1. 根据自认发生的阶段不同,可以将自认分为诉讼外的自认与诉讼中的自认

当事人在诉讼外的自认在英美法系国家被作为传闻证据的一种,通常可以采纳。因为"当事人的自认,除其一般立证价值与他人陈述一样外,在经提出作为不利于该当事人的证据时,则具有特别的价值,因其在逻辑上,实际上等同于证人自相矛盾的陈述"。[13] 也就是说,如果当事人在诉讼外作出了自认,当事人在诉讼过程中的主张就不能与该自认在内容上相抵触,否则就可能因为陈述前后矛盾而受到攻击,降低陈述的真实性。但是,按照英美法系国家的理论,诉讼外的自认并不具有免除当事人作证义务的功效,对自认的内容,负有举证责任的当事人仍有义务提出证据证明之。

诉讼中的自认指当事人或其代理人在口头辩论或准备程序中,承认对方当事人所主张的于己不利的事实为真实。按照大陆法系国家的观点,诉讼中的自认本身并不是证据的一种类型,但是,将产生不利于自认方的裁判结果,并且会导致对方当事人证明责任的解除。

2. 根据自认当事人的自认是否附加条件为标准,可以将自认分为完全的自认和附条件的自认

当事人对于对方主张的事实全部予以认可的,构成完全的自认。当事人如果在自认某一事实时,附加有限制性条件的,则构成附限制性条件的自认。多数大陆法系国家的立法规定,自认所附的条件并不影响自认的效力。例如,《德国民事诉讼法》第289条规定,对于审判上的自认,附加有包含独立的攻击或防御方法的陈述者,并不影响自认的效力。又如,甲乙因清偿借款事宜诉至法院,甲要求乙偿还借款3000元,但是,由于借条丢失,甲无法证明与乙之间存在借贷关系。乙当庭承认曾向甲借款的事实,同时声称借款已经偿还,但是乙也同样无法提出证据证明借款已还的事实。

在上述案例中,乙的自认即属于附条件的自认。在此种情况下,对于自认部分的事实仍发生免除对方当事人证明责任的效力,也就是说,无须甲提出证据证明,法院应当认定借贷关系存在。乙应当举证证明借款已经清偿,如果乙不能证明则应当承担败诉的后果。

我国于2019年《民诉证据规定》修订时,首次以明确的形式对限制自认作出规定。最高法《民诉证据规定》第7条规定,一方当事人对于另一方当事人主张的于己不利的事实有

---

〔13〕 李学灯:《证据法比较研究》,台北,五南图书出版公司1992年版,第157页。

所限制或者附加条件予以承认的，由人民法院综合案件情况决定是否构成自认。

3. 根据自认的形式的不同，可以将自认分为明示的自认与默示的自认

明示的自认是当事人以明确的意思表示作出的自认，明示的自认是自认的最主要、最基本的方式。默示的自认又称拟制的自认，是指一方当事人对另一方当事人所主张的事实不明确地加以争执，依据法律的规定视为自认的情况。在民事诉讼中，当事人受利益的驱使，一般会积极地提出有利于自己的证据，反驳对方当事人的主张，不可能任由当事人主张不利于自己的事实而不加以争辩。所以如果出现这种情况，就推定当事人作出了自认。最高法《民诉证据规定》第4规定，一方当事人对于另一方当事人主张的于己不利的事实既不承认也不否认，经审判人员说明并询问后，其仍然不明确表示肯定或者否定的，视为对该事实的承认。值得注意的是，根据这一规定，在我国民事诉讼中将当事人的沉默推定为自认是有前提的，即在作出推定之前法官必须充分行使释明权，对当事人的沉默可能导致的法律后果加以充分的说明；否则在没有说明的情况下，沉默不产生自认的效力。

4. 根据自认的主体不同，可以将自认分为当事人本人的自认与诉讼代理人的自认

当事人本人是自认的主要主体。当事人的法定代理人可以根据自己的意志独立地进行自认，无须被代理人的同意，并且自认的效果由被代理人承担。

比较复杂的是关于委托诉讼代理人的自认的效力的问题。在英美法系国家，当事人的委托诉讼代理人或者雇员在关系范围之内且在关系存续之时所作出的自认与当事人本人的自认具有相同的法律效力，其后果均可导致法院对自认的内容作为证据使用，成为判决的基础。[14] 在大陆法系国家，《德国民事诉讼法》规定，当事人应当承担诉讼代理人所为的诉讼行为产生的法律后果。但是，为了避免由于委托代理人的错误或不谨慎自认给当事人的利益造成损害，法律同时规定，在场的当事人有权即时撤回或更正委托代理人的自认。[15] 最高法《民诉证据规定》第5条规定，当事人委托诉讼代理人参加诉讼的，除授权委托书明确排除的事项外，诉讼代理人的自认视为当事人的自认。当事人在场对诉讼代理人的自认明确否认的，不视为自认。

也就是说，在我国，委托诉讼代理人的自认的效力主要取决于当事人是否对代理人自认权利进行限制，原则上当事人没有在授权委托书作出排除性规定的，代理人的自认视为当事人的自认。除非当事人本人在场并作出了否认。

（二）诉讼上自认的构成要件

当事人对于于己不利的事实的陈述，只有具备以下几个构成要件方可发生自认的效力：

1. 当事人自认的时间必须发生在口头辩论或准备程序中

在我国的民事诉讼程序中，当事人可以在开庭审理前的准备程序中，在起诉状、答辩状、代理词中进行自认，也可以在法庭审理的过程中作出自认。当事人在诉讼之外作出的自认不具有免除对方当事人的举证责任的作用，诉讼外自认的事实仍然需要有其他的证据加以证实。当事人在某一案件审理的过程中进行的自认对于其他案件而言也属于诉讼外的自

---

〔14〕 参见《美国联邦证据规则》第801条第2款D项。

〔15〕 参见《德意志联邦共和国民事诉讼法》第85条。

认,不能产生拘束自认方的效力。

2. 当事人的自认必须针对法律允许自认的事实,而不能针对另一方提出的诉讼请求或法律、法规以及对法律的解释

当事人针对诉讼请求所作的承认在民事诉讼理论上称为“认诺”,与对事实的自认不同,一方当事人一旦对另一方当事人提出的诉讼请求进行了认诺就会直接导致败诉的结果;但是,对事实所作的自认只会使该事实成为无须证明的事实,至于诉讼的最终结果如何,还要由法官综合考虑案件的其他证据后作出判断。对于法律、法规、法律的解释的问题属于法院职权范围内的事项,不能以当事人的自认拘束法院的裁决权。

当事人的自认只能针对法律允许自认的事实,超出法律允许范围外的自认不具有法律效力。在我国民事诉讼中,不允许当事人自认的事实主要指涉及身份关系的事实,例如,涉及婚姻关系和亲子关系是否存在的事实不能由当事人自认。

3. 自认必须采用法律认可的方式

在我国民事诉讼中,能够发生法律效力的自认方式有明示与默示两种。明示的自认指当事人以口头或书面方式对于某些事实明确表示承认。默示的自认,指当事人对于对自己不利的事实保持沉默,不加争辩。明示的自认是最主要的自认方式,但是,我国法律也同样承认在一定条件下,当事人的沉默可能构成自认。最高法《民诉证据规定》中第 4 条规定:“一方当事人对于另一方当事人主张的于己不利的事实既不承认也不否认,经审判人员说明并询问后,其仍然不明确表示肯定或者否定的,视为对该事实的承认。”

当事人在诉讼中除可以亲自为自认外,还可以通过诉讼代理人进行自认。除非当事人在授权委托书中明确排除了委托诉讼代理人的自认权,否则委托诉讼代理人的自认视为当事人的自认。

4. 自认必须就对方当事人主张的事实而进行

通常的自认过程是这样的,即一方当事人先作出对自己有利的事实陈述,然后另一方当事人承认该事实的真实性。但是实践中也不排除这种可能,即一方当事人(自认人)先作出于己不利的事实陈述,对方当事人在此之后对该陈述加以引用,在这种情况下也构成自认,即所谓先行的自认。但是,先行的自认在被对方当事人引用之前是没有拘束力的,自认方可以随时撤回该自认,在先行的自认被引用之后,产生拘束力,不得随意撤回。〔16〕

5. 自认的内容对自认方不利

关于自认的内容是否应当对于自认方当事人不利,学界有不同的观点。一种观点认为,自认事实无须对自认方不利,只要双方当事人对某一事实的陈述达成一致,即可视为无争议的事实。另一种观点则认为,自认的事实应当对自认方不利。我国最高法《民诉法解释》第 92 条和最高法《民诉证据规定》第 3 条采用了此种观点。至于“于己不利”的标准,有不同的解释。败诉可能性说认为是不是不利的事实,应当从是否导致败诉(全部败诉或一部分败诉)的可能性来考察。而证明责任说将不利与证明的负担联系起来,所谓“不利的陈述”就是关于应由对方加以证明的事实的陈述,这样一来,证明责任的分配就成了左右自认成立的前提条件,而证明责任分配的复杂必然使人们难以把握自认的成立要件。

---

〔16〕 参见[日]高桥宏志:《民事诉讼法制度与理论的深层分析》,林剑锋译,法律出版社 2003 年版,第 386 页。

（三）诉讼上自认的效力

自认一经作出就对双方当事人及人民法院发生法律效力：

1. 对于自认方的效力

对于作出自认的当事人而言，该当事人必须受自认内容的约束，不能再对自认所涉及的事实作出相反的主张。自认一经作出非由于法定原因不得撤回。但是为了保障当事人在诉讼程序中自由协商的权利，最高法《民诉法解释》第107条规定："在诉讼中，当事人为达成调解协议或者和解协议作出妥协而认可的事实，不得在后续的诉讼中作为对其不利的根据，但法律另有规定或者当事人均同意的除外。"

2. 对于对方当事人的效力

对于对方当事人而言，对自认方的自认范围内的事实无须再承担证明责任。如《德国民事诉讼法》第288条规定："当事人一方所主张的事实，在诉讼进行中经对方当事人于言词辩论中自认，或者在受命法官或受托法官前自认而做成记录时，无须再要证据。"[17] 最高法《民诉证据规定》第3条第1款规定："在诉讼过程中，一方当事人陈述的于己不利的事实，或者对于己不利的事实明确表示承认的，另一方当事人无需举证证明。"

3. 对于人民法院的效力

对于人民法院而言，按照民事诉讼中处分原则的规定，法院应当将自认的事实作为认定案件事实的依据，在当事人自认的事实范围内不得再进行证据调查，自认的内容应当成为法院认定案件事实的依据。并且，自认对法院的拘束力不仅表现在一审程序中，在二审程序中，法院同样应当受到当事人自认的拘束。但是，自认对法院的拘束力并不是绝对的，在法院认为当事人的自认是出于恶意或自认是为了达到规避法律或其他非法目的，或自认可能会给国家利益、社会公共利益或他人合法权益造成损害时，法院可以不受当事人自认的约束。对此，最高法《民诉法解释》第92条第2款、第3款规定："对于涉及身份关系、国家利益、社会公共利益等应当由人民法院依职权调查的事实，不适用前款自认的规定。自认的事实与查明的事实不符的，人民法院不予确认。"

（四）自认的撤销

当事人的自认一经作出就会对双方当事人及人民法院发生拘束力，并有可能对诉讼的结果产生重要影响。因此，为了保证诉讼程序的顺利进行，防止当事人滥用自认制度，法律规定在一般情况下，自认是不允许撤回的。《法国民法典》第1356条规定："裁判上的自认非经错误而为之，不得撤回。"但是，为了保障作出自认方当事人的利益，避免当事人由于错误的自认或意思表示不真实的自认而遭受损失，多数国家的民事诉讼法都规定了在符合法律规定的条件时，允许当事人撤回自认。《德国民事诉讼法》第290条规定："当事人撤回审判上的自认，只限于他证明其自认与真实不符，而且其自认是由于错误而发生的时，其撤回才影响自认的效力。在这种情形，自认失其效力。"

我国民事诉讼在自认的撤回的问题上受到国外立法的影响，根据最高法《民诉证据规

---

〔17〕《德意志联邦共和国民事诉讼法》，谢怀栻译，中国法制出版社2001年版。

定》,当事人在法庭辩论终结前撤销自认,在满足以下条件之一时,人民法院应当允许:

1. 经对方当事人同意

法律之所以对撤回自认的时间作出了这样的规定,是由于如果允许当事人在法庭辩论终结后撤回自认,则法院对于自认的事实是否存在将无从查明;而且对于对方当事人而言,自认方如果在法庭辩论终结前撤回自认,对方当事人仍有机会在法庭审理过程中证明自己所主张的事实,否则,法庭辩论一旦结束,对方当事人就失去了提出证据进行证明的机会。在诉讼中,一方当事人的自认可能对对方当事人的利益造成重要的影响,该方当事人可能由于他方的自认对自己接下来的诉讼行为作出了一定的安排。因此,自认的撤回并不是作出自认方个人的私事,出于保护对方当事人利益的考虑,法律规定,自认的撤回必须经过对方当事人的同意。

2. 自认方有充分证据证明其自认行为是在受胁迫或者重大误解情况下作出的

在当事人有证据证明其自认的行为是在受到威胁或重大误解的情况下作出的,由于自认并非当事人真实的意思表示,应当允许当事人撤销自认。

在这里还应当指出,自认的撤销仅适用于明示的自认。对于默示的自认,由于当事人在自认时没有明确的意思表示,因此只要在法庭辩论终结前或在上诉审程序中,对默示的自认所涉及的事实加以争执就可以使自认不再发生法律效力。

自认一旦被撤销,对方当事人的举证责任自行恢复。但是法院仍然可以考虑当事人的这种时而自认、时而撤回的反复无常的行为,作为判断事实真伪,形成心证的资料。

第八节 鉴定意见

一、鉴定意见的含义

鉴定意见是指公安司法机关或者当事人就案件中的专门性问题,指派或聘请具有专门知识的人进行鉴定后形成的判断性意见。

所谓“专门性问题”是指:(1)属于案件证明对象范围内的事实;(2)需要专门知识和技能或者借助特定技术设备才能加以认识或说明的问题;(3)不是司法工作人员可以直接作出肯定或否定回答的那类常识性问题或一般性法律问题;(4)该问题的正式说明和认定权限被赋予特定机构或者个人。这些问题主要包括:属于科学、技术或者艺术领域的专门问题;涉及国家或者行业标准的专门问题;国家授权给某些机构使之有排他性认定资格的专门问题。[18]

所谓“具有专门知识的人”指的是鉴定人或者其他具有专业技能、特定专业知识的人,在鉴定意见这一概念中,“具有专门知识的人”特指具有鉴定资格的鉴定人。公安司法机关要解决案件中的专门性问题,一般指派本机关内的鉴定人员进行鉴定,有的事项需要聘请本机关以外的具有专门知识的人员进行鉴定。在司法实践中,也存在当事人就案件中的专门

〔18〕 参见陈光中主编:《中华人民共和国刑事证据法专家拟制稿》,中国法制出版社2004年版,第277页。

性问题聘请鉴定人进行鉴定的情况，由此形成的意见经过审查核实也可以用作定案的根据。

鉴定意见原称“鉴定结论”，改称“鉴定意见”是为了避免人们将其与科学结论简单划等号，要求将它与其他证据一道经过严格的检验，确定是否真实可靠。在诉讼法修改前，2005年人大常委会《司法鉴定管理决定》和2010年两院三部《办理死刑案件证据规定》已经将这一证据种类称为“鉴定意见”，与《刑事诉讼法》、《民事诉讼法》和《行政诉讼法》的规定不同，造成同一种类证据有“鉴定结论”和“鉴定意见”两种不同的称呼。2012年《刑事诉讼法》修改，对于这一证据种类，已经统一称为“鉴定意见”，以避免理解和适用上的障碍。将“鉴定结论”改称“鉴定意见”更为科学，避免“结论”一词给人以“确定”“不容置疑”的误解。

二、鉴定意见的特点

鉴定意见是独立的诉讼种类，有着自身特点，主要包括：

第一，鉴定意见是一种运用专门知识和技能进行的判断，属于意见性证据。鉴定意见是一种意见性证据，即鉴定人就有关专门性问题进行检验、鉴别形成的一种判断意见。在一些国家，就专门性问题提出专业意见的专家被称为“专家证人”。“专家证人”又被称为“意见证人”，其原因就在于此。这一特点使鉴定意见与证人证言区别开来，后者是证人就其所知道的案件事实情况所作的陈述，属于对事实的描述，而不是根据一定的专业知识、技能而进行的专门判断。

第二，鉴定人具有一定专门知识或者技能，由公安司法机关或者当事人指派或聘请产生。鉴定人的产生方式有两种：一是公安司法机关或者当事人指派或者聘请，公安机关既可以主动指派或者聘请鉴定人，也可以基于当事人的申请而指派或者聘请；二是当事人自行聘请鉴定人。公安司法机关或者当事人指派或者聘请何人进行鉴定，具有可选择性，即鉴定人员具有人身的可代替性；尽管在对同一事实存在大量知情人的情况下，公安司法机关或者当事人也可以选择谁作为证人，选择的范围只能是感知了有关案件事实而不是进行专门判断的人，从这个意义上可以说事实证人具有人身不可替代性。

第三，鉴定意见是在案件发生后形成的。鉴定意见是在案件发生后形成的，往往是基于是否启动诉讼程序或者在诉讼过程中发现、解决新的问题的需要，指派或者聘请鉴定人对涉及的专门性问题进行鉴定。这一特点使该证据与证人证言也有所区别：证人通常是在犯罪事实发生过程中或者发生前后了解有关事实情况的，对于某些程序事实是在诉讼过程中了解的，因此证言内容的获得大多在案件进入诉讼程序之前，而鉴定意见形成于案件发生之后。

第四，鉴定意见的可靠性较大。鉴定是由专业人士依据自己的专门知识、经验或者技能并常常借助科学仪器进行鉴别、判定、得出判断意见，一般可靠性较大。然而，鉴定毕竟是由人作出的，鉴定人存在个体差异，再加上某些客观原因，存在偏差、错误的可能性是难免的。必须注意的是，鉴定只是对有关专门性问题作出判断，不是对有关事实问题作出法律评价，因此，鉴定意见中的判断意见只是证据的一种，既不是法律判断，也不是科学的判决。因此，对鉴定意见应当和对其他证据一样，必须经过办案人员的审查判断，确定其可以采信以后，才能作为处理案件或者作出裁判的根据。

三、鉴定意见的种类

司法鉴定,是指在诉讼活动中鉴定人运用科学技术或者专门知识对诉讼涉及的专门性问题进行鉴别和判断并提供鉴定意见的活动。在诉讼中,需要鉴定的问题很多,根据鉴定对象的不同可以罗列为以下几种:

(一)法医学鉴定

法医学鉴定是根据法医学专门知识和技术手段,对尸体或者人身、血液、精液、唾液等进行的医学鉴定,目的在于确定死亡原因和时间、伤害程度、损伤部位和造成损伤的凶器种类、血型和遗传基因是否同一等。

法齿学鉴定属于法医学鉴定的一个分支,是根据牙齿生长规律和特征,为确定人的年龄、嫌疑人与犯罪人留下的牙痕是否同一或者进行身份识别而对牙齿或者牙痕进行的鉴定。牙齿是人体保存时间最长的器官,牙齿的稳定性使对它的鉴定成为司法鉴定的重要方法。牙齿完全相同的两个人是不存在的;牙齿使用、磨损而出现的局部缺损特征,更使牙齿具有了独一无二的特定性。因此,通过单个牙齿进行身份识别是可行的。司法实践中,牙齿特征能够帮助确定尸骸谁属。犯罪人在现场留有牙痕时,对这些牙痕进行鉴定,可以起到确定犯罪人身份的作用。另外,牙齿在确定年龄方面也有重要作用,对牙齿或者牙痕进行鉴别,可以得到一个近似的年龄,有较高的准确率,和实际年龄相差不多。

骨龄鉴定是近年来应用越来越多的一种测定年龄的方法,这种鉴定是指借助于骨骼在X光摄像中的特定图像对骨骼年龄进行检测和判断。这里提到的"骨龄"是骨骼年龄的简称。人的年龄可以依生活年龄(日历年龄)来判定,也可以依生物年龄(骨龄)来判定。对骨龄进行检测,通常要拍摄人左手手腕部的X光片,鉴定人通过X光片观察左手掌指骨、腕骨及桡尺骨下端的骨化中心的发育程度,进而确定骨龄。测定骨龄的方法有简单计数法、图谱法、评分法和计算机骨龄评分系统等,常用的方法是G-P图谱法和TW2(TW3)评分法;预测成年身高包括B-P法、RWT法、TW2法等。

(二)司法精神病学鉴定

司法精神病学鉴定是根据精神病学专门知识,对人的精神健康状况、智力发育情况进行的鉴定,目的在于确定犯罪嫌疑人、被告人、被害人、证人的精神状态是否正常,进而判断其有无行为能力和责任能力。

(三)物证技术鉴定

物证技术鉴定,又称刑事科学技术鉴定,是对指纹、掌纹、脚印、工具、枪弹、轮胎等物品及痕迹等物证进行鉴定,以确定是否与怀疑对象具有同一性。物证技术是一门运用现代科学技术的理论、方法和成果对物证进行检验的技术方法。物证技术鉴定包括痕迹鉴定、物品鉴定等项目。

一般认为,痕迹检验、司法文书检验、司法化学检验、刑事摄影检验学、气味鉴别、毒物分析等都属于物证技术鉴定的范畴;甚至有人认为,法医学鉴定也属于物证技术鉴定的一种。

其中痕迹鉴定包括手印、脚印、枪弹痕迹、工具痕迹的鉴定；文书鉴定包括笔迹鉴定，伪造、变造文书检验，伪造印章、证书检验等。

（四）司法化学鉴定

司法化学鉴定是指运用化学知识、设备及相关材料对司法活动中涉及的毒物等进行鉴定，以确定毒物等的化学性质和剂量，从而判断其对人体或其他物体的危险性或损害程度、伤害性质等。有学者指出："当今，毒物学和化学在侦破犯罪及其与犯罪作斗争的活动中所起的作用越来越大，对喝过酒的司机的醉酒程度进行化学试验可将他与糖尿病症状、一氧化碳中毒或头部受伤症状的无辜人士区别开来；法庭血清学家能利用在现场发现的血液将某一嫌疑人与犯罪联系在一起，而利用其他生物化学方法可鉴别唾液、精斑、粪便、呕吐物甚至汗液；法庭毒理学家能鉴别中毒（有毒）物质并介绍他们的作用机制，其他毒物学专家可分析被依法没收的物质以判明它们是否非法药品。"〔19〕司法化学鉴定的作用由此可见一斑。

（五）司法会计鉴定

这里提到的"会计"，是指以货币为主要计量单位，采用一系列专门的方法和程序，对经济交易或事项进行连续、系统、综合地核算与监督，提供财务信息的活动。司法会计鉴定是指运用会计学知识和技能对有关账目表册、单据等进行鉴定，以确定账目表册是否符合规范以及是否真实等。司法会计鉴定一般用于审核犯罪线索、揭示账目表册隐藏的违法犯罪行为的信息，为司法审判提供证据。

（六）笔迹鉴定

笔迹鉴定，又称"笔相学鉴定"，是指对笔迹特征进行识别、分析，以确定文件是否伪造或用以比较的文字材料是否具有同一性。在一些案件中，笔迹鉴定结果直接影响案件的最终判决。

（七）测谎鉴定

利用测谎设备（测谎仪）和测谎技术对被测试人在回答测谎人员提出问题时的生理变化进行记录和分析，判断被测试人的陈述是否真实，称为测谎鉴定。

测谎器的英文词是 Polygraph，"英文原意和本意都是指某种能够同时进行多种描记的仪器"，〔20〕这种仪器被恰当地称为"生理多导（道）记录仪"，所以人们理解的测谎仪（polygraph）"是一种以人在说谎时因精神性动摇而引起的生理反应为基础，通过同时记录呼吸波运动、皮肤电反射及血压和脉搏的变化来判断有无说谎的设备"。〔21〕对于司法活动中的测谎可以这样概括："多导仪测试将审讯过程与使用多导仪进行生理测试过程相结合，

〔19〕［美］乔恩·R. 华尔兹：《刑事证据大全》，何家弘等译，中国人民公安大学出版社 1993 年版，第 378 页。

〔20〕美国国家科学院多导生理记录仪测试评估委员会：《测谎仪与测谎》，刘歆超译，中国人民公安大学出版社 2008 年版，第 1 页。

〔21〕［日］石头一正：《日本实用刑事证据法》，陈浩然译，台北，五南图书出版公司 2000 年版，第 29 页。

获得一些生理现象的记录数据,如呼吸、心率、血压、皮肤电等。一次多导仪测试包括一系列的是否型问题,被测试者在佩带好一些记录生理变化的传感器设备后回答一些问题,而这些生理变化将被转化为模拟信号或数字信号记录下来。由于过去的模拟信号仪器能够将这些生理反应的数据用几支笔描记在一张移动的纸上,所以这些在多导仪测试中记录下来的生理反应记录被称作'多导仪测试图表'。"[22]

这项技术不仅应用于刑事司法活动中,在其他领域诸如人员录用和人员考评中都有较长时期的应用历史。对于测谎鉴定,一直存在争议,既有支持者也有反对者。支持者肯定这一技术在甄别谎言中的有效性;反对者认为测谎只不过是"垃圾科学",它只能鉴别出被测谎者在回答某一问题时是否胆怯,至于是不是说谎,并不能依靠仪器鉴别出来。更为致命的是,测谎技术的科学前提是薄弱的。美国国家科学院多导生理记录仪测试评估委员会在其评估测谎技术的报告中承认:"几乎近一个世纪以来,心理学和生理学的科学研究没有为多导仪测试能够获得非常高的准确性提供进一步的理论基础。尽管与欺骗行为有关的心理状态(比如,对欺骗行为被识破的恐惧)经常会影响到多导仪测试中所测量的生理反应,但是这些生理反应在没有进行欺骗行为的时候也能够被唤醒。"[23]

我国当代诉讼活动应用测谎器还是近年来的事。虽然对于测谎的准确性不乏乐观的说法,但司法界对于测谎结果的证据能力存在疑虑。为解答这一问题,最高人民检察院于1999年9月10日公布了《关于CPS多道心理测试鉴定结论能否作为诉讼证据使用问题的批复》,规定测谎结果不能作为诉讼证据使用,只能作为检验证据的手段使用。这个规定也不是没有问题,因为用测谎结果去检验供述、陈述或者证言,由于这个检验手段不能保证可靠,用它作为检验证据的手段就会造成错误判断,其效果与直接使用它作为证据并无实质区别。没有任何一个测谎结果是单独作为诉讼证据使用的,测谎结果总是与被测谎人的陈述结合在一起的,如果将被测谎人在测谎过程中的陈述作为证据,并将测谎的结果作为判断这一陈述是否真实、可靠的依据,其结果是测谎结果在证据的认定和事实的判定中发挥着举足轻重的作用。

(八)DNA鉴定

DNA(deoxyribonucleic acid,脱氧核糖核酸)存在于人体细胞当中,由四种碱基构成。同一个人的DNA在该人的任何细胞核中均相同,不同的人因DNA碱基组合不同而不同,除非属于同卵孪生子,每个人碱基配列不同,可提供进行个人识别的依据。[24]

DNA鉴定技术又称"DNA指纹术",1984年以来这项技术被认为是个人识别方面无可争议的技术,常被用于解决刑事案件中诸如杀人、强奸之类案件的侦破和证明,民事案件诸如亲子鉴定等纠纷,以及追查尸体身源等,人们相信其个人同一认定的准确率可达99.99999%。与传统指纹识别技术不同的是,指纹识别需要相当大的可识别面积,DNA识

---

〔22〕 美国国家科学院多导生理记录仪测试评估委员会:《测谎仪与测谎》,刘歆超译,中国人民公安大学出版社2008年版,第15~16页。

〔23〕 美国国家科学院多导生理记录仪测试评估委员会:《测谎仪与测谎》,刘歆超译,中国人民公安大学出版社2008年版,第2~3页。

〔24〕 参见蔡墩铭:《刑事证据法论》,台北,五南图书出版公司1999年版,第12页。

别只需要几个人体细胞就可解决问题。[25] 另外,DNA 鉴定技术具有如下可以在司法活动中加以应用的要素:一是分析鉴定程序及鉴定结果的表达形式具有标准化特征;二是对鉴定意见的解释具有科学性。[26]

一般公认的事实是,DNA 技术有着明确的误差估计,结论具有客观性以及很高的准确率,与一般物证技术鉴定比较,DNA 鉴定所需检材广泛存在,而且只需微量即可满足鉴定要求,比较易于获得。只要是人体细胞,并含有一定量的大分子 DNA,都可用于 DNA 鉴定。许多因素都可以提出 DNA 用于分析,如血液、毛发、肌肉、骨髓、精液、牙髓及精液与阴道分泌物形成的混合斑、唾液等,即使是陈旧的、发霉长菌的生物斑痕或组织,都具有鉴定价值。DNA 技术只需微量检材就能进行鉴定,有时甚至只需几个人体细胞。在司法实践中,DNA 鉴定在确认真正的罪犯和发现无辜者方面发挥了令人叹为观止的作用,许多成功的案例对人们运用这一技术起到了鼓舞作用。例如,2005 年 4 月 30 日《重庆晨报》报道,重庆市公安局刑警总队运用 DNA 技术破获了一系列大案,其中 2005 年 1 月至 4 月,刑警总队 DNA 数据库就已经成功并案 15 串共计 30 起,仅杀人、强奸等大案就告破 11 起。[27] 可以预见的是,我国侦查和司法审判中已经应用 DNA 技术进行个人识别,这个技术的应用将会在司法实践中越来越广泛。

不过,值得警惕的是,DNA 技术虽然具有很高的准确性,但毕竟鉴定工作是由人来着手进行的,鉴定人员的主观因素会对鉴定结果带来不利影响,甚至作出错误鉴定。

(九)声像资料鉴定

声像资料鉴定是依据声像资料自身特性、形成机理及其他相关知识,对录音带、录像带、磁盘、光盘、图片等载体上记录的声音、图像信息的真实性、完整性及其所反映的情况过程进行的鉴定和对记录的声音、图像中的语言、人体、物体作出种类或者同一认定。

(十)其他鉴定

对上述专门性问题以外的其他专门问题进行鉴定,作出诉讼需要的专业判断,包括价格鉴定、伪钞鉴定、交通事故鉴定、产品质量鉴定、责任鉴定等。

在各种不同鉴定种类中,法医病理鉴定、法医临床鉴定、法医精神病鉴定、法医物证鉴定和法医毒物鉴定,统称为法医类鉴定。文书鉴定、痕迹鉴定和微量鉴定,统称为物证类鉴定。

四、我国的司法鉴定体制

为了解决司法鉴定在诉讼活动中存在的涉及司法鉴定体制的问题,2005 年 2 月 28 日,第十届全国人民代表大会常务委员会第十四次会议通过了《司法鉴定管理决定》,该决定的目的在于"加强对鉴定人和鉴定机构的管理,适应司法机关和公民、组织进行诉讼的需要,

---

〔25〕 参见[美]布瑞恩·英尼斯:《身体证据》,舒云亮译,辽宁教育出版社 2001 年版,第 147 页。

〔26〕 参见[美]Ian W. Evett、Bruce S. Weir:《DNA 证据的解释》,黄代新等译,中国人民公安大学出版社 2009 年版,第 1 页。

〔27〕 参见《用 DNA 拨开案件迷雾》,载搜狐网,http://news.sohu.com/20050515/n225565970.shtml,最后访问日期:2013 年 7 月 23 日。

保障诉讼活动的顺利进行”。

按照这一规定,国家对从事下列司法鉴定业务的鉴定人和鉴定机构实行登记管理制度:法医类鉴定、物证类鉴定、声像资料鉴定以及根据诉讼需要由国务院司法行政部门商最高人民法院、最高人民检察院确定的其他应当对鉴定人和鉴定机构实行登记管理的鉴定事项。其同时规定:法律对前款规定事项的鉴定人和鉴定机构的管理另有规定的,从其规定。登记管理的管理体制是:国务院司法行政部门主管全国鉴定人和鉴定机构的登记管理工作。省级人民政府司法行政部门依照本决定的规定,负责对鉴定人和鉴定机构的登记、名册编制和公告。

从事司法鉴定业务的个人、法人或者其他组织须具备法定条件并经过登记。个人具备下列条件之一的人员,可以申请登记:(1)具有与所申请从事的司法鉴定业务相关的高级专业技术职称;(2)具有与所申请从事的司法鉴定业务相关的专业执业资格或者高等院校相关专业本科以上学历,从事相关工作5年以上;(3)具有与所申请从事的司法鉴定业务相关工作10年以上经历,具有较强的专业技能。因故意犯罪或者职务过失犯罪受过刑事处罚的,受过开除公职处分的,以及被撤销鉴定人登记的人员,不得从事司法鉴定业务。法人或者其他组织申请从事司法鉴定业务的,应当具备下列条件:(1)有明确的业务范围;(2)有在业务范围内进行司法鉴定所必需的仪器、设备;(3)有在业务范围内进行司法鉴定所必需的依法通过计量认证或者实验室认可的检测实验室;(4)每项司法鉴定业务有3名以上司法鉴定人。

申请从事司法鉴定业务的个人、法人或者其他组织,由省级人民政府司法行政部门审核,对符合条件的予以登记,编入鉴定人和鉴定机构名册并公告。省级人民政府司法行政部门应当根据鉴定人或者鉴定机构的增加和撤销登记情况,定期更新所编制的鉴定人和鉴定机构名册并公告。司法行政部门在鉴定人和鉴定机构的登记管理工作中,应当严格依法办事,积极推进司法鉴定的规范化、法制化。对于滥用职权、玩忽职守,造成严重后果的直接责任人员,应当追究相应的法律责任。对鉴定人和鉴定机构进行登记、名册编制和公告的具体办法,由国务院司法行政部门制定,报国务院批准。

司法鉴定管理体制的一个重大变化是:侦查机关根据侦查工作的需要设立的鉴定机构,不得面向社会接受委托从事司法鉴定业务。人民法院和司法行政部门不得设立鉴定机构。鉴定人和鉴定机构应当在鉴定人和鉴定机构名册注明的业务范围内从事司法鉴定业务。

在诉讼中,对法医类鉴定、物证类鉴定、声像资料鉴定以及根据诉讼需要由国务院司法行政部门商最高人民法院、最高人民检察院确定的其他应当对鉴定人和鉴定机构实行登记管理的鉴定事项发生争议,需要鉴定的,应当委托列入鉴定人名册的鉴定人进行鉴定。鉴定人从事司法鉴定业务,由所在的鉴定机构统一接受委托。

由司法行政部门统一管理鉴定机构和人员的改革措施,有利于解决司法鉴定体制混乱局面,但需要指出,这种由某一行政机关统管的做法,如果比照管理律师、会计师那样的模式对有专门鉴定资格的人员进行管理,是值得讨论的。这种统一管理主要应体现为由司法行政机关授予、核准司法鉴定人员的资格,审查、批准司法鉴定机构的设置;而不是将鉴定机构通通归属司法行政机关设置,形成依司法行政机关级别设置的鉴定机构。司法行政部门统一管理鉴定机构必须解决好两大问题:一是不能出现“知识等级制”,即不能将鉴定机构分为部属、省属、地市级，司法机关以级别高低决定采纳哪一意见；二是侦查机关、检察机关根据侦查活动的需要可以设置内部的鉴定机构（只是鉴定人员的资格可以由司法行政部门统一考核、授予），这是符合侦查活动的特殊需要的。

五、鉴定人的权利义务和对鉴定工作的基本要求

鉴定得出的结论要客观、正确，需要鉴定人与案件没有利害关系。为使鉴定不人为地产生偏差，鉴定人在符合《刑事诉讼法》第 29 条规定情形之一时，应当自行回避；当事人及其法定代理人也有权要求他们回避。人大常委会《司法鉴定管理决定》规定：鉴定人应当依照诉讼法律规定实行回避。

在诉讼中，鉴定人有权了解与鉴定有关的案情材料，但鉴定人对知悉的案件情况，要承担保密义务；公安司法机关指派或者聘请鉴定人后，应当为其进行鉴定提供必要的条件，及时送交有关检材和对比样本等鉴定材料，介绍与鉴定有关的情况，明确提出鉴定要解决的问题，但不得暗示或者强迫鉴定人提供某一鉴定意见，鉴定人有权要求有关机关提供足够的鉴定材料；在不具备鉴定条件时有权拒绝进行鉴定；有权收取鉴定费用和取得相应的经济补偿。

司法鉴定实行鉴定人负责制度。鉴定人应当独立进行鉴定，且应当按照有关鉴定工作的规范、标准进行，对鉴定意见负责并在鉴定书上签名或者盖章。多人参加的鉴定，对鉴定意见有不同意见的，应当注明。

人大常委会《司法鉴定管理决定》规定：在诉讼中，当事人对鉴定意见有异议的，经人民法院依法通知，鉴定人应当出庭作证。

鉴定人和鉴定机构从事司法鉴定业务，应当遵守法律、法规，遵守职业道德和职业纪律，尊重科学，遵守技术操作规范。鉴定人或者鉴定机构有违反本决定规定行为的，由省级人民政府司法行政部门予以警告，责令改正。鉴定人或者鉴定机构有下列情形之一的，由省级人民政府司法行政部门给予停止从事司法鉴定业务三个月以上一年以下的处罚；情节严重的，撤销登记：（1）因严重不负责任给当事人合法权益造成重大损失的；（2）提供虚假证明文件或者采取其他欺诈手段，骗取登记的；（3）经人民法院依法通知，拒绝出庭作证的；（4）法律、行政法规规定的其他情形。鉴定人故意作虚假鉴定，构成犯罪的，依法追究刑事责任；尚不构成犯罪的，依照前款规定处罚。

六、鉴定意见的意义

在许多案件中，将专门性问题交付鉴定是诉讼中不可或缺的环节，鉴定意见有其独特的诉讼意义。鉴定意见的意义主要包括：

其一，鉴定意见对确定案件性质和查明案件事实具有重要作用。案件发生以后，究竟属于什么性质，通常需要由专业人士依据专门知识、技能或者专用仪器设备作出鉴定，如对死因进行的鉴定就属于这一情况。在许多案件中，鉴定还具有揭示某些需要专门知识进行判断的、隐而不显的事实的作用，可以用以确认某些与案件有关的物品、痕迹、人身和尸体等证据材料的真伪和特性。进行这些鉴定，形成的鉴定意见就成为处理案件的重要证据。

其二，鉴定可以弥补司法工作人员对专门性问题判断能力上存在的不足。在诉讼过程

中,不是所有的事项都可以仅凭常识作出准确判断,许多需要具有专门知识的人员根据自己的专业知识、技能以及专门设备进行鉴别,才能从中得出可靠的结论。诉讼涉及的问题很多,包括法医学、司法精神病学、毒物检验学、会计学、笔迹学、刑事技术(如指纹、脚印、弹痕、文件检验等)等专门领域问题以及涉及银行、工业、运输、建筑、农林等专业技术问题,无法要求司法工作人员凭一般知识加以判断,需要交由专业人士进行检验、鉴别,形成专业判断,以便对案件事实作出正确认定。

其三,鉴定意见是审查其他证据的重要手段。鉴定是运用专门领域的知识对某些证据进行检验、鉴别形成判断意见,比单纯运用一般经验法则和一般感官对证据进行的审查判断具有更好的甄别能力。在诉讼中,许多证据需要交付鉴定以确认其特征、性质和真伪,如对于收缴来的白色粉末是不是毒品,需要进行司法化学鉴定;对于与案件待证事实有关系的书面材料,有时需要交付笔迹学专家进行鉴定,以确定笔迹是否为某人所书写,等等。

第九节 勘验、检查、辨认、侦查实验等笔录

一、勘验、检查、辨认、侦查实验等笔录的含义

(一)勘验笔录

勘验笔录是指司法工作人员对与案件有关的场所、物品、尸体进行勘查、检验时就观察、测量的情况所作的实况记载。记载的方式包括文字记录、现场绘图和现场照相、摄像等。

勘验、检查笔录,记录的是勘验和检查活动中之所见。其中,勘验针对的是与案件有关的场所、物品、尸体,目的是直接了解案件的有关场所、物品、尸体的情况,并发现和获取证据。检查针对的是人身(指活体),目的是确定犯罪嫌疑人、被害人等的外部特征、伤害情况或者生理状态。

勘验笔录主要有以下几种:

1. 现场勘验笔录

现场勘验是一种常见而重要的勘验形式,是对案件发生的现场进行勘察、检验的专门活动。现场勘验笔录是对现场进行勘验中形成的对于犯罪现场所作的实况记录,一般由现场文字记录、现场绘图和现场照片三部分组成。内容包括对现场人员、现场保护情况、勘验起始时间、现场提取物证书证等情况的记录,勘验人员和见证人应在笔录上签名或者盖章。

2. 尸体检验笔录

尸体检验是对尸体进行尸表检验或尸体解剖的专门活动,目的在于确定死因和死亡时间、致死工具、固定和提取有关证据。尸体检验笔录是对尸体进行检验而形成的对于尸体所作的实况记录,内容主要有:检验时间、地点,死者衣着情况,无名死者的体貌特征和随身物品的情况,尸体的外表,伤痕的大小、形状、位置,提取血、尿、胃肠内物质或者内脏情况等。检验人员(如侦查人员、法医或者医师)和见证人应在笔录上签名或者盖章。

3. 物证检验笔录

物证检验是对收集到的物品和痕迹进行检查和验证,以确定其外在特征、存在状态和物

质属性以及与有关案件事实存在的关系的专门活动。物证检验笔录是对物证进行检验形成的对物证的性质、特征、存在状态等的实况记录,内容包括物证的来源、检验的时间地点、物品特征。必要时还应绘图或者拍照并附于卷中。检验人员和见证人应在笔录上签名或者盖章。

（二）人身检查笔录

人身检查是对犯罪嫌疑人、被告人、被害人的人身进行检验、观察,以确定其人身特征、生理状态或伤害情况的专门活动。人身检查笔录是对被害人、犯罪嫌疑人等的人身进行检查从而形成的对人身某些特征、伤害情况、生理状态等的实况记录。

（三）辨认笔录

辨认是司法工作人员为了查明案情,让被害人、证人、犯罪嫌疑人或被告人对与案件有关的人员、物品、文件、场所等进行辨别、指认,由此形成的笔录为辨认笔录。

（四）侦查实验笔录

侦查实验是为了验证在某种条件下某一事件或现象是否发生、过程及后果如何,在与案件相同的条件下实验性地重演该事件的专门活动。侦查实验笔录是对与案件相同的条件下实验性地重演该事件的专门活动及其结果的实况记录。

二、勘验、检查、辨认、侦查实验等笔录的特点

勘验、检查、辨认、侦查实验等笔录是勘验、检查、辨认、侦查实验等诉讼活动形成的笔录式证据,它与物证、书证和鉴定意见有明显的区别:

第一,勘验、检查、辨认、侦查实验等的主体和对象具有特定性。勘验、检查、辨认、侦查实验等的主体只能是司法工作人员,主要是侦查人员、检察人员和审判人员,他们根据办理案件的实际需要进行勘验、检查、辨认、侦查实验等活动;其他机关或者个人无权进行勘验、检查、辨认、侦查实验。勘验、检查、辨认、侦查实验等的对象(如勘验、检查活动的对象是场所、物品、尸体、人身等)和活动内容也是特定的。

第二,勘验、检查、辨认、侦查实验等笔录客观性较强。由于勘验、检查、辨认、侦查实验等活动是公安司法机关的一项专门活动,公安司法机关不像诉讼当事人那样与案件有直接利害关系(检察机关虽处于诉讼原告地位,但毕竟不同于被害人及其亲属),可以本着法治原则和公益原则进行诉讼活动,恪守客观义务(侦查人员和检察人员)和中立立场(审判人员),他们进行的勘验、检查、辨认、侦查实验等活动较为客观、公正,由此形成的笔录一般也具有较强的客观性和证明力。当然,如果勘验、检查、辨认、侦查实验等工作不细致,记录粗糙,也会存在不少问题,需要认真进行审查判断,不能盲目相信。

第三,勘验、检查、辨认、侦查实验等笔录有别于物证。勘验、检查笔录属于广义的"物证"即实物证据。勘验、检查笔录可能记载有关物证的情况,但它并非物证本身,只是反映物证的情况和保全物证的一种方法。它不是在案发中形成的,而是在案件发生后由公安、司法工作人员制作的。狭义的物证是在案件发生过程中使用或者形成的各种物品、痕迹。至

于辨认、侦查实验等笔录,与物证的区别更为明显。

第四,勘验、检查、辨认、侦查实验等笔录有别于书证。勘验、检查、辨认、侦查实验等笔录虽然以其内容来证明有关案件事实,表面上与书证的证明机理相同,但它与书证存在本质的差别。书证一般形成于案件发生之前或发生过程中,收集、提供者具有多元化特征,既包含司法工作人员,也包含当事人、证人等。勘验、检查、辨认、侦查实验等笔录形成于案件发生之后,制作者具有特定性,是司法工作人员。

第五,勘验、检查、辨认、侦查实验等笔录有别于鉴定意见。勘验、检查、辨认、侦查实验等笔录与鉴定意见制作者不同:勘验、检查、辨认、侦查实验等笔录制作者是司法工作人员,鉴定意见的制作者是鉴定人。勘验、检查、辨认、侦查实验等活动和鉴定运用的方法不同:勘验、检查、辨认、侦查实验等是运用感官或器材直接观察、辨别和测量,只是一种观察、辨别、指认和记录;鉴定意见是运用鉴定人的专门知识对某种特定事物进行鉴别、分析后形成的一种判断,属于"意见证据"。

三、勘验、检查、辨认、侦查实验等笔录的意义

在诉讼活动中,勘验、检查、辨认、侦查实验等笔录是值得重视的证据,不仅因为它们是司法工作人员制作并通常具有类似物证、书证的客观性,而且因为它们在诉讼中有着如下意义:

其一,勘验、检查、辨认、侦查实验等笔录是对现场、人员以及证据等进行勘验、检查、辨认、侦查实验等的实况记述,发挥着揭示与案件有关的事实和固定证据的作用。勘验、检查、辨认、侦查实验等笔录是由案件最初形成的证据衍生出来的新证据,它通过司法工作人员对与案件有关的人员、场所、物品、人身、尸体进行辨别、指认、勘验、检查情况以及侦查实验情况的实况记录,起到客观记录现场、物品、人身、尸体等情况的作用;对有关情况以文字描述、摄影或者绘图等方式进行固定,通过这些记录发挥证明作用。这对于证明案件中物证等的来源、揭示案件某些事实发挥着重要作用。

其二,勘验、检查、辨认、侦查实验等笔录揭示某些证据含有的关案件信息。案件发生时呈现的事实虽然消逝,但与案件有关的人员、场所、物品、人身、尸体却可以附载有关案件的信息,对于这些信息载体不但要通过现场勘验进行收集、固定和提取,而且对获取的物品和发现的尸体也有必要进行勘查、检验、辨别,对某些案件的犯罪嫌疑人、被告人、被害人的人身进行检查、测量,以及在相同或近似条件下进行实验,这些活动能够揭示某些证据包含的有关案件的信息并通过笔录的形式运用于诉讼当中,对于正确处理案件有时发挥着不可取代的作用。

其三,勘验、检查、辨认、侦查实验等笔录是确认勘验、检查、辨认、侦查实验等活动合法性的重要手段。勘验、检查、辨认、侦查实验等活动是十分严肃的侦查活动或者司法活动,关系到案件事实的发现和证据的收集、固定和提取,与案件的诉讼过程的推进或者终结以及最终的处理结果关系很大,勘验、检查、辨认、侦查实验等权力如果行使不当会损害个人自由权利或者败坏社会善良风俗乃至造成社会危险性(如侦查实验不当就有这样的危险),在这个过程中必须严格恪守法律、司法解释和有关规定,做到合法、客观公正地进行。对于勘验、检查、辨认、侦查实验等活动的基本情况和参与勘验、检查活动的人员,都要清楚准确地加以记

录,由此形成的记录一方面起到证明案件事实的作用,另一方面也对勘验、检查、辨认、侦查实验等活动的合法性起到制约作用,使有关机关或者没有参与进行勘验、检查、辨认、侦查实验等活动的其他人(如律师)通过这些笔录了解勘验、检查、辨认、侦查实验等活动的情况,确认这些活动的合法性。

第十节　现场笔录

一、现场笔录的含义

《刑事诉讼法》第50条中规定的是"勘验、检查、辨认、侦查实验等笔录",《民事诉讼法》第66条中规定的是"勘验笔录",《行政诉讼法》第33条中规定的是"勘验笔录、现场笔录"。据此,通常认为现场笔录是行政诉讼所特有的一种证据种类。现场笔录也是行政程序的一种重要证据种类,为大量单行行政管理法律、法规、规章所规定。[28] 但由于我国尚未制定统一的"行政程序法",行政程序证据制度迄今欠缺统一规定,学界对行政程序证据制度没有给予足够的关注,目前关于现场笔录的问题一般只在行政法或者行政诉讼法的教材中有所提及,仅有少数学者对之进行专门研究。[29]

现场笔录是法定证据之一,要阐述其内涵,首先应当整理相关法律规定,从立法中探究其特征。《行政诉讼法》仅规定了现场笔录为行政诉讼证据之一,再无一字加以进一步规定,最高法《行诉证据规定》第15条仅对现场笔录的制作形式作出规定。关于现场笔录的规定大量出现在关于行政管理的法律、法规和规章中。因此,探究现场笔录,主要应当分析行政法中关于现场笔录的相关规定。综合当前行政程序法关于现场笔录的规定,我们认为,现场笔录是指行政机关制作的、符合法定形式要求的、即时记录行政执法过程中被管理对象的状况和行政执法过程的一种证据。记录的方式包括文字记载、现场照相、摄像等。

二、现场笔录的特征

现场笔录作为一种独立的行政诉讼证据种类,具有以下特性:

第一,主体特定。现场笔录的制作主体只能是行政机关,不包括人民法院。与勘验笔录不同,现场笔录的制作主体只能是行政机关,不可能是人民法院。因为现场笔录是对行政活动现场的记录,当行政争议进入诉讼时,行政活动已经完成,执法现场不可能事后重现,法院只能审查现场笔录,而不能制作现场笔录,因此,人民法院不可能成为现场笔录的制作主体。

第二,内容体现为即时记载行政活动,包括被管理对象的状况、行政执法过程等。行政管理中的有些事实具有转瞬即逝的特点,处于不断变化之中,事后很难收集证据予以证明,需要将执法时所呈现的状况即时记载下来,否则时过境迁,很难事后证明。现场笔录的核心

---

〔28〕 参见王万华主编:《中国行政程序法汇编》,中国法制出版社2004年版,第四章"调查与证据"。

〔29〕 参见高家伟、张玉录:《论现场笔录》,载何家弘主编:《证据学论坛》第6卷,中国检察出版社2003年版;张玉录:《现场笔录的识别及其证据力的确定》,法律教育网中"司法论文"栏目;王万华:《论现场笔录》,载《诉讼法学研究》第9卷,中国检察出版社2005年版。

功能就在于通过内容的即时性来真实反映行政活动现场的情况。

第三,制作形式应当符合法定要求。由于是对事实的即时、客观记录,现场笔录具有极强的证明力,加之记录对象无法还原和复制,现场笔录对案件事实的认定有非常重要的影响,通常是案件的核心证据。因此,如何保证现场笔录的真实性是立法需要解决的大问题。无论在行政管理立法,还是行政诉讼证据规则中,都采用对现场笔录的制作过程进行严格规范、对现场笔录的形式要件作出严格要求的方式来保证其真实性。如最高法《行诉证据规定》第15条对现场笔录的制作形式作出明确规定,要求行政机关向人民法院提供的现场笔录,应当载明时间、地点和事件等内容,并由执法人员和当事人签名。当事人拒绝签名或者不能签名的,应当注明原因。有其他人在现场的,可由其他人签名。法律、法规和规章对现场笔录的制作形式另有规定的,从其规定。由于实践中经常发生相对人抵触执法拒不签名,最高人民法院的司法解释对此种情形中现场笔录的合法性作出规定,要求行政机关注明原因。如果注明原因,即使没有当事人的签名,人民法院仍然可以认定该现场笔录合法;反之,则不能作为证明具体行政行为合法的证据。与最高法《行诉证据规定》相同,法律、法规和规章在规定现场笔录时往往都对现场笔录的制作形式作出明文要求,其中,特别强调当事人的签名、认可。

三、现场笔录在行政活动中的应用情形

分析我国现行法律规定,现场笔录在行政执法中被运用于不同情形,主要有:

(一)行政执法检查

这是现场笔录运用最为广泛的领域,此种情形中的现场笔录通常也被称为现场检查笔录,用来记载执法检查的情况。多数法律文件要求行政人员在日常执法检查过程中发现相对人存在违法情形时,要填写现场检查笔录,记载检查的情况。

(二)对相对人的违法事实进行调查

《卫生行政执法文书规范》第28条规定:"现场笔录,是在案件调查、现场监督检查或者采取行政强制措施过程中,对与案件有关的现场环境、场所、设施、物品、人员、生产经营过程等进行现场检查时作的记录。检查时间指在现场检查的具体时间,起止时间应当写明:年、月、日、时、分至几时几分。检查地点应当写明现场检查的具体方位和具体地点。检查内容记录要将现场监督检查涉及案件事实的有关情况准确、客观地记录下来。"

(三)对执法过程的客观记录

《广州市违法建设查处条例》第22条第2款规定:"对违法建设实施强制拆除时,应当制作执法笔录、现场拍照、录音录像。"此种情形中的现场笔录记载了强制拆除违法建设的过程。

(四)对现场处理情况的记录

《福建省行政执法程序规定》第36条规定,对事实清楚、证据确凿、情节简单的违法案

件，可以现场处理。现场处罚应制作现场笔录和行政处罚决定书，现场笔录应经相对人阅核，由相对人和行政执法人员签名或者盖章，行政处罚决定书应立即送达相对人。在此种现场处罚或者其他现场处理情形中，相对人的违法事实事后很难取证，有必要在作出处罚或处理决定的现场由执法人员对事件的发生过程制作成现场笔录。

四、现场笔录与勘验笔录之关系

《刑事诉讼法》规定的“勘验、检查、辨认、侦查实验等笔录”是一种证据，通常是指公安司法工作人员对与案件有关的场所、物品、人身、尸体进行勘查、检验时就所观察、测量的情况所作的实况记载。其中，勘验针对的是同案件有关的场所、物品、尸体，其目的是直接了解案件的有关场所、物品、尸体的情况，并发现和获取证据。检查针对的是人身（指活体），其目的是确定犯罪嫌疑人、被害人等的外部特征、伤害情况或者生理状态。而《行政诉讼法》规定的“勘验笔录、现场笔录”是两种独立的证据种类，但这两种证据之间事实上又存在相当的共性，应当说二者之间的区别仅在于记载对象不同。这也是有的学者认为被告行政机关在诉讼前的执法行为中对一定的场所或物品进行勘验的笔录是现场笔录，而不是司法机关的勘验笔录之缘故。[30] 行政诉讼中将现场笔录与勘验笔录区别为两种证据，是基于行政活动的复杂性，如前分析，产生于行政活动中的现场笔录记载的内容远远超过刑事诉讼中的对人身进行检查所作出的记录，将现场笔录与勘验笔录区别为两种独立的证据加以对待，在行政诉讼中有其必要性。

勘验笔录与现场笔录之区别在于：

第一，勘验笔录的主体既可以是行政机关，也可以是人民法院。根据我国现行法律的规定，行政机关和人民法院都可以成为行政诉讼中勘验笔录的制作主体。行政机关在行政执法中经常会制作勘验笔录，记录勘验的时间、地点、对象、内容等。如《火灾事故调查规定》第 20 条规定：“勘验火灾现场应当遵循火灾现场勘验规则，采取现场照相或者录像、录音，制作现场勘验笔录和绘制现场图等方法记录现场情况。对有人员死亡的火灾现场进行勘验的，火灾事故调查人员应当对尸体表面进行观察并记录，对尸体在火灾现场的位置进行调查。现场勘验笔录应当由火灾事故调查人员、证人或者当事人签名。证人、当事人拒绝签名或者无法签名的，应当在现场勘验笔录上注明。现场图应当由制图人、审核人签字。”至于人民法院，根据最高法《行诉证据规定》第 33 条的规定，人民法院可以依当事人申请或者依职权勘验现场。当然，行政机关与人民法院制作勘验笔录的时间不一样。行政机关在一般情形中应该是在作出行政行为之前制作，而人民法院只能是在行政行为作出后制作（2014 年新修订的《行政诉讼法》用行政行为替代具体行政行为概念，本书在涉及最高法《行诉法解释》、最高法《行诉证据规定》内容时，仅在引用条文时保留具体行政行为概念，其他一律采用行政行为概念），而现场笔录的制作主体只能是行政机关，不包括人民法院。

第二，记录内容和事实具有不同特点，这是二者最主要的区别。勘验笔录是对特定场所或者物品进行勘查、测量、检测后，将有关情况和结果记录下来形成的，是对场所或者物品客观情况的记录，如对交通事故现场的勘查、对建筑物的测量等，其记录对象具有静态特点，内

---

〔30〕 参见刘金友主编：《证据法学》，中国政法大学出版社 2001 年版，第 185 页。

容则通常是对通过技术测量手段获得的数据及状态的真实记录。

现场笔录是对行政活动过程的记录,包括行政活动中的对象的状况及行政活动本身的情况等的记载,记录的事实则具有动态特点,所记载的事实通常不是通过某种测量技术手段获得的,而是对事后难以复制的活动的客观记载。简言之,勘验笔录中的现场是物质意义上的现场,时间有的情形下并不影响勘验的结果,人民法院因此可能成为勘验笔录的制作主体。而现场笔录中的现场是时间意义上的现场,当时没有记录下来,则无法事后再重现当时的情形,人民法院因此不可能成为现场笔录的制作主体。

第十一节 视听资料、电子数据

一、视听资料、电子数据的含义

视听资料是存储用于证明案件事实的音响、活动影像和图形的录音磁带、录像带、电影胶片,包括录音资料和影像资料;电子数据是存储用于证明案件事实的音响、活动影像和图形的电子计算机或者电子磁盘等。最高法《民诉法解释》第116条第2款为电子数据所下定义为:“电子数据是指通过电子邮件、电子数据交换、网上聊天记录、博客、微博客、手机短信、电子签名、域名等形成或者存储在电子介质中的信息。”另外,该条第3款还规定:“存储在电子介质中的录音资料和影像资料,适用电子数据的规定。”

从载体上看,视听资料、电子数据包括录音资料、录像资料、电影资料和电子计算机存储的资料,录音资料是通过录音设备记录的储存一定音响并用以证明案件事实的录音磁带。录像资料是录像设备摄录的储存各种影像并用以证明案件事实的录像磁带。电影资料是通过电影摄影机摄录的储存各种影像和声音的电影胶片。电子数据属于电子计算机或者电子磁盘储存的资料,是指以电子计算机或者电子磁盘作为载体,储存在电子计算机内或者电子磁盘中,并用以证明案件事实的各种信息。

我国诉讼法原将电子数据纳入视听资料之中,即视听资料的证据种类中包含电子数据。近年来,我国一些学者认为,以视听资料概括录音磁带、录像带、电影胶片、电子计算机或者电子磁盘存储的资料是从人的感官作用方面为这些证据命名,与其他证据种类从证据自身特点命名不同,不够科学和准确。视听资料不如改成“音像资料”和“电子资料”两类,也可合称“音像、电子资料”。其中,音像资料包括能够证明案件事实的录音、录像、电影等资料,电子资料包括计算机软盘、硬盘、存储器、电子光盘等储存的能够证明案件事实的信息资料。2012年《刑事诉讼法》和《民事诉讼法》将“电子数据”从“视听资料”中分离出来,列为独立的证据种类。

二、视听资料、电子数据的种类

按照表现形式的不同,可以把视听资料、电子数据列为以下几种:

(一)录音资料

录音资料是通过录音设备记录的存储一定音响并用以证明案件事实的录音磁带。录音设备是运用声学、电学、化学、机械学等方面的科学原理制成的专用设备，通过它可以把各种声音如实记录下来，然后经过播放使记录下来的声音得以再现。录音资料是原始声音的真迹再现，人们称为“会说话的证据”，能够逼真地再现讲话人的音质、音速、语言习惯、讲话时的心情以及当时当地各种因素的影响。

（二）录像资料

录像资料是录像设备摄录的储存各种影像并用以证明与案件有关事实的录像磁带。录像设备是运用光电效应和电磁转换的原理制成的，可以将一定的活动影像如实地记录下来。人们可以用录像机等播放设备将录像资料还原成像，看到生动逼真、连续活动的过程及其背景，从而了解与案件有关的事实。

（三）电影资料

电影资料是通过电影摄影机摄录的储存各种影像和音响的电影胶片。电影的制作和播放主要根据的是视觉存留原理，当使用照相和录音手段把外界事物的影像以及声音摄录在胶片上后，人们可以通过放映和还音，在银幕上造成活动影像并发出声音。

（四）电子计算机或者电子磁盘储存的资料

电子计算机或者电子磁盘储存的资料是指以电子计算机或者电子磁盘作为载体，储存在电子计算机内或者电子磁盘中，并用以证明有关案件事实的各种信息。运用电子计算机的储存功能，可以将需要保存的信息编制成一定的程序，通过输入装置输入主控制系统的中间处理机，对信号进行识别分类处理，将电能转换成磁能固定在磁盘中。需要从这些资料中检查出某些信息时，人们可以通过输出系统指令计算机从存储的数字系列中检索所需资料，在终端显示器上显现出图像与数据，也可以打印出资料的全部内容。

三、视听资料、电子数据的特点

视听资料、电子数据是以录音磁带、录像带、电影胶片、电子计算机电子磁盘或者其他高科技设备存储的信息作为证明案件事实的手段的证据。这类证据具有不同于其他证据种类的自身特点。主要包括：

第一，视听资料、电子数据表现为含有一定科技成分的载体。证据都是由一定的证据内容（与案件存在关联性的事实）和一定的证据形式构成的。与其他证据种类相比较，除鉴定意见含有较高的科学技术成分外，视听资料、电子数据含有其他证据一般不具有的极高的科学技术成分。鉴定意见的科学技术成分主要体现在鉴定过程中和鉴定意见这一结果上；视听资料、电子数据体现为记录信息的设备，如录像设备、电影摄影、计算机程序等，都具有高度的科学技术成分，记录、储存和播放的过程也是使用高科技设备进行的带有明显科学技术运用性质的过程。作为证据内容的载体，如电子计算机、电子磁盘也是科学技术的产物。

第二，视听资料、电子数据具有高度准确性和逼真性。视听资料、电子数据属于实物证据，一般来说，这种证据具有客观性，较少受主观因素影响而造成对案件事实的歪曲。视听资料、电子数据能够十分准确地反映与案件有关的事实,失真的可能性很小。对于已经发生的事实来说,视听资料、电子数据能够予以“还原”,还原的影像生动逼真,这是其他证据种类的证据难以企及的。

第三,视听资料、电子数据证据具有动态直观性。视听资料、电子数据是在一定的持续时间内对音响、活动影像进行的录制,记录和储存的往往是一个动态过程,当这一过程得到重现时,具有为其他证据所不具有的动态的直观性。书证和物证等实物证据也是直观的,但这种直观只是静态的直观,不具有动态性。视听资料对人的声音进行录音获得的视听资料、电子数据,既能够反映说话人表达的内容,也能够反映人的声音的语调、语速等的抑扬顿挫、刚柔急缓等特征。对人的行为的录像,可以将一个人活动的内容和过程直观地呈现在人们面前。

第四,视听资料、电子数据一旦被伪造,不易分辨、甄别。视听资料、电子数据的形成需要借助于特定的高科技设备,这些设备也可被用于伪造视听资料,如根据声纹技术模拟一个人的声音,进而赋予其实质内容,伪造出记录某人说话的录音带。由于视听资料是通过一定设备将声音、图像画质其他信息资料储存在特定载体上,以这个方法伪造证据令人难以分辨、甄别;传统证据经伪造后一般留有伪造的痕迹、特征,从而比较容易分辨、甄别何者为真实证据、何者为虚假证据。

第五,对视听资料、电子数据的收集和审查判断都依赖科学技术。视听资料、电子数据是科学技术发展的产物,科学技术的进步为视听资料的广泛应用和进一步发挥证明作用提供了条件。对视听资料、电子数据进行收集和审查判断依赖相应的科学技术。视听资料、电子数据容易被伪造、篡改,如录音带、录像带容易被消磁、剪辑,电子计算机被传染病毒或者输出、输入数据被改变。视听资料、电子数据一旦被篡改、伪造,不借助科学技术手段往往难以甄别,因此,对于视听资料、电子数据的收集和审查判断,必须加大科技投入,提高技术水平,保障证据的客观性,更好地发现案件的真实情况。

由上述特点可以看出,视听资料、电子数据就其表现形式和证明作用来说,与一般书证存在较大差别。因此,将视听资料列为一种独立的证据种类,是较为适宜的。

基于视听资料、电子数据不同于其他证据的特点,我国三部诉讼法都将视听资料列为独立的诉讼证据种类。1982 年 3 月 8 日制定的《民事诉讼法(试行)》和 1991 年 4 月 9 日通过的《民事诉讼法》都将“视听资料”列为一项独立的证据种类,并沿用至今。1989 年 4 月 4 日制定的《行政诉讼法》和 1996 年 3 月 17 日修正的《刑事诉讼法》也将“视听资料”列为一项独立的证据种类。当前,我国刑事、民事、行政三部诉讼法,都已经将视听资料规定为一种独立的证据种类。2012 年《刑事诉讼法》和《民事诉讼法》修改,还将电子数据与视听资料并列规定,承认其为独立证据种类单位。视听资料、电子数据作为一种独立的证据种类,是考虑到:视听资料具有自身的特点,不能完全归属为物证或者书证。磁带、录像带等视听资料虽然在形式上表现为一种物品,但其诉讼证明作用不是由它们的物理属性、外部特征、存在状态来实现的,而是由它所载的音响、活动影像和图形等内容来实现的。视听资料、电子数据也不同于一般书证:书证是以文字、符号、图画所表示的内容和含义来证明案件事实的,视听资料则是以它的声调、图像、储存资料、信息,来证明案件事实的。

四、视听资料、电子数据的意义

作为一种新的证据种类，视听资料、电子数据具有如下意义：

其一，视听资料、电子数据提供了证明案件真实情况的直观的、动态的证明手段。视听资料、电子数据作为一种证明手段，最大优点是具有直观性和动态性，能够提供一定时间内的声音内容以及声音的变化情况，也能够提供一定空间内的活动或者静止的影像。在缺乏相应的技术手段的情况下，事实如同音乐一样，是“方生即死”的，人们只能用语言将它重现出来，这种重现是不能做到与案件事实发生时同样生动、具体和直观；一旦有了专门技术手段将案件发生过程当中的声音和影像记录下来，就为事件的生动再现提供了难得的载体，进而为准确揭示案件事实，迫使案件当事人进行如实陈述，提供了有效的手段。

其二，为司法公正提供了新的保障手段。对侦查、检察活动的主要或者重要事项以及审判活动进行录音、录像，不仅具有证明价值，也能够反映侦查、检察和审判活动是否依法进行。特别是在刑事侦查中，因侦查活动采取密行原则、透明度不高，时常发生以刑讯、利诱、欺骗等非法方法获取犯罪嫌疑人、被告人的有罪供述的情况，在讯问犯罪嫌疑人、被告人的过程中实行全程录像，可以使侦查人员进行非法取证活动的行为极大地收敛，保障侦查活动在遵守法律规定的程序和规则的前提下进行。同样，对于审判活动的录音、录像，不但能够弥补审判笔录记载的不足，也能够使审判活动情况得到忠实记录，有助于遏制司法专横，提高司法机关的公信力。

其三，促进多媒体技术在司法活动中的应用。视听资料、电子数据应用于诉讼活动，对于多媒体等技术手段的广泛应用具有促进作用。视听资料作为证据广泛应用，将促进证据收集手段的变革，促使人们利用计算机、摄录像设备、电视监控系统等科技手段侦查犯罪和收集、储存、记录指纹、声纹、唇纹和与案件有关的人的活动等资料和情况。视听资料的应用，也将促进法庭举证方式的改革，包括运用音像、电视、计算机等技术设备，播放记录与案件有关的活动的音像资料，使传统的举证方式发生变化。视听资料、电子数据的制作、检验和播放，需要有相应的技术人员、技术手段、技术培训加以配合，这就需要国家专门机关提高技术装备水平和对有关人员进行专门的技术培训，促使他们提高与视听资料、电子数据的制作、鉴别和播放有关的技术能力。我国目前多媒体技术在审判实践中的应用和推广，与视听资料、电子数据在诉讼中越来越广泛的应用密不可分。

【案例1】周某学故意伤害案——司法鉴定的特征

【案情】 被告人周某学（男，50岁，河北某县人，农民）的次子因园田界址与周某志家发生斗殴，被告人长子周某明又以辱骂方式发泄对周某志的不满，与周某志发生口角、厮打。被告人周某学闻讯前往。这时，周某志的母亲沈某英已被周某明用砖头砸倒在地，周某志见状，拿扁担上前与被告人周某学对打，被周某学用木棒打中头部，当即昏倒在地，口、鼻、耳流血。经县医院诊断为颅底骨折，外伤性右侧面神经周围性瘫痪。

第一审人民法院依据上述医院的病情诊断书，认定被告人周某学的行为造成被害人重伤，构成故意伤害罪，依照刑法规定，判处被告人周某学有期徒刑5年。宣判后，被告人不服判决,提出上诉。第二审人民法院审理认为,第一审人民法院仅仅根据医院的病情诊断书就认定被害人重伤是不妥的。第二审人民法院遂委托省级人民政府指定的医院进行法医鉴定,结论为“颅骨单纯性骨折”。根据这一鉴定意见,二审法院认定,被告人周某学的行为只造成被害人轻伤,原审定罪并无不当,但因对伤情认定不准,适用法律条文有误,故依法改判被告人周某学有期徒刑3年。

【评析】 医生开具的病情诊断书不是鉴定意见书,而是书证,它与作为证据的鉴定意见是不同的。鉴定意见书是鉴定人根据公安机关、人民检察院、人民法院的要求,对案件中某一需要解决的专门性问题进行鉴定后所提出的书面报告。鉴定意见具有以下特征:(1)它是公安机关、检察机关、审判机关指派或者聘请的人制作的;(2)它是具有专门知识或技能的鉴定人运用科学技术知识和技能对案件中某些专门性问题进行鉴别或判断后作出的判断;(3)鉴定人是诉讼参与人之一,依法享有一定的诉讼权利并承担一定的义务。病情诊断书虽然也是专业人员运用专门的医学知识对病情作出的判断,但当一个医生没有受公安、司法机关的委托、聘请时,他并不具备鉴定人的身份,不具有诉讼参与人的地位,因而既不享有鉴定人的权利,也不承担鉴定人需履行的义务,他所进行的病情诊断行为只是单纯的医疗行为,并不是诉讼行为。所以,一般的病情诊断书是不能作为鉴定意见的,只能与鉴定意见相互印证,起书证的作用,不能代替司法医学鉴定意见。

【案例2】 山西李某春“强奸”案——DNA鉴定意见存在重大差误

【案情】 2000年4月3日深夜12时左右,在山西省大同市新荣区堡子湾乡中学的女生宿舍里发生了一起强奸案,两名不满14岁的初一女学生被一名摸黑潜入宿舍的歹徒强暴。事发后,慑于歹徒的恐吓,两名惨遭蹂躏的女学生一度保持沉默。待新荣区警方接到报案时,已是案发一周之后的4月11日下午。当办案民警赶至学校时,案发现场已被严重破坏,收集到的物证只有一块上面沾有歹徒施暴时所留精斑的白色褥单。他们只能从受害人的描述中大概地拼凑出犯罪嫌疑人的体貌特征:身材消瘦,中等个子,长着胡子,说着不标准的普通话。

通过现场勘查,公安人员发现犯罪嫌疑人对学校环境很熟悉,很有可能是内部作案。孩子们也反映,在案发的前一天曾经有个男老师在她们的宿舍门口放了一个泔水桶,还进宿舍里看了看,行为很可疑。经过调查,这个人正是学校的生物老师李某春。李某春家住在学校附近,他的体貌特征也和受害人描述的非常相似。

公安人员将李某春和其他两名犯罪嫌疑人的血样送到大同市公安局刑侦技术科进行鉴定,看是否与受害人褥面上遗留的精斑血型一致,结果是只有李某春的血型和精斑血型一样。2000年6月14日,办案民警将李某春的血样和受害人褥单上的精斑送往省公安厅进行DNA鉴定。7月27日,鉴定意见为“褥单上精子DNA与李某春血痕DNA谱带位置一致”,警方据此于7月28日将李某春刑事拘留。

2000年8月18日,经新荣区人民检察院批准,新荣区公安分局以奸淫幼女罪将李某春逮捕。李某春反应非常强烈,认为一定是鉴定出了错。2001年2月27日,新荣区人民法院依法开庭审理李某春涉嫌奸淫幼女一案。在法庭上,李某春和他的辩护人对山西省公安厅的DNA鉴定提出异议，要求重新鉴定。法院合议庭讨论后决定休庭重新鉴定，新荣区人民检察院将李某春的案子撤诉，发回新荣区公安分局，要求重新组织鉴定。

这次鉴定由公安部进行鉴定，这次公安部做了9个位点的基因鉴定，结论是"所检白色褥面上的精斑不是犯罪嫌疑人李某春所留"。为了确保鉴定的准确性，他们请公安部做了第二次鉴定，结果与公安部第一次鉴定意见完全一致。2001年7月3日，新荣区公安分局、新荣区人民检察院两部门作出对李某春取保候审的决定，9月29日，新荣区公安分局解除了对李某春的取保候审。但直到10个月后的2002年5月，李某春才拿到了解除取保候审决定书。

2003年3月一名叫李某柱的犯罪嫌疑人被抓获。2004年1月7日，山西省公安厅对李某柱的血样进行了DNA鉴定，鉴定意见为：极强力支持所提取检材精斑为李某柱所留。至此，"4·3"强奸案真相大白。

【评析】 DNA鉴定等最新科学技术运用到刑事侦查当中，比起指纹鉴定等，科学性、准确性大大提高。不过，即使DNA鉴定意见是百分之百的准确，在检测的过程中，也许它的样本会被污染或者被调换，也许会拿错样本，所以不能单单以技术准确性为根据得出武断的结论。

近年来的刑事审判工作反映出，DNA鉴定意见经常出现内容或者形式上的问题，严重影响案件事实的认定。因此，对DNA鉴定意见进行审查时不能盲目地相信其证明力，应当重视检材的来源、取得、保管、送检是否符合法律及有关规定，与相关提取笔录、扣押物品清单等记载的内容是否符合，检材是否充足、可靠。

本案中，李某春血液样本与案发现场精斑的同一认定结论是由于何种原因导致的不得而知，但在案件的侦查、起诉阶段中，在只有DNA鉴定意见这一唯一证据的情况下，即对犯罪嫌疑人采取逮捕措施并提起公诉，是形成错案的关键所在。

【案例3】 黑龙江张某波"强奸"案——被害人虚假陈述

【案情】 张某波是哈尔滨南岗分局芦家派出所的管片民警，于1995年与片区内门面房女老板郭某兰发生过冲突。1995年5月31日，郭某兰到哈尔滨市公安局南岗分局控告张某波，说他在1995年3月至5月3次强奸了她，当晚张某波被刑事拘留。哈尔滨市公安局纪检委专门组成专案组负责审理张某波案件。

南岗公安分局报请南岗区人民检察院批捕成功，涉嫌罪名是强奸罪，主要证据是被害人郭某兰的陈述和其儿子女友李某的证言。1995年11月至1997年2月6日，哈尔滨市公安局七处多次将预审卷移交哈尔滨市人民检察院提请公诉，并在原来"强奸罪"的基础上加了"流氓罪"，但都被退了回去。直到哈尔滨市人民检察院决定"张某波案因事实不清，证据不足，不提起公诉"，张某波于1997年2月释放时，已经在看守所羁押了671天。

张某波在释放的当月，分别向南岗公安分局和南岗区人民检察院递交了赔偿申请书，要求对他的错误刑事拘留予以赔偿。上告成为张某波二次被捕的直接原因，被人理解为与第一次事件相关领导的直接对抗。公检法三个部门召开了协调会，专门讨论张某波的上访问题。1998年2月16日，张某波第二次被抓进看守所。

1998 年 10 月 26 日,南岗区人民法院作出判决,宣告张某波犯有强奸罪,判处其有期徒刑 10 年、剥夺政治权利 2 年。对这一判决,张某波当庭提出上诉。哈尔滨市中级人民法院合议庭的 3 名法官意见一致——张某波无罪。然而审判委员会否认了合议庭的意见。1999 年 4 月 22 日,哈尔滨市中级人民法院驳回上诉,维持原判。

张某波及其家人在张某波服刑期间通过多种渠道进行申诉。2001 年 7 月,最高人民法院指示黑龙江省高级人民法院对此立案审理。2004 年 5 月 12 日,黑龙江省高级人民法院作出再审决定书,认为原判事实不清、证据不足,指令哈尔滨市中级人民法院另行组成合议庭对本案进行再审。2004 年 8 月 26 日,哈尔滨市中级人民法院作出刑事裁定书再次维持原判。

2005 年 7 月 18 日,黑龙江省高级人民法院对张某波一案再次发出再审决定书,决定提审,同年 11 月 29 日开庭审理此案。2006 年 12 月 1 日,黑龙江省高级人民法院作出刑事判决书,认为被害人郭某兰证实张某波几次对其实施强奸的陈述不够稳定,既有本身不一致的地方,又有与证人李某证言矛盾之处,李某的证言也是如此,且被告人张某波始终不供认强奸郭某兰,原裁定事实不清、证据不足。2006 年 12 月 18 日,黑龙江省高级人民法院宣判张某波无罪。

【评析】 一般来说,被害人陈述是比较客观真实的,但其也极容易受到主、客观因素的影响作出虚假陈述,甚至有个别被害人出于个人私利或者其他不可告人的目的,故意提供虚假陈述来诬陷他人。在本案的侦查、起诉以及审判程序中,被害人郭某兰的陈述都成为主要证据。案件中郭某兰的虚假陈述完全是出于她的主观故意,她编造了张某波强奸行为的过程,最终成为错案发生的导火索。在审查被害人的陈述时,除应当详细分析内容上的逻辑性、真实性外,还应当将被害人的陈述与其他证据、尤其是物证等客观性证据进行比对分析,审查其是否相互印证,注意发现被害人陈述与其他证据之间的矛盾,如果不能排除矛盾且无证据印证的,不能作为定案的根据。强奸案件一般会涉及被害人陈述、被告人口供以及对残留物的检验鉴定等证据。通过前面的介绍,我们可以看出,办案机关依据的主要证据是被害人郭某兰的陈述以及李某的证言,张某波始终没有供认强奸事实,也不存在对残留精斑的检验鉴定。仅凭在案证据来认定张某波的强奸行为并不能达到证据确实、充分的证明标准。办案机关未能切实落实证据裁判原则的要求,在证据审查把关上不够严格、不够细致,使一桩本来可以避免的错案成为实实在在的冤案。

第八章　证据的分类

第一节　证据分类概述

证据分类，即证据在学理上的划分，指根据证据的来源、作用及其他特点，按照不同的标准将证据在理论上划分为不同的类别。研究证据的分类，目的是研究运用证据的客观规律，以便提高运用证据处理案件的能力。尤其在刑事诉讼中，研究证据分类可以有效地掌握不同类型证据的运用规律，排除虚假证据或非法证据，从而达到查明案件真实情况、维护实体正义和程序正义、保障诉讼人权的目的。

证据分类有着悠久的历史，英国著名法学家边沁早在18世纪在其《司法证据原理》一书中，就将证据分为实物证据和人的证据，宣誓证据、言词证据和书证，直接证据和情况证据，原始证据和传来证据等不同的类别。而18世纪以来无论是英美法系国家还是大陆法系国家，都重视证据的分类，但二者的表现形式不同。现代英美法系国家重视判例在审判中的作用，就单个判例而言，其证据的种类与分类难以作严格的区分，因此英美法系一般不区分证据的种类和证据分类两种概念，其证据一般分为直接证据和情况证据，最佳证据和次要证据，口头证据、书证和实物证据等。而大陆法系国家以成文法为主，注重证据理论研究，故严格区分证据种类和证据分类，甚至在法典中予以规定。由于各国国情和证据制度不同，分类的标准和方法也不一致，因此各国证据理论对证据的分类方法也并非完全相同，例如，美国法学家格里菲斯主张将证据分为两类——直接证据和情况证据；另一位美国法学家威格莫尔则主张将证据分为三大类——直接证据、情况证据和言词证据；而日本学者松尾浩也将证据分为证人、证据文书和证据物，有证据能力的证据和没有证据能力的证据，直接证据和间接证据，弹劾证据和实质证据等。我国学者一般认为，证据一般可分为言词证据与实物证据、原始证据与传来证据、有罪证据与无罪证据（刑事诉讼中）、直接证据与间接证据、本证与反证（民事诉讼中）等类别。

在我国，证据分类与证据的种类是不同的概念，主要体现在以下几个方面：第一，证据分类属于学理上的类别划分，属于理论研究中的划分；而证据的种类系依据法律规定作出的划分。第二，证据分类不具有法律效力，仅仅是学理上的解释，主要是为了研究的目的而进行的划分；但证据的种类是法律的明文规定，具有法律效力，不具备法定表现形式的证据一般不能作为定案的根据。第三，证据分类是按照不同的标准进行“二分法”所得的结果；而证据的种类是按照单一标准进行划分所得到的类别，例如，我国《刑事诉讼法》规定的证据种类有8种，分别是：物证，书证，证人证言，被害人陈述，犯罪嫌疑人、被告人供述和辩解，鉴定意见，勘验、检查、辨认、侦查实验等笔录，视听资料、电子数据。但是值得注意的是，证据分类与证据的种类是不同的概念并不意味着二者是完全相互割裂的,实际上,两种划分方式是有交叉的。同一种证据,由于划分的角度与标准的不同,可以被归类到不同的种属中。例如,刑事案件中的被告人所作的有罪供述,它在证据的种类中应属于犯罪嫌疑人、被告人的供述,在证据分类中分别属于言词证据、原始证据、有罪证据、直接证据。

尽管证据分类属于理论上对证据进行的分类,但并不意味着证据分类在实践中没有意义;相反,证据分类无论是在理论上还是在实践中,都具有重要的意义:

第一,证据分类在理论研究中的意义。分类在各门学科中都是普遍适用的方法,它是人们认识和研究客观事物的一种重要的逻辑思维方法。分类的方法有利于把各种事物区别开来,有利于深入揭示各种事物的共同点和差异,是人类从盲目走向自觉的一种科学方法。由于分类是法学研究的重要方法之一,对人们认识和研究客观问题能够提供有效方法,从而深入探究事物与事物之间的相同点与差异,因此,证据分类对于揭示不同证据的不同特征,使本来复杂的单个证据所具有的某种属性得以显现,从而帮助人们研究运用证据的一般规律,并遵循此种规律得到正确使用证据的方法具有重要的意义。将证据划分为不同的类别,研究每种类别共有的特征与性质,探讨不同类别之间的差异与类似之处,无疑对于证据法学的研究是大有裨益的。

第二,证据分类在司法实践中的意义。证据分类有助于对不同类别证据之间的共性和特性的把握,因此在司法实践中,证据分类无论对诉讼当事人及其他诉讼参与人还是对公安机关、检察机关和审判机关等国家公权力机关运用证据都有良好的指导作用。在刑事案件中司法工作人员、当事人及其辩护人、诉讼代理人在证据分类理论的指导下,根据证据的不同特性全面正确地收集、审查和判断证据,从而认定案件事实,能使办案人员少走弯路,及时排除虚假证据,自觉按照客观规律办理案件,避免冤假错案的发生;而在民事和行政案件中,当事人双方依据证据分类理论对证据共性和特性予以把握,进行取证、举证、质证,能够有效地保护自己的诉讼权利,争取有利于己方的判决结果。对证据分类的深入研究和运用,可以防止倾向性和片面性,保证准确地审查判断证据和认定案情,提高司法效率,并最终实现司法公正的价值目标。

第二节　言词证据和实物证据

一、言词证据和实物证据概说

根据其形成的方法、表现形式、存在状况、提供方式的不同,证据可以分为言词证据和实物证据。言词证据是表现为人的陈述的各种证据,是人的意识对案件情况作出反应而形成的;表现为一定实物形态的证据是实物证据,实物证据是以各种物品的特征、存在的状态和变化以及各种物品之间的联系形成的,它是以物理状态、自然现象、痕迹等实在物的形式表现出来的。

凡通过人的陈述来反映、以语言形式表现的证据是言词证据,主要包括证人证言、当事人陈述、鉴定意见等。在刑事诉讼中,还应包括被害人陈述、犯罪嫌疑人或被告人的供述和辩解。其中,鉴定意见之所以属于言词证据,是因为鉴定意见就其实质而言是鉴定人就专门问题所作的个人意见,且法庭审理中通常要求鉴定人对鉴定意见作出口头说明并当庭回答诉讼各方的发问。尽管鉴定意见通常以书面的形式表现,但实质上仍是言词证据,例如在英美法系国家,鉴定意见被归于证人证言的范畴,被称为“专家证言”或“专家意见”。言词证据是当事人、证人、鉴定人等有关人员对案件客观事实的主观反映,是与人的身体状况、感知能力、心理状态等生理条件密切相关的。它是人的反映通过口头或书面形式所提供的、并一般被固定在笔录中的证据。

凡以物品、痕迹或书面文件等实物作为表现形式的证据是实物证据。实物证据是“哑巴证据”,它虽能如实地记录客观发生的事实,但却不能主动地向人们说明,人们需要通过某种方式对其内容进行揭示。在我国法律所规定的几种证据中,物证、书证、勘验检查等笔录、现场笔录均属于实物证据,其中,勘验、检查笔录和现场笔录是办案人员在办案过程中对客观情况的客观记录而非办案人员的陈述,因此属于实物证据。对于视听资料属于言词证据还是实物证据,有不同意见。有的学者认为,多数视听资料属于实物证据,但是询问证人以及在刑事案件中讯问犯罪嫌疑人、被告人或询问被害人时的录音资料应划分为言词证据。但我们认为,讯问或询问时的录音,属于固定证据的方法,不形成新的证据,不属于法律所规定的证据种类意义上的视听资料,按其陈述主体的不同类型,分别属于证人证言、犯罪嫌疑人或被告人的供述和辩解、被害人陈述。因此,法律规定的作为证据种类之一的视听资料属于实物证据。而2012年《刑事诉讼法》修改时增加的电子数据这类证据,其从形成到使用各个阶段所呈现的基本形态与视听资料有相似之处,也应属于实物证据。

二、言词证据和实物证据的特点

(一)言词证据特点

第一,言词证据与待证事实之间的关联性一般比较明显。由于言词证据所反映的案件情况是通过人的陈述表达出来的,不像实物证据那样处于静止的地位,因而人们可以主动地提供其所感知的案件情况,从而对案件事实起到比较生动的证明作用。言词证据是陈述人对他所感知的案件事实的复述,往往能够把刑事案件或民事、行政争议发生的原因、过程、后果等具体情节描述清楚,比较全面地证明案件事实,而且陈述人能在司法工作人员和有关诉讼参与人(如辩护人、诉讼代理人)的询问和引导下,补充、修正他所感知的事实,澄清疑问,从而更加全面地揭示案件的事实真相。

第二,言词证据与人的生理因素密切相关。言词证据是人的意识对案件情况作出反应而形成的,因此与陈述人自身的生理因素密切相关,陈述人的感知能力、记忆能力、表达能力等对于言词证据的证明力有极为重要的影响,生理方面的缺陷可能导致感知能力或者表达能力上的缺陷,从而影响言词证据的形成和表述。因此,《刑事诉讼法》第62条规定:“凡是知道案件情况的人,都有作证的义务。生理上、精神上有缺陷或者年幼,不能辨别是非、不能正确表达的人,不能作证人。”《民事诉讼法》第75条第2款规定:“不能正确表达意思的人,不能作证。”

第三,言词证据易出现失实的情况。言词证据一般要经历感知、记忆、陈述几个环节,易受各种主客观因素的影响,而使言词证据失实;此外,还受到提供者是否愿意如实作证的影响,如陈述人与案件的利害关系有可能使陈述人有意作虚假陈述。刑事诉讼中的被害人、犯罪嫌疑人、被告人,民事、行政诉讼中的当事人,都与诉讼的结果有法律上的利害关系,这种利害关系有可能使陈述人故意作不实陈述。证人虽然一般与案件没有利害关系,但也会由于证人个人的品质,或者因受到威胁、利诱等外界影响而作虚假证言;鉴定人虽不同于证人,但亦存在同样的问题。故采信言词证据应当慎重。

(二)实物证据特点

第一,实物证据具有较强的客观性,不易失实。实物证据是客观存在并随着案件的发生而形成的,是以其客观形态作为证据形式的,因此既不像言词证据那样具有较强的主观性,也不像言词证据那样容易因主观因素而出现失实的情况。然而,并不是说实物证据就不会出现问题,例如因自然因素的影响可能使实物证据出现变形、灭失等情况,人为因素亦可能使实物证据被匿藏、改变、损毁等。

第二,实物证据与人的认识能力密切相关。实物证据不能主动传达其所包含的证据信息,人们需要对其所包含的信息进行揭示,而揭示的方法是与人的认识能力有着重大的关系的。有的实物证据包含的信息较易揭示,如普通的书证等;但对有些实物证据包含的信息的揭示需要采用特殊的方法,如科学证据,往往需要经过鉴定等方式;还有些实物证据在人的认识能力较低时无法被揭示,但随着人的认识能力的提高,其所包含的信息也逐渐被人们所了解,如 DNA 证据。

第三,实物证据需妥善保存和保管。实物证据的保存和保管对于正确揭示实物证据所包含的信息内容有非常重要的意义。倘若实物证据在保存和保管的过程中受到污染或人为改变,极可能传递出错误的信息,特别是血液、精液、唾液等证据。实践中就曾发生过因 DNA 鉴定的样本受到污染使鉴定结果出现错误导致冤假错案的情况。

三、运用言词证据和实物证据的规则

区分言词证据和实物证据,最重要的意义在于帮助司法工作人员和当事人把握言词证据和实物证据各自不同的特点,有针对性地进行收集、固定和运用,据以正确判断案件事实,查明案件真相。值得注意的是,言词证据和实物证据适用不同的证据规则,其中最重要的是对于非法取得的言词证据和实物证据适用不同的非法证据排除规则。在英美法系国家,非法证据排除规则对于言词证据的作用通常较大,对于实物证据的作用较小,例如在美国的一些州,非法获得的言词证据被强制排除适用,非法获得的实物证据则常采取裁量排除的方法。

收集、固定和运用言词证据时,应注意以下几个问题:第一,禁止以刑讯逼供、诱骗等非法手段强迫提供言词证据。《刑事诉讼法》第 52 条规定:“严禁刑讯逼供和以威胁、引诱、欺骗以及其他非法方法收集证据,不得强迫任何人证实自己有罪。”两院三部《非法证据排除规定》第 2 条规定:“经依法确认的非法言词证据,应当予以排除,不能作为定案的根据。”最高检《规则》第 66 条规定:“对采用刑讯逼供等非法方法收集的犯罪嫌疑人供述和采用暴力、威胁等非法方法收集的证人证言、被害人陈述,应当依法排除,不得作为移送审查逮捕、批准或者决定逮捕、移送起诉以及提起公诉的依据。”最高法《民诉法解释》第 106 条规定：“对以严重侵害他人合法权益、违反法律禁止性规定或者严重违背公序良俗的方法形成或者获取的证据，不得作为认定案件事实的根据。”第二，收集言词证据应当及时。人的记忆会随时间推移而淡化，甚至出现错误记忆，因此要及时收集。第三，由于言词证据易变性较大，因此需及时对言词证据加以固定，并要求提供证据者对固定下来的言词证据进行核实并签名确认。第四，运用言词证据时，要特别注意言词证据提供者的个人情况，包括其客观的生理因素和主观心态等，避免错误的言词证据被采信，通过法庭上的询问和质证对言词证据加以核实。第五，以实物证据对言词证据进行印证，在刑事案件中若只有言词证据而没有实物证据，对被告人的定罪量刑应格外慎重。我国《刑事诉讼法》第 55 条第 1 款规定：“对一切案件的判处都要重证据，重调查研究，不轻信口供。只有被告人供述，没有其他证据的，不能认定被告人有罪和处以刑罚；没有被告人供述，证据确实、充分的，可以认定被告人有罪和处以刑罚。”

收集、固定和运用实物证据时，应注意以下几个问题：第一，收集、固定和运用实物证据时，要细致、客观、全面，注意现代科学技术的运用，避免在收集、固定和运用的过程中破坏证据的证明价值；第二，对实物证据所包含的信息内容，需要采用科学的鉴定手段进行鉴定的，必须进行鉴定，不应凭主观观念或经验进行臆断；第三，收集到的实物证据应注意保管，对于必然会随时间推移而灭失的实物证据，应以拍照、录像、制作模型等手段加以固定；第四，审查实物证据，要重视审查证据的真实性，防止使用伪造的证据，同时对已经鉴定的证据仍需进行审查，注意鉴定人员的专业素质和技术手段水平等；第五，收集、固定和运用实物证据也必须严格依照法律规定进行，不得非法取证，两院三部《非法证据排除规定》第 14 条规定：“物证、书证的取得明显违反法律规定，可能影响公正审判的，应当予以补正或者作出合理解释，否则，该物证、书证不能作为定案的根据。”

第三节　原始证据和传来证据

一、原始证据和传来证据概说

根据证据的来源或出处的不同，证据可以分为原始证据和传来证据。原始证据是直接来源于案件事实且未经复制或转述的证据，也就是通常所说的“第一手资料”；传来证据是间接来源于案件事实，不是从第一来源直接获取的，而是从第二手以上的来源获取的证据，即从原始出处以外的来源获得的证据。原始证据和传来证据的划分依据是证据的来源，证据种类中的每一类证据都既有可能是原始证据，也有可能是传来证据，需依具体情况加以分析。

在民事、行政案件中，当事人对案情的陈述、合同的原件、遗嘱的手稿、文件的原本、物证的原件等直接来源于案件事实的证据均是原始证据；在刑事案件中，犯罪目击证人根据其所看到的情况和事实所提供的证言、犯罪嫌疑人或被告人对自己罪行的供述或辩解、被害人对自己受害经过事实的说明陈述等也均属于原始证据。

在民事、行政案件中,证人转述第三人话语的证言、物证的照片或复制品、书证的抄本或影印本、合同或文件的复印件等从原始证据衍生出来的"第二手资料"是传来证据;在刑事案件中,证人有确切来源和根据的从他人谈话中了解到的事实的证言、文件的抄本或影印本、物证的照片或视听资料、勘验、检查笔录的复印件等均为传来证据。

在研究原始证据和传来证据的划分时,应当注意传来证据与英美证据法中的传闻证据的区别。英美证据法上,传闻证据被界定为一种"陈述"。而"一项'陈述'是指(1)一个人的口头主张、书面主张;或者(2)该人意图使之成为主张的非言语行为"。[1] 传闻证据是庭审中心主义的产物,凡亲自感受了案件事实的人都应当以言词的形式当庭提供证言;以传闻,即以转述他人的证言或者以书面的陈述代替当庭陈述,除具备法定例外条件,一般是不具有证据能力的。[2] 传来证据与传闻证据的主要区别为:第一,划分标准不同。传来证据是以证据的来源作为划分标准,凡不是直接来源于案件事实的证据就属于传来证据;而传闻证据是以是否在法庭上提出、是否经过宣誓和交叉询问等为划分标准,二者是从不同角度对证据所作的划分。第二,知道案件情况的证人在法庭外形成的证人证言笔录、书面证言甚至非语言行为等,都属于传闻证据,但不一定都属于我国证据法中的传来证据,二者的内涵和外延均不相同。第三,传闻证据受传闻证据规则调整,除非具备法定的例外情形,不得作为证据使用;而我国关于传来证据的分类,目的重在揭示此类证据在证明力方面的特点,并不是重在排除传来证据的证据能力。

二、区分原始证据和传来证据的意义

把证据分为原始证据和传来证据,其意义在于让司法工作人员和当事人、诉讼参与人了解在收集证据之时,应当努力寻找原始证据,尽量掌握第一手资料,因为原始证据的可靠性一般比传来证据强。司法实践和社会经验显示,证据转手和传递的次数越多,真实性和准确性就越低,中间经过的环节越多,越有可能被转手和传递的人有意或无意地扩大、缩小或误传。

这种划分不意味着传来证据完全不可靠或者不重要,其作用主要体现在:(1)可以作为发现原始证据的依据和线索,通过传来证据,可以追根溯源地寻找发现和收集原始证据。(2)可以作为对原始证据的印证,通过使用传来证据,可以审查原始证据是否完整和准确,判断原始证据的可靠性。(3)在无法取得原始证据或取得原始证据确有困难的情况下,可以使用传来证据替代,例如我国《民事诉讼法》第 73 条第 1 款规定:"书证应当提交原件。物证应当提交原物。提交原件或者原物确有困难的,可以提交复制品、照片、副本、节录本。"最高法《民诉法解释》第 111 条规定:"民事诉讼法第七十三条规定的提交书证原件确有困难,包括下列情形:(一)书证原件遗失、灭失或者毁损的;(二)原件在对方当事人控制之下,经合法通知提交而拒不提交的……前款规定情形,人民法院应当结合其他证据和案件具体情况,审查判断书证复制品等能否作为认定案件事实的根据。"(4)传来证据可以对原始证据进行补充,从而形成完整的证据链条,以使办案人员对案件的事实作出正确的判断。

---

〔1〕《美国联邦证据规则》第 801 条(a)项。

〔2〕参见刘玫:《传闻证据规则及其在中国刑事诉讼中的运用》,中国人民公安大学出版社 2007 年版,第 23~24 页。

三、运用传来证据定案的规则

在运用传来证据时,除遵循一般的证明规则外,应遵循以下规则:(1)来源不明或来源不准确的材料不能作为定案的根据,这是运用传来证据的前提,如街谈巷议、小道消息等传来证据,不能作为定案的根据;(2)只有在无法取得原始证据或取得原始证据确有困难的情况下,才可以使用传来证据替代;(3)运用传来证据时,应使用距离原始证据最近的传来证据,即应采用复制、转述次数最少的材料;(4)在刑事案件中运用传来证据时,如果只有传来证据而没有原始证据的,作出认定被告人有罪的判决应当非常谨慎,一般情况下不宜仅依传来证据而轻易认定被告人有罪;(5)发现传来证据可能有错误或不符合逻辑或经验法则或存在矛盾时,应当认真核查,确认排除了矛盾并查证属实后方可使用。

第四节 有罪证据和无罪证据

一、有罪证据与无罪证据概说

根据证据对事实的证明作用是肯定或否定犯罪嫌疑人或被告人实施了犯罪行为以及犯罪事实是否发生,可将证据划分为有罪证据与无罪证据,这是刑事证据制度中特有的分类。有罪证据是指能够证明犯罪嫌疑人或被告人确实实施了犯罪行为的证据;无罪证据是指证明犯罪嫌疑人或被告人无罪或者犯罪事实不存在的证据。一般而言,有罪证据由控诉人提出,是人民检察院提起公诉和人民法院对被告人作出定罪判决的依据;无罪证据常常是犯罪嫌疑人、被告人及其辩护人在进行辩护的时候所提出的,它是人民检察院作出不起诉决定和人民法院作出无罪判决的依据。

在学界亦有学者主张,按照证据是否有利于犯罪嫌疑人或被告人,将证据划分为有利于被告人的证据和不利于被告人的证据:凡是能证明犯罪嫌疑人或被告人无罪、罪轻以及有从轻、减轻、免除处罚的情节的证据都是有利于被告人的证据,凡是证明犯罪嫌疑人或被告人有罪、罪重以及有从重处罚情节的证据都是不利于被告人的证据。也有的学者按照类似的标准,作出控诉证据和辩护证据、攻击证据和防御证据的分类。

在进行有罪证据和无罪证据的划分时,要注意以下两点:第一,不能孤立地判断一个证据是有罪证据还是无罪证据,由于案件的复杂性,判断一个证据究竟是否属于有罪证据应当结合其他证据进行考虑。有的证据在程序进行的最初阶段被认定为是有罪证据,但随着程序的推移和对案情的发掘,有可能发现这个证据实际上是一个无罪证据。这是人们的认识发生变化的结果。第二,有罪证据与无罪证据的划分并非是绝对的,有的证据本身既有证明其可能有罪的内容,又有证明其可能无罪的内容。例如,犯罪嫌疑人向公安机关自首提供的供述,承认自己实施了杀人行为,但主张自己的行为是正当防卫。对于这样的证据不宜作“一刀切”的划分,绝对地认定它是有罪证据还是无罪证据。

二、有罪证据和无罪证据的运用

在运用有罪证据对被告人作出有罪判决时,有罪证据应当达到“确实充分”的要求。在未达到有罪证据确实充分、未排除无罪的可能性、案内的无罪证据尚未被排除时,不能对被告人作出定罪判决。经过调查后,仍同时存在有罪证据和无罪证据,难以查证并排除无罪可能,即形成疑难案件时,应当作出无罪判决,这是世界各国普遍承认的无罪推定原则的体现,也与我国《刑事诉讼法》第200条第3项“证据不足,不能认定被告人有罪的,应当作出证据不足、指控的犯罪不能成立的无罪判决”的规定相一致。

运用无罪证据证明犯罪嫌疑人或被告人无罪的方法则与此大不相同。在刑事案件的处理过程中,只要有一个经核查属实的无罪证据,就应当认定犯罪嫌疑人或被告人无罪,无罪证据不但不需要形成某种证据链,甚至不需要有数量的要求。这是无罪证据在运用方面与有罪证据最显著的区别,也是无罪证据运用的最主要特点。例如,在某个案件中,即使有许多证据均指向犯罪嫌疑人甲是实施抢劫犯罪行为的人,但只要有一个经查证属实的证据证明甲在案发当时根本不在犯罪现场因而没有实施抢劫的可能,那么就应对犯罪嫌疑人甲解除嫌疑。在诉讼的各个阶段,有确切的无罪证据证明犯罪嫌疑人或被告人无罪或者不应当承担刑事责任时,应按照刑事诉讼法的规定,分别作出撤销案件,或者不起诉,或者终止审理,或者宣告无罪的处理。

三、区分有罪证据与无罪证据的意义

将刑事证据区分为有罪证据与无罪证据,意义在于促使公安司法机关及其办案人员全面客观地收集和运用证据,防止主观片面,努力查明案件的真相,保障程序公正和实体公正的实现。

我国《刑事诉讼法》第52条规定:“审判人员、检察人员、侦查人员必须依照法定程序,收集能够证实犯罪嫌疑人、被告人有罪或者无罪、犯罪情节轻重的各种证据……”公安部《规定》第60条规定:“公安机关必须依照法定程序,收集、调取能够证实犯罪嫌疑人有罪或者无罪、犯罪情节轻重的各种证据。”最高检《规则》第176条规定了人民检察院在自侦案件的侦查中应收集证实犯罪嫌疑人有罪或无罪的证据材料。这些规定表明,依照我国法律规定,无论在刑事案件的哪个阶段,国家公安司法机关必须客观全面地收集有罪证据和无罪证据,这是我国刑事诉讼法“正确应用法律,惩罚犯罪分子,保障无罪的人不受刑事追究”的立法任务和“以事实为根据,以法律为准绳”原则的体现。在每个刑事案件的处理过程中,司法工作人员既要查明犯罪嫌疑人或被告人有罪和罪重的情况,又要查明犯罪嫌疑人或被告人无罪和减轻罪责的情况;既要收集对犯罪嫌疑人或被告人不利的证据,又要收集对犯罪嫌疑人或被告人有利的证据。只有客观全面地收集和使用证据,避免主观片面,才能保证案件事实的查明和刑事诉讼中人权的保障,实现刑事诉讼公平正义的价值。

第五节　直接证据和间接证据

一、直接证据和间接证据概说

根据能否独立地证明案件的主要事实,即与案件主要事实的证明关系,可以将证据分为

直接证据和间接证据。三种诉讼所指的案件主要事实各不相同:在刑事诉讼中,案件主要事实指的是犯罪事实是否存在和该犯罪事实是不是犯罪嫌疑人或被告人所实施的事实;在民事诉讼中,案件主要事实是指当事人双方主要争议的民事法律关系发生、变更、消灭的事实;在行政案件中,案件主要事实是指行政机关的行政行为是否合法的事实。理解这一划分标准时要注意不应混淆直接证据和间接证据的划分与原始证据和传来证据的划分,直接证据和间接证据的划分与证据的来源无关,直接证据或间接证据都可以是原始证据或传来证据。

凡是能直接证明当事人的主要争议事实的,或能独立证明犯罪事实是否存在和该犯罪事实是否是犯罪嫌疑人或被告人所实施的证据,即是直接证据。直接证据能直接反映案件主要事实,经查证属实后,能对案件的主要事实作出肯定或否定的判断。例如,合同纠纷案件中,合同原件能证明契约关系的存在与否和基本情况;房产权利纠纷案件中,房产证可以直接证明何人是房屋的所有权人;重婚案件中,结婚证可以证明婚姻关系是否存在;普通刑事案件中,犯罪嫌疑人或被告人承认自己有罪,并供述自己的犯罪动机和犯罪具体情况等内容,经查证属实后,就能对案件主要事实进行判断。应当注意的是,在民事诉讼中,直接证据的证明力一般大于间接证据。

凡是不能独立证明案件主要事实的,只能证明案件事实的某方面情况的证据,是间接证据。间接证据需与其他同案证据相结合,形成一个证据体系,才能证明案件的主要事实,对案件的主要事实作出结论。单独使用某个间接证据,司法工作人员可能得出数种结论,因此间接证据需与其他证据结合使用,以避免结论的不确定性。例如,刑事案件中现场遗留的指纹、脚印等只能说明该人到过案件现场,并不能说明其是犯罪的实施者,因而是间接证据。

二、直接证据和间接证据的特点

(一)直接证据特点

第一,能直接证明案件主要事实。直接证据能直接反映案件主要事实,其信息量与案件主要事实基本重合,经查证属实后,能对案件的主要事实作出肯定或否定的判断。

第二,直接证据多表现为言词证据。直接证据,尤其是肯定性的直接证据,在司法实践中多表现为言词证据的形式,尤其是在刑事诉讼中,常常为犯罪嫌疑人或被告人所作的有罪供述、被害人所作的能证明犯罪系何人所为的陈述、能证明某人实施了犯罪行为的证人证言、共同犯罪中共犯之间关于彼此犯罪情况的供述等。由于直接证据多是言词证据,故具有不稳定性和易变性的特点,因此在运用此类直接证据时要认真审查,确认准确无疑的方可使用。

第三,直接证据的数量较少,收集不易。在证据的收集上,直接证据来源较窄,数量少,不易取得,在一些案件中甚至根本无法取得。直接证据的这一特点在刑事案件中尤为突出。由于犯罪分子实施行为往往具有隐蔽性,常常没有目击证人,因而缺少直接证据;犯罪行为是谁实施的,是如何实施的,只有犯罪人本人最清楚,但是犯罪分子案发后主动投案自首或被抓获后主动交代罪行的较少,在犯罪嫌疑人或被告人拒不供述的情况下,难以取得其他直接证据。

(二)间接证据特点

第一,间接证据具有依赖性。任何一个间接证据本身都没有单独的证明作用,它必须依赖其他证据,和其他证据结合起来才具有证明作用。

第二,间接证据与直接证据相比,其证明过程复杂,必须有一个判断和推理的过程。

第三,单个间接证据证明力的或然性。单个间接证据的单独存在和使用往往会使司法工作人员得出几种可能的结论,在这几种可能的结论之间,仅仅运用单个间接证据往往无法确定何种结论才是真实可信的。

第四,间接证据反映的事实具有片段性,仅凭个别间接证据可能得出各种不同的结论。

三、间接证据的运用规则

(一)间接证据的证据能力

1. 间接证据需严格查证,保证真实可靠

对于作为认定案件事实依据的间接证据,应当经过当事人双方的质证,经过查证属实后方能作为定案的依据。据以定案的间接证据如果不确实,就不能保证据此得出的关于案件事实的结论符合客观真实。因此,在运用间接证据时要格外注意,避免使用错误证据或伪证。

2. 间接证据需审查其关联性

由于间接证据的作用,不仅取决于间接证据本身是否真实可靠,也取决于它与案件之间的关联性,因此,在运用间接证据查明案情时,不仅要审查间接证据本身是否真实可靠,而且还要审查间接证据之间或各个间接证据与证明对象之间的客观联系,从其客观联系中确定间接证据的证明作用。

(二)间接证据的证明力

1. 间接证据应有足够的数量,并能形成完整的证据体系

例如,在刑事案件中,运用间接证据定案时,有关犯罪时间、地点、过程、手段、工具、后果、动机、犯罪嫌疑人或被告人的个人情况等,都应有相关的间接证据加以证明。当间接证据达到相对充足的数量并形成了完整的证据体系后,就能够证明案件的主要事实情况,从而据以作出判断。正如波洛克所言:"间接证据更像是许多股细绳拧成的绳索,一股绳子或许不能承受重量,但许多股绳子合起来可能就足够结实有力了。"〔3〕

2. 间接证据应注意协调性

间接证据与案件事实之间、间接证据与间接证据之间必相互须协调。要审查各间接证据之间是否相互衔接,互相协调一致,不能互相矛盾,互相脱节。如果间接证据之间不相符合,相互脱节,就应当通过进一步的调查研究查证清楚后,才能确定其证明效力。

---

〔3〕 何家弘、刘品新:《证据法学》(第3版),法律出版社2008年版,第135页。

3. 间接证据要有排他性

单个间接证据由于具有证明力的或然性特征,因此运用时应当保证运用间接证据所构成的证明体系得出的结论是唯一的,而且该证明体系应当足以排除其他可能性,得出的案件主要事实认定的结论应当是确定无疑的。

第六节　本证与反证

一、本证与反证划分的标准与概念

根据证据对当事人所主张的事实的证明作用,将证据区分为本证和反证。本证是对待证事实负有举证责任的一方当事人提出的,能够证明待证事实成立的证据。反证则是指对证明待证事实不负举证责任的一方当事人提出的,能够证明该事实不存在或不真实的证据。

由此可见,本证与反证的区分与举证责任的划分有密切的关系。按学界通说,举证责任可分为行为意义上的举证责任和结果意义上的举证责任。行为意义上的举证责任是指事实主张者负有提供证据的责任,也即是"谁主张,谁举证";结果意义上的举证责任是指当事实处于真伪不明状态时,承担该事实举证责任的当事人所承担的不利的诉讼结果。从证据的理论分类上来看,有结果责任的一方当事人负担的行为责任为本证,不负担结果责任的一方当事人负担的行为责任为反证。

本证与反证的区分是以证据与待证事实之间的关系为标准的,而不是以证据是由哪一方当事人提出的为标准。也就是说,并非原告提出的证据都是本证,被告提出的证据都是反证。在民事诉讼中,原告和被告都有权利提出事实主张,也都有权利提出相反的证据证明对方提出的主张不成立。我们可以通过一个具体的诉讼来加以说明。在原告诉被告要求返还借款的诉讼中,原告应当对存在借款关系负证明责任,因此如果原告提出能够证明该借款关系成立的证据如借据,则该证据就是本证。而如果被告提出试图证明该借款关系不能成立的证据,则该证据是反证。如果被告主张已经还款,对方的权利已经消灭,则被告对这一事实的主张应当负有证明责任,被告为证明这一主张所提出的证据依然属于本证,而原告提出的否认该事实主张的证据又是反证。

同时应当注意的是,在大陆法系理论中,某一案件所涉及的、可能在当事人间引起争议的事实大致分为三类:一是主要事实(亦称法律构成要件事实、要件事实、生活事实等),指相当于规定法律效力发生、变更或消灭的法律构成要件事实;二是间接事实,指推认主要事实存在的事实;三是补助事实或称辅助事实,指有关证据能力和证明力的事实。但并非这三种事实都是证明责任的对象,只有要件事实(主要事实)才是证明责任的对象。"间接事实、辅助事实在诉讼中的实际意义受制于要件事实,其作用相当于证据资料,所以大陆法系的证明责任的对象只能是要件事实。"[4]既然证明责任的对象只能是要件事实,那么以证明责任为划分标准的本证、反证中提及的主张、待证事实也只能是要件事实。也就是说,只有在对

---

〔4〕 陈刚:《证明责任论》,中国人民大学出版社1999年版,第70页。

“要件事实”的证明中才会涉及本证、反证的划分,证明间接事实、辅助事实的证据中不会存在本证、反证。

二、反证与反驳性证据的区别

反证是指不负有证明责任一方的当事人所提出的能够否定负有证明责任一方当事人所主张的事实的证据。反证是与本证相对应的,是依据证据和证明责任的关系而作的分类。反驳证据,也称证据抗辩,是指一方当事人为证明其主张而提出证据时,对方当事人并不提出相反证据来否定一方主张的事实,而是针对其证据所存在的瑕疵,指出其主张因证据存在瑕疵而无法得到证明。可见,证据抗辩的特征在于通过揭示证据瑕疵来间接否定对方主张的事实。

在民事诉讼中,反驳与反证是不同的法律概念,不能混同。提出反证的主体是对待证事实不承担举证责任的一方当事人,反驳的主体可能是双方当事人;反驳的目的在于证明对方当事人提出的证据不具有真实性、关联性或合法性,或证明价值微弱,因此不能作为法院认定案件事实的依据,反证的目的在于证明对方当事人所主张的事实不存在;当事人在对某一证据进行反驳时无须提出新的事实或证据,当事人在进行反证时必须提出证据。

在司法实践中要注意的是,二者在直接指向上存在根本差异。一般意义上的证据是用来证明案件的要件事实的。证据之所以能够证明案件事实,是因为其本身记载和反映着一定的事实,这些事实就是所谓的证据事实。证据反驳仅仅针对证据事实,不直接涉及本案争议的法律要件事实。在司法实践中,人们经常发现要证明某一要件事实,必须就该要件事实的某一证据事实的存否作出认定,而该要件事实是否属实往往成为双方当事人争执的焦点。法院为此必须根据当事人申请或依职权先就证据事实是否存在、是否真实进行认定或作出判定。在这种情况下,法院对证据事实的判断成为案件的先决问题,案件事实证明的重心转移到该证据事实上。如果当事人就该证据事实提起中间确认之诉,则该证据事实就成为中间确认之诉的证明对象。但相对于前一案件的要件事实而言,则仍为证据事实。法院作出的中间确认判决,对本诉有预决的效力。

三、区分本证与反证的意义

其一,体现了诉讼的对抗性,符合民事诉讼的本质特征。由于民事诉讼活动对当事人双方来说具有明显的功利性,从自身利益出发,当事人双方都有充分表达诉辩主张的内心驱动,但在职权主义的诉讼模式下,当事人的这种强烈的欲望受到了压抑,法官的中立地位受到了损害,这导致即使最终的裁判在实体上是公正的,当事人也未必会心悦诚服,违背民事诉讼的程序的本质特征。本证与反证的划分方式强调证据具有明显的对抗性。根据民事诉讼举证责任的规定,主张某项事实的一方负有举证责任,有义务对自己的事实主张提出证据加以证明,并应达到法律所要求的证明标准。如果不能提出足够的证据证明自己的主张,则要承担败诉的风险。另一方当事人,也有权利提出证据,其提出的反证如果经过审查属实,也会被采纳。如果双方当事人提供证据的积极性被调动起来,势必增强诉讼的对抗性,使事实在本证与反证的反复较量中越辩越明。

其二,法律对本证与反证规定了不同的证明标准。在民事诉讼中,法律对本证的要求是,本证必须使法官确信本证提出方所主张的事实很可能存在;法律对反证则没有这样高的要求,一般而言,反证只要达到动摇法官对待证事实的确信的程度即可。这是由于本证与反证的划分始终与举证责任的分配联系在一起。提出本证的当事人对其主张的事实承担结果意义上的举证责任,该事实只有被证明为"真",其才有可能摆脱举证负担。但是对于提出反证的当事人而言,由于其对待证事实不承担结果意义上的举证责任,所以其提出的反证无须达到使事实被证明为"伪"的程度,而只需使事实处于真伪不明的状态即可。

其三,有利于法院迅速了解当事人争议的焦点,形成对案件事实的正确认识。在双方当事人本证与反证的交锋中,审判人员根据双方当事人的陈述的事实和提供的大量本证、反证,可以迅速了解案件的争点,并将审理的重心放在当事人有争议的问题上。这样一方面有利于快速审结案件,提高诉讼效率;另一方面,可以兼听则明,帮助法官正确认定案件事实。

【案例1】 河南黄某"杀人"案——间接证据的运用〔5〕

【案情】 1998年10月24日,刘某被害,公诉机关认为,杀人者为其男友黄某,但被告人黄某否认杀害刘某。公诉机关提供了以下证据:

1. 黄某的供述材料、证人证言以及黄某当庭供述可以证明:案发前一天晚上,黄某和刘某在王某梅家打牌时发生了口角。案发当天上午9时许,黄某离开刘某家,上午10时30分左右,刘某运发现女儿刘某被害死亡。

2. 公诉机关提供的郑州市公安局的刑事技术鉴定书"现场情况"一栏中有关刘某被杀案现场勘查笔录记载:刘某遇害的现场位于二楼的西侧,为一室一厅居室,门锁完好,无撬压痕迹;室内的厕所外窗开启,纱窗关闭,未见攀爬痕迹;卧室西侧、南侧窗户均为铝合金推拉窗,未见攀爬痕迹。

3. 刑事技术鉴定书记载:"根据尸检情况,死者颈前及右侧有散在片状擦伤及皮下出血,甲状软骨有一水平走向的环形闭锁式索沟,颈部皮下及肌肉组织出血,结合颜面部青紫肿胀、眼结膜点状出血、心肺外膜下点状出血等窒息征象,说明刘某生前曾被人扼颈(手)、勒颈(电源线)致机械性窒息。死者颈部插一匕首,检验见其创道斜向内后下方,致左侧颈内静脉贯通创、左侧锁骨下动脉一分支横断,左胸腔内大量积血,结合尸斑较浅淡、两肺苍白等失血征象,说明刘某系在心脏尚未完全停跳时被人用单刃刺器(匕首)刺伤左颈部致大量失血。""刘某系被他人扼勒颈部并用单刃刺器刺伤左颈部致机械性窒息合并失血性休克而死亡。"

4. 刑事技术鉴定书、公安部物证鉴定书、最高人民检察院鉴定书和省、市有关部门的法医关于刘某死亡时间的研究记录,均证明刘某的死亡时间为1998年10月24日凌晨1时或2时许。

5. 公安部物证检验报告记载:"刘某的阴道擦拭检见大量精子,并检出A、B型物质。"经证实,"该精子DNA基因型与黄某DNA基因型不同"。

郑州市中级人民法院认为:在本案中,根据现有证据,起诉书指控被告人黄某杀害刘某

---

〔5〕 本案例来源于《中华人民共和国最高人民法院公报》2003年第3期(总第83期)。

的动机事实不清、证据不足。根据证据显示,凶手杀害刘某时所使用的手段是用手扼颈、用电源线勒颈并用单刃刺器刺伤左颈部,致刘某因“机械性窒息合并失血性休克而死亡”,而公诉机关出示的证据,不能证实黄某实施了这一直接、具体的行为杀害了刘某。起诉书指控黄某犯故意杀人罪的证据,只有关于被害人刘某死亡时间的鉴定意见这个唯一的间接证据,而刑事技术鉴定书记载的被害人尸斑、角膜、瞳孔等尸体现象,按照法医学文献推定的死亡时间与鉴定书关于刘某死亡时间的鉴定意见之间存在明显矛盾,现有证据对此不能予以合理的解释。公诉机关在法庭调查中没有能够对“死者刘某阴道分泌物中的大量精子出自何人”“刘某遇害前是否被他人强奸”等重大疑点问题进行说明,现有证据亦不能对此给予合理地解释。这说明,本案的事实并没有调查清楚,公诉机关提供的现有证据,明显不足以证明刘某确系黄某所杀。因此判决被告人黄某无罪。

【评析】 本案意在说明间接证据的运用规则。指控黄某故意杀人罪的证据,只有关于被害人刘某死亡时间的鉴定意见这个间接证据,而刑事技术鉴定书记载的被害人尸斑、角膜、瞳孔等尸体现象,按照法医学文献推定的死亡时间与鉴定书关于刘某死亡时间的鉴定意见之间存在明显矛盾,现有证据对此不能予以合理的解释。而根据完全依靠间接证据定案的要求,本案并不符合定案的条件。因而,郑州市中级人民法院的判决是符合关于间接证据运用的理论和规则的。

【案例2】 云南孙某刚“强奸杀人”案——言词证据与实物证据

【案情】 1996年1月2日晚,22岁的女青年陈某会在云南省昭通市巧家县城郊遭人奸淫后被勒昏,被利器割开颈部死亡,她的身上有多处伤痕,下身还被塞进了泥土。

案件发生后,警方很快开始了调查,而且很快锁定犯罪嫌疑人为死者陈某会的男友孙某刚,并通过到现场勘查、现场访问和外围的调查情况,排除了其他人作案的可能。据警方调查,当天晚上出事之前,很多人都看到,孙某刚与死者一直在一起。

孙某刚否认自己杀人,但公安局却认为他有杀人的嫌疑。根据孙某刚后来在公安局的有罪供述,他承认是自己杀了陈某会。1996年9月20日,孙某刚因强奸杀害女友陈某会,被昭通市中级人民法院判处死刑。孙某刚不服判决,向云南省高级人民法院提起上诉,云南省高级人民法院裁定“事实不清,证据不足”发回重审。1998年5月,昭通市中级人民法院维持原判,判处孙某刚死刑,孙某刚再次上诉至省高级人民法院。1998年11月,云南省高级人民法院终审判决认为,“原审判决定罪准确,审判程序合法”,但同时却“根据本案的具体情节”而撤销原判,改判孙某刚死刑缓期两年执行。此后,孙某刚及家人此后不断申诉。2003年8月,该案被定为最高人民检察院四大督办案件之一。

复查过程中,云南省人民检察院发现原审判决在认定事实和采信证据等方面存在问题,据以定案的主要证据之间存在矛盾,疑点不能合理排除,不能得出孙某刚是杀人凶手的唯一结论。2003年9月18日,云南省人民检察院认为原判认定申诉人孙某刚犯故意杀人罪的事实不清、证据不足,决定向云南省高级人民法院发出再审检察建议书。

2004年1月15日,经过对所有证据的认真复查之后,云南省高级人民法院承办法官发现此案存在7个方面的重大疑问:(1)孙某刚仅有的4次有罪供述笔录上清楚地反映出办案人员先入为主、有罪推定的思想。这些供述相互矛盾、前后不一，与现场勘查笔录、尸体检验报告、刑事科学技术鉴定书等证据不吻合。(2)孙某刚控告侦查人员对其刑讯逼供。根据已有的证据，不能排除有逼供、诱供等非法取证的可能。(3)孙某刚作案动机和目的不清。(4)法院定罪的重要证据之一——孙某刚衣服上有与被害人同一血型的血迹，但并不能完全证明孙某刚就是凶手。(5)作案工具来源不明、去向不清。(6)孙某刚一份重要的有罪供述签名，不是他本人所签。(7)现场没有发现孙某刚的血迹、脚印，却留有他人的纽扣和皮带扣。

2004年1月15日，云南省高级人民法院刑事再审庭认定：1998年认定孙某刚故意杀人、判决孙某刚死缓的判决证据不足，撤销(1998)云高刑一终字第361号刑事判决，宣告原审被告人孙某刚无罪。

【评析】 原审法院之所以对被告人孙某刚定罪，最主要的证据有两个：一是孙某刚曾经作过有罪供述。但即使是孙某刚的有罪供述，也存在相互矛盾、前后不一的情形，与现场勘查笔录、尸体检验报告、刑事科学技术鉴定书等证据不能吻合。二是他衣服上和他睡过的床上沾染有与死者相同类型的血迹。但案件存在诸多无法排除的疑点，如孙某刚作案动机和目的不清；作案工具来源不明、去向不清；现场没有发现孙某刚的血迹、脚印，却留有他人的纽扣和皮带扣。本案中言词证据始终与实物证据存在矛盾，因此本案始终未达到定案所要求的证明标准。

【案例3】 李某与银行借款合同纠纷案——间接证据的证明力

【案情】 2001年10月15日，李某因购车缺乏资金，向某银行申请借人民币9000元，并签订借款合同，主要约定：借款期限1年，月利率9.9‰等。还款期限届满时，李某偿还某银行借款本金人民币3000元及其利息，尚欠借款本金人民币6000元及其利息。2002年12月8日，某银行信贷员郑某前往李某家催收借款时，李某付给郑某人民币3000元，郑某出具1张收条给李某。次日，李某找郑某索要收款收据，郑某在未收回收条的情况下，再向李某出具收款收据。2003年1月9日，某银行再向李某催收其余借款3000元时，李某称其所欠借款已全部还清，并出示收李某人民币3000元的收条和3000元的收款收据。为此，双方发生纠纷。2003年1月10日，某银行诉诸法院，要求李某偿还尚欠借款人民币3000元及其利息。并向法院提供一系列事情发生、发展经过的间接证据，以此证明，李某尚欠其借款人民币3000元及其利息的事实。

法院审理认为，原告某银行与被告李某签订的借款合同是双方当事人真实意思表示，内容符合法律规定，系合法有效。被告李某偿还原告某银行借款人民币3000元时，虽然原告信贷员重复出具了收条和收款据，但该收条和收款收据只能证明被告偿还原告借款人民币3000元，而不能证明被告偿还原告借款人民币6000元的事实。原告提供的一系列间接证据能够证明被告尚欠其借款人民币3000元及其利息的事实。遂于2003年2月17日作出判决：被告李某应偿还原告某银行尚欠借款人民币3000元及其利息。

【评析】 这一起案件主要涉及间接证据的证明力问题。所谓的间接证据是指不是直接、单独地证明案件事实，而是必须与其他证据结合才能证明案件事实的证据。间接证据形成了证据锁链,能够相互印证,证明案件事实,可以作为定案的依据。本案中,虽然原告某银行信贷员只收取被告人民币3000元,却重复出具了收被告人民币6000元的收条和收款收据,但原告在诉讼中提供的一系列间接证据能够证明原告只收取被告人民币3000元的事实。事实上的事实永远大于法律事实。虽然被告手中有收条和收款收据两份证据,但事实上这两份证据只能证明同一事实,而不能证明两个不同的法律事实。这是法院判决被告偿还原告借款人民币3000元的理由之所在。

第九章　证据规则

第一节　证据规则概述

一、证据规则的概念和演进

证据规则是指在诉讼中收集、审查、判断证据应当遵循的规则。

现代意义上的证据规则起源于英国。大约自13世纪末以来，随着以陪审团为核心的"对抗式"诉讼制度的形成，以及各种证据在审判中日益频繁地使用，一系列规则便在英国产生和发展起来。[1] 证据规则的形成与陪审团审判有着重要的关系，由于陪审团审判是非职业法官的审判，因此必须对哪些证据可以被采用作出严格规定。至18世纪，随着对抗制的发展和品格证据规则、补强证据规则、自白规则和传闻证据规则的建立，完整的证据规则体系也被建立起来。

英国的证据规则在美国不但得到了继受，更重要的是得到了重大的发展。19世纪和20世纪相交之际，以塞耶（James Thayer）和威格莫尔（John H. Wigmore）为代表的美国证据法学者大大地推动了证据规则的发展。进入20世纪后，美国联邦最高法院在推动证据规则的发展方面发挥了巨大作用，尤其是"二战"后，在沃伦（Earl Warren）担任首席大法官时期的美国联邦最高法院，通过马普诉俄亥俄州（Mapp v. Ohio）、米兰达诉亚利桑那州（Miranda v. Arizona）等案件，将证据规则与《美国宪法修正案》之正当程序条款相联系，大大发展了证据规则的适用。

美国的证据规则的发展在当时影响了全世界，不但许多国际公约采用了美国式证据规则的表述，甚至许多传统的大陆法系国家也在其诉讼制度中吸收了不少证据规则的内容。其中较为典型的当属日本，在吸收当事人主义的对抗式诉讼制度的过程中，建立起了基本完整的英美法式的证据规则体系。而法国和德国这些典型的大陆法系国家，也吸收了不少证据规则方面的规定。

20世纪末以来，证据规则在各国又出现了一些新的变化。例如，英国率先在民事诉讼中废除了传闻证据规则的适用，在刑事诉讼中允许对被告的沉默作一定的推论；美国也开始收缩非法证据排除规则的适用范围，传闻证据规则也有了越来越多的例外，甚至出现了"例外包围规则"的状况。这些新情况是我们在研究和学习证据规则时需要加以重视的。

---

〔1〕 参见何家弘、刘品新：《证据法学》（第3版），法律出版社2008年版，第348页。

二、证据规则的体系

按照不同的分类标准,证据规则可以被划分为不同的类型。威格莫尔将证据规则分为分析性规则、优先性规则、预防性规则、简化性规则、定量性规则。[2] 分析性规则系指对某一类证据,须予谨慎查究与分析,以揭露其可能的弱点,在此类规则之下,只有传闻证据规则一项;优先性规则系基于经验的指示,某种证据常较他种证据更为可信,如可使用,应先于他种证据而容许之,如最佳证据规则;预防性规则系指为防止虚伪或错误的危险,对于某种证据,因为预见其有可能存在虚伪或错误的危险,而采取预防的方法以保障真实的规则,如一些国家证人作证需宣誓的规则;简化性规则指对会导致对真实之发现造成阻碍或混淆的证据需加以排除的规则,如关联性规则;定量性规则指一些证据只有达到特定的数量才可加以采用的规则,如补强证据规则。

根据证据规则是规范证据的证据能力还是证明力,可以将证据规则分为规范证据能力的规则和规范证明力的规则。规范证据能力的规则就是规范"这个证据能否被采纳"的规则,主要包括关联性规则、传闻证据规则、最佳证据规则、意见证据规则、非法证据排除规则等;规范证明力的规则就是规范"这个证据有多大证明力"的规则,主要包括仅凭口供不能定案的规则、原始证据优先规则、补强证据规则、书证优先规则等。

根据证据规则的价值取向不同,可以将证据分为保障实体真实的规则和维护正当程序的规则。保障实体真实的规则是以发现案件真实,避免错案发生为价值取向的,主要包括关联性规则、传闻证据规则、最佳证据规则、意见证据规则、自白补强规则等;维护正当程序的规则是以保障当事人诉讼权利,制约公权力恣意行使等为价值取向的,主要包括非法证据排除规则、自白任意性规则等。其中,有些规则兼具两种价值取向。

三、我国证据规则的形成

我国继承了大陆法系的传统,没有专门的证据法典,证据内容规定在诉讼法中。目前,三大诉讼法本身对证据规则的规定较为简单,证据规则主要规定于各个专门的证据规定中。例如,最高法《民诉证据规定》第 11 条对最佳证据规则的部分规定、两院三部《非法证据排除规定》关于非法证据排除的规定、《刑事诉讼法》第 55 条关于自白补强规则的有限规定。

现行证据规则存在规定粗略、施行困难、体系不尽完整、作用范围有限、缺乏违反规则的制裁性措施等问题,因而亟须改革与完善。今后,在我国证据规则的改革和完善的过程中应当注意以下几个问题:

第一,注意完整的证据规则体系的构建。我国诉讼法的改革在很大程度上吸收了英美法系的对抗制的有益因素,尤其是刑事诉讼法中对抗力度大幅增强。在这种对抗因素增强的体制下,没有完整的证据规则的保障,诉讼双方是难以真正实现对抗的,尤其是刑事案件中犯罪嫌疑人或被告人难以与强大的国家公权力机关进行对抗。因此,构建完整的证据规则体系对于保障当事人正当的诉讼权利是极其重要的。

第二,具体规则的构建应当从"粗放型"转向"缜密型"。各个证据规则的内容应当逐步

---

〔2〕 See John Henry Wigmore, *Evidence in Trials at Common Law*, ASPEN, 2004, p. 1017 - 1018.

地加以完备，不仅要明确该规则适用的一般原则和具体情形，还要明确规定各个规则的例外情形，同时要对每个证据规则发展出较为详细的实施规定，以保障其在司法实践中具有可操作性。另外，要规定违反证据规则的制裁性措施，使证据规则的实施具有强有力的保障。

第三，改革和完善证据规则时，既要有与现实的一致性，又要有一定的前瞻性；既要重视中国国情，又不能排斥国外经验。在证据规则的改革和完善过程中，应当与认真研究中国国情相结合。

四、证据规则的意义

证据规则在诉讼中有着极为重要的作用，具体体现在以下几个方面：

第一，保障诉讼当事人权利。证据规则能够保障当事人各项权利，尤其是程序性权利，如传闻证据规则能够保障当事人的对质权。

第二，制约国家权力。证据规则能够限制国家权力的恣意行使，例如非法证据排除规则能够有效地制约侦查机关，以减少刑讯逼供、非法取证等情况。

第三，维护诉讼价值的平衡。证据规则在诉讼中起到了平衡各种诉讼价值的“砝码”作用，避免诉讼过度偏向某一种价值，以实现程序公正与实体公正的统一。

第四，有助于发现案件事实真相。许多证据规则都存在此种作用，如传闻证据规则、最佳证据规则、自白补强规则等。

第二节　关联性规则

一、关联性规则概述

关联性规则，在英美证据法中是指在正常推理过程中只有能够证明某一争议事实的证据才允许在审判中提交的规则。关联性规则是关于证据可采性的基础性规则，其设立目的有二：其一，为防止当事人将无关联的证据提交陪审团考虑，导致陪审团错误地认定案件事实；其二，为了限定证据调查的范围。由于英美法实行当事人主义，证据的提出是当事人的责任，提出何种证据完全由当事人决定，如不加以限制，会使案件证据的调查没有终结，审判旷日持久，影响诉讼的顺利进行。

许多国家的证据法都明确规定了关联性规则。例如，《美国联邦证据规则》第402条规定，所有具有相关性的证据均可采纳，但美国宪法、国会立法、本证据规则以及联邦最高法院根据立法授权确立的其他规则另有规定的除外。没有相关性的证据不能采纳。《澳大利亚联邦1995年证据法》第56条也规定，除本法另有规定外，在诉讼程序中，相关的证据在该诉讼中具有可采性。在诉讼程序中不相关的证据不得采纳。英国证据法虽无此规定，但其证据理论也承认这一规则。[3]

---

〔3〕 参见沈达明编著：《英美证据法》，中信出版社1996年版，第87～88页。

塞耶曾将关联性规则总结为两条原则:其一,消极原则,即除非具有关联性,否则证据不可采纳;其二,积极原则,即一切有关联性的证据都可采,除非按照可采性规则被排除。[4]

在正式审判中,由法官来决定证据是否具有关联性和可采性,如有必要,法官可以通过"审中之审"(trials within trials)来解决证据的可采性问题。但是,在诉讼实务中,法官没有主动排除不具有关联性证据的义务。只有在一方当事人对证据的可采性提出"异议"或"反对"时,法官才会就该证据是否具有可采性作出裁判。

二、关联性规则

在英美证据法中,与证据可采性密切相关的关联性规则主要有品格证据规则和类似事实证据规则。也有人把这两种规则合称为倾向性证据规则,即关于一个人具有某种倾向性的证据,特别是关于被告人犯罪倾向的证据通常是不可采的。起诉方通常不得提出被告人过去的行为不端的证据,来证明案件中的争议事实。

(一)品格证据规则

"品格"一词至少有三层含义:第一,它可以代指一个人在社区中的整体声誉。第二,它可以指一个人有以某种特定方式行事的嗜好。第三,它还可以指某人个人历史中的特殊事件,例如先前的有罪判决。品格证据是指有关一个人品格优劣及是否具有特定品格(如暴力倾向)的证据。

作为一般规则,有关某人品格或品格特征的证据,不能用以证明该人在特定场合的行为与其品格或品格特征相一致,即不具有关联性。"一次做贼,永远是贼"的说法在法律上并不成立。但是由于品格又分为良好品格和不良品格,英美证据法针对证明当事人良好品格的证据和证明当事人不良品格的证据的可采性分别制定了不同的规则。刑事被告人可以选择通过辩护、交叉询问控方证人以及自己举证的方式来提出他的良好品格。但是,对于不良品格证据的可采性则区别不同情况加以严格限制。

品格证据的关联性取决于它的证明目的。在刑事诉讼中,品格证据主要在两个方面具有关联性:一是可能与争议事实,即被告人是否实施了犯罪有关;二是与被告人或证人的诚信度(可信性)有关。当提交品格证据的目的是证明被告人或者其他证人的可信性时,其可采性规则表现为"采纳为原则,排除为例外";而当提交品格证据的目的是证明被告人犯有所指控的罪名时,其可采性原则表现为"排除为原则,采纳为例外"。

品格证据的关联性还与其证明的内容有关。被告人享有提交能够证明其良好品格证据的权利。而对于不良品格,如果被告人曾经有过当前指控犯罪以外的其他不端行为,控方和共同被告人均不得提交证明该不端行为的证据,也不得就其对被告人或者辩方证人进行交叉询问。无论其他不端行为发生在当前指控犯罪之前还是之后,也无论其是否涉及刑事犯罪,均适用上述一般规则。此外,即使不涉及其他的具体不端行为,证明被告人不良品格或

---

[4] See William Twining and Alex Stein, *Evidence and Proof: Basic Concepts of the Law of Evidence*, New York University Press, 1992, p. 552.

者犯罪倾向的证据原则上也会被排除。[5]

（二）类似事实证据规则

类似事实证据，是指一方当事人为反对另一方当事人而提出的，表明另一方当事人犯有其他不法行为或者具有某种不良嗜好或兴趣的证据。[6] 按照一般规则，类似事实证据将因与证明争执中的事实无关联性而被排除。[7]

19 世纪时，人们是从关联性的角度来讨论类似事实证据问题，并以个案审查的方式来处理，而且通常只存在于一审程序中。1907 年以后，以判例为基础，类似事实证据也发展了一系列的法律规则。过去由关联性因素调整的内容现在由排除规则来调整，并伴有一些详细的例外情形。1975 年上议院对博德曼（DPP v. Boardman）案件作出判决后，法官们转而在每一案件的具体情况下衡量如下原则：一个原则是陪审团不应当被剥夺接触那些有证明力的证据的机会。另一个原则是保护被告人免受基于错误原因而被定罪的危险，这种错误的原因是由于允许陪审团接触他们无法解决的证据而造成的。

在类似事实证明领域有两个具有标志性意义的判例：

一是梅金诉新南威尔士检察长案件。[8] 赫谢尔勋爵在该案中为如何对待类似事实证据制定了一个"两手规则"：一方面，控方不得为得出以下结论而举出试图表明被告人犯有起诉范围以外的其他犯罪的证据，即就其犯罪行为或性格来看，被告人是一个可能实施了正在指控的犯罪的人。另一方面，控方举出的证据倾向于显示被告人犯有其他犯罪的事实如果与争议事项有关，就是可采的。当其涉及起诉书所指控的构成犯罪的行为是故意还是过失的问题，或涉及反驳辩护等问题时，它就是有关联性的。

二是博德曼诉检察长案件。[9] 在该案中上议院认为，各种关联性之间的区别不得作为检验是否具有可采性的基础，可采性不应取决于它是否符合某些定义，而应当依靠法官的自由裁量。如果在审判中法官认为类似事实证据的证明力超过了它引起的偏见效果，那么该证据就可以被采纳。

三、我国的关联性规则

我国《刑事诉讼法》对于关联性规则已有一定规定，第 50 条第 1 款规定："可以用于证明案件事实的材料，都是证据。"第 120 条第 1 款规定，"犯罪嫌疑人对侦查人员的提问，应当如实回答。但是对与本案无关的问题，有拒绝回答的权利"。此外，最高法《解释》第 262 条规定："控辩双方的讯问、发问方式不当或者内容与本案无关的，对方可以提出异议，申请审

---

〔5〕 关于良好品格证据和不良品格证据的可采性规则，都存在一些例外情形，参见郭志媛：《刑事证据可采性研究》，中国人民公安大学出版社 2004 年版。

〔6〕 See *Evidence in Criminal Proceedings*: *Previous Misconduct of a Defendant*, Law Com No. 141, p. 162 – 193 (1996); Eggleston, Sir R, *Evidence*, *Proof and Probability*, 2nd ed., 1983, Chapter 7; Stone (1932) 46 Harv LR 954; Hoffmann (1975) 91 LQR 193; Williams (1979) 5 Dalhousie LJ 281, etc.

〔7〕 参见沈达明编著：《英美证据法》，中信出版社 1996 年版，第 90 页。

〔8〕 See Makin v. Attorney – General for New South Wales [1984] A. C. 57.

〔9〕 See Boardman v. DPP.

判长制止,审判长应当判明情况予以支持或者驳回;对方未提出异议的,审判长也可以根据情况予以制止。”最高法《解释》第247条规定:“控辩双方申请证人出庭作证,出示证据,应当说明证据的名称、来源和拟证明的事实。法庭认为有必要的,应当准许;对方提出异议,认为有关证据与案件无关或者明显重复、不必要,法庭经审查异议成立的,可以不予准许。”

我国刑事诉讼法学和证据学教材一般认为证据必须具有关联性,并将其作为证据的基本特征之一。例如,“可以作为证据的事实,与诉讼中应当予以证明的案件事实,必须存在某种联系,即能够反映一定的案件事实……在诉讼理论、证据理论中,一般称为证据的相关性或关联性,也有称为证明性的”。〔10〕 传统证据理论认为,证据的关联性是由案件事实决定的,案件事实的发生在客观世界留下了一定的痕迹,这些痕迹被人们所感知,就成为能够证明案件事实的证据。证据与案件事实之间有着本质的、内在的联系,这样证据才有关联性。而后出版的证据学教材对关联性的理解已经不同于以往,其吸收了英美关联性概念中的某些因素。如认为:“证据的关联性(relevancy)又称‘相关性’,指的是作为证据内容的事实与案件的待证事实之间存在某种客观的联系,因此具有对案件事实加以证明的实际能力。”又如,“诉讼证据的关联性,是指诉讼证据与案件的待证事实之间有客观的联系,这种关联性,要求诉讼证据应该是能够全部或一部(大多数情况下,单个诉讼证据是一部)地证明案件的有关事实是存在还是不存在”〔11〕。这表明,我国诉讼理论界对于关联性的理解已经逐渐走向全面。

但是与英美证据法中的关联性理论相比,我国对于关联性及关联性规则的理论研究还有如下区别:

第一,英美证据理论认为,关联性的核心要求是其证明性,即能够证明待证事实的实际能力。而我国对于关联性的认识仍然十分强调关联的客观性,虽然已经认识到证明性这一基本特征,但还没有给予足够的重视。

第二,证据事实与待证事实之间联系既有内容上的关联,也有形式上的关联。内容上的关联决定了证据证明力的大小,而形式上的关联则与证据资格有关。英美证据法中所谓的关联性,指的显然是后者。而我国证据理论中的关联性概念更强调内容上客观的关联。

第三,英美证据法中除规定关联性规则的一般原则外,对于某些在实践中经常出现困难的关联性问题也在法律上予以规范,形成与证据关联性有关的具体规则,其中最著名的有品格证据规则、类似事实证据规则等。而我国虽然还没有关联性规则的具体法律规定,但在理论上和实践中也基本认可和运用这些规则。〔12〕

〔10〕 陈一云主编:《证据学》,中国人民大学出版社1991年版,第101页。
〔11〕 江伟主编:《证据法学》,法律出版社1999年版,第210页。
〔12〕 参见陈光中主编:《中华人民共和国刑事诉讼法再修改专家建议稿与论证》,中国法制出版社2006年版,第36、322页。

第三节　非法证据排除规则

一、域外非法证据排除规则的确立和发展

(一)非法证据排除规则的概念

非法证据排除规则,是指违反法定程序以非法方法获取的证据,不具有证据能力,依法不能作为认定案件事实的依据。美国学者施乐辛格认为,非法证据排除规则是指法律实施官员(警察)以非法手段取得的证据在刑事诉讼中将被排除或者导致证据不可采的证据规则。

从证据的形式上看,非法获取的证据可以分为两大类型:一类是以非法方法获取的言词证据;另一类是以非法方法获取的实物证据。虽然非法证据排除规则在确立之初主要是指排除违反有关搜查、扣押规定所取得证据的规则,因此狭义的非法证据排除规则也就是非法搜查、扣押证据排除规则的简称;但是从世界各国确立和实施非法证据排除规则的情况来看,对非法言词证据的排除因受到普遍的重视而成为非法证据排除规则的主流,因此广义的非法证据排除规则还包括非法言词证据的排除规则。本书系在广义上使用非法证据排除规则的概念。正确理解非法证据排除规则,须注意以下几点:

第一,就取证主体而言,非法证据的收集者限于国家机关及其工作人员,通常仅指警察的取证行为,而不包括个人的取证行为。这是因为非法证据排除规则的设置主要是为了防止警察的违法行为,而不是限制公民个人的行为。

第二,"非法"中的"法",究竟是指哪些法律,各国规定有所不同。以美国为例,就非法证据排除规则的原始含义而言,仅指违反美国宪法第四修正案有关不得进行不合理搜查和扣押之规定而取得的证据。但是,随着该规则的发展,非法证据已不限于非法取得的物证,还包括非法取得的口供和其他陈述。因此,非法证据排除规则的适用范围也不再局限于违反宪法第四修正案所取得的物证,还包括违反宪法第五修正案、第六修正案、第十四修正案以及违反其他制定法取得的证据。

第三,非法证据排除规则否定的是非法证据的证据能力。因此,凡是被法庭认定为非法证据的,就不得在刑事审判中用作证明被告人有罪的证据。

(二)非法实物证据排除规则的确立与发展

非法证据排除规则的确立及发展经历了一个漫长而曲折的过程。非法实物证据排除规则最先确立于美国。根据美国宪法第四修正案规定:"人们保护自己的人身、房屋、文件及财产不受任何无理搜查和扣押的权利不容侵犯;除非是由于某种正当理由,并且要求有宣誓或誓言的支持并明确描述要搜查的地点和要扣押的人和物,否则均不得签发搜查证。"该修正案要求政府在强制性处分公民人身和财产等权益时,必须经过正当、合法的程序,未经法定的程序,政府不得强制性侵犯公民权益,而侦查机关违背法定程序、以非法手段获取证据正是对宪法第四次修正案的违背。但是,非法证据排除规则在美国的确立也经历了曲折的

历程,而且至今仍在不断发展变化中。

美国联邦最高法院关于非法证据排除规则的第一项判决是1886年博德诉合众国一案。[13] 但是,直到1914年的维克斯诉合众国一案中,非法实物证据排除规则才真正在美国联邦司法系统得到正式确立。[14] 但当时,非法证据排除规则并不能适用于各州的诉讼程序之中。只要非法证据是由州执法部门所获取的,联邦法庭仍然会承认该证据的效力,此即"银盘理论"。此后,直到1960年的埃尔金斯诉合众国一案中,美国联邦最高法院才推翻了"银盘理论",主张宪法第四修正案禁止非法获取的证据在联邦刑事控诉程序中使用,无论该证据是联邦执法官员还是州执法官员所获得的。在1961年的马普诉俄亥俄州一案之后,非法证据排除规则被正式适用于各州的刑事诉讼之中。

与其在纵向(适用区域)上的扩张相适应,非法实物证据排除规则在横向即排除对象的范围上也在不断扩大,不仅限于非法搜查或扣押得来的证据,而且扩及任何直接或间接产生于非法搜查行为的其他证据,包括言词和实物证据,这就是"毒树之果"规则。"毒树之果"规则,起源于王森毒品犯罪案,但最终是在1920年的西尔夫索恩诉合众国一案中确立的。[15] 在该案的判决中,法庭指出,非法获取的证据不应当被用来获取其他证据,因为最初非法获取的证据已经腐蚀、污染了所有随后获取的其他证据。[16] "毒树之果"规则的确立使非法证据排除规则延伸适用至派生证据,适用范围大为扩张。

但是,一个国家的刑事诉讼价值目标体系并非固定地一成不变,国家会根据社会形势的发展、变化对刑事诉讼的价值目标体系适时作出调整。20世纪80年代以来,在新一轮犯罪浪潮的冲击下,加强刑事诉讼惩罚犯罪功能的呼声越来越强烈,美国联邦最高法院不得不对非法实物证据排除规则的适用施加限制:(1)合法身份的限制。即只有那些法定权利被侵犯的实际受害者才有资格主张他的权利。(2)排除目的的限制。排除规则最初的政策考虑是司法廉洁化和抑制官员的违法行为,但这两种政策考虑很快合二为一成以抑制为主的理论。(3)适用范围的限制。排除规则不适用于大陪审团诉讼程序、预审听证、审前保释听证、量刑听证、撤销假释的听证、民事诉讼以及在联邦人身保护令程序中对州的定罪提出异议的程序。

美国联邦最高法院还通过一系列判例确立了非法证据排除的例外:(1)"必然发现"的例外。即警察通过违宪所获得的证据,如果能够证明即使通过合法的侦查行为也必然能够

---

〔13〕 美国联邦最高法院指出:强制性地将有关刑事证据的文书曝光侵犯了嫌疑人不受不合理搜查、扣押的宪法权利,因此这种证据不得为法庭所采纳。

〔14〕 在维克斯案的判决中,美国联邦最高法院认为该案证据是在违背第四修正案的情况下获得的,所以在联邦刑事诉讼程序中不得采用。

〔15〕 在该案中,联邦特工人员以不合法的手段扣留了一些书籍和记录,但是被告人获得了法院批准归还书籍和记录的命令。特工人员遵守了法官的命令,但在归还书籍和记录之前,将这些要求归还的物品进行了拍照。在审判中,控方根据这些照片要求法院对这些文件签发传票。美国联邦最高法院认为,以非法搜查获得的信息为依据签发的传票是无效的。正如控方不能在法庭上使用违宪搜查获取的直接证据一样,对于以此搜查为基础获得的间接证据也不能使用。对此,美国联邦最高法院宣布,禁止以特定方式取得证据的规定的意义在于,这样取得的证据不仅不能在法庭上使用,而且在任何情况下都不能使用。See Silverthorne Lumber Co. v. United States, 251 U. S. 385, 40 S. Ct. 182, 64 L. Ed. 319(1920).

〔16〕 See Rolando v. del Carmen, *Criminal Procedure: Law and Practice*, Wadsworth Publishing Company Belmont California, p. 60 - 61.

发现,则该事实仍然能够为法庭所采纳。(2)善意的例外。如果警察是善意地而不是故意地违法,则不应当适用非法证据排除规则。因为在这种情况下排除非法证据“并没有起到阻止非法行为的作用”。(3)质疑的例外。违法搜查或者扣押所取得的证据虽然不得采纳为证明被告人有罪的证据,但却可以用来质疑被告人的可信性。(4)私人搜查的例外。“私人搜查”是指政府机构以外的个人收集证据的行为。因为第四修正案的起源和理由清楚地表明,它意在作为对国家机关活动的限制而不是要成为对非政府官员的限制。(5)域外搜查的例外。如果正在执行其本国法律并且没有被美国官员所教唆的外国警察实施了如果在美国实施则不符合第四修正案要求的搜查行为,搜查所得的证据不必因宪法上的理由而被排除。(6)其他例外。例如,如果被告方出于辩护需要首先引用了非法证据,被告人就不能再对该证据提出排除请求。有些情况下,非法证据也可用于取证者预期之外的证明目的。最典型的例子即警察非法取得的证据原本是准备用来证明被告人有罪的,但该证据却被用作证明警察违法行为的证据。这一点已经被联合国法律文书所采纳。〔17〕

同时,为了抵消“毒树之果”理论对非法证据排除规则的扩张效应,美国联邦最高法院还为“毒树之果”规则设置了例外情形:(1)“独立来源”的例外。警察通过违宪手段所获得的证据,如果并不是必然无法得到的,如果警察能够证明该事实还可以通过与违法搜查、扣押行为不相联系的独立的来源得到,那么这一事实仍然可以被法庭所采信。(2)稀释的例外。在纳登诉合众国(Nardone v. United States)一案中,美国联邦最高法院确认,即使警察的非法行为与所取得的证据之间仍然存在逻辑上的因果关系,但如果这种关系已经减弱到足以消除非法行为的污点,那么,二者在法律上就不存在有效的因果关系,法律就可以不要求排除这些证据。(3)污染中断的例外。如果因为被告人后来的自愿行为的介入而有效地打破了受污染的证据与警察机关最初的非法取证行为之间的因果链条,那么就会稀释证据本身的违法性,从而使证据变得可以被采纳。〔18〕 通过上述限制和例外,非法证据排除规则的适用余地已经大大缩小。近年来,美国联邦最高法院一直试图通过设置具体的情形标准和例外以在个人宪法权利保护与社会治安稳定上寻求平衡。在明尼苏达诉奥尔森案〔19〕中,美国联邦最高法院确立了这样一个原则:如果在一个人家中过夜,则客人对于该房屋具有合理的隐私期待,但如果只是被允许短暂逗留,则没有合理的隐私期待。通过这一案例,美国联邦最高法院将“住房”的概念延展到了“暂时留宿的其他人的住房”。但是美国联邦最高法院同时对“合理隐私期待”作出了限制,对于个人拥有的移动交通工具成为令状主义的一项例外。

在2006年哈迪逊诉密歇根州案〔20〕中,美国联邦最高法院所作的判决引起了极大争议。在该案中,警察虽然有完全合乎要求的搜查令,但是在执行中没有做到妥当合理地执行

---

〔17〕 参见联合国《禁止酷刑公约》第15条规定:“每一缔约国应确保在任何诉讼程序中,不得援引任何业经确定系以酷刑取得的口供为证据,但这类口供可用作被控施用酷刑者刑求逼供的证据。”

〔18〕 在王申(Wong Sun v. United States)案中,被告人被非法逮捕后,又被释放。在这以后他又主动到警察机关投案自首。他的供述本来可以被认为是“毒树之果”,但是,因为他自己的主动投案切断了非法逮捕与其供述之间的因果联系,中断了其中的污染关系。

〔19〕 See Minnesota v. Olson,495 U. S. 91(1990).

〔20〕 See Hudson v. Michigan,547 U. S. 586(2006).

搜查令,即警察虽然按照制定法的要求,敲门并表明了身份和权力,但在武力闯入之前未能做到等待一段合理的时间,也就是说没有完全遵守“敲门并宣告”规则(“knock and announce”rule)。[21] 警察破门而入后查获了大量的毒品和枪支,这些物品在法庭上被控方用来作为指控被告人的归罪证据。美国联邦最高法院最终是以5:4的微弱多数判决认定这些证据可以用来指控被告人,而不被非法证据排除规则排除掉。

按照美国联邦最高法院的一贯做法,警察违反“敲门并宣告”规则所得到的证据都将被排除在审判过程之外。但是在哈迪逊案中,美国联邦最高法院运用“价值衡量”的方法,对排除所发现的证据带来的“阻遏功能的利益”和为之付出的社会代价是否对等进行衡量。由此可见,美国非法证据排除规则的强制排除模式也开始带有价值权衡的裁量色彩。

《英国1984年警察与刑事证据法》第78条规定:(1)在任何程序中,如果法庭在考虑到包括证据收集在内的所有情况以后,认为采纳这一证据将会对诉讼的公正性造成不利的影响,因此不应将它采纳为证据,则可以拒绝将审查官据以提出指控的证据予以采纳。(2)本条的规定不应有损于任何有关法庭排除证据的法律规则的适用。(3)本条不适用于治安法院对于指控案件的正当性审查的情况。根据该条规定,法庭在决定是否排除证据时享有自由裁量权。

加拿大传统上遵循英国的排除规则,对非法取得的证据并不绝对予以排除。但是自1982年《权利和自由宪章》颁布以后,加拿大开始仿照美国的做法,对非法取得的证据除法律另有规定的外,一般都予以排除,证据是否可采首先考虑的不是它能否证明案件事实,而是获取该证据的程序是否合法。但是,加拿大并非一律排除“毒树之果”,而是根据犯罪的严重程度和对程序的违反程度来决定是否采纳。法国对于非法获取的实物证据并不能加以排除。德国对于非法获取的实物证据是否应当予以排除,仍无明文规定。从司法实践来看,德国最高法院根据其宪法——《基本法》中保障人权的指导思想,于1960年的录音案和1964年的日记案中,直接援引《基本法》第1条“人之尊严不可侵犯”、第2条“人人均有谋求自由发展其人格的权利”、第10条“书信秘密及有鉴于电讯秘密不可侵犯”,判决违法窃听所得的录音及非依法定方式取得的书证也应予以排除。[22] 这说明德国司法实务对于某些种类的物证也是趋向于排除的。

日本最高法院1978年在大阪冰毒案件中开始确立非法证据排除规则。[23] 非法证据的排除需满足“重大违法”和“抑制违法侦查”的双重标准。权衡的要素包括:违反程序的程度、状况;是否存在故意;是否经常违反程序;违反程序与证据之间的因果关系;证据的重要性;案件的严重性。

(三)非法言词证据排除规则的确立与发展

在西方国家,非法言词证据排除主要是指非法取得的被告人口供应当予以排除,即所谓

---

〔21〕 美国联邦最高法院在Wilson v. Arkansas案件中确认“普通法的敲门宣告原则构成了《第四修正案》项下对合理性探究的组成部分”。514 U.S.927,929(1995).

〔22〕 参见法治斌:《论违法搜索扣押证据之排除》,载陈朴生编:《刑事法论文选辑》,台北,五南图书出版公司1993年版,第211页。

〔23〕 参见最判1978年9月7日刑集第32卷第6号,第1672页。

非法自白排除规则。该规则又因最初以被告人自白是否“自愿”作为排除标准,而被称为“任意性自白规则”或“自白任意规则”。

自白任意规则最早诞生于英国,即著名的“考门罗原则”。[24] 该原则规定基于不当的自白或不自由的自白,必须从证据中排除出去,不得作为定案的根据使用。美国对这一原则予以继承,以最高法律的形式予以肯定下来。1791 年美国宪法第五修正案规定:“任何人……在刑事案件中,都不得被迫成为不利于己的证人。”这便是美国宪法中著名的“反对强迫自证其罪”的宪法原则,该宪法原则经过多次判例的确认,最终司法化为自白任意原则。自白任意原则最先的标准为自白是否自愿,与非法实物证据的排除标准有异。而后发展成虽自白为自愿,但若程序上存在不当,便要排除其作为证据的可能,即其标准与非法实物证据排除规则趋于一致。

自白任意规则的排除标准包括“身体的任意”和“精神的任意”两方面内容:“身体的任意”是指自白不应是在受到外力强制的情况下作出的,在自白之时不应有外力对自白人施加压力,自白人作出自白应当是自愿的;“内在的任意”是指自白人在作出自白时其精神状况应处于“明知且明智”的状态,其应对自白的后果有充分的了解和认识,否则其自白亦不可采纳。排除非法获取的被告人口供不仅是大多数国家的通行做法,而且已经成为一项联合国刑事司法准则。如联合国《禁止酷刑公约》第 15 条也规定:“每一缔约国应确保在任何诉讼程序中,不得援引任何经确定系以酷刑取得的口供为证据。但这类口供可用作被控施用酷刑者刑求逼供的证据。”

从世界各国的非法证据排除规则来看,主要有两种模式:一为强制排除模式;二为裁量排除模式。侧重于人权保护的国家通常以积极的态度肯定非法证据排除规则,多实行强制排除模式,如美国、意大利等。这种模式的特点是:法律明确规定通过非法程序获取的证据作为一般性原则应当予以排除,同时以例外的形式对不适用非法证据排除规则的情况加以严格限定,法官对于非法证据的排除基本上要依据法律的规定。注重案件实质真实的国家通常以消极的态度肯定非法证据排除规则或以积极的态度否定之,其中肯定者多采用自由裁量的方式,如英国。这种裁量排除模式的特点是:法律不规定对于非法取得的证据一律排除。对非法证据是否予以排除,交由法官决断。由法官斟酌个案的公平正义作出裁定,法律只是就裁量的标准范围作出规定。进言之,各国对非法取得的言词证据多采强制排除模式;而对于非法取得的实物证据,除少数国家如美国系采取强制排除模式外,一般均实行裁量排除。这主要是因为,各国立法者认为非法取证会影响言词证据的真实性,而一般不会影响实物证据的真实性。

二、我国的非法证据排除规则

本处仅阐述我国刑事诉讼中的非法证据排除规则,民事诉讼、行政诉讼中的非法证据排除问题将于本书有关部分进行介绍。

---

〔24〕 参见李心鉴:《刑事诉讼构造论》,中国政法大学出版社 1992 年版,第 271 页。

(一)我国刑事诉讼中非法证据排除规则的确立

我国《宪法》第13条、第37条第3款、第39条、第40条关于保护公民人身权、财产权和隐私权的规定比联合国《两权公约》的有关条款更为详细。[25]《刑事诉讼法》中对逮捕、搜查和扣押也提出了若干程序要求。但是1996年《刑事诉讼法》第43条只规定了"严禁刑讯逼供和以威胁、引诱、欺骗以及其他非法的方法收集证据",而未规定非法证据排除规则。与其配套的最高法《解释》第58条明确规定:"严禁以非法的方法收集证据。凡经查证确实属于采用刑讯逼供或者威胁、引诱、欺骗等非法的方法取得的证人证言、被害人陈述、被告人供述,不能作为定案的根据。"当时的最高检《规则》第265条规定:"严禁以非法的方法收集证据。以刑讯逼供或者威胁、引诱、欺骗等非法的方法收集的犯罪嫌疑人供述、被害人陈述、证人证言,不能作为指控犯罪的根据。"

这些司法解释虽然初步建立了非法言词证据排除规则,但因其规定的内容较为原则,且未规定相应的操作程序,很难在司法实践中发挥应有功能。2010年6月13日,最高人民法院、最高人民检察院、公安部、国家安全部、司法部联合发布了《非法证据排除规定》和《办理死刑案件证据规定》。这两个司法解释均强调了采用刑讯逼供等非法手段取得的言词证据不能作为定案的根据,并进一步对审查和排除非法言词证据的程序、证明责任及讯问人员出庭等问题进行了具体的规范,以确保其得到切实贯彻。这无疑是我国证据制度的一项突破性的改革举措。2012年修正的《刑事诉讼法》第54条至第58条吸收了上述两个证据规定的相关内容,从而在刑事诉讼法中正式确立了非法证据排除规则。

在此背景下,2013年10月9日出台的最高人民法院《关于建立健全防范刑事冤假错案工作机制的意见》拓展了非法证据排除的范围并确立了严重违反法定程序取得供述的排除规则;2013年党的十八届三中全会《决定》在"推进法治中国建设"部分专门指出,完善人权司法保障制度,并明确要求,严禁刑讯逼供、体罚虐待,严格实行非法证据排除规则;2014年党的十八届四中全会《决定》在"保证公正司法,提高司法公信力"部分专门指出,推进以审判为中心的诉讼制度改革,健全落实非法证据排除的法律制度,完善对限制人身自由司法措施和侦查手段的司法监督,加强对刑讯逼供和非法取证的源头预防。由此,非法证据排除规则的修改完善被纳入中央新时期全面深化改革的规划之中。最终,两院三部《严格排除非法证据规定》于2017年6月公开发布。为贯彻落实两院三部《以审判为中心意见》以及《严格排除非法证据规定》,最高人民法院也制定了《庭前会议规程》《排除非法证据规程》《法庭调查规程》,以规范非法证据排除程序。

我国之所以要确立非法证据排除规则,不仅是为了适应世界潮流,更由于该规则具有保障实现司法公正的重要价值。一是程序价值,即保障程序人权的价值。保障人权是我国实行民主、法治的应有之义,并在2004年把"国家尊重和保障人权"载入《宪法》(第33条第3款),为我国刑事司法的人权保障提供了宪法依据。在刑事诉讼中,人权保障主要是指诉讼参与人的权利保障,其中重中之重是犯罪嫌疑人、被告人的程序人权保障。因为他们在刑事

---

〔25〕 该公约第17条规定:"任何人的私生活、家庭、住宅或通信不得加以任意或非法干涉,他的荣誉和名誉不得加以非法攻击。"

诉讼中是被公安司法机关追究刑事责任的对象，处于弱势的地位，其合法权利最容易被公安司法机关所侵犯，这就要求公安司法机关按照无罪推定原则的精神，充分尊重和保障他们的程序人权。如严禁刑讯逼供、非法搜查扣押和其他以侵犯人权的方式取证。非法证据排除规则正是对非法取证行为的鲜明否定和有力制裁措施。通过对非法证据的排除，可以有效地遏制侦查违法取证现象的发生，使犯罪嫌疑人、被告人的合法权益免受侵害，从而加强诉讼人权保障，彰显正当程序的正义价值。二是实体价值，即有利于查明案件事实真相。在中外诉讼法学界，不少学者认为非法证据排除规则不利于发现案件事实真相。这种观点仅看到有罪的被告人因非法证据排除而被宣告无罪的事实，而没有看到无罪的被告人因非法证据未加排除而被宣告有罪的严酷事实。实践证明，通过刑讯或其他非法手段获得的犯罪嫌疑人、被告人认罪供述有可能是真实的，但更多的是犯罪嫌疑人无法承受刑讯折磨之苦，被迫假招供、乱攀供，导致混淆真假、颠倒是非，造成冤案。正如意大利著名刑法学者贝卡利亚所指出的，刑讯"保证使强壮的罪犯获得释放，并使软弱的无辜者被定罪和处罚"。[26] 非法证据排除规则把非法取得的证据排除在诉讼之外，在很大程度上避免了根据虚假的证据对案件事实作出错误的认定，有利于最大限度地防止、减少冤案错案的发生。[27]

（二）我国刑事诉讼中非法证据排除规则的主要内容

我国刑事诉讼法中的非法证据排除规则规定了如下几个方面的内容：

1. 非法证据的内涵和外延

《刑事诉讼法》第 56 条第 1 款规定："采用刑讯逼供等非法方法收集的犯罪嫌疑人、被告人供述和采用暴力、威胁等非法方法收集的证人证言、被害人陈述，应当予以排除。收集物证、书证不符合法定程序，可能严重影响司法公正的，应当予以补正或者作出合理解释；不能补正或者作出合理解释的，对该证据应当予以排除。"该规定明确了非法证据既包括非法言词证据，也包括非法实物证据。

由于当前实践中对犯罪嫌疑人的讯问采用赤裸裸的暴力手段已不多见，更多是采用变相的刑讯手段，如使用电棒触打、疲劳讯问，让被讯问人受酷热、冷冻和饥渴煎熬以及服某些药品等，这些手段是否属于"等"的范围也亟须更为具体的解释。为此，2012 年最高法《解释》第 95 条第 1 款将非法方法进一步界定为"使用肉刑或者变相肉刑，或者采用其他使被告人在肉体上或者精神上遭受剧烈疼痛或者痛苦的方法，迫使被告人违背意愿供述的，应当认定为刑事诉讼法第五十四条规定的'刑讯逼供等非法方法'"。2012 年最高检《规则》第 65 条第 2 款和第 3 款也规定："刑讯逼供是指使用肉刑或者变相使用肉刑，使犯罪嫌疑人在肉体或者精神上遭受剧烈疼痛或者痛苦以逼取供述的行为。其他非法方法是指违法程度和对犯罪嫌疑人的强迫程度与刑讯逼供或者暴力、威胁相当而迫使其违背意愿供述的方法。"[28]

---

〔26〕［意］贝卡利亚：《论犯罪与刑罚》，黄风译，中国大百科全书出版社 1993 年版，第 32～33 页。

〔27〕参见陈光中：《刑事证据制度改革若干理论与实践问题之探讨——以两院三部〈两个证据规定〉之公布为视角》，载《中国法学》2010 年第 6 期。

〔28〕2019 年最高检《规则》和 2021 年最高法《解释》删去了上述对"刑讯逼供等非法方法"的解释，如今已与两院三部《严格排除非法证据规定》进行了统一。

“两高”的司法解释显然借鉴了联合国《禁止酷刑公约》对酷刑的定义,[29]并加入了“自愿性”的衡量标准。最高人民法院《关于建立健全防范刑事冤假错案工作机制的意见》第8条第1款明确规定:“采用刑讯逼供或者冻、饿、晒、烤、疲劳审讯等非法方法收集的被告人供述,应当排除。”两院三部《严格排除非法证据规定》和最高法《排除非法证据规程》也对刑讯逼供这一非法方法的具体类型和常见情形进行了规定,即“采取殴打、违法使用戒具等暴力方法或者变相肉刑的恶劣手段,使犯罪嫌疑人、被告人遭受难以忍受的痛苦而违背意愿作出的供述,应当予以排除”。即在“暴力方法”上列举了“殴打、违法使用戒具”等常见情形。上述解释对于进一步明确非法言词证据的范围有一定积极意义,但实践中仍然存在诸多界定非法言词证据的难题,例如,疲劳讯问属于非法取证手段已成为一种共识,但是如何区分疲劳讯问与正常讯问则缺乏明确的指南。再如,威胁、引诱、欺骗与侦查人员的讯问策略之间如何区分也是当前实践中面临的一大难题。对此,两院三部《严格排除非法证据规定》第3条明确规定了对“采用以暴力或者严重损害本人及其近亲属合法权益等进行威胁的方法”获取的犯罪嫌疑人、被告人供述的排除,但是并未涉及对于引诱、欺骗方法获取的供述的排除问题。因此,还需要在实践过程中摸索、总结更具指导性的操作指南。另外值得注意的是,其第5条还规定,“采用刑讯逼供方法使犯罪嫌疑人、被告人作出供述,之后犯罪嫌疑人、被告人受该刑讯逼供行为影响而作出的与该供述相同的重复性供述,应当一并排除,但下列情形除外:(一)侦查期间,根据控告、举报或者自己发现等,侦查机关确认或者不能排除以非法方法收集证据而更换侦查人员,其他侦查人员再次讯问时告知诉讼权利和认罪的法律后果,犯罪嫌疑人自愿供述的;(二)审查逮捕、审查起诉和审判期间,检察人员、审判人员讯问时告知诉讼权利和认罪的法律后果,犯罪嫌疑人、被告人自愿供述的”。即我国初步确立了重复性供述排除规则。

此外,对于重大程序性违法获取的言词证据如何处理的问题,两院三部《严格排除非法证据规定》确立了绝对排除和相对排除两种规则。在绝对排除规则项下,两院三部《严格排除非法证据规定》第4条规定:“采用非法拘禁等非法限制人身自由的方法收集的犯罪嫌疑人、被告人供述,应当予以排除。”第6条规定:“采用暴力、威胁以及非法限制人身自由等非法方法收集的证人证言、被害人陈述,应当予以排除。”而第9条中所规定的,“因客观原因侦查机关在看守所讯问室以外的场所进行讯问的,应当作出合理解释”则是相对排除规则的体现。

关于非法实物证据的界定,《刑事诉讼法》规定了三个要件:第一,该物证、书证的取得违反法定程序;第二,可能严重影响司法公正;第三,不能作出补正或者合理解释。最高法《解释》第126条第2款规定:“认定‘可能严重影响司法公正’,应当综合考虑收集证据违反法定程序以及所造成后果的严重程度等情况。”最高检《规则》第70条第1款规定,“收集物证、书证不符合法定程序,可能严重影响司法公正的,人民检察院应当及时要求公安机关补正或者作出书面解释;不能补正或者无法作出合理解释的,对该证据应当予以排除”。两院三部《严格排除非法证据规定》第7条也规定:“收集物证、书证不符合法定程序,可能严重

---

[29] 联合国《禁止酷刑公约》第1条规定:“‘酷刑’是指为了向某人或第三者取得情报或供状,为了他或第三者所作或涉嫌的行为对他加以处罚,或为了恐吓或威胁他或第三者,或为了基于任何一种歧视的任何理由,蓄意使某人在肉体或精神上遭受剧烈疼痛或痛苦的任何行为。”

影响司法公正的，应当予以补正或者作出合理解释；不能补正或者作出合理解释的，对有关证据应当予以排除。”上述规定和配套解释表明我国对于非法实物证据的排除模式类似于英国和法国，法院不能直接排除非法物证而是更倾向于“采纳”，但是在取证严重违法以致影响公正审判时需要控方进行补强。这说明我国对非法实物证据的排除设置了很高的门槛，能够满足上述几个条件而被排除的实物证据很少。此外，我国非法实物证据的排除也未涉及“毒树之果”是否排除的问题，我们认为这是符合我国国情的。因为“毒树之果”虽然是根据非法证据所提供的线索而获得的证据，但它本身取得的手段是合法的。考虑到查明事实真相的需要，对它不予排除具有现实合理性，而且这也是目前世界多数国家的做法。

2. 排除的机关和诉讼阶段

在英美法系国家，非法证据排除规则的适用主要是指审判阶段法官对非法证据的排除，而我国《刑事诉讼法》第 56 条第 2 款则规定了公安司法机关主动排除非法证据的义务：“在侦查、审查起诉、审判时发现有应当排除的证据的，应当依法予以排除，不得作为起诉意见、起诉决定和判决的依据。”该款规定非法证据排除规则不仅适用于审判阶段，而且还适用于侦查和审查起诉阶段。

3. 检察院对侦查人员非法取证依法进行法律监督

《刑事诉讼法》第 57 条规定：“人民检察院接到报案、控告、举报或者发现侦查人员以非法方法收集证据的，应当进行调查核实。对于确有以非法方法收集证据情形的，应当提出纠正意见；构成犯罪的，依法追究刑事责任。”该规定首先明确了人民检察院是对侦查机关非法取证进行监督的法定主体；其次，明确了检察院发现非法取证行为的材料来源包括有关单位和个人的报案、控告和举报，以及检察院主动发现的情形；再次，赋予检察院调查核实的义务；最后，规定了检察院可以采取的处理方式，包括提出纠正意见或者依法追究刑事责任。

两院三部《严格排除非法证据规定》也规定了检察院对证据收集合法性的监督审查职责。例如，第 13 条第 2 款规定，“看守所收押犯罪嫌疑人，应当进行身体检查。检查时，人民检察院驻看守所检察人员可以在场。检查发现犯罪嫌疑人有伤或者身体异常的，看守所应当拍照或者录像，分别由送押人员、犯罪嫌疑人说明原因，并在体检记录中写明，由送押人员、收押人员和犯罪嫌疑人签字确认”。而第 14 条第 3 款也规定，“对重大案件，人民检察院驻看守所检察人员应当在侦查终结前询问犯罪嫌疑人，核查是否存在刑讯逼供、非法取证情形，并同步录音录像。经核查，确有刑讯逼供、非法取证情形的，侦查机关应当及时排除非法证据，不得作为提请批准逮捕、移送审查起诉的根据”。

此外，两院三部《严格排除非法证据规定》第 14 条第 1 款还规定，“犯罪嫌疑人及其辩护人在侦查期间可以向人民检察院申请排除非法证据。对犯罪嫌疑人及其辩护人提供相关线索或者材料的，人民检察院应当调查核实。调查结论应当书面告知犯罪嫌疑人及其辩护人。对确有以非法方法收集证据情形的，人民检察院应当向侦查机关提出纠正意见”。第 17 条也有类似规定。上述规定也是对审前机关依职权主动排除的一种补充，即可以依犯罪嫌疑人及其辩护人的申请进行排除。

4. 非法证据排除程序的启动

《刑事诉讼法》第 58 条规定：“法庭审理过程中，审判人员认为可能存在本法第五十六条规定的以非法方法收集证据情形的，应当对证据收集的合法性进行法庭调查。当事人及其辩护人、诉讼代理人有权申请人民法院对以非法方法收集的证据依法予以排除。申请排除以非法方法收集的证据的,应当提供相关线索或者材料。”该条规定了非法证据排除程序的两种启动模式:一为审判人员依职权启动调查程序,其启动条件为可能存在《刑事诉讼法》第56条规定的非法取证情形的;二为审判人员依当事人申请启动调查程序,当事人及其辩护人、诉讼代理人提出申请的同时需承担初步的提证责任,即提供相关线索或者材料。根据最高法《解释》第127条的规定,申请排除非法证据的当事人一方“应当提供涉嫌非法取证的人员、时间、地点、方式、内容等相关线索或者材料”。最高法《排除非法证据规程》第5条也规定:“被告人及其辩护人申请排除非法证据,应当提供相关线索或者材料。‘线索’是指内容具体、指向明确的涉嫌非法取证的人员、时间、地点、方式等;‘材料’是指能够反映非法取证的伤情照片、体检记录、医院病历、讯问笔录、讯问录音录像或者同监室人员的证言等。被告人及其辩护人申请排除非法证据,应当向人民法院提交书面申请。被告人书写确有困难的,可以口头提出申请,但应当记录在案,并由被告人签名或者捺印。”该规定并不意味着申请方需承担证明责任,只是遵照行使权利者亦需承担相应义务的原理,履行力所能及的提证责任。

5. 证据合法性的证明责任与证明方式

由于控辩双方力量对比的悬殊,世界各国的非法证据排除程序普遍采用举证责任倒置的做法,即申请排除非法证据的当事人无须承担证明存在非法取证行为的义务,而由控方反证其证据的取得合法。《刑事诉讼法》第59条第1款规定:“在对证据收集的合法性进行法庭调查的过程中,人民检察院应当对证据收集的合法性加以证明。”最高法《排除非法证据规程》第6条第1款也明确规定,“证据收集合法性的举证责任由人民检察院承担”。不仅如此,《刑事诉讼法》第59条第2款还规定了控方履行证明责任的方式,“现有证据材料不能证明证据收集的合法性的,人民检察院可以提请人民法院通知有关侦查人员或者其他人员出庭说明情况;人民法院可以通知有关侦查人员或者其他人员出庭说明情况。有关侦查人员或者其他人员也可以要求出庭说明情况。经人民法院通知,有关人员应当出庭”。这说明通知有关侦查人员或者其他人员出庭作证是控方在现有证据材料无法证明证据收集程序合法情形下的补充证明方式。此外,《刑事诉讼法》第123条规定:“侦查人员在讯问犯罪嫌疑人的时候,可以对讯问过程进行录音或者录像;对于可能判处无期徒刑、死刑的案件或者其他重大犯罪案件,应当对讯问过程进行录音或者录像。录音或者录像应当全程进行,保持完整性。”最高检《规则》第77条第1款规定:“……必要时,公诉人可以提请法庭当庭播放相关时段的讯问录音、录像,对有关异议或者事实进行质证。”这说明播放讯问期间的同步录音录像也是控方证明证据合法性的方式之一。最高法《排除非法证据规程》第20条也对控方证明证据收集合法性的方式进行了规定,即“公诉人对证据收集的合法性加以证明,可以出示讯问笔录、提讯登记、体检记录、采取强制措施或者侦查措施的法律文书、侦查终结前对讯问合法性的核查材料等证据材料,也可以针对被告人及其辩护人提出异议的讯问时段播放讯问录音录像,提请法庭通知侦查人员或者其他人员出庭说明情况。不得以侦查人员签名并加盖公章的说明材料替代侦查人员出庭。庭审中,公诉人当庭不能举证或者为提供新的证据需要补充侦查,建议延期审理的,法庭可以同意”。《刑事诉讼法》第58条第2款规定,“当事人及其辩护人、诉讼代理人有权申请人民法院对以非法方法收集的证据依法予以排除。申请排除以非法方法收集的证据的,应当提供相关线索或者材料”。该规定说明辩方申请启动非法证据排除程序负有提供“线索或者材料”的责任。而针对现实中辩方申请排除非法证据,因无法获取并提供相关线索或材料而导致非法证据排除启动难的情况,两院三部《严格排除非法证据规定》第22条规定,“犯罪嫌疑人、被告人及其辩护人向人民法院、人民检察院申请调取公安机关、国家安全机关、人民检察院收集但未提交的讯问录音录像、体检记录等证据材料,人民法院、人民检察院经审查认为犯罪嫌疑人、被告人及其辩护人申请调取的证据材料与证明证据收集的合法性有联系的,应当予以调取;认为与证明证据收集的合法性没有联系的,应当决定不予调取并向犯罪嫌疑人、被告人及其辩护人说明理由”。

6. 非法证据排除程序中的证明标准

《刑事诉讼法》第60条规定了排除非法证据的证明标准,即“对于经过法庭审理,确认或者不能排除存在本法第五十六条规定的以非法方法收集证据情形的,对有关证据应当予以排除”。根据该条规定,排除非法证据的证明标准有两个:第一,人民法院“确认”存在非法取证的情形;第二,检察机关的证明“不能排除”非法取证情形。一般而言,证明标准应为单一标准,但我国却规定了两种程度明显不同的证明标准,这在立法上存在缺陷,容易导致司法实践中理解和适用上的混乱,不利于非法证据排除规则的落实和被追诉人人权的保障,因此有待司法解释予以理顺。[30]

与我国的证明标准不同,一些国家或地区采用了低于有罪判决的单一证明标准。如美国联邦最高法院曾在一个判例中作出解释,“在排除聆讯的证明中,不应施加大于优势证据的负担”。[31] 日本对此也不采取适用于实体事实的严格证明标准,而采取低于严格证明的适用于程序事实的自由证明标准。[32]

此外,两院三部《严格排除非法证据规定》第38条第3款还规定了证据失权的问题,即“人民检察院在第一审程序中未出示证据证明证据收集的合法性,第一审人民法院依法排除有关证据的,人民检察院在第二审程序中不得出示之前未出示的证据,但在第一审程序后发现的除外”。

第四节　传闻证据规则

一、传闻证据概述

(一)传闻证据的概念

《美国联邦证据规则》第801条第(c)项给传闻证据下的定义是:“‘传闻’是指符合下列情形的陈述:(1)陈述人在当前审判或者听证中作证时并没有作出该陈述;并且(2)当事人

〔30〕 参见陈光中、郭志媛:《非法证据排除规则实施若干问题研究——以实证调查为视角》,载《法学杂志》2014年第9期。

〔31〕 United States v. Matlock, 415 U. S. 164, 94 S. Ct. 988, 39 L. Ed. 2d 242 (1974).

〔32〕 参见[日]田口守一:《刑事诉讼法》,刘迪、张凌、穆津译,法律出版社2000年版,第220~221页。

将其作为证据提出,用以证明该陈述中所主张的事实为真实。”可见,传闻证据被界定为一种“陈述”。

传闻证据包括两种形式,一是指亲身感受了案件事实的证人在庭审期日以外所作的书面证人证言以及警检人员所作的(证人)询问笔录;二是指他人在审判期日以证人亲身感知的事实向法庭所作的转述。

(二)传闻证据的特征

根据上述普通法中关于传闻证据的概念的表述,传闻证据应当具备以下特征:

第一,传闻证据的表现形式多样化。传闻证据可以是口头的、书面的以及非语言行为,即动作。传闻证据应当是一种意思表示,这种意思表示可以是口头作出的,也可以是以书面形式作出的,还可以通过非语言行为表现出来。

第二,至少涉及两个陈述主体和两个陈述环节。作为传闻证据,其涉及的陈述主体至少是两个人:一个是亲身感知了案件事实的人甲;另一个是在庭审期日以证人身份出庭作证(或提交书面证据)的陈述主体乙。至少涉及两个陈述环节:一个是陈述主体甲在审判或讯问程序以外对乙所作的陈述;另一个是乙以证人身份在审判或讯问程序中向法庭所作的陈述(或以书面证据代为陈述)。但是,应当指出的是,前后两个陈述的表现形式并不完全相同。在审判或讯问程序中作为证人证言的陈述的一般表现形式是口头陈述;而陈述主体甲向乙所作的陈述,则包括一切能够表达意思的方式,如口头陈述、书面形式、有意识的非语言行为(如点头、手势等)。

第三,提出该项陈述的目的是证明该陈述所述的内容是真实的。如果该证人在庭审期日提出的陈述是为了证明其他目的,如证明甲“曾经说过这样的话”,或者为了证明“证人前后证言是否一致”,那么,此种转述就不属于传闻。例如,证人 A 作证说“B 曾对他说:‘10 月 6 日我去西雅图出差。’”如果该证言是为了证明“B 在 10 月 6 日确实去西雅图出差”,那么,该证据属于传闻证据;如果该证言是为了证明“B 曾经说过这句话”,则不属于传闻证据。

可见,判断一项陈述是否属于传闻应考虑以下两方面:一是陈述的来源,即出庭作证的证人是否是亲身感知所陈述事实的人;二是证明对象,即提出该项陈述证据的目的是否为了证明其所述内容的真实性。

二、传闻证据规则

传闻证据规则,即传闻证据排除规则,是英美证据法中重要的排除法则之一。最早确立传闻证据规则的国家是英国,这和英国的陪审制度密切相关。在 17 世纪后期(1675 ~ 1690 年),英国正式形成了传闻证据规则,而这一规则自然也为具有英国普通法传统的美国所继受并加以发展。

根据传闻证据规则,传闻证据一般不具有可采性,不得提交法庭进行调查质证。已经在法庭出示的,不得提交陪审团作为评议的依据。

之所以要排除传闻证据,有以下几个原因:

其一,传闻证据本身因为不是本人亲自在法庭上所作的陈述,因此存在转述不准确或伪造的可能。传闻证据属于第二手以上的证据材料,可能会由于故意或过失导致转述错误或出现转述的偏差。因此,如果允许采纳传闻证据,不利于发现案件真实情况。

其二,传闻证据是未经宣誓就提出来的,没有经过交叉询问程序,其真实性难以通过公正的诉讼程序加以证实。如果允许采纳传闻证据,则有悖于程序正义的要求。

其三,传闻证据不是在裁判者面前所作的陈述。证据调查应当在法庭上进行,以保证裁判官能够察言观色,辨明其真伪。对于传闻证据,由于裁判者未能直接听取原陈述人陈述,不能根据陈述人的态度、表情、姿态等情况来综合性判断陈述内容的真实性。

其四,基于保障被告人的宪法性权利——与对方证人的对质权的需要。联合国《两权公约》第 14 条规定了与证人对质是被告人的权利。美国宪法和日本宪法都将“与对方证人对质”规定为被告人的一项宪法性权利,如果允许采用传闻证据,则不能保证被告人此项权利的行使。因此,保障被告人与对方证人的对质权也是排除传闻证据的一个重要理论根据。

三、传闻证据规则的例外

根据传闻证据规则,为了确保证人陈述的真实可靠性,传闻证据一般情况下不具有可采性,要予以排除。但是,如果绝对地排除所有的传闻证据,会导致有相当一部分案件的事实真相无法查清,或者使查明案件事实的成本增大。在英美证据法中,理论上一般认为,具备下列条件之一的传闻证据可以被采纳:一是具有“可信性的情况保障”。也就是说,该证据具有较高的可信度或者不具有通常情况下传闻证据的不真实的危险,即使不赋予对方当事人交叉询问的机会,也不会侵害到对方当事人的利益,此时,可以赋予其可采性。二是已经给予了反询问或者质问的机会。

英美法关于传闻证据规则的例外,学者们有不同的分类。而《美国联邦证据规则》第 803 条和第 804 条规定了两类例外:一类是陈述者可否作证无关紧要;另一类是陈述者不能到庭作证。第一类例外,对于关于陈述者可否作证无关紧要的例外,即使陈述者可以出庭作证,这些证据也不会基于传闻证据排除规则而被排除在证据之外,如表达感觉印象、刺激的发泄等。第二类例外,是陈述者不能到庭作证的例外,如临终陈述、对己不利的陈述等。

四、传闻证据规则与直接言词原则之比较

(一)直接言词原则的内涵

传闻证据规则的基本要求是“直接感知案件情况的人应当出庭作证”。在大陆法系国家,虽然传统上不实行英美法系国家意义上的传闻证据规则,但也存在类似的制度和规则。大陆法系不采用传闻证据规则,而是奉行直接言词原则。直接言词原则可再分为直接原则和言词原则。直接原则,又称直接审理原则,要求参加审判的法官必须亲自参加证据审查、亲自聆听法庭辩论。言词原则,又称言词审理原则,是要求当事人等在法庭上须用言词形式开展质证辩论的原则。根据该原则,只能以在法庭上直接调查过的证据作为裁判基础;记载审判前侦查、起诉活动中的讯问、勘验、扣押、搜查结果的书面材料以及扣押物等,都需要在

法庭上进行调查。例如,《德国刑事诉讼法》第250条规定:“对事实的证明如果是建立在个人的认识之上的,在法庭审理中应当对其询问。询问不允许以宣读以前的询问笔录或者书面证言而代替。”

(二)直接言词原则与传闻证据规则的联系与区别

1. 二者之间的联系

二者虽然适用于不同的法系,产生于不同的年代,但是有着共通的价值理念。一方面,都有利于满足现代诉讼价值理念对于公正审判的要求。直接言词原则要求证据必须以言词的方式当庭提出,而传闻证据规则要求排除传闻证据的适用,二者都有效地保障了各诉讼主体的参与性,也有利于审判公开的实现。另一方面,二者都在一定程度上保证了判决的真实性。直接言词原则对于判决真实性的保障,上文已述,不再赘言;传闻证据规则为控辩双方提供了在言词质证中发现真实的渠道,同时排除了传闻证据误导陪审团的可能性,有利于陪审团作出公正的裁判。

2. 二者之间的区别

虽然直接言词原则与传闻证据规则有着共通的价值理念,但毕竟是在不同的诉讼模式下发挥着作用,因此二者还是有相当的区别的。

第一,二者调整的对象不同。直接言词原则所关注的是案件的审判方式,其强调的是法官的亲历性和言词的证据调查方式。而传闻证据规则调整的是传闻证据本身的证据能力,拥有传闻性质的证据不得出现在陪审团面前,并不涉及法官及其他诉讼主体。

第二,侧重点不同。大陆法系等职权主义诉讼模式,更加注重案件真实的发现,强调法官在法庭审判中的积极作用。而英美法国家当事人主义诉讼模式更加关注程序的正当性问题,保障控辩双方平等的诉讼权利。因此,传闻证据规则在英美法系国家所扮演的首要角色是保证一种公正的程序,使控辩双方有平等的机会对对方提出的证据进行质证,其次才是避免传闻证据误导陪审团而作出错误的判决。

第三,二者发挥作用的方式不同。由于传闻证据规则存在于英美法当事人主义诉讼模式下,因此规则的适用须以当事人提出排除的动议为前提,即使是明显的传闻证据,如果控辩双方并没有审前排除,那么法官也没有权力主动排除适用。相反,直接言词原则是为法官发现案件真实所服务的,法官有权主动适用直接言词原则。

第四,作用效果不同。直接言词原则深受职权主义诉讼模式的影响。也就是说,法官对直接言词原则作用的发挥起到了决定性的作用。直接言词原则是对法官审判行为的规范,即只要法官判断证据是以直接言词的方式被提出,并且认为证据对于案件真实的发现有帮助,那么该证据就可以被采纳,即使证据不符合直接言词原则的要求,法官亦可依职权以其他手段弥补。相反,传闻证据规则调整的是证据的能力,保障的是控辩双方的诉讼权利,因此,只要某证据具有传闻的性质即当然被排除,裁判法官并没有自由裁量的权力。而且,传闻证据的排除主体是法官,而案件的裁判者是陪审团,可以说,被排除的传闻证据并不会对案件最终的结果造成任何的影响,这点与直接言词原则截然不同。

五、探索建立我国的直接言词原则

由于传闻证据规则本身的内涵与外延较难把握，且例外极多，这使其适用极为纷繁复杂，加之我国没有陪审团审判这一适用土壤，因此在我国建立普通法系传闻证据规则并不符合我国国情。不过，传闻证据规则强调证人在法庭上当面作证，保证当事人的对质权的精神，仍有值得参考之处。在我国，由于大陆法系的传统影响，可以通过研究普通法系传闻证据规则和大陆法系直接言词原则的制度内核，探索建立我国的直接言词原则。具体而言，主要有以下几方面的工作需要研究和探索。

第一，在法律文本上明确规定相对直接言词原则。"名不正言不顺，言不顺则事不成"，要建立直接言词原则，法律文本首先要对其加以规定。目前，我国三大诉讼中，对于直接言词原则并无明确规定。我们应当通过修改三大诉讼法或司法解释来规定相对直接言词原则。之所以提"相对"，是因为在相当一段时间内，完全在我国的司法中实施《德国刑事诉讼法》规定的直接言词原则并不符合我国的国情。例如，被告人的供述与辩解不可能全部在法庭上贯彻言词原则。

第二，完善证人鉴定人出庭作证制度。证人鉴定人在法庭上提供证言或发表意见，是直接言词原则的最核心要求。我国《刑事诉讼法》第 61 条规定"证人证言必须在法庭上经过公诉人、被害人和被告人、辩护人双方质证并且查实以后，才能作为定案的根据"，已经肯定了这一制度的价值。党的十八届四中全会《决定》再次强调"完善证人、鉴定人出庭制度"。然而在实践中，无论是刑事诉讼还是民事或行政诉讼，证人出庭作证率仍然不高，这影响了直接言词原则的适用效果。

这一情况的出现，与现有法律规定的不足有关。《刑事诉讼法》第 192 条第 1 款规定："公诉人、当事人或者辩护人、诉讼代理人对证人证言有异议，且该证人证言对案件定罪量刑有重大影响，人民法院认为证人有必要出庭作证的，证人应当出庭作证。"该条第 3 款规定："公诉人、当事人或者辩护人、诉讼代理人对鉴定意见有异议，人民法院认为鉴定人有必要出庭的，鉴定人应当出庭作证。经人民法院通知，鉴定人拒不出庭作证的，鉴定意见不得作为定案的根据。"这一规定以"法院认为有必要"为证人出庭作证的必要条件之一，而实践中法院往往对证人出庭作证态度不积极，加上《刑事诉讼法》第 195 条规定，"公诉人、辩护人应当向法庭出示物证，让当事人辨认，对未到庭的证人的证言笔录、鉴定人的鉴定意见、勘验笔录和其他作为证据的文书，应当当庭宣读"，允许采用未到庭证人的证言或鉴定人的鉴定意见，使证人鉴定人出庭作证制度大打折扣。我们认为，这些法律条文需要加以修改，否则证人鉴定人出庭制度存在重大漏洞，证人出庭率难以有效提高。完善证人鉴定人出庭制度，除了要填补法律漏洞、加强证人强制出庭作证制度的适用，更为重要的是完善相关的制度，例如证人保护制度、证人补偿制度等。唯有相关制度得到有效的实施，证人鉴定人出庭率才能得到有效提高，直接言词原则才能得到保障。

第三，探索实行集中审理制度。集中审理原则是指法院需持续集中地审理案件。该制度要求审理时间集中，即持续不间断审理；审理主体集中，即除非符合例外规定，否则需由同一审判组织审理；审理方式集中，即法官在当事人在场的情况下当庭审理。这一制度的意义在于：一方面，保证法官通过集中审理证据对案件形成全面准确的认识；另一方面，保证被告人的辩护权、当事人的参与权以及迅速审判权。这一制度有利于促进直接言词原则的贯彻,应当探索实行。

第四,强调发挥控辩双方或当事人双方在庭审中的作用,保障当事人的对质权。直接言词原则的落实,目的在于发挥其在查明事实和保障权利两方面的作用。而发挥其作用,其路径在于强化刑事案件被告人及其辩护律师与检察官、民事行政诉讼当事人双方及其律师的作用,尤其要重视通过保障双方的对质权来查明案件事实、维护正当程序。允许双方在法庭上进行对质,是"人类所发明的用于发现案件真实毫无疑问的最伟大法律工具",〔33〕但司法实践中仍然存在削减当事人对质权利、忽视律师辩护或代理意见的现象,对此应当加以纠正。

第五节　最佳证据规则

一、最佳证据规则概述

最佳证据规则是英美法系古老的证据规则之一,起源于普通法的发源地英国。"最佳证据"这一用语最早出现于1700年,首席大法官霍尔特(Holt)在一个案件指出:"仅仅需要事物本身所能具有的最佳证据。"至今,最佳证据规则在英美法系各国仍普遍适用。最佳证据规则是一项适用于书证的规则,含义是在证明一项文书内容的过程中,如果其内容对案件审理重要,除非是因可证明的提出人重大过失之外的其他原因,否则必须使用原始的文书。即在以文书的内容证明案件的事实时,除非存在法定的特定例外情形,必须提供原始文书,否则法官不予采纳。基于该项制度的内容,美国证据法学者华尔兹教授就认为:"最佳证据规则,这个名字给人带来一些不必要的误解,认为律师必须遵守这个普遍规则,即在所有案件中提供最有分量最强最好的证据。其实,把这条规则称为'原始文书规则'或许更为妥当,它仅是一项规定原始文字材料有优先权作为证据的简单原则。"〔34〕

最佳证据规则是一项规范证据的证据能力以保障真实性的证据规则,凡不是原件的书证,除非有法定原因,否则一律排除适用。英美法系国家之所以强调这项制度,著名的证据学家摩根曾有经典阐述:"所谓最佳证据法则,在现在则为关于文书内容之证据容许性法则。该法则需要文书原本之提出,如不能提出原本,直至有可满意之说明以前,则拒绝其他证据,其理由之至为明显。盖文字或其他符号,如差之毫厘,其意义则可能失之千里;观察时之错误危险甚大,尤以当其在实质上对于视觉有所近视时为然。因此之故,除提出文书之原本以供检阅外,于证明文书之内容时,诈伪及类似错误之机会自必甚多。"〔35〕也就是说,最佳证据规则的合理性来自两点:一是凡非原始文书的证据极易被伪造或改写,故而其证明力会大打折扣;二是非原件无法与原件进行比对,因此易造成案件真相的混淆。

需要注意的是,尽管最佳证据规则是一项适用范围仅限于书证的证据规则,但其与法国

---

〔33〕 Wigmore, *Evidence in Trials at Common Law*, Aspen Publishers, 1974, p. 1367.

〔34〕 [美]乔恩·R. 华尔兹:《刑事证据大全》,何家弘等译,中国人民公安大学出版社2004年版,第420页。

〔35〕 [美]摩根:《证据法之基本问题》,李学灯译,台北,世界书局1970年版,第385页。

的书证优先规则却是完全不同的概念。书证优先规则的基本含义是书证优于人证,即只要做成了书证,就排斥了对同一案件事实以证人加以证明的任何可能性。书证优先规则是法国民事诉讼法典所特有的证据规则,它确立于1556年的穆兰法令司法改革,当时改革者确立此规则的意图在于:强调书证优先,有利于确保市场交易的安全,革除证人证言证明力不稳定的弊端,简化法院的诉讼程序,增加裁判的可预测性等。随后,1804年的《法国民法典》也认可了这一规则,该法典第1341条明确规定:"凡是超过法令确定的数额或价值的物体,即使是自愿的寄托,均应在公证人前作成书证,或者经各方签名作成私文书。"最佳证据规则与书证优先规则的区别主要有以下几点:第一,最佳证据规则适用于所有诉讼程序,而书证优先规则是法国民事诉讼法所特有的规则;第二,最佳证据规则的基本含义是在书证中以使用原件为原则,书证优先规则的基本含义是书证优于人证;第三,最佳证据规则是一项规范证据的证据能力的规则,而书证优先规则则只以书证有证明力,对于一定数额以上的民事法律行为,法院只采纳书证作为证据的形式并排斥证人证言等其他证据方法。

最佳证据规则与我国学者常谈的原始证据优先规则亦有许多不同之处。原始证据规则是指在证据收集时应尽可能地收集原始证据,凡是能够收集原始证据的,不得只收集派生证据或传来证据。如《中华人民共和国刑事证据法专家拟制稿》第15条规定:"收集、运用证据应当遵循原始证据优先规则。能够收集原始证据的,不得只收集派生证据。"〔36〕最佳证据规则与原始证据优先规则在范围、内容方面均有区别。

二、最佳证据规则的国外立法状况

《美国联邦证据规则》对最佳证据规则作了具体的规定,其第1002条规定:"为证明书写文件、录制品或影像的内容,应当提供其原件,除非本证据规则或者联邦制定法另有规定。"《美国联邦证据规则》的这些规定实际上对传统的最佳证据规则进行了发展,最佳证据规则原本限于"文书",而录音或照相等严格地讲并不属于传统的"文书"范畴。

英国的最佳证据规则与美国基本相同,但也有些细微差别,其中最显著之处体现在两个方面:第一,最佳证据规则的范围仍然限于书证,而未被扩展至录音录像等影像资料。第二,关于计算机资料的原件问题,英国法院是根据最佳证据规则的例外规定使其具有可采性,即凡是当事人能够证明其确实无法取得正本时,可以使用抄本证明原件的内容;对计算机输出文件而言,只须证明这些文件的正本在正常的业务活动中已经销毁,或者系直接输入,无须证明基础正本从未存在。〔37〕 这与《美国联邦证据规则》扩大对"原件"的解释而使其具有可采性的做法不太一样。

大陆法系国家对最佳证据规则在刑事诉讼中的运用基本没有作出规定,在民事诉讼中虽然有一些规定,但重视程度仍然不够。如《德国民事诉讼法》第435条规定:"公文书,可以提出原本或提出经认证的缮本,但缮本在认证后须具备公文书的要件;法院也可以命令举证人提出原本,或命其说明不能提出原本的原因并释明之。举证人不服从命令时,法院依自

---

〔36〕 陈光中主编:《中华人民共和国刑事证据法专家拟制稿(条文、释义与论证)》,中国法制出版社2004年版,第155页。

〔37〕 参见何家弘主编:《电子证据法研究》,法律出版社2002年版,第378页。

由心证对该认证缮本具有如何的证明力,作出判断。”据此,《德国民事诉讼法》尽管原则上要求当事人提交文书的原件,但是在当事人提交复制件的情况下,法院并不是简单地以该复制件没有证据能力而不予采纳,而是由法院对其证明力自由裁量,这在很大程度上是由大陆法系国家注重实质真实的司法传统所决定的。

通过最佳证据规则在两大法系主要国家的基本规定,我们认为,尽管最佳证据规则的重要性有所下降,但现代法治国家一般都遵循以提交书证的原件为基本要求的最佳证据规则,同时规定了若干例外情形,以使复制件在确保真实可靠性的情况下具有可采性。而且,只要复制件的真实可靠性被有效地证明,复制件就具有与原件同等的证明力。

三、我国最佳证据规则的相关立法

我国现行的法律规定体现了最佳证据规则的精神。

最高法《解释》第 83 条规定:“据以定案的物证应当是原物。原物不便搬运、不易保存、依法应当返还或者依法应当由有关部门保管、处理的,可以拍摄、制作足以反映原物外形和特征的照片、录像、复制品。必要时,审判人员可以前往保管场所查看原物。物证的照片、录像、复制品,不能反映原物的外形和特征的,不得作为定案的根据。物证的照片、录像、复制品,经与原物核对无误、经鉴定或者以其他方式确认真实的,可以作为定案的根据。”第 84 条亦规定:“据以定案的书证应当是原件。取得原件确有困难的,可以使用副本、复制件。对书证的更改或者更改迹象不能作出合理解释,或者书证的副本、复制件不能反映原件及其内容的,不得作为定案的根据。书证的副本、复制件,经与原件核对无误、经鉴定或者以其他方式确认真实的,可以作为定案的根据。”两院三部《办理死刑案件证据规定》第 6 条规定:“对物证、书证应当着重审查以下内容:(一)物证、书证是否为原物、原件,物证的照片、录像或者复制品及书证的副本、复制件与原物、原件是否相符;物证、书证是否经过辨认、鉴定;物证的照片、录像或者复制品和书证的副本、复制件是否由二人以上制作,有无制作人关于制作过程及原件、原物存放于何处的文字说明及签名……”第 8 条规定:“据以定案的物证应当是原物。只有在原物不便搬运、不易保存或者依法应当由有关部门保管、处理或者依法应当返还时,才可以拍摄或者制作足以反映原物外形或者内容的照片、录像或者复制品。物证的照片、录像或者复制品,经与原物核实无误或者经鉴定证明为真实的,或者以其他方式确能证明其真实的,可以作为定案的根据。原物的照片、录像或者复制品,不能反映原物的外形和特征的,不能作为定案的根据。据以定案的书证应当是原件。只有在取得原件确有困难时,才可以使用副本或者复制件。书证的副本、复制件,经与原件核实无误或者经鉴定证明为真实的,或者以其他方式确能证明其真实的,可以作为定案的根据。书证有更改或者更改迹象不能作出合理解释的,书证的副本、复制件不能反映书证原件及其内容的,不能作为定案的根据。”

《民事诉讼法》第 73 条第 1 款规定:“书证应当提交原件。物证应当提交原物。提交原件或者原物确有困难的,可以提交复制品、照片、副本、节录本。”最高法《民诉法解释》第 111 条规定:“民事诉讼法第七十三条规定的提交书证原件确有困难,包括下列情形:(一)书证原件遗失、灭失或者毁损的;(二)原件在对方当事人控制之下,经合法通知提交而拒不提交的……前款规定情形,人民法院应当结合其他证据和案件具体情况,审查判断书证复制品等能否作为认定案件事实的根据。”最高法《民诉证据规定》第 21 条规定:“人民法院调查收集的书证,可以是原件,也可以是经核对无误的副本或者复制件。是副本或者复制件的,应当在调查笔录中说明来源和取证情况。”第 23 条第 1 款、第 2 款规定:“人民法院调查收集视听资料、电子数据,应当要求被调查人提供原始载体。提供原始载体确有困难的,可以提供复制件。提供复制件的,人民法院应当在调查笔录中说明其来源和制作经过。”第 61 条规定:“对书证、物证、视听资料进行质证时,当事人应当出示证据的原件或者原物。但有下列情形之一的除外:(一)出示原件或者原物确有困难并经人民法院准许出示复制件或者复制品的;(二)原件或者原物已不存在,但有证据证明复制件、复制品与原件或者原物一致的。”第 90 条规定:“下列证据不能单独作为认定案件事实的根据……(五)无法与原件、原物核对的复制件、复制品。”

最高法《行诉证据规定》第 10 条第 1 款第 1 项和第 2 项规定:“根据行政诉讼法第三十一条第一款第(一)项的规定,当事人向人民法院提供书证的,应当符合下列要求:(一)提供书证的原件,原本、正本和副本均属于书证的原件。提供原件确有困难的,可以提供与原件核对无误的复印件、照片、节录本;(二)提供由有关部门保管的书证原件的复制件、影印件或者抄录件的,应当注明出处,经该部门核对无异后加盖其印章;……”第 12 条第 1 项规定:“根据行政诉讼法第三十一条第一款第(三)项的规定,当事人向人民法院提供计算机数据或者录音、录像等视听资料的,应当符合下列要求:(一)提供有关资料的原始载体。提供原始载体确有困难的,可以提供复制件;……”第 40 条规定:“对书证、物证和视听资料进行质证时,当事人应当出示证据的原件或者原物。但有下列情况之一的除外:(一)出示原件或者原物确有困难并经法庭准许可以出示复制件或者复制品;(二)原件或者原物已不存在,可以出示证明复制件、复制品与原件、原物一致的其他证据。视听资料应当当庭播放或者显示,并由当事人进行质证。”第 71 条第 5 项规定:“下列证据不能单独作为定案依据:……(五)无法与原件、原物核对的复制件或者复制品;……”

目前,我国的相关立法主要存在以下几个问题:第一,对于最佳证据规则相关内容规定不明确,且立法位阶过低,大多集中出现在最高人民法院的司法解释中,而在三部诉讼法中没有体现;第二,最佳证据规则的范围限于书证,而我国现行规定并没有区分书证和物证,混淆了书证和物证的区别;第三,最佳证据规则相关内容在民事和行政诉讼中有较多的规定,而在刑事诉讼中的规定非常少;第四,对复制件的证明力的规定过于保守。我国的司法解释机械地规定,凡无法与原件、原物核对的复制件、复制品,均不能单独地作为认定案件事实的根据。这实际上就意味着在原件或原物丢失的情况下,即使能证明复制件或复制品的真实性,复制件或复制品的证明力也非常有限。

在我国建立最佳证据规则应注意以下几个问题:第一,提高对最佳证据规则的立法位阶。第二,区分书证和物证的适用规则,最佳证据规则应一般适用于书证,但可以适当地拓展到视听资料、电子证据等,这是符合最佳证据的发展潮流的,但是对于物证的适用及其证明力问题,应当适用不同的证据规则。第三,加大刑事诉讼中最佳证据规则的比重。第四,在以使用“原件”为原则的基础上,增加“复制件”的使用例外。前文引述的最高法《民诉法解释》第 111 条规定正体现了这一内容。

在中国建立完善的最佳证据规则,对于三种诉讼查明案件事实、保障公平正义有所帮助,也与我国诉讼强调真实发现和事实查明的司法传统相协调,更符合中国司法改革中建立完善的证据规则制度的要求。应当说,在中国现有的体现最佳证据规则的立法基础上,完善此项规范证据的证据能力以保障案件真实查明的证据规则,势在必行。

第六节 意见证据规则

一、意见证据规则概述

(一)意见证据规则概念和内容

意见证据,是指某种源于证人所亲身感知的事实而作的意见、推理或结论。麦克威(John Jay Mckelvey)对意见证据的解释为:"证人基于直接呈现于其感官上之事实,推论系争事实存在与否,法律上称之为意见,证人本于上述推论所作的陈述,称之为意见证据。"[38]

意见证据规则是英美法系的一项重要证据规则。在英美法系国家,证人一般只能对自己所耳闻目睹的事实佐证,而不能就这些事实提出意见、推理或结论。也就是说,普通证人不得在陈述自己亲身经历的事实之外陈述其意见、推理或结论,这就是意见证据规则。其基本内容为,证人为证明其所相信的事实而所述之关于事实的意见、推理或结论一般不具有可采性。例如,某甲在驾驶过程中见到前方某乙的汽车行驶呈"S"形,就只能如实陈述其所见到的情形,而不能对法庭推论"乙系醉酒驾车",即使事实极有可能就是如此,但甲的此种推理性意见仍是不可采纳的。

应当指出,英美法系的证人概念与我国有极大区别。英美法系国家的证人是一个宽泛的概念,既包括所有在诉讼过程中向司法机关提供口头证词的人,也包括普通证人、被害人、专家证人、出庭作证的警察、自愿作证的被告人等。而在我国,一般认为证人专指向公安司法机关陈述所知案件情况且又不具有其他诉讼身份的人员,而向法庭提供专业知识证据的专家有特定的诉讼身份——鉴定人。

值得注意的是,意见证据与证人亲身所感知到的事实的界限并非泾渭分明的,塞耶就曾指出:"从某种意义上说,所有的证人证言实际上都是意见证据,是从现象和心理印象形成的结论。"例如,证人在进行辨认时认定其所认定的手枪即是作为实施犯罪工具的手枪,这一事实陈述中实际上也是包含了一定的推理过程的,即基于二者特征的相似性而得到的结论。因此,实践中百分之百地排除所有意见、推理或结论是难以做到的。

(二)意见证据规则的正当化理由

采用意见证据规则,主要有以下几方面的理由:

第一,意见证据不具有证明价值。因为假如证人所陈述的事实并不需要专业的知识即可进行推理得出结论,则案件裁判者完全可以依据其自身的经验和逻辑能力进行推理得出

---

〔38〕 John Jay Mckelvey, *Handbook of the Law of Evidence*, Sec. 172. 转引自刁荣华主编:《比较刑事证据法各论》,台北,汉林出版社1984年版,第259页。

结论,而无须证人越俎代庖;倘若证人所陈述的事实需要专业知识,则应由专业人士(专家证人)提出意见,普通证人的意见并不具有证明价值。而且,证人作为案件事实的耳闻目睹者,身陷其中,其推理判断难以保障其准确性,所谓“当局者迷,旁观者清”,其推理判断的可信性值得怀疑。

第二,意见证据侵犯了案件裁判者的权力。在英美法系典型的案件审理程序中,案件事实的裁判应当由陪审团进行,而陪审团均由没有经历过法律教育的普通公民所组成。为了防止证人提出的意见证据干扰陪审团的审判,保障陪审团独立地作出判断,排除意见证据是极为必要的。即使在由法官审判的案件中,对于事实的裁判也属于法官的权限范围,任由证人对事实问题品头论足,显然侵犯了事实裁判者的权威,这显然也违反诉讼规律。

第三,对意见证据难以进行交叉询问,证人无法承担伪证责任。交叉询问对于找出证据中的漏洞和发现案件真实有着极其重大的意义。著名证据法学者威格莫尔就曾说:“为发现真情,人类迄今发明的最伟大的法律发动机,毫无疑问应是交叉询问。”而对于“我觉得……”“我认为……”这样的以推理、意见作为表现形式的证据,不仅交叉询问难以展开,而且也不存在百分之百对与错的划分,因此也较难对证人以伪证罪进行束缚。

二、意见证据规则的例外

(一)专家证人意见之例外

在诉讼中,往往有许多事项涉及专业知识,需要由某一专业的专家提出意见或结论。在英美法系国家,长期以来专家证人的意见都是可采纳的,这是意见证据规则最主要的例外。英国早在1972年《民事证据法》中就规定了专家证人所作的专家报告可以作为证据采纳,1988年更是在《刑事审判法》中规定了专家报告的可采性。美国等其他英美法系国家也均有关于专家意见可采纳的规定。

英美法系的“专家”是指经过某一学科科学教育的人或从实践中掌握了特别知识的人,这些人是以某一方的证人的身份进行作证的。专家证人在作证之前有证人资格认定程序,法院或律师需对该专家的教育研究或经验等方面作一番提问,证明其具有专业的知识或经验,以确定其具有专家证人的资格。经过认证程序获得了专家证人的资格后,该专家证人可以对某项需要特定专业知识的事项提供证言或报告,这类证言或报告不仅可以包括对事实的陈述,也可以包括其推断或意见。对于专家证人的证言而言,无论是陈述还是推断或意见,均具有可采性。在一些国家,这种专家证人的推断或意见甚至可以是对案件最终的争议点的推断或意见。

然而,这并不是说对专家意见证据没有任何限制。第一,专家证言虽具可采性,但对裁判者并无强制力。证据是否具有可采性与证据是否最终被案件裁判者所采纳是两回事。由于陪审团或法官是案件事实的最后裁判者,他们完全可以根据自己的理智判断专家证人意见的证明价值,可以放弃采用专家意见,专家意见只是“仅供参考”。此外,由于一些国家的陪审团在刑事案件中有“不顾法律和事实而作无罪裁判的权利”(Nullification),因此即使专家意见言之凿凿、确切有理,陪审团也可以完全不顾该意见而宣告被告人无罪。第二,专家意见的提出也需要经过庭审中的交叉询问。专家证人虽然在某一领域具有专门知识或经验,但并不表示他不会犯错或者不会舞弊。而交叉询问无疑是揭露这种可能存在的错误或舞弊最好的手段,对方当事人及其律师有权利对专家意见提出质疑,在案件裁判者面前全面审视专家意见的理由是否达到合理的确定性的要求。在交叉询问之后,法官或陪审团可以根据交叉询问的结果接受或不接受该专家意见。第三,专家必须在其特定的专业领域作证,不得对其他专业问题作证。例如,兽医学方面的专家不能对人体医学方面的问题作专家意见。第四,其他限制。除上述几种限制外,还存在其他的限制,例如在美国,刑事案件中对被告人精神问题作证的专家证人不能对被告人是否属于被指控犯罪构成要素或相关辩护要素的精神状态等问题提出意见或结论。

(二)普通证人意见之例外

普通证人是相对专家证人而言的,亦即"非专家证人""外行证人"。尽管此类证人的意见证据原则上适用意见证据规则而不具有可采性,但也存在例外。普通证人意见之例外主要体现在,当普通证人的意见合理地建立在该证人的感觉之上,或者对于清楚正确地理解该证人证言或确定争议事实确实有益,则该意见证据可以作为意见证据规则的例外而具有可采性。也就是说,对于普通证人的意见,凡属不是以其亲身感知的事实作为基础而作出的,应当加以排除;但若是以其亲身感知为基础作出的,则可能而非必然成为例外而具有可采性。这些例外大多是不能以其他方式表达的"速记性"问题,如味觉或嗅觉的问题、交通工具的速度、声音或笔迹的辨别、证人本人的意图、他人的状态等。

规定此种例外的主要原因是想要对证人的事实陈述和意见作严格的区分是极端困难的,证人就其感知的案件事实所提供的证言本身就带有主观色彩,而这种主观色彩在很多情况下就是其感知的一部分。例如,在刑事诉讼中证人对犯罪嫌疑人进行列队辨认时,证人指认:"甲即是我所见到的持枪抢劫被害人之人。"这一指认本身实际上就是一个意见证据,在此证人对其感知事实的陈述实际应为:"甲与我所见到的持枪抢劫被害人之人极其相像。"或者证人在交通肇事案件中作证时称:"肇事车辆当时以每小时100公里的速度撞上了被害人所驾驶的车辆。"这显然更是一个结论性的意见证据。但是在这种情况下证人所提供的意见证据实际上承载着其对感知事实的描述,在这种情况下倘若排除了意见证据的可采性,则亦排除了其所承载的事实陈述的可采性,这种绝对化的排除方式显然不利于查明案件事实,也违反诉讼价值平衡的观念。因此,近年来基于此种认识,英美法系各国开始注意放宽对意见证据规则之例外的适用。

三、国外关于意见证据规则的规定

《美国联邦证据规则》第701条规定:"如果证人不是作为专家进行作证,其以意见形式作出的证言,限于符合下列情形的意见:(a)合理地基于该证人的感知;(b)有助于清晰理解该证人的证言或者确定争议的事实;并且(c)不是基于第七百零二条范围内的科学、技术或者其他专门知识。"该条一方面规定了普通证人意见证据排除的一般性规定,另一方面又规定了作为例外具有可采性的普通证人意见证据的要求。通常在司法实践中,该条只是作为一种"告诫",对它的执行很大程度上取决于案件裁判者的自由裁量。

在英国,根据法律规定,一般来说律师可以在交叉询问中向证人提出任何问题,只要这个问题是相关的，且对问题的回答不会涉及不可采纳的材料，比如传闻或非专家观点。但是，在民事诉讼中，由于传闻规则已被废止，传闻意见证言（如果该项记录是根据原始资料提供者的直接口头证据作出的）也可以采纳。

四、我国的意见证据规则

意见证据规则是英美法系的一项重要证据规则，但是在大陆法系，许多国家和地区都没有限制证人提出意见的规定，这主要是因为大陆法系传统上一直都是主要由职业法官进行审判，而不像英美法系传统原则上应由非职业的陪审团进行审判，职业法官受证人意见影响的可能性要比陪审团小得多。随着两大法系的相互融合和借鉴，以及对抗制审判制度在全球范围的扩张，意见证据规则也越来越受到传统的大陆法系国家和地区的重视。例如，日本就在其《刑事诉讼法》中对意见证据的可采性问题进行了明确规定。又如，我国台湾地区的相关规定甚至对意见证据采取了一概排除的态度。我国大陆传统上采用大陆法系的审判模式，对于意见证据规则规定较少。最高法《解释》第 88 条第 2 款规定："证人的猜测性、评论性、推断性的证言，不得作为证据使用，但根据一般生活经验判断符合事实的除外。"最高法《民诉证据规定》第 72 条第 1 款规定："证人应当客观陈述其亲身感知的事实，作证时不得使用猜测、推断或者评论性语言。"最高法《行诉证据规定》第 46 条规定："证人应当陈述其亲历的具体事实。证人根据其经历所作的判断、推测或者评论，不能作为定案的依据。"我们认为，可以吸收意见证据规则的合理因素，完善我国证人作证制度。

首先，应当对意见证据规则及其例外作出一般性的规定，主要规定何为意见证据与意见证据原则上不可采纳及其例外。对于证人的意见，可以采取"以排除为原则、以采纳为例外"的方法，允许证人提出与其亲身感知密切相关并有助于案件审理者理解证言的意见。可以具体规定什么样的证人意见证据可以采纳，并从程序上限制证人以意见方式作证。

其次，规定专家资格的认定。人大常委会《司法鉴定管理决定》关于鉴定人执业资格取得的条件限制过于宽松，在实践中出现鉴定混乱、互相扯皮的现象。应当明确对专家证人进行认证时的条件以及认证程序，建立全国统一的鉴定人资格认证制度，在刑事案件中允许辩方提出本方专家证人，打破国家公权力机关对鉴定的垄断，从而保证诉讼双方诉讼手段的平等性。

再次，应规定专家意见应符合的具体要求。例如，对专家意见所涉及的问题与专家的研究领域是否相关、专家意见的论证方法是否具有说服力、专家对自己意见应当具有合理的肯定性以及专家意见所依据的事实是否可靠等方面的具体要求作出规定。

复次，规定无论是普通证人还是专家证人，提出意见证据都出庭接受交叉询问。我国现在证人、鉴定人出庭作证率低，严重影响了公正审判的实现。只有经过交叉询问的意见证据，才可能在其真实性上增加一重保障，尽可能减少意见证据中的非理性因素，更好地发现案件真相。

最后，规定无论普通证人的意见证据还是专家证人的意见证据，在其最终能否被采纳的问题上，法官具有自由裁量权。尤其是专家证人的意见，对于法官也只是具有参考价值，不应当强制规定法官必须遵从专家证人得出的意见或结论，以免损害审判权的行使。

第七节 口供补强规则

一、口供补强规则概述

口供补强规则,是指只有被告人的口供不足以认定被告人有罪,必须有补强口供的证据。所谓"补强"(corrobaration),意指支持或印证。"证据的补强实际上要求某类证据以其他的独立证据加以印证或支持,以使该证据反映的事实诸如对犯罪行为的定罪等是足够充分的。"[39] 补强证据的作用在于通过证据的相互印证而增强或担保主证据的证明力。由于主证据对于案件主要事实的证明具有决定作用,为了保证发现案件的真相,防止该证据为虚假证据,需要借助补强证据来印证主证据的证明力。

在美国,公认的观点认为,证据补强的要求不仅适用于明确、完全对所犯罪行的口供,同样适用于与犯罪有关事实的承认,甚至包括辩解陈述。这种要求也不限于面对司法官员(侦讯人员)的陈述,也包括对私人的陈述。而对证据补强的要求的本质,实际上在于使定案的证据更充分。不过在美国司法中,对口供补强要求虽由法官提出,但最终对口供证明力及案件事实的审查则由陪审团负责。陪审团在口供补强问题上,并不受法官的约束,享有独立的自主权。[40] 大陆法国家更强调案件处理的实体真实性,因此对自白的运用实际上更为谨慎。作为大陆法系与英美法系混合体的日本,在法律中明确规定了口供补强规则。《日本宪法》第38条第3款规定:"如果对自己不利的唯一证据是本人口供时,任何人均不得被判有罪或科以刑罚。"《日本刑事诉讼法》第319条第2款规定:"不论是否被告人在公审庭上的自白,当该自白是对其本人不利的唯一证据时,不得认定被告人有罪。"

关于补强的范围,即犯罪事实在什么范围内需要口供的补强证据,对此存在罪体说和实质说两种观点。罪体说认为,对罪体需要补强。至于何为"罪体",存在三种观点:(1)罪体是侵害客观的法益,即罪体是犯罪行为客观造成的损害,例如有尸体存在;(2)罪体是犯罪行为引起的侵害法益,即除包括犯罪行为所造成的结果以外还包括该结果是由犯罪行为所造成的,例如该尸体是他杀的尸体;(3)罪体包括作为犯罪行为人的被告人,即除了犯罪后果、犯罪与后果的关联性,还要有犯罪行为人与被告的同一性,例如,该尸体是被告人所杀害的尸体。实质说认为,补强的范围只要能补强口供事实的真实性即可,不是像罪体说那样在形式上限定范围,而是主张推认的事实达到合理的程度即可。[41] 现在各国在实务中大多由罪体说转向了实质说,这是因为采用罪体说可能给控方造成不公平之负担,而实质说不但较易采用,而且能更有效地实现补强规则的目标。

关于补强的强度,即补强证据在什么程度上有证明力,有绝对说和相对说之分。绝对说认为,补强的程度是补强证据本身的证明力程度问题;相对说认为,补强的强度是与口供的证明力相关的证明力程度问题。在理论上,罪体说倾向于绝对说,实质说接近于相对说,但

[39] Peter Murphy, *Murphy on Evidence*, 6th ed. Blackstone Press Limited, 1997, p. 505.

[40] 参见牟军:《自白制度研究》,中国人民公安大学出版社2006年版,第324页。

[41] 参见[日]田口守一:《刑事诉讼法》,刘迪、张凌、穆津译,法律出版社2000年版,第254页。

他们之间并没有必然的联系。对于法庭外口供以绝对说为标准,对于法庭口供以相对说为标准。另外,补强证据也要有证明能力。不能用被告人的供述补强被告人的口供,用被告人供述以外的证据进行补强才是有证据能力的。[42]

此外,尽管口供有了补强证据,但其自身的证明力仍然需要经过审查。对于口供本身的证明力,大陆法系国家通常采用法官自由心证的方式进行自由裁量。值得注意的是,日本在判断口供的证明力方面设置了三种标准,这些标准有一定的参考意义:(1)与口供本身可信性有关的要素,如口供与临场感觉、真实感、具体性、一贯性有关(是否能够供述自己的体验);(2)口供是否符合客观事实的要素,如是否为了"揭露秘密"(侦查人员不知道的事实,经侦查的结果得以确认)、口供与客观证据是否符合,多数补强证据都存在这种关系;(3)涉及口供和取得口供的过程的要素,如是什么时候作出的口供、是在什么样的审讯状态下作出的口供、审讯与口供的变更有何关系等。[43]

二、口供补强规则与自白规则

自白规则是一项来源于英美法系的刑事证据规则。著名证据法学家威格莫尔曾在其论著中指出:"自白就是刑事案件的被控人以明确的语言对其被指控的真实犯罪事实或对犯罪事实中最基本部分的承认。"[44]田口守一教授则认为:"自白是被告人承认自己犯罪事实的全部或重要部分的供述。"[45]我们认为,自白是指被追诉人向特定机关或人自愿作出的承认自己犯有所指控的罪行并披露实施犯罪的具体情况的供述,即自白是被追诉人所作的对己不利的、对犯罪的主要构成要件的承认。

自白应受到两方面的限制:第一,自白证据能力方面的限制,自白应当是自愿作出的,且自白人应当在作出自白之时对自白的后果有清醒的认识,也就是自白应具有任意性。第二,自白证明力方面的限制,欲对被告人定罪,不能仅仅依靠自白之有罪陈述,尚需其他证据加以补强,即自白不得作为对被告人定罪的唯一依据。这两方面的限制构成了完整的自白规则。从这两方面的限制,我们可以得到自白规则的两个分支:自白任意性规则和口供补强规则。由此可见,口供补强规则是自白规则的一个分支。

三、我国的口供补强规则

关于口供的证明力,即口供补强的问题,我国《刑事诉讼法》第55条规定:"对一切案件的判处都要重证据,重调查研究,不轻信口供。只有被告人供述,没有其他证据的,不能认定被告人有罪和处以刑罚;没有被告人供述,证据确实、充分的,可以认定被告人有罪和处以刑罚。证据确实、充分,应当符合以下条件:(一)定罪量刑的事实都有证据证明;(二)据以定案的证据均经法定程序查证属实;(三)综合全案证据,对所认定事实已排除合理怀疑。"两院三部《办理死刑案件证据规定》第18条规定:"对被告人供述和辩解应当着重审查以下内

---

〔42〕 参见[日]田口守一:《刑事诉讼法》,刘迪、张凌、穆津译,法律出版社2000年版,第255页。

〔43〕 参见[日]田口守一:《刑事诉讼法》,刘迪、张凌、穆津译,法律出版社2000年版,第256页。

〔44〕 Lawrence S. Wrightsman, Saul M. Kassin, *Confession in the Courtroom*, Sage Publication, Inc., p. 3.

〔45〕 [日]田口守一:《刑事诉讼法》,刘迪、张凌、穆津译,法律出版社2000年版,第247页。

容:……(五)被告人的供述是否前后一致,有无反复以及出现反复的原因;被告人的所有供述和辩解是否均已收集入卷;应当入卷的供述和辩解没有入卷的,是否出具了相关说明。(六)被告人的辩解内容是否符合案情和常理,有无矛盾。(七)被告人的供述和辩解与同案犯的供述和辩解以及其他证据能否相互印证,有无矛盾。对于上述内容,侦查机关随案移送有录音录像资料的,应当结合相关录音录像资料进行审查。"最高法《解释》第96条规定:"审查被告人供述和辩解,应当结合控辩双方提供的所有证据以及被告人的全部供述和辩解进行。被告人庭审中翻供,但不能合理说明翻供原因或者其辩解与全案证据矛盾,而其庭前供述与其他证据相互印证的,可以采信其庭前供述。被告人庭前供述和辩解存在反复,但庭审中供认,且与其他证据相互印证的,可以采信其庭审供述;被告人庭前供述和辩解存在反复,庭审中不供认,且无其他证据与庭前供述印证的,不得采信其庭前供述。"第141条规定:"根据被告人的供述、指认提取到了隐蔽性很强的物证、书证,且被告人的供述与其他证明犯罪事实发生的证据相互印证,并排除串供、逼供、诱供等可能性的,可以认定被告人有罪。"

尽管已经有了口供补强规则的相关规定,仍需对该规则加以进一步的完善,尤其是对共犯口供是否可以作为其他共犯口供的补强证据的问题作出明确规定,我们认为共犯的口供仍然是"被告人供述",如果可以仅凭共犯的供述定案,无疑有"轻信口供"之嫌。因此,不能仅仅以共犯的口供作为补强证据,即使共犯的口供相互一致,也应当寻求其他证据来补强。总体而言,被告人口供的证据补强,要达到证据确实充分的程度,才能够定罪。

【案例1】 美国马普诉俄亥俄州案——非法证据排除规则

【案情】 1957年5月23日,克里夫兰市的三名警察根据一则情报("有个人正躲藏在家中,最近的爆炸事件与其有关,需要对其询问,在其家中还有大量的赌博用具"),来到申请人在克利夫兰市的住处。马普女士和她的女儿(与前夫所生)住在一幢两户型公寓的顶楼。警察到达其住处,敲门要求进入,但申请人在打电话咨询其律师后,不允许他们在没有搜查令的情况下进入住宅。警察告知警察总局该情形,并对房子进行监视。

大约3小时后,4名或更多的警察到达现场,他们又试图进入。马普女士没有立即去开门,这时警察至少已经强行打开了房屋的一扇门,[46]并进入住宅。同时,马普女士的律师也到了,但警察在得以进门之后,继续违反法律,既不允许律师见马普女士,又不许律师进入房屋。在警察用这种高压手段闯入门厅时,马普女士似乎正要从顶层到前门去,下楼下了一半。她要求看搜查令。其中一名警察举着一张纸,声称是令状。她一把抓过"令状",将其塞入自己的内衣。接着发生了厮打,警察重新夺回了那张纸,并给马普女士戴上手铐,因为她在反抗警察从她身上强行夺走"令状"时,表现得很"挑衅"。警察对申请人非常粗暴,他"抓着"她,"扭过(她的)手",她"叫喊着,(并)恳求他",因为"这弄疼了她"。而后,戴着手铐的申请人被强制带到她楼上的卧室,在卧室里,警察搜查了化妆台、屉柜、壁橱和几个手提箱。他们也查看了一个影集,浏览了申请人的一些私人照片。搜查扩大到二楼,包括孩子的

---

〔46〕 一个警察作证说,"我们确实从玻璃门中探视,想要进去";在场的律师作证说,警察"试图……踢开门",然后"打碎门上的玻璃,有人伸手进去打开了门,让他们进去";上诉人作证说,"后门被砸开"。

房间、起居室、厨房和小餐室。该建筑的地下室和在那里发现的大行李箱也被搜查。据以判处马普女士持有淫秽物品罪的淫秽物品,便是在这个范围广泛地搜查中发现的。当时俄亥俄州没有采用非法证据排除规则,警察搜查到的淫秽物品仍然用作给马普女士定罪的证据,马普女士被判有罪。判决后,马普女士不服,诉至俄亥俄州最高法院,声称淫秽物品不属于她,警察取证过程是违法的。但俄亥俄州最高法院驳回了她的上诉,认定在法庭出示的证据没有问题。马普女士最终上诉到美国联邦最高法院。

美国联邦最高法院撤销了俄亥俄州最高法院的判决。美国联邦最高法院认为,排除证据规则是第四修正案和第十四修正案的重要部分,既然承认第四修正案表达的隐私权适用于各州,就不应当让该权利形同虚文,因此排除规则应当适用于各州。

【评析】 美国联邦最高法院通过马普案将第四修正案非法证据排除规则的适用成功地推向全国。此后,无论是联邦警察、州警察,还是地方警察,只要进行了非法搜查,他们在搜查中取得证据都要按照排除规则予以排除。美国联邦最高法院确立排除规则的目的是以此来防止警察进行非法搜查。在实践中,排除规则的适用对警察的执法活动确实起到了警示作用。为避免所收集的证据被排除、劳而无功,各警局普遍采取措施,提高警察依法执法意识。

【案例2】 艾某故意杀人案——因非法证据成功排除而作出无罪判决的典型案例

【案情】 在2005年某县公安机关办理的艾某故意杀人一案中,被告人艾某杀人的证据有:被告人艾某的供述、现场勘验检查笔录和指认现场笔录、书证、证人证言。此案在法院庭审时,辩护人提出本案的关键证据(被告人艾某的供述、现场勘验检查笔录和指认现场笔录)属于非法证据,理由是:(1)被告人艾某在最初的12小时传唤中并未作有罪供述,宣布刑事拘留超过12小时后,公安机关未及时将艾某送往看守所羁押,仍然放在办案区讯问,且侦查机关采用疲劳讯问的方法,迫使刑事拘留后的艾某作了有罪供述。由于公安机关在程序上严重违法,故此证据属非法证据,应予以排除。(2)现场勘验检查笔录和指认现场笔录是侦查人员在非法获得"供述"后,威逼艾某到犯罪现场"指供"和"指认"的,此证据也属于非法证据,应予以排除。

公诉人认为:(1)侦查人员在传唤时并未采用"刑讯逼供""暴力""威胁"等方式,传唤问话虽然超过12小时,且宣布刑事拘留后公安机关未及时将其送往看守所,但是这仅属于一般违法,未达到"严重"的程度,因此该证据充其量属于瑕疵证据。而且检察机关在审查批准逮捕前依法提讯艾某时,艾某在自然、合法的条件下对自己的犯罪事实供认不讳(与侦查阶段的供述相吻合),因此,对其在侦查期间的供述应综合全案其他证据一并采信。(2)艾某到犯罪现场指认前对现场的尸体头脚朝向、尸体旁边的实物(如一个烂冬瓜等)均作了供述,后到现场指认的情况、侦查人员现场勘验的情况与艾某先前的供述完全一致,现场勘验检查笔录和指认现场笔录真实客观、合法有效、与其他证据有关联,应当采信。但法院最终采纳了辩护人的意见,认定本案被告人艾某的供述、现场勘验检查笔录和指认现场笔录均属非法证据,不予采信,本案事实不清、证据不足,被告人艾某不构成故意杀人罪。

【评析】 该案是我国因成功排除非法证据而作无罪判决的典型案例。实践中,更多的案件启动非法证据排除程序后,或者不排除,或者虽然排除有争议的非法证据,但是并不影响案件的定罪。该现状既有“毒树之果”规则缺失的影响,也有法官形式上排除非法证据,而在心证上并不排除有罪确信的原因。因此,进一步完善并严格贯彻非法证据排除规则十分必要。

【案例3】 美国唐·邓肯谋杀案——意见证据规则

【案情】 北卡罗来纳州新伯恩市的警察发现,艾迪·罗伯茨死在他的厨房地上,头部中弹。在对被告人唐·邓肯进行审判时,一名普通证人作证说,他看见有个男人向罗伯茨的厨房开枪。“当时很黑,但那人的身高和体重看上去像唐·邓肯。”该证人熟悉唐·邓肯的外观,因为他与唐·邓肯相识,并且在谋杀案发生当天的早些时候见到过他。在解释他所见时,证人再次陈述说:“我说不出他当时穿什么样的衣服。但我注意到他使用的是一支M-16自动步枪,口径是0.22英寸。我有机会看见了此人,但我无法辨别他是谁。他在距离被害人罗伯茨的房屋约有200米的马路一侧的小花园中向罗伯茨的房屋开了枪,由于M-16自动步枪的有效射程在600米左右,因此他的射击给被害人罗伯茨造成了明显的伤害。枪击之后,他翻过栅栏,穿过百老街。他的身高体重像唐·邓肯一样。”

被告人的辩护律师提出,这名证人并非专家证人,而普通证人只能对自己所耳闻目睹的事实佐证,而不能就这些事实提出意见、推理或结论。也就是说,普通证人不得在陈述自己亲身经历的事实之外,陈述其意见、推理或结论。因此,根据《美国联邦证据规则》第701条的规定,如果证人不是作为专家进行作证,其以意见形式作出的证言,限于符合下列情形的意见:(1)合理地基于该证人的感知;(2)有助于清晰理解该证人的证言或者确定争议的事实;(3)不是基于第702条范围内的科学、技术或者其他专门知识。[47]

【评析】 此案例旨在说明何为意见证据。意见证据,是指某种源于证人所亲身感知的事实而作的意见、推理或结论。在本案中,证人所述的证言中,“但我注意到他使用的是一支M-16自动步枪,口径是0.22英寸”和“由于M-16自动步枪的有效射程在600米左右,因此他的射击给被害人罗伯茨造成了明显的伤害”这两句话均属于意见证据,应当排除。

【案例4】 辽宁李某伟“杀妻”案——口供补强规则

【案情】 1986年10月29日下午4时多,辽宁省营口县(现大石桥市)水泥厂职工李某伟慌张地跑到厂里说,自己下午4时下班回家时发现,妻子邢某被人杀害于自家的卧室内。(邢某年仅21岁,与李某伟结婚仅7个月,当时已经怀孕6个月)

下午5时,公安人员到达案发现场勘查发现:邢某头部、面部、肩部、颈部有多处挫伤、掐伤以及钝器打击伤等痕迹,颈部、腹部被砍数刀,其中颈部刀伤深达颈椎;邢某的尸温为12℃,地上流出的血尚未凝固,由此判断邢某被杀时间为下午3时左右;尸检证实邢某未被强

〔47〕 参见[美]罗纳德·J.艾伦、理查德·B.库恩斯、埃莉诺·斯威夫特:《证据法:文本、问题和案例》(第3版),张保生等译,高等教育出版社2006年版,第719~720页。本书在此处进行了改编。

奸,从而排除了强奸杀人的可能性。法医还从案发现场的作案凶器菜刀、碗柜的把手和录音机上提取到同一人的3枚指纹;在炕上铺的床单上提取到41~42码的北京"三羊牌"布鞋足迹。

公安部门采取"拉网式"排查:李某伟夫妇的同学、同事、好友、邻居、亲戚以及当天到现场的所有人,但没有找到可疑的人,此时作为丈夫的李某伟便"顺理成章"地成了公安机关的重点怀疑对象。将李某伟定为犯罪嫌疑人,原因是警方在排查中注意到了这样一条线索,有人向警方提供了李某伟和邢某曾出现过感情问题。虽然经过比对,现场勘查提取的指纹和足迹都不是李某伟的,但由于感情这个线索,使警方的视线转移到了李某伟身上,开始寻找他杀人的证据。确定李某伟为嫌疑人主要有下面三个理由和证据:一是李某伟衣服上的一滴血迹;二是李某伟具备作案时间;三是李某伟的口供及其母亲的证言。

12月21日,距离被拘传至公安局接受讯问仅仅过了3天,李某伟供认是他杀害了自己的妻子邢某。1987年4月14日,营口市检察院以故意杀人罪对李某伟提起公诉。案件的审理几经反复,最后营口市政法委为此召集公检法"三长"会议,才定下判决结果。

1989年12月4日,营口市中级人民法院作出一审判决,以故意杀人罪判处李某伟死刑缓期2年执行,剥夺政治权利终身。这份正文不足600字的判决书称:"上述犯罪事实,证据充分,有公安机关现场勘查及检察机关鉴定材料在卷佐证,虽被告人拒不供认足以认定。"1990年1月12日,辽宁省高级人民法院下达终审判决:"驳回上诉,维持原判。"后来,李某伟被从死缓改为有期徒刑19年。

2000年7月,犯罪嫌疑人江某因劫车杀人案被大石桥市公安局逮捕。在审讯中,江某出人意料地交代,自己才是14年前杀害邢某的真凶。"2·12"专案组认定当年的"10·29"案件的真凶就是江某。2003年,江某被营口市中级人民法院执行死刑。2002年6月25日,营口市中级人民法院正式下达了李某伟的无罪判决书。

【评析】　本案的发生除形成冤错案件的一般原因外,还存在一个关键的原因。因为即使获得了李某伟的口供,一连串的"技术性问题"还是不能解释——案发现场的法医勘验结果表明,邢某被杀于下午3时左右,李某伟此时正在厂内上班,并有大量证人可以证实。而当年的一份尸检报告上面写到死亡时间在饭后2小时内,在这句话的后面,有涂抹的痕迹,使其表达的意思变成了李某伟中午在家,也就具备了"作案时间"。另一个问题是作案凶器上留下的指纹和现场足迹均与李某伟对不上号。李某伟衣领处的血迹,原法医检验的结论是"擦拭",后来在起诉时居然被人用刀片刮掉,改为"喷溅"式血迹,从而成为李某伟"杀妻"的"重要证据"。在口供没有能够得到有效补强的情况下,轻信口供、主要依靠口供定案,是造成这起错案的一个重要原因。

第三编　证　明　论

第十章　证明概述

第一节　证明的概念

证明这一概念在社会生活中应用得非常广泛。在现代汉语中,证明有两种含义。第一种是指“用可靠的材料来表明或断定人或事物的真实性”,例如张三的行为证明了他是一个品德高尚的人;第二种是指“证明书”或“证明信”,例如某单位为其职工李四开具了未婚证明。[1] 在第一种含义中,“证明”为动词,而在第二种含义中,“证明”则为名词。这两种含义都是就证明的一般意义而言的。

在诉讼法或证据法中,证明有其特定的含义。首先需要指出的是,由于刑事诉讼与民事诉讼、行政诉讼不同,除了审判之外,其还包含立案、侦查、提起公诉等若干诉讼阶段,因此,对于刑事证明是仅限于审判阶段,还是延及刑事诉讼全过程,相关证据理论或立法规定并不一致。在英美法系国家,证据理论通常将证明(proof)界定为双方当事人(或控辩双方)在法庭上举证以说服法官确认本方所主张的案件事实的活动。[2] 即将证明限定为审判阶段当事人就其主张事实举证并说服法官的活动。而有的国家则不限于此。《俄罗斯联邦刑事诉讼法典》第 85 条规定:“证明是指为确认本法典第七十三条所列的情况而收集、审查和评定证据。”从而将整个刑事诉讼过程中诉讼主体所实施的证据收集、审查和判断活动均纳入证明的范畴。可见,对于证明是否专属于审判阶段,二者的认识并不相同。

在上述问题上,我国证据理论中也存在狭义说与广义说的争论。传统上,我国一直采取广义说,即主张证明活动贯穿诉讼始终,不仅限定于审判阶段。然而,近年来也有一些学者主张狭义说,认为证明仅属于审判阶段。我们认为,结合我国相关立法与实践,为了更加全面地对刑事证明活动加以规范,我国应当将整个诉讼过程中相应的证据收集、审查和判断活动均纳入证明的范畴,而不应将其仅限定在审判阶段。

具体而言,从我国刑事诉讼相关立法来看,刑事证明并不仅限定于审判阶段。例如,我国《刑事诉讼法》第 116 条规定:“公安机关经过侦查,对有证据证明有犯罪事实的案件,应当进行预审,对收集、调取的证据材料予以核实。”此处“证明”显然发生在侦查阶段。与之相类似,该法第 81 条第 1 款规定:“对有证据证明有犯罪事实,可能判处徒刑以上刑罚的犯罪嫌疑人、被告人,采取取保候审尚不足以防止发生下列社会危险性的,应当予以逮捕……”这里的“证明”适用于包括侦查、审查起诉和审判在内的各个刑事诉讼阶段。上述立法的规

---

〔1〕 参见中国社会科学院语言研究所词典编辑室编:《现代汉语词典》,商务印书馆 2002 年版,第 1608 页。

〔2〕 参见陈光中主编:《刑事诉讼法学》(第 3 版),北京大学出版社、高等教育出版社 2009 年版,第 165 页。

定也使在司法实践中,证明已成为整个刑事诉讼程序中普遍使用的概念,而并不限于审判。将各个阶段查明案件事实真相的活动均纳入诉讼证明的范畴,使之接受诉讼程序和制度的规制,有利于确保其正当性与科学性,进而保证证明过程与证明结果的公正。

当然,民事诉讼和行政诉讼在诉讼阶段构成方面与刑事诉讼不同,民事诉讼与行政诉讼中的证明可以限定为审判阶段。

对于诉讼证明的概念,我国诉讼法学者从不同的角度作了不同的界定。有的观点认为,"诉讼中的证明具有自己的特点,它是指司法机关或当事人依法运用证据确定或阐明案件事实的诉讼活动"。[3] 有的观点认为,"在证据法或诉讼法领域内,证明有其特定的含义,它是指诉讼主体依照法定的程序和标准,运用已知的证据和事实来认定案件事实的活动"。[4] "诉讼意义上的证明,是指特定的机关和诉讼参与人在诉讼过程中,本着查明案件真实情况的目的,依法运用证据来确定和阐明案件事实情况的活动。"[5] 有的观点认为,"证明在近、现代诉讼中,指的是证明主体在证明责任的作用和支配下,运用证据这个证明方法,求证或探知证明客体的抽象思维活动和具体诉讼行为,简单地说,证明就是认知案件事实的理念运动和具体过程的统一"。[6] "从诉讼法的角度界定,证明就是国家公诉机关和诉讼当事人在法庭审理中依照法律规定的程序和要求向审判机关提出证据,运用证据查明系争事实、论证诉讼主张的活动。"[7] 可见,对于证明的主体,有观点称司法机关和当事人,有观点统称诉讼主体,有观点则称特定的机关和当事人,还有观点称国家公诉机关及当事人等;对于证明的内容,有观点认为是运用证据确定或阐明案件事实,有观点认为是运用已知的证据和事实来认定案件事实,有观点认为是运用证据求证和探知证明客体,还有观点认为是运用证据查明系争事实、论证诉讼主张。此外,还有观点强调证明中要按照法律规定的程序和要求提出和运用证据等。

为了对诉讼证明作出准确、科学的界定,有必要对诉讼证明的特点加以分析。我们认为,与其他领域的证明相比,诉讼证明具有以下几个方面的特点:

第一,诉讼证明的主体具有特定性,即特定的国家专门机关和诉讼参与人。在刑事诉讼审判阶段,证明的主体主要是控诉一方,即公诉案件的检察机关以及自诉案件的自诉人。他们对于所提出的控诉主张,应当提供证据加以证明,否则将承担相应的风险。另外,在证据理论与实践中,如果被告人在审判中提出了积极的辩护主张,如不在犯罪现场、没有作案时间等,其也负有相应的证明责任。在上述各种情形下,被告人也是证明的主体。此外,在刑事审判中,其他当事人,包括被害人、附带民事诉讼的原告人和被告人对于其所主张的事实也负有证明的责任,他们同样是证明的主体。

需要指出的是,从整个刑事诉讼程序考察,侦查机关、检察机关以及人民法院也是证明的主体。在刑事诉讼中,公安机关、国家安全机关、检察机关、监狱、军队保卫部门以及走私犯罪的侦查机关等按照法律规定在各自的职权范围内对各种刑事案件进行侦查,收集证据、

[3] 陈一云主编:《证据学》,中国人民大学出版社 2000 年版,第 114 页。

[4] 樊崇义主编:《证据法学》,法律出版社 2001 年版,第 173 页。

[5] 刘金友主编:《证据法学》(新编),中国政法大学出版社 2003 年版,第 167 页。

[6] 江伟主编:《证据法学》,法律出版社 1999 年版,第 49 页。

[7] 卞建林主编:《证据法学》,中国政法大学出版社 2000 年版,第 264 页。

查明犯罪嫌疑人是否实施了犯罪活动,如果认为应该追究犯罪嫌疑人的刑事责任,则必须要将待证事实证明到法定的程度。人民检察院是国家的公诉机关和法律监督机关,负责提起公诉和对立案、侦查、审判、执行活动的监督,如审查批准逮捕、审查起诉、二审抗诉、再审抗诉等。这些活动都需要通过收集证据、对证据进行审查、判断来完成。人民法院行使审判权,承担对案件事实作出最终认定的责任。人民法院主持审判程序,在法庭调查和法庭辩论的基础上,依据证据对案件事实作出认定,并在此基础上作出相应的裁判。另外,人民法院在必要时还可以主动对证据进行调查核实,收集相关证据。所以,从广义的角度理解,侦查机关、检察机关以及人民法院都是证明的主体。

而在民事诉讼和行政诉讼中,证明的主体主要是当事人,包括原告、被告、第三人以及共同诉讼人。另外,法定代理人也应当是证明主体。在诉讼过程中,他们对于所主张的事实,要依法承担证明责任。除此之外,人民法院作为行使审判权的机关,其最终认定的案件事实必须有相应的证据予以支持。《民事诉讼法》第 67 条第 2 款、第 3 款规定:"当事人及其诉讼代理人因客观原因不能自行收集的证据,或者人民法院认为审理案件需要的证据,人民法院应当调查收集。人民法院应当按照法定程序,全面地、客观地审查核实证据。"第 207 条规定:"当事人的申请符合下列情形之一的,人民法院应当再审:(一)有新的证据,足以推翻原判决、裁定的;(二)原判决、裁定认定的基本事实缺乏证据证明的;(三)原判决、裁定认定事实的主要证据是伪造的;(四)原判决、裁定认定事实的主要证据未经质证的;(五)对审理案件需要的主要证据,当事人因客观原因不能自行收集,书面申请人民法院调查收集,人民法院未调查收集的;……"《行政诉讼法》以及最高法《行诉证据规定》也作了与民事诉讼法相类似的规定。因此,法院也应当是广义上的证明主体。当然,法院的证明与当事人的证明是有区别的,后者的证明针对的是自己在诉讼中提出的诉讼主张或诉讼事实,而前者的证明针对的则是自己的裁判,体现为一种职责。

对于其他诉讼参与人是否为证明主体,在理论上有争议。我们认为,鉴定人、证人、翻译人员在诉讼中虽然享有权利、承担义务,但是他们参加到诉讼中的目的是协助查明案件的事实,他们在诉讼中没有诉讼主张,与案件也没有直接的利害关系,不承担败诉的风险,也不对相关的事实作出认定,因此,他们并不是证明的主体。至于辩护人、诉讼代理人是否是证明的主体,在我国并没有定论。我们认为,辩护人和诉讼代理人对于在诉讼中提出的主张或理由也应当提出相应的证据证明,因此,他们也是证明主体。

第二,诉讼证明对象具有特定性。证明的对象是指在诉讼中需要由证明主体运用证据加以证明的案件事实,又称待证事实。案件事实是法院准确适用法律、作出正确裁判的基础。如刑事诉讼中犯罪行为是否存在与该行为是否为被追诉人所为及相关情节、民事诉讼中争议的民事法律关系构成要素的事实、行政诉讼中行政行为是否具有合法性的事实等。需要注意的是,待证事实与客观事实是两个不同的概念。例如,在刑事诉讼中,如果检察机关指控被告人犯有盗窃罪,"被告人犯有盗窃罪"即为待证事实,但是经过法庭审理,有可能认定犯罪事实并非是被告人所为或者被告人的行为并不构成盗窃罪,在此情形下,待证事实即不同于客观事实。再如,民事诉讼中,如果原告诉请被告归还欠款 3000 元,法院经过审理查明事实上被告只欠原告 1000 元,在此情形下,作为待证事实的"欠款 3000 元"与"只欠 1000 元"的客观事实显然也是有区别的。

第三,诉讼证明具有法定性,即诉讼证明必须由法定的主体,依照法定的程序和标准,对法定的事项使用法定的方法和手段加以证明。与一般意义上的证明不同,诉讼证明的诸多方面都是由法律预先规定的。如果不依照法律的规定进行证明,就有可能不会产生法律上的积极效果,甚至还可能产生消极的法律效果。诉讼证明的法定性,主要体现为证明主体的法定性、证明对象的法定性、证明标准的法定性、证明程序的法定性、证明方法和手段的法定性等。

综上所述,我们认为,诉讼证明是指国家专门机关、当事人和辩护人、诉讼代理人按照法定的程序和要求,运用证据揭示或认定案件事实的诉讼活动。

证明在诉讼中处于核心的地位,具有非常重要的意义。首先,证明是查清案件事实的基本方法。在诉讼中,案件事实具有不可回复性。认识已经发生的案件事实,必须通过诉讼主体提供或收集的证据进行。裁判必须建立在以证据为基础所认定的事实之上。如果离开了证明,就无法查清案件事实,裁判也失去了依据。其次,证明是裁判具有权威性的基础。证明责任的分配可以让控诉机关或者当事人积极地参与到诉讼之中,并且以自己的证明行为对案件最终的裁判产生影响。在有些情形下,虽然某一方当事人败诉了,但原因是其没有提供或者没有及时地提供证据,这种败诉是由其没有积极履行证明责任所致。从实践看,只要法律给其提供了平等、公正的举证机会,当事人一般也会服判。另外,对于一般大众而言,如果司法机关对被告人定罪或对纠纷作出的裁判是建立在充分的证据基础上,是通过公正的证明程序实现的,这种裁判就会被接受。最后,诉讼的启动、进行,甚至终结都离不开证明。如刑事诉讼立案,侦查机关必须要证明“有犯罪事实发生”,否则,就不能立案;如相关机关对被追诉人批准或者决定逮捕,则必须有证据证明有犯罪事实。因此,如果没有证明,专门机关就不能立案、采取强制措施、起诉、作出有罪判决等。同样,在民事诉讼和行政诉讼活动中,无论是原告、被告方的诉讼活动,还是审判机关的活动,也都是紧紧围绕证明的有关问题进行的。

第二节　证明的构成

证明主要由证明主体、证明对象、证明责任、证明标准、证明的手段和方法以及证明过程等要素构成。由于证明主体前一节已阐述,以下仅叙述证明对象、证明责任和证明标准等要素。

一、证明对象

证明对象主要解决“证明什么”的问题,是指在诉讼中需要用证据加以证明的案件事实,又称为待证事实。确定证明对象是诉讼证明的首要环节,其为证明主体指明了证明的目标和方向。证明对象主要包括两个部分:一是实体法事实;二是程序法事实。前者是指对于解决案件中的实体问题具有法律意义的事实。在刑事诉讼中是指与定罪量刑有关的事实,主要包括犯罪构成要件事实以及法定和酌定的量刑情节事实;在民事诉讼中主要是指争议的民事法律关系产生、变更以及消灭的事实;在行政诉讼中主要是有关行政主体行政行为合法性的事实。后者是指本身与案件的实体问题没有直接的关系，但对于诉讼程序上如何处理具有法律意义的事实，主要包括有关回避理由的事实、有关采取强制措施的事实、有关诉讼期间的事实、涉及证据能力的事实等。毫无疑问，查明实体法事实是准确适用实体法、作出公正判决的基础，因此，实体法事实是证明对象的关键部分和核心内容。另外，我们也应认识到，诉讼不仅要产生公正的实体裁决，其本身也应当具有公正的属性，因此，作为程序性处理基础的程序法事实，也应当作为证明对象的重要内容。

二、证明责任

证明责任主要解决“谁来证明”的问题。证明责任就是特定的诉讼主体对其所主张、所认定的案件事实是否存在负有提出证据、运用证据加以证明的义务。这是广义的证明责任。

在刑事诉讼中，证明被告人有罪的责任是由检察机关或自诉人承担的，被告人原则上没有义务证明自己是无罪的。由此，检察机关或自诉人在审判中必须提供充分的证据证明被告人有罪，如果其没有提供证据或者所提供的证据不充分，将承担败诉的后果，被告人将被无罪开释；而被告人即使没有提供任何证据证明自己无罪，其也不必然被认定为有罪。在民事诉讼中，原则上实行“谁主张，谁举证”的原则。民事诉讼的原告或被告对于其在诉讼中所主张的事实，必须提供证据加以证明，如果没有提供证据或所提供的证据不充分，其将承担所主张的事实不为法院认可的不利后果。而在行政诉讼中，与刑事诉讼和民事诉讼不同，对于所争议的行政行为的合法性，原则上应当由被告，即作出行政行为的行政机关提供证据加以证明，原告一般无须承担证明责任；而在法律规定证明责任倒置的情形下，由原告承担一定的证明责任。另外，如上节所述，特定国家专门机关对于证明负有法定的职责，也是证明责任的主体。当然，对于国家专门机关而言，依法参加诉讼，收集证据、审查证据、运用证据查明案件事实，是其法定的职责，即不仅是其诉讼职权的体现，也是其诉讼义务和责任的反映。而对于当事人等而言，其收集证据、提供证据并说服办案人员信服其所提出的主张和事实，主要是为了获得有利于己方的认定，避免不利的诉讼结果，维护其合法权益。

三、证明标准

证明标准主要解决“证明到何种程度”的问题，即证明主体履行证明责任所要达到的程度或要求。只有达到了法定的证明标准，诉讼主体才能进行相应的诉讼行为。如侦查机关在刑事诉讼中采取一定的强制措施；或者作出实体上的裁判，如人民法院作出有罪判决。如果没有达到法定的证明标准，即无法在程序上和实体上产生上述积极的法律效果。因此，对于承担证明责任的主体而言，证明标准实为判断其是否履行了应尽的责任，进而得以卸除其证明责任的尺度和标杆。如果证明主体没有将待证事实证明到法律所要求的程度，其证明责任就不能解除，该待证事项在法律上就推定为不成立，诉讼主张方很有可能承担败诉的风险。对司法机关和司法工作人员而言，如果案件事实没有证明到法定标准而认定事实的，属于违法。

证明标准是一个具有层次性的有机体系。从三种诉讼来看，由于诉讼性质不同，诉讼结果对当事人的影响不同，证明标准也应有所不同。一般认为，刑事诉讼应当采用最高标准，行政诉讼次之，而民事诉讼则可以采取相对灵活的标准。

四、证明的手段和方法

证明的手段是证据。现代证据制度都确定了证据裁判主义,即裁判应当建立在可以采信的证据基础之上。《刑事诉讼法》第55条规定:“对一切案件的判处都要重证据,重调查研究,不轻信口供……”党的十八届四中全会《决定》亦规定:“推进以审判为中心的诉讼制度改革,确保侦查、审查起诉的案件事实证据经得起法律的检验。全面贯彻证据裁判规则,严格依法收集、固定、保存、审查、运用证据,完善证人、鉴定人出庭制度,保证庭审在查明事实、认定证据、保护诉权、公正裁判中发挥决定性作用。”我国对证据的基本要求是真实性、关联性和合法性。

证明方法指证明主体利用证据对争议的案件事实进行论证、与对方进行辩论并且说服裁判者作出对己方有利认定所使用的各种方法。证明的方法既可以由法律加以规定,也可以不由法律明确予以规定。需要由法律明确规定的,如法律上的推定。实践中,很多证明方法不需要法律作出明确的规定,如逻辑推理,包括归纳和演绎、分析与综合、反证和排除等。

五、证明过程

从诉讼认识的角度讲,证明过程是证明主体收集、审查和判断证据的过程。收集证据是指证明主体依照法律规定的权限和程序,发现、收集和提取与案件有关的各种证据材料的活动。收集证据主要在侦查阶段,审查起诉和审判阶段必要时也需收集证据。广义的收集证据还包括对证据的保全,即在证据可能灭失或者以后难以取得的情况下,采取措施对证据加以固定和保护的行为。只有充分而全面地收集证据,才有可能查明案件事实。但由于证据的收集往往涉及公民的人身权、财产权与隐私权,因此,对证据的收集必须严格按照法定的程序和条件进行,以免对公民的合法权益带来不应有的损害。如果收集证据过程中采用法律规定的禁止性方法,所取得的证据将可能被排除。

审查证据是证明主体依照法定的程序对证据的真实性、关联性和合法性进行审查、核实的诉讼活动。收集证据是审查证据的前提,审查证据是收集证据的继续。但是,证明主体在审查证据后,可能会发现一些疑点。为澄清疑点,证明主体可能还需要继续收集其他证据。因此,证据的收集和审查常常相互交织在一起。

判断证据,是证明主体在审查证据的基础上对证据的证据能力和证明力进行核实和认定的诉讼活动。证明主体通过对证据进行审查、核实,确定其证据能力和证明力,并在此基础上运用证据认定案件事实。这一过程既包括对单个证据的审查和鉴别,也包括对多个证据甚至全案证据的印证与分析。其目的在于排除不具有真实性、关联性与合法性的证据,并确定证据证明力的大小,确保证明过程的正当性与科学性。最终由办案人员综合运用全案证据,通过严密的逻辑推理和论证,对案件事实依法作出认定。

在刑事诉讼中,证明过程贯穿于立案、侦查、起诉和审判的始终,侦查机关作出是否立案、侦查终结的决定,检察机关作出是否起诉的决定,人民法院作出裁判,都涉及证据的收集、审查和判断活动。就人民法院的审判而言,刑事诉讼、民事诉讼和行政诉讼的证明过程还可以概括为举证、质证和认证三个阶段。举证是控辩或当事人双方就自己的主张向法庭提供证据的活动;质证是在法庭审理过程中控辩或当事人双方在法官的主持下,采用询问、辨认、质疑、辩驳、核实等方式对证据的效力进行质辩的诉讼活动；认证是指审判人员在双方质证、辩论后，对庭审中出示的证据材料的真实性、关联性与合法性进行分析判断，从而确认其能否成为案件定案根据的诉讼活动。

第三节　证明的分类

一、刑事诉讼证明、民事诉讼证明与行政诉讼证明

按照证明所属诉讼性质的不同，可以将证明分为刑事诉讼证明、民事诉讼证明和行政诉讼证明。同为诉讼证明，这三类证明均具有上述诉讼证明的一般特点，表现出明显的共性，但由于所属诉讼性质的不同，这三种诉讼又具有各自不同的特点。具体而言，主要表现在证明主体和证明责任、证明对象、证明手段和方法以及证明的程序等方面：

第一，证明主体和证明责任的分担不同。在三种诉讼中，证明的主体都包括人民法院。但由于诉讼性质不同，参与诉讼的诉讼主体不同，其他的证明主体自然也有较大的区别，而在证明责任的分担上也表现出明显的差异。在刑事诉讼中，除了人民法院，证明主体还包括侦查机关或部门、检察机关、自诉人、被害人、犯罪嫌疑人、被告人以及附带民事诉讼的原告人与被告人。而其中证明犯罪嫌疑人、被告人有罪的责任，是由检察机关或自诉人承担的。只有特定情形下，如巨额财产来源不明案或非法持有国家绝密、机密文件、资料、物品案中，犯罪嫌疑人、被告人及其辩护人对特定事项承担证明责任。民事诉讼中，证明的主体除了人民法院，主要是当事人。根据“谁主张，谁举证”的原则，无论是原告，还是被告，对于其在诉讼中所提出的主张，他们都要举证加以证明，否则将承担其所主张的事实不为法院认可的不利后果。而在行政诉讼中，与民事诉讼相类似，证明的主体除了人民法院，主要是当事人，但在证明责任的分担方面，其又与民事诉讼不同。在行政诉讼中，对于所争议的行政行为的合法性，原则上应当由被告，即作出行政行为的行政机关加以证明。而原告只在特定的情形下，承担一定的证明责任。

第二，证明对象不同。此三种诉讼证明的对象在范围上是相同的，既包括实体法事实，也包括程序法事实。但由于三种诉讼所解决的问题性质不同，其证明对象的具体内容又是不同的。这一点在实体法事实的构成方面尤为明显。如在刑事诉讼中，作为证明对象的实体法事实主要包括犯罪构成要件事实以及与量刑情节有关的事实。在民事诉讼中，作为证明对象的实体法事实主要包括能够引起民事法律关系产生、变更或消灭的事实。而在行政诉讼中，作为证明对象的实体法事实主要是与被诉行政行为合法性相关的事实。

第三，证明的程序不同。应当说，三种诉讼在审判阶段的基本形态是相同的，即都由控告方、被告方和裁判方三方组成，而且在法庭审理中具体的举证、质证以及认证的程序也基本相似。但就整体的证明程序和某些具体规定而言，仍然存在比较明显的区别。如从整体的证明程序来看，在刑事公诉案件中，除了审判阶段上述控、辩、审三方的证明活动之外，在侦查和审查起诉阶段，侦查机关或侦查部门甚至公诉机关还要收集证据、审查证据，另外，辩护人也可以依法收集证据或查阅、摘抄、复制相关的案件材料；而在民事诉讼与行政诉讼中，

并无审前程序,证明活动主要集中在审判过程中。另外,在具体规定方面,如我国民事诉讼法对举证时效以及证据交换进行了规定,而我国刑事诉讼法并无类似规定;再如,行政诉讼法规定在诉讼过程中,被告不得自行向原告或证人收集证据,而由于诉讼性质和特点不同,刑事诉讼法与民事诉讼法则未作此限制。

第四,证明的手段和方法不同。在证明手段方面,虽然三部诉讼法中规定的证据种类基本相同,但是同种类的证据在不同诉讼中的证明作用并不完全一样。在刑事诉讼中,只有被告人的供述不能确定被告人有罪和处以刑罚;但在民事诉讼中,一方当事人对另一方当事人所提出的、不利于己的事实和证据或诉讼请求依法表示承认,则可以免除另一方当事人相应的举证责任,即只要承认合乎相关法律规定,法院即可对该事实和证据或诉讼请求予以认定,无须其他证据。在证明行为方面,为了防止国家权力的滥用以及保障公民人身、财产权利,法律对国家专门机关收集证据的主体、方式和程序等作了具体而详细的规定;但是在民事诉讼、行政诉讼中,仅是对人民法院的审查核实证据作了原则性规定。与民事诉讼、行政诉讼相比,刑事诉讼的证明受到更多的法律制约。

第五,证明标准不同。由于不同诉讼所解决的争议性质不同,对当事人合法权利的影响也不同,因此,从理论上来说,三种诉讼的证明要求和标准应当是不同的。刑事诉讼所要解决的是犯罪嫌疑人、被告人的刑事责任问题,其运行的最终结果可能涉及被告人的财产权、人身权乃至生命权的限制或剥夺,因此,其应采用最高、最严格的证明标准,以免错误地认定事实,导致冤假错案,给被告人带来无法挽回的损失。民事诉讼主要解决平等主体之间的人身权、财产权争议,其结果主要涉及当事人的人身权、财产权,一般其影响较之刑事诉讼的后果要小,因此,相对于刑事诉讼的证明标准而言,可以适当放宽。行政诉讼主要解决行政主体与相对人之间的行政争议,其核心是行政主体行政行为的合法性,通常认为,行政诉讼的证明标准应当居于前二者之间。《刑事诉讼法》第 55 条使用“排除合理怀疑”来对“证据确实、充分”的证明标准作进一步解释,即综合全案证据,对所认定事实已排除合理怀疑是证据确实、充分的条件之一。最高法《民诉法解释》进一步解释了民事诉讼中的证明标准,该司法解释第 108 条第 1 款规定,“对负有举证证明责任的当事人提供的证据,人民法院经审查并结合相关事实,确信待证事实的存在具有高度可能性的,应当认定该事实存在”。第 109 条规定,“当事人对欺诈、胁迫、恶意串通事实的证明,以及对口头遗嘱或者赠与事实的证明,人民法院确信该待证事实存在的可能性能够排除合理怀疑的,应当认定该事实存在”。这表明,我国在民事诉讼中开始采用“高度可能性”的证明标准,这一标准较之“事实清楚,证据确实、充分”标准显然要低,具有现实合理性。

二、严格证明与自由证明

按照证明是否必须使用法定的证据,以及是否必须经过法定的程序,可以将证明分为严格证明与自由证明。这两个概念本来是德国刑事诉讼法学中的一对范畴,后由学者引入日本以及我国台湾地区。具体而言,严格证明是指使用法定的具有证据能力的证据,并经过法定的证据调查程序而进行的证明;自由证明则是指严格证明之外的证明,是指可以使用不具有法定证据能力的证据,并且无须经过严格的法定程序的证明。

在刑事诉讼中,一般对与定罪有关的实体法事实要求实行严格证明,但对于量刑事实是否属于严格证明,各国的规定则有所不同。如在德国,有关犯罪行为的经过、行为人的责任与刑罚的高度等问题的重要事项,须经严格证明加以认定;[8]在日本,对于以被告人的罪责为基础的实体法上事实,即犯罪事实和不存在违法阻却事由、责任阻却事由的事实需要严格证明,量刑情节只通过自由证明即可。但是,对于倾向于加重被告人刑罚的情节事实需要严格证明。[9] 而对于程序法事实,一般可以进行自由证明。但是,在不同的诉讼模式下,自由证明的事项并不完全相同。如根据德国联邦法院的判例,了解讯问被告人过程中是否使用了法律禁止的手段,因为是涉及认定程序法适用有无错误的问题,所以可以自由证明。日本的判例也认为,法院可以通过适当的方式调查自白的任意性。

三、狭义证明与释明、疏明

按照是否要求使裁判者获得完全的确信,可以将证明分为狭义证明与释明。狭义的证明与释明和上述严格证明与自由证明相类似,来自德国刑事诉讼法学,其中,释明在日本诉讼法学理论中又被称为疏明。证明与释明的主要区别在于法官心证程度的不同。狭义证明是指要求将待证事实证明到使裁判者完全确信的程度。对于被告人有罪的事实,一般需要狭义证明。如在刑事诉讼中,对被告人定罪,英美法系国家要求达到“排除合理怀疑”,大陆法系国家要求达到“内心确信”的程度,而在我国则要求达到“事实清楚,证据确实、充分”的程度,上述均属于狭义的证明。

释明是指将待证事实证明到使裁判者相信其可能性的程度。很显然,释明的证明标准较之证明要低。一般情形下,对于程序上的事项,进行释明即可。如根据《德国刑事诉讼法》的规定,对法官的回避、回复原状申请中对理由的说明以及对拒绝证言的理由的说明,均适用释明。在日本刑事诉讼中,检察官由于不得已的事由未能在法定期限内请求羁押被逮捕的犯罪嫌疑人时,可以向法官说明理由,请求羁押嫌疑人。而且,释明其原因时,当事人只以叙明其证明之方法为已足,毋庸提出证据;而狭义证明,则不但应指出其证明方法,并应提出其证据。[10]

民事诉讼中,释明常用于解决程序性事项的确认。《民诉证据规定》第86条第2款规定,“与诉讼保全、回避等程序事项有关的事实,人民法院结合当事人的说明及相关证据,认为有关事实存在的可能性较大的,可以认定该事实存在”。对于程序性事项的处理适用较低的证明标准有利于提高程序性事项的处理效率,促进纠纷的迅速解决。

【案例1】 彭宇撞人案——民事证明的多角度解读

【案情】 在2006年11月20日早晨,一位老太在南京市水西门广场一公交站台等公共汽车。人来人往中,老太被撞倒摔成了骨折,鉴定后构成8级伤残。老太指认撞人者是刚下车的小伙彭宇,但彭宇表示冤枉。他说,当天早晨3辆公交车同时靠站,老太要去赶第三辆车,而自己从第二辆车的后门下来。彭宇说:“一下车,我就看到一位老太跌倒在地,赶忙去

---

〔8〕 参见[德]克劳思·罗科信:《刑事诉讼法》,吴丽琪译,法律出版社2003年版,第208页。

〔9〕 参见[日]田口守一:《刑事诉讼法》,刘迪、张凌、穆津译,法律出版社2000年版,第220页。

〔10〕 参见陈朴生:《刑事证据法》(重订版),台北,三民书局1992年版,第113页。

扶她了,不一会儿,另一位中年男子也看到了,也主动过来扶老太。老太不停地说谢谢,后来大家一起将她送到医院。”彭宇还替老太预交了医疗押金。彭宇拒不承认撞人,并认为自己是做好人好事将老太送到医院救治,但老太及其家属一口咬定彭宇就是“肇事者”。由于双方各执一词,最后老太将其告上法庭,要求其赔偿相关损失和精神损失等费用共计13万多元。一审法院认为此案事实真相不明,但彭宇撞老太的可能性较大,因此判彭宇给付受害人损失的40%,共45,876.6元。彭宇不服,上诉到南京市中级人民法院。二审法院经过做双方当事人工作,达成调解协议,彭宇承担10%的责任,赔偿1万余元。

【评析】 在该案中,涉及诉讼中证明的各个方面,包括证明主体(由谁提供证据证明案件事实)、证明对象(哪些事实需要证明)、证明标准(证明主体将待证事实证明到何种程度)、证明责任(如果案件真伪不明,由谁承担败诉的风险)、证明的手段、方法以及证明过程等。此案中,由于是老太提出诉讼主张,她应当提出证据证明彭宇撞人、对其造成损害以及支出的相关费用,并且将这些事实证明到法定的程度。当然,在此过程中,法官也可以利用职权收集调查证据以查明事实真相。如果案件最终处于真伪不明状态,在民事诉讼中,按证据明显优势的证明标准判处。但是,如果双方当事人达成调解协议,则基本上不适用证明标准,或者其只能作为一个参考指标。

【案例2】 湖北李某庆“强奸”案——不当的证明手段和方法导致错案

【案情】 2003年6月4日晚上,湖北省鄂州市鄂城区杨叶镇的村民张女士熟睡之际,一个蒙面男子闯进她家欲行不轨,由于惊醒了孩子,歹徒逃走。第二天晚上歹徒又来了,张女士刚想反抗,他就掏出刀抵在张女士的胸前。张女士害怕歹徒伤害孩子,只好忍痛就范。

遭受了奇耻大辱之后,张女士去当地派出所报了案。派出所的领导估计,大胆歹徒第三天可能还会再来,于是决定6月6日晚上实施守候抓捕。为了能尽快抓住那名男子,张女士只好按照警方的侦查方案忍受再被强奸一次的痛苦。大约在当天午夜过后,不出派出所预料,歹徒如期而至。让谁也想不到的是,蒙面歹徒不但在四位警察的身边把受害人再次侮辱,而且又从四位警察的包围之中逃之夭夭,追出门去的警察一直搜索到天亮,也没有把裸体逃脱的歹徒找到。

案发后,派出所在镇上排查出许多重点对象,抽取了他们的血样,与被害人身体上取到的精液残迹一起送到具备DNA鉴定技术的市公安局。一个月后,鉴定结果出来了,同村的一个叫李某庆的人的血液与犯罪现场遗留的精液残迹DNA一致。据此,李某庆被捕,强奸案告破,歹徒落网。

开庭审理时,李某庆当庭否认对自己犯强奸罪的指控,并且提出重新进行DNA鉴定的要求。在法官的安排下,根据法医重新为李某庆抽取的血样,湖北省高级人民法院的鉴定意见是犯罪现场的可疑斑痕非李某庆所留。最终,北京公安部物证鉴定中心所做的鉴定,也彻底排除了李某庆的作案嫌疑。2004年1月,李某庆走出了看守所,重获自由的他感受更多的是一种委屈和侮辱。

【评析】 本案是因DNA鉴定出错导致的一起典型错案。在此案中,辩护方着重从以下两个方面对本案的关键证据——DNA鉴定展开了质疑:一是DNA鉴定意见与犯罪嫌疑人辩解、被害人陈述等证据相互矛盾，与现场勘验笔录相互矛盾。二是 DNA 鉴定的取样程序不规范，存在污染、搞混甚至被人为调包的可能。在已有的 DNA 鉴定之客观性面临严重质疑的情况下，法官积极负责地依法重新鉴定，结果湖北省高级人民法院以及公安部的两次鉴定都表明第一次鉴定是错误的。通过本案，我们可以看出，不当的证明手段和方法极有可能导致错案的发生。

第十一章 证明对象

第一节 证明对象概述

一、证明对象的概念

证明对象，是指证明主体进行证明活动所指向的对象。在诉讼中，证明对象就是指公安司法机关以及当事人等在诉讼过程中运用证据加以证明的案件事实及有关情况，又被称为“待证事实”、“要证事实”、“证明标的”或者“证明客体”。

根据所属诉讼性质的不同，我国诉讼证明对象可分为刑事诉讼证明对象、民事诉讼证明对象以及行政诉讼证明对象。由诉讼的一般目标和任务所决定，三类证明对象在性质与范围上是基本一致的，如都包含实体法事实与程序法事实；但由于三种诉讼的具体目标和任务有所不同，三类证明对象在内容上又具有明显的差异。如刑事诉讼主要是解决犯罪嫌疑人、被告人的刑事责任问题，其证明对象的主要内容是与犯罪嫌疑人、被告人的定罪与量刑相关的案件事实；民事诉讼主要解决平等主体之间关于人身权利与财产权利的争议，其证明对象在内容上主要侧重于民事法律关系产生、变更和消灭的相关事实；行政诉讼主要解决行政机关行政行为合法性的问题，其证明对象主要是与行政行为合法性相关的事实。

证明对象是证据法学理论中的重要内容，其与证明责任、证明标准等共同构成了诉讼证明的理论体系。同时，证明对象也与司法实践存在紧密联系。诉讼证明的首要环节即确定证明对象。如果把证明对象的范围确定得过窄，遗漏了应该证明的事实，就会妨碍全面了解案情，不利于依法办案，甚至可能导致错判；如果把证明对象的范围确定得过宽，甚至把与案件无关的事实也列为证明对象，势必使相关主体分散精力，既浪费人力、物力，又影响案件的及时处理。因此，科学确定证明对象的范围，对于准确、有效地实现证明的目标具有重要的意义。

二、证明对象的特征

准确理解证明对象的概念，把握其实质，需要对证明对象的特征加以认识。归纳起来，证明对象主要有以下基本特征：

第一，证明对象必须是对正确处理案件有意义的事实。作为证明对象的事实，首先必须与案件具有某种关联。与案件毫无关联的事实没有必要加以证明，亦不可能成为证明对象。然而，需要注意的是，并非所有与案件相关联的事实都是证明对象。这既无必要，也不可行。事实上，只要那些对于从实体上或者程序上正确处理案件具有实际影响的事实能够得到证明，诉讼证明的目标即已完成。因此，作为证明对象的事实可以被限定为对正确处理案件有意义的事实。

第二,证明对象通常为法律规范所确定的要件事实。要件事实是指判决、裁定或决定依法成立所必备的事实。其中,不仅包括实体法律规范确定的要件事实,也包括由程序法律规范规定的要件事实,即实体法要件事实与程序法要件事实。如在刑事诉讼中,实体法要件事实主要包括刑法规定的有关犯罪构成要件的事实以及有关法定、酌定量刑情节的事实;而程序法要件事实主要涉及诉讼行为合法性的事实。

第三,证明对象必须是需要运用证据加以证明的事实。既然证明对象是指证明活动所指向的对象,那么,反言之,不需要通过证据加以证明的事实即不属于证明对象。必须指出,对于与案件相关联、对案件处理具有实际意义,并为法律规范所规定的要件事实,在诉讼中,并非只有通过证据加以证明这一条途径方可确定。事实上,立法上明确规定了免证事实,即不需要运用证据加以证明,而是由法官直接予以认定并作为裁判依据的事实。如众所周知的事实、自然规律和科学定理、生效裁判已确定的事实、经过公证的事实、法律规定的推定事实等。此类事实自然不属于证明对象。

第四,证明对象与证明责任、证明标准具有紧密的联系。凡是属于证明对象的事实,必须由相应的主体提出证据加以证明,并达到法定的证明程度和要求,否则该事实将无法得到法官的认定,该主体将承担因该事实不被认定而导致的不利诉讼后果。由此可见,证明对象既与证明责任有关,也与证明标准相连。具体而言,证明责任是针对证明对象进行分配的,不同的案件事实,承担证明责任的主体也可能不同。如在刑事公诉案件中,对于犯罪嫌疑人、被告人有罪的事实,一般由检察机关承担证明责任;而对于巨额财产来源不明等特定的犯罪,则由被告人承担相应的证明责任。而证明标准也是因证明对象而设定的。证明对象不同,证明标准也会出现差异。如一般来说,刑事诉讼中证明有罪的标准最高,要求达到排除合理怀疑的程度;民事诉讼中则可以采取证据占明显优势的证明标准;而行政诉讼的证明标准则居于二者之间。

第二节　刑事诉讼证明对象

一、实体法事实

实体法事实,是指对解决案件的实体问题具有法律意义的事实。在刑事诉讼中,主要是指与定罪和量刑有关的事实。实体法事实是刑事证明对象的核心部分与主要内容,这是由刑事诉讼的基本任务所决定的。刑事诉讼要解决的是犯罪嫌疑人、被告人的刑事责任问题,即犯罪嫌疑人、被告人的行为是否构成犯罪、构成何种犯罪、应否给予刑罚处罚、应当给予何种刑罚处罚以及处罚的幅度等。为了解决这一问题,必须对定罪和量刑相关的事实加以证明,而这些事实也理应成为证明对象的重要内容。

有的国家在刑事诉讼法典中对实体法事实作为证明对象进行了规定。如《俄罗斯联邦刑事诉讼法》第 73 条规定:“在刑事案件的审理阶段,应予证明的情节有:(1)犯罪事实(实施犯罪的时间、地点、方法与其他情节);(2)行为人在犯罪中的应受刑罚性,其过错的形式与动机;(3)体现刑事被告人人身特性的情况;(4)犯罪所致损害的性质与数额;(5)排除行为成罪性与应受刑罚性的情节;(6)刑罚减轻与加重情节;(7)可能导致免除刑事责任与刑罚的情节。”而《意大利刑事诉讼法》第187条规定:(1)与控告、可罚性、刑罚或保安处分的适用有关的事实均为证明的对象;(2)与适用诉讼规范有关的事实也是证明的对象。

对于作为证明对象的实体法事实,我国相关立法与司法解释也作了较为明确的规定。《刑事诉讼法》第52条规定,审判人员、检察人员、侦查人员必须依照法定程序,收集能够证实犯罪嫌疑人、被告人有罪或者无罪、犯罪情节轻重的各种证据。其中,“犯罪嫌疑人、被告人有罪或者无罪、犯罪情节轻重”,即是对作为证明对象的实体法事实的概括。在此基础上,最高法《解释》第72条第1款作了进一步的细化,即规定:“应当运用证据证明的案件事实包括:(一)被告人、被害人的身份;(二)被指控的犯罪是否存在;(三)被指控的犯罪是否为被告人所实施;(四)被告人有无刑事责任能力,有无罪过,实施犯罪的动机、目的;(五)实施犯罪的时间、地点、手段、后果以及案件起因等;(六)是否系共同犯罪或者犯罪事实存在关联,以及被告人在犯罪中的地位、作用;(七)被告人有无从重、从轻、减轻、免除处罚情节;(八)有关涉案财物处理的事实;(九)有关附带民事诉讼的事实;(十)有关管辖、回避、延期审理等的程序事实;(十一)与定罪量刑有关的其他事实。”两院三部《办理死刑案件证据规定》第5条第2款规定:“办理死刑案件,对于以下事实的证明必须达到证据确实、充分:(一)被指控的犯罪事实的发生;(二)被告人实施了犯罪行为与被告人实施犯罪行为的时间、地点、手段、后果以及其他情节;(三)影响被告人定罪的身份情况;(四)被告人有刑事责任能力;(五)被告人的罪过;(六)是否共同犯罪及被告人在共同犯罪中的地位、作用;(七)对被告人从重处罚的事实。”第36条第1款规定:“在对被告人作出有罪认定后,人民法院认定被告人的量刑事实,除审查法定情节外,还应审查以下影响量刑的情节:(一)案件起因;(二)被害人有无过错及过错程度,是否对矛盾激化负有责任及责任大小;(三)被告人的近亲属是否协助抓获被告人;(四)被告人平时表现及有无悔罪态度;(五)被害人附带民事诉讼赔偿情况,被告人是否取得被害人或者被害人近亲属谅解;(六)其他影响量刑的情节。”最高法《解释》第72条第2款再次强调了“认定被告人有罪和对被告人从重处罚,适用证据确实、充分的证明标准”。

根据上述立法与司法解释,我国作为证明对象的实体法事实主要包括犯罪事件的事实与被告人的个人情况两个方面。

(一)犯罪事件的事实

犯罪事件的事实具体包括:

第一,犯罪行为的情况。它包括犯罪行为是否已经发生,是否属于正当防卫、紧急避险等排除社会危害性的行为,以及实施犯罪行为的时间、地点、方法、工具、过程、环境和条件等。通常,只有先证实犯罪行为已经发生,才能进一步去查清案件的全部情况。如果否定犯罪事实的存在,其他情节就不必去查证了。

第二,犯罪实施者是谁以及其是否达到责任年龄、有无责任能力。查明谁是犯罪实施者,这是证明对象中最重要又最难确定的问题。在许多案件中,犯罪事实一开始就可以肯定,而犯罪人却不易很快查获。司法实践中所说的破案,主要是指查获了犯罪实施者。为了正确地解决犯罪人是否应当负刑事责任，是否应当从轻或者减轻处罚，对有关犯罪人是否达到责任年龄和责任能力的有无，必须予以查明。

第三，被告人的罪过情况（故意和过失）以及犯罪的目的、动机。因为，被告人只有在故意或过失的情况下实施了犯罪行为，才负刑事责任。同时，故意和过失的具体情况关系到确定犯罪性质和社会危险性的大小。

第四，犯罪的结果。犯罪行为的结果就是犯罪行为所造成的损害。一般说来，犯罪所造成的损害的大小，与犯罪的危害程度和处刑的轻重成正比。查明犯罪结果时，特别要注意查明犯罪行为与结果之间是否有因果关系。如果行为与结果之间无因果关系，该行为就不构成犯罪。对于有没有因果关系，一定要用证据予以证明。

第五，犯罪后的表现。这指的是：犯罪后有无主动挽救因犯罪造成的损害的行为，如在伤人后有无主动积极地设法抢救的事实，贪污被揭露后是否主动认罪并积极退赃等；犯罪后是否有立功、自首、坦白等悔罪表现；犯罪后有无潜逃、拒捕、毁证、灭迹、隐匿罪证、转移赃物赃款、阻止同案人交代、订立攻守同盟、制造假象嫁祸于人等表现，直接关系到对被告人是否处刑和处刑的轻重，因而必须查明。

第六，是否存在不追究刑事责任的情况。即是否存在《刑事诉讼法》第 16 条规定的不追究刑事责任的情形，如犯罪已过追诉时效，犯罪嫌疑人、被告人死亡，经特赦令免除刑罚等。

第七，其他影响被告人罪责轻重的犯罪情况。如被强奸的被害人是否为孕妇、残疾人或者幼女等。

（二）被告人的个人情况

我国对罪犯适用刑罚，不仅要根据他们犯了何种罪和罪行的轻重，而且还要注意到他们的人身危险性大小和改造的难易程度。因此，有必要查明被告人的个人情况。

被告人的个人情况包括：被告人的一般履历（姓名、性别、年龄、民族、文化程度、工作经历、工作单位、职务、原籍和现址、政治面貌）、一贯表现、是否有前科或受过处分等。这些情况与确定被告人是不是犯罪分子，一般来说没有直接关系，但是其中有些情况对量刑具有重要参考意义。如两院三部《办理死刑案件证据规定》第 36 条要求，在对被告人作出有罪认定后，人民法院认定被告人的量刑事实，除审查法定情节外，还应审查其他影响量刑的情节，其中就包括“被告人平时表现及有无悔罪态度”。

二、程序法事实

程序法事实是指对解决诉讼程序问题有法律意义的事实。德国、日本等国的诉讼理论认为程序法事实应作为证明对象，而且把证明对象分为严格证明与自由证明两种。严格证明是指依法定规则使用证据加以绝对证明；自由证明则是指在使用证据的证明上，可由法官自由裁量。实体法事实的证明属于严格证明；程序法事实的证明属于自由证明。在我国台湾地区的诉讼法学著作中，也有观点认为程序法事实属于证明对象。该观点指出：“应依证据认定之事实，其内容有属于实体者，有属于程序者，前者，为实体事实，后者为程序事实。”又说：“为维持程序之公正，故应循一定之诉讼程序，以正常的行动进行……故刑事裁判所认定之事实,得分别为实体事实与程序事实二种。"[1] 在我国,对于程序法事实能否作为证明对象一度存在争议,目前通说认为,应当将程序法事实纳入证明对象的范畴。我们认为,程序法事实应当作为证明对象。把程序法事实列为证明对象之所以必要,不仅是由于有刑事诉讼法和司法解释的规定作为法律依据,更重要的是有利于依照法定程序办案,有利于我国的法治建设。

对于作为证明对象的程序法事实,我国相关司法解释也作了较为明确的规定。最高法《解释》第72条第1款第10项规定,应当运用证据证明的案件事实包括:"……(十)有关管辖、回避、延期审理等的程序事实……"根据上述司法解释以及我国刑事诉讼法的规定,并结合司法实践,我国作为证明对象的程序法事实主要包括以下几种:

(一)关于管辖权问题

管辖是专门机关依法在受理刑事案件方面的职权范围上的分工,包括立案管辖和审判管辖两个部分。审判管辖又分为级别管辖和地域管辖。管辖是刑事诉讼活动首要解决的问题。我国刑事诉讼法明确规定了公安司法机关管辖的具体案件种类或情形。《刑事诉讼法》第25条规定:"刑事案件由犯罪地的人民法院管辖。如果由被告人居住地的人民法院审判更为适宜的,可以由被告人居住地的人民法院管辖。"第26条规定:"几个同级人民法院都有权管辖的案件,由最初受理的人民法院审判。在必要的时候,可以移送主要犯罪地的人民法院审判。"公安机关或者检察机关等在立案之前或者法院在受理案件之前,应当审查是否有相应的材料证明自己有管辖权。

(二)关于回避的事实

《刑事诉讼法》第29条规定:"审判人员、检察人员、侦查人员有下列情形之一的,应当自行回避,当事人及其法定代理人也有权要求他们回避:(一)是本案的当事人或者是当事人的近亲属的;(二)本人或者他的近亲属和本案有利害关系的;(三)担任过本案的证人、鉴定人、辩护人、诉讼代理人的;(四)与本案当事人有其他关系,可能影响公正处理案件的。"第30条规定:"审判人员、检察人员、侦查人员不得接受当事人及其委托的人的请客送礼,不得违反规定会见当事人及其委托的人。审判人员、检察人员、侦查人员违反前款规定的,应当依法追究法律责任。当事人及其法定代理人有权要求他们回避。"上述情况,有的是不用证明的,有的则在作出回避的决定之前,如上述第30条规定的情形,要收集证据加以证明。

(三)决定对犯罪嫌疑人应否采取强制措施的事实

例如,《刑事诉讼法》第74条第1款规定:"人民法院、人民检察院和公安机关对符合逮捕条件,有下列情形之一的犯罪嫌疑人、被告人,可以监视居住:(一)患有严重疾病、生活不能自理的;(二)怀孕或者正在哺乳自己婴儿的妇女;(三)系生活不能自理的人的唯一扶养人;(四)因为案件的特殊情况或者办理案件的需要,采取监视居住措施更为适宜的;(五)羁押期限届满,案件尚未办结,需要采取监视居住措施的。"对犯罪嫌疑人、被告人是否患有严

[1] 陈朴生:《刑事证据法》,台北,三民书局1979年版,第207~208页。

重疾病、是否正在怀孕、是否哺乳自己婴儿、是否系生活不能自理的人的唯一扶养人等事实，必要时就须进行查证。查明情况之后，才能决定是采用监视居住还是逮捕。

(四)某些关于诉讼期间的事实

例如，《刑事诉讼法》第106条规定："当事人由于不能抗拒的原因或者有其他正当理由而耽误期限的，在障碍消除后五日以内，可以申请继续进行应当在期满以前完成的诉讼活动。前款申请是否准许，由人民法院裁定。"据此，如果当事人申辩他耽误了诉讼期间是因为自己身患急病无法行动、家中发生了意外事故使其不能分身等，这些理由自然就是证明对象。

(五)证据能力的证明问题

如是否为非法手段取证，可作为程序事实的一项内容。我国刑事诉讼法中规定了某些证据应当予以排除，对于某一项具体证据是否属于被排除的范围，应当运用证据予以证明，因而也是证明对象的程序法事实。《刑事诉讼法》第56条规定："采用刑讯逼供等非法方法收集的犯罪嫌疑人、被告人供述和采用暴力、威胁等非法方法收集的证人证言、被害人陈述，应当予以排除。收集物证、书证不符合法定程序，可能严重影响司法公正的，应当予以补正或者作出合理解释；不能补正或者作出合理解释的，对该证据应当予以排除。在侦查、审查起诉、审判时发现有应当排除的证据的，应当依法予以排除，不得作为起诉意见、起诉决定和判决的依据。"因此，对于犯罪嫌疑人、被告人的供述是否通过刑讯逼供等非法手段取得，证人证言、被害人陈述是否采用暴力、威胁等非法手段取得以及物证、书证的收集程序是否符合法定程序，是否严重影响司法公正，是否已经补正或作出的解释是否合理等必须予以证明，之后才能确定其是否应当依法予以排除。

(六)违反法定的诉讼程序的事实

例如，《刑事诉讼法》第238条规定："第二审人民法院发现第一审人民法院的审理有下列违反法律规定的诉讼程序的情形之一的，应当裁定撤销原判，发回原审人民法院重新审判：(一)违反本法有关公开审判的规定的；(二)违反回避制度的；(三)剥夺或者限制了当事人的法定诉讼权利，可能影响公正审判的；(四)审判组织的组成不合法的；(五)其他违反法律规定的诉讼程序，可能影响公正审判的。"第二审人民法院如因第一审人民法院有上述违反法定诉讼程序的事实而准备撤销原判时，应当先对这些事实加以证明。

(七)执行中的某些事实

例如，《刑事诉讼法》第262条规定："下级人民法院接到最高人民法院执行死刑的命令后，应当在七日以内交付执行。但是发现有下列情形之一的，应当停止执行，并且立即报告最高人民法院，由最高人民法院作出裁定：(一)在执行前发现判决可能有错误的；(二)在执行前罪犯揭发重大犯罪事实或者有其他重大立功表现，可能需要改判的；(三)罪犯正在怀孕……由于前款第三项原因停止执行的，应当报请最高人民法院依法改判。"如果罪犯在执行死刑前申述自己"正在怀孕"，就要请医生加以检查。如果查明确系"正在怀孕"，就应当报请最高人民法院改判;如果查明并未怀孕,就应当依法执行死刑。

(八)当事人申诉理由的事实

《刑事诉讼法》第253条规定:"当事人及其法定代理人、近亲属的申诉符合下列情形之一的,人民法院应当重新审判:(一)有新的证据证明原判决、裁定认定的事实确有错误,可能影响定罪量刑的;(二)据以定罪量刑的证据不确实、不充分、依法应当予以排除,或者证明案件事实的主要证据之间存在矛盾的;(三)原判决、裁定适用法律确有错误的;(四)违反法律规定的诉讼程序,可能影响公正审判的;(五)审判人员在审理该案件的时候,有贪污受贿,徇私舞弊,枉法裁判行为的。"如果提出申诉的人主张以上事实,就应当提供相应的证据加以证明,以便于人民法院决定是否再审。

需要指出的是,虽然程序法事实与实体法事实一样,应当作为证明对象,但二者又有明显区别。其区别在于:(1)从作用方面来看,实体法事实关系到定罪量刑;程序法事实则关系到诉讼活动的顺利进行。(2)从证明责任方面来看,对实体法事实的证明只有司法工作人员和自诉案件的自诉人负有这种责任,被告人没有证明责任;对程序法事实的证明,被告人在某些情况下负有证明责任。例如,被告人申请回避,对于为什么申请回避有提出证据加以证明的责任。至于他提出的证据是否确实,当然有待于司法工作人员查证。(3)从证明要求上来看,由于实体法事实是关于对被告人定罪量刑的事实,因此,对它们都要求通过收集证据加以确凿地证实,不得有半点含糊,证据不足就不能定罪。但是,对于程序法事实的证明,在要求上就可以灵活一点。有的事实一时难以查清,可以斟酌情况,先解决程序问题,以免影响案件的及时审理。例如,被告人提出证据,说审判员与他有私人仇怨,申请回避。如果对此问题在短时间内无法查明,这时可以换另一名审判员代替,以使诉讼活动得以继续进行。

除了上述实体法事实与程序法事实之外,我国还有学者主张,证据事实也属于证明对象。〔2〕我们认为,这一观点是值得商榷的。

证据事实是指证据所包含的信息内容。例如,在抢劫案中,甲提供证言说,他亲眼看见乙抢走了丙的钱包和手表,两人还搏斗过。证人证言所反映的情况就是证据事实。对于此类事实是否属于证明对象,国内外诉讼法学者的观点是不一致的。

主张列为证明对象的证据事实,不外三种事实:

第一种,直接证据提供的事实,即西方诉讼学者所说的直接事实。这种证据事实就是案件的主要事实本身。例如,上述证明犯罪分子抢钱包和手表的证人证言就是这种证据事实。

第二种,间接证据提供的事实,即西方诉讼学者所说的间接事实或者情况证据。例如,被告人与被害人素有仇恨,被告人曾在盗窃现场停留过,被告人家中有失主的物品,被告人曾有销赃行为等。国外和我国台湾地区有的诉讼法学者把证据事实当作证明对象,他们主要是指间接证据事实,而不是指直接证据事实。

第三种,对判断证据真伪有意义的事实。例如,证人有无辨别是非的能力,包括证人精神是否正常,以及视力、听力情况等;鉴定人的技术水平;证人、鉴定人与被告人、被害人及案

〔2〕 参见程春华主编:《民事证据法专论》,厦门大学出版社2002年版,第40页。

件结果有无利害关系等。为了判断证人证言、鉴定意见的真伪,不仅要依靠其他证据相互印证,而且对上述情况要加以查证。例如,要通过司法精神病鉴定确定证人的精神状态;要通过其他事实查证证人、鉴定人与案件的关系等。

但我们认为,不宜将证据事实列为证明对象,主要理由是:

首先,从证据事实与案件事实的关系方面来看,两者作为证明对象,有些是重合的。一是直接证据提供的事实就是案件主要事实,对两者的证明是一回事。既然案件主要事实已是证明对象,那么与它重合的直接证据事实就失去了作为独立的证明对象的实际意义。二是间接证据事实之所以能起证明作用,是因为它们与案件主要事实有内在联系,是整个案件事实的某些片断或者组成部分。例如,被告人与被害人素有仇恨,这是属于犯罪动机的事实;被告人曾在犯罪现场停留过,这是属于犯罪过程的事实;被告人家中有赃物,这是属于犯罪结果的事实。因此,间接证据事实与案件事实实际上也是重合的,也不能将它独立地列为证明对象。

其次,从证据事实的作用方面来看,证据事实归根结底只是证明实体法事实或者程序法事实的手段,即证明证明对象的手段。例如,司法工作人员运用间接证据事实时,要先查明它的真实性,然后再据此综合推论出需证明的案件的主要事实。因此,从证明过程来说,它虽然属于第一步需要证明的事实,但从证明的最终目的来看,它只是一个中间环节,是证明手段,而不是证明对象。对判断证据真伪有意义的事实,亦属此类。例如,证人甲作证说,他曾在家门口目睹离家100米左右的胡同口,有一男子抢夺一妇女的手提包。但证人乙说,甲近视,对100米以外的东西根本看不见。这时,就需要对甲的视力进行医学上的检查。但甲的视力如何,在本案中不能作为证明对象,它只是对判断甲的证言是否真实有意义的事实。

最后,从证据事实的取舍来看,证据事实有的必须查证属实,才能作为定案根据;有的根据案件情况,可舍而不查。例如,对于重复多余的证据事实就不必去核实。以间接证据事实为例,如果从现场收集到的指纹足以证明被告人到过现场,对脚印则可以考虑舍而不用。对于证据事实,司法工作人员根据案件情况,需要使用它时就查证,不需要使用它时就不必查证。对判断证据真伪有意义的事实,也是这样。例如,证人的精神是否正常,视力、听力情况如何,如果司法工作人员从全案具体情况出发认为需要才去查证,否则就不去查证。而作为证明对象的案件事实则不然,对它们中的每一个事实,一般来说都应当加以证明,不能舍弃某些事实而不去证明。对于其中关系到主要犯罪事实的情节查不清的,就不能定案。对于关系到量刑轻重的事实,虽然不影响定罪,但仍属于应当查明的证明对象。不过,如果有的事实对量刑影响不大,而又一时查不清,可以舍去不查,以利及时结案。

由此可见,证明对象与证据事实,有交叉、密切的关系,但是不能把它们混为一谈,不宜将证据事实列为证明对象。刑事诉讼中的概念内涵的确定,要求它既具有科学性,又具有实际意义,特别是要有利于司法实践中的理解和运用。把作为证明手段的"证据事实"与作为证明对象的实体法事实、程序法事实区别开来,正是着眼于这一点。如果把证明对象与证明手段混为一谈,势必造成证明对象的分散,造成司法工作人员思想上的混乱,而不利于他们集中精力查清案件事实本身的情况。这样说并不意味着证据事实不需要查证,而只是强调要把它与证明对象区别开来。

第三节 民事诉讼中的证明对象

一、民事诉讼中证明对象的范围

在民事诉讼中,原告提出诉讼请求所根据的事实和理由,被告对原告诉讼请求的答辩、反驳和提出反诉所根据的事实和理由,第三人提出诉讼请求所根据的事实和理由,以及人民法院认为需要用证据加以证明的其他事实,都是需要使用证据加以证明的。根据民事诉讼法的一般理论,必须同时具备以下三个条件才能成为民事诉讼中的证明对象:

第一,双方当事人存在争议的事实。民事诉讼贯彻辩论主义原则,该原则的宗旨在于,将法院裁决的基础建立在当事人事实主张的范围内,凡是当事人没有主张的事实法院不得作出认定,凡是当事人没有争议的事实或自认的事实也都应当作为判决的基础。因此,根据辩论主义的要求,双方当事人没有争议的事实无须证明。

第二,该事实的证明对于法官正确审理民事案件具有法律上的意义。诉讼证明的最终目的在于帮助法官认定案件事实,解决当事人之间的纠纷。案件事实可以细化为更为具体的组成部分和事实片段,但是在诉讼过程中并非所有的事实组成部分都必须由当事人进行证明。如果某一事实的证明对案件的处理没有法律意义,则该事实就不属于证明对象的范围。

第三,该事实不属于法律明确规定且无须当事人证明的事实。出于提高诉讼效率的考虑,许多国家在法律上明确规定,对于某些事实可以无须证明,直接作为法院认定事实的依据,比如众所周知的事实,自然规律或定理等事实就不属于证明的范围。

总体而言,在民事诉讼中,需要当事人用证据加以证明的事实主要有以下几类:

(一)实体法事实

实体法事实是民事诉讼中最主要的证明对象。众所周知,民事诉讼所要解决的就是当事人之间的关于实体权益的争议。所以,当事人所主张的实体法事实在为对方当事人所争执时,就成为证明的对象。

需要由当事人用证据加以证明的实体法事实,可以进一步划分为关于民事法律关系发生、变化和消灭的事实以及发生民事争议的事实。前一类事实指民事法律关系构成要素的事实,具体包括民事法律关系主体的事实、民事法律行为的事实以及民事法律关系产生、变更和消灭的事实。后一类事实指当事人因民事权利义务关系的状态、成立、变更和消灭发生争议的事实。

在不同类型的案件中,当事人需要证明的实体法事实有很大的区别。例如,在返还不当得利民事责任的案件中,当事人需要证明的实体法事实包括:取得了利益,致人受损,无法律上的原因。在违约之诉中,当事人需要证明的实体法事实包括:违约行为的存在与主观上符合归责原则规定。另外,一方当事人提出的抗辩意见认为,另一方提出的诉讼请求已过诉讼时效,根据举证责任分配原则,另一方当事人有责任证实自己主张的权利在法律保护期限之内。

(二)程序性事实

民事诉讼中的程序性事实是指能够引起民事诉讼法律关系发生、变更或消灭的事实。程序性事实虽然不直接涉及当事人之间实体权益的分配,但是却关系到民事诉讼程序的开始、进行和终止,因此无论对于当事人还是人民法院而言,都具有重要的意义。

对证明对象的研究离不开举证责任的问题。在民事诉讼中,程序性事实可以分为两类:第一类为必须由当事人主张,法院才能予以认定的事实。如是否应当先予执行的问题等,此类事实由于必须由当事人首先提出主张并加以证明,法院不能依职权主动认定;因此,主张事实存在的当事人负有举证责任,应当以证据证明之,在此种情况下,该程序性事实自然应当成为证明对象。第二类为无须当事人主张法院就应当主动查明的程序性事实。例如,关于法院是否对案件享有管辖权的事实,是否存在应当采取民事诉讼强制措施的事实等,此类事实是否存在虽然也同样需要用证据证明,但是由于法院在民事诉讼中不是承担举证责任的主体,因此此类程序性事实不应视为证明对象。

(三)域外法律

对需要援用的外国法,其性质属于事实还是法律,存在不同的见解。第一种主张认为依本国冲突规范而适用的外国法相对于本国而言,只是单纯的事实。英美法系国家多奉行此说。第二种主张认为需查明的外国法是法律,由于内外国法律是完全平等的,因此本国法官适用外国法同适用内国法一样,没有区别。这是意大利、法国等国家的学者所主张的理论。第三种主张是折中说,认为外国法既非单纯的事实,亦非绝对的法律,而是一种特殊的法律事实。所以,证明外国法也必须采取有别于确定事实的程序,但又不同于确定法律的程序。德国、日本和东欧国家采取这种做法。

《中华人民共和国涉外民事关系法律适用法》第 10 条规定,涉外民事关系适用的外国法律,由人民法院、仲裁机构或者行政机关查明。当事人选择适用外国法律的,应当提供该国法律。不能查明外国法律或者该国法律没有规定的,适用中华人民共和国法律。

二、证明对象的具体化

从前述内容可知,在民事诉讼中,可能成为证明对象的事实包括实体法事实、程序性事实、域外法律,这是对证明对象的抽象描述。但是并不是每一个具体的案件中所涉及的上述所有问题都必须加以证明,证明对象在民事诉讼中的确定有一个从抽象的证明对象向具体的证明对象转化的过程。在这一过程中,当事人的主张责任以及法官的释明权发挥着决定性的作用,它们为抽象证明对象向具体证明对象的转化提供了现实动力。

(一)当事人的主张责任与证明对象的具体化

主张责任是当事人在民事诉讼中为使自己的主张成为判决的基础而负有的,向法院提出诉讼主张的责任。在以辩论原则为主导的诉讼中,提出什么样的诉讼请求和以什么样的事实作为诉讼请求的根据是当事人的事,法官对当事人在诉讼中未主张的事实原则上不进行调查,也不得在判决中加以认定。

在民事诉讼中之所以强调当事人有义务向法院提出有利于自己的主张,是民事诉讼贯彻辩论主义原则所致。按照日本学者兼子一的理论,辩论主义的内容可以分为三个部分:其一,直接决定法律效果发生或消灭的必要事实必须在当事人的辩论中出现,没有在当事人的辩论中出现的事实不能作为判决的基础和依据;其二,法院应当将当事人没有争议的事实作为判决的事实依据;其三,法院对证据的调查只限于当事人双方在辩论中所提出的事实。[3]由此可见,辩论原则的主要功能在于限定法院认定事实的基础和方法。既然法院的裁决必须限于当事人的主张范围内,那么就必然要求当事人在诉讼中承担主张责任,因此可以说民事诉讼中的辩论主义派生了主张责任。

在民事诉讼开始的阶段,原告的主张划定了证明对象的大致范围。但是,具体证明对象的确定不是通过原告单方面的主张完成的,而是在原、被告主张与争执交替进行的过程中实现的。例如,原告在起诉状中要求被告返还借款,此时不能认为有关借贷关系成立的一切法律要件事实都应当成为本案的证明对象;如果被告主张他与原告之间的法律关系不是借贷关系而是合伙关系,则法律关系的性质就将成为主要的证明对象;至于原告是否有行为能力、当事人意思表示是否真实等事实,由于被告没有提出异议,也就不会成为证明对象。

但是,并不是民事诉讼中所有的证明对象都必须通过当事人主张的方式予以确定。民事诉讼中的辩论主义原则只适用于案件主要事实的范围内,至于间接事实和辅助事实则无须当事人主张,可以由法院依职权主动认定之。所谓主要事实是指,在判断出现权利发生、变更或消灭之法律效果中直接且必要的事实。例如,债务人是否已经偿还借款是判断借贷法律关系是否已经消灭的主要事实。主要事实必须经过当事人主张才能成为证明对象,比如,即使法院根据证人证言已经判断出借款已偿还的事实,但是只要债务人不提出这一主张,法院就不能主动认定借贷关系已经消灭。所谓间接事实,也称证据,是指借助经验法则和逻辑法则的作用在推定主要事实的过程中发挥作用的事实,间接事实是证明主要事实的手段。例如,根据当事人以非正常低价购买商品的行为可以推知存在恶意。在这里,当事人以非正常低价购买商品的事实就属于间接事实,法院可以不受当事人主张的限制,自由认定之。所谓辅助事实是用于明确证据能力或证明力的事实,例如,当存在对某证人经常说谎、证人是当事人的朋友或亲戚之事实时,该证言的证明力就会降低。对于辅助事实,法院同样可以不受当事人主张的限制。[4] 总之,对于间接事实和辅助事实,在诉讼过程中将根据法官认定事实形成心证的需要,无须当事人主张,自动成为证明的对象。

(二)释明权与证明对象的具体化

由辩论原则可知,在民事诉讼中法官裁判的基础应当受到当事人事实主张的限制,法官不能在当事人的主张之外认定案件事实。该原则使当事人成为推动民事诉讼程序进行的主导力量。但是,在司法实践中,当事人受到社会地位、经济能力、法律素质等诸多因素的限制,往往在诉讼中不能充分行使自己的权利,推动诉讼程序的进行。如果一味坚持辩论原

---

〔3〕 参见张卫平:《诉讼架构与程式——民事诉讼的法理分析》,清华大学出版社2000年版,第154页。

〔4〕 关于主要事实、间接事实和辅助事实的划分,参见[日]高桥宏志:《民事诉讼法制度与理论的深层分析》,林剑锋译,法律出版社2003年版,第340页。

则,对当事人的行为不加任何干涉就可能会危及司法的公正性和公信力。因此,作为对辩论原则的修正,法官释明权制度应运而生。

所谓释明权也称阐明权,是指在诉讼过程中,当事人的声明或陈述意思不清楚或不充分,或是有不当声明或陈述,或是他所举的证据不够而误以为已经足够了,法官站在监护的立场,以发问或晓谕的方式,提醒或启发当事人把不明确的予以澄清,不充分的予以补充,或把不当的予以排除,或根本没有提出的诉讼资料,启发他去提出。[5] 依据德国民事诉讼理论,法院在诉讼过程中释明权的行使具有三种方式:澄清表明的陈述;将当事人的指控(可能是外行语言表述的)转化为精确的法律术语;指出有关的和无关的指控及证据。如果一方当事人已宣称,案件事实涉及某一特定法规的适用,而法院认为可以适用另一法律规则,法院就必须提醒当事人注意这一点,并给予补充陈述的机会。[6] 例如,在某借贷纠纷中,原告要求被告返还欠款,但是被告出具证人证言证明借款已经偿还。法官经审理对证人的资格产生疑问,并将这一事实告知双方当事人。此时,双方当事人证明的焦点就将集中到证人资格的问题上。由此可见,释明权制度同样有助于抽象的证明对象向具体证明对象的转化,它将部分确定证明对象的权利赋予了法官,使诉讼证明更加高效和有针对性。

三、免于证明的事实

在民事诉讼中,并非所有的存在争议的事实都需要当事人提出证据加以证明。出于提高诉讼证明的效率、减轻当事人的证明负担的考虑,许多国家的诉讼法都规定,对特定的事实无须当事人证明之,而由法院直接予以认定,这类事实就是免于证明的事实。

根据最高法《民诉法解释》第93条的规定,在我国民事诉讼中,免于证明的事实有以下几类:

(一)自然规律以及定理、定律

自然规律以及定理、定律是对客观事物的性质或其发展规律的反映,具有科学性。例如,太阳东升西落、北半球的6月是夏季等。由于自然规律的真实性已经经过了科学的检验,所以对于此类事实,无须当事人证明。定理是在科学上被证明为正确的、规律性的命题或原则。各种自然科学上的定理由于是被社会生活实践和科学技术所证明的真理,因此也属于无须证明的事实。

(二)众所周知的事实

众所周知的事实,是指在一定的时间和地域范围内为受理案件的法官和一般社会成员所共知的事实。规定众所周知的事实免于证明是各国立法的通例。例如,《日本民事诉讼法》第55条规定:"显著的事实,不需证明。"《德国民事诉讼法》第291条规定:"于法院已经显著的事实,不需要证据。"规定众所周知的事实可以免除当事人的举证责任,有利于提高诉讼效率,减轻当事人的举证负担。

---

〔5〕 参见骆永家:《阐明权》,载《民事诉讼法之研讨(四)》,台北,三民书局1993年版,第169~171页。

〔6〕 参见宋冰编:《读本:美国与德国的司法制度及司法程序》,中国政法大学出版社1998年版,第313页。

成为众所周知的事实并不意味着在某一地域范围内的所有的人都必须知晓该事实的存在,只要求绝大多数人知道该事实即可。对于不同的事实,被了解的范围不同。例如,对于10月1日是国庆节这一事实是全国范围内为人们所周知的事实,2003年暴发了“非典”则属于全世界的人们都知道的事实。一般而言,只要在受理案件法院的辖区内为多数人共知,即可成为众所周知的事实。

但是,众所周知的事实无须证明并不意味着该类事实是不允许反驳的,当事人可以举出相反的证据证明众所周知的事实不存在或与实际情况不符。如果证明成立,则以众所周知的事实来证明其诉讼请求的当事人仍需要承担证明责任。

(三)根据法律规定推定的事实

法律上的推定是指根据法律的规定从已知事实推知未知事实的过程。法律上的推定又进一步可以分为法律上的事实推定和法律上的权利推定两类,前者指法律明确规定当某一事实存在时可以推知另一事实存在。例如,《民事诉讼法》规定,原告未经法庭许可中途退庭的,按撤诉处理。该规定就属于法律上的事实推定。法律上的权利推定,是指法律对于某种权利或法律关系是否存在直接加以推论的情况,如民法中关于过错的推定。法律上的推定实际上是一种直接推论。因此,只要作为推定前提的事实成立,推定就能成立。依据我国法律规定,法律上的事实推定和法律上的权利推定同样属于免于证明的事实。

(四)根据已知的事实和日常生活经验法则推定出的另一事实

事实上的推定和依据经验法则可以认定的事实属于免证事实的范围。事实上的推定是法官根据已经知道的事实推论出另一事实。事实上的推定具有高度的盖然性,因此,主张事实存在的当事人不承担举证责任。但是,如果对方当事人提出了充分的证据证明推定的事实不存在,则该推定无效。

司法证明过程中的经验亦称为经验法则,是指人类以经验归纳所获得有关事物因果关系或性质状态之法则或知识。〔7〕它们被誉为将证据碎片凝聚为案件事实的“黏合剂”,帮助我们理解证明力的强弱,是连接证据与案件事实的桥梁与纽带。〔8〕经验法则的适用应以该法则具有较强的客观性为前提,但是不同主体对于经验法则的客观性可能产生不同的认识,因此依据经验法则认定的事实属于可以反驳的事实。

(五)已为人民法院发生法律效力的裁判所确认的事实

按照我国民事诉讼的一般理论,由于人民法院的生效判决和裁定具有既判力,对于当事人之间的权利义务关系及法律事实的确认具有终局的效力,因此,对于已生效判决中记载的事实,无须当事人加以证明。法院生效裁判既包括生效的民事裁判,也包括生效的刑事和行政裁判。

但是我们认为,由于民事诉讼的证明标准低于刑事诉讼的证明标准,因此很可能出现某

---

〔7〕 参见陈宗荣、林庆苗:《民事诉讼法》,台北,三民书局1996年版,第487页。

〔8〕 See Alex Stein, *Foundations of Evidence*, Oxford University Press, 2006, p. 66－67.

一刑事案件的被告人由于控方的证据没有达到“无合理怀疑”的程度,没有被认定为有罪;但是在被害人提起的民事诉讼中,原告方的证据已经达到了优势证据的证明标准,因而法院判决被告承担民事责任的情况。因此,刑事生效判决对民事案件的预决作用应当限于刑事有罪判决的范围内,无罪判决不具有预决力。

(六)已为仲裁机构生效裁决所确认的事实

按照我国法律的规定,仲裁机构作出的生效的仲裁裁决与法院的生效判决具有同等的法律效力。因此,仲裁机构在已经生效的仲裁裁决中确认的事实理应得到当事人和人民法院的尊重。

(七)已为有效公证文书所证明的事实

公证文书是公证机关依据法定的程序对有关法律行为、法律事实加以证明的法律文书,公证文书一经作出就具有法律效力。依据我国《民事诉讼法》第 72 条的规定,“经过法定程序公证证明的法律事实和文书,人民法院应当作为认定事实的根据,但有相反证据足以推翻公证证明的除外”。因此,有效的公证文书具有证据的效力,无须当事人举证证明。但是如果对方当事人提出证据推翻了公证文书的真实性或合法性的,法院可以否定公证文书的证据效力,当事人对有关事实仍须举证证明。

上述免证事实,第(二)项至第(四)项规定的事实,当事人有相反证据足以反驳的除外;第(五)项至第(七)项规定的事实,当事人有相反证据足以推翻的除外。

第四节　行政诉讼证明对象

行政诉讼证明对象是指在行政诉讼中,根据法律规定,人民法院必须查明、当事人必须证明的案件事实。证明对象在大多数行政法与行政诉讼法的教材中都没有被提到,[9]只是在一些论文和专著中有所提及。2014 年《行政诉讼法》修订之前的研究中,学者一般都肯定行政诉讼的证明对象主要是与具体行政行为合法性有关的事实和与行政诉讼程序的启动、进行和终结相关的程序法事实。[10]

行政诉讼法修订最大变化之一是用行政行为替代具体行政行为,扩大了行政诉讼受案范围,人民法院不再局限于对具体行政行为的合法性进行审查,行政案件的证明对象需要区分不同类型的行政争议分别予以确定。

一、作为类行政行为违法案件的证明对象

此类案件是针对行政机关作出违法行政决定,相对人不服,诉诸法院的情形。根据《行

〔9〕 如应松年主编:《行政诉讼法学》,中国政法大学出版社 1994 年版;方世荣主编:《行政法与行政诉讼法学》,中国政法大学出版社 2007 年版;张树义:《行政法与行政诉讼法学》,高等教育出版社 2002 年版。

〔10〕 参见高家伟:《行政诉讼证据的理论与实践》,工商出版社 1998 年版,第 145 页;马怀德、刘东亮:《行政诉讼证据问题研究》,载何家弘主编:《证据学论坛》第 4 卷,中国检察出版社 2002 年版,第 210 页。

政诉讼法》第6条的规定,“人民法院审理行政案件,对行政行为是否合法进行审查”,行政行为的合法性是人民法院的审查对象,与之相对应,有关行政行为合法性的事实就是被告行政机关在行政诉讼中应当证明的案件事实。作为类行政行为合法性相关的事实具体包括以下几项:

一是实体是否合法的事实。按照依法行政的基本要求,行政权力必须由行政主体在法定权限范围内行使,同时行政行为的作出应当具备行政实体法规定的条件。行政诉讼法对撤销判决的适用情形有所修订,与行政行为合法性相关的实体法事实包括六个方面:(1)被告是否具备行政主体资格;(2)被告是否超越其法定职权;(3)被诉行政行为是否具备法定条件;(4)被诉行政行为收集的证据是否确实充分;(5)被告是否存在滥用职权的情形;(6)行政行为是否明显不当。

二是行政行为的程序是否合法的事实。作为公权力的一种,行政权力的行使应当遵循行政程序法所规定的程序规则,以保护处于弱势地位的相对人。如果行政机关作出行政行为时没有履行法定程序义务,属于程序违法,而程序违法是人民法院作出撤销判决和确认违法判决的理由之一。行政程序法所规定的程序制度主要有回避、调查与证据、听取意见、公开、说明理由、期间、送达等。与程序合法相关的事实就是与行政主体是否履行各项程序制度所规定的程序义务相关的事实。

三是是否有法律依据,是否正确适用法律、法规。由于行政行为的作出本身是一个认定事实、适用法律的过程,《行政诉讼法》第34条规定被告对作出的行政行为负有举证责任,应当提供作出该行政行为的证据和所依据的规范性文件;该法第70条关于撤销判决的规定中将“适用法律、法规错误的”作为撤销判决的理由之一。根据上述规定,人民法院对行政行为的合法性审查包括对行政行为是否有法律依据,是否正确适用法律、法规的审查。对于被告行政机关来说,必须向人民法院证明被诉行政行为有法律依据,且适用法律、法规正确。

明确行政行为的合法性是此类案件的证明对象,具有非常重要的意义。由于在对行政行为是否具备法定条件的判断上必然涉及对原告(行政程序中的相对人)是否存在某些事实的判断,如在审查交通警察对违章司机的行政处罚决定是否合法时,必然要涉及被处罚司机是否存在违章情形,造成实践中法庭上出现法官与行政机关“联合审原告”,使原告颇感委屈的局面。原告是否存在违法行为属于待证事实之一,但行政诉讼的审理中心在行政行为的合法性,而不在原告行为的违法性,而且原告行为违法并不意味着行政行为就必然合法。在有的案件中,虽然原告存在违法行为,但由于行政机关或是作决定时收集的证据不足,或是适用法律、法规错误,或是程序违法,导致被诉行政决定被撤销。对于行政诉讼来说,审理活动应当紧紧围绕与行政行为合法性相关的诸项事实展开。

二、不作为违法案件的证明对象

此类案件针对的是行政机关不履行法定职责:一种情形是行政机关应当主动履行法定职责而没有履行,如警察路过发现打架斗殴没有制止、处理;另一种情形是原告在行政程序中向被告提出申请,要求其履行法定职责,被告没有履行,或者拖延履行。例如,公民向城建部门提出建房申请,城建部门在法定期限内没有就是否准许作出答复。再如,打“110”报警,公安机关接警后没有出警。此类案件的证明对象有两项:

一是被告是否负有履行该项职责的法定义务。不作为违法以行政机关负有法定义务为前提,如果行政机关不负有履行原告诉称的职责的法定义务,则行政机关不履行法定职责违法不能成立。

二是被告在具体案件中是否存在应当履行法定职责而没有履行法定职责的情形。被告根据法律的规定负有"为"的义务,只是不作为违法的构成条件之一。在具体案件中,除了要查明被告负有履行职责的法定义务,法院还需要进一步查明在本案中,被告是否存在应当履行法定职责而没有履行法定职责,或者拖延履行、拒绝履行职责的情形。如果被告负有履行法定职责的义务,但在具体案件中已经履行了法定职责,则原告的诉讼请求不能成立。反之,则人民法院应当责令被告履行法定职责;如果责令被告履行法定职责已经没有实际意义,则确认被告不作为违法。

三、履行给付义务案件的证明对象

行政诉讼法在履行职责判决之外增加规定了给付判决,此类案件范围十分狭窄,专门针对行政机关的行政给付行为。随着社会经济发展,行政给付等授益性行政行为大量出现,行政诉讼法在受案范围中将行政给付案件由支付抚恤金扩大为最低生活保障待遇、社会保险待遇等事项,并在判决类型中增加规定给付判决类型。这类案件中的证明对象主要是原告是否具备行政机关应当向其给付一定钱财物的法定条件。

四、行政赔偿诉讼案件的证明对象

行政赔偿诉讼的提起分为两种情形:一是原告在对行政行为提起撤销之诉、确认违法之诉、确认无效之诉时一并提起赔偿请求;二是由赔偿义务机关先行处理后,原告单独提起行政赔偿请求。无论采用何种程序提起行政赔偿诉讼,案件的证明对象都包括:

其一,原告的合法权益是否受到损害。首先,行政赔偿只限于原告的合法权益,不包括非法所得等非法利益。其次,损害必须已经实际发生,不包括可预期利益。

其二,行政机关工作人员的行为是否属于职务行为。如果属于公务员的个人行为,则应由公务员个人承担责任,不属于行政赔偿的范围。

其三,损害是否由职务行为造成,即二者之间是否存在因果关系。

需要说明的是,行政赔偿诉讼的证明对象不包括行政行为或者事实行为的违法,因为,行政赔偿诉讼的审理对象是原告提起的行政赔偿请求,而确认违法是进入行政赔偿诉讼的先决条件,而非行政赔偿诉讼本身要解决的问题。在单独提起的行政赔偿诉讼中,职务行为的违法性在这之前已经得到确认;在一并提起的行政赔偿诉讼中,行政行为的违法性在确认违法、确认无效、撤销行政行为的诉讼请求中解决。

五、行政协议案件的证明对象

行政诉讼法在受案范围中增加规定了行政协议案件,此类案件主要是针对政府特许经营协议、土地房屋征收补偿协议等引起的行政争议。行政协议不同于传统单方行政行为,基于协议双方意思表示达成一致。尽管行政协议签订主体涉及企业与政府,但受制于行政诉讼"民告官"的性质定位,此类案件的被告被严格限定为行政机关。因此,案件的证明对象主要是:其一,原告与被告之间是否签订行政协议。其二,被告行政机关是否存在不依法履行、未按照约定履行,违法变更、解除行政协议的事实。

六、行政诉讼程序事实

行政诉讼中需要证明的诉讼程序事实,有的与刑事诉讼、民事诉讼并无不同,如关于回避的事实、关于一审法院违反公开审理等审理程序的事实等。有的诉讼程序事实则是行政诉讼中特有的需要证明的,主要包括:(1)有关当事人资格的事实。如关于原告是否具有原告资格的事实的证明。在行政诉讼中,根据《行政诉讼法》第25条的规定,只有与被诉行政行为有利害关系的公民、法人或其他组织才具有原告资格,才能向人民法院提起行政诉讼。因此,相对人之外的公民、法人或其他组织向人民法院提起行政诉讼的,其是否与被诉行政行为有利害关系需要证明。(2)有关起诉期间的事实。《行政诉讼法》第46条第1款规定:"公民、法人或者其他组织直接向人民法院提起诉讼的,应当自知道或者应当知道作出行政行为之日起六个月内提出。法律另有规定的除外。"公民、法人或其他组织超过起诉期间向人民法院提起行政诉讼的,人民法院不能受理。(3)有关管辖的事实。行政诉讼的管辖分为级别管辖和地域管辖,需要根据相应规定确定管辖法院。例如,《行政诉讼法》第18条第1款规定:"行政案件由最初作出行政行为的行政机关所在地人民法院管辖。经复议的案件,也可以由复议机关所在地人民法院管辖。"(4)有关被告及其诉讼代理人是否在诉讼过程中自行向原告、证人、第三人收集证据的事实等。禁止被告及其代理人在行政诉讼过程中自行向原告、证人、第三人收集证据是行政诉讼所特有的规则,如果原告主张被告违反这一规则,需要对之加以证明。

【案例1】 美国博拉德沃斯"强奸杀人"案[11]——证明不充分造成错案

【案情】 两个男孩,一个10岁,另一个8岁,在离巴尔地摩不远处半郊区的一个池塘边钓鱼。这时一个男人正好经过,这两个男孩要他看他们的钓竿,于是那名男子停下来简单地和他们进行了一些交谈。在这个时候,达恩·汉密尔顿,9岁的小女孩,走到近前问男孩们是否看见了她的堂姐莉莎。他们没有看见莉莎,但是那名男子主动提出帮助达恩寻找莉莎。他们两个走入树林中并且消失了。一个证人听到那个人对达恩说:"莉莎和我在捉迷藏,来呀,我们去找到她。"

5小时以后,达恩尸体被发现,脸朝下趴着。她的头盖骨被击碎。她的内衣和内裤挂在树枝上。她被强奸了,并且之后用一根树棍插入了阴道。她的颈部有一个旅游鞋的鞋印。

虽然警察一开始没有找到嫌疑人,也没有找到多少证据,但是不到一个月他们逮捕了科克·博拉德沃斯,"在马里兰州的东海岸长大,是一个送水工人的儿子,曾经读过神学院,在海军陆战队当过兵"。此人"胸部像水桶,头很大,发际线靠上,浓眉毛,小眼睛并且眼窝深陷。他的牙齿扭曲。他下巴处留有发红的褐色胡须"。一个后来在监狱里看到他的报社记

---

〔11〕 See Thomas, Young, Sharfman and Briscoe, *Is it too Late for Innocence? Finality, Efficiency, and Claims of Innocence*, University of Pittsburgh Law Review, Winter, 2003.

者评价道:博拉德沃斯“有一点吓人,因为他的长相……是一个完美的犯罪嫌疑人”。

根据一份司法部的报告,控方证明博拉德沃斯的证据非常有力:5 名证人证明,博拉德沃斯就是在池塘边停下来并且与达恩一起进入树林的那个男人;博拉德沃斯在那一天告诉过不止一个人,说他做了会影响其婚姻的“可怕”的事情;在他第一次与警察会谈的时候,博拉德沃斯提到一块“带血的石头”,而警察并没有提起被害人死亡的原因或者可能被使用的凶器;一个在犯罪现场附近发现的鞋印与博拉德沃斯的鞋的尺码相同。虽然鞋印似乎证明力较弱(例如,多少男人穿 9 号的鞋?),其他证据是相当有力的。在被害人的内衣上发现了一小块精斑,但是当时的检验手段无法达到得出结论的程度。

陪审团的最初投票是 11 票对 1 票赞成有罪,经过 2 小时以后投票结果就是一致的了。法官判处博拉德沃斯死刑。博拉德沃斯一直坚持自己无罪,甚至在量刑前还说:“我的意思是,法官大人,我没有犯 1984 年 7 月 25 日发生的那起罪行。如果真的是我干的,我一开始就会承认的。”在接下来的 2 年内,他在死刑囚室等待执行。

和其他的很多错误定罪的案件不同,博拉德沃斯案件中的冤狱有望昭雪。他的辩护律师在审理和上诉中提供了有效的、积极的法律帮助。上诉法院将案件发回,以调查是否存在警察隐瞒“可能是其他人所为的证据”的可能性。他的最初上诉还争论说:“博拉德沃斯提到带血的石头是因为警察在讯问他时,在他旁边的桌子上就放有一块这样的石头;他向朋友们提到的‘可怕’的事情是他忘了给他的妻子买他许诺的色拉……”州上诉法院只接受了隐瞒证据的问题。博拉德沃斯被重审并且再次被定罪。一直跟踪第二次审判的一个报社记者认为,陪审团可能“受其外貌的影响——何况在第二次审判中他选择不作证的决定,或者他的不令人信服的‘色拉’故事,或者他对‘带血的石头’的了解”。这次对他判处的刑期是两个终身监禁。对这次定罪的上诉没有结果。

博拉德沃斯的父亲仍然相信其儿子无罪并且继续支付律师费和 DNA 检测的费用。在穷尽了上诉途径之后,一个新的律师接手该案并且建议检察官散德拉·奥康诺,对证据进行复杂的 DNA 鉴定。在很多时候证据没有被保留,但是这个案件中的证据被保留了。奥康诺女士同意了辩护方的要求。

由不同实验室(包括联邦调查局的实验室)进行的两次检测,确认博拉德沃斯不可能是在被害人内衣上留下精斑的人。1993 年 6 月 28 日,博拉德沃斯的律师提交了一份“被告人的未遇反对的新审理的动议”,理由是两次审判时还没有发展出来的、新的 DNA 技术表明,证明犯罪人身份的精斑不是被告人的。律师附上了实验室检测结果并且指出,控诉方没有反对意见,并且在法院命令重新审理时会作出不起诉决定。

1993 年 6 月 29 日,也就是提出申请的第二天,法官批准了该动议,控诉方决定不起诉,于是法官命令将博拉德沃斯从监狱中释放。6 个月以后,州长根据由控辩双方联合提交的赦免令请求签发了赦免令。赦免后的 6 个月,州政府同意给予博拉德沃斯 30 万美元的赔偿,因为其在监狱中错误关押了很长时间。博拉德沃斯在监狱里服刑 8 年。

【评析】 在本案中,需要证明的实体法事实包括何时、何地、何人、用何种手段、实施了何种行为、造成了何种后果。在陪审团对其最初作出有罪判决时,对这几个方面的证明都是很不充分的,最终造成了一起错案。这表明,在刑事司法过程中,对作为证明对象的实体法事实的每一个方面都应当认真细致地予以查明,而查明的主要方法就是运用证据加以证明。

当达不到法定的证明要求时,应当作出有利于被告人的裁决。

【案例2】 张某杀人案——刑事诉讼证明对象的范围

【案情】 某年3月5日,张某与村民朱某因宅基地发生口角。同年3月20日,张某看见朱某的儿子小朱和儿童孙某、葛某玩耍,便把一包蛋糕拿出来给几个小孩吃。小朱吃了一口感觉味道不好准备吐出,张某连忙递给他一杯水冲下,并又给其一块蛋糕吃下。小朱回家后出现腹痛、呕吐现象并在被送至医院途中死亡。公诉机关以张某故意杀人罪提起公诉,并提供证据如下:(1)儿童孙某证言:当日与小朱回家时,小朱说:"什么破东西,味道真难闻。"(2)葛某证言:吃蛋糕时,的确味道怪怪的。(3)朱某证言:小朱到家后没有吃饭,直叫肚子疼,并开始呕吐。在被送往医院途中约一小时即死亡。(4)法医鉴定:小朱系食用剧毒农药甲胺磷中毒而死亡。(5)被告人辩解:小朱不是我毒死的,因为其他儿童也吃了蛋糕。

辩护人意见是,本案事实不清,证据不足,尤其是张某犯罪动机不明,毒物来源不清,因此不能排除小朱误食其他毒物的可能,而且检察机关审查起诉期限已超过1个半月。

经补充侦查后,人民检察院补充下列证据:(1)村民组长彭某证言:朱某因宅基地问题当众打过张某两个耳光,张某曾说:"走着瞧,我让你断子绝孙。"(2)经过搜查,从张某家后院搜出一瓶甲胺磷农药,经儿童孙某、葛某闻后,证明与吃蛋糕时闻到的气味一样。(3)售货员何某证言:张某来买蛋糕时,挑最大的买了两斤。(4)村民刘某证实:张某为人平时非常吝啬,从不轻易给其他人东西。(5)案件在审查起诉过程中,曾退回补侦一次的相关证明材料。(6)被告人张某拒不供述,无悔罪表现。

人民法院重新开庭审理此案。经审理,认为本案被告人虽然不供认投毒杀人的事实,但本案事实清楚、证据充分,足以认定被告人故意杀人。最终判决被告人张某死刑,剥夺政治权利终身。

【评析】 在刑事诉讼中,凡是与追究犯罪嫌疑人、被告人刑事责任有关的一切需要查明的事实,都是证明对象;与此无关的事实不应成为证明对象。刑事证明对象可以分为实体法事实和程序法事实,实体法事实又包括犯罪事件的事实与被告人的个人情况两个方面。在本案中,村民组长彭某有关张某犯罪动机的证言,儿童孙某、葛某的证言,在张某家搜出的农药,法医鉴定意见等证据能够证明犯罪构成要件的事实;村民关于张某平时为人吝啬,张某无悔罪表现的事实能够证明被告人的个人情况;有关办案期限的证据证明案件所涉及的程序法事实。上述几个方面的事实均属于刑事诉讼证明对象的范围。

【案例3】 凯立公司诉证监会案〔12〕——行政行为违法案件的证明对象

【案情】 海南凯立公司是一家修建高速公路的公司,于1998年经海南省证管办审核向当时的中国证券监督管理委员会(以下简称证监会)正式提交向社会发行A股股票的申请及相关材料。1999年8月20日证监会以证监发〔1999〕39号文向国务院作出《关于海南

〔12〕 本案案情介绍源自北京市第一中级人民法院(2000)一中行初字第118号行政判决书,收录于胡锦光主编:《中国十大行政法案例评析》,法律出版社2005年版,第193页。

凯立公司上市问题有关情况的报告》。该报告于同年9月1日由国务院办公厅秘书局通过海南省人民政府办公厅转告凯立公司。该报告认为,凯立公司97%的利润虚假,经研究决定,以凯立公司申报材料虚假为由,取消其股票发行资格。2000年4月28日证监会又以证监办函〔2000〕50号函向海南省人民政府作出《关于退回海南凯立中部开发建设有限公司A股发行预选申报材料的函》(以下简称50号文),并抄送凯立公司。该函认定凯立公司发行预选申报材料前3年财务会计资料不实,不符合发行上市的有关规定。经研究决定,退回其A股发行预选申报材料。

凯立公司因不服证监会行政审批行为,于2000年8月16日向北京市第一中级人民法院提起行政诉讼,一审法院判决认定报告作出的退回原告申报材料的行为缺乏法律依据,判决:(1)确认被告退回原告A股发行预选申报材料的行为违法。(2)责令被告恢复对原告股票发行的核准程序,在判决生效之日起2个月内作出决定。(3)驳回原告其他诉讼请求。2001年1月,证监会不服一审判决提起上诉,北京市高级人民法院2001年7月5日作出终审判决:驳回上诉,维持一审判决。

【评析】 本案是企业首次状告证监会,当年曾经引起巨大的社会反响。行政行为违法案件的证明对象涉及行政行为的实体、程序、法律依据三个方面的事实。虽然本案二审法院结论上维持了一审法院的判决,却又有所不同。二审法院既对证监会作出50号文应当适用的程序进行审查,也对其实体是否合法的事实进行审查。二审法院认为50号文认定事实的证据不充分,认为凯立公司的财务资料所反映的利润是否客观真实,关键在于其是否符合国家统一的企业会计制度。证监会在审查中发现有疑问的,应当委托有关主管部门或者专业机构对其财务资料依照公司、企业会计核算的特别规定进行审查确认,证监会在未经专业部门审查确认的情况下作出的50号文,认定事实的证据不充分。

【案例4】 赵某涌等诉公安机关不作为案〔13〕——不作为案件的证明对象

【案情】 原告赵某涌路过中央民族大学校门口时,被校保安阻拦、侮辱并殴打。原告赵某江正好路过,上前劝阻,也遭到校保安队的殴打。两原告的父亲闻讯赶到现场并打电话报警,且进行了拍照。警察赶到现场后,为原告开具证明去指定医院看伤。原告回来后向被告提交了诊断证明,被告给原告作了笔录。之后,原告又向被告提交照片等证据。8个月后,原告在被告一直没有作出处理决定的情况下,向北京市某某区人民法院提起行政诉讼,请求法院判决确认被告不作为违法,并在一定期限内履行职责。被告北京市海淀区某某寺派出所答辩提出:"本所接到报案后即派员到现场进行处理。事后,本所一直积极对此事进行调查取证,现已基本调查完毕,准备对案件进行处理。因此,不存在不履行法定职责的问题,请求法院驳回原告的诉讼请求。"

原告、被告均向法院提交证据。经过当事人质证,合议庭经评议对证据认证如下:被告某某寺派出所提交的35份笔录、5份鉴定意见可证明该所在2001年9月至2002年4月询问了当事人及证人,收集了相关证据。原告提交的诊断证明和11张照片,内容真实,可以认

〔13〕 北京市海淀区人民法院行政审判庭编:《行政裁判文书选》(第2册),海淀区人民法院内部资料,第33页。

定校保安队员殴打了原告。

北京市某某区人民法院经审理认为,公安机关应当依法处理治安案件,处罚违反治安管理者,保护公民的人身权不受侵犯。某某寺派出所提交的证据及原告的当庭陈述,可以证明被告在原告与校保安发生冲突的当天派员到现场进行了处理,为原告开具了就医证明。在事发3日后开始向双方当事人及有关证人进行调查取证,委托法医鉴定部门对有关人员的伤情进行了鉴定。上述行为可以证明被告对此事正在进行调查、履行职责。法院最后认定原告认为某某寺派出所对其报案没有进行调查,未履行保护人身权的法定职责,缺乏事实依据,判决驳回原告的诉讼请求。

【评析】 不作为案件的证明对象包括两点:其一,被告是否负有履行该项职责的法定义务;其二,被告在具体案件中是否存在应当履行法定职责而没有履行法定职责的情形。本案中,北京市某某区人民法院查明了两点:其一,被告作为公安机关负有依法处理治安案件,处罚违反治安管理者,保护公民的人身权不受侵犯的法定职责。其二,被告提交的一系列证据证明被告对原告被打一事正在调查,不存在没有履行法定职责、拖延履行法定职责的情形。因此判决驳回原告的诉讼请求。

第十二章　证明责任

第一节　证明责任概述

一、证明责任的概念和意义

证明责任,英文为 Burden of proof,德文为 Beweislast,都是证明的负担或者证明的义务的意思。

关于证明责任的概念,理论界分歧甚大。与本书第十章证明的概念相适应,我们认为,证明责任就是一定的诉讼主体对其所主张、所认定的案件事实是否存在负有提出证据、运用证据加以证明的义务。这是一个广义的证明责任概念,其特征在于:一是负担证明责任的主体包括诉讼中的国家专门机构(主要是法院、检察机关、公安机关)和当事人及其委托的诉讼代理人、辩护人。二是适用证明责任的诉讼阶段在民事诉讼、行政诉讼中是在审判阶段;而在刑事诉讼中不仅适用于审判阶段,还包括审前的立案、侦查、起诉等阶段。三是证明责任所指向的事实是纠纷双方主体所主张的事实和公检法等专门机关所需要认定的事实。

为了进一步理解证明责任的概念,有必要了解证明责任的性质。关于证明责任的性质,理论界(主要是民事诉讼法学界)有不同的理解,形成了以下四种观点:一是权利说。认为证明责任是当事人的一种权利。在诉讼过程中,当事人为防止败诉,有权提供证据证明其主张事实的真实性,从而维护自己的实体权益。二是义务说。认为证明责任是当事人应当承担的一项诉讼义务。当事人在诉讼过程中之所以要负证明责任,是因为证明责任是诉讼法上要求当事人履行的诉讼义务;当事人不履行此诉讼义务,便会产生相应的法律责任——败诉后果。三是权利义务说。认为提供证据既是当事人的权利,又是当事人向法院应尽的义务。一方面,从当事人进行诉讼活动角度来讲,这是当事人享有的一项诉讼权利;另一方面,从法院审判活动角度来讲,则具有义务性质。四是败诉风险说。认为证明责任是一种特殊的法律责任,是在事实真伪不明的情况下,当事人负担的败诉风险。

我们认为,证明责任在性质上是一种义务。因为在法理上,义务就是一种负担或不利后果,而证明责任主体如果不履行法律规定的证明责任,就要承担不利的法律后果。权利说的问题在于,权利从属性上是为权利人的利益而设定的,如权利人放弃权利,不应有不利于权利人的结果产生,但是承担证明责任的当事人如果不积极提供证据则可能会导致败诉的后果,因此将证明责任视为一种权利,实与权利的属性相悖。至于风险说,本质上与义务说是相同的,因为证明责任主体未按法律规定的要求履行证明责任就会产生一定的不利法律后果,即承担风险。

证明责任制度在诉讼中有力地影响着诉讼活动的进行,因而具有十分重要的意义。

第一,证明责任制度有助于查清案件事实。现代诉讼要求依靠依法获得的证据来认定案件事实,然而,诉讼活动中的证明主体很多,由谁来提供证据、谁有条件提供证据等问题直接影响案件事实能否查清、能否尽快查清。证明责任制度的核心内容就是证明责任分配规则,这些规则按照从长期实践经验中总结出来的公平原则、就近原则、利益衡量原则等理性原则,使各证明主体能够最大限度地在证明活动中发挥作用。

第二,证明责任制度有助于各诉讼主体实现其诉讼目的。在诉讼活动中,各诉讼主体为实现其利益,都有预先设定的目的,比如检察机关要追究被告人的刑事责任、被告人期望得到罪轻或无罪的判决、被害人期望追究被告人刑事责任并获得损害赔偿等。证明责任制度通过确定各诉讼主体在诉讼证明活动中的义务的形式,指引诉讼主体如何有效地参与诉讼证明活动,实现诉讼目的,维护其诉讼利益。

第三,证明责任制度有助于办理案件的国家专门机关特别是法院在案件事实真伪不明的情况下及时处理案件。在法院行使审判权的过程中,如果案件事实经过法庭上的举证、质证、认证(包括法院核查证据)等证明环节后仍然无法查清,法官依然应当作出裁判而不能放弃裁判权,证明责任制度专门确立了案件事实真伪不明情况下的裁判规则,从而能够指引法官如何作出裁判。

二、证明责任的源流演变

证明责任制度起源于古罗马法中著名的“谁主张,谁举证”原则,古罗马法关于证明责任的分配原则,具体而言:一是原告应负举证义务,因为“原告不举证,被告即开释”。[1] 二是举证义务存在于主张之人,不存于否认之人。“否认者不负举证责任。”[2] 古罗马法的这一证明责任制度都是从原告、被告双方对裁判者(法庭)负有举证说服的义务而言的。

古罗马法的证明责任理论在欧洲直到19世纪末才得到进一步的发展。1883年德国学者尤里乌斯·格尔查在其论文集《刑事诉讼导论》中将“证明责任”区分为客观证明责任和主观证明责任,此后经过十余年的争论,这种双重证明责任的理论体系逐渐被奉为通说。在此理论体系中,主观证明责任,是指当事人负有以自己之举证活动证明系争事实,从而推动诉讼继续进行下去的责任。它又被称为形式的或行为意义上的证明责任,即行为责任。客观证明责任,是指在审判中当待证事实至审理最后仍然无法确定时的法律效果问题,即系争事实真伪不明时的不利后果由哪方承担的问题。这是一种实质的或结果意义上的证明责任,即结果责任。它是一种法定的风险分配方式,是“对真伪不明的风险分配,即对事实状况的不可解释性的风险所进行的分配”。[3]

在19世纪末,几乎与德国同时,美国学者塞耶(Thayer)在1890年发表的《证明责任论》一文中提出了区别“证明责任”双重含义的必要性;此后,又在1898年出版的专著《证据理论研究》中专门就“证明责任”双重含义在诉讼领域的各自地位和作用进行了详细论述。[4]

---

〔1〕 黄风编著:《罗马法词典》,法律出版社2002年版,第21页。

〔2〕 黄风编著:《罗马法词典》,法律出版社2002年版,第183页。

〔3〕 [德]普维庭:《现代证明责任问题》,吴越译,法律出版社2000年版,第27页。

〔4〕 参见陈刚:《证明责任法研究》,中国人民大学出版社2000年版,第20页。

经过后人的整合,这种双重证明责任理论在美国已经成为通说。在此理论体系中,证明责任包括提供证据的责任和说服责任。提供证据的责任(burden of producing evidence),又称推进诉讼的责任(the burden of putting forward with evidence),是指在诉讼中当事人提供证据,说服法官将案件递交陪审团的责任,或者提出某项证据使某一问题成为争议点的责任,这是一种诉讼双方都应当承担的证明责任。说服责任(burden of persuasion)是指由提出诉讼主张的一方当事人提供证据说服陪审团裁判己方主张为真的责任。

两大法系的证明责任概念尽管在表述上有所不同,但并不存在本质上的差别,都是从动态和静态两个层次理解证明责任。就动态层次而言,无论是大陆法系的主观证明责任,还是英美法系的提供证据的责任或者推进诉讼的责任,都是从诉讼过程的角度提出的,强调的是当事人负有使自己的主张成为争点的责任,从而推动诉讼程序持续深入进行。就静态层次而言,无论是大陆法系的客观证明责任,还是英美法系的说服责任,都是指法庭调查结束时由何方承担事实真伪不明的责任。还需注意的是,两大法系在承担证明责任的主体上都仅仅限于争议双方,裁判者本身不承担证明责任。而且,证明责任制度只限于法庭审理阶段,裁判者就是法官或者陪审者。

但苏联的证明责任的立法和理论与西方有很大的不同。在刑事诉讼中认为法院和检察机关、侦查机关一样,都应负证明责任,《苏联和各加盟共和国刑事诉讼纲要》第 14 条和《苏俄刑事诉讼法典》第 20 条均规定:“法院、检察长、侦查人员和调查人员必须采取一切法定措施来全面、充分和客观地查明案情,弄清证明被告人有罪或无罪、加重或减轻罪责的各种情节。法院、检察长、侦查人员和调查人员无权把证明义务转加到被告人身上。”这表明证明责任不再是控诉方对法院负担,而是法院同控诉方共同承担;被告人不承担证明责任。苏联瓦解后,现俄罗斯联邦刑事诉讼立法和理论发生了很大的变革,但在证明责任上仍基本沿袭苏联的理念。即第一,把“证明”视为收集、审查和评定证据的活动;第二,法院、检察人员、侦查人员和调查人员负有证明责任。例如,《俄罗斯联邦刑事诉讼法》第 86 条第 1 项规定,“证据的采集,由调查官、侦查官、检察官与法院,在刑事诉讼程序运行阶段,通过实施本法典规定的侦查行为与其他诉讼行为的途径进行”;第 2 项、第 3 项规定,当事人及其代理人、辩护人有权收集证据。第 87 条规定了调查人员、侦查员、检察长、法院对证据如何进行审查。

苏联在民事诉讼的证明制度上,一方面明确双方当事人负有证明责任,同时法院也负有一定的查明事实职责。现行《俄罗斯联邦民事诉讼法典》基本上继承这一证明责任的框架,如第 56 条(证明责任)规定:“每一方当事人均应对他论证自己请求和反驳所援引的情况进行证明。”第 57 条、第 58 条还规定,法院根据当事人的申请在搜集和调取证据方面给予协助,在必要时可以就地勘验和审查证据。

三、我国诉讼中的证明责任

“证明责任”制度在中国的产生和演变经历了长期的过程。在中国封建社会的纠问式诉讼中,控审不分,司法官负责证据的收集和审查判断,承担实际上了证明责任,现代意义上从当事人举证角度理解的证明责任概念,在当时尚未出现。清末变法,西方资本主义法制引入中国,证明责任制度随之产生。据考证,“有关‘证明责任’的规定最早出现在清政府 1910

年起草的《大清民事诉讼律草案》中,而该草案在构造以及具体条文规定上,几乎是对德国、日本民事诉讼法典的照搬……我国学者是直接沿用了日译的'举证责任''立证责任''证明责任'(大多数采用'举证责任')"。[5] 当时的举证责任,其含义是当事人有提供证据的责任,这可以由当时参与起草《大清民事诉讼律草案》并来华讲学的日本学者松冈义正博士的观念加以佐证,他在其代表性专著《民事证据论》中将"举证责任"定义为:"举证责任者,即当事人为避免败诉之结果或蒙受不利于自己之裁判起见,有就其主张之特定事实加以证明之必要也。"[6]

新中国成立后废除了"六法全书",之前的法律理论和精神被断裂,学者转而学习借鉴苏联的理论,证明责任也是如此。改革开放以后,现代西方的证明责任理论与苏联的证明责任理论互相碰撞,引起诉讼法学界对证明责任理论上的争论与分歧。在民事诉讼中一般认为,证明责任是指当事人对自己提出的主张负有提供证据的责任,即当事人要求法院就其主张作出裁判时,对主张的事实要承担举出证据的证明责任。比如,"举证责任,是指民事诉讼当事人对自己提出的主张,加以证明的责任"[7]。同时,近年来也认同举证责任分为行为责任和结果责任。

在刑事诉讼法学界,证明责任的理论则存在明显的分歧,主要有两派:一派认为应当吸收乃至移植西方的通说,即主张是证明责任,是证明主体为了使自己的诉讼主张得到法院裁判的确认,所承担的提供和运用证据支持自己的主张以避免对于己方不利的诉讼后果的责任。另一派主张吸收外国经验,结合中国实际,建立中国特色的证明责任制度,具体而言分为两个层面:一是举证责任。即在法庭审判中控辩双方向法庭提出证据证明自己对案件事实所主张的证明义务。同时也赞同这种举证责任分为推进或行为责任和结果责任。这个层面与西方以及我国许多学者主张的没有区别。二是证明职责(或查明职责)。即公安机关、检察机关和法院在职务上负有收集、审查、判断证据,认定案件事实的责任。我们主张第二种观点。理由主要在于:如上章所述,在证明上我们采取广义的概念,即认为证明是诉讼主体收集运用证据认定案件事实的活动。其特点:一是诉讼主体不限于纠纷双方主体,还包括诉讼中的公安司法机关,而且它们是更重要的证明主体,对此我国刑事诉讼法有明文规定。二是不限于审判阶段,在刑事诉讼中延伸到侦查起诉阶段。

在审判阶段三种诉讼中的法院都负有审查判断证据、准确认定案件事实的职责,而且在一定的情况下都有主动收集证据的职责,因此在审判阶段双方纠纷主体负有举证责任;而法院负有证明职责或查明职责。法院承担证明职责有利于克服法院单纯依赖双方纠纷主体举证的不足,有利于发挥法官查明案件事实真相的职权主动性,加强法官准确认定案件事实的责任感。当然,在法庭审判阶段双方纠纷主体履行举证责任是基础,法院的证明职责主要体现在对证据的审查判断上,必要时才主动收集证据。我们认为,把举证责任和证明职责合理地结合起来,并根据三种诉讼的特点具体加以规制,才能更好地实现司法公正,确保案件的办理实现法律效果和社会效果的统一。

---

〔5〕 陈刚:《证明责任法研究》,中国人民大学出版社2000年版,第50页。

〔6〕 [日]松冈义正:《民事证据论》,张知本译,中国政法大学出版社2004年版,第32页。

〔7〕 柴发邦主编:《民事诉讼法学新编》,法律出版社1992年版,第223页。

第二节　刑事诉讼证明责任

一、举证责任

举证责任是指在法院审理过程中,由控辩双方承担的提出证据证明自己主张的责任,如果不能提出证据或提出了证据但达不到法律规定的要求,将承担其主张不能成立的风险。《刑事诉讼法》第51条规定:“公诉案件中被告人有罪的举证责任由人民检察院承担,自诉案件中被告人有罪的举证责任由自诉人承担。”据此,我国《刑事诉讼法》明确规定了审判阶段公诉案件和自诉案件的举证责任。现分别阐述如下:

(一)公诉案件中公诉机关负有举证责任

在公诉案件中,检察机关代表国家行使公诉权,处于控方的地位,检察机关(其代表为公诉人)负有向法庭提出证据证明被告人有罪的责任。这是因为:第一,刑事诉讼是国家主动追究犯罪,实现国家刑罚权的活动。除了少数侵犯公民个人权利的案件交由被害人提起自诉外,绝大多数案件是由检察机关代表国家进行追诉,行使公诉权,因而检察机关理所当然地负有举证责任。第二,这是无罪推定原则的要求。该原则主张任何人在未经法院生效判决确定为有罪之前均应推定无罪,而推翻这项推定的责任在控诉方,如果控诉方不能举出证据并达到法定的证明要求,被告人将被判无罪。第三,是基于被告人在诉讼中所处的特殊地位之考虑。被告人作为被追诉的对象,可能被采取强制措施以限制其人身自由。他既没有强制收集证据的权力,也没有自行收集证据的能力。因此,除法律有特别规定外,不能要求被告人承担举证责任。

公诉案件中收集证据的责任主要由侦查机关承担。他们在收集证据时,可以按照《刑事诉讼法》第二编第二章侦查的规定,通过讯问犯罪嫌疑人,询问证人,勘验、检查,搜查,查封、扣押物证、书证,鉴定,特殊侦查等侦查措施,收集能够证明犯罪嫌疑人有罪的证据,为以后的提起公诉做准备。检察机关在审查起诉时,要审查侦查机关移送的证据是否确实充分,并可以主动收集有利或不利于犯罪嫌疑人的证据。在公诉案件的法庭审判阶段,公诉人负有向法庭提出证据的责任,证明起诉书对被告人所控诉的犯罪事实。根据《刑事诉讼法》的规定,公诉人在法庭上举证的方式表现为,根据起诉书所列的证据目录,讯问被告人,对证人、鉴定人发问,向法庭出示物证、书证、视听资料、电子数据,宣读未到庭证人的证言笔录、鉴定人的鉴定意见以及勘验、检查、辨认、侦查实验笔录。如果公诉人不举证,或者举证达不到法律规定的证明要求,法庭就应当对被告人作出无罪判决。

(二)自诉案件中自诉人负有举证责任

自诉案件中收集证明被告人有罪的证据的责任由自诉人承担。《刑事诉讼法》第211条规定,人民法院审查自诉案件后,对缺乏罪证的自诉案件,如果自诉人提不出补充证据,应当说服自诉人撤回自诉,或者裁定驳回。根据这一规定,自诉人向人民法院提起自诉前,应当已经收集到一定的有罪证据。由于自诉案件并不经过侦查阶段,不可能由侦查机关通过侦查手段为被害人收集到证明被告人有罪的证据,因此这类证据只能由自诉人自行收集。

自诉案件在法庭上的举证责任由自诉人承担。自诉人的举证责任,在有法定代理人的时候由法定代理人承担。自诉人可以委托律师或其他人代理自诉,协助自诉人履行举证责任。在法庭审理中,自诉人或其代理人必须出示证据证明被告人有罪。如果自诉人经两次传唤拒不到庭,或者未经法庭许可中途退庭的,按撤诉处理。自诉人出庭举证并与辩方质证,审判人员经调查核实后认为证据不足的,如自诉人不撤诉,应当作出无罪判决。当然,自诉案件中以调解或自行和解解决的案件,自诉人的举证责任明显减轻了或者取消了。

(三)除法律另有规定外,被告人不负证明自己无罪的责任

在现代诉讼中,根据无罪推定原则,被告人无论在公诉案件中还是在自诉案件中都不负举证责任,即不承担提出证据证明自己无罪的责任。在我国刑事诉讼中,被告人也不承担任何提出证据证明自己无罪的责任,人民法院不能因为被告一方不愿意或者没有提出证据,而不顾控方提出的证据是否确实充分就作出被告人有罪的判决。被告方主动提出证据,一般都是为了支持某一辩护理由,即为了被告人自己的利益。被告人对自己提出的辩护主张虽然也会提出证据加以支持,但这是被告人的辩护权利,而不是举证责任。

但是,我国刑事法律中的确也存在结果意义上的举证责任的例外情形。如在《刑法》第395条规定的"巨额财产来源不明罪"中,被告人需提出证据证明财产差额部分的来源是合法的,否则差额部分以非法所得论。这是为了有效地惩治国家工作人员的贪污贿赂行为而设立的一项特殊规则。另外,《刑法》第282条第2款规定,非法持有属于国家绝密、机密的文件、资料或者其他物品,拒不说明来源与用途的,构成非法持有国家绝密、机密文件、资料、物品罪。在上述非法持有型犯罪的案件中被告人要承担举证责任。不过需要说明的是,在这类案件中,辩护方虽然承担一定的结果意义上的举证责任,但是辩护方仅仅只是对其中的部分事实承担结果证明责任,而且其前提是控方先证明被告人有巨额财产或持有该类文件、资料和物品。因而,我国举证责任的例外情形是指,根据法律规定由被告人负举证责任。除非法律规定其有举证责任,否则被告人可以不收集任何证据。但为了保证辩护权的实现,被告方(含被告人及其辩护人)有权在刑事诉讼中收集证明其无罪或罪轻的证据,有权利在法庭上提出有利于自己的证据。这是其权利而不是义务。

同时,我们认为,在刑事诉讼中辩护方对以下事项承担推进责任:一是辩护方对法律明确规定可以推定的事实予以否认的,如已生效裁判认定的事实等;二是辩护方提出其无刑事责任能力、正当防卫、不可抗力、紧急避险等阻却违法性及有责性的事实;三是辩护方提出的没有犯罪时间、不在犯罪现场等积极抗辩性的事实;四是辩护方主张的回避理由等程序性事实。

二、证明职责

刑事诉讼中的证明职责或称查明职责是指公安、司法机关基于职责,负有收集、审查、判断证据,对刑事案件事实的证明达到法定证明标准的义务。公安机关、人民检察院、人民法院对案件所作出的追诉犯罪或者有罪处理的决定或裁判,在证据上应当达到法律所规定的

证明要求。赋予国家专门机关职务上的证明职责，对于正确实现刑事诉讼任务，避免诉讼证明行为的怠慢，保证严把事实关和证据关，其必要性与重要性是显而易见的。

在公诉案件中，证明职责要求由人民法院、人民检察院、公安机关承担。他们在刑事诉讼中分别代表国家行使审判权、检察权和侦查权，收集证据，审查判断证据，准确认定案件事实，是法律赋予它们的职权并要求其承担的责任。《刑事诉讼法》第 52 条前部规定："审判人员、检察人员、侦查人员必须依照法定程序，收集能够证实犯罪嫌疑人、被告人有罪或者无罪、犯罪情节轻重的各种证据。"第 53 条规定："公安机关提请批准逮捕书、人民检察院起诉书、人民法院判决书，必须忠实于事实真象。故意隐瞒事实真象的，应当追究责任。"具体而言，公安机关报请批准逮捕，必须提供所依据的证据；侦查终结，将案件移送人民检察院审查起诉时，必须提供支持其所认定的犯罪事实的证据。人民检察院审查以后，认为事实不清、证据不足的，可以退回公安机关补充侦查，也可以自行侦查。人民检察院决定提起公诉的案件，也必须认为证明犯罪嫌疑人犯罪事实的证据已达到确实、充分，足以作出有罪判决，并在法院开庭审理时向法庭提出支持起诉的证据，即实行举证。人民法院对被告人定罪判刑，在证明标准上必须达到犯罪事实清楚，证据确实、充分的程度。第一审法院的未生效判决如果证据不足，将由第二审法院予以撤销或改判。即使是生效判决，如果证据不足，认定事实错误，也将按照审判监督程序对案件进行再审，纠正错判。我国侦查机关、检察机关和人民法院在侦查、起诉、审判阶段所承担的证明职责，表现特点虽有所区别，但可统称为查明案件事实或准确认定案件事实。《刑事诉讼法》第 196 条规定："法庭审理过程中，合议庭对证据有疑问的，可以宣布休庭，对证据进行调查核实。人民法院调查核实证据，可以进行勘验、检查、查封、扣押、鉴定和查询、冻结。"第 200 条规定，法院对被告人作出有罪判决必须达到案件事实清楚，证据确实、充分的证明标准。如果证据不足，不能认定被告人有罪的，就应当作出无罪的判决。

在自诉案件中，人民法院同样应当承担证明职责。在法庭审理过程中，审判人员对证据有疑问时，与公诉案件一样，可以休庭对证据进行调查核实。法院经过调查核实证据，认为证据已经确实、充分，才能作出有罪判决。

还需指出，证明职责的设定符合我国优良的司法传统。以为民、便民、走群众路线为特点的"马锡五审判方式"，就是要求法官到基层向群众了解案情，收集核实证据，查明事实真相的。马锡五的审判方式尽管形成于解放战争时期，在今天不能简单地照搬，但其为民、便民的精神是值得继承发扬的。

第三节　民事诉讼证明责任

一、民事证明责任的分配

（一）民事证明责任分配的主要学说

证明责任是民事证据制度的核心，证明责任的分配则是核心中的核心。诉讼一开始，就需要明确案件事实应由哪一方当事人负担证明责任，以便当事人及其诉讼代理人收集和准备必要的证据;庭审中,负担证明责任的一方当事人应说服法官支持自己的事实主张;在诉讼终结时,如果案件事实仍处于真伪不明的状态,证明责任的分配规则指导法官对案件作出正确裁判。

所谓证明责任的分配,是指按照一定的标准,将不同法律要件事实的证明责任,在双方当事人之间预先进行分配,使原告对其中的一部分事实负有证明责任,被告对另一部分事实负有证明责任。[8] 从这个定义来看,我们在理解证明责任的分配时应当注意两个问题:一是证明责任的分配是按照一定的标准,将败诉风险在原告与被告之间加以划分,也就是说分配的对象是"结果责任"而不是"行为责任"。结果责任是一种静态的,不会发生转移的责任;行为责任则会随着诉讼程序的推进,根据证明的需要在原告与被告之间转移。因此,我们对静态证明责任可以通过立法预先进行分配,但是对动态证明责任的承担只能依诉讼中的具体情形而定,无法抽象地进行分配。二是证明责任的分配涉及民事程序法与民事实体法,大陆法系国家许多关于证明责任分配的具体规则不是规定在程序法中而是规定在实体法中就是一个很好的例子。因此,我们在确定证明责任的分担规则时,既要考虑到民事诉讼制度的自身规律和内在要求,又要考虑到民事实体法的立法宗旨与具体规定。

证明责任分配是诉讼法学领域一个极具挑战性的问题,长久以来一直受到各国理论和司法界的关注,在证明责任发展的初期,罗马法学家就提出了证明责任分配的一般原则:一为"原告应负举证义务","原告不尽举证义务时,应为被告胜诉之裁判";二为"举证义务存在于主张之人,不存在于否认之人","为主张之人有证明的义务,为否定之人无之"。[9] 罗马法时期关于证明责任分配的学说为以后的研究奠定了基础。随着理论研究的深入,关于证明责任的分配主要形成了以下学说:

1. 待证事实分类说

待证事实分类说的特点是着眼于待证事实本身的性质。依据诉讼中有待证明的事实本身的性质,将待证事实是否有可能得到证明以及证明的难易程度来分配证明责任。该说又可进一步分为消极事实说和内界事实说。

(1)消极事实说。该说将待证事实分为积极事实与消极事实。认为主张积极事实的人,应当就该事实存在承担证明责任,主张消极事实的人,不承担证明责任。所谓"积极事实"是指肯定性事实、已经发生了的事实;所谓"消极事实"是指否定性事实、没有发生的事实。比如,原告主张与被告之间存在合同关系,则合同关系存在属于积极事实,原告应对该事实承担证明责任。被告主张合同没有成立,则该事实属于消极事实,被告不负证明责任。消极事实说的立论根据在于消极事实是没有发生的事实,对于没有发生的事实当事人也就无从举证。积极事实则可能会引起某种结果,因此有易于证明的特点;主张积极事实的当事人应当承担证明责任。

(2)内界事实说。该说依据某一事实能否通过人的五官从外部加以观察,将待证事实分为外界事实和内界事实。所谓"外界事实",是指人的感官可以觉察到的事实,如合同的签订与履行、婚姻的缔结与解除、人的出生与死亡等;所谓"内界事实",是指不能以人的感

---

[8] 江伟主编:《民事诉讼法学原理》,中国人民大学出版社1999年版,第500页。
[9] 骆永家:《民事举证责任论》,台北,商务印书馆1976年版,第69页。

官觉察到的人的内心状态，如人的故意、过失，知情与不知情，善意、恶意等。外界事实的发生与存在会在物质世界留下痕迹，有易于证明的特点；而内界事实多涉及人的主观状态，无法从外界直接感知，极难证明。因此，该说主张凡是主张外界事实的当事人应就该事实承担证明责任，凡是主张内界事实的当事人不负证明责任。

待证事实分类说的缺陷是明显的：首先，不是所有的事实都可以明确地被区分为积极或消极事实。比如，原告主张他的儿子实为妻子与被告所生，则该主张属于积极的主张，原告应负证明责任。但是在同一案件中如果原告起诉时主张他与儿子之间不存在血缘关系，按照事实分类说原告对这一主张不承担证明责任。由此可见，某一事实可能会因为表述方式的不同而分属于积极或消极事实。其次，也并非所有的消极事实都是无法证明的，比如，被告主张某日他不在北京的事实（消极事实），就可以通过这一天被告正在国外这一事实（积极事实）证明。最后，并非所有的内界事实都无法证明，内界事实一般可以从外界事实反映出来，比如，通过当事人以低于市场价的非正常价格购得物品的事实可以证明其主观上存在恶意。由此可见，对内界事实并非一律不能证明，因此该说亦为现代多数学者否定。

2. 法规分类说

法规分类说依据实体法规定的法律要件的不同类型分配证明责任。它与待证事实分类说的本质区别就在于，不是以事实本身的内容和性质作为分配证明责任的标准，而是着眼于事实与实体法的关系。

法律要件分类说又分为通说和少数说。此说中的通说即规范说，以德国学者罗森贝克为代表，他认为，法律要件事实可以分为法律关系发生的要件事实，妨碍法律关系发生的要件事实，法律关系的消灭、变更、受制的要件事实。该说认为，主张权利的人，应就该权利赖以存在的实体法上规定的要件事实，承担证明责任；主张权利不存在的当事人，应就存在权利妨碍、权利消灭或受制的要件事实，承担证明责任。规范说自产生后一直处于通说地位，但是该学说的主要问题在于，某一命题可能因为表述的不同同时属于权利发生规范和权利妨碍规范。比如，某人有行为能力是合同成立的一般要件，应由主张合同成立的当事人承担证明责任。但是如果对方当事人主张其在签合同时没有行为能力，某人没有行为能力同时又是法律行为无效的特别要件，应由主张无行为能力的当事人负证明责任，这就可能产生对同一事实只是由于表述的不同由双方当事人共同承担证明责任的现象。

少数说即特别要件说，其将民事实体法中引起权利发生、变更、消灭的事实分为特别要件与一般要件两大类。前者是与权利发生、变更、消灭有直接重要关系的事实，如合同的订立、婚姻的缔结、债务的履行等；后者指普遍存在于权利发生与变动时的事实，如具有民事行为能力、意思表示真实等。主张权利发生、变更或消灭的当事人，只需对权利发生、变更或消灭的特别要件事实承担证明责任，对方当事人则应就该法律效果变更、消灭所必需的一般法律要件事实负证明责任。特别要件说的主要问题在于，并不是所有的实体法规定都可以被区分为一般性规定和特别性规定，在有些情况下，某一权利的存在必须在符合一般性规定的同时不违反例外性规定，在这种情况下，法规分类说就无法解决证明责任的分配问题。

由此可见，传统理论中关于证明责任分配的学说各有所长，但是也都存在一些不足。20世纪60年代以后，陆续出现了一些新的学说，试图修正、补充原有的学说。这些学说主要有“危险领域说”、“盖然性说”和“损害归属说”等。新学说一方面对原有学说提出了挑战，另一方面也使证明责任分配的理论不断得以完善。

“危险领域说”认为待证事实属于哪一方当事人控制的危险领域,就应由哪一方当事人负证明责任。当事人应当对其可以控制的危险领域中的事实承担证明责任。例如,因环境污染引起的损害赔偿诉讼,高度危险作业致人损害的侵权诉讼等,应由对该侵权事实所涉及的危险领域有控制权的当事人,即被告负证明责任。

“盖然性说”主张应当以待证事实发生的盖然性的高低,作为证明责任分配的依据。认为如果根据日常生活的经验或统计数字,某一事实发生的可能性很高,则当该事实是否发生处于真伪不明的状态时,主张该事实发生的当事人不负证明责任,主张该事实未发生的当事人负证明责任;相反,如果待证事实发生的可能性很低,主张该事实发生的当事人应当负证明责任,主张该事实未发生的当事人不负证明责任。

“损害归属说”主张以实体法确定的责任归属或损害归属作为证明责任分配的标准。认为,应对实体法进行分析以确定实体法对某类问题的责任归属,由依实体法应承担责任的一方负证明责任。例如,因产品质量责任引起的损害赔偿诉讼,根据实体法归责为该产品的销售者或生产者。在这种诉讼中原告只需证明使用该产品并由此受到损害,被告应当对存在免责事由承担证明责任。

从上述的理论发展脉络中我们可以看出,到目前为止没有一种关于证明责任分配的学说是尽善尽美的,它们都存在不同程度的缺陷。因此我们必须兼采众说之长,制定灵活、实用的证明责任分配规则。

(二)我国民事诉讼中证明责任的分配规则

我国《民事诉讼法》第 67 条第 1 款规定:“当事人对自己提出的主张,有责任提供证据。”有学者将这一规定理解为“谁主张,谁举证”原则。

但是,《民事诉讼法》对证明责任分配的这种规定并没有把握证明责任分配的核心问题,按照我们对证明责任的理解,证明责任所要解决的核心问题是当案件事实处于真伪不明的状态时,由哪一方当事人承担败诉的责任。“谁主张,谁举证”仍停留在行为责任的层面来理解证明责任,并没有涉及败诉风险的负担问题。并且,当事人在诉讼过程中提出的主张可以分为肯定的主张与否定的主张两类,某一事实可能因为当事人陈述的角度不同而同时属于肯定主张和否定主张,在这种情况下,根据“谁主张,谁举证”原则就无法确定证明责任的分配。比如,原告主张其与被告之间存在合同关系,而被告则主张不存在合同关系。在该案中,双方当事人对同一事实分别从肯定和否定的角度提出了自己的主张,按照“谁主张,谁举证”原则,双方当事人都应当对自己所主张的事实承担证明责任,这显然是不合理的。

为了细化证明责任分配规则在特定案件中的运用。最高法《民诉法解释》第 90 条、第 91 条对证明责任分配规则进行了进一步的明确。此外,我国《民法典》《著作权法》《海商法》等实体及司法解释中均有证明责任分配的规定。至此,我国已经初步形成了关于证明责任分配的一般规则体系,这一体系基本上是建立在法律要件分类说的基础之上,并适当借鉴了其他关于证明责任分配的学说,形成了以下关于证明责任分配的原则:“(1)主张法律关系存在的当事人,应当对产生该法律关系的基本事实承担举证证明责任;(2)主张法律关系变更、消灭或者权利受到妨害的当事人,应当对该法律关系变更、消灭或者权利受到妨害的基本事实承担举证证明责任。”

二、证明责任的倒置

根据证明责任分配的一般原则,多数情况下可以达到公平合理地分配证明责任的目标。但是,在一些特殊的情况下,根据证明责任分配的一般原则分配证明责任可能产生不公正的结果。为了解决这一问题,产生了证明责任倒置的规定。

所谓证明责任的倒置,是指按照法律要件分类说在双方当事人之间分配证明责任后,对依此分配结果原本应当由一方当事人负担的证明责任,改由另一方当事人承担。在理解证明责任倒置这一概念时,应当注意两个方面的问题:

一方面,证明责任的倒置是以法律要件分类说作为分配证明责任的标准为前提的,属于对该学说的局部修正。证明责任的倒置意味着特定要件事实的主张负担、提供证据负担、承担败诉风险负担从一方当事人转移至另外一方当事人。

另一方面,证明责任的倒置属于证明责任分配的范畴,因此证明责任倒置的对象是败诉风险,即被倒置的是结果责任而不是行为责任,这一点与证明责任分配的对象是一致的。

还应当强调的是,证明责任的倒置只能发生在有明确的法律规定的前提下,法官不能任意对证明责任加以倒置。比如,《民法典》第1230条规定:“因污染环境、破坏生态发生纠纷,行为人应当就法律规定的不承担责任或者减轻责任的情形及其行为与损害之间不存在因果关系承担举证责任。”《专利法》第66条规定:“专利侵权纠纷涉及新产品制造方法的发明专利的,制造同样产品的单位或者个人应当提供其产品制造方法不同于专利方法的证明。”上述两项规定均属于证明责任倒置的规定。

三、当事人的举证与人民法院依职权调查取证

在民事诉讼中,由当事人对待证事实承担举证责任,并在事实真伪不明时承担败诉的风险,是民事诉讼的基本原则。但是实践中案件情况千差万别,证据具有复杂性和个案性,如果严格按照相关法律的规定进行,未免会违背诉讼目的和对诉讼公正的追求。我国诉讼目的具有多元性,而诉讼最直接的目的是合理解决纠纷,稳定社会秩序。然而,纠纷往往具有复杂性,再加上当事人或其诉讼代理人在诉讼中诉讼技巧的运用,会使案件事实的查清具有一定的难度。如果当事人欠缺举证能力或由于客观条件的限制未能有效地举证,法院就此作出判决,从表面上看,纠纷似乎就此解决,但实际上这样的判决并没有真正使当事人从心里信服,纠纷和矛盾实际上仍然存在,社会秩序也没有得到安定,有时还可能激发新的矛盾。因而,纠纷的解决必须建立在对案件事实查明的基础上,才能真正达到“排难解纷”,实现诉讼的直接目的。而这种要求的最终落实就必须由法院适时介入案件证据的调查收集中。此外,诉讼还追求公平和正义。如果法院在当事人一时不能举证的情况下匆匆作出判决,这样会造成对举证能力处于弱势地位的当事人不公平的局面,有违诉讼的价值和更深层次的社会功能。法院只有适时地帮助举证能力较弱的当事人,积极查明案件事实,将判决建立在事实清楚的基础上才是公平和正义的。

正是基于上述考虑,《民事诉讼法》第67条,最高法《民诉法解释》第95条、第96条对人民法院调查收集证据的情形作了具体规定,它包括两种:一是人民法院依职权主动调查收

集证据的情形;二是人民法院被动地经当事人申请由人民法院调查收集证据的情形。其中,第一种情形中人民法院虽能依职权主动调查收集证据,但调查收集的证据不涉及双方当事人的实体利益。第二种情形人民法院调查收集的证据虽涉及当事人的具体利益,但人民法院在当中是被动的,这就是需要当事人提出书面申请,而且申请请求人民法院调查收集证据的范围受限。

我们认为,在民事诉讼证明的过程中,既要坚持当事人承担证明责任,又要规定法院的调查取证权,只有这样,才能保证实体公正的实现,维护当事人的合法权益。

第四节 行政诉讼举证责任

《刑事诉讼法》和《民事诉讼法》有关于举证责任内容的规定,但没有直接使用"举证责任"这一概念。1989 年《行政诉讼法》首次在立法上使用了举证责任的概念,该法第 32 条规定:"被告对作出的具体行政行为负有举证责任,应当提供作出该具体行政行为的证据和所依据的规范性文件。"

一、行政诉讼举证责任分配规则

(一)被告对行政行为合法性承担举证责任

1989 年《行政诉讼法》第 32 条规定,"被告对作出的具体行政行为负有举证责任,应当提供作出该具体行政行为的证据和所依据的规范性文件"。这一规定被多数学者认为是行政诉讼与民事诉讼相比较最具特色之处。与民事诉讼"谁主张,谁举证"的举证责任分配规则相反,行政诉讼中被诉具体行政行为违法的主张由原告提出,但具体行政行为的合法性由被告行政机关承担举证责任,实行举证责任倒置。少数学者对此提出不同观点,认为由被告负举证责任并不违背"谁主张,谁举证"的一般原理,而恰恰是这一原理在行政诉讼领域的特殊体现,其理由是:从形式上看,原告似乎处于主张者的位置,他主张的是某一特定的具体行政行为的违法性,但是,从事物的内在规定性来看,"违法性"是对"合法性"的否定。合法性属于积极事实,违法性属于消极事实。把行政诉讼程序和先前的行政程序联系起来看,提出积极事实、主张具体行政行为具有合法性的正是作出该行为的被告行政机关,被告行政机关当然应该提出证据负责证明其主张的成立。[10] 姜明安教授也认为举证责任的一般原则是"谁主张,谁举证",行政诉讼的举证责任规则并不与这一规则冲突,而恰恰是这一原则的体现。[11] 该书提出行政诉讼举证责任的分担通则为"谁主张,谁举证"。对此,我们赞成上述少数学者的意见,由被告就具体行政行为的合法性承担举证责任并不违反"谁主张,谁举证"的一般原理。

---

〔10〕 参见马怀德、刘东亮:《行政诉讼证据问题研究》,载何家弘主编:《证据学论坛》第4卷,中国检察出版社2002年版,第213页。

〔11〕 参见姜明安:《行政诉讼法学》,北京大学出版社1993年版,第145页;刘善春、毕玉谦、郑旭:《诉讼证据规则研究》,中国法制出版社2000年版,第684页。

行政诉讼法修订保留了由被告对作出的行政行为负有举证责任的规定。在行政诉讼中要求被告对行政行为的合法性承担举证责任是基于以下原因:第一,根据依法行政原则的要求,行政机关在作出行政行为,特别是不利行政决定时应当有法律依据,并有确实、充分的证据。当行政行为被诉至法院后,应当由行政机关对其作出的行政行为的合法性进行举证。第二,行政程序中要求行政机关"先取证,后裁决",行政机关应当在收集充分证据基础上再作出行政决定。因此,当行政机关作出的行政行为被诉至法院后,行政机关应当有充分的证据材料证明其行为的合法性,也能够提交证据和法律依据证明其行为的合法性。第三,行政机关的举证能力比原告强。行政管理经常涉及专业性、技术性问题,原告在很多情形下就事实问题没有举证能力。此外,我国政府信息公开制度刚刚实施,尚存在诸多不完善之处,公民、法人或其他组织在获取政府信息方面还存在相当的困难。

《政府信息公开条例》于 2008 年 5 月 1 日实施后,基于政府信息公开案件审理的特殊性,最高人民法院 2011 年 7 月 29 日发布《关于审理政府信息公开行政案件若干问题的规定》,其中对原告、被告在政府信息公开案件中各自承担举证责任的事项作出明确规定。根据行政诉讼由被告对行政行为的合法性承担举证责任这一基本要求,该规定对被告在政府信息公开案件中承担举证责任的事项作出明确规定,包括:(1)拒绝向原告提供政府信息的,应当对拒绝的根据以及履行法定告知和说明理由义务的情况举证。(2)因公共利益决定公开涉及商业秘密、个人隐私政府信息的,被告应当对认定公共利益以及不公开可能对公共利益造成重大影响的理由进行举证和说明。(3)被告拒绝更正与原告相关的政府信息记录的,应当对拒绝的理由进行举证和说明。

2019 年 11 月 12 日,《最高人民法院关于审理行政协议案件若干问题的规定》(以下简称《行政协议规定》)通过。根据该规定,在行政协议类案件中,被告行政机关对于自己具有法定职权、履行法定程序、履行相应法定职责以及订立、履行、变更、解除行政协议等行为的合法性承担举证责任。对行政协议是否履行发生争议的,如果被告负有履行义务,由被告承担举证责任。

(二)原告在行政诉讼中的举证责任承担问题

行政诉讼法修订吸收了最高法《行诉法解释》和最高法《行诉证据规定》关于原告举证责任的规定,增加规定了原告在行政诉讼中的举证责任。由于《行政诉讼法》将立法审查制修改为立案登记制,关于原告举证责任的规定中不包括最高法《行诉证据规定》中规定的"提供其符合起诉条件的相应的证据材料"。

原告在行政诉讼中就下列事项承担举证责任:

1. 行为意义上的举证责任

《行政诉讼法》第 37 条增加规定,原告可以提供证明行政行为违法的证据。原告提供的证据不成立的,不免除被告的举证责任。行政诉讼中由被告对行政行为的合法性承担举证责任,为更好维护原告的权益,《行政诉讼法》从保护原告诉权的角度规定原告可以提供证明行政行为违法的证据。

2. 原告在诉被告不履行法定职责案件中举证责任承担

在起诉被告不履行法定职责的案件中,原告应当提供其在行政程序中曾经提出申请的证据材料。下列情形例外:(1)被告应当依职权主动履行法定职责的;(2)原告因正当理由不能提供证据的,包括被告受理申请的登记制度不完备等正当事由不能提供相关证据材料并能够作出合理说明的。该规定明确了两点:一方面,这是针对依申请的行政行为而言的,不包括被告应该依法主动履行职责没有履行的情形。因为在此种情形之下,原告无须对是否提出申请的事实承担举证责任。例如,警察在公民合法权益受到不法侵害时视而不见,没有依职权主动履行保护公民人身权的职责的,原告不需要对曾经申请公安机关保护人身权的事实承担举证责任。另一方面,将原告因正当理由不能提供证据的情形排除在外。《行政诉讼法》用正当理由扩大了免除原告举证责任的情形,不限于由于被告登记制度不完善导致原告举证不能并能作出合理说明的情形。

3. 原告在行政赔偿、行政补偿案件中的举证责任承担

其一,关于行政赔偿案件。一般情形下,原告应当对行政行为造成的损害提供证据,包括原告应当对自己遭受的损害事实、损害与行政行为之间存在因果关系提供证据,如对人身损害赔偿,原告应当提供证明自己损害情况的医院诊断证明书、处方或者病历复印件、医疗费单据等。在原告因为被告的行为失去人身自由的特定情形中,由被告承担举证责任。根据《国家赔偿法》第15条第2款的规定,"赔偿义务机关采取行政拘留或者限制人身自由的强制措施期间,被限制人身自由的人死亡或者丧失行为能力的,赔偿义务机关的行为与被限制人身自由的人的死亡或者丧失行为能力是否存在因果关系,赔偿义务机关应当提供证据"。如公民某甲行政拘留期满从看守所出来时,身上有多处伤痕,声称是在拘留期间被看守人员殴打造成的,要求赔偿。如果被告不能证明原告所受伤害是自残或同室关押人所为,应承担赔偿责任。因为,在此种情形下,原告人身自由处于被告控制之下,而且要听从其管理,要求原告证明伤害由看守人员所为事实上不可能。在原告人身处于被告严格控制时,被告具有更强的举证能力,应由被告而非原告对此承担举证责任。《行政诉讼法》第38条第2款对被告在行政赔偿案件中的举证责任作出进一步扩大规定:在行政赔偿、补偿的案件中,原告应当对行政行为造成的损害提供证据。因被告的原因导致原告无法举证的,由被告承担举证责任。2018年2月6日发布的最高法《行诉法解释》对这一规定进一步进行细化,在行政赔偿、补偿案件中,因被告的原因导致原告无法就损害情况举证的,应当由被告就该损害情况承担举证责任。如在城市房屋拆迁引发的争议中,因为房屋已被强制拆除,原告很难对其遭受损害的具体情形进行举证,由于原告举证困难是由被告违法强拆行为造成的,故此种情形中应当由被告就损害情况承担举证责任。如果被告证明不能,则由人民法院结合当事人的主张和在案证据,遵循法官职业道德,运用逻辑推理和生活经验、生活常识等,酌情确定赔偿数额。

此外,对于各方主张损失的价值无法认定的,应当由负有举证责任的一方当事人申请鉴定,但法律、法规、规章规定行政机关在作出行政行为时依法应当评估或者鉴定的除外;负有举证责任的当事人拒绝申请鉴定的,由其承担不利的法律后果。

2021年12月6日,最高人民法院《关于审理行政赔偿案件若干问题的规定》(以下简称《行政赔偿规定》)修订通过。《行政赔偿规定》新增"证据"部分,对行政赔偿诉讼案件的举证责任分配规则作出明确规定。原告应当对行政行为造成的损害提供证据;因被告的原因导致原告无法举证的,由被告承担举证责任。人民法院对于原告主张的生产和生活所必需

物品的合理损失,应当予以支持;对于原告提出的超出生产和生活所必需的其他贵重物品和现金损失,可以结合案件相关证据予以认定。原告主张其被限制人身自由期间受到身体伤害,被告否认相关损害事实或者损害与违法行政行为存在因果关系的,被告应当提供相应的证据证明。

其二,关于行政补偿案件。行政补偿案件是《行政诉讼法》新增加的案件。行政补偿是因合法的行政行为给公民、法人或其他组织的合法权益造成损失,由国家予以补偿的制度。行政补偿案件中,原告就自己因行政行为遭受的损失承担举证责任,因被告的原因导致原告无法举证的,由被告承担举证责任。

4. 原告在政府信息公开案件中的举证责任承担

原告在政府信息公开案件中就以下事项承担举证责任:(1)被告以政府信息与申请人自身生产、生活、科研等特殊需要无关为由不予提供的,人民法院可以要求原告对特殊需要事由作出说明。(2)原告起诉被告拒绝更正政府信息记录的,应当提供其向被告提出过更正申请以及政府信息与其自身相关且记录不准确的事实根据。

5. 原告在行政协议案件中的举证责任承担

根据《行政协议规定》,原告主张撤销、解除行政协议的,对撤销、解除行政协议的事由承担举证责任。对行政协议是否履行发生争议的,如果原告负有履行义务,由原告承担举证责任。

二、行政诉讼举证责任分配与行政程序举证责任分配的关系

行政行为的作出与法院判决的作出一样也是一个认定事实、适用法律的过程,也同样存在举证责任的分配问题,美国、联邦德国、西班牙、葡萄牙等国家的行政程序法中明确规定了行政程序举证责任分配规则,如《葡萄牙行政程序法》第 88 条“举证责任”中规定:“一、利害关系人负证明其陈述的事实的责任,但不影响依据上条第 1 款的规定课与有权限机关的义务。二、利害关系人可附具文件及意见书,或申请采取有用的证明措施,以澄清有利于作出决定的事实。”《美国联邦行政程序法》第 556 节(d)款规定:“除法律另有规定外,法规或裁定的提议人应负举证的责任。”我国在一些法律、法规、规章中也对行政程序中举证责任的分配作出规定,如《四川省消防产品监督管理办法》第 8 条规定:“消防产品的生产者、销售者应当提供出厂、售出消防产品的流向证明,并对其内容的真实性负责。流向证明的保存期限不得少于 5 年。消防产品使用者应当选用附有流向证明的消防产品,核查并保存消防产品流向证明。”

总结各国关于行政程序责任分配的规定,基本可以得出结论:在行政程序中实行“谁主张,谁举证”的分配规则,行政机关作出不利于相对人的决定时,行政机关承担举证责任;行政机关依相对人的申请,作出对相对人有利的决定时由相对人承担举证责任。当然,也存在一些例外。如在美国,公民根据《政府信息自由法》提出获得政府信息申请时,其申请是否属于不公开的情形由行政机关而不是申请人证明,公民不必证明自己的申请符合条件,只要提出申请即可。行政机关如果不能证明具备不公开的情形,就应向申请人公开政府信息。

行政诉讼是对行政程序的结果的审查,行政程序中的举证责任分配规则是否自然延续成为行政诉讼举证责任分配规则呢?对此,有的学者认为行政程序举证责任分配与行政诉

讼举证责任分配存在对应关系,认为“行政诉讼被告的举证责任是由行政程序证明责任转化而来”,“行政诉讼原告的举证责任与行政程序举证责任具有一定的对应关系,相对人承担举证责任的事实通常也是原告承担举证责任的事实”。〔12〕 还有的学者认为,“正是因为在行政程序中,当事人和行政机关各负举证责任,使行政诉讼中原告和被告也各负举证责任。行政程序是行政诉讼的初审,行政诉讼是行政程序的上诉审。在初审中负举证责任,在上诉审中还负举证责任”。〔13〕

对此,不能简单认为行政程序中的举证责任分配规则自然延续成为行政诉讼举证责任分配规则,应区分行政行为的内容分别考察。行政机关依职权作出不利于相对人的决定时,在行政程序中承担举证责任,在行政诉讼中仍然承担举证责任。行政机关根据相对人的申请作决定时,在行政程序中由相对人就其申请符合条件承担举证责任。行政机关作出拒绝申请决定的,在行政诉讼中要区分不同情形分配举证责任:对拒绝许可申请,由被告行政机关就存在拒绝理由承担举证责任;对原告公法上请求权的拒绝,由原告就其具有公法上请求权承担举证责任。行政机关在法定期间内保持沉默、没有作出任何决定的,由被告就其是否具有对申请作出决定的法定职责负担举证责任。

【案例 1】 “上海土地爷”殷某元案〔14〕——刑事证明责任的分配

【案情】 被称为“上海土地爷”的上海市房地局原副局长殷某元被控受贿等罪。2008年4月22日,上海市第一中级人民法院对殷某元案开庭审理。殷某元此次被诉罪名有4项,分别为受贿罪、巨额财产来源不明罪、滥用职权罪及私藏弹药罪。此外,检察机关同时还以受贿罪对殷某元之妻陈某提起公诉。检察机关指控,殷某元受贿金额价值3671万余元人民币,巨额财产来源不明812万余元人民币、4万余美元。2000年到2004年,殷某元利用职务便利,为上海房地产业多家单位与个人在土地利用、拆迁许可等事项上,谋取利益。其中,陈某参与受贿863万余元。检察机关还查明,2002年,殷某元在审批旧区改造项目时,滥用职权,造成国家经济损失4657万余元以及殷某元将其在部队服役时获取的军用子弹52发藏匿于家中。

2008年8月14日,上海市第一中级人民法院对此案公开宣判。宣判内容如下:法院经审理查明:指控受贿事实属实,被告人殷某元于2002年至2006年,单独或伙同被告人陈某多次索取、收受请托人贿赂的现金、股权及向请托人购买低价房,受贿数额达3555万余元人民币,其中陈某参与受贿数额863万余元。截至案发,殷某元尚有价值397万余元人民币和47,852美元的财产,未能说明其合法来源;指控其他事实均属实。案发后,殷某元退缴了全部违法所得。法院依法以受贿罪、巨额财产来源不明罪、滥用职权罪、私藏弹药罪并罚对被告人殷某元作出一审判决:判处殷某元死刑,缓期2年执行,剥夺政治权利终身,并处没收个人全部财产;来源不明的巨额财产、扣押在案的财物及违法所得均予以追缴。殷某元之妻陈

〔12〕 高家伟:《行政诉讼证据的理论与实践》,工商出版社1998年版,第86、88页。
〔13〕 刘善春、毕玉谦、郑旭:《诉讼证据规则研究》,中国法制出版社2000年版,第745页。
〔14〕 载中国新闻网(北京),http://news.163.com/08/0814/15/4JANGP100001124J.html,最后访问日期:2013年7月23日。有删节。

某同时以受贿罪被判处有期徒刑7年，剥夺政治权利1年，并处没收财产50万元人民币。

【评析】 此案由于涉及上海地方政府十余年来土地批租、旧城改造等权力运作，亦因是上海社保系列案的一环而备受关注。这里重点分析其证明责任问题。在法庭审理阶段，就公诉机关指控的受贿罪、滥用职权罪和私藏弹药罪，提起公诉的检察机关承担举证责任。公诉人不仅要提出证据支持控诉主张，还要在事实真伪不明时承担指控不成立、被告无罪的结果。法院主持法庭审理，在庭审中，法庭对证据进行调查核实，然后根据已经查明的事实、证据和有关的法律规定进行判决。本案从调查核实证据、查明案件犯罪事实及量刑情节上，体现了法院的证明职责。如认定的被告受贿和巨额财产来源不明数额均少于检察机关指控的数额。

一般情况下，被告人不承担证明自己无罪的责任，但例外情况之一便是本案中的巨额财产来源不明罪。依照《刑法》规定，如果国家工作人员被指控犯有巨额财产来源不明罪，那么其对明显超出自己合法收入的来源，应当承担证明其财产来源合法的责任。这是由此种犯罪的特殊性决定的，但这并未排除司法机关在该类案件中的举证责任与证明职责。如本案中检察机关先证明被告人殷某元的财产或者支出总额、合法收入，前者明显超出后者且差额巨大。本案起诉书称，殷某元尚有价值812万余元人民币和4万余美元的财产未能说明其合法来源，即这部分财产殷某元未能履行其举证责任。法院认真审查证据后认定其中397万余元人民币和47,852美元的财产为被告巨额财产来源不明犯罪数额。

【案例2】委托取款纠纷案——民事证明责任分配与法官的裁量权

【案情】 原告(外籍)是某世界知名跨国公司(以下简称A公司)在中国大陆区的总裁，被告是A公司为原告雇用的专职司机。被告在A公司期间，除了完成她的本职工作以外，还应原告的要求，替原告办理一些私人取款的事务。为此原告向银行出具了以被告为代理人的内容宽泛的授权，授权内容包括被告作为原告的代理人可以对其信用卡账户的资金采取提取现金、转账、透支以及清户的安排。相关银行接收了这些授权之后，当原告需要提取现金时，他总是通过口头的方式提前将需提取的现金的金额、银行通知被告，被告则根据这些口头的指令向特定的银行办理取款手续。然后，被告将提取的现金当面交接给原告，并同时将当日银行的交易凭证交付原告，原告在收到款项后，没有向被告签发收条，被告也未要求他这么做。再之后，在下一个月的20日，原告还会收到银行方面寄交的反映包括该交易在内的对账单，这样的取款事务在双方之间进行了十余次，涉及多家银行，没有出现过任何差错和争议。

由于原告方面的原因，原告通知A公司另外招聘一名司机以取代被告的位置。为此，原告和A公司将这种安排通知了被告，被告予以接受。但她提出，能否由原告为她出具一封推荐信。在信中，原告对被告的工作给予了充分的肯定。

被告离开A公司后，在下一个月的20日，原告和往常一样收到银行寄交的对账单，此时他发现有一笔发生在上月21日人民币13万元的取款。按原告的陈述，对于这笔钱他没有指令被告去提取，被告也没有将其交给他，但取款的时间发生在被告同意离开公司之前。被告承认提取了这笔钱，但表示，这是按照原告的指令办理的，而且这笔钱也于当日交给了原告。为此,原告提起诉讼,要求被告返还13万元人民币。

庭审中,双方均无法直接证明各自所主张的关键事实,即该款项的提取是否基于原告的指令;该款项是否已交给原告。

该案的一审法院认为,就被告是否已将其所提取的该笔钱款交付原告,双方存在争议。在均无法举证的情况下,将举证责任分配给被告。由于被告对自己所称的已完成付款义务没有提供证据,故应当承担对其不利的后果。据此,原审法院依照最高法《民诉证据规定》第2条、《合同法》第404条的规定判决:被告返还原告13万元人民币。被告不服提出上诉。

二审法院认为,原告向银行出具授权被告签发支票、转账及取款的委托书后,双方构成委托的法律关系。之后,被告按照原告的授意,十余次从银行提取钱款并交付原告,双方之间没有钱款交接的任何书面凭证。鉴于双方的委托关系,被告最后一次从银行的取款行为,应当视为仍系原告的意思表示,被告没有实施超越授权的行为。但本案双方争议的焦点是原告否认收到该笔钱款,则应当从委托行为的开始、持续、终止及在授权期限内双方针对钱款交接行为的行事方式予以综合考量。原告基于对被告的信任,对其出具包括从银行提款的授权,在前十余次的钱款交接中,双方均没有出具任何的书面凭证,故认定双方间就提取钱款后的钱款交接已经形成了固定的行事方式。在该种行事方式形成过程中,被告系接受原告的雇用,若要求被告对该行事方式提出异议,即要求被告在交付钱款之后向其老板(原告)索要收据是苛刻的,被告难以出具最后一次提款之后将钱款交付原告的证据,从而认定被告对本案承担举证责任,对被告有失公允。另根据本案的实际,原告基于双方间的信任主导确立的行事方式,客观上使被告始终处于一种风险的状态,在双方未就原有行事方式予以变更的情况下,贸然确定被告侵吞原告的钱款,会对被告的社会评价带来严重的影响。依据"遇疑问时有利于被告"处理原则,对被告未将提取的钱款交付原告的事实不予认定,从而对原告返还钱款的诉请不予支持。

【评析】 我们认为,在前述案例中,双方当事人争议的事实有二:一为被告取款的行为是否经过原告授权;二为被告是否将所取款项交予原告。对本案争议的两个事实,如果根据《民事诉讼法》第64条第1款"当事人对自己提出的主张,有责任提供证据"的规定,应当由原告负证明责任。但是,当时的最高法《民诉证据规定》第5条第2款规定:"对合同是否履行发生争议的,由负有履行义务的当事人承担举证责任。"第3款规定:"对代理权发生争议的,由主张有代理权一方当事人承担举证责任。"从这个意义上,不能认为一审法院的判决是不正确的。

但是,由于立法或司法解释总是滞后于司法实践,总会不断有新的法律关系出现。某些新出现的法律关系具有一定的特殊性,无法按照原有的规则分配证明责任。根据这一实际情况,二审法院根据证明责任公平分配的原则,改判原告败诉,更体现司法公正的精神。

本案亦反映了现有民事证明责任分配规则之不足。我国民事诉讼中证明责任分配的方法基本采纳了罗森贝克的法律要件说。该学说对于抽象地分配证明责任,并使分配的结果具有可预见性方面,具有明显的优势。然而,该学说致命的缺点在于无法基于个案的具体情况,有针对性、公平合理地分配败诉的风险。因此,我们认为,立法应当赋予法官根据个案情况,合理分配证明责任的一定的自由裁量权。

【案例 3】 罗某秀不服公安局治安处罚案——行政诉讼的举证责任

【案情】 2002 年 9 月 11 日晚，经人举报指认，上杭县公安局城关派出所出警分别从粮兴招待所 3 楼 302 房、1 楼发廊口头传唤王某、罗某秀至城关派出所并进行询问。罗某秀否认到 3 楼卖淫。王某承认与罗某秀发生卖淫嫖娼行为。讯问结束后，王某、罗某秀被留置至 9 月 13 日。9 月 13 日 16 时许，上杭县公安局告知罗某秀，其因向他人卖淫，根据《治安管理处罚条例》第 30 条的规定，拟给予治安拘留 15 天并罚款 5000 元，罗某秀拒绝在告知笔录上签字。同日 18 时许，上杭县公安局对罗某秀作出第 960 号治安管理处罚裁决，认定其 2002 年 9 月 11 日晚在上杭县粮兴招待所 302 房向他人卖淫，根据《治安管理处罚条例》第 30 条的规定，决定给予治安拘留 15 天，罚款 5000 元。罗某秀不服提起行政复议，龙岩市公安局作出维持原行政行为的复议决定。罗某秀不服，向上杭县人民法院提起行政诉讼，一审判决维持治安处罚裁决中拘留原告 15 天的处罚，撤销治安处罚裁决中对罗某秀并处 5000 元的罚款。罗某秀不服，上诉至龙岩市中级人民法院，二审人民法院作出终审判决：撤销一审判决第 1 项；维持一审判决第 2 项；撤销上杭县公安局治安管理处罚裁决中拘留罗某秀 15 日的处罚。

【评析】 行政诉讼中由被告对自己作出的行政行为的合法性承担举证责任。本案中二审法院撤销对原告罗某秀拘留 15 日的决定的主要原因正是被告认定罗某秀卖淫事实的主要证据不足。本案举报人的证言就其内容而言仅是怀疑罗某秀、王某两人可能发生卖淫嫖娼行为；城关派出所出警人员的书面证词仅能反映该派出所接到举报后出警到粮兴招待所口头传唤罗某秀、王某二人到派出所接受讯问的过程。这两份证据都不能直接证明本案待证事实即原告发生卖淫行为。原告的陈述是否认向王某卖淫，而王某的陈述虽然承认其与原告发生卖淫嫖娼行为，但该证据须适用补强证据规则才具有合法性，在没有其他证据补强证明力的情况下，不能单独作为定案依据。二审法院据此认为被告提交的证据未能证明其决定的合法性，判决被诉行政行为违法予以撤销。

【案例 4】 郑州市民要求热力公司公开财务报表案——被告作出拒绝公开政府信息决定的举证责任

【案情】 2008 年 9 月 21 日，郑州市物价局在新闻媒体上发布了关于郑州市集中供暖价格调整听证会的公告。同年 9 月 24 日，郑州市消费者赵某军向郑州市物价局提出政府信息公开申请，要求郑州市物价局公开将调整供暖价格的郑州市热力总公司近 3 年的经营状况、财务决算报表、与其他地区同行业的比较、近 3 年供求状况等情况。当郑州市物价局就赵某军申请公开的内容向第三人郑州市热力总公司征求意见时，郑州市热力总公司以公司正常经营状况及财务报表等涉及商业秘密作为理由，主张不予公开。郑州市物价局因此向赵某军送达了不予公开的告知书。10 月 22 日，赵某军起诉郑州市物价局，请求郑州市中原区人民法院撤销郑州市物价局作出的免予公开告知书。法院经审理后认为，被告郑州市物价局在收到原告赵某军申请后，虽然原告申请的内容涉及第三人，并且被告郑州市物价局亦向第三人征求了意见，第三人表示不同意公开。但由于原告赵某军申请的内容在第三人出具的“郑州市热力总公司关于集中供热价格改革和调整的申请”中也有一定的表述,且该资料用于公开举行的听证会;即使其中有不宜公开的内容,按照法律规定,被告亦应当作区分处理,向原告赵某军提供可以公开的信息内容。然而被告仅仅依据第三人的意见作出免予公开告知书,属于事实不清、证据不足。法院依法判决,撤销被告郑州市物价局于2008年10月17日作出的郑州市物价局政府信息免予公开告知书,责令被告郑州市物价局对原告赵某军的申请重新作出行政行为。

【评析】 行政诉讼由被告对行政行为的合法性承担举证责任,具体到政府信息公开案件,被告作出拒绝公开政府信息决定的,由被告对作出拒绝决定的根据、尽到告知和说明理由义务举证,被告不能就这些事项履行举证责任的,要承担败诉后果。本案中,被告仅简单根据第三人郑州市热力总公司认为申请公开的政府信息涉及商业秘密的意见就直接作出不予公开的决定,没有对该信息是否确实属于商业秘密进行审查,也没有对公共利益和商业秘密保护利益进行平衡,更没有对申请人说明不予公开的理由。因此,法院判决认定被告仅仅依据第三人的意见作出免予公开告知书,属于事实不清、证据不足,撤销郑州市物价局政府信息免予公开告知书,责令被告对原告赵某军的申请重新作出行政行为。

【案例5】 尹某琰诉“110”行政不作为案——原告对损害事实的举证责任

【案情】 2002年6月26日夜,原告尹某琰在卢氏县东门开办的“工艺礼花渔具门市部”被盗。小偷行窃时惊动了门市部对面“劳动就业培训中心招待所”的店主和旅客。他们即向卢氏县公安局“110指挥中心”报案,但接到报警的值班人员拒不处理。20多分钟后,小偷将所盗物品装上摩托车拉走。原告多次向被告(卢氏县公安局)交涉要求其赔偿损失,但被告一直推脱不赔。原告诉至人民法院请求法院责令被告赔偿其全部损失。原告尹某琰提供的证据有:(1)申请材料一份,证明其起诉前曾要求卢氏县公安局予以赔偿,卢氏县公安局一直不予赔偿。(2)证人吴某栾、程某发、任某风书面证言及卢氏县公安局卢公字〔2002〕68号文件,证明卢氏县公安局接到报警后不出警行为的存在。(3)“工艺礼花渔具门市部”进货数、销货数、存货数、修复门等发票3张,证明自己的损失数额。被告卢氏县公安局辩称:“110指挥中心”接到报案后未出警是事实,但对原告尹某琰主张的损失数额有异议。被告卢氏县公安局未提供证据。

卢氏县人民法院判决认定被告不履行法定职责与原告货物被盗存在因果关系,应当承担部分责任。原告尹某琰主张的损失数额,有合法的依据,被告卢氏县公安局虽然对具体数额表示怀疑,但由于没有提供相关的具体证据予以否认,因此,对尹某琰主张的财产损失数额应予以认定,判决卢氏县公安局赔偿尹某琰25,001.5元损失的50%,即12,500.75元,在判决生效后10日内给付。

【评析】 行政赔偿诉讼案件中由被告对行政行为的合法性承担举证责任,但对于原告因为违法的行政行为而遭受的损害的事实则由原告提供证据予以证明。本案中,原告尹某琰就自己遭受的财产损失提供3份证据加以证明,履行了损害事实的举证责任。而被告虽然对原告遭受损失的具体数额提出异议,由于没有提供证据,因此,法院根据原告提交的证据认定其遭受的财产损失的具体数额。

第十三章 证明标准

第一节 证明标准概述

一、证明标准的概念和意义

证明标准,是指法律规定的,证明责任主体运用证据对待证事实加以证明所要达到的要求或程度,又被称为证明要求、证明程度。如果说证明对象及其范围的确定是证明活动的起点,而证明责任的分担及其履行推动着证明活动的过程,那么,证明标准就是最终对证明活动的结果加以衡量和评价的尺度。如果达到了法定的证明标准,所欲证明的待证事实即可得到认定,并由此产生积极的法律效果,如在程序上有权采取某项诉讼行为,或者在实体上获得有利之裁决等;反之,如果未达到法定的证明标准,所欲证明的待证事实即不得加以认定,并由此产生消极的法律效果,如在程序上不得采取某项诉讼行为,或者在实体上获得不利之裁决等。

证明标准与证明对象、证明责任具有紧密的联系,对证明标准进行研究具有重要的理论与实践意义。就证明标准与证明对象的关系而言,证明标准因证明对象而设立,对于不属于证明对象的事实,无须证明,也不需要证明标准;而对于证明对象范畴内的事实,则需要根据具体情形设定相应的证明标准,并根据证明是否达到法定的程度和标准来判定该事实是否得到证实。如果没有证明标准,将无从对此进行判定。此外,正如本书第十一章所述,对于不同的证明对象,证明标准亦有所不同。

就证明标准与证明责任而言:一方面,承担证明责任的主体需以履行证明责任的方式寻求证明标准的实现,即提供证据对待证事实加以证明,直至达到法定的程度和要求;另一方面,证明标准又对证明责任主体履行证明责任的行为加以规范和制约,承担证明责任的主体对待证事实提供证据加以证明,必须达到法定的证明标准和要求,同时,证明标准对于公安司法机关与当事人等进行司法实践也具有积极的指导意义。对于审判机关而言,证明标准是其作出正确裁判的基石。审判人员对案件的实体问题和程序问题作出相应的认定,必须以证明标准为依据。如果证明达到了法定的程度或要求,审判人员就应当认定;否则,就应当不予认定。审判机关对事实或裁判的认定,如果没有达到法定的标准,该认定结果将被认定为无效或者被撤销。对于刑事诉讼中的侦查机关、检察机关而言,如果所收集的证据没有达到法定的证明标准,就不能采取相应的诉讼行为,如拘留、逮捕、移送审查起诉、提起公诉等;否则,就构成程序违法,有可能遭受程序上的不利后果。而对于承担举证责任的机关或公民而言,包括刑事诉讼中的检察机关和自诉人、民事诉讼中的当事人以及行政诉讼中作为被告的行政主体,如果其对所指控或主张的事实的证明没有达到法定的程度,该事实在法律上就不能成立,其将承担败诉的后果。因此,证明标准的存在,事实上为上述主体的证明活动设定了目标,有助于调动其举证的积极性,促进其履行证明责任,从而推动诉讼活动向前发展。

总而言之,设立一个合理的证明标准,对于查清事实,实现实体公正,尤其是防止刑事诉讼中出现冤假错案,及时解决诉讼中需要裁决的事项,实现诉讼效率等有很重要的意义。

二、证明标准的设定

影响证明标准如何设立的因素是多重、复杂的,如诉讼性质、诉讼阶段、证明对象等。因此,证明标准不应是一个笼统而单一的标准,而应为一个多元化、层次化的体系。

(一)诉讼性质与证明标准的设定

对于刑事诉讼、民事诉讼以及行政诉讼,应设定不同的证明标准。这是由不同诉讼的性质和目的所决定的。刑事诉讼解决的是犯罪嫌疑人、被告人是否犯罪,应否处以刑罚以及如何处罚的问题,其结果往往是犯罪行为人的人身权、财产权甚至生命权被限制或剥夺;民事诉讼主要解决当事人之间的民事权利和义务关系,民事责任的承担则往往涉及公民的财产权;而行政诉讼主要审查行政行为的合法性。相比较而言,刑事诉讼对当事人权利的影响较之民事诉讼与行政诉讼更大。也正因如此,在诉讼目的上,刑事诉讼更强调查明案件事实真相,而民事诉讼更侧重于解决争议,行政诉讼则限定在对行政行为合法性的审查上。上述诉讼性质和目的决定,对刑事证明的要求应当比民事诉讼和行政诉讼中的证明更为严格,证明标准也应更高。

从其他国家相关立法与实践来看,在不同的诉讼中适用不同的证明标准并不鲜见。如在英美法系国家,对刑事案件的证明标准要求达到"排除合理怀疑"标准;而对于普通民事案件,只要求达到"盖然性占优势"标准;对于某些特殊类型的案件,虽然较之普通民事案件的证明标准要高,但仍不及刑事案件的证明标准。

(二)证明对象与证明标准的设定

对实体法事实与程序法事实,应当区别对待,即对程序法事实适用较低的证明标准。这是因为,刑事诉讼中的实体法事实直接关系犯罪嫌疑人、被告人的定罪、量刑问题,对其人身权、财产权甚至生命权将产生重大影响,所以必然会对其要求适用较高的证明标准。至于程序法事实则主要是指对于解决程序问题具有法律意义的事实,如回避、强制措施、诉讼期限、违反法定程序等方面的事实。如果不对其适用较低的证明标准,将会导致诉讼的拖沓与期限的延长,甚至会因此使犯罪分子逃脱法网,或者使犯罪嫌疑人、被告人的合法权益受到侵犯。为了确保诉讼的效率,适当降低程序法事实的证明标准不失为一条可行的途径。如在德国,依据《德国刑事诉讼法》第 112 条的规定,逮捕须具有"重大行为嫌疑"且"根据一定事实"可以确定被指控人有逃跑或隐藏、有逃亡之虞以及干扰作证等行为。对于起诉,须"在有足够的事实根据时,检察院具有对所有的可予以追究的犯罪行为作出行动的义务"。在检察院起诉之后,由对案件审判享有管辖权的法院裁判是否开始审判程序或暂时停止程序。此时,须"认为被诉人有足够的犯罪行为嫌疑",方可裁定开始审判。对于有罪判决,适用

"内心确信"的证明标准,要求法官达到"确认"。"这种确认,必须依据明智推理,建立在对证据结果之完全、充分、无相互矛盾地使用之上。"[1]可以看出,对于不同的证明事项,证明标准的设置并不相同。

第二节　刑事诉讼证明标准

根据我国刑事诉讼法的规定,公诉案件大体上要经过立案、侦查、起诉和审判等阶段,具体又包括立案、逮捕、移送审查起诉、提起公诉和判决等几个主要环节。由于诉讼阶段不同,证明主体与证明对象不同,相应的证明标准也有所差异,我国立法对此作了具体的规定。

一、立案的证明标准

我国《刑事诉讼法》第112条规定,人民法院、人民检察院或者公安机关"认为有犯罪事实需要追究刑事责任的时候,应当立案;认为没有犯罪事实,或者犯罪事实显著轻微,不需要追究刑事责任的时候,不予立案"。根据这一规定,立案的证明标准是刑事诉讼中最低的证明标准。

首先,这一标准具有一定的主观性,即侦查机关"认为"有犯罪事实需要追究刑事责任。其次,从立案的事实条件看,只需要有证据证明犯罪事实发生即可,至于作案人、作案的时间、方法、手段、目的、动机等,此时亦无须证明。这是因为立案只是刑事诉讼的起始阶段,是侦查的启动环节,而查明犯罪全部事实属于侦查阶段的任务,不可混淆立案与侦查的性质。另外,在刑事诉讼起始阶段就要查明案件事实也是不现实的;而且,立案时的认定是否准确还要在以后的不同诉讼阶段受不同认识主体的检验。最后,立案的法律条件是需要追究刑事责任。仅有犯罪事实,尚不能立案,还必须具备依照刑事法律的有关规定,该犯罪事实应当被追究刑事责任这个条件,才能立案。因为刑事诉讼主要目的之一是实现国家的刑罚权,立案以追究刑事责任为目的,而并非所有发现的犯罪事实,都需要被追究刑事责任。我国《刑事诉讼法》第16条列举的六种情形,包括:情节显著轻微、危害不大,不认为是犯罪的;犯罪已过追诉时效期限的;经特赦令免除刑罚的;依照刑法告诉才处理的犯罪,没有告诉或者撤回告诉的;犯罪嫌疑人、被告人死亡的;其他法律规定免予追究刑事责任的,都属于法律规定不追究刑事责任范围。即使立案追究了,也要撤销案件。

二、逮捕的证明标准

我国《刑事诉讼法》第81条第1款规定:"对有证据证明有犯罪事实,可能判处徒刑以上刑罚的犯罪嫌疑人、被告人,采取取保候审尚不足以防止发生下列社会危险性的,应当予以逮捕……"因此,检察机关批准或者人民法院决定逮捕犯罪嫌疑人、被告人,证明标准应当达到"有证据证明有犯罪事实"的要求。对于什么是"有证据证明有犯罪事实",公安部《规定》第134条作了界定,"有证据证明有犯罪事实,是指同时具备下列情形:(一)有证据

---

〔1〕［德］约阿希姆·赫尔曼:《德国刑事诉讼法典》,李昌珂译,中国政法大学出版社1995年版,第17页。

证明发生了犯罪事实;(二)有证据证明该犯罪事实是犯罪嫌疑人实施的;(三)证明犯罪嫌疑人实施犯罪行为的证据已有查证属实的。前款规定的'犯罪事实'既可以是单一犯罪行为的事实,也可以是数个犯罪行为中任何一个犯罪行为的事实"。最高检《规则》第128条第2款、第3款也作了类似规定。由此可见,逮捕对证据证明标准的要求高于立案的证明标准,但并不需要达到"犯罪事实清楚,证据确实、充分"的程度。

三、侦查终结、提起公诉的证明标准

我国《刑事诉讼法》第162条第1款规定:"公安机关侦查终结的案件,应当做到犯罪事实清楚,证据确实、充分……移送同级人民检察院审查决定……"这就要求:首先,侦查机关必须查明犯罪事实,即要查明犯罪的主体、主观要件、犯罪的客体和客观要件,包括犯罪时间、地点、动机、目的、手段、情节、危害结果以及是否有遗漏罪行和其他应当被追究刑事责任的人等。其次,证据从质上要达到"确实",从量上要达到"充分",即证据材料具有真实性、关联性,而且证据之间能够相互印证,并能形成一个完整的证明体系,足以排除各种矛盾和疑点。

监察机关调查终结的证明标准与《刑事诉讼法》的规定一致。《监察法》第40条第1款明确:"监察机关对职务违法和职务犯罪案件,应当进行调查,收集被调查人有无违法犯罪以及情节轻重的证据,查明违法犯罪事实,形成相互印证、完整稳定的证据链。"第45条第1款第4项要求"对涉嫌职务犯罪的,监察机关经调查认为犯罪事实清楚,证据确实、充分的,制作起诉意见书,连同案卷材料、证据一并移送人民检察院依法审查、提起公诉"。由此表明,国家监察制度改革后,立法在赋予监察机关必要的权限与规定相应的调查措施之外,也要求监察机关办理案件时应树立证据裁判意识,重视依法规范证据,遵循与刑事诉讼相统一的调查终结证明标准。

对案件提起公诉的标准也是"犯罪事实清楚,证据确实、充分"。我国《刑事诉讼法》第176条第1款规定:"人民检察院认为犯罪嫌疑人的犯罪事实已经查清,证据确实、充分,依法应当追究刑事责任的,应当作出起诉决定,按照审判管辖的规定,向人民法院提起公诉,并将案卷材料、证据移送人民法院。"

四、有罪判决的证明标准

在我国刑事诉讼各阶段的证明标准中,最重要同时也是理论上争议最大的莫过于有罪判决的证明标准。

(一)有罪判决证明标准立法例

在英美证据法上,有罪的证明标准表述为"排除合理怀疑"。至于什么是"排除合理怀疑",立法没有明确规定。英国著名法官丹宁勋爵指出:"证明标准必须得到妥适的确定。尽管这种标准不必达到绝对的肯定性,但却必须具有相当高的盖然性程度。排除合理怀疑的证明并不意味着此种证明已没有丝毫可疑的影子。如果不利于某人的证据非常有力,而有利的可能性甚微,那么,此种可能性也可由这样的判决加以消除,即'当然,它是可能的,但一点也不确实'。倘若如此,此案的证明已达到了排除合理怀疑的程度。但任何小于此

种程度的证明都不够充分。”〔2〕J. W. 塞西尔·特纳则认为，“控诉一方只证明一种有罪的可能性(即使是根据或然性的原则提出的一种很强的可能性)，是不够的，而必须将事实证明到道德上的确信程度——能够使人信服、具有充分理由，可以据以作出判断的确信程度”〔3〕。有的学者认为，“超出合理怀疑的证明没有准确的定义。有的认为，这是指每个陪审员必须95%或99%相信被告人有罪；另一种意见认为，若没有其他对证据的解释是合理的，则起诉方已经完成了证明被告人有罪的举证责任”〔4〕。

可见，“排除合理怀疑”是一个抽象的、并不明确的概念，所以在学界和司法实务部门中均不乏反对主张。戈德勋爵认为，指示陪审团什么是“合理怀疑”，是一件很“不幸”的事，因为解释什么是“合理怀疑”以及什么不是“合理怀疑”是非常困难的。他说：告诉陪审团“合理怀疑”不是臆想的怀疑，这并没有给他们真正的指导；告诉陪审团“合理怀疑”是引起他们犹豫不决的迟疑，其实也没有给出一个特定的标准；一个陪审员也许会说，他对某件事还有犹豫，另外一个陪审员说，他对此事实毫无犹豫。基于此，戈德勋爵建议适用其他的用语表达证明标准，如只要他们确信被告人犯了罪就可以判决其有罪；因此，在有些场合，“满足”(satisfied)一词就足够了。〔5〕但由于没有一个更适当的标准或用语替代它，所以至今这一标准仍维持它原来的地位。

大陆法系国家刑事诉讼定罪的证明标准，是排除了疑问的内心确信。如在法国，法官必须以提交庭审辩论并经各方当事人自由争论的材料作为形成内心确信的依据；对证据有疑问时，应当作有利于被告人的解释。〔6〕在德国，也有类似的规定和理论。此种表述与英美法系的“排除合理怀疑”的证明标准其实是一致的。对于这一点，日本最高法院的判例作了很好的说明，即“在刑事审判中，‘证明是犯罪’就是存在‘高度的盖然性’。但是，‘盖然性’并不能否定相反事实存在的可能性，应当切记，在观念上一味强调盖然性是很有可能导致错误判决的。因此，上述所说的‘高度盖然性’必须达到允许相反事实存在的程度，‘证明构成是犯罪的证明’必须达到这种程度才是可信的判断”〔7〕。

无论是排除合理怀疑还是内心确信，其证明程度都是要求接近真实，而不是达到真实。我们认为，“接近真实”的说法就案件的一切事实不可能全部被证实而言，是正确的，但不应指对主要犯罪事实主体的证明只要求接近真实。“排除合理怀疑”仅就语言表述来说，有其合理之处，因为按照此证明标准，裁判者对举证证明案件事实有怀疑，当然应当是合理怀疑，而不是非理性、不符合逻辑的，甚至是近乎荒唐的怀疑。但在司法实践中，何谓合理怀疑，其标准很难把握。特别是将排除合理怀疑的概率解释为95%以上(指认定主要犯罪事实)，而不能达到确定性、唯一性即达到100%，这就存在问题了。因为无论是从认识论原理、诉讼

---

〔2〕［英］丹宁勋爵：《法律的界碑》，刘庸安、张弘译，群众出版社1992年版，第131页。

〔3〕［英］J. W. 塞西尔·特纳：《肯尼刑法原理》，王国庆、李启家等译，华夏出版社1989年版，第549页。

〔4〕［美］爱伦·豪切斯泰勒·斯黛丽、南希·弗兰克：《美国刑事法院诉讼程序》，陈卫东、徐美君译，中国人民大学出版社2002年版，第72页。

〔5〕See Heydon, *Evidence(Cases And Material)*, Butterworths, 1975, p. 33.

〔6〕参见［法］卡斯东·斯特法尼等：《法国刑事诉讼法精义》，罗结珍译，中国政法大学出版社1999年版，第770、773页。

〔7〕［日］田口守一：《刑事诉讼法》，刘迪等译，法律出版社2000年版，第223页。

证据运用规律还是司法实践中的无数案例都说明,准确认定案件的主要犯罪事实,即认定被告人实施了犯罪行为,达到确定性、唯一性,不仅是可能的,而且也是有罪判决所必须做到的,否则就有可能造成错判,冤枉无辜。至于自由心证,就案件事实的认定总是要通过司法工作人员心理上的判断达到确信的地步这一点来说,这是无可非议的;但自由心证侧重于判断主体的心理状态,对主观与客观的统一关系不够重视,就难免发生主观擅断之弊。[8]

值得注意的是,联合国《死刑犯权利保障措施》,对死刑案件的证明标准作了特别规定。该法律文件第4条规定:“只有在对被告的罪行根据明确和令人信服的证据而对事实没有其他解释余地的情况下,才能判处死刑。”这里提“对事实没有其他解释余地”显然高于排除合理怀疑。我们的理解,与排除其他可能性的含义是一致的,就是要达到100%。[9]

(二)我国刑事有罪判决的证明标准

我国《刑事诉讼法》第200条第1款第1项规定,“案件事实清楚,证据确实、充分,依据法律认定被告人有罪的,应当作出有罪判决”。根据此项规定,在我国的刑事诉讼中,认定被告人有罪的证明标准为“案件事实清楚,证据确实、充分”。此标准是一个主客观相结合的标准,指的是司法工作人员通过掌握确实、充分的证据,从而使自己对案件事实形成内心确信。具体而言,所谓案件事实清楚,是指认定事实的司法工作人员对定罪量刑有关的事实和情节已经查清楚,这是从主观状态上说的。所谓证据确实、充分,是对证据的质和量提出的总体要求。我国《刑事诉讼法》第55条从以下三个方面对何谓证据确实、充分进行了解释:一是定罪量刑的事实都有证据证明。这是对证据量的要求,即要求与定罪量刑有关的全部证明对象都有证据予以证明。二是据以定案的证据均经法定程序查证属实。这是对证据质的要求。该要求既包括每个证据必须是客观真实的,不是虚假的,并且具有客观的关联性;还包括证据必须具有证据能力,即必须经过法定的举证、质证和认证程序。三是综合全案证据,对所认定事实已排除合理怀疑。这是要求在综合全案证据的基础上,以排除合理怀疑为标准对案件事实进行综合性判断。这种综合性判断既包括所认定事实的确实性之判断,也包括认定事实所依据的证据的充分性之判断。由此可见,排除合理怀疑是我国“案件事实清楚,证据确实、充分”证明标准的重要补充,是证据确实、充分的判断依据,而非独立的证明标准。

我国立法采用“犯罪事实清楚,证据确实、充分”作为有罪判决的证明标准并不是偶然的,而是经历了长期的发展过程的。在我国封建社会时期,立法就十分重视对案件事实真相的查明,强调认定案件事实须做到“无疑”“审理明白”。到了新民主主义革命时期,中国共产党领导的革命政权实行实事求是的作风和路线,具体到司法实践中即要求在查明案件事实真相的基础上作出相应的裁判。新中国成立以后,司法工作的优良传统得到保持和发扬,相关文件中继续强调“取得确凿的证据”“查明确实与客观事实相符”[10]。20世纪50年代

---

〔8〕 参见陈光中主编:《中华人民共和国刑事证据法专家拟制稿》,中国法制出版社2004年版,第494~495页。

〔9〕 参见陈光中主编:《中华人民共和国刑事证据法专家拟制稿》,中国法制出版社2004年版,第495页。

〔10〕 参见陈光中:《关于我国“犯罪事实清楚,证据确实、充分”证明标准的形成》,载《陈光中法学文选》(第1卷),中国政法大学出版社2010年版,第643~646页。

到 70 年代末,我国法制受到破坏,出现了大量冤假错案。痛定思痛,我国 1979 年《刑事诉讼法》明确将定罪证明标准确立为"犯罪事实清楚、证据充分",表明了查明案件事实真相的目标和决心。

司法实践证明,"案件事实清楚,证据确实、充分"的证明标准基本上是正确的、可行的,在一定程度上对防止冤假错案发挥了积极作用;但是司法实践部门反映,此标准不太好把握,且要求案件事实都查清,是不切实际的。因为诉讼中,对案件的认识受认识的时间、认识主体的水平、认识的手段和条件的限制。此外,司法实践部门对于"案件事实清楚,证据确实、充分"的含义也存在理解上的分歧,导致司法实践中难以把握,缺乏可操作性,这无疑增加了实现这一证明标准的难度。

在研究我国和国外证明标准得失的基础上,立法部门和中央司法机关开始注意到"排除合理怀疑"对裁判者而言是一个较好把握的主观标准,并尝试使用这一表述来对"证据确实、充分"进行解释。例如,最高人民法院于 2007 年 8 月 28 日印发的《关于进一步加强刑事审判工作的决定》第 13 条规定:"坚持'事实清楚,证据确实充分'的裁判原则。确定被告人有罪,必须达到事实清楚、证据确实充分的法定证明标准。认定犯罪的事实不清、证据不足,特别是影响定罪的关键证据存在疑问,不能排除合理怀疑得出唯一结论的,要依法作出证据不足、指控的犯罪不能成立的无罪判决。"又如,两院三部《办理死刑案件证据规定》第 33 条第 1 款规定:"没有直接证据证明犯罪行为系被告人实施,但同时符合下列条件的可以认定被告人有罪:(一)据以定案的间接证据已经查证属实;(二)据以定案的间接证据之间相互印证,不存在无法排除的矛盾和无法解释的疑问;(三)据以定案的间接证据已经形成完整的证明体系;(四)依据间接证据认定的案件事实,结论是唯一的,足以排除一切合理怀疑;(五)运用间接证据进行的推理符合逻辑和经验判断。"这些法律解释为排除合理怀疑写入我国刑事诉讼法提供了基础。正是在此种背景下,《刑事诉讼法》第 55 条明确使用"排除合理怀疑"来对"证据确实、充分"进行解释,使之成为我国有罪判决证明标准的重要补充。

正确理解和运用"排除合理怀疑",有助于最大限度地防止冤假错案的发生。我们认为,在对排除合理怀疑的理解上,不宜简单地把英美法系的"排除合理怀疑"理解成"证据确实、充分"的全部内容。一方面,应当承认,"排除合理怀疑"是认定案件事实达到证据确实、充分标准的必要条件。只有综合全案证据,对案件事实证明到排除合理怀疑的程度,才能达到"证据确实、充分"的要求。另一方面,应当认识到排除合理怀疑并非"证据确实、充分"的全部内容。"证据确实、充分""排除合理怀疑"并不排斥确定性、唯一性,而且应当追求确定性、唯一性。尤其是在死刑案件中,以及对于案件中"犯罪事实是否发生""犯罪行为是否为被告人所实施"等关键性问题,更应当要求证明到确定性、唯一性的程度,而不是达到 95% 以上。也就是说,对关键性事实证明到确定性、唯一性的程度是综合判断对案件事实的认定已经达到排除合理怀疑程度的重要尺度。这一点在我国的相关法律解释中也得到了体现。两院三部《办理死刑案件证据规定》第 5 条第 1 款、第 2 款规定:"办理死刑案件,对被告人犯罪事实的认定,必须达到证据确实、充分。证据确实、充分是指:(一)定罪量刑的事实都有证据证明;(二)每一个定案的证据均已经法定程序查证属实;(三)证据与证据之间、证据与案件事实之间不存在矛盾或者矛盾得以合理排除;(四)共同犯罪案件中,被告人的地位、作用均已查清;(五)根据证据认定案件事实的过程符合逻辑和经验规则,由证据得出的结论为唯一结论。”

坚持在关键性事实的证明上达到确定性、结论唯一性,不仅是可能的,而且也是必要的。如果不坚持这一标准,就很有可能导致错判的后果。如湖北的佘祥林案,所谓的被害人即佘祥林的妻子并未被杀害,根本不存在犯罪事实;再如云南的杜培武案,虽然两名被害人遇害,但并非杜培武所为。其中的教训是不言而喻的。英国学者告诫我们说:“必须记住,我们的证据规则大都是在多年经验的基础上建立起来的,其宗旨只有一条,就是保证求得案件的客观真实,防止发生冤枉无辜的现象。”[11]我国原全国人大常委会委员长彭真则明确指出:“不要认为有百分之五的冤案就不要紧,就是百分之一错案也不得了。在你看来是百分之一,对被冤枉的人来说就是百分之百,不要看是一个人,一个人就是一家,还有周围的亲戚朋友。”[12]因此,如果认定犯罪的事实不清、证据不足,特别是影响定罪的关键证据存在疑问,不能得出唯一结论的,就应当果断作出证据不足、指控的犯罪不能成立的无罪判决。

另外,我们也应认识到,要求对全部案件事实都证明到排除合理怀疑的程度,则失之苛求,既不符合诉讼认识的规律,也不符合诉讼效率的要求。例如,被告人实施犯罪的主观方面事实,即明知、故意、过失、犯罪动机、目的等因素,就很难证明到排除合理怀疑的程度。对这部分事实,在一定案件范围内应当采用“推定”,即根据法律的规定,由已知事实的存在直接推定未知事实的存在,除非有充分的相反的证据予以推翻。对此,国际公约也作了相应的规定。联合国《反腐败公约》第 28 条规定:“根据本公约确立的犯罪所需具备的明知、故意或者目的等要素,可以根据客观实际情况予以推定。”联合国《打击跨国犯罪公约》第 5 条第 2 款也作了类似的规定。目前,我国立法和司法解释对推定已经有所体现。如我国《刑法》第 395 条关于将巨额财产来源不明推定为非法所得的规定以及第 282 条第 2 款关于持有国家绝密、机密文件,资料或其他物品,拒不说明来源和用途的,推定为非法持有的规定等。另外,最高人民法院、最高人民检察院、公安部联合印发的《办理毒品犯罪案件适用法律若干问题的意见》第 2 条,也对如何推定毒品犯罪案件中的“明知”作了相应规定。当前,应当进一步加强对推定的研究,适当扩大并规范推定的适用。此外,对于特定事实,如量刑事实特别是从轻量刑的事实、程序法事实等,可以适当降低证明标准。

2014 年党的十八届四中全会提出“完善刑事诉讼中认罪认罚从宽制度”。2018 年《刑事诉讼法》第 15 条规定:“犯罪嫌疑人、被告人自愿如实供述自己的罪行,承认指控的犯罪事实,愿意接受处罚的,可以依法从宽处理。”认罪认罚从宽作为《刑事诉讼法》的基本原则之一,统摄包括速裁程序、简易程序等程序在内的简化程序。尽管这类案件由于被追诉人认罪认罚,程序环节较之普通程序相对减少,不同诉讼阶段的办案期限有所压缩,但程序相应简化并不意味证明标准降低。尽管我国对认罪认罚从宽案件的证明标准未作规定,但其适用基础应是案件事实清楚,证据确实、充分。关于简易程序的证明标准,《刑事诉讼法》第 214 条第 1 款规定:“基层人民法院管辖的案件,符合下列条件的,可以适用简易程序审判:(一)案件事实清楚、证据充分的……”关于速裁程序的证明标准,《刑事诉讼法》第 222 条规定:“基层人民法院管辖的可能判处三年有期徒刑以下刑罚的案件,案件事实清楚,证据确

---

〔11〕 [英]J. W. 塞西尔·特纳:《肯尼刑法原理》,王国庆等译,华夏出版社 1989 年版,第 484 页。

〔12〕 彭真:《发现错案应坚决及时纠正》,载《论新中国的政法工作》,中央文献出版社 1992 年版,第 115 页。

实、充分,被告人认罪认罚并同意适用速裁程序的,可以适用速裁程序,由审判员一人独任审判。”

五、疑案的处理

疑案,包括事实上的疑案和法律上的疑案。事实上的疑案是指,刑事诉讼中对案件事实或其他的待证事实的证明没有达到法律所要求的程度的案件。在司法实践中,由于受各种主客观条件的限制,如侦查主体的认识水平、侦查手段、侦查的相关行为受法定时间限制等,有些案件虽然有一定的证据,但是根据这些证据并不能达到水落石出的程度,因此,这种疑案的出现是不可避免的。法律上的疑案是指,案件事实已经查清,但裁判者对被告人具体适用何种罪名或者如何量刑不能确定的案件。实践中出现最多的情况是事实上的疑案。以下重点阐述关于事实上的疑案的处理。

对疑案的处理,不同的证据制度采用不同的处理方法。在我国奴隶制社会和封建社会,对于疑案,实行“疑罪从有兼从轻”的原则。《尚书·吕刑》记载,周穆王时,“墨辟疑赦,其罚百锾”。这表明,犯了墨刑之罪而又有可疑,难以断定是否有罪的时候,可以交纳一定量的钱赎罪。《唐律》规定,“诸疑罪各依所犯以赎论”。该条疏议:“疑罪,谓事有疑似,处断难明。各依所犯以赎论,谓以所疑之罪用赎法收赎。”即对疑罪,并不处对其所指控之刑,而改处该罪的赎刑。《大元通制》规定:“诸疑狱在禁五年之上不能明者,遇赦释免。”“遇赦释免”较之“各依所犯以赎论”有所发展和进步,但是,无论是“疑罪从赎”,还是“遇赦释免”,都是“疑罪从有”的表现,即在肯定有罪的前提下从轻处罚。毫无疑问,“疑罪从有”符合了国家镇压、打击犯罪的需要,但是以牺牲无辜者的财产、自由甚至生命为代价。

与“疑罪从有”相对应的是“疑罪从无”。“疑罪从无”要求对疑案的处理从有利于被追诉人的原则出发,当有罪、无罪难以确定时,按照无罪处理;当罪重、罪轻难以处理时,按照罪轻处理。我国早在夏朝《尚书·大禹谟》中就提出了“与其杀不辜,宁失不经”的理念,即主张当出现疑罪时,应按照无罪来处理。《新书·大政》(上)记载,汉代的贾谊认为,“诛赏之慎也,故与其杀不辜者,宁失于有罪也。故夫罪也者,疑则附之去已”“疑罪从去,仁也;疑功从予,信也”。这表明在很早以前人们就认识到了疑罪从无的优点。这种处理方式不仅是统治者施仁政的体现,也有利于封建统治的长治久安。但是,从封建历朝历代的立法或司法实践考察,封建王朝为了镇压反抗和犯罪行为,从来就没有真正实行过疑罪从无原则。

我国现代立法在很长的时间内也没有确立疑罪从无原则。在疑案的处理上,经常是“疑案从有”“疑案从轻”,或者是“疑案从挂”,即“久拖不决”。“疑罪从有”不仅有可能使真正的罪犯逍遥法外,冤枉无辜,而且危害更甚的是,它削弱、破坏了司法的权威性。正如弗朗西斯·培根所言:“一次不公的(司法)判决比多次不公平的举动为祸尤烈。因为这些不公平的举动不过弄脏了水流,而不公的判决则把水源败坏了。”[13]

由于认识到疑罪从有、案件久拖不决的弊端,我国1996年修改《刑事诉讼法》时,明确了“疑罪从无”原则。这主要体现在审查起诉和一审阶段。在审查起诉阶段,如果经过补充侦查,证据仍然达不到“犯罪事实清楚,证据确实、充分”的起诉标准,那么检察机关就应当

---

〔13〕［英］培根:《培根论说文集》,水天同译,商务印书馆1983年版,第193页。

作出证据不足的不起诉决定。对于补充侦查,法律规定以两次为限,一次不能超过 1 个月;如果是检察机关自行侦查,应当在审查起诉期限内侦查完毕。2012 年修改《刑事诉讼法》时,沿袭了 1996 年《刑事诉讼法》中关于“疑罪从无”原则的精神。《刑事诉讼法》第 175 条第 4 款规定:“对于二次补充侦查的案件,人民检察院仍然认为证据不足,不符合起诉条件的,应当作出不起诉的决定。”此外,2019 年最高检《规则》第 367 条规定:“人民检察院对于二次退回补充调查或者补充侦查的案件,仍然认为证据不足,不符合起诉条件的,经检察长批准,应当作出不起诉决定。人民检察院对于经过一次退回补充调查或者补充侦查的案件,认为证据不足,不符合起诉条件,且没有再次退回补充调查或者补充侦查必要的,经检察长批准,可以作出不起诉决定。”在一审阶段,根据《刑事诉讼法》第 200 条的规定,经过法庭审理,如果达不到“案件事实清楚,证据确实、充分”的程度,法庭就应当对被告人作出证据不足、指控的犯罪不能成立的无罪判决。

由此可见,立法规定了“疑罪从无”原则。党的十八届四中全会《决定》要求加强人权司法保障,“健全落实罪刑法定、疑罪从无、非法证据排除等法律原则的法律制度”。这体现了对犯罪嫌疑人、被告人人权的保障和尊重,对于防范冤假错案意义重大,是现代刑事司法文明与进步的重要标志之一。

对于法律上的疑案,我国《刑事诉讼法》没有明确规定相应的处理方式,但其中的法理逻辑并不复杂,同样可以借用疑罪从无原则加以解释。裁判者在定罪时不能确定对被告人适用较重罪名还是较轻罪名,在量刑时不能确定从重处罚还是从轻处罚时,应当适用轻罪名或者从轻处罚,作出有利于被告人的解释。对此,2016 年两院三部《以审判为中心意见》也予以确认,要求“人民法院作出有罪判决,对于证明犯罪构成要件的事实,应当综合全案证据排除合理怀疑,对于量刑证据存疑的,应当作出有利于被告人的认定”。量刑“存疑从轻”原则在刑事诉讼规范性文件中出现尚属首次,这标志着我国刑事司法人权保障水平的进一步提升。从事实认定“疑罪从无”到量刑判处“存疑从轻”,“疑罪从无”的内涵逐步丰富、具化,成为指导司法实践处理疑案的指导性原则。

第三节 民事诉讼证明标准

证明标准的确立,在民事诉讼中具有重要的意义。对于当事人而言,提出的证据是否达到了法律规定的证明标准,是衡量待证事实是已经得到证明还是依然处于真伪不明状态的依据,也是当事人的事实主张是否能够得到法院支持的依据。对于人民法院而言,证明标准对法院的裁判行为起着重要的指导作用,决定着法院在当事人提出的证据达到何种可信程度时,才能据以认定案件事实。

一、两大法系国家关于民事诉讼证明标准的规定

(一)英美法系国家民事诉讼中的证明标准

英美法系国家在证明标准立法上的特征是依据案件的不同性质,设立二元乃至多元的

证明要求和标准,即对刑事案件与民事案件规定不同的证明标准。英美法系国家对刑事案件采取"排除合理怀疑"的证明标准。对此标准,上节已有论述,不再赘述。

英美法系国家在民事诉讼中采取"盖然性占优"(proof on a balance of probabilities)的证明标准。按照英美法系国家学者的理解,要求占优势的盖然性是指:"凡于特定事实之存在有说服负担之当事人,必须以证据之优势确立其存在。法官通常解说所谓证据之优势与证人多寡或证据数量无关,证据之优势乃在其使人信服的力量(convincing force)。有时建议陪审团,其心如秤(mental scales),以双方当事人之证据分置于其左右之秤盘,从而权衡何种有较大之重量。"[14]

在民事案件中,英美法系国家又依其性质不同区分为普通民事案件与特殊民事案件,并分别规定不同的证明标准。对某些特殊类型的民事案件,如口头信托,口头遗嘱,以错误或欺诈为理由请求更正文件等事实,确立了比普通民事案件更高的证明要求,主张的一方当事人必须以明确的及令人信服的证据(clear and convincing evidences)证明自己的主张。

在美国,一般认为,对民事案件的证明只要达到"证据优势"(preponderance of evidence)就可以了。所谓"证据优势"是指某一事实的证据分量和证明力比反对其事实存在的证据更具有说服力,或者比反对证明其真实性的证据的可靠性更高。也就是说,在民事诉讼中,负有证明责任的当事人,其最终所要证明的结果只要能够达到一般常人认为具有某种合理的盖然性的程度就可以了,无须达到排除合理怀疑的证明标准。[15] 美国证据法规则和证据理论将证明标准从高到低分为排除合理怀疑、清楚和有说服力的证据、优势证据、合理根据、有理由的相信、有理由的怀疑、怀疑几个等级,对不同的案件适用不同的标准。在民事诉讼中,对一些诸如解除父母监护权、民事欺诈、不正当影响、因欺诈或错误宣告合同无效或变更合同,或者对口头遗嘱的证明等问题,适用较高的证明标准。[16] 1995年《澳大利亚证据法》规定,法院在确定所满意的证明程度时,必须考虑诉因或抗辩的性质,诉讼标的性质及所起诉事项的严重性。[17]

(二)大陆法系国家民事诉讼中的证明标准

在大陆法系国家,实行自由心证的证据制度。所谓"自由心证"是指关于法院认定用于判决基础的事项,应遵从法官基于在审理中出现的一切资料和状况,自由形成的具体的确信的原则。[18] 自由心证在证明标准的问题上体现为"高度盖然性标准",即依据日常经验可能达到的那种高度,疑问即告排除,产生近似确然性的可能。[19]

从法国、德国、日本等国的刑事诉讼理论和实践来看,大陆法系国家刑事诉讼的证明标准,是排除了任何疑问的高度盖然性。这与英美法系"排除合理怀疑"证明标准的要求在实质上是一致的。在大陆法系国家,这种"高度盖然性"证明标准不仅适用于刑事诉讼,也适

---

〔14〕［美］摩根:《证据法之基本问题》,李学灯译,世界书局1970年版,第48页。

〔15〕参见［日］兼子一、竹下守夫:《日本民事诉讼法》,白绿铉译,中国政法大学出版社1996年版,第181页。

〔16〕See Mueller Kipkpatrick, *Evidence*, Aspen Law & Business Co., 1999, p. 122.

〔17〕参见何家弘、张卫平主编:《外国证据法选译》(上卷),刘品新等译,人民法院出版社2000年版,第276页。

〔18〕参见［日］兼子一、竹下守夫:《民事诉讼法》,白绿铉译,法律出版社1995年版,第107页。

〔19〕参见刘善春、毕玉谦、郑旭:《诉讼证据规则研究》,中国法制出版社2000年版,第632页。

用于民事诉讼,但在“盖然性”的程度要求上,二者实际上是有所不同的,即刑事案件比民事案件的要求更高。

在大陆法系国家的民事诉讼中,对不同的证明对象还规定了不同的证明标准。以德国和日本为例,在证明标准上有“证明”和“疏明”之分。“证明”是指当事人提出的证据可以使法官对待证事实达到确信的程度,这是一种较高的证明标准,适用于对终局性的实体权利义务关系的证明。“疏明”是指当事人对自己所主张的事实虽然没有达到证明的程度,但是提出的证据足以使法官达到大致确信的程度。一般而言,适用疏明标准的待证事实主要限于与当事人的实体权利义务无关的程序性事项。

二、我国民事诉讼中的证明标准

如前所述,民事诉讼的证明标准应当是建立在客观真实基础上的法律真实。所谓法律真实,是指裁判人员运用证据认定的案件事实达到了法律所规定的视为真实的标准,在诉讼证明的过程中,法官运用证据、逻辑推理和经验法则,对案件事实的认定即符合法律真实要求的实体法和程序法的规定,达到从法律的角度认为是真实的程度。

最高法《民诉证据规定》第 85 条第 1 款规定:“人民法院应当以证据能够证明的案件事实为根据依法作出裁判。”也就是说,本案所能运用的所有证据所证明的案件事实是什么,裁判就怎么认定。在没有证据的情况下,根据举证责任作出裁判。这一规定明确了“法律真实”的证明要求。在民事诉讼中确立法律真实的证明标准,并不意味着放弃对于客观真实的追求。查清案件事实不仅是正确适用法律作出正确判决的基础和前提,也是彻底解决民事纠纷,恢复正常的社会秩序的必要条件。

在诉讼中,当事人对自己主张的事实举证,如果原告举证证明了自己主张的事实,举证义务就转移给对方当事人。对方当事人也举证证明自己的反驳意见。如果每一方都不能充分证明自己主张的事实,那么法官就要面对两个问题:第一,在一方提供证据的证明力明显大于另一方提供证据的证明力时,如何裁判?第二,在一方提供证据的证明力不能明显大于另一方提供证据的证明力时,法官应当判决哪一方承担败诉的后果?这就是证明标准要解决的问题。最高法《民诉法解释》第 108 条第 1 款、第 2 款规定:“对负有举证证明责任的当事人提供的证据,人民法院经审查并结合相关事实,确信待证事实的存在具有高度可能性的,应当认定该事实存在。对一方当事人为反驳负有举证证明责任的当事人所主张事实而提供的证据,人民法院经审查并结合相关事实,认为待证事实真伪不明的,应当认定该事实不存在。”

由此可见,该司法解释也把“高度可能性”作为民事诉讼证明标准,这是“法律真实”证明标准在民事诉讼中的具体体现。

法律真实只是对民事诉讼证明所要达到的标准的原则性概括,在具体的适用过程中,这一原则性标准还应当根据法院所处理的民事案件的性质的不同、诉讼证明发生的阶段的不同而有所变化。在绝大多数情况下,民事诉讼中适用法律真实的证明标准,在此基础上,应根据以下不同情况分别确立证明标准:

第一,同一案件的不同诉讼阶段应适用不同的标准。民事诉讼的目的在于通过诉讼程序重新确认民事主体的权利义务关系,这必然要求审判者对案件的客观情况形成一定程度的认识。从这一角度讲,民事诉讼也是一种认识过程,这种认识是随着程序的进行不断深入的。因此,证明标准的确定应能反映这一不断深化的认识过程。具体而言,在起诉阶段,当事人认为自己的民事权利受到了侵犯向法院提起诉讼,法院在对当事人的这种认识进行审查的时候应适用较低的证明标准,只要当事人提出初步证据证明了诉权及管辖权的存在即可,无须证明自己的权利确实受到了侵犯及受到侵犯的程度。在案件审理阶段,负有证明责任的一方当事人提出证据证明自己的主张,对方当事人必须提出更有说服力的证据以驳倒本证,才能避免承担败诉后果;法院在综合所有证据认定案情时应该达到优势程度的确信。在二审中,上诉法院改变一审判决必须达到一个高于普通优势证明的标准,上诉人仅提出对一审认定事实的简单怀疑并不能动摇一审判决;依此类推,再审案件的证明标准应高于二审判决的标准,当事人必须提出充分的证据证明原审判决确有错误,才能获得再审救济。这种阶梯式上升的证明标准不但反映了人类认识过程的一般规律,而且符合维护判决的稳定性、权威性及节约司法资源的需要。

第二,针对不同的证明对象适用不同的证明标准。诉讼中被证明的对象是不同的,需要适用不同的证明方式、手段;同时不同的证明对象对于诉讼而言有着不同的意义。我们确定的证明标准必须能反映出证明对象的上述差别。比如,最高法《民诉证据规定》第 86 条第 1 款规定:"当事人对于欺诈、胁迫、恶意串通事实的证明,以及对于口头遗嘱或赠与事实的证明,人民法院确信该待证事实存在的可能性能够排除合理怀疑的,应当认定该事实存在。"上述事实在证明中很可能导致关系或法律行为的无效或可撤销,危及交易安全和社会生活秩序,因此需要慎重认定上述事实。提高证明标准有利于维护法律关系的稳定性。再如,对某些程序性事实的确认,如对当事人申请回避的审查、不公开审判申请的审查以及法院作出的证据保全、财产保全、先予执行裁定及督促程序、公示催告程序的受理决定应适用较低的证明标准。原因是:其一,上述决定、裁定的作出一般不会影响当事人的实体权利。对某些可能会给对方当事人造成损害的决定,法院可以预先采取防范措施,如命令申请人提供担保。其二,上述制度的设置一般基于法定的特殊原因或紧急情况,较低的证明标准可以减少当事人运用以上制度的困难,体现效率优先的原则。相反,较高的证明标准适用于那些待证事实一旦被证明将给当事人的利益造成重大影响的案件。例如,有关诉讼终结的裁定、宣告合同无效的判决或宣告诉讼时效届满的判决;对这类判决、裁定适用较高的标准是出于维护当事人权益及法律关系稳定性的需要,体现了民事诉讼的公正价值。最高法《民诉证据规定》第 86 条第 2 款规定:"与诉讼保全、回避等程序事项有关的事实,人民法院结合当事人的说明及相关证据,认为有关事实存在的可能性较大的,可以认定该事实存在。"这体现了对程序性事项适用较低证明标准的立法意图。

第三,根据案件性质的不同及证明难易程度的不同确定不同的标准。随着社会经济的发展,新型纠纷不断出现,如消费者权益纠纷、医疗事故纠纷、环境污染纠纷等,在这类诉讼中,一方当事人处于明显弱势的地位,同时还面临证据匮乏、取证难等困难。采取证明责任倒置的方法可以起到保护弱势人群的利益的作用。此外,对该类案件采用相对较低的证明标准也不失为一种很好的选择。《德国民事诉讼法》规定法官在对某一事实的调查遇到极大的困难时(如大量人力、物力的支出),可以不进行调查,依自由心证作出判断。[20] 德国联邦最高法院在实践中对某些医疗纠纷、交通事故纠纷等用证明责任倒置和表见证明的方式努力减轻被害人的负担。所谓表见证明是增强法官心证的一种方式,它依经验法则使法院对一些不明的事实状态更易获得心证。[21] 此外,在英国和美国,依待证事实发生概率的高低调整证明标准的方法也日益受到重视。[22] 除了依法律明文规定转换证明责任外,我国的司法实践中的证明标准较为确定。我国最高法《民诉法解释》第109条规定:“当事人对欺诈、胁迫、恶意串通事实的证明,以及对口头遗嘱或者赠与事实的证明,人民法院确信该待证事实存在的可能性能够排除合理怀疑的,应当认定该事实存在。”

总之,我们在确定证明标准时应从实际出发,处理好标准的确定性与灵活性的关系。应允许对证明标准作出例外的规定,并且在保证证明标准的确定性的前提下,为法官提供一定的自由裁量的空间,使法官可以根据案件的具体情况,基于公正或其他价值的考虑,适当灵活地适用证明标准。

第四节　行政诉讼证明标准

一、行政诉讼证明标准

我国《行政诉讼法》修正时没有修改证明标准的规定,仍然基本保留原来的规定。《行政诉讼法》中涉及证明标准的两条规定在表述上略有不同。

第一种情形,根据《行政诉讼法》第69条的规定,“行政行为证据确凿,适用法律、法规正确,符合法定程序的,或者原告申请被告履行法定职责或者给付义务理由不成立的,人民法院判决驳回原告的诉讼请求”,即驳回原告诉讼请求的判决要求行政机关对其作出的行政行为应当证明至“证据确凿”的程度。但何为“证据确凿”,《行政诉讼法》没有规定,相关司法解释中也没有明确。

第二种情形,根据《行政诉讼法》第70条的规定,对于主要证据不足的,判决撤销或者部分撤销,并可以判决被告重新作出行政行为,即撤销判决中适用的标准是“主要证据不足”。“主要证据”的范围自然要小于“证据”,但区分主要证据与次要证据的标准缺乏明确规定。至于“不足”,一般理解为“不充分”。与此相对应,往往也就将前项规定的“证据确凿”理解为“证据充分”。

虽然《行政诉讼法》没有如《刑事诉讼法》第200条那样使用“案件事实清楚,证据确实、充分”的表述,但由于证据是用来证明案件事实的,法官不可避免地需要在完成对证据的审查判断后,再对案件的事实作出结论,因此在大多数司法判决书中,都将对事实认定的结论与证据是否充分直接联系在一起表述,如“被告的处理决定事实不清、主要证据不足”,或者“被告的处理决定事实清楚,证据确凿”等。行政诉讼中的证明标准也因之一般被认为与刑

---

〔20〕 参见《德意志联邦共和国民事诉讼法》,谢怀栻译,中国法制出版社2001年版。

〔21〕 参见陈荣宗:《举证责任分配与民事程序法》,台北,三民书局1984年版,第61页。

〔22〕 See Mike Redamyne, *Standards of Proof in Civil Litigation*, The Modern Law Review, Vol. 62:2(1999).

事诉讼一样是"案件事实清楚,证据确实、充分"。[23] 所谓案件事实清楚,是指与被诉行政行为合法性有关的事实,都必须查清;而对不影响行政行为合法性判断的细微情节,则无须都要查清。所谓证据确实、充分,是对证据的质和量提出的总体要求。证据确实,即每个证据都应当具有证据能力,也就是具有关联性、合法性、真实性;证据充分,是指证明案件事实的证据在数量上要达到一定的量,并足以证明案件的真实情况。证据充分与证据不足或证据不充分相对立,但不能将其具体量化,要视具体案情而定。

二、完善我国行政诉讼证明标准规定的探讨

(一)各种完善方案的提出

行政诉讼证明标准是行政诉讼证据研究中讨论较多的一个问题,学者们对此提出了不同的方案。

方案一:一般行政诉讼中,实行优势证据标准;行政机关的行政行为严重影响行政相对人的人身权、财产权的,适用排除合理怀疑标准;行政机关的紧急处置行为适用具备合理怀疑或者合理根据标准;原告起诉是否符合条件适用形式真实标准。[24]

方案二:不利处分的证明标准是排除合理怀疑,主要适用于行政机关作出严重影响相对人人身权、财产权的行政行为案件;授益行政行为的证明标准是实质性证据标准,这一标准主要适用于许可案件、奖励案件和给付案件;行政机关采取即时性强制措施适用有合理怀疑标准。此种方案不同意行政诉讼采用优势证据标准,理由是行政诉讼中被告恒定承担举证责任,原告不承担举证责任,没有优势比较可言。[25]

方案三:说服责任的证明标准为案件事实清楚,证据确实、充分,作为行政诉讼的一般证明标准,占优势的盖然性标准作为适用于少数案件的例外标准。推进责任的证明标准为合理可能性标准。[26]

方案四:人民法院对行政机关关于事实裁定的审查,适用实质性证据标准,行政行为严重影响相对人人身权、财产权的,适用重新审理标准;人民法院对于行政机关法律结论的审查适用一般的合法标准即合理标准,行政行为严重影响相对人人身权、财产权的,适用重新审理标准。[27]

方案五:行政诉讼的证明标准应当略低于刑事诉讼证明标准,在具体标准的把握上,既要遵循一定的原则,又要区别对待。总体来说,对于涉及公民人身自由权利、重大财产权利、法人的生产经营权利以及重大复杂的案件,行政诉讼证明标准应严格适用"证据确凿"的标

〔23〕 参见高家伟:《行政诉讼证据的理论与实践》,工商出版社1998年版,第172页;马怀德、刘东亮:《行政诉讼证据问题研究》,载何家弘主编:《证据学论坛》第4卷,中国检察出版社2002年版。

〔24〕 参见吕立秋:《行政诉讼举证责任》,中国政法大学出版社2001年版,第132~134页。

〔25〕 参见马怀德、刘东亮:《行政诉讼证据问题研究》,载何家弘主编:《证据学论坛》第4卷,中国检察出版社2002年版。

〔26〕 参见高家伟:《行政诉讼证据的理论与实践》,工商出版社1998年版,第206页。

〔27〕 参见刘善春、毕玉谦、郑旭:《诉讼证据规则研究》,中国法制出版社2000年版,第885页。

准;而对于那些轻微的案件,对证明标准的要求可以适当降低。[28]

(二)建构多元行政诉讼证明标准[29]

比较前述诸多方案,虽然存在很大区别,如方案一将优势证据标准作为行政诉讼的一般标准,而方案二反对行政诉讼适用优势证据标准,方案三则将优势证据标准作为例外标准适用于少数案件,但思路是相同的,即都认为应当区分被诉行政行为的不同情形适用不同的证明标准,这是值得肯定的。我国行政诉讼法所规定的证明标准没有考虑到行政事务的复杂性:一方面,没有区分紧急情形和正常情形下行政机关作出行政决定应当遵循不同的证明标准。紧急情形下需要行政机关迅速作出判断,对证明标准的要求应当低于正常情形,因为紧急情形下不允许行政机关从容调查证据、审核认定证据,进而对事实作出判断。另一方面,我国现行证明标准也没有区分行政决定对相对人权利影响的大小。有的行政决定对相对人的权利影响相当大,如15日的行政拘留决定,100万元人民币的罚款决定;而有的行政决定对相对人的权利影响较小,如警告处罚决定,20元罚款决定等。对相对人权利影响大的行政决定自然应当适用更加严格的证明标准。因此,在探讨我国的行政诉讼证明标准时,首先需要改变目前所有案件都适用同一标准的做法,区分不同情形适用不同的证明标准。

肯定建构多元证明标准后需要解决的焦点问题是是否放弃目前立法中规定的"证据确凿"的提法,代之以排除合理怀疑作为行政诉讼的最高证明标准。在上述五种方案中,有两种赞成坚持目前的立法规定,有三种否定现行立法规定的"案件事实清楚,证据确实、充分"证明标准,代之以排除合理怀疑标准和其他标准。学者放弃这一标准的理由与刑事诉讼、民事诉讼领域的学者的理由是相同的,即也认为现行的客观真实标准实质上是一种无法实现的标准。囿于人类认识能力的局限性,在案件审理中法官对案件事实的认定无法通过客观的手段确定其可靠性,法官确信的真实只能是一种相对的真实,是法律真实,无法绝对排除推翻法官的认识的可能性。法官只能是尽可能排除疑点,使所有理性的人都认为怀疑被合理地排除了。

在行政诉讼中对于是否完全放弃客观真实标准需慎重考虑。行政诉讼证明标准的确定应当有利于促进行政机关依法行政,而不能弱化对行政机关在行政程序中收集证据、认定事实的要求。诉讼中,虽然对案件的认识受认识的时间、认识主体的水平、认识的手段和条件等因素的限制,客观真实标准执行起来存在相当的难度,但客观真实标准仍有其存在的合理性。这一标准要求法官对案件的认识应当以事实为基础,不可主观臆断。排除合理怀疑标

---

〔28〕 参见陈光中、陈海光、魏晓娜:《刑事证据制度与认识论——兼与误区论、法律真实论、相对真实论商榷》,载《中国法学》2001年第1期。

〔29〕 行政诉讼证明标准区分行政管理的不同情形而呈现出多元特点,在美国、德国等国家亦如此。如《美国联邦行政程序法》就司法审查中的事实问题规定了三种证明标准适用于不同情形:实质性的证据标准;专横、任性、滥用自由裁量权标准;法院重新审理标准。德国行政诉讼的一般证明标准是排除合理怀疑的高度盖然性标准,但在特定情形下,通过法律的特别规定或者行政法院的解释,此证明标准会被修正,主要是被降低。如《德国财务法院法》第96条第1项规定准用《德国租税通则》第162条第1项的规定,后者规定"稽征机关无法调查或者计算课税基础时,应估计之。估计课税基础时,应斟酌一切对估计具有重要性之情形"。财务法院在符合此条规定的条件下有自己的估计权,这里的估计就是一种对一般证明标准的降低。

准一方面要求低于客观真实，另一方面内涵并不明确，法官主观判断的色彩很浓，在行政行为对相对人的人身权、财产权有重大影响的情形下，适用此类标准不利于保护原告的权利。因为证明标准的高低直接影响承担举证责任一方胜诉可能性的大小，而行政诉讼中绝大多数案件由被告行政机关承担举证责任。如果降低证明标准，则意味着将降低对行政机关在行政程序中作出行政决定收集证据的要求。当行政机关作出的决定将对公民、法人或其他组织的人身权、财产权等基本权利产生重大影响时，应当要求其对事实的认定达到确实、充分，排除其他可能性的程度；否则，很有可能会因为降低证明标准而损害相对人的重大权益。因此，当行政行为对原告的人身权、财产权等基本权利存在重大影响时，仍然应当适用"案件事实清楚，证据确实、充分"的证明标准。

在肯定部分案件适用"案件事实清楚，证据确实、充分"的证明标准前提下，也应看到行政行为的复杂性决定了不同情形应当适用不同的证明标准。如果所有案件都适用这一标准，在有的情形中过高的证明标准将限制行政机关在行政程序中的主动性，不利于行政机关迅速作出决定，最终受损害的将是公共利益。

具体来说，我国行政诉讼可以区分不同情形考虑确立以下证明标准：

第一，当行政行为对原告的人身权、财产权等基本权利有重大影响时，适用案件事实清楚，证据确实、充分的证明标准。特别是当行政机关作出拒绝原告向被告提出最低生活保障等申请决定时，拒绝决定的证据应当确实、充分。因为在原告向被告提出最低生活保障等申请时，此时作为给付行政中的相对人是处于一定困难境地、需要政府救济的公民，在否认原告具有公法上的请求权时，从保障申请人的生活的角度出发，行政机关应当掌握确实、充分的证据，才能作出否定性判断。

第二，紧急处置行为的证明标准应当降低，只要有合理的理由证明行政机关应当采取紧急处置措施，法官就应当认定其合法性，原因前文已经论述，此处不再赘述。如在2003年"非典"的处理过程中，只要公民的体温达到一定温度，就可以对其采取强制隔离措施；尽管不能完全排除其患感冒发烧的可能性，也不能排除是因为其他病所引发的体温升高，只要体温达到一定程度就可能是"非典"，可以对其采取强制隔离措施。

第三，其他情形，适用明显证据优势标准。案件事实清楚，证据确实、充分标准有利于引导法官认定客观事实，防止法官的主观臆断。但不可否认的是，在诉讼中，受认识的时间、认识主体的水平、认识的手段和条件等因素的限制，客观真实标准执行起来存在相当的难度。因此，当被诉行政行为对原告的人身权、财产权等基本权利有重大影响时，应当适用案件事实清楚，证据确实、充分标准，从而有利于保护原告的权利。但在被诉行政行为对原告权利的影响不属于前述情形时，不宜再适用此标准，而应适用明显证据优势标准。

【案例1】 云南杜培武"杀人"案——刑事诉讼证明标准

【案情】 1998年4月20日晚，昆明市公安局民警王某湘（女）与昆明市石林县公安局民警王某波（男）双双被人枪杀，而后王某湘及王某波（以下简称"二王"）两人的尸体，被弃置于昆明市圆通北路40号思远科技有限公司门前人行道上王某波当天所驾驶的牌号为"云OA××××"的警车内。

案发后,警方以昆明市公安局戒毒所民警、王某湘丈夫杜培武因对“二王”有不正当两性关系怀恨在心,涉嫌骗取王某波佩带手枪(枪号1605825,七七式)将“二王”杀害为由,将其拘押。1998年7月2日,杜培武被刑事拘留,同年8月3日被批准逮捕。1999年2月5日,昆明市中级人民法院(1998)昆刑初字第394号刑事判决书宣判“被告人杜培武犯故意杀人罪,判处死刑,剥夺政治权利终身”。一审宣判后,杜培武及其辩护律师刘胡乐、杨松以“事实不清,证据不足,定性不准,适用法律不当,诉讼程序严重违法,以及办案人员有刑讯逼供行为”为由,向云南省高级人民法院提出上诉,要求改判杜培武无罪。云南省高级人民法院以“根据本案的具体情节和辩护人所提其他辩护意见有采纳之处”为由,于1999年10月20日以(1999)云高刑一终字第295号刑事判决书,改判杜培武“犯故意杀人罪,判处死刑,缓期2年执行,剥夺政治权利终身”。

昆明市中级人民法院(1998)昆刑初字第394号刑事判决书表明,公诉机关就杜培武故意杀害“二王”这一事实,向法庭出示了下列证据:(1)对云OA××××号昌河牌微型面包车内现场勘查,对被害人王某波、王某湘尸体检验及死亡时间推断,对车内血痕与二被害人血型鉴定、枪弹痕迹鉴定,证实被害人王某波、王某湘于1998年4月20日20时许,在云OA××××号昌河牌微型面包车内,被他人持被害人王某波生前配发的枪号为“1605825”的七七式手枪近距离击中左胸部,致开放性血气胸合并心、肺脏器破裂当场死亡,后二人尸体连同该车被抛弃在本市圆通北路40号思远科技有限公司门前人行道上的事实。(2)云OA××××号昌河牌微型面包车驾驶室离合器、油门踏板上遗留的足迹泥土气味及杜培武所穿袜子气味,经警犬气味鉴别(多只多次)均为同一,证实杜培武曾经驾驶过该车。(3)云OA××××号昌河牌微型面包车驾驶室刹车踏板上、踏板下胶皮垫上提取泥土与杜培武所穿警式衬衣衣领左端、右上衣袋黏附泥土痕迹,在其所穿警式外衣口袋内提取的一张百元面额人民币上黏附的泥土痕迹,以及在本市北郊云南省公安学校射击场上提取的泥土,经鉴定均为同一类泥土,证实杜培武曾将云南省公安学校射击场泥土带入云OA××××号昌河牌微型面包车内,并黏附在自己的衣服及人民币上的事实。(4)在被告人杜培武所穿警式衬衣右手袖口处检出军用枪支射击后附着的火药残留物质,证实被告人杜培武曾经穿着此衬衣使用军用枪支射击的事实。

对此,辩护人进行辩驳称:

首先,指控杜培武犯故意杀人罪的取证程序严重违法,“刑讯逼供后果严重”。杜培武在一开庭就向法庭陈述了在侦查过程中遭受刑讯逼供的情况,并将手上、腿上及脚上的伤痕事实让合议庭法官及诉讼参与人过目验证,足以证实其惨遭刑讯逼供的客观事实,被告人本人也向辩护人及驻监检察官提供了《刑讯逼供控告书》。刘胡乐律师依据有关法律,请求法庭确认被告人所作的供述无效。

其次,律师根据公安机关现场勘查笔录及现场照片并没有“刹车踏板”和“油门踏板”附着足迹遗留泥土的记载或显示,认为在案发几个月后才作出的补充现场勘查笔录,严重违反取证的法律程序,违背了客观公正原则,认为所谓“刹车踏板”“油门踏板”上的足迹附着泥土系虚构的证据,不足采信。

再次,律师认为“本案没有证据证明被告人杜培武具备故意杀人的主观动机”;由此,从犯罪构成要件的角度分析本案,指控杜培武犯故意杀人罪缺乏主观要件,不能成立。

最后，律师认为从时间、案发地、气味鉴定、作案工具、射击残留物等方面看，在客观方面没有证据能够证明杜培武实施了故意杀人的行为。

【评析】 按照我国刑事诉讼法的要求，对被告人定罪的证据要达到"犯罪事实清楚，证据确实、充分"的程度。显然，在本案中，对被告人定罪并没有达到此标准。从控方的举证来看，无论是对犯罪构成的主观要件还是客观事实，都没有证明到法律所要求的程度；法院对于有疑问的证据，也没有履行调查核实的职责。按照我国刑事诉讼法的相关规定，法院应当对被告人作出证据不足的无罪判决。

后来事实也证明了这是一起冤案。2000 年 6 月，昆明警方破获了一个杀人劫车特大犯罪团伙。该团伙供认是其在昆明市海埂某地抢劫了"二王"，并用劫得的王某波手枪将"二王"枪杀，然后将尸体连同王某波所驾云 OA××××号车移动到圆通北路 40 号思远科技有限公司门前人行道上。最后，云南省高级人民法院以（2000）云高刑再字第 9 号刑事判决书宣告杜培武无罪。

【案例 2】 聂树斌案——疑罪从无原则的实际运用

【案情】 1994 年 8 月 5 日，河北省石家庄市液压件厂女工康某在该市西郊孔寨村附近一块玉米地里被强奸杀害。一个月后，原鹿泉市综合职业技校校办工厂工人聂树斌被警方以该案犯罪嫌疑人名义抓捕。1995 年 3 月 15 日，石家庄市中级人民法院作出一审判决，以故意杀人罪及强奸妇女罪判处聂树斌死刑。聂树斌提出上诉。1995 年 4 月 25 日，河北省高级人民法院作出二审判决：聂树斌犯故意杀人罪，判处死刑；犯强奸妇女罪，改判 15 年有期徒刑，合并执行死刑。两天后，聂树斌被枪决。

2005 年，河南省荥阳市警察抓获河北省公安厅网上通缉逃犯王书金。王书金供述称自己多次强奸、杀人，并称石家庄西郊玉米地的奸杀案也是他所为。2006 年，邯郸市中级人民法院开庭审理了王书金一案，但起诉书内只字未提与聂树斌案关联的石家庄西郊玉米地奸杀案。2007 年 3 月，邯郸市中级人民法院作出一审判决，以故意杀人罪、强奸罪判处王书金死刑。王书金提出上诉，坚称石家庄西郊玉米地奸杀案是其所为。河北省高级人民法院裁定王书金非聂树斌案真凶，驳回王书金上诉、维持原判。

2014 年 12 月 12 日，最高人民法院根据河北省高级人民法院申请和有关法律规定的精神，决定将河北省高级人民法院终审的聂树斌故意杀人、强奸妇女一案，指令山东省高级人民法院进行复查。2016 年 6 月 6 日，最高人民法院对山东省高级人民法院的复查意见进行审查，决定提审本案。2016 年 11 月 30 日，最高人民法院第二巡回法庭作出了本案的再审判决。再审判决认为本案存在以下疑点：第一，聂树斌被抓获之时无任何证据或线索指向其与康某被害案存在关联。第二，聂树斌被抓获之后前 5 天的讯问笔录缺失，严重影响在卷讯问笔录的完整性和真实性。第三，聂树斌有罪供述的真实性存疑，且不能排除指供、诱供可能。第四，原审卷宗内案发之后前 50 天内证明被害人遇害前后情况的证人证言缺失，严重影响在案证人证言的证明力。第五，聂树斌所在车间案发当月的考勤表缺失，导致认定聂树斌有无作案时间失去重要原始书证。第六，原审认定的聂树斌作案时间存在重大疑问，不能确认。第七，原审认定的作案工具存在重大疑问。第八，原审认定康某死亡时间和死亡原因的证据不确实、不充分。第九,原办案程序存在明显缺陷,严重影响相关证据的证明力。综上,最高人民法院认为原判决据以定案的证据没有形成完整证据锁链,没有达到证据确实、充分的法定证明标准,原审认定聂树斌犯故意杀人罪、强奸妇女罪的事实不清,证据不足,故据此判决如下:(1)撤销河北省高级人民法院(1995)冀刑一终字第129号刑事附带民事判决和石家庄市中级人民法院(1995)石刑初字第53号刑事附带民事判决。(2)原审被告人聂树斌无罪。

【评析】 聂树斌案件的平反,是适用"疑罪从无"原则的典型案例。从在卷证据来看:虽然聂树斌本人一直认罪,但其供述有诸多疑点;虽然也有客观证据在卷,但重要物证的来源不清,证明力明显不足;虽然有供证一致的情形,但又存在证据链条不完整、不可靠的问题,据以定罪的证据没有达到犯罪事实清楚,证据确实、充分的法定证明标准。因而最高人民法院作出聂树斌无罪的判决。此案充分彰显了疑罪从无原则的价值,有力地促进了该原则的贯彻落实。

【案例3】 顾某妹诉上海工艺美术商厦案——民事诉讼中的证明标准

【案情】 1999年1月23日10时,顾某妹在上海工艺美术商厦购买了一颗标签上注明"天然黄水晶球"的工艺品。当时顾某妹要求鉴定,但售货员表示:"你去鉴定吧,有什么问题找我们。"于是顾某妹以2944元将该球买下,售货员将发票、信誉卡交给顾某妹。信誉卡上写明:"假一赔百。"随后顾某妹立即前往城隍庙的豫园上海珠宝测试鉴定处鉴定。鉴定书上写明:"球重289.8克,直径58.6mm,方解石。"据此,当天13时,顾某妹要求商家按信誉卡"假一赔百"进行赔偿,但与商家交涉未果。同年4月27日,顾某妹一纸诉状将上海工艺美术商厦告到法院,要求赔偿29.44万元以及鉴定费、交通费等。

顾某妹认为,被告以假充真,其以将近3000元买到的却是价值无几的方解石,被告的行为明显构成欺诈,要求被告根据其"假一赔百"的承诺进行赔偿。

被告认为,顾某妹拿到豫园上海珠宝测试鉴定处鉴定的那个方解石球并不是商厦出售的同一物品,因为顾某妹带着球独自离开商厦3小时,顾某妹对商厦售出的黄水晶球掉了包,此球非彼球。

【评析】 本案涉及民事诉讼中证明标准的问题。民事诉讼的证明标准应当是建立在客观真实基础上的法律真实。2001年最高法《民诉证据规定》第63条规定:"人民法院应当以证据能够证明的案件事实为依据依法作出裁判。"也就是说,本案所能运用的所有证据所证明的案件事实是什么,裁判就怎么认定。在没有证据的情况下,根据举证责任进行裁判。根据民事诉讼中"谁主张,谁举证"的举证责任原则,对于顾某妹买到的黄水晶球究竟是不是假冒产品的争议事实,应由原告顾某妹来证明;顾某妹提出她在上海工艺美术商厦所购买的黄水晶球是假冒的,并提供了购物发票以及鉴定机关出具的鉴定书一份加以证明,证据已经达到民事诉讼中的证明标准。若上海工艺美术商厦不能提供相关证据证明其在销售过程中存在过错,则要承担不利后果,根据自己"假一赔百"的承诺进行赔偿。

【案例4】深圳贤成大厦诉工商行政管理局案——行政诉讼证明标准

【案情】 深圳贤成大厦案曾被称为中国行政诉讼第一案。[30] 该案案情复杂，涉及问题较多，其中被告深圳市工商行政管理局作出的注销贤成大厦公司的行政行为是否合法是案件的焦点之一。原告诉称被告在未收到贤成大厦公司董事长签署的注销登记申请书和债权债务清算报告的情况下，根据深圳市人民政府办公厅的工作会议纪要注销了贤成大厦公司的企业登记，违反了《公司法》和《公司登记管理条例》的相关规定。一审法院广东省高级人民法院经审理认为，被告未能提供贤成大厦公司董事长签署的申请文件和该公司的债权债务清算报告。被告于1995年1月4日给深圳市人民政府办公厅的函中也承认没有收取前述两份文件，而且还承认"在办理贤成大厦公司的注销登记中，只是根据会议纪要的要求办理注销的"。法院据此认定被告注销贤成大厦公司企业登记缺乏事实依据，与法律规定不符，判决撤销被告深圳市工商行政管理局1994年11月23日注销贤成大厦公司企业登记的行政行为。最高人民法院二审判决维持了一审判决。

【评析】 1989年《行政诉讼法》第54条规定，具体行政行为证据确凿，适用法律、法规正确，符合法定程序的，判决维持。因此，对于承担举证责任的被告而言，需要就与行政行为合法性相关的事实提供证据证明到事实清楚，证据确实、充分的程度，法院方能作出维持其行政行为效力的判决。本案中，虽然被告辩称贤成大厦公司合作经营期限已届满，工商营业执照已经到期，该公司停工超过1年，未履行办理注销登记的义务，但由于被告未能提供原告贤成大厦公司董事长签署的申请文件和该公司的债权债务清算报告，不能证明收到了企业的注销申请，而当时的《公司法》《中外合作经营企业法》《公司登记管理条例》《企业法人登记管理条例》等有关法律、法规都没有明确授权工商行政管理机关未经清算和申请即可注销公司登记的权力。因此，法院审理认定本案被告注销原告公司登记的行为缺乏事实依据，与法律规定不符。

---

〔30〕 该案上诉至最高人民法院后，由时任全国政协副主席、最高人民法院副院长罗豪才担任审判长，与江必新、杨克佃、岳志强、赵大光、罗锁堂、胡兴儒6位法官组成合议庭审理此案，这是中国行政诉讼案件审判组织的最强阵容。本案委托代理人的阵容中出现了江平教授、应松年教授、马怀德教授、袁曙宏教授等著名法学专家。

第十四章 刑事诉讼证明过程

第一节 刑事证据的收集

一、收集证据的概念和主体

收集证据是指法定的机关和人员依照法律规定的权限和程序,发现、采集和提取与案件有关的各种证据材料的活动。在刑事诉讼中,有权收集证据的机关和人员主要包括:

(一)侦查机关、监察机关、检察机关

我国刑事诉讼中的侦查机关包括公安机关、检察机关、国家安全机关、监狱以及海关走私犯罪侦查部门等。我国《刑事诉讼法》第 54 条第 1 款规定:“人民法院、人民检察院和公安机关有权向有关单位和个人收集、调取证据。有关单位和个人应当如实提供证据。”《刑事诉讼法》第 52 条规定:“审判人员、检察人员、侦查人员必须依照法定程序,收集能够证实犯罪嫌疑人、被告人有罪或者无罪、犯罪情节轻重的各种证据。严禁刑讯逼供和以威胁、引诱、欺骗以及其他非法方法收集证据,不得强迫任何人证实自己有罪……”另外,《刑事诉讼法》第 4 条规定:“国家安全机关依照法律规定,办理危害国家安全的刑事案件,行使与公安机关相同的职权。”《刑事诉讼法》第 308 条规定:“军队保卫部门对军队内部发生的刑事案件行使侦查权。中国海警局履行海上维权执法职责,对海上发生的刑事案件行使侦查权。对罪犯在监狱内犯罪的案件由监狱进行侦查。军队保卫部门、中国海警局、监狱办理刑事案件,适用本法的有关规定。”据此,国家安全机关、军队保卫部门、中国海警局和监狱管理机关在侦查案件的过程中享有与公安机关同等的收集证据的权力。我国《监察法》第 33 条第 1 款规定:“监察机关依照本法规定收集的物证、书证、证人证言、被调查人供述和辩解、视听资料、电子数据等证据材料,在刑事诉讼中可以作为证据使用。”检察机关及其工作人员除了对自侦案件享有收集证据的权力以外,对其他侦查机关侦查的案件,根据《刑事诉讼法》第 175 条、第 204 条和第 205 条的规定,检察机关及其工作人员在审查起诉以及法院审判阶段也可以进行补充侦查、收集证据。

(二)人民法院

根据《刑事诉讼法》第 52 条的规定,审判人员必须依照法定程序,收集能够证实犯罪嫌疑人、被告人有罪或者无罪、犯罪情节轻重的各种证据。在刑事诉讼中,人民法院及其审判人员收集证据的情形有以下两种:一是人民法院在审判案件过程中,主动进行调查收集证据的活动,如《刑事诉讼法》第 196 条规定:“法庭审理过程中,合议庭对证据有疑问的,可以宣

布休庭,对证据进行调查核实。人民法院调查核实证据,可以进行勘验、检查、查封、扣押、鉴定和查询、冻结。”二是法院同意当事人及其辩护人和诉讼代理人的申请,调查收集证据。如根据最高法《解释》第59条、第60条和第65条的规定,辩护律师和诉讼代理人申请人民法院收集、调取证据,人民法院认为辩护人或诉讼代理人不宜或者不能向证人或者其他有关单位和个人收集、调取证据,且确有必要的,应当同意。人民法院根据辩护律师和诉讼代理人的申请收集、调取证据时,申请人可以在场。人民法院根据辩护律师和诉讼代理人的申请收集、调取的证据,应当及时复制移送申请人。

(三)当事人

根据《刑事诉讼法》第51条的规定,自诉案件被告人有罪的举证责任由自诉人承担。因此,刑事自诉案件中自诉人应有收集证据的权利。根据最高法《解释》第201条的规定,人民法院审理附带民事诉讼案件,除刑法、刑事诉讼法以及刑事司法解释已有规定的以外,适用民事法律的有关规定。根据我国《民事诉讼法》的规定,民事诉讼的当事人有权收集证据,因此附带民事诉讼的当事人也有权利收集证据。此外,我国《刑事诉讼法》第197条还规定:法庭审理过程中,当事人和辩护人、诉讼代理人有权申请通知新的证人到庭,调取新的物证,申请重新鉴定或者勘验。

(四)律师

律师在刑事诉讼中担任辩护人或诉讼代理人的,有权调查、收集证据。《刑事诉讼法》第43条规定:“辩护律师经证人或者其他有关单位和个人同意,可以向他们收集与本案有关的材料,也可以申请人民检察院、人民法院收集、调取证据,或者申请人民法院通知证人出庭作证。辩护律师经人民检察院或者人民法院许可,并且经被害人或者其近亲属、被害人提供的证人同意,可以向他们收集与本案有关的材料。”最高法《解释》第59条、第60条和第65条以及最高检《规则》第52条和第53条等,也规定了担任辩护人的律师有权调查、收集证据。

二、收集证据的原则和要求

收集证据是一项重要的诉讼活动,是正确认定事实和适用法律的前提。根据《刑事诉讼法》、相关司法解释以及司法实践的经验,收集证据应该遵循以下原则和要求。

(一)依法收集

根据我国《刑事诉讼法》第52条的规定,司法工作人员应当依法收集证据。关于收集证据的法定程序,《刑事诉讼法》第118条至第154条对如何讯问犯罪嫌疑人,询问证人、被害人,勘验、检查、搜查,查封、扣押物证、书证,鉴定,技术侦查措施等都作了明确规定;最高检《规则》第223条至第226条对如何实施辨认等作了具体规定。司法工作人员只有严格地执行这些规定,收集的证据才具备合法性。凡是采用刑讯逼供等非法方法收集的犯罪嫌疑人、被告人供述和采用暴力、威胁等非法方法收集的证人证言、被害人陈述,都不能作为定案的根据。对于严重违法行为构成犯罪的,还要按照《刑法》第247条的规定,追究刑事责任。

(二)全面、客观

所谓收集证据应当全面是指在收集证据的过程中,凡是能证明案件真实情况的一切材料都应当尽力收集,既要注意收集不利于犯罪嫌疑人被告人的证据,也要注意收集有利于犯罪嫌疑人被告人的证据。所谓收集证据应当客观是指对证据的收集不能从办案人员的主观想象出发,而要从案件的客观实际出发,既要承认证据的客观存在,又要防止主观主义、经验主义对收集证据的干扰。在收集证据的过程中,司法工作人员既要努力排除来自客观环境方面的影响,也要自觉排除来自个人的主观主义、经验主义的"想当然"的干扰。客观是全面的前提,只有从客观实际出发,才能全面地收集证据。反之,若证据的收集从一开始就陷入了主观预断的误区,那么证据的收集就会走向片面。当然,全面、客观地收集证据,对不同的主体有不同的要求。对侦查人员、检察人员和审判人员而言,其承担的是积极的客观义务,在证据收集过程中,既要收集对犯罪嫌疑人和被告人有利的证据,也要收集对其不利的证据。但是,对于辩护律师而言,辩护人的地位和职责决定了辩护律师在证据收集过程中只需注意对被告人有利的证据,而对被告人不利的证据可以不予收集。

(三)深入、细致

收集证据应当深入,这要求办案人员对证据的收集要深入案件的实际中去,收集一切与案件有关的证据。收集证据应当细致则要求办案人员精密思考,仔细发现和了解微小的迹象和可疑的线索,并细心加以收集。只有深入细致地收集证据,才能保证所有与案件有关的证据都能被及时地收集,保证所有收集的证据的内容和形式都符合法律要求。在刑事案件中,犯罪分子在作案后为了逃避追究,往往会破坏现场,毁灭、转移证据;或随着时间的推移、自然条件的变化,犯罪现场往往也会发生一些变化。这就要求侦查人员不要被各种假象所迷惑,要善于去伪存真,透过现象看本质,从一些蛛丝马迹中发现重要的线索和证据。对辩护律师而言,深入、细致地收集证据则要求辩护人善于从案卷中发现漏洞和矛盾,然后尽可能地深入案发地,收集对被告人有利的证据。

(四)迅速及时

收集证据必须迅速及时是由刑事案件的特点决定的。刑事案件一般具有以下特点:大多是直接的现行破坏,犯罪行为实施时间比较短暂,犯罪得逞后销赃和毁证及时;犯罪现场会随着时间的推移而发生一些人为的或自然性的变化;知道案件情况的人随着时间的推移,其记忆痕迹会逐渐减弱;等等。因此,司法工作人员只有迅速及时地调查收集证据,才有可能迅速查清案件事实,保证案件质量。迅速及时原则要求,一旦案件发生,司法工作人员行动要快,要及时赶赴犯罪现场,做好现场的保护和勘察工作,趁现场还没有被破坏,知情人对案情还记忆犹新,犯罪分子还来不及串供就开始着手收集证据。司法实践证明,现实中相当数量的疑难案件,都是由于侦查机关收集证据不及时,错过了有利时机,最后形成了"无头案""夹生案"。另外,辩护律师在收集证据时也应该迅速及时,以防因证据灭失、证人出国或死亡等而无法收集到对被告人有利的证据。

(五)依靠群众

根据《刑事诉讼法》第6条的规定,依靠群众是我国刑事诉讼法的一项基本原则。在刑事证据的收集过程中,必须依靠群众,究其原因在于:刑事案件总是在一定的时间、地点发生的,与案件相关的事实很难逃脱人民群众的耳目;犯罪分子在案发前后也都生活在人民群众之中,他们的反常表现和可疑活动也必然会为人民群众所注意;犯罪直接危害的是广大人民群众的生命、财产安全和生活环境,人民群众对犯罪分子从根本上说是深恶痛绝的,他们有同犯罪分子作斗争的积极性。基于此,我国《刑事诉讼法》第52条规定:"……必须保证一切与案件有关或者了解案情的公民,有客观地充分地提供证据的条件,除特殊情况外,可以吸收他们协助调查。"在刑事证据的收集中依靠群众必须做到:第一,深入群众,到群众中去,虚心地听取群众的意见;第二,主动上门,依靠群众,广泛地调查访问,详尽收集一切与案件有关的证据;第三,广泛开展法制宣传,耐心细致地做好群众的思想工作,提高群众的法制意识;第四,做好证人及亲属的保护工作,防止人民群众因揭发犯罪、作证等受到打击报复;第五,一切从群众的利益出发,在收集证据的过程中充分考虑群众的利益,尽量不要影响群众正常的生活和工作。

(六)充分利用现代科学技术

现代科学技术的发展日新月异,高科技犯罪层出不穷。打击高科技犯罪,必须充分利用现代科学技术。不仅如此,随着刑事诉讼文明化的发展,对付一些传统的暴力犯罪,我们也应加大科技在侦查过程中的应用,减少对被告人口供的依赖,以有效地遏制刑讯逼供。对此,美国法学教授保罗·罗斯坦认为:"20世纪的早期是法庭雄辩术时代,而中期是论证证据的时代,进入它的晚期后,却出现了高精技术证据时代。"[1]我国台湾地区证据法学者蔡墩铭教授认为:"今日刑事审判不应再只重自白,而应重视物证,尤其藉法科学进行采证取得之物证,亦即科学证据。从而所谓证据裁判主义,于今日法科学应用之时代,应改称为科学证据裁判主义。"[2]目前,监听、录音录像、DNA鉴定、测谎鉴定、红外线检测等高科技侦查手段已经在各国家和地区刑事证据的收集中被广泛使用。从目前我国刑事证据的收集来看,科技含量还不是很高,利用科学技术收集证据还有待进一步规范和完善。

三、刑事证据收集的一般方法

刑事证据的收集受《刑事诉讼法》规范。虽然我国《监察法》对监察机关调查收集证据的方法作出了系列规定,但鉴于该法第33条第2款规定,"监察机关在收集、固定、审查、运用证据时,应当与刑事审判关于证据的要求和标准相一致",故本节只阐述《刑事诉讼法》和有关司法解释中规定的收集证据的一般方法。

---

〔1〕马进保、刘祁宪:《智能诉讼》,群众出版社1989年版,第43页。
〔2〕蔡墩铭:《刑事证据法论》,台北,五南图书出版公司1999年版,第4页。

(一)讯问犯罪嫌疑人和被告人

讯问犯罪嫌疑人和被告人,是指司法工作人员依照法定程序以言词方式,就案件事实和其他与案件有关的问题向犯罪嫌疑人和被告人进行查问的一种收集证据的活动。根据《刑事诉讼法》和有关规定,讯问犯罪嫌疑人和被告人必须遵守以下程序:

1. 讯问的时间和地点

根据《刑事诉讼法》第94条的规定,人民法院、人民检察院对于各自决定逮捕的人,公安机关对于经人民检察院批准逮捕的人,都必须在逮捕后的24小时以内进行讯问。在发现不应当逮捕的时候,必须立即释放,发给释放证明。《刑事诉讼法》第119条第1款规定:"对不需要逮捕、拘留的犯罪嫌疑人,可以传唤到犯罪嫌疑人所在市、县内的指定地点或者到他的住处进行讯问,但是应当出示人民检察院或者公安机关的证明文件……"

2. 讯问的人员及人数

《刑事诉讼法》第118条第1款规定:"讯问犯罪嫌疑人必须由人民检察院或者公安机关的侦查人员负责进行。讯问的时候,侦查人员不得少于二人。"据此,在侦查阶段讯问犯罪嫌疑人只能由侦查人员进行,且不得少于2人。在审查起诉阶段,讯问犯罪嫌疑人由检察人员进行。在法庭审判中,除适用简易程序审判外,讯问被告人应由合议庭进行。

3. 讯问的程序

《刑事诉讼法》第120条第1款规定:"侦查人员在讯问犯罪嫌疑人的时候,应当首先讯问犯罪嫌疑人是否有犯罪行为,让他陈述有罪的情节或者无罪的辩解,然后向他提出问题……"这意味着侦查人员讯问犯罪嫌疑人时,应从客观的角度出发,让犯罪嫌疑人先就自己有罪或者无罪作自然性的陈述;在犯罪嫌疑人陈述完毕后,再就犯罪嫌疑人供述或辩解中不清楚、不全面或者前后矛盾的地方向其提问。

4. 讯问未成年或聋、哑等犯罪嫌疑人的特殊要求

《刑事诉讼法》第281条第1款规定:"对于未成年人刑事案件,在讯问和审判的时候,应当通知未成年犯罪嫌疑人、被告人的法定代理人到场……"《刑事诉讼法》第121条规定:"讯问聋、哑的犯罪嫌疑人,应当有通晓聋、哑手势的人参加,并且将这种情况记明笔录。"《刑事诉讼法》第9条第1款规定:"各民族公民都有用本民族语言文字进行诉讼的权利。人民法院、人民检察院和公安机关对于不通晓当地通用的语言文字的诉讼参与人,应当为他们翻译。"

5. 讯问笔录的制作

《刑事诉讼法》第122条规定:讯问笔录应当交犯罪嫌疑人核对,对于没有阅读能力的,应当向他宣读;如果记载有遗漏或者差错,犯罪嫌疑人可以提出补充或者改正;犯罪嫌疑人承认笔录没有错误后,应当签名或者盖章;侦查人员也应当在笔录上签名;犯罪嫌疑人请求自行书写供述的,应当准许;必要的时候,侦查人员也可以要犯罪嫌疑人亲笔书写供词。此外,讯问犯罪嫌疑人,在文字记录的同时,也可以根据需要录音、录像,甚至允许律师在场等。

6. 讯问犯罪嫌疑人、被告人的禁止性规定

根据《刑事诉讼法》第52条的规定,严禁刑讯逼供和以威胁、引诱、欺骗以及其他非法方法获取犯罪嫌疑人的供述,不得强迫任何人证实自己有罪。根据《刑事诉讼法》第56条

的规定,采用刑讯逼供等非法方法收集的犯罪嫌疑人、被告人供述,应当予以排除。最高法《解释》第123条规定:“采用下列非法方法收集的被告人供述,应当予以排除:(一)采用殴打、违法使用戒具等暴力方法或者变相肉刑的恶劣手段,使被告人遭受难以忍受的痛苦而违背意愿作出的供述;(二)采用以暴力或者严重损害本人及其近亲属合法权益等相威胁的方法,使被告人遭受难以忍受的痛苦而违背意愿作出的供述;(三)采用非法拘禁等非法限制人身自由的方法收集的被告人供述。”此外,两院三部《严格排除非法证据规定》第3条规定:“采用以暴力或者严重损害本人及其近亲属合法权益等进行威胁的方法,使犯罪嫌疑人、被告人遭受难以忍受的痛苦而违背意愿作出的供述,应当予以排除。”第4条规定:“采用非法拘禁等非法限制人身自由的方法收集的犯罪嫌疑人、被告人供述,应当予以排除。”

(二)询问证人和被害人

询问证人和被害人,是指有权收集证据的主体依照法定程序以言词方式,就案件有关情况向证人和被害人进行调查了解的一种收集证据的活动。根据《刑事诉讼法》和有关规定,以询问证人的方式收集证据时应当遵守下列程序:

1.询问的地点和人数

《刑事诉讼法》第124条第1款规定:“侦查人员询问证人,可以在现场进行,也可以到证人所在单位、住处或者证人提出的地点进行,在必要的时候,可以通知证人到人民检察院或者公安机关提供证言……”询问证人的人数一般应为2人,对此,最高检《规则》第192条规定,询问时,检察人员或者检察人员和书记员不得少于2人。

2.询问证人应当个别进行

《刑事诉讼法》第124条第2款规定:“询问证人应当个别进行。”最高检《规则》第193条也作了类似的规定。据此,同一案件有几个证人需要询问的时候,办案人员应当对每个证人分别询问;询问某一证人时,其他证人不得在场,也不允许采取开座谈会的形式询问证人。这主要是因为,询问证人个别进行,有利于证人解除思想顾虑,而且不会受其他证人的干扰和影响,独立地提供证言,从而确保证言的真实性。

3.询问未成年人时,应当通知法定代理人在场

为了减轻未成年人的思想压力,确保其能如实作证,根据我国《刑事诉讼法》第281条的规定,询问不满18周岁的证人,应当通知其法定代理人在场。

4.询问时的告知义务

为了保证证人如实作证,防止其作伪证和隐匿罪证,办案人员在询问证人之前负有告知义务,即《刑事诉讼法》第125条规定:“询问证人,应当告知他应当如实地提供证据、证言和有意作伪证或者隐匿罪证要负的法律责任。”

5.询问证人的禁止性规定

根据《刑事诉讼法》第52条的规定,严禁以威胁、引诱、欺骗以及其他非法的方法收集证人证言。根据《刑事诉讼法》第56条的规定,采用暴力、威胁等非法方法收集的证人证言,应当予以排除。

6.询问笔录最后必须由被询问人签名或盖章

根据《刑事诉讼法》第122条和第126条的规定,询问笔录应当交证人核对,对于没有阅

读能力的，应当向他宣读；如果记载有遗漏或者差错，证人可以提出补充或者改正；证人承认笔录没有错误后，应当签名或者盖章；证人请求自行书写证词的，应当准许；必要的时候，司法工作人员也可以要求证人亲笔书写证词。

根据《刑事诉讼法》第 127 条的规定，上述询问证人的规定也适用于询问被害人。需要说明的是，根据我国现行《刑事诉讼法》的立法体例，有关询问证人、被害人等的取证手段都是作为侦查行为在《刑事诉讼法》第二编第二章“侦查”中规定的。我们认为，询问证人、被害人等作为一种侦查行为在“侦查”中进行规定是无可厚非的；但是询问证人、被害人等作为一种收集证据的方法，并非侦查机关的专有权力。事实上，根据《刑事诉讼法》第 43 条的规定，辩护人也可以询问证人和被害人。辩护人询问证人和被害人的程序规定，《刑事诉讼法》中没有规定，但我们认为可以参照侦查机关询问证人和被害人的相关规定。

（三）搜查、查封和扣押

搜查，是指侦查人员、检察人员依法对犯罪嫌疑人以及可能隐藏罪犯或者犯罪证据的人的身体、物品、住所和其他有关地方进行搜寻、检查的行为。搜查的对象和范围既包括犯罪嫌疑人，也包括其他可能隐藏犯罪证据的人员；既可以搜查人身，也可以搜查犯罪嫌疑人的住处、财物或者其他有关场所。搜查的目的，一方面是为了收集证据，另一方面是为了查获犯罪嫌疑人。查封和扣押是指侦查人员依法强行提取、扣留和封存与案件有关的财物、文件的行为，扣押的目的是收集和保全证据。根据《刑事诉讼法》和有关规定，在搜查和扣押时，应遵守以下程序：（1）搜查、查封和扣押须由侦查机关或其侦查部门的负责人批准，执行搜查和扣押的人员不得少于 2 人。（2）进行搜查，除了在紧急情况下以外，必须向被搜查人出示搜查证。（3）在搜查的时候，应当有被搜查人或者其成年家属、邻居或者其他见证人在场；搜查时，应当就搜查的情况写成笔录，并由侦查人员和被搜查人或者其家属、邻居或者其他见证人签名或者盖章。（4）搜查妇女的身体，应当由女工作人员进行。（5）对查封和扣押的物品和文件，应当会同在场见证人和被查封、扣押财物、文件持有人查点清楚，当场开列清单一式二份，由侦查人员、见证人和持有人签名或者盖章，一份交给持有人，另一份附卷备查。（6）扣押邮件和电报的时候，必须经公安机关或者人民检察院批准。

（四）勘验和检查

勘验，是指侦查人员对与犯罪有关的场所、物品、尸体进行勘查、检验，以发现和收集犯罪活动所遗留的各种痕迹和物品的一种取证方法。按照对象和内容的不同，勘验可以分为现场勘验、物品检验、尸体检验。检查，是指侦查人员为查明犯罪嫌疑人、被害人的人身特征和伤害情况等而进行的人身检查活动。根据《刑事诉讼法》和有关规定，勘验和检查应遵守以下程序规定：（1）勘验、检查只能由侦查人员进行，必要时可以指派或聘请具有专门知识的人，在侦查人员的主持下进行。（2）侦查人员进行勘验、检查，必须持有人民检察院或公安机关的证明文件。（3）侦查人员应当邀请与案件没有利害关系的人作为见证人参加勘验、检查工作。（4）人民检察院要求复验、复查的，侦查机关应当及时进行复验、复查，并通知人民检察院派员参加。（5）勘验、检查应当写成笔录，并由参加勘验、检查的人和见证人签名或者盖章。（6）对死因不明的尸体，公安机关在解剖时，应通知家属到场。（7）犯罪嫌疑人拒绝人身检查的时候,可以强制进行。可以提取其指纹信息,采集血液、尿液等生物样本。但是,侦查人员不得对被害人强制进行身体检查。检查妇女的身体,只能由女工作人员或者医师进行。

(五)鉴定

鉴定,是指鉴定人接受委托或聘请、指派,运用自己的专门知识或技能,对某些专门性问题进行分析、判断并作出结论性意见的活动。《刑事诉讼法》第148条规定:“侦查机关应当将用作证据的鉴定意见告知犯罪嫌疑人、被害人。如果犯罪嫌疑人、被害人提出申请,可以补充鉴定或者重新鉴定。”《刑事诉讼法》第197条中还规定,法庭审理过程中,当事人和辩护人、诉讼代理人有权申请重新鉴定。同意与否,由法庭决定。对于辩护人、诉讼代理人和当事人在诉讼过程中遇到专门性的问题,可否聘请或委托鉴定,我国《刑事诉讼法》和相关司法解释没有明文规定,实践中一般是由辩护人、诉讼代理人和当事人向公安司法机关申请鉴定,但申请常常被拒绝。对此,我们认为,基于控辩平等原则和对公民基本权利的保护,应当赋予刑事诉讼中的辩护人、诉讼代理人和当事人申请鉴定或直接委托鉴定的权利。

(六)侦查实验

侦查实验,是指为了确定与案件有关的某一事件或者事实在某种条件下能否发生或者怎样发生而按照原来的条件,将该事件或者事实加以重演或者进行试验的一种诉讼活动。《刑事诉讼法》第135条第1款规定:“为了查明案情,在必要的时候,经公安机关负责人批准,可以进行侦查实验。”最高检《规则》第200条第1款规定:“为了查明案情,必要时经检察长批准,可以进行侦查实验。”据此,侦查实验的进行,必须经公安机关负责人或检察长批准。另外,根据《刑事诉讼法》第135条第3款、最高检《规则》第200条第2款的规定,侦查实验,禁止一切足以造成危险、侮辱人格或者有伤风化的行为。为了保证侦查实验结果的准确性,侦查实验的时间、环境等条件以及使用的工具、材料样品,应当与原事件的有关情况相同或基本相同。

(七)辨认

辨认,是指在侦查人员的主持下,由被害人、犯罪嫌疑人或者证人对与犯罪有关的物品、文件、尸体、场所或者犯罪嫌疑人进行辨别和确认的一种诉讼活动。关于辨认的程序和要求,我国《刑事诉讼法》没有作出规定,而公安部《规定》和最高检《规则》对辨认的程序和要求作了如下规定:(1)辨认只能在侦查人员的主持下进行,而且对犯罪嫌疑人的辨认,应当经侦查机关或其侦查部门负责人批准。(2)组织辨认前,侦查人员应当向辨认人详细询问辨认对象的具体特征,禁止辨认人见到辨认对象,并应当告知辨认人故意作虚假辨认的法律责任。(3)几名辨认人对同一辨认对象进行辨认时,应当由每名辨认人单独进行。必要的时候,可以有见证人在场。(4)辨认时,应当将辨认对象混杂在其他人员或者物品之中,不得给予辨认人任何暗示。其中,辨认犯罪嫌疑人时,被辨认的人数,公安部《规定》、最高检《规则》规定不得少于7人。对犯罪嫌疑人的照片或者物品进行辨认的,所提供的人或者同类物品的照片,公安部《规定》规定不得少于10张,最高检《规则》规定不得少于5张(件)。

(5)辨认经过和结果,应当制作笔录,由侦查人员、见证人、辨认人签名或盖章。

四、刑事证据收集的几种特殊方法

(一)诱惑侦查

诱惑侦查,是指国家专门机关的侦查人员采取一定的诱导性策略,暗示或者诱使侦查对象实施某种犯罪,并在犯罪实施时或结果发生后拘捕犯罪人的一种侦查取证方法。诱惑侦查的目的有二:一是抓获犯罪嫌疑人;二是收集证据。实践中,诱惑侦查大致有以下三种不同的类型:一是机会提供型的诱惑侦查,即侦查对象本来就具有某种犯意,侦查机关所实施之行为对其犯意并无影响。二是犯罪诱发型的诱惑侦查,即被侦查对象本无犯罪意图,完全是在侦查人员的非法引诱之下激发出犯罪欲念,进而实施犯罪行为,属于侦查机关办案人员人为制造犯罪的行为。三是介于机会提供型和犯意诱发型之间的诱惑侦查,即被侦查的对象虽有犯意但一般倾向于犯较轻的罪行,但其却在侦查机关强势的非法引诱之下而犯了较重的罪行,并遭致相应更为严厉的刑事处罚,例如,毒品犯罪中的数量引诱就是此种类型。

目前,诱惑侦查在我国毒品、假币犯罪等侦查实践中已被广泛运用。最高人民法院早在2000年颁布的《全国法院审理毒品犯罪案件工作座谈会纪要》(现已失效)中指出:"在审判实践中应当注意的是,有时存在被使用的特情未严格遵守有关规定,在介入侦破案件中有对他人进行实施毒品犯罪的犯意引诱和数量引诱的情况。'犯意引诱'是指行为人本没有实施毒品犯罪的主观意图,而是在特情诱惑和促成下形成犯意,进而实施毒品犯罪。对具有这种情况的被告人,应当从轻处罚,无论毒品犯罪数量多大,都不应判处死刑立即执行。'数量引诱'是指行为人本来只有实施数量较小的毒品犯罪的故意,在特情引诱下实施了数量较大甚至达到可判处死刑数量的毒品犯罪。对具有此种情况的被告人,应当从轻处罚,即使超过判处死刑的毒品数量标准,一般也不应判处死刑立即执行。"

为了规范诱惑侦查在实践中的运用,《刑事诉讼法》第153条第1款规定:"为了查明案情,在必要的时候,经公安机关负责人决定,可以由有关人员隐匿其身份实施侦查。但是,不得诱使他人犯罪,不得采用可能危害公共安全或者发生重大人身危险的方法。"据此,我国法律已经明确禁止犯意诱发型的诱惑侦查,并赋予了机会提供型诱惑侦查的合法地位。

不过,对于侦查机关实施犯意诱发型的诱惑侦查后,被引诱犯罪的犯罪嫌疑人、被告人享有何种救济权利,我国法律和司法解释没有规定。我们认为,在法庭审理时,若被告人主张无罪,而控方又不能证明被告人本身就存在犯罪意图或犯罪倾向,则应对被告人作出无罪判决。

(二)监听通讯

监听通讯,是指侦查机关采用秘密侦查手段获取犯罪嫌疑人以及与之有密切联系的人的言词信息的一种取证手段。随着科学技术的发展和犯罪的智能化,采用监听通讯的方式收集证据已经成为各国家和地区打击犯罪尤其是有组织犯罪和恐怖犯罪的重要手段。

目前,世界上许多国家和地区对监听通讯在刑事诉讼中的使用都作出了规定,其立法模式主要有两种类型:一是制定专门的关于监听通讯的单行法律,如《英国通讯截获法》《日本关于犯罪侦查中监听通讯的法律》等。二是在刑事诉讼法典中作出专门规定,如德国于1968年修正《德国刑事诉讼法》时增加了关于"监视电信通讯"的规定,意大利于1988年通过的《意大利刑事诉讼法》专设一节规定了"谈话或通讯窃听",法国于1991年7月10日通过第91~646号法律在其刑事诉讼法典中增加了"电讯的截留"一节,俄罗斯于2001年通过的《俄罗斯联邦刑事诉讼法》在第186条也规定了"谈话的窃听和录音",我国澳门特别行政区《刑事诉讼法典》也用专章对"电话监听"进行了规定。另外,联合国《反腐败公约》第50条第1款规定:"为有效地打击腐败,各缔约国均应当在其本国法律制度基本原则许可的范围内并根据本国法律规定的条件在其力所能及的情况下采取必要措施,允许其主管机关在其领域内酌情使用控制下交付和在其认为适当时使用诸如电子或者其他监视形式和特工行动等其他特殊侦查手段,并允许法庭采信由这些手段产生的证据。"联合国《打击跨国犯罪公约》第20条第1款也作了类似规定。

我国《刑事诉讼法》第150条、第151条和第152条对技术侦查从以下五个方面作出了规定。

1. 技术侦查的主体

只有公安机关、人民检察院等享有侦查权的机关才能采取技术侦查措施。根据我国《监察法》规定,监察机关在犯罪调查时可以采用技术调查手段,此种技术调查与技术侦查并无本质差别。

2. 技术侦查的适用范围

技术侦查的适用范围包括两个方面:(1)案件范围。公安机关、国家安全机关采取技术侦查措施的案件范围仅限于危害国家安全犯罪、恐怖活动犯罪、黑社会性质的组织犯罪、重大毒品犯罪或者其他严重危害社会的犯罪案件。人民检察院采取技术侦查措施的案件范围仅限于公职人员利用职权实施的严重侵犯公民人身权利的重大犯罪案件。监察机关调查涉嫌重大贪污贿赂等职务犯罪,根据需要,经过严格的批准手续,可以采取技术调查措施,按照规定交有关机关执行。(2)对象范围。追捕被通缉或者批准、决定逮捕的在逃的犯罪嫌疑人、被告人,经过批准,可以采取追捕所必需的技术侦查措施。

3. 技术侦查的批准

根据公安部《规定》第265条第1款的规定,需要采取技术侦查措施的,应当制作呈请采取技术侦查措施报告书,报设区的市一级以上公安机关负责人批准,制作采取技术侦查措施决定书。

4. 技术侦查措施的执行

技术侦查措施的执行,由公安机关和国家安全机关负责。人民检察院不能自己采取技术侦查措施,必须按照规定交给公安机关执行。公安机关采取技术侦查措施,必须严格按照所批准措施的种类、适用对象和期限执行。

5. 技术侦查所获材料的运用

采取技术侦查措施获取的材料,只能用于对犯罪的侦查、起诉和审判,不得用于其他用途。

(三)心理测试

心理测试,又称心理测定、测谎鉴定,所使用的仪器为“多道参量心理测谎仪”,俗称测谎仪或测谎器。其基本原理是:人说谎时的生理变化或者人的记忆中的一些事件再现时所产生的心理活动必然引起一系列生理(如血压、呼吸、脑电波、声音、瞳孔、皮肤电等)变化,它们一般只受植物神经系统的制约,而不受大脑意识控制。通过测谎仪器测试这些生理参量的变化,可以分析被测试人心理的变化,从而判断被测试人对案情的了解情况和被测试人是否说谎。测谎仪测试的是人的生理参量,而非语言本身。

测谎技术最早起源于美国。1923 年美国的一些法律专家接受了 19 世纪末意大利刑事人类学派的刑法理论,开始使用“科学器械”收集和审查被告人的口供。近年来,随着测谎技术的不断发展,测谎逐渐被广泛地运用于侦查实践中。基于对测谎技术的准确性考虑以及对价值选择的不同判断,从目前主流国家的情况来看,有相当一部分国家如美国、俄罗斯、日本等,允许在刑事诉讼中使用测谎技术;但也有一些国家对在刑事诉讼中使用测谎技术持反对态度,如法国认为测谎侵入了人的内心世界,是一种比刑讯逼供更为恶劣的侵犯人权的行径,因而坚决拒绝在刑事诉讼中使用测谎技术。即便是在允许使用测谎技术的国家,对于测谎结论的具体运用也存在不同的做法和激烈的争议。例如,在美国,尽管心理测试技术在许多警察机关中已被使用,但是美国联邦多个巡回区中,仅有 9 个区的地方法院承认测谎结果的证据能力。[3]

我国自 20 世纪 80 年代开始引进和研究测谎仪,并逐渐将测谎结果运用于刑事侦查和刑事审判活动中。在我国的刑事侦查实践中,部分公安机关自 20 世纪 80 年代开始使用测谎仪和测谎结论,近年来人民检察院也将测谎实验运用于反贪侦查。在审判机关中,有的法院在 1994 年就设立了测谎室,在审判实践中引进并应用测谎仪。关于测谎结果在我国的证据能力问题,我国《刑事诉讼法》没有规定,最高人民检察院《关于 CPS 多道心理测试鉴定结论能否作为诉讼证据使用问题的批复》指出,人民检察院办理案件,可以使用 CPS 多道心理测试结论帮助审查、判断证据,但不能作为证据使用。从目前理论研究的现状来看,多数学者认为,测谎结论可以作为收集、审查判断证据的一种线索和方法,但其目前还不宜作为指控和定案的证据被使用。[4]

我们认为,尽管目前测谎结论还不宜作为定案的证据使用,但是作为一种收集、审查判断证据的方法,在诉讼实践中使用测谎仪还是有必要的。当然,在测谎的程序上,我们还需要从以下几个方面进一步加以规范:(1)测谎的对象仅限于犯罪嫌疑人、被告人、被害人和证人,且只有在其申请或经其同意的情况下才能进行心理测试。在心理测试的启动上强调被测试人的自愿性,主要是考虑到对被测试人意志和自由的尊重。(2)明确心理测试员的任职资格。心理测试是一项运用高新科学技术的工作,因此心理测试员必须具有一定的科

---

〔3〕 参见陈光中主编:《中华人民共和国刑事证据法专家拟制稿(条文、释义与论证)》,中国法制出版社 2004 年版,第 410 页。

〔4〕 参见陈光中主编:《中华人民共和国刑事证据法专家拟制稿(条文、释义与论证)》,中国法制出版社 2004 年版,第 408 页。

学技术水平。另外,为了确保测试结果的客观性,应该明确测试员的中立地位,使其独立于侦查机关、人民检察院和法院。(3)明确心理测试的有关技术规范和实施过程。(4)明确测谎结果只能作为收集证据和审查判断证据的参考资料,不得作为证据使用,也不得提交给法庭。

第二节　刑事证据的保全

一、刑事证据保全概述

刑事证据保全,是指在刑事证据可能灭失或者以后难以取得的情况下,采取措施对证据加以固定和保护的行为。许多国家和地区都对刑事证据的保全作出了规定。如《日本刑事诉讼法》第179条第1款规定:"被告人、被疑人或者辩护人,在不预先保全证据将会使该证据的使用发生困难时,以在第一次公审期日前为限,可以请求法官作出扣押、搜查、勘验、询问证人或者鉴定的处分。"《德国刑事诉讼法》第111条b~p项分别从保全、为保全而扣押、保全价值补偿等14个方面对证据保全作出了规定。《法国刑事诉讼法》第54条规定:"司法警官应当注意保护有可能消失的痕迹以及有利于真相查明的一切物件,扣押用于实施重罪的武器与工具以及任何可能属于该重罪的直接或间接产生之物。"《美国联邦刑事诉讼规则》第15条对证据保全也作了详尽的规定,包括何时取证、通知、被告人出席、费用、取证的方式、可采性和作为证据使用、对保全证据提出异议、协商保全证据八个方面。其中,比较重要的一些规定如"当事人可以为审判保存证据而申请对预备提供的证人取证。由于特殊情况,从司法利益考虑,法庭可以准许此申请""反对保全证词或者证据的一方当事人,应当在证据被保全时提出异议并阐明理由""双方当事人协商一致并经法庭同意后可以保全证据及使用该被保全的证据"。我国台湾地区"刑事诉讼法"第219条从申请保全证据之程序、证据保全之处理、受理申请保全证据之机关等八个方面对证据保全作了详细的规定,如"告诉人、犯罪嫌疑人、被告人、辩护人、诉讼代理人于侦查中除有妨害证据保全之虞者外,对于其申请保全之证据得淤实施保全证据时在场。保全证据之日时及处所应通知前项得在场之人。但有急迫情形致不能及时通知或犯罪嫌疑人、被告人受拘禁中者不在此限"。

考察上述国家和地区关于刑事证据保全的相关规定,我们可以发现:其一,刑事证据保全的主要目的是促进事实真相之发现。基于证据裁判主义,法院认定案件事实只能依据证据,因此为了防止一些证据灭失或以后难以收集,许多国家或地区都对证据保全制度作出了规定,以便尽可能多地收集证据。其二,决定证据保全的是法官或法院,只有特殊情况下检察官及其辅助官员才可决定,且必须在一定期限内向法官报告。其三,证据保全的申请人主要是被追诉一方。在追诉活动中,侦查机关与被追诉人的力量差距悬殊,被追诉一方收集证据的能力非常有限。因此,基于控辩平等的诉讼原理,有必要赋予被追诉方申请证据保全的权利。

二、我国刑事证据保全的现状及完善

《民事诉讼法》和《行政诉讼法》都对证据保全制度作出了规定。如《民事诉讼法》第84

条第1款规定:"在证据可能灭失或者以后难以取得的情况下,当事人可以在诉讼过程中向人民法院申请保全证据,人民法院也可以主动采取保全措施。"《行政诉讼法》第42条也作了同样的规定。但我国《刑事诉讼法》中并没有关于证据保全的规定,这既不利于事实真相的发现,也不利于公民权利的保护。

因此,有必要对我国的刑事证据保全制度从以下三个方面作出规定:一是明确证据保全的条件,即只有在当事人及其诉讼代理人、辩护人经向侦查机关申请收集证据而不予收集,且不预先保全证据将会使该证据的使用发生困难时,方可申请证据保全。二是证据保全的程序,即人民检察院应当自收到书面保全申请之日起24小时内作出是否保全的决定并通知申请人。三是不进行证据保全的后果,即人民检察院应当保全证据而没有保全,当事人及其诉讼代理人、辩护人在法庭审理时提出异议的,人民法院可以作出对控方不利的推论。在此需要说明的是,尽管其他国家或地区决定证据保全的一般是法官或法院,但我们目前主张把决定证据保全的权力赋予检察机关,这主要是考虑到我国目前的实际情况。在我国,侦查构造还是一种行政化的线形构造,尚未形成法官或法院居中监督制约的诉讼化构造,在这种情况下,让法官"提前介入"决定证据保全显然难度很大。当然,从长远的角度看,我们认为有必要在侦查中引入法官居中裁判的司法审查机制,由法官或法院决定证据保全。

第三节　各种刑事证据的审查判断

一、审查判断证据的概念

审查判断证据,是指司法工作人员以及当事人、诉讼代理人和辩护人在诉讼过程中对收集的证据材料进行分析研究,鉴别真伪,确定其有无证据能力和证明力以及证明力的大小,从而认定案件事实的一种诉讼活动。审查判断证据这一概念有以下含义:

一是审查判断证据的主体主要是司法工作人员,也包括当事人及其辩护人、诉讼代理人。司法工作人员和当事人及其辩护人、诉讼代理人是收集证据的主体,也理应是审查判断证据的主体。

二是审查判断证据的内容是确定证据是否具有证据能力和证明力以及证明力的大小。司法工作人员和当事人及其辩护人或诉讼代理人对证据进行分析、研究和鉴别,始终围绕以下两个方面进行:(1)收集的证据材料是否具有证据能力,能否作为定案的根据;(2)证据与案件事实之间是否存在联系,存在何种联系,以确定该证据材料的证明力及大小。在此基础上,有关主体根据证据裁判原则的要求,依法认定案件事实。

三是审查判断证据的本质是一种贯穿诉讼全过程的思维活动。在证据收集的过程中往往要进行审查判断,以保证证据收集的有效性;在证据审查判断的过程中,常常需要进一步收集、补充证据。因此,收集证据和审查判断证据两者既有区别,又有联系,都贯穿于刑事诉讼立案、侦查、审查起诉和审判的全过程。在审查判断证据的过程中,司法工作人员和当事人及其辩护人、诉讼代理人对收集的证据材料进行分析,去伪存真,运用概念进行推理和判断,从而逐步地加深对案件事实的认识。因此,从收集证据到审查判断证据的过程,是司法工作人员和当事人及其辩护人、诉讼代理人对案件事实的认识由浅入深的过程，是一个对案件事实由感性认识上升到理性认识的过程。

二、各种刑事证据的审查判断

对各种刑事证据的审查判断，主要是围绕证据的真实性、关联性和合法性进行的。此"三性"在不同的证据种类中往往有不同的表现形式，为此最高法《解释》对于各种证据的审查判断作出了详细规定。本书拟以此规定为基础，阐述如何审查判断各种证据。

（一）物证、书证的审查判断

1. 对物证、书证审查的内容

一是审查物证、书证的来源。审查物证、书证的出处，应当查明物证是何人于何时何地在何种情况下发现、提供或收集的，彻底弄清物证被提供、收集的时间、地点以及形成的原因和经过，查明该物证、书证是否为原物、原件。在审查物证的来源时，必须特别注意有无栽赃陷害的情况，如有的犯罪分子将作案工具丢在别人的住处，或把别人家的东西偷来作为犯罪工具，作案后故意遗留在犯罪现场等。

二是审查物证、书证的收集程序、方式是否合法。如是否由2名侦查人员收集；经勘验、检查、搜查、提取、扣押的物证、书证，是否附有相关笔录或者清单；笔录或者清单是否经调查或侦查人员、物品持有人、见证人签名，没有物品持有人签名的，是否注明原因；对物品的特征、数量、质量、名称等是否注明。另外，具备辨认条件的物证、书证应当交由当事人或者证人进行辨认，必要时应当进行鉴定。

三是审查物证、书证在收集保管过程中有无伪造、损害、变形、变色、变质等情况。犯罪分子作案后为了逃避罪责，经常会破坏现场、伪造证据，制造种种假象。另外，随着自然条件的变化或人为因素的影响，一些物证、书证可能会被损害、变形、变色、变质等，如一些有色痕迹时间长了会褪色，立体脚印因风吹雨淋变形等。

四是审查物证、书证与案件的关联程度。物证是不会说话的"哑巴"证据，它不能像人一样讲清自己与案件有何联系；但是物证随着犯罪行为的发生和实施而产生，必然会与案件事实有着客观的联系，与案件事实没有关联的其他物品不能作为定案的根据。一般来说，物证、书证与案件的关联需要借助一定的方法才能识别。如审查物证、书证是否交由当事人或者证人加以辨认；对现场遗留与犯罪有关的血迹、精斑、毛发、指纹等生物物证、痕迹、物品，是否通过DNA鉴定、指纹鉴定等方式对其与犯罪嫌疑人或者被害人有无关联作出确认。

五是审查与案件有关的证明被告人有罪、无罪、罪重和罪轻的物证、书证是否被全面收集，不能有所偏漏。

2. 对物证、书证证据能力及证明力的判断

一是在审查物证时，如果在勘验、检查、搜查中发现与案件事实可能有关联的血迹、指纹、足迹、字迹、毛发、体液、人体组织等痕迹和物品应当提取而没有提取，应当检验而没有检验，导致案件事实存疑的，人民法院应当向人民检察院说明情况；人民检察院依法可以补充收集、调取证据，作出合理的说明或者退回侦查机关补充侦查，调取有关证据。

二是根据原始证据优先规则，据以定案的物证、书证应当是原物、原件。只有在原物不

便搬运、不易保存或者依法应当由有关部门保管、处理或者依法应当返还时,才可以拍摄或者制作足以反映原物外形或者特征的照片、录像或者复制品。物证的照片、录像或者复制品,经与原物核实无误或者经鉴定证明为真实的,或者以其他方式确能证明其真实的,可以作为定案的根据。原物的照片、录像或者复制品,不能反映原物的外形和特征的,不能作为定案的根据。据以定案的书证应当是原件;只有在取得原件确有困难时,才可以使用副本或者复制件。书证的副本、复制件,经与原件核实无误或者经鉴定证明为真实的,或者以其他方式确能证明其真实的,可以作为定案的根据。对书证的更改或者更改迹象不能作出合理解释的,或书证的副本、复制件不能反映书证原件及其内容的,不能作为定案的根据。

三是经勘验、检查、搜查、提取、扣押的物证、书证,未附有勘验、检查笔录,搜查笔录,提取笔录,扣押清单,不能证明物证、书证来源的,不能作为定案的根据。

四是物证、书证的收集程序、方式存在下列瑕疵,通过有关办案人员的补正或者作出合理解释的,可以采用:(1)收集调取的物证、书证,在勘验、检查笔录,搜查笔录,提取笔录,扣押清单上没有调查或侦查人员、物品持有人、见证人签名或者物品特征、数量、质量、名称等注明不详的。(2)收集调取物证的照片、录像或者复制品,书证的副本、复印件未注明与原件核对无异,或者无复制时间,无被收集、调取人(单位)签名(盖章)的。(3)物证照片、录像或者复制品,书证的副本、复印件没有制作人关于制作过程及原物、原件存放地点的说明或者说明中无签名的。(4)物证、书证的收集程序、方式存在其他瑕疵的。物证、书证的来源及收集程序有疑问,不能作出合理解释的,该物证、书证不能作为定案的根据。

(二)证人证言的审查判断

1. 对证人证言审查的内容

(1)审查证人感知案件事实的来源,即审查证人所陈述的情况是证人亲身感知的,还是从别人处间接获知的,或者是证人的主观推测、道听途说等。若是从别人处间接获知的,还应将这个传播链的各个环节弄清。

(2)从证人自然状况的角度进行审查,包括:其一,审查证人感知案件事实的自然条件,如感知案件事实时的天气、光线、距离、方位、声音强弱等。其二,审查证人感知案件事实时的心理状态,对案件事实的发生,证人是惊恐,还是冷静自如。其三,审查证人的年龄、健康状况、文化程度、感知、记忆能力和表达能力等。如有的证人眼睛近视,在没戴眼镜的情况下显然不能清楚地看见远处发生的事情。其四,审查证人提供证言的时间距案件发生时间的长短,从感知案件事实到提供证言相距的时间越短,证人的记忆越清楚;反之,时间越长,证人的记忆就越模糊。

(3)审查证人与案件当事人及案件处理结果有无利害关系。一般来说,如果证人与案件当事人之间存在亲属、朋友关系,则可能提供对其有利的证言;如果证人与案件当事人之间有仇或其他矛盾,则很有可能提供对其不利的证言。证人如果与案件处理结果有关系,如对污点证人提供的证词之客观性应慎重考虑。

(4)审查证言的取得程序、方式是否符合法律及有关规定。我国《刑事诉讼法》及相关司法解释对于公安司法机关询问证人有一系列程序性要求。根据这些规定,在审查证言的取得程序、方式是否符合法律及有关规定时,应重点审查如下内容:有无使用暴力、威胁、引诱、欺骗以及其他非法手段取证的情形；有无违反询问证人应当个别进行的规定；笔录是否经证人核对确认并签名（盖章）、捺指印；询问未成年证人，是否通知了其法定代理人或有关人员到场，其法定代理人或有关人员是否在场等。

（5）审查证人证言之间以及与其他证据之间能否相互印证，有无矛盾。审查判断证人证言所证实的内容同案件待证事实之间有无内在的客观联系，有何种联系。只有证人证言与案件事实之间存在客观联系，才有可能对案件事实起到证明作用。另外，还应审查证言所证实的内容与其他证据之间、与案件待证事实之间是否互相吻合，有无矛盾之处。如果存在矛盾，则有必要进一步调查和核实，甚至补充收集证据。

2. 对证人证言证据能力及证明力的判断

（1）以下两种情况下的证人证言不具有证据能力：一是采用暴力、威胁等非法方法取得的证人证言。所谓采用暴力、威胁等方法取得的证人证言，是指以暴力、威胁等手段迫使证人对案件进行陈述作证。凡是以此手段收集的证人证言，均应绝对排除；至于暴力、威胁等手段是否必然导致该证言虚假，则在所不问。二是处于明显醉酒、中毒或者麻醉状态，以致不能正常感知或者正确表达的证人所提供的证言，不能作为定案的根据。

（2）证人的猜测性、评论性、推断性的证言，不能作为证据使用，但根据一般生活经验判断符合事实的除外。最高法《解释》第 88 条对此作出了明确的规定。证人根据其感知的事实所作的猜测性、评论性和推断性意见，是指证人基于其知识、经验，通过推理等思维方法对其感知的事实进行推理、分析所形成的主观性意见，这种主观性意见不能作为证据使用。不过，如果证人的意见，根据一般生活经验就可以判断符合事实，则该意见可以作为证据使用。譬如证人发表的诸如“车开得非常快”“他醉醺醺的，喝了好多酒”“他看上去很紧张”等意见，就属于根据一般生活检验可以判断符合事实。

（3）以下三种情形下取得的证人证言必须排除，不能作为定案的根据：一是询问证人没有个别进行而取得的证言。所谓“个别进行”，是指司法工作人员在询问证人时，在同一时间同一地点只能询问一名证人，而且此时其他证人不能在场。二是没有经证人核对确认并签名（盖章）、捺指印的书面证言。证人在被询问完毕后，必须在证言笔录上签名确认笔录内容属实，否则此书面证言无法保证是证人的真实意思表示。三是询问聋、哑人或者不通晓当地通用语言、文字的少数民族人员、外国人，应当提供通晓聋、哑手势的人或翻译人员而未提供的。这里的“翻译”必须要求翻译出的语言文字能为证人所知悉和理解。

（4）对有瑕疵的证人证言，通过有关司法工作人员的补正或者作出合理解释后，如果该证人证言被查证属实，依然可以作为定案的根据。下列证人证言，属于有瑕疵的证人证言：第一，询问笔录上没有载明询问人、记录人、法定代理人姓名以及询问的起止时间、地点的；第二，询问证人的地点不符合法律规定的；第三，询问笔录没有记录告知证人应当如实提供证言和有意作伪证或者隐匿罪证要负法律责任内容的；第四，询问笔录反映出在同一时间段内，同一询问人员询问不同证人的；第五，询问未成年人，其法定代理人或者合适成年人不在场的。

（5）公诉人、当事人或者辩护人、诉讼代理人对证人证言有异议，且该证人证言对定罪量刑有重大影响，人民法院认为证人有必要出庭作证的，应当通知证人、鉴定人出庭。

（6）庭前证言的采信规则。证人在法庭上的证言与其庭前证言相互矛盾，如果证人当庭能够对其翻证作出合理解释,并有相关证据印证的,应当采信庭审证言。对未出庭作证证人的书面证言,应当听取出庭检察人员、被告人及其辩护人的意见,并结合其他证据综合判断。未出庭作证证人的书面证言出现矛盾,不能排除矛盾且无证据印证的,不能作为定案的根据。

(三)被害人陈述的审查判断

对被害人陈述的审查判断,与对证人证言的审查判断基本相同。不过,与证人证言相比,被害人陈述的最大特点是:陈述内容的真实性与虚假性并存。具体来说,对被害人陈述的审查主要从以下几个方面进行:

1. 审查判断被害人与犯罪嫌疑人、被告人之间的关系

被害人与犯罪嫌疑人、被告人过去是否认识,是否有冤仇或其他关系等,对其陈述的真实性一般会产生影响。一般来说,如果被害人与犯罪嫌疑人、被告人在案发前就互相认识,而且有一定的矛盾,甚至积怨较深,则被害人的陈述就有可能夸大或缩小案件的有关事实。反之,如果双方在案发前根本不认识,或者虽然认识,但关系一般甚至较好,则其陈述虚假的可能性就小。

2. 审查判断被害人一贯的思想作风、道德品质和陈述时的心理状况

被害人平时一贯的思想作风和道德品质在一定的程度上会影响其陈述的真实性,如在强奸犯罪案件中,若被害人经常与其他男人有不正当关系,则对其控告强奸的陈述的真实性应格外慎重。另外,被害人陈述时的心理状况,如是否受到威胁、引诱或欺骗,或者考虑到自身的名誉、利害关系等而有所顾虑等,都有可能影响其陈述的真实性。在发现可疑的情况下,应当及时消解被害人的心理顾虑,促使其如实陈述。

3. 审查判断被害人陈述的来源及其形成过程

审查判断被害人陈述的来源,主要是要查明被害人的陈述是其直接感知的,还是主观推测或从别处间接知道的。若是被害人直接感知的,则应进一步审查被害人感知时的具体情形,如当时的心理状态、自然条件等。审查判断被害人陈述的形成过程,主要是审查被害人陈述的收集方式是否合法,询问后的笔录是否有被害人的签名或盖章等。

4. 审查判断被害人陈述的内容

审查判断被害人陈述的内容,主要是审查判断被害人的陈述是否符合常理,前后是否一致。如果发现了不合情理或有矛盾之处,则应让其作出合理的解释或进行调查核实。

(四)犯罪嫌疑人、被告人供述和辩解的审查判断

1. 对犯罪嫌疑人、被告人供述和辩解的审查内容

(1)讯问笔录上载明的时间、地点、讯问人的身份等是否符合法律及有关规定,讯问被告人的侦查人员是否不少于 2 人,讯问被告人是否个别进行等。根据我国《刑事诉讼法》及相关规定,对于未被羁押的被告人,拘传讯问的时间原则上不得超过 12 小时;对于被羁押的被告人,侦查机关原则上只能在看守所讯问;讯问人只能是侦查人员,而且不能少于 2 人;讯问应当遵循个别进行原则,不能让几名被告人在一起同时接受讯问。

(2)讯问笔录的制作、修改是否符合法律及有关规定;讯问笔录是否注明讯问的起止时

间和讯问地点；首次讯问时是否告知被告人申请回避、聘请律师等诉讼权利；被告人是否核对确认讯问笔录并签名(盖章)、捺指印；是否有不少于2人的侦查人员签名；等等。根据我国《刑事诉讼法》及相关司法解释的规定，侦查机关首次讯问被告人时，应告知被告人有申请回避、聘请律师等诉讼权利；讯问笔录上应该详细载明讯问的时间、地点；讯问完毕后，讯问人员应当在笔录上签名，被告人需要在笔录上注明“笔录内容属实”等字样，并签名、捺指印；对于笔录中有修改痕迹的地方，需要被告人签名、捺指印。

(3)讯问聋哑人、少数民族人员、外国人时是否提供了通晓聋、哑手势的人员或者翻译人员，讯问未成年被告人时，是否通知了其法定代理人或者合适成年人到场，其法定代理人或者合适成年人是否在场；讯问女性未成年被告人时，是否有女性工作人员在场。根据我国《刑事诉讼法》及相关司法解释的规定，讯问聋哑人、少数民族人员、外国人时，侦查机关应当提供通晓聋、哑手势的人员或者翻译人员为其翻译。

(4)被告人的供述有无以刑讯逼供等非法手段获取的情形，必要时可以调取被告人进出看守所的健康检查记录、笔录以及讯问时的录音录像。通过刑讯逼供获取的口供，其真实性往往难以保障。为了查明是否有刑讯逼供等非法手段，法院可以到看守所调取被羁押人的身体健康检查记录以及讯问时的录音录像等资料。

(5)审查判断犯罪嫌疑人、被告人的供述和辩解是否符合常理，前后是否矛盾和反复。这就要求审查犯罪嫌疑人、被告人供述和辩解的内容是否具体详细，合情合理，前后基本一致，几次供述和辩解的内容是否基本吻合等。一般来说，如果犯罪嫌疑人、被告人供述和辩解的内容符合常理，前后基本一致，则真实的可能性就大些；如果犯罪嫌疑人、被告人供述和辩解的内容前后矛盾，不合情理，则其虚假的可能性较大。此外还需注意被告人的所有供述和辩解是否全部随案移送。

(6)被告人的供述和辩解能否与其他证据相互印证，这包括：一是与同案犯的供述和辩解能否相互印证；二是与本案中的其他证据，尤其是实物证据能否相互印证，有无矛盾。此外，在当前的职务犯罪调查、侦查中，监察、检察机关在讯问时，均要求全程录音录像；在重大命案等严重的可能判处死刑案件的讯问中，应当录音录像固定、保全犯罪嫌疑人的有罪供述。因此，监察、侦查机关随案移送有录音录像资料的，检察院、法院应当结合相关录音录像资料对口供进行审查。

2. 对犯罪嫌疑人、被告人供述和辩解的证据能力和证明力的判断

(1)通过刑讯逼供等非法方法取得的被告人供述应当排除，不能作为定案的根据。所谓“刑讯逼供等非法方法”，是指使用肉刑或者变相肉刑，或者采用其他使被告人在肉体上或者精神上遭受剧烈疼痛或者痛苦以迫使被告人违背意愿供述的方法。这里的“肉刑”，是指对被追诉者的肉体进行摧残或伤害，如殴打、夹指、捆绑、吊起、用警棍电击等。“变相肉刑”，是指罚站、罚跑、罚冻、罚晒、罚饿、不让睡觉、“搞车轮战”等。

(2)以下三种情形下获取的被告人供述，不能作为定案的根据：第一，讯问笔录没有经被告人核对确认的。第二，讯问聋哑人，不通晓当地通用语言、文字的人员时，应当提供通晓聋、哑手势的人员或者翻译人员而未提供的。第三，讯问未成年人，其法定代理人或者合适成年人不在场的。

(3)对于以下有瑕疵的讯问笔录，通过有关办案人员的补正或者作出合理解释的，可以

采用:第一,笔录填写的讯问时间、讯问地点、讯问人、记录人、法定代理人等有误或者存在矛盾的;第二,讯问人没有签名的;第三,首次讯问笔录没有记录告知被讯问人相关诉讼权利和法律规定的。

(4)被告人庭前供述一致,庭审中翻供,但被告人不能合理说明翻供理由或者其辩解与全案证据相矛盾,而庭前供述与其他证据能够相互印证的,可以采信被告人庭前供述。被告人庭前供述和辩解存在反复,但庭审中供认的,且庭审中的供述与其他证据能够印证的,可以采信庭审中的供述;被告人庭前供述和辩解存在反复,庭审中不供认,且无其他证据与庭前供述印证的,不能采信其庭前供述。

(五)鉴定意见的审查判断

1. 对鉴定意见的审查方法

(1)审查判断鉴定机构和鉴定人是否具有鉴定资格。鉴定单位和鉴定人必须具有鉴定资格,否则其作出的鉴定意见不能作为定案的根据。对鉴定人鉴定资格的审查,主要包括:鉴定人是否具有解决鉴定问题的专门知识,是否经过公安司法机关的指派或聘请,是否具有法定的回避条件,是否为自然人。

(2)审查判断送检的鉴定材料是否真实、充分。送检的鉴定材料,是鉴定的前提和对象,也是形成鉴定意见的基础。如果提供的鉴定材料是虚假的,得出的鉴定意见则必然错误。如果送检的材料不充分,即使是再高明的鉴定人,也会"巧妇难为无米之炊",难以得出正确的结论,甚至难以根据这些材料作出鉴定意见,当然也就不能作为认定案件事实的根据。

(3)审查判断检材的收集、保管、鉴定程序、鉴定标准等是否规范。这主要包括:检材的收集方法是否科学,收集、提取时是否污染、破坏了检材等;检材收集后至鉴定这段时间的保管地点和方式是否科学,检材是否变质、污染或腐烂等;在鉴定的过程中,鉴定的提起、委托与受理程序,鉴定主体的选择,鉴定对象与鉴定标准的确认,重新鉴定与补充鉴定的提出,鉴定意见的审查与采用等,是否符合法律的规定。

(4)对鉴定意见书的形式进行审查,包括:鉴定意见的形式要件是否完备;是否注明提起鉴定的事由、鉴定委托人、鉴定机构、鉴定要求、鉴定过程、检验方法、鉴定文书的日期等相关内容;是否由鉴定机构加盖鉴定专用章并由鉴定人签名盖章;鉴定意见是否明确。

(5)审查鉴定意见与勘验、检查笔录及相关照片等其他证据是否矛盾。存在矛盾的,能否得到合理解释。

(6)审查侦查机关是否将用作证据的鉴定意见告知犯罪嫌疑人、被害人,当事人对鉴定意见是否申请重新鉴定和补充鉴定。

(7)可以申请有专门知识的人出庭对鉴定意见进行审查。

鉴定意见涉及的是案件中的专门性问题,对其审查判断需要具备一定的专业知识。然而,绝大多数法官、公诉人、当事人及其诉讼辩护人和诉讼代理人都不具备相应的专业知识,难以对鉴定意见进行有效的审查判断。因此,在法庭对鉴定意见进行调查时,由具有专门知识的人提出意见就显得尤为重要。为此,《刑事诉讼法》第197条第2款规定:"公诉人、当事人和辩护人、诉讼代理人可以申请法庭通知有专门知识的人出庭,就鉴定人作出的鉴定意见提出意见。”

2. 对鉴定意见的排除使用

最高法《解释》第 98 条规定：“鉴定意见具有下列情形之一的，不得作为定案的根据：(一)鉴定机构不具备法定资质，或者鉴定事项超出该鉴定机构业务范围、技术条件的；(二)鉴定人不具备法定资质，不具有相关专业技术或者职称，或者违反回避规定的；(三)送检材料、样本来源不明，或者因污染不具备鉴定条件的；(四)鉴定对象与送检材料、样本不一致的；(五)鉴定程序违反规定的；(六)鉴定过程和方法不符合相关专业的规范要求的；(七)鉴定文书缺少签名、盖章的；(八)鉴定意见与案件事实没有关联的；(九)违反有关规定的其他情形。”

不过需要注意的是，根据最高法《解释》第 100 条的规定，因无鉴定机构，或者根据法律、司法解释的规定，指派、聘请有专门知识的人就案件的专门性问题出具的报告，可以作为证据使用。对此专门性报告的审查与认定，参照对鉴定意见的审查规定。经人民法院通知，出具报告的人拒不出庭作证的，有关报告不得作为定案的根据。

(六)勘验、检查、辨认、侦查实验笔录的审查判断

1. 对勘验、检查、辨认、侦查实验笔录的审查内容

(1)审查判断勘验、检查笔录的制作是否符合法定程序。这主要包括：勘验、检查笔录的制作主体是否符合法律规定，即进行勘验、检查、辨认、侦查实验的是否为司法办案人员；进行勘验、检查时有无见证人在场；检查妇女的身体是否为女工作人员或医师；有关人员是否在笔录上签名或盖章；等等。

(2)审查判断勘验的现场和检查的对象是否被破坏、伪造。这主要包括现场、物品、痕迹等是否被破坏或伪造，人身特征、伤害情况和生理状况有无伪装和变化。案发后的现场如果被破坏，遗留在现场的物品、痕迹、人身特征等就会发生变化，难以反映出案件事实的本来面目。因此，对勘验、检查笔录的审查判断，必须明确现场是否遭到人为或自然因素的破坏。

(3)审查判断勘验、检查、辨认、侦查实验笔录的内容是否客观、全面、准确。这主要是要求结合其他证据，审查勘验、检查、辨认、侦查实验笔录上所记载的内容是否同现场勘验、检查等实际情况相一致，如笔录上所记载的物证、痕迹、场地环境同当时犯罪现场的情况是否完全吻合等；审查笔录记载的内容是否全面，有无遗漏；有关数值、图表记录是否准确；等等。

(4)审查判断勘验、检查人员的业务水平和职业道德水平。勘验、检查是一项技术性、业务性很强的工作，勘验、检查人员的技术水平和业务能力高低，对于该笔录的全面性、准确性都有直接影响。勘验、检查人员的职业道德水平低下，责任心不强，工作马马虎虎，就很有可能导致笔录的内容漏记或错记等。因此，勘验、检查人员的业务水平和职业道德水平是影响勘验、检查笔录真实、客观的一个重要因素。

(5)审查辨认和侦查实验是否依照法定的程序和规则进行。根据最高法《解释》的规定，对辨认笔录应当着重审查辨认的过程、方法，以及辨认笔录的制作是否符合有关规定。辨认笔录具有下列情形之一的，不得作为定案的根据：①辨认不是在调查、侦查人员主持下进行的；②辨认前使辨认人见到辨认对象的；③辨认活动没有个别进行的；④辨认对象没有

混杂在具有类似特征的其他对象中,或者供辨认的对象数量不符合规定的;⑤辨认中给辨认人明显暗示或者明显有指认嫌疑的;⑥违反有关规定,不能确定辨认笔录真实性的其他情形。对侦查实验笔录应当着重审查实验的过程、方法,以及笔录的制作是否符合有关规定。侦查实验的条件与事件发生时的条件有明显差异,或者存在影响实验结论科学性的其他情形的,侦查实验笔录不得作为定案的根据。

2. 对勘验、检查、辨认、侦查实验笔录证据能力与证明力的判断

(1)满足以下两个条件的勘验、检查、辨认、侦查实验笔录不具有证据能力:一是明显不符合法律及有关规定的情形。我们认为,这些情形至少包括:勘验、检查笔录不是由司法工作人员制作的;对被害人强制进行身体检查的;身体检查过程中,存在侮辱人格等非法行为的;以造成危险、侮辱人格或者有伤风化的行为进行侦查实验的;等等。二是不能作出合理解释的,即公安司法机关对此违法勘验、检查行为无法作出合理解释或者说明的。

(2)对于有瑕疵的勘验、检查、辨认、侦查实验笔录,能否采信,不能一概而论,关键是应结合案件中的其他证据,综合审查判断。如果勘验、检查笔录的内容,与案件中的被告人陈述、被害人陈述、鉴定意见等证据能够相互印证,则可以采信此有瑕疵的勘验、检查笔录;反之,应当排除。有瑕疵的勘验、检查笔录主要是指:一是勘验、检查时没有见证人在场的;二是勘验、检查人员和见证人没有在勘验、检查笔录上签名、盖章的;三是勘验、检查人员应当回避而没有回避的。

(七)对视听资料的审查判断

1. 对视听资料的审查内容

(1)视听资料的来源是否合法,制作过程中当事人有无受到威胁、引诱等违反法律及有关规定的情形。对于侦查机关在侦查过程中制作的视听资料,应当审查这些视听资料的制作是否符合法定的程序,如侦查机关通过监听获取的录音,是否经过有关部门的批准等;对公安司法机关搜查和扣押的视听资料,要审查其搜查和扣押是否符合法定的程序;对他人提供的视听资料,则要审查其是在什么情况下制作的。

(2)是否载明制作人或者持有人的身份,以及录制是公开进行还是秘密进行的;录制的设备、录制者的技术水平;录制的时间和地点;录制时的客观环境和条件,包括地形、气候、电子干扰等。

(3)是否为原件,有无复制及复制份数;调取的视听资料是复制件的,是否附有无法调取原件的原因,复制件的制作过程和原件存放地点的说明,是否有制作人和原视听资料持有人签名;视听资料是母带还是后来转录的等,如果是转录的,则应当尽力查找原始资料对照审查。

(4)内容和制作过程是否真实,有无经过剪辑、增加、删改、编辑等伪造、变造情形;视听资料是否与案件事实有关,能否证明案件事实。

(5)对视听资料的审查,必要时应当进行鉴定。例如,通过音素分辨仪鉴别,可知录音带中的声响是否是模仿、伪造的;通过分辨仪勘测,可知录像带中的图像是否为剪辑、拼凑而成的。

2. 对视听资料证据能力与证明力的判断

在以下两种情形下，视听资料不能作为定案的根据：一是视听资料系篡改、伪造或者无法确定真伪的；二是制作、取得的时间、地点、方式等有疑问，不能作出合理解释的。

（八）电子证据的审查判断

2016年两院一部《电子证据规定》对电子证据的审查判断作出了非常详尽的规定。

1. 对电子证据审查判断的内容

对电子数据是否真实，应当着重审查以下内容：(1)是否移送原始存储介质；在原始存储介质无法封存、不便移动时，有无说明原因，并注明收集、提取过程及原始存储介质的存放地点或者电子数据的来源等情况。(2)电子数据是否具有数字签名、数字证书等特殊标识。(3)电子数据的收集、提取过程是否可以重现。(4)电子数据如有增加、删除、修改等情形，是否附有说明。(5)电子数据的完整性是否可以保证。

对电子数据是否完整，应当根据保护电子数据完整性的相应方法进行验证：(1)审查原始存储介质的扣押、封存状态；(2)审查电子数据的收集、提取过程，查看录像；(3)比对电子数据完整性校验值；(4)与备份的电子数据进行比较；(5)审查冻结后的访问操作日志；(6)其他方法。

对电子数据的收集、提取是否合法，应当着重审查以下内容：(1)收集、提取电子数据是否由2名以上调查、侦查人员进行，取证方法是否符合相关技术标准。(2)收集、提取电子数据，是否附有笔录、清单，并经调查或侦查人员、电子数据持有人(提供人)、见证人签名或者盖章；没有持有人(提供人)签名或者盖章的，是否注明原因；对电子数据的类别、文件格式等是否注明清楚。(3)是否依照有关规定由符合条件的人员担任见证人，是否对相关活动进行录像。(4)采用技术调查、侦查措施收集、提取电子数据的，是否依法经过严格的批准手续。(5)进行电子数据检查的，检查程序是否符合有关规定。

2. 对电子证据证据能力和证明力的判断

最高法《解释》第113条规定："电子数据的收集、提取程序有下列瑕疵，经补正或者作出合理解释的，可以采用；不能补正或者作出合理解释的，不得作为定案的根据：(一)未以封存状态移送的；(二)笔录或者清单上没有调查人员或者侦查人员、电子数据持有人、提供人、见证人签名或者盖章的；(三)对电子数据的名称、类别、格式等注明不清的；(四)有其他瑕疵的。"最高法《解释》第114条规定："电子数据具有下列情形之一的，不得作为定案的根据：(一)系篡改、伪造或者无法确定真伪的；(二)有增加、删除、修改等情形，影响电子数据真实性的；(三)其他无法保证电子数据真实性的情形。"

（九）对来自境外的证据材料的审查

最高法《解释》第77条第1款规定："对来自境外的证据材料，人民检察院应当随案移送有关材料来源、提供人、提取人、提取时间等情况的说明。经人民法院审查，相关证据材料能够证明案件事实且符合刑事诉讼法规定的，可以作为证据使用，但提供人或者我国与有关国家签订的双边条约对材料的使用范围有明确限制的除外；材料来源不明或者真实性无法确认的，不得作为定案的根据。"第2款规定："当事人及其辩护人、诉讼代理人提供来自境外的证据材料的,该证据材料应当经所在国公证机关证明,所在国中央外交主管机关或者其授权机关认证,并经中华人民共和国驻该国使领馆认证,或者履行中华人民共和国与该所在国订立的有关条约中规定的证明手续,但我国与该国之间有互免认证协定的除外。”

据此,对来自境外的证据材料的审查判断,除需按照相应证据种类各自的要求进行审查外,还需对程序上的一些特殊要求展开审查。对于公诉方从境外取得的证据材料,除审查来源和真实性外,还需审查相关双边条约对证据材料使用范围的限制。对于当事人及其辩护人、诉讼代理人从境外取得的证据材料,还需审查是否经过相关公证、认证手续。

第四节　全案证据的综合审查判断

对全案证据进行综合审查判断,是司法工作人员依据证据,凭借经验法则和逻辑推理,对犯罪嫌疑人、被告人是否实施犯罪以及量刑情节等案件事实进行综合认定的诉讼活动。在刑事诉讼过程中,调查或侦查人员、检察人员和审判人员基于各自的诉讼职能,都需要综合审查判断证据;但是,基于审判中心主义的要求,庭审是审查判断证据的关键环节。因此,侦查或调查人员和检察人员对证据的审查判断,最后都需要接受审判人员的再次审查;相应地,审判人员对证据的审查判断,应该坚持高标准、严要求。根据我国《刑事诉讼法》及相关司法解释,结合我国刑事司法实践,司法工作人员对全案证据进行综合审查判断,大致需要遵守以下规则。

一、坚持主观确信与客观真实相统一

对全案证据的综合评断,当代西方国家采取的是自由心证。自由心证,又称为内心确信,它包括两层含义:一是从证明过程来看,实行自由判断证据的原则,即对各种证据证明力的大小,法律不作预先的规定,完全由法官根据自己的理性和良心自由判断。二是从证明结果来看,法官通过审查证据在心中形成一种信念,即“心证”,当“心证”达到排除合理怀疑的程度,就是“确信”。法官通过自由判断证据形成“内心确信”这样一种心理状态,就是作出判断的直接依据。

对自由心证,我国学者早期基本上持批判态度。近年来,理论界要求引进或认可自由心证的呼声有所提高;甚至有个别学者认为,目前我国诉讼实践中对证据的判断就是自由心证。我们认为,自由心证的合理性在于赋予了裁判者对证据证明力自由评价的权力,充分肯定了“心证”,亦即裁判者的主观心理在认定案件事实方面的客观作用。试想,如果裁判者主观心理上对被告人是否犯罪都有所怀疑和犹豫,而达不到“内心确信”,又怎么能作出有罪判决?但是,无论是对案件事实的证明过程,还是证明的结果,自由心证都片面地强调认识的主观性,而忽略了认识的客观性。认识本身是一个主观的过程,人的认识,既有可能反映客观事实,也有可能歪曲客观事实。歪曲客观事实的认识,既有可能是人为的,也有可能是无意的。只有正确反映客观事实的认识,才是正确的认识。正确反映客观事实的认识,认识主体的心理必然是“内心确信”的;但是,即便认识主体的“内心确信”为真,其认识也有可能是错误的。因此,如果将裁判者的“内心确信”作为作出有罪判决的唯一条件,则对被告

人错误定罪的可能性就会大大增加,从而引发冤假错案。正因如此,我国三部诉讼法及相关司法解释均没有将自由心证作为判断证据的原则予以规定。

我们认为,对全案证据的综合评判,一方面要赋予裁判者一定的自由,强调裁判者内心必须排除合理怀疑,达到确信的状态;另一方面这种确信还应当以客观真实为基础,有充分的证据作支撑。只有裁判者坚持把主观的内心确信和客观真实结合起来,诉讼证明的客观真实才能够达到,法院判决认定的事实才符合客观真相,办案的结果才符合实体公正。

二、坚持证据的数量与质量相结合

运用全案证据综合认定案件事实,必须坚持证据数量与质量相结合的原则,达到证据确实、充分的要求。就数量要求而言,是指唯有认定案件事实的证据达到一定的量的要求,办案人员才能认定案件事实。为此,有两点需要注意:

一是唯口供不能定罪。我国《刑事诉讼法》第55条规定,只有被告人供述,没有其他证据的,不能认定被告人有罪和处以刑罚;没有被告人供述,证据确实、充分的,可以认定被告人有罪和处以刑罚。这表明即便被告人承认犯罪,但如果没有其他证据印证口供的真实性,办案人员仍不能作出有罪认定。

二是孤证不能定罪。上述唯口供不能定罪实际上是孤证不能定罪的表现形式之一。鉴于我国《刑事诉讼法》仅规定了唯口供不能定罪,但对于根据其他的孤证能否认定有罪没有规定。我们认为,孤罪不能定罪应当作为刑事诉讼中综合审查判断证据的基本规则,而且不仅适用于口供,还应当适用于所有的证据种类。在我国史学研究中,最基本的学术规范就是"孤证不为定说"。梁启超先生曾盛赞清代考古学者"科学的研究精神"的十大特征,其中之一就是"孤证不为定说。其无反证者姑存之,得有续证则渐信之,遇有力之反证则弃之"[5]。史学研究如此,作为决定人之自由乃至生命的刑事诉讼证明更应如此。在当前我国的司法实践中,存在仅凭DNA鉴定、指纹鉴定意见等科学证据作出有罪认定的情况,这显然违反了孤证不能定罪规则,容易引发冤假错案,因此需要引起我们的注意。

就质量要求而言,只有全案证据对案件事实的证明达到我国《刑事诉讼法》规定的"犯罪事实清楚,证据确实、充分"的证明标准,才能作出有罪认定。所谓"犯罪事实清楚",是指事实裁判者主观上把对定罪量刑具有意义的基本事实,特别是关键事实认识清楚了,查明白了,但不是要求事实裁判者将案件的一切细节事实都查清楚。

我国《刑事诉讼法》从以下三个方面对何谓"证据确实、充分"进行了解释:一是要求定罪量刑的事实都有证据证明,即对证据量的要求。对证据量的要求之参照标准是证明对象,要求与定罪量刑有关的全部证明对象都有证据证明。需要指出的是,实践中个别错案的出现,并不是由于没有证据,而是证据的量不够,即虽然有些证明对象有证据证明,但也有些证明对象没有证据证明。二是要求据以定案的证据均经过法定的程序查证属实,此即对证据质的要求。该要求既包括对证据真实性之要求,即必须查证属实,属于客观的、实实在在的证据;还包括对依据证据认定事实的过程之要求,即应当坚持以庭审为中心,确保所有有关定罪量刑的证据经过法定的举证和质证程序之后,才能够被法庭认证。对于一些证人证言、

---

〔5〕(清)梁启超撰,朱维铮导读:《清代学术概论》,上海古籍出版社1998年版,第47页。

鉴定意见等言词证据,还应当贯彻直接言词原则,确保关键的证人和鉴定人出庭作证,接受控辩双方的询问。对于涉及定罪量刑具有重要意义的证人证言和鉴定意见,如果控辩双方对其真实性存在异议,而该证人和鉴定人又没有出庭作证的,法官在审查判断该证据时不宜认定。三是对全案证据的综合审查,要求对所认定的事实达到排除合理怀疑的程度。这里的"排除合理怀疑"应当是"证据确实、充分"的必要条件,而非充分条件。总之,排除合理怀疑进入我国《刑事诉讼法》,只是为我国刑事司法实践中如何判断"证据确实、充分"增加了一个容易操作的主观性标准,但这并不意味着我国《刑事诉讼法》长期以来坚持的"排他性""唯一性"的证明标准已经被动摇。

在这里,需要特别指出的是,只有在被告人是否实施犯罪行为这一问题上做到唯一性、排他性,才能真正做到将刑事案件办成"铁案",经得起历史检验。在有些案件中,可能会有相当的证据证明被告人有罪,但又不能排除真凶不是被告的可能,实践中法院对这类案件有时会作出有罪判决,并在量刑时酌情考虑,即所谓"留有余地"的判决。我们认为,此种"留有余地"的判决实际上没有达到"证据确实、充分"的证明标准,不符合认定有罪的唯一性、排他性要求,很容易引发冤假错案,近些年发生的佘祥林案、赵作海案等重大冤假错案在这方面的教训无疑值得我们警醒。

三、符合逻辑规则和经验法则

根据证据认定案件事实的过程必须符合逻辑规则和经验法则,由证据得出的结论为唯一结论。逻辑规则,是指司法工作人员运用逻辑推理的方式,从一个或几个已知的判断前提得出另一个未知的判断结论的思维活动规则。运用逻辑推理,能够帮助法官避免在证据的审核判断和事实认定的过程中出现思维错误,防止错误认定事实。

逻辑基本规律有同一律、矛盾律、排中律和充足理由律。同一律要求法官等办案人员在认定案件事实的思维过程中所运用的概念和判断必须是一致的,不能偷换概念或者论题,这是办案人员正确认定案件事实的前提。矛盾律,是指两个相互矛盾或相互反对的判断不能同真,必有一假;这一逻辑规律从否定的方面来保证案件事实认定思维的确定性。排中律,是指在两个相互矛盾的判断中必有一真。充足理由律,是指案件事实认定的理由应当与待证事实之间存在必然的逻辑联系,能够从理由推出依法需要论证的案件事实。

运用逻辑规律,对全案证据进行综合审查判断时,必须通过综合对比发现矛盾。一般来说,可以通过以下几个方面的对比分析,发现矛盾:一是某一证据本身是否有矛盾,如书证的内容是否前后一致,证人是否翻证,被告人是否翻供等。二是某个证据的内容和表现形式在当时、当地的具体条件下是否会有矛盾,即内容与客观环境和条件是否相符。三是全案证据之间有无矛盾,尤其是口供与其他证据之间、共同犯罪的同案犯口供之间、不同的证人证言之间以及言词证据与实物证据之间有无矛盾。四是全案证据与案件事实之间有无矛盾。一旦发现上述矛盾,要么通过进一步收集证据,要么通过逻辑推理,分析矛盾产生的原因并解决矛盾,从而形成对案件事实的正确认识。对案件的各个证据逐一审查判断属实和将案内矛盾排除后,还需要将全案证据联系起来,分析与定罪量刑有关的所有案件事实是否分别有证据证明,然后再把全部案情和证据加以综合,分析整个案件事实的发展过程是否合乎逻辑规则和经验法则。在此基础上,看全案证据能否相互印证,能否形成一个协调一致的证据体系,并得出被告人是否实施犯罪的唯一性结论。

经验法则是人类在长期的生产和生活中形成的,以经验归纳和逻辑抽象所获得的关于事物属性以及事物之间常态联系的一般性知识。办案人员的经验法则,来自个案事实认定之前的其他生活事实经历,是类似案件事实不断重复出现而日积月累形成的体验,是一种信心或者信念。这种体验是办案人员在社会实践中依据经验所归纳出来的有关事物性质、状态及事物之间联系的知识,是经过归纳综合所得的带有社会普遍性的认识,具有归纳法的或然性、不完全性以及例外的可能性。

因此,经验法则的"一般性知识"属性,要求办案人员原则上必须按照经验法则的要求推断案件事实;尽管其本身存在或然性或者不确定性,但与人们的其他思维方法相比,其仍是可选择的较为可靠的案件事实认定方法。当然,由于经验法则只是或然性知识,办案人员在运用经验法则认定案件事实时也应当保持高度警惕。只有在案件事实已有相当证据证明后,适用经验法则才能发挥其应有的作用;在案件事实证据不足时,则不能简单地适用经验法则认定案件事实。

【案例1】 甘肃彭某"贩毒"案——缉毒警察滥用诱惑侦查

【案情】 2001年6月,兰州市西固区公安分局缉毒大队原副大队长赵某瑞及原警员倪某刚为完成缉毒任务,与东乡农民马某孝合谋制造了一起毒品案件。马某孝瞄上歌厅坐台女彭某,便以高利诱惑,诱使其运毒。在马某孝与赵某瑞、倪某刚的预谋下,7月21日彭某在将装有假毒品"海洛因"的包转交赵某瑞、倪某刚时被抓获,包内"块状物"经过兰州市西固区公安分局检验证明其中含有海洛因。2001年12月19日,彭某被兰州市中级人民法院以贩毒罪判处死刑缓期执行。后甘肃省高级人民法院死刑复核时发现疑点,将该案发回重审。2003年6月5日,兰州市中级人民法院重新开庭审理了此案。2004年8月2日,兰州市中级人民法院对此案再次作出一审判决,宣布彭某无罪。

【评析】 这是一起警察滥用诱惑侦查的典型案例。对于此案件,兰州市中级人民法院认为,虽然公诉机关指控彭某送交毒品的事实存在,彭某为获取酬金送交毒品在主观上也是明知的,但在这一表象的背后则是人为设局,以重金诱使本无犯罪意图的人产生犯罪的故意。马某孝既加工制作所谓的"毒品",又是"毒品"所有人和"卖主",他们设计制造出"送交毒品的人"——彭某,来进行所谓的毒品交易,并在交易时将彭某抓获。所以,彭某的行为自始至终是在被诱使和设计的圈套下而为的。因此,彭某的行为在客观上不可能对社会造成危害。由于彭某的行为在客观上不会发生现实的社会危害,在缺乏犯罪客观要件的情况下,仅以彭某有主观罪过定罪,违背了《刑法》规定的主、客观相统一的归罪要求。因此,指控彭某贩毒罪罪名不能成立,依1996年《刑事诉讼法》第162条,判决彭某无罪。

【案例2】 湖北潘某等"投毒"案——测谎仪作为定案根据造成错案

【案情】 2001年5月6日,湖北省钟祥市贺集二中发生中毒事件后,136名师生被送去抢救,引起全国关注。当地警方通过现场勘查认定是人为投毒后,却一直找不到有力线索。由于上级要求"限期破案",警方特意从北京请来了心理测试专家,对10多名重点嫌疑对象进行测试。结果潘某、王某政、毛某雄、邓某俊4位老师未能通过测试。警方根据心理测试结果,将此4人确定为犯罪嫌疑人。随后,警方对这4名犯罪嫌疑人采取刑讯逼供,获得了有罪供述。但是,在后来的庭审中,4名被告人均当庭翻供。由于指控4名被告人犯罪的证据仅有心理测试结论和4名被告人的供述,认定被告人有罪的证据不足,法院没有作出有罪判决。后来,钟祥市人民检察院撤回了起诉。在随后的2年多时间里,当地警方一直未能找到能够证明4人投毒的有力证据,也未能发现其他人作案的线索,使得该案始终处于无法继续侦破的尴尬局面。此外,有关潘某等人遭受刑讯逼供一事被追访此事的媒体发现了线索。2004年7月19日,中央电视台《新闻调查》节目通过多方采访取证,证明潘某等4人的确曾遭到办案人员刑讯逼供。2004年8月9日,当地公安机关对4名被告人作出了撤案决定书。

【评析】 在本案中,侦查机关为了迅速破案,对一批怀疑对象进行心理测试,本也无可厚非,但是,仅仅根据心理测试结论,就认定其为犯罪嫌疑人,在没有收集到其他证据的情况下,又对其刑讯逼供,显然是非法的。本案再一次告诉我们,仅凭心理测试结果定案非常危险;尤其是在心理测试的相关法律规定还不完善的情况下,进行心理测试更应慎之又慎!

第十五章　民事、行政诉讼证明过程

证明过程是诉讼的核心过程，它直接决定当事人能否实现胜诉目标，决定着司法证明结果正当性的获得，这在民事、行政诉讼程序中亦是如此。我国《行政诉讼法》在诉讼程序的设计上，部分参照了《民事诉讼法》的规定，但是并不能以此否定行政诉讼证明程序有其独立的价值特征。因此本书将分别阐述民事与行政诉讼的证明过程。

第一节　民事诉讼证明过程

一、证据的收集

(一)人民法院有限的调查取证权

在当事人和人民法院收集证据的分工方面，《民事诉讼法》第67条第1款、第2款规定："当事人对自己提出的主张，有责任提供证据。当事人及其诉讼代理人因客观原因不能自行收集的证据，或者人民法院认为审理案件需要的证据，人民法院应当调查收集。"《民事诉讼法》对法院收集证据的权限规定得过于宽泛，可能影响当事人收集证据的主动性和积极性，也增加了法院的负担。同时，法院的调查取证行为，也削弱了法官在审判中的中立形象。

鉴于我国《民事诉讼法》对证据收集的规定存在弊病，最高法《民诉法解释》进一步限制了人民法院调查收集证据的权力，规定法院只有在法定情况下才可以收集证据。具体而言，法院收集证据的权利可以分为以下两种情况：

其一，法院主动调查收集证据的权力。根据最高法《民诉法解释》第96条的规定，对于"(一)涉及可能损害国家利益、社会公共利益的；(二)涉及身份关系的；(三)涉及民事诉讼法第五十八条规定诉讼的；(四)当事人有恶意串通损害他人合法权益可能的；(五)涉及依职权追加当事人、中止诉讼、终结诉讼、回避等程序性事项的"，法院应当主动收集证据。

其二，经当事人申请法院调查证据的权力。根据最高法《民诉法解释》第94条的规定，当事人申请人民法院调查收集证据必须符合下列条件之一：(1)申请调查收集的证据由国家有关部门保存，当事人及其诉讼代理人无权查阅调取的；(2)涉及国家秘密、商业秘密、个人隐私的材料；(3)当事人及其诉讼代理人因客观原因不能自行收集的其他证据。

当事人申请法院调查收集证据必须遵循法定程序，当事人应当在举证期限届满前向人民法院提交书面申请。法院接到当事人的申请后，认为当事人的申请符合法律的规定，应当作出批准申请的决定并由2人以上共同收集证据。最高法《民诉法解释》第97条规定："人民法院调查收集证据，应当由两人以上共同进行。调查材料要由调查人、被调查人、记录人签名、捺印或者盖章。”当事人申请调查收集的证据,与待证事实无关联、对证明待证事实无意义或者其他无调查收集必要的,人民法院不予准许。法院对当事人的申请不批准的,当事人可以在接到法院的书面通知后3日内向作出决定的法院申请复议一次,法院应在接到复议申请后5日内作出答复。《民事诉讼法》第70条第1款规定,人民法院有权向有关单位和个人调查取证,有关单位和个人不得拒绝。最高法《民诉法解释》第115条第1款规定,单位向人民法院提出的证明材料,应当由单位负责人及制作证明材料的人员签名或者盖章,并加盖单位印章。人民法院就单位出具的证明材料,可以向单位及制作证明材料的人员进行调查核实。必要时,可以要求制作证明材料的人员出庭作证。

(二)证据保全

1. 证据保全的概念

我国民事诉讼的证据保全,是指在证据可能灭失或者以后难以取得的情况下,人民法院根据当事人及其诉讼代理人的申请或者依职权主动采取一定措施对证据加以固定的调查取证措施。证据保全是防止证据灭失或失去取得证据机会的有效措施,是当事人及其诉讼代理人、人民法院收集证据的保障程序。因此,从严格意义上说,证据保全是一种特殊的调查取证的方法。证据保全制度的存在,有利于人民法院查明案件事实,及时有效地维护当事人的合法利益。我国的证据保全制度功能比较单一,且主要是参照财产保全的思路制定证据保全规则,这极大地影响了证据保全价值的最大化。从比较法的经验可知,证据保全除了具有固定证据的作用,还具有证据开示、促进集中审理和纠纷解决等方面的功能。

2. 证据保全的种类

根据我国《民事诉讼法》《海事诉讼特别程序法》等法律和最高法《民诉证据规定》等司法解释的规定,证据保全在民事诉讼中有诉讼证据保全和诉前证据保全两种形式。诉讼中的证据保全,是指在诉讼进行中,在证据有可能灭失或以后难以取得的情况下,法院采取的固定和保护证据的制度。诉前证据保全,是指在起诉之前,根据利害关系人的申请,人民法院对可能灭失或者以后难以取得的证据予以提取、保存或者封存的制度。

诉讼证据保全与诉前证据保全的区别在于:

其一,发生的时间不同。诉讼证据保全发生在案件受理后到判决生效这一段时间内。诉前证据保全发生在利害关系人向人民法院提起诉讼前。

其二,提起保全的主体不同。诉讼证据保全一般由当事人提起,必要时法院也可以主动采取保全措施。诉前证据保全由于尚未进入诉讼程序,只能由利害关系人向人民法院提出申请。

3. 证据保全的程序与方法

(1)申请。当事人在遇到证据有可能灭失或以后难以取得的情况时,可以在举证期限届满前向人民法院提出证据保全的书面申请。申请书应当包括以下内容:申请保全证据的种类和内容;申请保全的证据与案件事实之间的关系;申请保全证据的理由。人民法院在诉讼过程中也可以无须当事人申请,依职权主动采取保全措施。

(2)管辖。当事人在诉讼过程中申请证据保全,应当向审理案件的法院提出申请。利害关系人在诉前或仲裁前申请证据保全,应当向证据所在地、被申请人住所地或者对案件有管辖权的人民法院申请。最高法《民诉证据规定》第29条规定,“人民法院采取诉前证据保全措施后,当事人向其他有管辖权的人民法院提起诉讼的,采取保全措施的人民法院应当根据当事人的申请,将保全的证据及时移交受理案件的人民法院”。

(3)审查。人民法院在接到当事人的保全申请后,应当进行审查,认为符合证据保全的条件的,作出准予证据保全的裁定书;认为不符合证据保全条件的,裁定驳回申请。

(4)担保。当事人申请证据保全或人民法院依职权采取证据保全措施的,原则上不必提供担保。但如果证据保全可能对他人造成损失,则人民法院应当责令申请人提供相应的担保。当事人拒绝提供担保的,人民法院将驳回证据保全申请或解除证据保全措施。最高法《民诉证据规定》第26条规定:“当事人或者利害关系人申请采取查封、扣押等限制保全标的物使用、流通等保全措施,或者保全可能对证据持有人造成损失的,人民法院应当责令申请人提供相应的担保。担保方式或者数额由人民法院根据保全措施对证据持有人的影响、保全标的物的价值、当事人或者利害关系人争议的诉讼标的金额等因素综合确定。”

(5)证据保全的方法。人民法院在对证据采取保全措施时,应当根据不同种类的证据有针对性地采取相应的证据保全方法。常见的证据保全方法有笔录、录音、照相、录像、提取实物、查封、扣押等方法。对证人证言的保全,一般采用录取证言的方法,也可以采用录音、录像的方法。对于物证,可以用勘验或鉴定的方法。对书证,可以用复印、拍照的方法。无论采取何种方法保全证据,均应力争做到使证据能够客观地反映案件的真实情况。证据保全的材料,人民法院应当附卷保管。最高法《民诉证据规定》第27条第3款规定:“在符合证据保全目的的情况下,人民法院应当选择对证据持有人利益影响最小的保全措施。”

二、举证时限

在2012年《民事诉讼法》修正前,我国的《民事诉讼法》中没有关于举证时限的规定,当时民事诉讼中实行的是证据随时提出主义,这种程序模式所尊崇的哲学理念为实事求是、追求客观真实以及坚持有错必纠。这种程序模式是以追求实体真实为主要目的,但是却以丧失正当程序与诉讼价值为代价,是一种重实体轻程序的必然反映。为适应审判方式改革的需要,强化当事人的证据意识,保障人民法院及时、公正裁判,2001年最高法《民诉证据规定》对当事人行使举证权的期间以及举证期间届满后提出证据的效力问题作了详细的规定。2012年《民事诉讼法》第65条明确规定,当事人对自己提出的主张应当及时提供证据,这是第一次通过立法的形式对证据适时提出主义作出的规定。然而,由于我国民事诉讼当事人的法律素质较低,取证能力较弱,严格的举证时限以及证据失权制度的规定不适合我国司法实践中的实际情况。在总结立法与实践经验的基础上,2012年《民事诉讼法》以及2015年最高法《民诉法解释》对举证时限的规定作出了调整,使该制度更加灵活和人性化。

(一)举证时限的含义与意义

举证时限是指负有举证责任的当事人应当在法律规定的或法院指定的期限内提出证据,否则就可能承担不利法律后果的一项制度。举证时限是与证据适时提出主义原则相联系的,按照证据适时提出主义的要求,当事人必须在诉讼过程中的适当阶段提出证据,逾期将承担不利的后果。因此,可以说,举证时限制度与证据适时提出主义原则只是从不同角度

对一个问题的描述。在民事诉讼中,之所以要对当事人提出证据的时间加以限定是出于以下几个方面的考虑:

第一,维护双方当事人之间的平等对抗关系,实现诉讼公正。此为设立举证时限制度的首要目的。近代各国的民事诉讼法学理论均认可当事人在诉讼中具有平等的法律地位并应在平等的基础上进行对抗,诉讼法中具体制度的设计应当有利于维护和保障当事人之间的这种平等对抗的法律关系。要求当事人在诉讼程序的适当阶段提出证据可以避免一方当事人利用偷袭的方式致另一方当事人于不利的诉讼境地。同时,举证时限制度使当事人在审前就已经对对方当事人掌握的证据有充分的了解和准备,并以此为基础进行法庭审理,为实现平等对抗创造了条件。

第二,缩短诉讼周期,提高诉讼效率。如果允许当事人在诉讼程序的一切阶段随意提出证据就难免会造成程序的拖延和反复。举证时限制度有利于敦促当事人积极收集证据、履行举证义务。并且,对于当事人没有在举证期限内提出的证据,法院将不予审查、认定,这大大减轻了法院的工作负担,降低了诉讼成本。

第三,举证时限制度的设立有利于维护程序的安定性。依据我国学者的理解,程序安定是指民事诉讼的运作应当依法定的时间顺序和空间结构展开,并作出终局决定,从而使诉讼保持有条不紊的稳定状态。它包括程序的有序性、程序的不可逆性、程序的时限性、程序的终局性和程序的法定性五个构成要素。[1] 以上各要素与举证时限制度均有一定程度的联系,举证时限制度的存在使诉讼程序成为一个前后衔接、环环相扣的不可逆程序,违反法律关于时间的规定将使相应的行为失去合法性基础。因此,可以说程序安定的实现有赖于举证时限制度的建立与完善。

(二)两大法系国家关于举证时限的立法例

1. 大陆法系国家

大陆法系国家的举证时限制度并非自始就存在于民事诉讼中。事实上在20世纪60年代前相当长的一段时期内,大陆法系国家的民事诉讼制度中采取的是证据随时提出主义原则,即双方当事人可以在言词辩论终结前,诉讼程序进行的任何阶段提出证据而不必承担不利的后果。证据随时提出主义向适时提出主义转化的动力主要来自审判实践的压力。因为,在奉行证据随时提出主义的程序中,当事人的行为期间没有受到有效的制约,诉讼上的拖延成为实现司法公正的最大障碍。法院的案件堆积如山,民事诉讼程序效率低下,改革的呼声日益高涨。德国司法界的"斯图加特模式"就是在这种情况下作为一种改革方案被提出的。这一模式的基本思路是:与刑事诉讼程序一样,民事诉讼程序也应当将连续多次的正规庭审转变为由准备充分的答辩书状与一次全面的口头庭审组成的庭审方式。证据的提交在一次不间断的庭审中进行,当事人必须就这一庭审对案件加以准备,以期在此过程中,双方最终解决该案,并在庭审结束时或稍后不久的特定宣判之日,法庭得以作出最后判决。双方当事人在这一预备阶段为各自的利益与法院合作,否则,法院将拒绝此后迟延提交的争点。此外,被告在缺席判决的威胁下,也被迫及时提出抗辩。1976年《德国简化与加快诉讼

[1] 参见陈桂明、李仕春:《程序安定论——以民事诉讼为对象的分析》,载《政法论坛》1999年第5期。

程序的法律》基本上沿袭了斯图加特审理模式，对当事人提出证据的期限作出了规定。[2]新《德国民事诉讼法》第282条规定，当事人双方都应该在言词辩论中，按照诉讼程序和时间上的要求，在为进行诉讼所必要与适当的时候，提出他的攻击和防御方法，特别是各种主张、否认、异议、抗辩、证据方法和证据抗辩。法国在举证期限的问题上与德国有相似的规定，新《法国民事诉讼法》第135条规定，未在有效期间内传达的书证，法官得将其排除在辩论之外。

2. 英美法系国家

英美法系国家由于在民事诉讼中坚持集中审理原则，对证据提出的时间作出了较为严格的规定。所谓集中审理，是指法院对案件的审理在不更换审判人员的条件下，经过一次连续的庭审程序完成，除必要的休息时间外，不得中断审理的原则。之所以采用集中审理原则，是由于陪审团是由非职业法官组成的，把他们集中起来反复多次地开庭审理一个案件是不现实的，也不利于陪审团成员对案件的记忆。很显然，集中审理方式对进入庭审的证据作出了很高的要求。所有的证据必须经过严格的事先筛选和准备，诉讼程序被明确划分为诉答程序、发现程序与审理程序三个阶段：前两个阶段以诉讼文书的送达，争点的整理，证据的发现、收集和交换为主要内容，审理程序则以当事人对证据的展示和对案件事实的构筑为核心。诉讼程序的各个阶段不仅在内容上大相径庭，而且在时间上也具有不可逆性。进入庭审阶段以后，无论是法官还是当事人都不能再进行以证据的发现和收集为内容的诉讼活动。如果允许当事人在庭审的过程中提交证据，则对方当事人在连续进行的庭审程序中没有机会对新证据进行调查；虽然当事人可以通过申请延期审理获得这种机会，但是作为非职业法官的陪审员却很难被再一次召集起来。由此可见，举证时限制度是集中审理原则的必然要求。以美国为例，《美国联邦地区法院民事诉讼规则》第37条第3款规定，如果当事人没有在发现程序中向对方当事人出示有关信息和证据就不能在法庭审理阶段出示这些证据或信息资料。也就是说，根据美国民事诉讼法，当事人必须在证据开示阶段将拟在法庭使用的证据提交给对方当事人，否则就不能在此后的程序中使用该证据。

（三）我国民事诉讼法关于举证时限的规定

1. 确定举证时限的方式

根据最高法《民诉法解释》的规定，民事诉讼中举证时限的确定有法院指定与当事人协商约定两种方式。

人民法院在向当事人送达案件受理通知书和应诉通知书的同时，应当向当事人送达举证通知书。举证通知书应当载明举证责任分配的原则与要求、可以向人民法院申请调查取证的情形、人民法院根据案件情况指定的举证期限以及逾期提供证据的法律后果。人民法院指定举证期限的，适用第一审普通程序审理的案件不得少于15日，当事人提供新的证据的第二审案件不得少于10日。适用简易程序审理的案件不得超过15日，小额诉讼案件的举证期限一般不得超过7日。举证期限届满后，当事人提供反驳证据或者对已经提供的证据的来源、形式等方面的瑕疵进行补正的，人民法院可以酌情再次确定举证期限。

---

〔2〕　参见宋冰编：《读本：美国与德国的司法制度及司法程序》，中国政法大学出版社1998年版，第313～314页。

举证期限也可以由当事人协商一致确定,但是当事人协商确定举证期限的,应当经人民法院准许。

2. 逾期举证的法律后果

为了督促当事人积极在时限届满前举证,加快诉讼程序的进程,举证时限制度总是与某些不利后果联系在一起。根据最高法《民诉法解释》的规定,对于当事人而言,逾期举证的行为可能导致以下法律后果:

(1)说明理由并提交指定的证据。在民事诉讼中,当事人应当对其主张的事实承担证明责任,但这并不意味着当事人可以隐匿证据。证据不仅涉及当事人实体权利的实现,也涉及人民法院事实认定的准确程度。因此,对于逾期提交证据的当事人,人民法院应当责令其说明理由,必要时可以要求其提供相应的证据。

(2)证据失权。这是对不遵守举证时限制度的当事人最严厉的制裁,适用于当事人因故意或者重大过失逾期提出证据的情形。由于证据失权将直接导致证据不能作为定案根据,会对当事人的利益产生直接影响,也会影响法院事实认定的准确程度。因此,作为变通性措施,最高法《民诉法解释》第102条第1款规定,当事人逾期提交的证据与案件基本事实有关的,人民法院应当采纳,并依照民事诉讼法的有关规定予以训诫、罚款。

(3)承担经济赔偿责任。出于一方当事人的原因未能在指定期限内举证,该当事人请求提出新的证据的,另一方当事人要求赔偿逾期提供证据致使其增加的交通、住宿、就餐、误工、证人出庭作证等必要费用的,人民法院可予支持。

(4)限制当事人申请鉴定、申请证人出庭以及申请专家辅助人出庭的时间。根据最高法《民诉法解释》的相关规定,当事人申请鉴定、申请证人出庭以及申请专家辅助人出庭的,应当在举证期限届满前提出申请,逾期申请的,人民法院可以不予允许。

3. 举证时限的计算、延长与重新指定

最高法《民诉证据规定》对特殊情况下举证时限的计算作出了详细规定。根据最高法《民诉证据规定》第55条的规定,存在下列情形的,举证期限按照如下方式确定:(1)当事人依照《民事诉讼法》第127条规定提出管辖权异议的,举证期限中止,自驳回管辖权异议的裁定生效之日起恢复计算;(2)追加当事人、有独立请求权的第三人参加诉讼或者无独立请求权的第三人经人民法院通知参加诉讼的,人民法院应当依照本规定第51条的规定为新参加诉讼的当事人确定举证期限,该举证期限适用于其他当事人;(3)发回重审的案件,第一审人民法院可以结合案件具体情况和发回重审的原因,酌情确定举证期限;(4)当事人增加、变更诉讼请求或者提出反诉的,人民法院应当根据案件具体情况重新确定举证期限;(5)公告送达的,举证期限自公告期届满之次日起计算。

举证时限的延长指当事人由于客观原因无法在举证时限届满前提交证据,故向法院提出申请,经法院审查后允许当事人延长举证时限。在一般情况下,举证时限确定后,当事人和人民法院不得随意变更,但在司法实践中,当事人在收集证据的过程中有可能遇到一些意想不到的困难,使当事人难以在举证时限期间内提交证据。因此,出于充分保障当事人权利的考虑,作为一种变通性规定,允许当事人在特殊情况下,向法院申请延长举证期限。但是,当事人的申请必须在举证期限届满前向法院提出,逾期提出申请的,法院将不予受理。法院经审查后可以适当延长举证期限。当事人申请延长举证期限经人民法院准许的,为平等保护双方当事人的诉讼权利，延长的举证期限也适用于其他当事人。

举证期限的重新指定是指法院指定举证期限后，因出现了特殊情形，法院为当事人重新指定举证期限。与举证时限的延长不同，举证期限的重新指定发生在第一次指定的举证期限届满之后。根据最高法《民诉法解释》第 99 条第 3 款的规定，举证期限届满后，当事人对已经提供的证据，申请提供反驳证据或者对证据来源、形式等方面的瑕疵进行补正的，人民法院可以酌情再次确定举证期限。最高法《民诉证据规定》第 53 条规定，在诉讼过程中，当事人主张的法律关系性质或者民事行为效力与人民法院根据案件事实作出的认定不一致的，人民法院应当将法律关系性质或者民事行为效力作为焦点问题进行审理。但法律关系性质对裁判理由及结果没有影响，或者有关问题已经当事人充分辩论的除外。存在前款情形，当事人根据法庭审理情况变更诉讼请求的，人民法院应当准许并可以根据案件的具体情况重新指定举证期限。最高人民法院《关于适用〈关于民事诉讼证据的若干规定〉中有关举证时限规定的通知》第 7 条中规定，当事人在一审举证期限内增加、变更诉讼请求或者提出反诉，或者人民法院依照最高法《民诉证据规定》第 35 条〔3〕的规定告知当事人可以变更诉讼请求后，当事人变更诉讼请求的，人民法院应当根据案件的具体情况重新指定举证期限。当事人对举证期限有约定的，可以按照当事人的约定确定举证时限。

三、证据交换

（一）证据交换的概念与意义

所谓证据交换，是指在诉讼答辩期间届满后，开庭审理之前，法院组织当事人双方将各自持有的证据进行交换的诉讼活动。

证据交换制度产生于 16 世纪英国的衡平法，现已成为英美法系国家证据制度中的重要组成部分。该制度的主要宗旨在于防止当事人运用证据突袭的方法赢得诉讼。我国《民事诉讼法》虽然对开庭审理前的准备程序作出了专门的规定，但在开庭审理前的准备程序中并没有关于证据交换的内容。1998 年最高人民法院《关于民事经济审判方式改革问题的若干规定》（现已失效）第 5 条第 7 款规定，“案情比较复杂、证据材料较多的案件，可以组织当事人交换证据”。此后，各地法院对证据交换制度作了许多有益的探索和尝试。2001 年最高法《民诉证据规定》在借鉴其他国家的立法规定，总结实践经验的基础上对证据交换制度作出了进一步的充实和完善。

设置证据交换制度的首要目的在于保证当事人之间的平等对抗，实现司法公正。在民事诉讼中，当事人为了赢得诉讼，经常使用各种手段和技巧，包括只收集、提供对自己有利的证据，隐藏对自己不利的证据或在法庭审理中出其不意地出示证据。为了防止诉讼成为当事人展示诉讼策略和技巧的竞技场，许多国家的法律中规定了证据交换制度。该制度要求当事人必须在开庭审理前的特定阶段将自己拟在法庭审理过程中使用的证据出示给对方当事人，否则就不能在法庭审理时使用该证据。这一制度将民事诉讼中当事人之间的对抗建

---

〔3〕 这里是指 2008 年《民诉证据规定》第 35 条。其内容为：“诉讼过程中，当事人主张的法律关系的性质或者民事行为的效力与人民法院根据案件事实作出的认定不一致的，不受本规定第三十四条规定的限制，人民法院应当告知当事人可以变更诉讼请求。当事人变更诉讼请求的，人民法院应当重新指定举证期限。”

立在平等的基础上,使诉讼的重心置于对事实的探究而非诉讼技巧的展示上。设置证据交换制度的另一目的在于提高诉讼效率,通过开庭审理前的证据交换,可以帮助当事人为法庭审理做好充分的准备;法院也可以明确当事人之间的争执焦点,将庭审的重心置于对有争议问题的审查上。

此外,证据交换制度还使双方当事人之间的力量对比变得明朗化,使当事人可以在开庭审理之前就对诉讼的结果进行客观的预测,为当事人通过和解解决纠纷创造了条件。

(二)证据交换的适用范围

根据2001年最高法《民诉证据规定》的规定,证据交换制度不是民事诉讼中的必经程序。证据交换一般适用于证据较多或者复杂疑难的案件,以及当事人申请证据交换的案件。2019年最高法《民诉证据规定》修正时删除了这一规定。根据《民事诉讼法》第136条第4项的规定,对于需要开庭审理的案件,根据案件具体情况均可进行证据交换,明确争议焦点。

(三)证据交换的程序

1. 确定证据交换的时间

证据交换的时间可以由当事人协商确定,也可以由人民法院指定。当事人协商确定证据交换时间的必须经过法院认可。一般来说,证据交换的时间应当在答辩期限届满之后,开庭审理之前。因为此时双方当事人对彼此的主张已经有了充分的了解,进行证据交换的效果比较理想。

证据交换的时间与举证时限有密切的关系,证据交换的时间受举证时限的限制,证据交换的时间不能长于举证期间。人民法院组织当事人进行证据交换的,证据交换之日就是举证期限届满之日。当事人申请延期举证的,证据交换也应当同时顺延。

2. 证据交换的程序

根据最高法《民诉证据规定》第57条第1款的规定,证据交换应当在审判人员的主持下进行。但是,我们认为,由于证据交换程序的专业性很强,其应当由审判员主持,不宜由陪审员单独主持。

在证据交换的过程中,审判人员对当事人无异议的事实、证据应当记录在卷;对有异议的证据,按照需要证明的事实分类记录在卷,并记载异议的理由。通过证据交换,确定双方当事人争议的主要问题。

当事人收到对方交换的证据后提出反驳并提出新证据的,人民法院应当通知当事人在指定的时间进行交换。

四、质证

(一)质证的概念与意义

质证是民事诉讼中的一个重要环节,它是指在法庭审理过程中双方当事人在法官的主持下,采用询问、辨认、质疑、辩驳、核实等方式对证据的效力进行质辩的诉讼活动。我国《民事诉讼法》第71条规定:“证据应当在法庭上出示,并由当事人互相质证……”1998年最高人民法院颁布的《关于民事经济审判方式改革问题的若干规定》(现已失效)以及2001年最高法《民诉证据规定》、2015年最高法《民诉法解释》进一步对质证的程序、方法作出了明确具体的规定,为人民法院有效地组织质证提供了法律依据。

质证不仅是证据制度的一项重要内容,也是民事诉讼程序的重要环节。质证在民事诉讼中的意义主要体现在两个方面:一方面,质证是当事人的一项重要诉讼权利。在民事诉讼中,双方当事人都有权利提出事实主张,有权利对自己的主张提供证据加以证明并反驳对方当事人的主张。通过质证程序,当事人有机会对对方当事人提交的证据的效力提出质疑,并切实地影响法官对案件事实的认定。另一方面,质证有助于帮助法官形成对案件事实的认识。通过庭审质证,证据的真实性、关联性与合法性被充分揭示出来,有助于法官深刻认识证据,为正确认定案件事实创造条件。

(二)质证的主体

质证的主体是指有权在质证程序中向法庭出示证据,对证据提出质疑、反驳的行为人。

在我国的民事诉讼中,当事人是质证程序的唯一主体。在民事诉讼中,当事人是承担举证责任的主体,证据主要是由当事人收集并提供给法院的,这就决定了质证应当在当事人之间进行,而不应当在当事人与法官之间进行。法官在质证程序中的作用仅体现在组织和保障质证程序有序进行方面。如果允许法官作为质证的主体,则必然会使其丧失中立的地位,影响法院的公正形象。

具体而言,有权参加质证的当事人包括原告、被告、第三人以及诉讼代表人。

(三)质证的客体

质证的客体是指在质证程序中应当由当事人出示并允许对方当事人提出质疑、反驳的证据。具体而言,民事诉讼质证的客体包括双方当事人之间有争议的证据材料和人民法院调查收集的证据材料。

根据最高法《民诉证据规定》的规定,双方当事人之间有争议的证据材料应当在举证时限内提供,当事人在举证期限内不提交的,视为放弃举证权利。对于当事人逾期提交的证据材料,除非属于法律或司法解释明确规定的例外情况,人民法院审理时应不组织质证,但对方当事人同意质证的除外。同时,当事人在审理前的准备阶段认可的证据,视为当事人的自认,无须在开庭审理时质证,经审判人员在庭审中说明后,视为质证过的证据。根据《民事诉讼法》第71条的规定,证据应当在法庭上出示,并由当事人互相质证。对涉及国家秘密、商业秘密和个人隐私的证据应当保密,需要在法庭出示的,不得在公开开庭时出示。这一规定对应当质证的证据的范围作出了规定,同时明确指出了不公开质证的证据的范围。

但应当注意的是,并非所有法院据以定案的证据都必须经过庭审质证。最高法《民诉证据规定》第57条第2款规定:“在证据交换的过程中,审判人员对当事人无异议的事实、证据应当记录在卷;对有异议的证据,按照需要证明的事实分类记录在卷,并记载异议的理由。”第60条第1款规定:“当事人在审理前的准备阶段或者人民法院调查、询问过程中发表过质证意见的证据,视为质证过的证据。”

(四)质证的内容

质证的内容是质证主体对证据材料进行质证时所涉及的范围。某一证据能否在诉讼中被最终采纳取决于该证据的真实性、关联性与合法性。因此,质证的内容应当围绕证据的“三性”展开。最高法《民诉法解释》第104条第1款规定:“人民法院应当组织当事人围绕证据的真实性、合法性以及与待证事实的关联性进行质证,并针对证据有无证明力和证明力大小进行说明和辩论。”

(五)质证的程序

我国《民事诉讼法》第71条虽然规定“证据应当在法庭上出示,并由当事人互相质证……”,但立法对质证的程序却没有作出进一步的具体规定。为了增强可操作性,最高法《民诉证据规定》第62条第1款对质证的程序作出了明确的规定:“质证一般按下列顺序进行:(一)原告出示证据,被告、第三人与原告进行质证;(二)被告出示证据,原告、第三人与被告进行质证;(三)第三人出示证据,原告、被告与第三人进行质证。”按照这一规定,我国民事诉讼中的质证可以分为以下三个环节:

1. 出示证据

出示证据指承担举证责任的当事人将证据展示给法官和对方当事人的诉讼活动。出示证据的范围既包括当事人提供的证据,也包括人民法院收集的证据。当事人出示证据应当以出示原物、原件为原则。根据最高法《民诉法解释》第111条的规定,只有在以下五种情况下,作为例外,当事人才可以出示书证的复制件:(1)书证原件遗失、灭失或者毁损的;(2)原件在对方当事人控制之下,经合法通知提交而拒不提交的;(3)原件在他人控制之下,而其有权不提交的;(4)原件因篇幅或者体积过大而不便提交的;(5)承担举证证明责任的当事人通过申请人民法院调查收集或者其他方式无法获得书证原件的。发生上述情形,人民法院应当结合其他证据和案件具体情况,审查判断书证复制品等能否作为认定案件事实的根据。证人证言、鉴定意见的出示应当坚持证人、鉴定人亲自出庭原则,只有在确有困难不能出庭时,在经法院许可后,才能够以提交书面证言或视听资料的方式替代出庭。证人确有困难不能出庭的情形主要包括:(1)年迈体弱或者行动不便无法出庭的;(2)特殊岗位确实无法离开的;(3)路途特别遥远,交通不便难以出庭的;(4)因自然灾害等不可抗力无法出庭的。

2. 辨认证据

一方当事人出示证据后,应当交由另一方当事人对证据进行辨认。经辨认后如果没有异议的,可以记录在案,无须作进一步的质证。对当事人有异议的证据,应当允许提出质疑。

3. 质疑和反驳

当事人对证据进行辨认后,可以对证据的真实性、关联性与合法性提出质疑。在质疑方提出质疑后,还应当允许出示证据的一方当事人对质疑提出反驳意见。当事人之间的质疑和反驳可以反复进行,直至法院认为已经足以对证据形成正确的心证时为止。

质证可以采取多种方式,既可以一证一质,逐个进行,也可以将多个证据综合起来进行质证。

五、认证

(一)认证的概念

认证是指审判人员在双方当事人质证、辩论后,对庭审中出示的证据材料的真实性、关联性、合法性进行分析判断,确认其能否成为案件的定案根据,进而对全案证据进行综合分析判断,对案件事实作出认定结论的诉讼活动。

(二)认证的方法

1. 认证方法的一般原则

在我国,虽然《民事诉讼法》确立了人民法院应当依照法定程序,全面、客观地审查核实证据的原则,但并未规定法官对证据审查判断所应遵循的基本原则。审判实践中法官对证据的审核认定往往依靠审判经验和逻辑规则,根据法官的职业道德和良知进行认证。最高法《民诉证据规定》第 85 条第 2 款规定:"审判人员应当依照法定程序,全面、客观地审核证据,依据法律的规定,遵循法官职业道德,运用逻辑推理和日常生活经验,对证据有无证明力和证明力大小独立进行判断,并公开判断的理由和结果。"最高法《民诉证据规定》第 88 条规定:"审判人员对案件的全部证据,应当从各证据与案件事实的关联程度、各证据之间的联系等方面进行综合审查判断。"最高法《民诉法解释》第 105 条规定:"人民法院应当按照法定程序,全面、客观地审核证据,依照法律规定,运用逻辑推理和日常生活经验法则,对证据有无证明力和证明力大小进行判断,并公开判断的理由和结果。"

2. 最佳证据规则

最佳证据规则在本书第九章已有详述,该规则在我国民事诉讼中亦有鲜明体现。最高法《民诉证据规定》第 11 条规定:"当事人向人民法院提供证据,应当提供原件或者原物。如需自己保存证据原件、原物或者提供原件、原物确有困难的,可以提供经人民法院核对无异的复制件或者复制品。"作为最佳证据规则的例外,最高法《民诉证据规定》第 61 条规定:"对书证、物证、视听资料进行质证时,当事人应当出示证据的原件或者原物。但有下列情形之一的除外:(一)出示原件或者原物确有困难并经人民法院准许出示复制件或者复制品的;(二)原件或者原物已不存在,但有证据证明复制件、复制品与原件或者原物一致的。"根据最高法《民诉法解释》第 111 条的规定,只有在以下五种情况下,作为例外,当事人才可以出示书证的复制件:(1)书证原件遗失、灭失或者毁损的;(2)原件在对方当事人控制之下,经合法通知提交而拒不提交的;(3)原件在他人控制之下,而其有权不提交的;(4)原件因篇幅或者体积过大而不便提交的;(5)承担举证证明责任的当事人通过申请人民法院调查收集或者其他方式无法获得书证原件的。发生上述情形,人民法院应当结合其他证据和案件具体情况,审查判断书证复制品等能否作为认定案件事实的根据。

3. 单一证据的认证规则

无论一个案件涉及多少证据材料,人民法院都要逐一审查和判断。对单一证据的审核认定主要围绕证据的真实性、关联性和合法性进行,以确定证据材料的证据能力和证明力。我国对单个证据的评价与采纳作出了一系列专门性规定。最高法《民诉证据规定》第 87 条规定:“审判人员对单一证据可以从下列方面进行审核认定:(一)证据是否为原件、原物,复制件、复制品与原件、原物是否相符;(二)证据与本案事实是否相关;(三)证据的形式、来源是否符合法律规定;(四)证据的内容是否真实;(五)证人或者提供证据的人与当事人有无利害关系。”

4. 综合认证规则

对全部证据的综合审核认定,是指在对证据材料逐一审查核实的基础上,就全案证据进行总体分析与鉴别,判断各个证据与待证事实的关联程度以及各个单一证据相互之间的协调一致性,从而对证据整体的综合证明力进行认定,进而最终确认案件事实。最高法《民诉证据规定》第 88 条规定:“审判人员对案件的全部证据,应当从各证据与案件事实的关联程度、各证据之间的联系等方面进行综合审查判断。”据此,对案件的全部证据进行综合审核认定,可以从以下几个方面进行:

(1)对各个证据与案件事实之间的关联程度进行比较、审查与判断。尽管法律要求当事人所提供的每一个证据材料都要与案件事实具有关联性,否则将被排除在诉讼之外,但各个证据与案件事实的关联程度存在差异,证明力大小有别。因此,对全案证据的综合审查判断首先就要对各个证据与案件事实之间的关联程度进行比较分析,进而对不同证据的证明力作出判断。一般来说,直接证据的证明力高于间接证据,原始证据的证明力高于传来证据。在当事人双方就同一事实分别举出若干相反证据时,对这些证据与案件事实之间的关联程度的比较就成为审查判断的重要内容;尤其是在根据高度盖然性的证明标准确定双方的证据优势时,这种关联程度的比较分析更具有重要作用。

(2)审查判断各个证据之间的联系。从证据之间的联系中审查判断证据,才能鉴别真伪,确定证据的证明力。将一个证据同其他证据进行比较分析,看其相互之间是否存在矛盾,能否互相印证,对案件事实的证明是否协调一致。如果所有的证据协调一致指向同一事实,则可以认定该证据为真。如果证据相互之间存在矛盾,则可以通过分析判断矛盾形成的原因来判断证据事实的真伪,从而最大限度地接近客观真实。

(3)补强证据规则。补强证据规则,是指某一证据材料不能单独作为认定案件事实的依据,只有在有其他证据材料佐证补强的情况下,才能作为案件的定案证据。在民事诉讼中,补强证据规则亦有体现。最高法《民诉证据规定》第 90 条规定:“下列证据不能单独作为认定案件事实的根据:(一)当事人的陈述;(二)无民事行为能力人或者限制民事行为能力人所作的与其年龄、智力状况或者精神健康状况不相当的证言;(三)与一方当事人或者其代理人有利害关系的证人陈述的证言;(四)存有疑点的视听资料、电子数据;(五)无法与原件、原物核对的复制件、复制品。”

5. 非法证据排除规则

民事诉讼中的非法证据一般特指当事人采用违法手段或程序取得的证据。对于非法取证行为的效力,一直众说纷纭。对于非法证据可采性的问题,在民事诉讼领域,其他国家对当事人用违法方式取得的证据采取了更为宽容的态度。英国对待非法取得的证据最初的原则是:该证据的可采性取决于它是否与案件存在关联性。但在 1963 年 Duke of Argyll v. Duchess of Argyll 案中,英国法院对非法取得的证据的态度略有转变,审理该案的法官认为:“这里没有绝对的规则,应当根据每个案件的特定情况决定是否采纳某一用非法手段取得的证据，这些应当考虑的具体情况包括：相关证据的性质、使用该证据的目的、取得该证据的方式、采纳该证据是否会对被取证方造成不公正以及该证据的采纳是否会对法院查明事实作出公正的判决有所帮助。"[4]这样，在英国的民事诉讼中，决定非法取得的证据的可采性时，实际上采取了利益衡量的方式，由法官根据实际情况作出裁决。美国对待普通公民通过违法手段取得的证据也并不绝对禁止，除非该证据的取得方式使证据的可靠性受到影响；法院不予采纳的仅是警察或其他司法机关违反《美国宪法第四修正案》所取得的证据，而公民个人的非法取证行为显然不属于该修正案规范的范围，因此是可以采纳的。[5] 我国最高法《民诉法解释》第106条规定："对以严重侵害他人合法权益、违反法律禁止性规定或者严重违背公序良俗的方法形成或者获取的证据，不得作为认定案件事实的根据。"这一规定对"非法证据"的范围进行了限定，即必须是明确地侵犯了他人的某种权益，或者违背了法律上明令禁止的规定。因此，电视暗访、私自录音并不一定就是非法证据，只有取证手段侵犯隐私权、国家秘密或违反公序良俗原则时才构成非法证据。

第二节　行政诉讼证明过程

受行政诉讼审理对象行政行为的特性影响，行政诉讼在收集证据、举证、质证、认证各个阶段均遵循一些不同于民事诉讼、刑事诉讼的规则。2017年修正后的《行政诉讼法》对被告举证、人民法院调取证据、证据保全、质证、非法证据排除等内容作了完善规定。行政诉讼法新增行政检察公益诉讼制度后，最高人民法院、最高人民检察院在一系列司法文件中，对人民检察院在办理行政检察公益诉讼案件中的证据调查收集活动等作出规定。本节内容按照四个阶段展开，但重点阐释行政诉讼的特别规则，并非对行政诉讼证明过程的完整描述。

一、收集证据

（一）被告及其诉讼代理人不得自行向原告、第三人和证人收集证据

与刑事诉讼、民事诉讼证明过程历经收集证据、举证、质证、认证的完整证明过程不同，行政诉讼中禁止对被诉行政行为合法性承担举证责任的被告在诉讼中收集证据。1989年《行政诉讼法》第33条规定"在诉讼过程中，被告不得自行向原告和证人收集证据"，即行政机关向法院提交的证据必须是其在行政程序中收集的证据。最高人民法院《关于审理反倾销行政案件应用法律若干问题的规定》和《关于审理反补贴行政案件应用法律若干问题的规定》中，均规定人民法院依据被告行政机关的案卷记录审查被诉反倾销和反补贴行政行为的合法性。这是因为依法行政原则要求行政机关在作出行政决定尤其是作出不利于行政相对人的行政决定时应当有充分的证据，在程序上体现为行政决定的作出应当遵循"先取证，后决定"的顺序规则；只有在收集到确实、充分的证据后，行政机关才能作出行政决定。因此，行政机关向法院提交的证据应是行政程序中收集到的证据。如果允许行政机关在诉

[4] Fiona E. Raitt, *Evidence*, Sweet & Maxwell, 2001, p. 335.

[5] 参见周叔厚：《证据法论》，台北，三民书局1995年版，第883～885页。

讼过程中再去收集证据,就违背了"先取证,后决定"的规则。但如果法院要求行政机关补充证据,行政机关可以补充取证。

《行政诉讼法》修正时完善了被告在行政诉讼中不得自行收集证据的规定,包括两点:(1)限制自行收集证据的主体由被告扩大到被告诉讼代理人。被告与其诉讼代理人之间是委托和被委托的关系,根据委托代理原理,只有委托人享有的权利才能委托给被委托人,委托人没有的权利自然也不能委托给被委托人。(2)收集证据的对象增加了第三人,包括原告、第三人和证人。第三人与被诉行政行为之间存在利害关系,行政行为作出时就应当考虑第三人的权益,应当收集相关证据;因此,被告在诉讼中不得自行向第三人收集证据。

(二)被告可以补充证据的两种情形

尽管原则上禁止被告在诉讼过程中收集证据证明其行为的合法性,但由于行政管理在实践中非常复杂,既有行政案卷主义不严格等客观原因,也有相对人在行政程序中不配合行政机关调查取证或者原告在行政程序中没有提出申辩理由或相关证据但在诉讼中提出的情形。因此,《行政诉讼法》第36条吸收司法解释的规定,分别规定了被告可以延期提供证据和补充证据两种情形。被告可以延期提供证据适用于被告在作出行政行为时已经收集了证据,但因不可抗力等正当事由不能提供的,经人民法院准许,可以延期提供。补充证据适用于原告或者第三人提出了在行政处理程序中没有提出的理由或者证据的,经人民法院准许,被告可以补充证据。

二、人民法院调取证据

为查明案件事实,《行政诉讼法》规定人民法院有权要求当事人提供或者补充证据,也有权依职权或者根据原告的申请调取证据。

(一)人民法院要求当事人提供或者补充证据

《行政诉讼法》第39条规定,人民法院有权要求当事人提供或者补充证据。提供证据是指当事人向人民法院提供证明案件事实的证据。补充证据是指当事人向法院提供的证据不足以证明案件事实时,就同一事项向人民法院补充提供证据。行政诉讼一方面具有救济原告权利的功能,另一方面还具有监督行政机关依法行政,保护国家和公共利益的功能。因此,有必要赋予法院一定职权,为查明案件事实,可以要求当事人提供或者补充证据。

(二)人民法院依职权调取证据

一般情形下由被告对行政行为合法性承担举证责任,但是如果经被告举证仍无法查明案件事实,为保护国家和公共利益,查明案件事实,《行政诉讼法》第40条规定:"人民法院有权向有关行政机关以及其他组织、公民调取证据。但是,不得为证明行政行为的合法性调取被告作出行政行为时未收集的证据。"这是因为,先取证、后决定是行政行为程序合法的基本要求。

(三)根据原告申请调取证据

《行政诉讼法》第41条规定,与本案有关的下列证据,原告或者第三人不能自行收集的,可以申请人民法院调取:(1)由国家机关保存而须由人民法院调取的证据;(2)涉及国家秘密、商业秘密、个人隐私的证据;(3)确因客观原因不能自行收集的其他证据。人民法院仅限于为解决原告或者第三人举证困难而调取证据,不能代替当事人举证。根据最高法《行诉法解释》第39条的规定,当事人申请调查收集证据,但该证据与待证事实无关联、对证明待证事实无意义或者其他无调查收集必要的,人民法院不予准许。

需要调取的证据在外地的,可以采用委托调取的方式,即审理案件的人民法院可以书面委托证据所在地人民法院调取证据,受托人民法院应当在收到委托书后按照委托要求及时完成调取证据的工作,送交委托人民法院。受托人民法院不能完成委托事项的,应当告知委托人民法院并说明理由。

(四)对人民法院有限的证据调取权的反思

法国的各级行政法院在行政审判中享有广泛的证据调查权,以预审阶段为例,报告人在预审(instruction)阶段,可以采取如下措施调取、收集证据:(1)要求行政机关、私法主体提供相关信息和文件。[6] 此项权力的行使没有任何条件的限制,当行政法官要求政府部门提供信息时,不受行政机关提出的涉及国家秘密等抗辩理由的限制,法官有权决定该事项是否涉及国家秘密、行政机关是否应该提供。[7] (2)指定专家进行鉴定。如果案件需要更为正式的调查,法院会指令专家出具鉴定意见,如关于原告所受损害程度的医学报告。在一个由拆除危险建筑引发的案件中,由于案卷未能清楚说明哪些措施足以消除该建筑的危险性,法院指定专家进行鉴定。鉴定是行政法庭常用的一种调查证据的方式。(3)现场勘验。现场勘验主要是在规划案件中运用,但并不限于规划案件。如在一个确认原告的房屋是否受到核反应堆的辐射影响时,法院进行了现场勘验。一般来说,法院有权采取与现场勘验相似的措施来获得必要的信息。如在一个电影被禁止播放案件的审查过程中,法官们观看了被禁演的影片。(4)询问证人。当事人不直接询问证人,但他们可以向报告人建议所应询问的问题。证人证言要递交双方当事人,当事人可以对证人证言提出赞同或者不同意见。但询问证人在实践中很少运用,特别是在最高行政法院的实践中。(5)委托其他法院或部门调查证据。

在我国台湾地区,法院既享有证据调取权,也享有证据调查权。(1)调取证据。根据我

---

〔6〕 如果要求行政机关提供信息的要求被拒绝,报告人可以移交法院决定命令行政机关制作文件。在1986年的一个案件中,一个内科大夫收到的私人电话费账单比平常高出8倍。在该话费单计费时段内,他有14个晚上不在家。邮电部声称他们已检查该线路而且举证责任在原告。然而权限争议法庭命令邮电部提供所有关于得出争议话费数额的因素和文件。法国最高行政法院支持了权限争议法庭的命令并且认为这是一条获得证据的合法途径,如果被告提供的文件不充分,要承担败诉的后果。

〔7〕 但1955年出现了一个例外案件,一家法国国有兵工厂的雇员被国防部解雇,他起诉声称他被解雇是因为政治观点,要求国防部提供他的私人档案。法院支持了国防部涉及国家秘密的抗辩主张,但仍要求国防部对原告的诉讼请求作出回答,说明解雇决定的正当性。

国台湾地区“行政诉讼法”第164条的规定,对公务员或机关掌握的文书,行政法院有权调取。如果该机关是当事人时,机关还有提出的义务。对于行政法院的要求,除非妨碍高度机密,机关不得拒绝。(2)调查证据。我国台湾地区“行政诉讼法”第133条规定:“行政法院于撤销诉讼,应依职权调查证据,于其他诉讼,为维护公益者,亦同。”另外,法院可以自行调查证据,也可以委托普通法院或其他机关、学校、团体调查证据。

与上述规定相比较,人民法院在行政诉讼中行使的证据调取权是非常有限的。与之相对应,则是强化了当事人在行政诉讼中的举证与对抗,这与我国大陆行政审判制度改革的方向是相吻合的。我国大陆的审判制度改革的方向就是要弱化职权主义色彩,吸收当事人主义的一些制度,增强诉讼的对抗性,确立法官作为中立的裁判者的角色。我们认为,当事人主义审判制度就理论而言较之职权主义确实更符合诉讼的原理和公正程序的要求,但在每一个具体案件中能否使这种理论上的正义成为现实的正义则要视当事人双方的对抗能力而定。如果双方当事人对抗能力悬殊,当事人主义审判制度就成了一种形式上的正义,一种强者的正义,而非实质正义。就行政诉讼而言,作为原告的行政相对人与作为被告的行政机关参与诉讼的能力无法与民事诉讼中双方当事人参与诉讼的能力相提并论。行政机关在举证能力上远远强于行政相对人,如果过分强调当事人在行政诉讼中的对抗,无疑是非常不利于作为原告的行政相对人的。此外,行政诉讼并不仅仅是特定原告与被告之间的法律争议,通常涉及公共利益,法院在行政诉讼中的职责也与之相适应,需要同时解决法律争议与维护公共利益。过于强调当事人在诉讼中的作用,淡化人民法院发现案件实体真实的职责,有时将会损害公共利益,这也正是我国台湾地区在行政诉讼中赋予行政法院为维护公共利益调查证据权力的原因所在。因此,行政诉讼审判程序对当事人主义的追求应该弱于民事诉讼,应当考虑通过法院行使职权弥补原告对抗能力的先天不足,真正实现行政诉讼中的实体正义。

三、人民检察院在行政诉讼中的证据调查和证据调取

(一)人民检察院在行政检察公益诉讼中的证据调查

《行政诉讼法》虽然规定了行政检察公益诉讼制度,但是并未对人民检察院如何开展行政检察公益诉讼作出规定,行政检察公益诉讼制度目前主要由司法文件规定。2020年12月29日,最高人民法院、最高人民检察院发布《关于检察公益诉讼案件适用法律若干问题的解释》,其中规定人民检察院办理公益诉讼案件,可以向有关行政机关以及其他组织、公民调查收集证据材料;有关行政机关以及其他组织、公民应当配合;需要采取证据保全措施的,依照民事诉讼法、行政诉讼法相关规定办理。

2021年6月29日,最高人民检察院发布《人民检察院公益诉讼办案规则》,对人民检察院在办理行政公益诉讼案件中的调查取证活动作出细化规定。

第一,证据种类。人民检察院办理公益诉讼案件的证据包括书证、物证、视听资料、电子数据、证人证言、当事人陈述、鉴定意见、专家意见、勘验笔录等。

第二,调查措施。人民检察院办理公益诉讼案件,可以采取以下方式开展调查和收集证据:(1)查阅、调取、复制有关执法、诉讼卷宗材料等。(2)询问行政机关工作人员、违法行为人以及行政相对人、利害关系人、证人等。(3)向有关单位和个人收集书证、物证、视听资

料、电子数据等证据。(4)咨询专业人员、相关部门或者行业协会等对专门问题的意见。(5)委托鉴定、评估、审计、检验、检测、翻译。(6)勘验物证、现场。(7)其他必要的调查方式。

第三，调查程序。人民检察院开展调查和收集证据，应当由两名以上检察人员共同进行。检察官可以组织司法警察、检察技术人员参加，必要时可以指派或者聘请其他具有专门知识的人参与。在调查收集证据过程中，检察人员可以依照有关规定使用执法记录仪、自动检测仪等办案设备和无人机航拍、卫星遥感等技术手段。

（二）人民检察院在办理行政诉讼监督案件中的证据调取

2021年4月8日，最高人民检察院通过了《人民检察院行政诉讼监督规则》，于2021年9月1日正式施行。该司法解释对人民检察院在办理行政诉讼监督案件时的证据调取权作出规定。被诉行政机关以外的当事人对不能自行收集的证据，在原审中向人民法院申请调取，人民法院应当调取而未予以调取，在诉讼监督阶段向人民检察院申请调取，符合下列情形之一的，人民检察院可以调取：(1)由国家机关保存只能由国家机关调取的证据；(2)涉及国家秘密、商业秘密和个人隐私的证据；(3)确因客观原因不能自行收集的其他证据。当事人申请调取证据，人民检察院认为与案件事实无关联、对证明案件事实无意义或者其他无调取收集必要的，不予调取。

人民检察院审查案件，可以依照有关规定调阅人民法院的诉讼卷宗、执行卷宗。通过拷贝电子卷、查阅、复制、摘录等方式能够满足办案需要的，可以不调阅卷宗。

四、举证时限

（一）被告举证时限及逾期不举证的后果

《行政诉讼法》将被告举证时限由10日修改为15日，以解决实践中举证期限偏短的问题。《行政诉讼法》第67条中规定，被告应当在收到起诉状副本之日起15日内向人民法院提交作出行政行为的证据和所依据的规范性文件，并提出答辩状。行政机关在行政诉讼中不仅承担举证责任，而且这种举证责任的履行也要受到严格的时间限制，即必须在一定期限内完成，如果超过了法定履行期限，即使其提交的证据在实体上能够证明其行为的合法性，法院也将认定其行为没有证据、依据。《行政诉讼法》第34条第2款明确规定了被告逾期不举证将产生证据失权的后果，即被告不提供或者无正当理由逾期提供证据，视为没有相应证据。但是，被诉行政行为涉及第三人合法权益，第三人提供证据的除外。

在行政诉讼中，对被告的举证时限作出严格规定是与行政诉讼的特性相符合的。在行政诉讼中，由于行政机关在行政程序中作决定时必须遵循“先取证、后决定”的规则，行政诉讼启动后，行政机关向法院提交的是其在作出行政行为时收集的证据。如果行政机关不能提供作出行政行为的证据，只能说明被诉行政行为没有证据支持，是违法的。因此，为行政诉讼被告设定如此严格的举证时限并不会造成被告举证不能；相反，这有利于原告及时、充分地提出抗辩意见，以及法院及时解决争执点，从而保证诉讼的顺利进行。

(二)原告举证时限

1989年《行政诉讼法》和最高法《行诉法解释》都没有规定原告在行政诉讼中举证的时限,修正后的《行政诉讼法》仍未作出相关规定。最高法《行诉证据规定》弥补了最高法《行诉法解释》的不足,其第7条规定了原告在行政诉讼中的举证期限,即原告或者第三人应当在开庭审理前或者人民法院指定的交换证据之日提供证据。因正当事由申请延期提供证据的,经人民法院准许,可以在法庭调查中提供。逾期提供证据的,视为放弃举证权利。原告或者第三人在第一审程序中无正当事由未提供而在第二审程序中提供的证据,人民法院不予接纳。

与原告、被告在行政诉讼中的举证时限制度相适应,人民法院在行政诉讼中负有告知当事人有关事项的义务。根据最高法《行诉证据规定》第8条的规定,人民法院向当事人送达受理案件通知书或者应诉通知书时,应当告知其举证范围、举证期限和逾期提供证据的法律后果,并告知因正当事由不能按期提供证据时应当提出延期提供证据的申请。

五、质证

《行政诉讼法》增加规定了质证制度,其第43条第1款规定:"证据应当在法庭上出示,并由当事人互相质证。对涉及国家秘密、商业秘密和个人隐私的证据,不得在公开开庭时出示。"最高法《行诉证据规定》对质证规则作了十分具体的规定,在人民法院的主持下,当事人及其代理人在庭审中围绕证据的真实性、关联性、合法性,针对证据有无证明效力以及证明效力的大小进行对质辩论、核实。最高法《行诉证据规定》针对不同种类的证据规定了不同的质证规则。

(一)书证、物证、视听资料的质证规则

对书证、物证、视听资料进行质证时,由当事人出示证据,且应当出示证据的原件或者原物,但有下列情形之一的除外:(1)出示原件或者原物确有困难并经法庭准许可以出示复制件或者复制品;(2)原件或者原物已不存在,可以出示证明复制件、复制品与原件、原物一致的其他证据。

视听资料应当当庭播放或者显示,并由当事人进行质证。

(二)证人出庭作证规则

直接言词原则要求证人必须出庭陈述,当事人及其代理人有权对其展开交叉询问。由于各方面的原因,我国审判活动中的证人出庭作证率一直很低,学者们也一直呼吁完善证人出庭作证规则,使证人出庭作证制度规范化。最高法《行诉证据规定》对行政诉讼中证人出庭作证制度作了较为详细的规定,具体包括:

1. 证人资格

最高法《行诉证据规定》关于证人资格的规定仍然只是限定在"不能正确表达意志的人不能作证"。对证人能否正确表达意志存有疑问时,人民法院可以根据当事人的申请对其进行审查或者交由有关部门鉴定。必要时,人民法院也可以依职权交由有关部门鉴定。

2. 证人负有出庭作证的义务

证人有出庭作证的义务，只有在具备法定提交书面证言的情形时例外。最高法《行诉证据规定》第41条规定了经人民法院准许，当事人可以提交书面证言的情形：(1)当事人在行政程序或者庭前证据交换中对证人证言无异议的；(2)证人因年迈体弱或者行动不便无法出庭的；(3)证人因路途遥远、交通不便无法出庭的；(4)证人因自然灾害等不可抗力或者其他意外事件无法出庭的；(5)证人因其他特殊原因确实无法出庭的。最高法《行诉证据规定》虽然规定了证人有出庭作证的义务，但仍未对证人没有正当理由拒不出庭作证或者作证不力时应负的法律责任作出规定。我国台湾地区"行政诉讼法"规定了对不出庭作证的证人的处罚措施：证人接到合法通知后，无正当理由不到场的，行政法院可以裁定处以新台币3000元以下的罚款；证人已受前款处罚，经再次通知仍不到场的，可以再处以新台币15,000元以下的罚款，并可以拘提之。

证人因履行出庭作证义务而支出的交通、住宿、就餐等必要费用及误工损失，由败诉一方当事人承担。

3. 当事人申请证人出庭作证

当事人申请证人出庭作证的，应当在举证期限届满前提出，并经人民法院许可。人民法院准许证人出庭作证的，应当在开庭审理前通知证人出庭作证。当事人在庭审过程中要求证人出庭作证的，法庭可以根据审理案件的具体情况，决定是否准许以及是否延期审理。

有下列情形之一，原告或者第三人可以要求相关行政执法人员作为证人出庭作证：(1)对现场笔录的合法性或者真实性有异议的；(2)对扣押财产的品种或者数量有异议的；(3)对检验的物品取样或者保管有异议的；(4)对行政执法人员的身份的合法性有异议的；(5)需要出庭作证的其他情形。

4. 证人出庭规则

最高法《行诉证据规定》第46条规定："证人应当陈述其亲历的具体事实。证人根据其经历所作的判断、推测或者评论，不能作为定案的依据。"根据该规则，证人的职能是将其亲历的事实向法庭作如实陈述，其陈述中不得含有任何推测、推理和评论，如果含有推测、推理和评论，则其陈述成为意见，法庭要将之排除在采纳范围之外。[8] 意见证据排除规则与英美证据法将证人区分为一般证人与专家证人。一般证人就自己亲自经历或体验的事实向法庭陈述；专家证人则根据自己就某一专门问题所具有的特别知识经验，对某一事项进行分析、论证，并向法庭作出结论性意见，形成专家意见。如果一般证人向法庭所陈述的是其根据自身经历所作的判断、推测、评论，则其就违反了一般证人向法庭陈述事实的机能，代行了法官的认定职权。因此，一般证人所作的意见证据不能为法官所采纳。证人在质证中的作用就是提供事实，如果允许证人提供意见，将使其陈述的客观事实部分加入主观判断，影响证据的真实性，因而也就偏离了证人出庭作证的初衷。

当事人及其代理人可以向证人发问，但发问的内容应该与案件事实有关联，不得采用引诱、威胁、侮辱等语言或者方式进行发问。

---

〔8〕 参见刘善春、毕玉谦、郑旭：《诉讼证据规则研究》，中国法制出版社2000年版，第529页。

(三)行政执法人员和当事人到庭义务

为更好地查明案件事实,最高法《行诉法解释》增加了行政执法人员和当事人的到庭义务。

1. 行政执法人员的到庭义务

有下列情形之一,原告或者第三人要求相关行政执法人员出庭说明的,人民法院可以准许:(1)对现场笔录的合法性或者真实性有异议的;(2)对扣押财产的品种或者数量有异议的;(3)对检验的物品取样或者保管有异议的;(4)对行政执法人员身份的合法性有异议的;(5)需要出庭说明的其他情形。人民法院认为有必要的,也可以要求行政机关执法人员到庭,就案件有关事实接受询问。

2. 当事人本人的到庭义务

人民法院认为有必要的,可以要求当事人本人到庭,就案件有关事实接受询问。人民法院在询问当事人和行政机关执法人员之前,可以要求其签署保证书。保证书应当载明据实陈述、如有虚假陈述愿意接受处罚等内容。

最高法《行诉法解释》还明确了当事人拒不履行到庭义务所应承担的法律责任。负有举证责任的当事人拒绝到庭、拒绝接受询问或者拒绝签署保证书,待证事实又欠缺其他证据加以佐证的,人民法院对其主张的事实不予认定。

(四)鉴定意见的质证规则

鉴定意见是专家就案件中的专门性问题作出的结论。鉴定意见在我国是一种独立的证据种类,不同于证人证言;而在英美法系中,鉴定意见被称为专家证人意见,属于证人证言的一种。我国学者对证据证明力问题的研究,早期就是对鉴定意见证明力的探讨,这是因为我国司法实践中一直存在对鉴定意见证明力的错误认识。一些司法工作人员认为鉴定意见是由专家对专门性问题所作的结论,所以其作出的结论一般不会有错,即使有错,由于自己不具备这方面的专业技术,也无法发现。鉴定意见也因此被视为“科学判决”,不加审查即作为定案的根据,导致了一些错案的发生。这种看法是错误的,鉴定意见作为证据的一种,并不具有预定的证明力,其结论是否正确应该通过法庭质证后,由法庭审查认定。根据最高法《行诉证据规定》,鉴定意见的质证应遵循以下规则:

第一,当事人要求鉴定人出庭的,鉴定人应当出庭。与证人必须出庭作证不同,鉴定人只有在当事人要求其出庭时,才负有出庭接受询问的义务。但如果鉴定人具备最高法《行诉证据规定》第41条规定的情形之一〔9〕,经法庭准许,可以不出庭,由当事人对其书面鉴定意见进行质证。

第二,鉴定人出庭接受询问的规则。对于出庭接受询问的鉴定人,法庭应该核实其身

〔9〕 最高法《行诉证据规定》第41条规定了证人可以不出庭的几种情形:(1)当事人在行政程序或者庭前证据交换中对证人证言无异议的;(2)证人因年迈体弱或者行动不便无法出庭的;(3)证人因路途遥远、交通不便无法出庭的;(4)证人因自然灾害等不可抗力或者其他意外事件无法出庭的;(5)证人因其他特殊原因确实无法出庭的。

份、与当事人及案件之间的关系，并告知鉴定人如实说明鉴定情况的法律义务和故意虚假说明的法律责任。

第三，当事人申请专业人员出庭进行说明。在鉴定意见的质证之外，最高法《行诉证据规定》规定了对于被诉行政行为中涉及的专门性问题，当事人可以向法庭申请由专业人员出庭进行说明，法庭也可以通知专业人员出庭说明。必要时，法庭可以组织专业人员进行对质。当事人对出庭的专业人员是否具备相应专业知识、学历、资历等专业资格有异议时，可以进行询问，由法庭决定其是否可以作为专业人员出庭。专业人员可以对鉴定人进行询问。

（五）二审与审判监督程序的质证规则

在第二审程序中，对当事人依法提供的新的证据，法庭应当进行质证；当事人对第一审认定的证据仍有争议的，法庭也应当进行质证。

当事人在审判监督程序中依法提供的新的证据，法庭应当进行质证；因原判决、裁定认定事实的证据不足而提起再审所涉及的主要证据，法庭也应当进行质证。

上述新的证据是指：(1)在一审程序中应当准予延期提供而未获准许的证据；(2)当事人在一审程序中依法申请调取而未获准许或者未取得，人民法院在第二审程序中调取的证据；(3)原告或者第三人提供的在举证期限届满后发现的证据。

六、认证

《行政诉讼法》第43条第2款规定，人民法院应当按照法定程序，全面、客观地审查核实证据，对未采纳的证据应当在裁判文书中说明理由。最高法《行诉证据规定》关于认证的规定包括证据能力认证规则与证明力认证规则两个方面。

（一）证据能力认证规则

与刑事、民事诉讼证据一样，行政诉讼证据也应具有真实性、关联性与合法性的属性，只有具有真实性、关联性与合法性的证据材料才具有证据资格，才能作为定案的根据。在真实性、关联性方面，行政诉讼证据与刑事、民事诉讼证据应该没有什么区别，但在证据的合法性认定上，行政诉讼有其特性。如在行政诉讼中，对被告及其诉讼代理人在诉讼过程中自行向原告、证人收集的证据，法庭不能采纳，也不能作为证明行政行为合法的根据。

最高法《行诉证据规定》关于证据能力认证规则的规定采用了肯定性列举与否定性具体排除相结合的方式来规定。如关于证据真实性的认定，最高法《行诉证据规定》第56条规定从证据形成的原因等五个方面审查，第57条列举了证据不具备真实性的几种情形：

1. 证据关联性的认定

关于证据关联性的认定，最高法《行诉证据规定》第54条规定，法庭应当对经过庭审质证的证据和无需质证的证据进行逐一审查和对全部证据综合审查，遵循法官职业道德，运用逻辑推理和生活经验，进行全面、客观和公正的分析判断，确定证据材料与案件事实之间的证明关系，排除不具有关联性的证据材料，准确认定案件事实。但对于关联性的内涵，没有作出具体的说明性规定；而学理上的理解一般认为所谓关联性，是指案件与待证事实之间有一定的联系，证据应该能够证明案件事实是否存在。

2. 证据真实性的认定

真实性是对证据内容的实质要求,也是证据资格最核心的组成部分。如果为法庭所采纳的证据是虚假的,则意味着法庭认定的事实是错误的,适用的法律也是错误的,案件将成为冤假错案。因此,《行政诉讼法》第33条第2款明确规定,证据经法庭审查属实,才能作为认定案件事实的根据。

为了保证法庭所采纳的证据的真实性,英美法系发展了一系列证据规则,主要有传闻证据规则、最佳证据规则、意见规则等。以传闻证据规则为例,所谓传闻证据规则也叫传闻证据排除规则,是指传闻证据不具有可采性,不能作为证据来使用。《美国联邦证据规则》第802条规定:“传闻证据不具有可采性,除非联邦制定法、本证据规则或者最高法院制定的其他规则另有规定。”所谓传闻证据,“最为广义的普通法中传闻证据的定义是:在审判或询问时作证的证人以外的人所表达或作出的,被作为证据提出以证实其所包含的事实是否真实的,一种口头的或书面的意思表示或有意无意带有某种意思表示的非语言行为”〔10〕。由于传闻证据是在法庭上作证的人之外的人的意思表示,具有很大误传的危险性,并且大都缺乏真实性,因此被排除在诉讼之外。

最高法《行诉证据规定》第56条规定,法庭应当根据案件的具体情况,从以下方面审查证据的真实性:

第一,考察证据形成的原因、过程,观察发现证据时的客观环境。对证据真实性的审查认定可以通过考察其形成原因、过程来进行,以确定其是否被伪造。如最高法《行诉证据规定》第57条第7项规定,被当事人或者他人进行技术处理而无法辨明真伪的证据材料,不能认定其真实性,不能作为定案依据。

第二,证据是否为原件、原物,复制件、复制品与原件、原物是否相符。现代科学技术的发展使复制件、复制品等极有可能与原件、原物的内容、形式及其他特性相差很大,而文书证据中的一字之差就有可能使案件定性完全不同。因此,在当事人提供证据时,原则上应提供原件、原物,只有在特定情形下才能提供复制件、复制品。最高法《行诉证据规定》第57条第6项规定,当事人无正当理由拒不提供原件、原物,又无其他证据印证,且对方当事人不予认可的证据的复制件或者复制品,不能作为定案依据。

英美法上与此相关的一条规则是最佳证据规则,也有人将之称为原始文书规则,其含义为“所谓最佳证据法则,在现在则为关于文书内容之证据容许性之法则。该法则需要文书原本之提出,如不能提出原本,直至有可满意之说明以前,则拒绝其他证据,其理由至为明显。盖文字或其他符合,如差之毫厘,其意义则可能失之千里;观察时之错误危险甚大,尤以当其在实质上对于视觉有所近视时为然。因此之故,除提出文书之原本以供检阅外,于证明文书之内容时,诈伪及类似错误之机会自必甚多”〔11〕。《美国联邦证据规则》第1002条“要求原件”规定:“为证明书写品、录制品或者影像的内容,应当提供其原件,除非本证据规则或者联邦制定法另有规定。”

在审查证据真实性时,难度最大的是对视听资料、电子数据的审查。存储于磁带、录像

---

〔10〕 [美]乔恩·R.华尔兹:《刑事证据大全》,何家弘等译,中国人民公安大学出版社1993年版,第81页。

〔11〕 [美]Edmund M. Morgan:《证据法之基本问题》,李学灯译,我国台湾地区教育部门1982年版,第385页。

带、照片、磁盘等载体中的信息极易受到改变和破坏，而且可以不留下任何痕迹，无形中给这些证据的真实性审查带来极大的困难。《行政诉讼法》增加规定了电子数据这一证据类型，而如何对电子数据的真实性进行审查认定，则需要总结司法实践经验，在司法解释中进一步完善。

第三，提供证据的人或者证人与当事人是否有利害关系。我国立法基本没有对证人资格作限制性规定，“凡是知道案件情况的单位和个人，都有义务出庭作证”，只有“不能正确表达自己意志的人，不能作为证人”，并没有将当事人的配偶、亲属及从事特定职业如医生、律师、会计师等的人排除在证人范围之外。事实上，与当事人有特定利害关系的人的证言的真实性与无特定利害关系人的证言相比较，是相差很远的，这也是人之常情。因此，在审查证据真实性时，应该审查提供证据的人或者证人与当事人之间是否有利害关系。此处的利害关系应作广义理解，既包括伦理关系，也包括法律关系。

3. 证据合法性的认定

学理一般认为证据的合法性认定包括两个方面：其一，证据的形式应当符合法律的要求；其二，证据的提供、收集和审查，必须符合法定程序。最高法《行诉证据规定》的规定与此相一致，从两个方面对证据合法性的认定作出了规定：一方面，规定了合法性审查的三项基本要求：证据是否符合法定形式；证据的取得是否符合法律、法规、司法解释和规章的要求；是否有影响证据效力的其他违法情形。另一方面，对不具有合法性的证据材料作出列举性规定。

关于证据合法性认定的基本规则主要有：

第一，证据是否符合法定形式。最高法《行诉证据规定》第 10 条至第 17 条规定了当事人向人民法院提供的各种证据所应符合的形式要件，不具备这些形式要件的证据材料不具有合法性，不能作为定案的依据。如最高法《行诉证据规定》第 10 条第 4 项规定，被告提供的被诉具体行政行为所依据的询问、陈述、谈话类笔录，应当有行政执法人员、被询问人、陈述人、谈话人签名或者盖章。由于行政诉讼中由被告行政机关对行政行为的合法性承担举证责任，最高法《行诉证据规定》关于证据材料形式要件的规定在很大程度上是对行政机关在行政程序中作出行政行为时执法证据的规范，有利于行政机关按照程序规则依法行政。

第二，证据的取得是否符合法律、法规、司法解释和规章的要求。《行政诉讼法》增加规定了非法证据排除规则，其第 43 条第 3 款规定：“以非法手段取得的证据，不得作为认定案件事实的根据。”根据最高法《行诉法解释》第 43 条的规定，下列情形属于“以非法手段取得的证据”：(1) 严重违反法定程序收集的证据材料；(2) 以违反法律强制性规定的手段获取且侵害他人合法权益的证据材料；(3) 以利诱、欺诈、胁迫、暴力等手段获取的证据材料。在行政诉讼法中确定非法证据排除规则的意义在于：一是有利于监督行政机关更好地依法行政，严格遵循法定程序收集执法证据；二是有利于解决钓鱼执法等行为引起的执法不公问题，纠正违法行政行为；三是更有利于保障行政相对人的权利。

最高法《行诉证据规定》对因证据的取得不符合法定要求而不具备合法性的证据材料作了列举规定，主要有：(1) 严重违反法定程序收集的证据材料；(2) 以偷拍、偷录、窃听等手段获取侵害他人合法权益的证据材料；(3) 以利诱、欺诈、胁迫、暴力等不正当手段获取的证据材料；(4) 当事人无正当事由超出举证期限提供的证据材料；(5) 在中国领域以外或者在中国香港特别行政区、澳门特别行政区和台湾地区形成的未办理法定证明手续的证据材料;(6)以违反法律禁止性规定或者侵犯他人合法权益的方法取得的证据,不能作为认定案件事实的依据;(7)被告在行政程序中采纳的鉴定意见具有下列情形之一的:鉴定人不具备鉴定资格、鉴定程序严重违法、鉴定结论错误、不明确或者内容不完整。

需要指出的是,上述第(1)项中的法定程序对于行政机关而言,除了要符合行政诉讼法的规定之外,还要符合行政程序法的规定。行政机关违反法定行政程序收集的证据,不能为法庭采纳。行政诉讼是对行政程序的结果即行政决定的合法性的审查,而行政机关在行政程序中作行政决定时不仅行政决定本身要符合实体法的规定,其作出决定的程序也要符合行政程序法的规定,即行政机关在调查、收集证据时要符合行政程序法的有关规定。美国、瑞士、德国、葡萄牙等国家和我国澳门特区等地区都在行政程序法中对行政机关的调查程序作出了规定,规定行政机关收集证据时应遵循的规则,规范行政机关的调查行为。如《葡萄牙行政程序法》第94条规定:“检查、查验和其他类似措施,由具备鉴别相应对象所需特定知识的鉴定人作出。”《奥地利行政程序法》规定,“对每一个证人均应于讯问开始时查明与讯问有关之身份关系,并应告知其为真实的陈述”。我国《行政处罚法》规定了行政机关调查收集证据的程序,如第55条规定:“执法人员在调查或者进行检查时,应当主动向当事人或者有关人员出示执法证件……询问或者检查应当制作笔录。”对行政机关违反法定调查程序收集的证据,法庭不能采纳。

第三,是否有影响证据效力的其他违法情形。

关于行政诉讼特有的证据合法性认定规则主要有:

在证据关联性、真实性的认定方面,行政诉讼证据与刑事、民事诉讼证据基本没有什么区别,但在证据的合法性认定上,行政诉讼有其特性。根据最高法《行诉证据规定》第60条和第61条以及最高法《行诉法解释》第45条的规定,下列证据不能作为认定被诉行政行为合法的依据:

第一,被告及其诉讼代理人在作出具体行政行为后或者在诉讼程序中自行收集的证据。被告及其诉讼代理人在行政诉讼中不能自行向原告、第三人、证人收集证据,这是行政诉讼特有的取证规则。相应地,被告及其诉讼代理人在行政诉讼中(包括行政行为作出后至行政诉讼启动这段时间)收集的证据不能为法庭所采纳,不能用以证明其行政行为的合法性。

第二,被告在行政程序中非法剥夺公民、法人或者其他组织依法享有的陈述、申辩或者听证权利所采用的证据。听取行政相对人的意见是现代公正行政程序的最低要求之一,行政机关在作出不利于行政相对人的决定时,应将作决定的依据告知行政相对人,听取行政相对人的意见。剥夺当事人在行政程序中的陈述权、申辩权、听证权,未经行政相对人对质采用的证据,不能为法庭采纳。如《瑞士行政程序法》第18条规定,“如果当事人被拒绝查阅讯问笔录,则适用本法第28条的规定”;第28条规定,“当事人被拒绝查阅一项文件者,官署除对于该案件已以言词或书面告知当事人该项文件之主要内容,并给予陈述意见及提出反证之机会外,不得根据该项文件使当事人承受不利益”。我国《行政处罚法》第44条规定:“行政机关在作出行政处罚决定之前,应当告知当事人拟作出的行政处罚内容及事实、理由、依据,并告知当事人依法享有的陈述、申辩、要求听证等权利。”第45条规定:“当事人有权进行陈述和申辩。行政机关必须充分听取当事人的意见,对当事人提出的事实、理由和证据,应当进行复核;当事人提出的事实、理由或者证据成立的,行政机关应当采纳。行政机关不得因当事人陈述、申辩而给予更重的处罚。”如果行政机关作出处罚决定时没有履行上述告知义务,或者拒绝听取相对人的陈述、申辩,则不得作出行政处罚决定(《行政处罚法》第62条)。如此一来,进入诉讼程序后,行政机关作决定采用的证据自然不能为法庭采纳。此外,我国《行政处罚法》《行政许可法》等法律规定了听证制度,行政机关应当举行听证而没有举行听证的,其在行政程序中收集的证据也属于违反法定程序收集的证据,法庭不能采纳。

第三,原告或者第三人在诉讼程序中提供的、被告在行政程序中未作为具体行政行为依据的证据。

第四,复议机关在复议程序中收集和补充的证据,或者作出原具体行政行为的行政机关在复议程序中未向复议机关提交的证据,不能作为人民法院认定原具体行政行为合法的依据。此条规定的原理与被告及其诉讼代理人在行政诉讼中不得自行向原告、第三人、证人收集证据是一样的。只有行政机关在作出行政决定时就已收集的证据才能作为认定被诉具体行政行为是否合法的根据。在这之后,无论通过何种方式、途径收集的证据,都不能为法庭所采纳作为认定被诉行政行为合法的根据。

第五,被告有证据证明其在行政程序中依照法定程序要求原告或者第三人提供证据,原告或者第三人依法应当提供而没有提供,在诉讼程序中提供的证据,人民法院一般不予采纳。行政权力是国家权力的一种,在行政管理过程中,如果法律明确规定相对人有协助行政机关调查的义务,相对人应该履行协助义务。如《葡萄牙行政程序法》第89条第1款规定:“领导调查的机关,可命令利害关系人提供资料,以及就其他证据方法给予协助。”我国《行政处罚法》第55条也规定,执法人员在调查或者进行检查时,当事人或者有关人员应当如实回答询问,并协助调查或者检查,不得拒绝或者阻挠。如果被告在行政程序中依法要求原告提供证据,原告无正当理由拒不提供,在诉讼程序中再提供给法庭的,法庭不能采纳。

(二)证据证明力认证规则

1. 证明同一事实的不同种类证据证明力大小认定规则

根据最高法《行诉证据规定》第63条的规定,证明同一个事实的数个证据,其证明力大小一般可以按照下列情形分别认定:

(1)国家机关及其他职能部门依职权制作的公文书证的证明力优于其他书证。根据法治国家的要求,国家机关、社会团体依职权制作的公文一般应符合法律规定的条件,包括制作主体的资格、职权、条件、程序等,因此,其证明力一般可以被认为大于其他书证。

(2)鉴定意见、现场笔录、勘验笔录、档案材料以及经过公证或者登记的书证优于其他书证、视听资料和证人证言。档案、鉴定意见、勘验笔录或者经过公证、登记的书证在真实可靠性方面确实大于其他书证、视听资料和证人证言。档案是由官方机构收集、整理的对事实的记载,虚假的可能性较小。鉴定意见、勘验笔录一般由与案件没有利害关系的人作出,较为真实可靠。经过公证的书证,根据民事诉讼法的规定,在没有证据足以推翻之前,推定其真实;经过登记的书证的真实性也较高。其实物证的证明力一般来说也优于书证、视听资料和证人证言等种类的证据,因为物证以物的客观形式存在,对之进行改造容易留下痕迹。

(3)其他规则。包括:原件、原物优于复制件、复制品;法定鉴定部门的鉴定意见优于其他鉴定部门的鉴定意见;法庭主持勘验所制作的勘验笔录优于其他部门主持勘验所制作的勘验笔录;原始证据优于传来证据;其他证人证言优于与当事人有亲属关系或者其他密切关系的证人提供的对该当事人有利的证言;出庭作证的证人证言优于未出庭作证的证人证言;数个种类不同、内容一致的证据优于一个孤立的证据。

除上述规则外,行政诉讼应参考最高法《民诉证据规定》,增加规定直接证据的证明力一般优于间接证据。因为根据我国证据学上的通说,直接证据是指能够独立地、直接地证明案件事实的证据。直接证据对待证事实的证明具有直接、简明的特征,因而具有极强的证明力。间接证据是指与待证事实之间有间接关系,不能单独地、直接地证明案件事实。由于间接证据需要其他证据的辅助才能证明案件事实,故其证明力比直接证据弱。如果案件事实全部通过间接证据予以认定,则必须符合严格的间接证据规则。

2. 电子邮件等数据资料的证明力认定

存储于磁带、录像带、照片、磁盘等载体中的信息极易受到改变和破坏,而且可以不留下任何痕迹,无形中给这些证据的真实性审查带来极大的困难,从而影响法庭对其证明力的认定。《行政诉讼法》新增加规定了电子数据证据种类,但是没有进一步规定如何对电子数据进行审查认定。最高法《行诉证据规定》第 64 条对电子邮件等新类型证据的证明力的认定规则作出规定:“以有形载体固定或者显示的电子数据交换、电子邮件以及其他数据资料,其制作情况和真实性经对方当事人确认,或者以公证等其他有效方式予以证明的,与原件具有同等的证明效力。”

3. 自认的证据的证明力

根据最高法《行诉证据规定》第 67 条的规定:“在不受外力影响的情况下,一方当事人提供的证据,对方当事人明确表示认可的,可以认定该证据的证明效力;对方当事人予以否认,但不能提供充分的证据进行反驳的,可以综合全案情况审查认定该证据的证明效力。”

4. 不能单独作为定案依据的证据

根据最高法《行诉证据规定》第 71 条的规定,下列证据由于各种原因,证明力减弱,不能单独作为定案依据,需要与其他证据佐证,才能作为定案的依据:(1)未成年人所作的与其年龄和智力状况不相适应的证言;(2)与一方当事人有亲属关系或者其他密切关系的证人所作的对该当事人有利的证言,或者与一方当事人有不利关系的证人所作的对该当事人不利的证言;(3)应当出庭作证而无正当理由不出庭作证的证人证言;(4)难以识别是否经过修改的视听资料;(5)无法与原件、原物核对的复制件或者复制品;(6)经一方当事人或者他人改动,对方当事人不予认可的证据材料;(7)其他不能单独作为定案依据的证据材料。

上述证据原本与案件事实具有关联性,但由于种种情形,该证据材料的真实性容易让人怀疑,因此不能单独作为定案的依据,必须有其他证据相佐,才能作为定案依据。对上述证据,我国并没有将其排除在合法范围之外,而是对其合法性附加一定的条件。在英美证据法上,对可信性存有疑点的证据,实行排除规则,将其排除在可采纳范围之外。如《美国联邦证据规则》第 403 条规定:“如果相关性证据的证明价值明显不及下列一项或者多项风险,法院可以对其予以排除:不公正的偏见、混淆争点、误导陪审团、不当迟延、浪费时间或者不必要地重复举证。”

5. 证明妨碍及其法律后果

证明妨碍指当事人采用隐藏、毁灭或其他妨碍证据使用的方法，使对方当事人使用该证据证明其主张成为不可能或存在困难。对于承担举证责任的一方来说，很可能会因为对方当事人故意毁灭证据的行为，无法证明其主张，从而承担败诉的风险。

最高法《行诉证据规定》第69条规定了证明妨碍制度："原告确有证据证明被告持有的证据对原告有利，被告无正当事由拒不提供的，可以推定原告的主张成立。"根据此条的规定，证明妨碍的构成条件为：(1)原告有证据证明被告持有的证据对原告有利；(2)被告无正当事由拒不提供。如果被告的行为构成证明妨碍，法庭可以推定原告的主张成立，即证明妨碍产生原告主张成立的实体后果。我们认为，法庭作出此认定时，应该考虑给予当事人辩论的机会。[12]

最高法《行诉法解释》进一步细化了证明妨碍制度，区分两种情形分别作出规定：

(1)被告拒不提交证据。原告或者第三人确有证据证明被告持有的证据对原告或者第三人有利的，可以在开庭审理前书面申请人民法院责令行政机关提交。申请理由成立的，人民法院应当责令行政机关提交。行政机关无正当理由拒不提交的，人民法院可以推定原告或者第三人基于该证据主张的事实成立。

(2)当事人具有毁灭证据等情形。持有证据的当事人以妨碍对方当事人使用为目的，毁灭有关证据或者实施其他致使证据不能使用行为的，人民法院可以推定对方当事人基于该证据主张的事实成立，并可以对其适用妨碍诉讼强制措施。

【案例1】南通翔钢贸易有限公司不服工商局行政处罚案[13]——对鉴定意见的审查

【案情】 2003年5月18日，南通翔钢贸易有限公司购得一批钢筋，在货物运输途中，南通市如皋市公安局城西交巡警中队检查发现该批货物无任何手续，遂移交南通市如皋市工商行政管理局查处。南通市如皋市工商行政管理局从上述物品中以随机抽样方式抽取了三根钢筋，总长3.6米，其中一根留样，两根送检。南通翔钢贸易有限公司方代理人在抽样取证记录上签名并注明"对抽样无异议"。5月20日，检验所出具[2003]机电第11921号检验报告，该报告称纵肋高、间距、重量偏差三项的检测结果为不合格，其他项目均为合格，故检验结论为"样品经检验，不符合GB 1499—1998标准规定的要求，判该样品不合格"。5月21日，南通市如皋市工商行政管理局将检验报告送达南通翔钢贸易有限公司，南通翔钢贸易有限公司代理人签收并注明"无异议"。7月10日，南通市如皋市工商行政管理局对南通翔钢贸易有限公司履行处罚前的告知程序。7月15日，南通市如皋市工商行政管理局以南通翔钢贸易有限公司销售不符合标准的产品，违反《产品质量法》为由，作出行政处罚决定，决定责令南通翔钢贸易有限公司停止销售，没收上述货物。南通翔钢贸易有限公司对该处罚决定不服，提起行政诉讼。

---

〔12〕 我国台湾地区"行政诉讼法"第135条规定，"当事人因妨碍他造使用，故意将证据灭失、隐藏或者致碍难使用者，行政法院得审酌情形认他造关于该证据之主张或依该证据应证之事实为真实。前项情形，于裁判前应令当事人有辩论之机会"。

〔13〕 案件来源于北大法律信息网。

【评析】 鉴定意见是专家就案件中的专门性问题作出的结论。作为证据的一种,鉴定意见具有较强的证明力,但并不具有预定的证明力。结论是否正确,应该通过法庭质证,由法庭审查认定。最高法《行诉证据规定》对鉴定意见的质证规则有明确的规定。本案说明了人民法院在审查鉴定意见时,不能只审查其结论性意见,也要对鉴定文书反映的鉴定起因、鉴定材料、鉴定的方法等情况进行全面审查。本案根据 GB 1499—1998 国家强制性标准规定,抽样取证主体应为特定主体,被告自行抽样取证应属于抽样取证主体不合适。此外,根据 GB 1499—1998 国家强制性标准规定,对重量偏差的测量,试样数量不得少于 10 支,试样总长度不得少于 60 米,而该案送检材料却仅为 2 支、3.6 米。因此,本案中的鉴定意见并不能用作行政处罚决定的依据。

【案例 2】 佛山市金澜东钢铁有限公司诉李某芳借款纠纷案——派生证据的运用

【案情】 2006 年 11 月 10 日,李某芳用复写纸出具借条一份,其中一份为书写的原件,一份为复写的原件。借条载明"今借佛山市金澜东钢铁有限公司现金 100,000 元按年息 4% 还款"及"半年内归还"。后佛山市金澜东钢铁有限公司持借条复写件,该复写件盖有李某芳的手指模,李某芳持书写的借条原件。佛山市金澜东钢铁有限公司以李某芳未归还借款为由向法院提起诉讼,请求:李某芳立即向佛山市金澜东钢铁有限公司支付借款本金 100,000元及利息 4000 元(暂计至 2007 年 8 月 20 日,余下利息计至李某芳全部清偿为止);本案诉讼费用及实际发生的费用由李某芳承担。

法院认为,李某芳向佛山市金澜东钢铁有限公司借款 100,000 元,双方形成了借贷关系,合法有效,应受法律的保护。李某芳以持有借条书写的原件为由主张其已经向佛山市金澜东钢铁有限公司归还借款,但佛山市金澜东钢铁有限公司以持有同时开具的借条复写件的原件为对抗。该原件印有李某芳的手指模,故应与李某芳持有的借条的书写原件证明力相当。李某芳是否归还借款的事实为待查,依照 2001 年最高法《民诉证据规定》第 5 条第 2 项的规定,是否归还借款的举证责任应由李某芳承担。现李某芳除持有借条的书写原件外没有证据可以证明其已经归还借款,李某芳应承担举证不能的不利后果,故法院对佛山市金澜东钢铁有限公司提出李某芳归还借款 100,000 元的请求予以支持。法院的认定是否正确?

【评析】 书证原件与复印件的分类在我国民事诉讼中具有重要意义,因为按照最高法《民诉证据规定》第 90 条的规定,无法与原件、原物核对的复制件、复制品不能单独作为认定案件事实的根据。按照人们在日常生活中的经验,区分原件与复印件主要依照两项标准:一是产生方式不同,复印件是原件经过机械、化学或其他方式复制产生;二是产生时间不同,复印件后于原件产生。上述区分标准实际上把复印件限制在了较小的范围内。如果在司法实践中我们也以上述标准区分原始书证与派生书证,就会产生一些问题。比如,某人采取先手写再复印的方法散发、张贴小传单对他人进行侮辱、诽谤,只有手写的传单才能构成原件,其他传单只是复印件。并且,按照对最高法《民诉证据规定》的理解,只有受害人找到了"原件"才能证明侵权事实的存在,单独的"复印件"在没有与原件核对无误时,不可采纳。这对承担举证责任的当事人而言显然是不公平的。

解决上述问题的途径是，在立法上不要使用“原件”与“复印件”的概念，而是分别以“原始书证”与“派生书证”替代之。“原件”与“复印件”是从技术角度对书证作的分类，但是，所谓的书证“原件”优先原则实际是原始证据优先于派生证据使用的规则。在证据法学理论中，区分原始证据与派生证据的标准是证据的来源而不是证据制作的技术手段。直接来源于案件事实或者在案件事实发生、发展过程中产生的证据就是原始证据。“复印件”或“复写件”不等于“派生证据”，但是最高法《民诉证据规定》实际上是在同一含义上使用“复印件”与“派生证据”两个术语的，这极有可能导致司法实践的混乱，给当事人举证造成障碍。

本案一审法院对原告持有的加盖李某芳指模的借条的复写件的性质与效力作出了正确的判断。由于该借条是采用复写的方式形成的，其在产生的时间上是与案件事实同时产生的。同时，李某芳在该借条上加盖指模的行为也可以被认定为其欲使该复写件发生与原件同等的法律效力。基于上述两点，该复写件应当被认定为原始证据，而非传来证据。

第十六章　推定与司法认知

第一节　推　　定

一、推定的概念与特征

（一）推定的概念

所谓推定，是指根据事实之间的常态联系，当某一事实存在时，推引另一不明事实存在。推定反映的是已知事实和未知事实、前提事实和推定事实之间的关系，推定的发生依据包括法律规定和经验法则，依法律规定进行的推定称为法律推定，依经验法则进行的推定称为事实推定，推定的救济方法是反证，当事人可以提出反证推翻推定事实，从而使推定规则失去效用。证据意义上的推定，与假定、法律拟制、举证责任倒置等概念有相似之处，但又有明显的区别。

1. 推定与假定

在现代汉语中，假定有姑且认定、假设之意。它是对过去没有、现在也不存在的某种事实进行猜测的一种思维形式。假定是主观任意的产物，是不需要任何前提条件的假设，属于思维的范畴，不具有任何法律效力。推定是法律允许的认定案件事实的一种特殊规则，只要在法律规定的条件和范围内，就能产生一定的法律后果。推定必须由反证证明其伪，假定必须以证据证明其真。可见，推定与假定之间有质的区别。

2. 推定与法律拟制

法律拟制，是根据实际需要，把某种事实甲看作另一种事实乙，使事实甲与事实乙发生同一的法律效果。法律拟制不能用反证来否定，因而不涉及举证责任由谁负担的问题。立法者往往用“视为”一词来表达法律拟制，如公民经常居所与住所地不一致的，经常居所视为住所（《民法典》第 25 条）；商业广告和宣传的内容符合要约条件的，构成要约（《民法典》第 473 条）；第二审法院审理上诉案件，经调解达成协议的，调解书送达后，原审人民法院的判决视为撤销（《民事诉讼法》第 179 条）。

法律拟制与推定在形式上极为相似，都涉及甲、乙两个事实，并且只要甲事实的存在得到证明，法律就使它产生与乙事实相同的法律效果。但推定与法律拟制实质上是两个不同的概念。二者的区别如下：(1) 在能否用反证推翻上不同。法律拟制的目的是使甲事实产生与乙事实相同的法律效果，甲事实的存在得到证明后，自然不允许对方当事人再提出证据来推翻乙事实。推定则不同，法律允许当事人提出反证推翻推定事实，只有在缺乏相反证据的情况下，推定事实才会被认定。(2) 对举证责任的影响不同。在法律拟制中，尽管一方当事人主张的是后一事实的法律后果,但双方发生争议且需要证明的始终是前一项事实,而不允许对后一项事实进行争议,所以不发生将后一事实的举证责任转移给对方当事人的问题。因此,法律拟制不影响举证责任的分担。在推定中,需要证明的主要是后一项事实,即推定事实。由于推定的作用,主张推定事实存在的一方当事人证明前提事实后,法律便假定推定事实存在,这样,就把证明推定事实不存在的举证责任转移到了对方当事人身上。可见,推定与法律拟制的区别之一,在于它有转移推定事实的举证责任的作用。

(二)推定的特征

推定是证据法的重要制度,它对实现诉讼公正、提高诉讼效率和解决证明中的困难都具有不可替代的作用。推定具有如下特点:

第一,推定表示两个事实之间的关系。推定总是涉及两个事实,一个是已知的事实 A,叫作基础事实;另一个是未知的事实 B,叫作推定事实。一般情况下,事实 A 与事实 B 之间具有共存关系,所以由事实 A 存在可以推导出事实 B 存在。比如,法定期限内不上诉的事实与当事人放弃上诉权的事实一般具有共存关系,所以由法定期限内不上诉可以推定当事人放弃上诉权。在推定所涉及的两个事实的关系中,基础事实的真伪制约着推定事实的真伪,所以基础事实至关重要。基础事实作为已知的事实,即在诉讼中已经成立的事实,主要包括以下几种:(1)法院认知的事实;(2)当事人无争议的事实;(3)基于证据认定的事实;(4)当事人约定的事实。

第二,推定作为一种思维形式,是一个三段论推理的逻辑结构。比如,特定案件中使用“婚姻存续期间怀孕所生子女为婚生子女”的推定,其逻辑结构为:

婚姻存续期间怀孕所生子女(M)——婚生子女(P);

特定案件中的子女(S)——婚姻存续期间怀孕所生子女(M);

特定案件中的子女(S)——婚生子女(P)。

这里小前提的判断代表基础事实 A,结论代表推定的事实 B,A、B 两个事实之间的共存关系是根据大前提的判断推导出来的,而大前提的判断只反映了事实之间的常态联系,是不周延的。虽然一般情况下大前提的判断能够成立,但并不能排除例外。比如,极少数案件中婚姻存续期间怀孕所生子女并非婚生子女。所以,建立在常态关系基础上的推定有可能为假,从逻辑上讲,推定应当允许被反驳。反驳某一推定的方法一般有以下几种:(1)可就基础事实提出反驳;(2)可对推定事实提出反驳;(3)证明基础事实和推定事实并不存在因果关系、逻辑关系或法律上的联系。

第三,推定不同于一般的逻辑思维形式,具有特定的法律意义。推定的适用不仅应当遵守逻辑规则,也应当遵守一定的法律规则。如上所述,推定从逻辑上讲,其结论具有或然性。

二、推定在诉讼中的意义

推定作为证据制度中不可缺少的内容,在诉讼证明的过程中发挥着不可替代的作用。对于推定的必要性主要可以从两个方面来认识:

第一,可以缓解某些证明上的困难,避免诉讼陷入僵局。从哲学认识论角度讲,客观世界是可以被主观所认识的,但这只是就人的认识能力的可能性而言的,主观对客观的认识是一个长久的历史过程。但诉讼不同,通过诉讼对案件事实的认识不可能是无止境的,因为诉讼受时间(诉讼期限)和认识手段(合法调查方法)的限制,诉讼中可能出现真假不明、无法查清的情况,而诉讼却不可能被无限期拖延。在此情况下,最佳的办法就是运用推定,根据已知的事实对未知的事实作出推断。

第二,有的案件事实虽然不是根本无法查清,但很难取证证明,故经过权衡得失,需要采取推定的方法确定案件事实。如要收集获取失踪人已经死亡的证据就很困难,这时根据其失踪满一定期间的事实推定其死亡,不仅能克服诉讼障碍,而且符合诉讼经济的原则,有利于提高诉讼效益。

但是,我们在充分认识推定的必要性与科学性的同时,又要注意和克服其局限性。推定的局限性是指推定的消极意义,它主要表现在:通过推定确认的事实,其真实程度具有一定的盖然性。换句话说,建立在事物常态联系基础上的推定,不可能百分之百符合客观真实。当然,我们不能因噎废食,因此否认推定的必要性和科学性;但我们也不应完全满足于推定的盖然率,实事求是、客观真实是诉讼应当追求的更高目标。

由于推定存在上述局限性,我们在制定和运用推定的规则时,应当注意两点:(1)无论法律推定还是事实推定,都应尽量允许反驳,特别是在司法实践中运用事实推定,更应全部都允许反驳;而在法律推定中,只对极少数情况,基于对诸多方面的权衡,才能将其绝对化。(2)对推定不可滥用。立法上对因果关系盖然率不高的事实,不宜规定推定条款。司法上,只有在立法已对推定作出规定的情况下,或者在虽无法律规定但确实必要的情况下,才能运用推定。后一种情况下运用推定,还不得代替必要的调查取证,并应通过集体讨论、上级法院审查等制度保证推定的正确性,防止或避免其被任意适用。

三、推定的分类

不同国家的证据法学理论对推定采取了不同的分类方式。英国证据法学理论将推定分为不可反驳的法律推定、可反驳的法律推定、可反驳的事实推定三类。[1] 不可反驳的法律推定亦可称为决定性推定,是用推定的形式制定的实体法规则。例如,当两个以上的人死亡的时间无法确认时,推定年长者的死亡时间在前。可反驳的法律推定是指法律规定当出现某一基础事实时,法院必须推断出推定事实的存在。比如,父母以子女名义购买的财产推定为赠与财产。可反驳的事实推定实际上是法官运用证据证明案件事实的心证过程,法律并不强制法官必须适用推定规则。例如,可以从某人隐藏证据的行为中推定该证据对此人不利。

大陆法系国家对推定多采取两分法,分为法律上的推定和事实上的推定。事实上的推定又称为法院的推定或裁判上的推定、显而易见的推定,是指法官利用已经被证明的事实(间接事实)为基础,以经验法则推论一定事实(待证事实)的真伪。法律上的推定是指法律规定以某一事实的存在为基础,据以认定待证事实的存在。这种分类方式主要以法国和日本为代表。比如,《法国民法典》第 1349 条规定,"推定系法律或法官从已知的事实推论未知事实得出的结论"。该条规定即包含了法律上的推定和非法律上的推定两种类型。

---

〔1〕 参见沈达明编著:《比较民事诉讼法初论》,中国法制出版社 2002 年版,第 272 页。

我国学者在理论研究的过程中，根据不同的标准将推定从不同的角度加以划分，现分别论述如下：

（一）法律推定和事实推定

法律推定和事实推定的分类是对推定进行研究的重要视角，最高法《民诉证据规定》第95条和最高法《民诉法解释》第93条就包括事实上的推定和法律上的推定这一分类方式。

1. 法律推定

法律推定是立法者根据两个事实之间的常态联系，在法律上规定，当已知事实A存在的情况下，推定事实B存在。法律推定的本质在于，通过证明前提事实的存在，来使某法律效果的要件事实之一（推定事实）也获得证明。法律推定又称立法推定，通说认为法律推定有导致客观证明责任倒置的作用。但是根据我国《民诉证据规定》第10条的规定，法律推定仅具有使主观证明责任转移的效果。

适用法律推定必须遵循两项要求：

首先，要确认前提事实。法律推定是根据前提事实作出的推断，不需要作为证明对象予以证明。但是，作为推断根据的前提事实，除众所周知的事实和法院审判上知悉的事实可由法院径行认定外，其余都应由主张存在该事实的当事人举证证明。如果负举证责任的当事人没有提供证据或提供的证据不足以证明前提事实，那么推定法则就无法适用。前提事实一旦得到证明，法院就会依照法律规定作出推定事实存在的假定。所以，推定法则仅免除了于其有利的一方当事人对推定事实的举证责任，而没有免除其对前提事实的举证责任。对于未履行举证责任的当事人，法院可责令其提供证据；否则，不能认定前提事实，也就不能确认推定事实存在。

其次，适用法律推定须以无反证推翻为条件。法律推定的事实，必须是能够以相反证据推翻的事实，不能以反证推翻的推定，不是法律推定。当推定事实因前提事实的确认而被假定存在后，否认推定事实的一方要推翻该推定事实，就必须对推定事实不存在负举证责任。例如，依有关法律规定，夫妻关系存续期间所生的子女，视为婚生子女。一方当事人若要否定这一推定事实，必须提出充分的证据证明夫妻于该子女出生前，已分居两年，且无往来，从而使推定事实是否存在陷入真伪不明的状态。在此情况下，就不能再适用推定法则认定该子女为婚生子女。可见反证可以推翻推定事实。反证必须充分、足够，其具体标准是能够使推定事实存在与否陷入真伪不明的状态。当相反证据不足以否定推定事实时，法院应依法认定推定事实；当反证足以推翻推定事实时，就不能适用推定。

当然，对法律推定的反驳并不限于针对推定事实提出反证，为阻碍法院适用有利于对方当事人的推定，当事人一方还可就前提事实提出争议，并提供证据证明前提事实不存在。只要当事人提出反证使前提事实的存在与否处于真伪不明的状态，就能有效排除适用法律推定的可能。

2. 事实推定

事实推定是在诉讼过程中，司法工作人员根据两个事实之间的常态联系，在事实A已经明确的情况下，推定事实B存在。比如，根据被告在诉讼中销毁或隐匿证据这一事实，可以推断出示该证据必定于其不利。再如，根据某人在事故发生后的瞬间正驾驶着某辆汽车这一事实,可以推断事故发生时其正驾驶着这辆汽车。

法学界存在否认事实推定的观点,认为事实推定是“司法机关经过推理来认定事实,应当直接使用‘推理’或‘推论’一词”[2]。推定与“推理”“推论”等用语在语义上作为对一种思维形式的反映,含义并无多大差别,关键应看这种“推理”“推论”在法律上是否有其意义。回答如果是肯定的,就应将这种“推理”“推论”纳入法律范畴,并称为推定。既然这种“推理”“推论”就是“司法机关经过推理来认定事实”,那么其法律意义也就不言自明了。所以,这种“推理”“推论”即使没有法律上的明文规定,也应被称为事实推定。事实推定是客观存在的,而且是十分必要的,尽管它与法律推定有区别,但是二者深层次的根据都是事实之间的常态联系,只是法律推定是立法者认为十分重要的推定故而在法律上作了明确规定。与事实推定相比较,法律推定是较少的,而事实推定则较多,立法者不可能将全部推定完全列举,所以事实推定不应被排除。不仅如此,对于事实推定的场合、规则和要求,我们更应注意研究。肯定事实推定,实际上就等于肯定司法工作人员在诉讼中的主观能动性,使司法变成一种既是合法的又是能动的过程,而不是简单地适用法律的过程。

事实推定和法律推定之间存在相似和联系之处,主要体现为:(1)事实推定和法律推定都具有推定的一般特征,比如两者并非证据而是一种证明方法和法则,须有前提事实和推定事实,一般允许当事人提出反证推翻等。(2)法律推定与事实推定的划分是相对的,某一推定当时属于事实推定,以后却可能经立法确认而成为法律推定。同样,某一推定在一个国家属于事实推定,在另一国家便可能属于法律推定。(3)对法律的推定和对事实的推定加以反驳时,都可以使用直接反证和间接反证两种方式。所谓直接反证是指证明人通过直接证明推定所依据的基础性事实不存在的方式反驳推定事实的存在;间接反证则是指证明人提出新的证据,使法官根据这些新的证据认定推定事实不存在。

但是,法律推定与事实推定的区别也是明显的,主要体现在:(1)法律推定的根据是法律的明文规定,事实推定的根据则是法官的经验和逻辑,这是区别事实推定和法律推定的明显标志。(2)对于推定的反驳,法律虽然规定都可以采用直接反证和间接反证两种方式,但是,反证成立的标准却是不同的。对于法律推定的反驳,不能只满足于达到可疑或动摇心证的程度,而是要达到推定事实不存在程度的证明;而对于事实推定的反证,仅要求达到使法官产生怀疑,即动摇法官心证的程度即可。

(二)我国立法上与“推定”类似的技术

证据法上的推定主要用于解决司法证明的难题,帮助法官克服心证真伪不明的状态。由于立法语言使用不规范,法律推定在我国的规范体系中可能被表达为“视为”“认定”“证明”。同时并非使用“推定”的规范,即为证据制度中的“法律推定”。常见的易产生歧义的类似规定包括:

1. 能力推定

能力推定是指在一定条件具备的情况下(基础事实 A 存在),推定某人具有某种法律上的能力。能力推定本质上是实体法规则而非诉讼法规则。在这些规范中,并不存在事实难

---

[2] 陈一云主编:《证据学》,中国人民大学出版社 1991 年版,第 164 页。

以证明的问题,因此没有必要通过法律推定解决事实证明的难题。例如,根据《刑法》第17条的规定,已满14周岁不满16周岁的人,犯故意杀人、故意伤害致人重伤或者死亡、强奸、抢劫、贩卖毒品、放火、爆炸、投放危险物质罪,推定有刑事责任能力。再如,《民法典》第1143条,将无民事行为能力人或者限制民事行为能力人推定为无遗嘱能力。该能力的推定,实质是对行为人思维判断力的推定,因为法律能力是以正常的思维判断力作为基础的。按常理,人的思维判断力存在差异,人在一定情况下是否有正常的思维判断力不能一概而论,应当是可以反驳的。

2. 意思推定

意思推定是指根据某一情况(基础事实A)存在,推定某人存在某种内心意愿。例如,《民法典》第734条规定,租赁期限届满,承租人继续使用租赁物,出租人没有提出异议的,原租赁合同继续有效。该规定就将出租人保持沉默的行为推定为同意继续出租租赁物的意思表示。对意思表示的"推定"本质上是对意思表示进行解释的活动,而不是法律推定。法律推定以发现事实、解决司法证明中的问题为目的。意思表示的解释也高度重视探寻行为人的真意,二者确实有一定的相似。但是,由于对意思表示的解释的宗旨是探寻其规范意义,与法律解释的目的相同,因此本质上属于法律问题而非事实问题。[3] 对于推断的意思表示进行解释的法律规范,并不属于法律推定,而是属于具有实体法性质的法律拟制的范畴。这同时也意味着,对于推断的意思表示,可以适用意思表示瑕疵和错误的救济方式,撤销或变更意思表示,而不是对推定的基础事实或结论事实予以反证。

3. 过错推定

过错推定是指在一定条件下(基础事实A存在)推定某人主观上有过错。如果法律规定的某种责任的构成,需要以行为人主观上有过错为条件,那么就需要依据一定的条件推定行为人主观上有过错。例如,根据《刑法》第398条的规定,国家机关工作人员违反保守国家秘密法的规定,泄露国家秘密,推定行为人有过错。过错推定中有的是可以反驳的,有的是不可反驳的。通说认为,过错推定是实体规范而非诉讼规范。

4. 其他实体事实的推定

实体事实的推定,除前述的能力推定、意思推定、过错推定外,还有很多。例如,债务人对其住所的财产如未提出声明和反证,该财产即被认为是债务人所有的财产。存折上记名的存款人被推定为存款的所有人。有关行政主管部门登记或发给证书(营业执照、产权证书等)确认的事实推定为真实。这些事实的推定一般是相对的,可被反驳的。

5. 证据事实的推定

某一待证事实真伪不明,可以概括一定条件(基础事实A存在)推定其真伪。如根据《民事诉讼法》第72条的规定,经过法定程序公证证明的法律事实和文书,人民法院应当作为认定事实的根据,但有相反证据足以推翻公证证明的除外。再如,最高法《民诉证据规定》第95条规定,一方当事人控制证据无正当理由拒不提交,对待证事实负有举证责任的当事人主张该证据的内容不利于控制人的,人民法院可以认定该主张成立。该规定也属于对证据事实的推定。证据事实的推定可被反驳。

---

〔3〕 参见朱庆育:《民法总论》,北京大学出版社2013年版,第212页。

6. 一般程序事实的推定

一般程序事实真假不明、有无不清,也可以依据其他事实加以推定。如《刑事诉讼法》第107条和《民事诉讼法》第89条规定,送达时受送达人或者代收人拒收诉讼文书的,送达人可以邀请有关人员作为见证人到场,把诉讼文书留在受送达人的住所,即视为送达(推定受送达人知晓该诉讼文书)。再如,《民事诉讼法》第130条第2款规定,当事人对人民法院管辖不提出异议并应诉答辩的,视为承认该人民法院为有管辖权的法院。这种程序事实的推定一般属于不可反驳的推定。

四、刑事诉讼中的推定

在刑事诉讼中,推定的适用受到法律的严格规制,一般情况下,不得在没有证据证明犯罪事实的情况下,进行有罪推定。但是,为了减少不必要的证明对象,简化证明活动,加快诉讼的进程,推定在刑事诉讼中亦有存在的空间与可能。刑事诉讼中的推定,亦有法律推定与事实推定两种类型。比如,身份证上记载的出生日期。在某些案件中,被害人的年龄也对定罪量刑有重大影响。以身份证上记载的出生日期为准,有利于在审判实践中及时解决对于犯罪嫌疑人、被告人或被害人年龄问题的争议,除非有足够的相反证据证明身份证上的记载错误。再如,国家工作人员的财产或支出明显超过合法收入,差额巨大又不能说明其来源合法的,差额部分为巨额财产来源不明。《刑法》第395条规定,巨额财产来源不明时推定该财产为非法所得,对非法所得予以追缴。

在刑事诉讼中适用推定,可以把两种事实之间的关系规范化,只要确定了基础事实,就可以假定另一事实的存在;如果没有提出反证,就应当认为这种假定能够成立。通过推定,可以使当事人合理分担举证责任。法律上推定的事实总会有利于一方当事人,由于它不需要证明,就免除了该当事人的举证责任。否定推定事实存在的当事人,应负举证责任。由于推定的事实由否定者举证反驳较易,合理地解决了控辩双方对推定事实的举证责任。

五、民事诉讼中的推定

民事诉讼是推定适用的主要领域。法律上的推定与事实上的推定在民事诉讼中均有广泛的体现。《民法典》第544条规定:“当事人对合同变更的内容约定不明确的,推定为未变更。”最高法《民诉证据规定》第95条规定:“一方当事人控制证据无正当理由拒不提交,对待证事实负有举证责任的当事人主张该证据的内容不利于控制人的,人民法院可以认定该主张成立。”

总体上,通说认为推定的有效适用应当具备以下条件:

第一,待证事实无法或者极难通过直接证明加以证实或证伪,这是因为推定本身依据的事物之间的联系是一种或然性联系,是在“一般”和“特殊”之间选择前者的结果,如果能确然对事实进行证明则无运用推定之必要性和合理性。

第二,基础事实是真实的。诚然,结论为真需要将前提为真当作前提。

第三,推理形式是有效的。这里的推理形式就是指从基础事实到推定事实之间的逻辑路径和逻辑形式,对于法律推定而言,三段论是唯一的逻辑路径;对于事实推定而言,学者认为,包括三段论在内的诸多逻辑形式都可以作为推理方法。

对于适用推定的法律效果,多数学者认为,法律推定转移的是形式意义上的提出证据的责任。在一方完成对基础事实的举证之后,经过推定制度的作用,即视为暂时完成了对推定事实的证明。此时,若被告通过反驳使推定的效果陷入真伪不明,则仍应当由适用推定的一方承担不利后果。目前通说认为,由于事实推定可以分为表见证明与间接证明两种类型,其中表见证明具有转移行为意义上的证明责任的作用,而间接证明则是法官自由心证时采用的。间接证明与证明责任无关,只涉及心证过程中对证明力的评价,因而不应当具有对证明责任分配的影响力。但是我国最高法《民诉证据规定》及最高法《民诉法解释》并未采纳上述学界观点,而是概括性地赋予推定以转移行为意义上的证明责任的效力。

第二节 司法认知

一、司法认知的含义

证据法中的司法认知,最早可以追溯至古罗马法上的"显著之事实,无须证明"之法谚。司法认知(judicial notice),也称审判上知悉或审判上认知,是指法官在审判过程中对案件事实的认知或者知悉。凡是属于法律上规定为司法认知或者审判上知悉的事实,法院将断定其存在,而无须当事人举证证明。可见,司法认知是证据裁判原则的例外。在此,需要指出的是,国内外有部分学者认为,本国的法律及签署的国际公约,也属于法官司法认知的范畴。[4] 我们认为,证据法的核心是通过正当程序追求案件事实真相,而有关法律的规定是对事实的评价,与发现事实真相无关。因此,我们主张证据法中的司法认知,仅指法官对案件事实的认知,而不包括对法律的认知。

司法认知是免证事实的一种表现形式。关于司法认知之性质,理论界众说纷纭,代表性的观点有如下三种:一是证明方式说,如"司法认知是指法院在审理过程中以裁定的形式直接确认特定事实的真实性,及时排除没有合理根据的争议,确保审理顺利进行,从而提高诉讼效率的一种诉讼证明方式"[5]。"司法认知是指对于应当适用的法律或某一待认定的事实,法官依申请或依职权初步认定其为事实的一种诉讼证明方式。"[6] 二是判决依据说,如所谓司法认知,是指法官对于待认定的事实,在审判中不待当事人举证,而直接予以确认,作为判决的依据。[7] 三是职务行为说,如"司法认知,是指法官在诉讼上就众所周知的事实以及属于职务上已为显著的事实,无须当事人举证或法庭调查而直接加以确认的审判职务行为"[8]。我们认为,司法认知属于免证事实的范畴,即无须当事人证明的事实,因此将司法认知视为一种诉讼证明方式,似有不当。对于法院来说,司法认知确属法官的职务行为;但是,司法认知对当事人也会产生法律意义,因此完全从法官职务行为的角度定位司法认知,

---

[4] 参见宋英辉、汤维建主编:《证据法学研究述评》,中国人民公安大学出版社2006年版,第405页。
[5] 樊崇义主编:《证据法学》,法律出版社2008年版,第356页。
[6] 卞建林主编:《证据法学》,中国政法大学出版社2005年版,第422页。
[7] 参见何家弘、刘品新:《证据法学》,法律出版社2007年版,第272页。
[8] 毕玉谦主编:《证据法要义》,法律出版社2003年版,第347页。

似有以偏概全之嫌。

二、司法认知的特征

与诉讼证明、推定等诉讼活动相比,司法认知具有如下特点。

第一,司法认知的主体限于法院。司法认知是法院的一种诉讼行为,是法院行使审判权的一种形式。作为审判机关,法院有权就公认的事实或者职务上知悉的事实直接予以认定。正如当事人有权以举证和质证的方式进行诉讼证明一样,司法认知专属于法院。当事人可以申请法院对特定的案件事实采取司法认知,但最终是否采取司法认知的决定权在于法院。

第二,司法认知客体的特殊性。此种特殊性体现在:一是法定性。能够成为司法认知的事实必须以法律的明确规定为前提;法律没有明确规定可以司法认知的事实,裁判者无权通过司法认知的方式认定。二是有限性。诉讼中案件事实的认定,原则上应当依据证据。通过推定、司法认知等无须证据证明的方式认定案件事实,是诉讼证明的例外。

第三,司法认知的结果可被反驳。采取司法认知并未使事实处于不可争议的状态,在案件判决生效之前,司法认知只是有形式上的证明力,却并未得到最终确定。同时,由于众所周知的事实以及相关事实均存在与案件客观事实相背离的可能性,为保证法庭在裁判中认定的事实同客观存在的事实情况相一致,并防止法院滥用权力认定事实和误认事实,如果当事人有充足的相反证据可以推翻原认定的事实,则应当允许其提出反驳和相反的主张。

三、司法认知的功能

司法认知是法院在对案件的审理过程中,对某些事实以宣告的形式直接认定其为真实的一种事实认定方法,同当事人举证、法庭调查、逻辑推理等证明方式不同,它具有如下功能:

一是有利于提高诉讼效率。对于法院来说,司法认知可以免除调查和审查的过程;对于当事人来说,司法认知可以免除不必要的举证负担。因此,通过司法认知,可以及时将已经查明的案件事实确定下来,避免诉辩双方重复举证,消除无谓争议,从而将时间和资源用于解决案件的关键争点。

二是影响证明责任的分配。当法院采取司法认知直接认定某一事实的真实性时,承担证明责任的一方当事人便无须负举证责任;与此同时,法院的司法认知对另一方当事人施加了证明责任。另一方当事人如果对司法认知的事实提出异议,则必须提出证据证明,否则其异议不能成立。因此,司法认知具有影响证明责任分配的作用。

四、司法认知的范围

最高法《民诉法解释》第93条规定:“下列事实,当事人无须举证证明:(一)自然规律以及定理、定律;(二)众所周知的事实;(三)根据法律规定推定的事实;(四)根据已知的事实和日常生活经验法则推定出的另一事实;(五)已为人民法院发生法律效力的裁判所确认的事实;(六)已为仲裁机构生效裁决所确认的事实;(七)已为有效公证文书所证明的事实。前款第二项至第四项规定的事实,当事人有相反证据足以反驳的除外;第五项至第七项规定的事实,当事人有相反证据足以推翻的除外。”最高法《行诉证据规定》第68条作了基本相同的规定。一般认为,上述规定的免证事实种类中,除依法可以推定的事实外,其他几类即为司法认知的范围。结合上述规定,借鉴域外相关立法规定,我们认为,司法认知的范围包括以下几个方面:

其一,自然规律及定理、定律。自然规律及定理、定律,是指经科学研究证明的,为自然科学界普遍接受的原理和原则。在诉讼中,当事人向法庭陈述的事实中有时会涉及自然规律或科学定理、定律,如潮汐的涨落、生物有机体的新陈代谢、能量守恒与转换定律等。这些自然规律与定理、定律,有的广为人知,成为众所周知的事实的一部分;有的虽然不为众人所知,但已经经过实践的反复检验,其客观存在性及真实性不致有误,所以同样不必证明。在诉讼中,法官对自然规律及定理、定律的审查,必要时可以咨询相关领域的专家。

其二,众所周知的事实。对众所周知的事实,可以由司法认知的方式认定,这是各国诉讼法的通例。不过,何谓"众所周知的事实"? 理论界对此存在较大的分歧。有的认为是指一定区域内大多数人都知道的事实〔9〕;有的认为是指一定区域内为公众所普遍了解的事实〔10〕;有的认为是指有一般知识的人都知道的事实〔11〕;还有的人认为,英美法系坚持的是一般人认识标准,大陆法系以法官的认识为标准,上述两项标准可以合并适用。判断一项事实是否为众所周知的事实,需要具备两方面的条件:客观方面,该事实为公众所普遍知晓;主观方面,法官认为该事实为众所周知。〔12〕 我们认为,对"众所周知的事实"范围之界定,既不能太宽,也不能太窄。一般来说,满足以下两个条件即可认定为众所周知的事实:一是诉讼发生时该事实为法院所在地大多数人所知晓;二是审理案件的法官也知道。

其三,预决的事实。所谓预决的事实,是指被已发生法律效力的司法判决、仲裁裁决所确定的事实。预决的事实之所以成为司法认知的对象,一方面是因为该事实在其他诉讼中已为法院查明,另一方面是为了防止法院在裁判中对同一事实作出互相矛盾的认定。预决的事实包括以下几种情况:一是为生效民事判决、仲裁裁决所确定的事实;二是为生效刑事裁判所确定的事实;三是为生效行政裁判所确定的事实。鉴于三种诉讼证明标准的差异,预决的事实可以成为法官司法认知的对象,但必须满足一定的条件。具体来说,根据越高的证明标准作出的裁判,在与其证明标准相同或者更低的案件中,其认定的事实就越能成为司法认知的对象。

其四,经公证证明的事实。公证行为属于国家的准司法行为,公证机关对事实的确认,是依照法定程序,经过严格的审查后作出的,一般都具有真实性。因此,在当事人提出公证文书证明其所主张的事实后,人民法院就不必再对该文书进行审查,也不必再要求该当事人提供其他证据,只要对方当事人未提出足以推翻公证证明的相反证据,人民法院就可以直接将它作为认定事实的根据。

五、司法认知的程序

关于司法认知的程序,我国三部诉讼法及相关司法解释没有明确规定。参照域外相关

〔9〕 参见卞建林主编:《证据法学》,中国政法大学出版社 2005 年版,第 421 页。
〔10〕 参见何家弘主编:《新编证据法学》,法律出版社 2000 年版,第 288 页。
〔11〕 参见陈一云主编:《证据学》,中国人民大学出版社 2000 年版,第 154 页。
〔12〕 参见卞建林主编:《刑事证明理论》,中国人民公安大学出版社 2004 年版,第 147 页。

规定,我们认为,司法认知大致应该遵循以下程序。

一是法官依职权主动认知或者接受申请。对于符合司法认知的事项,法官可以不待当事人申请,直接依职权主动认知。当事人对于符合司法认知的事项,如欲免除其举证责任,应当向法院提出司法认知的申请并提供充分的资料。

二是告知当事人。司法认知的法律效力最终取决于本案判决的效力,在本案判决生效之前,司法认知并不意味着调查程序的终结,案件事实只有在作出裁判时才能确定下来。因此,法官欲认知某一事实,尤其是依据职权主动认知时,应当立即告知诉辩双方,使其获得有关辩解的机会。此时,当事人提出异议的方式可以是口头的,也可以是书面的,但是必须提出相应的证据或者充分的理由证明其主张。

三是人民法院采取司法认知之前应当进行必要的调查。调查手段包括:听取当事人的陈述、询问证人和专家、查阅相关资料等。如此调查的目的不仅在于保障司法认知的正确性,而且在于保障当事人的诉讼权利。

四是司法认知应当采取裁定的方式。由于司法认知是法院采取的一种具有法律约束力的诉讼行为,为了确保其严肃性,应当以裁定的方式作出。此裁定应当指明司法认知的事实以及采取司法认知的根据和理由。在形式上,基于诉讼效率的考虑,我们认为,采取口头裁定即可,但该裁定必须记入审判笔录。

六、司法认知的效力

司法认知的效力,是指司法认知对诉讼主体产生的法律效果,它包括以下两个方面的内容:

一是对诉辩双方的效力。这包括:(1)免除诉辩双方的举证责任。对于司法认知的事实,当事人无须举证证明。(2)诉辩双方的认知请求权。对于法院必须认知的事实,诉辩双方有请求法院认知的权利;即便诉辩双方没有提出认知的主张,法院也可以主动认知。

二是对人民法院的效力。司法认知是法院采取的一种具有法律约束力的诉讼行为。法院一旦作出司法认知,就应当受其约束。法院对司法认知的事实必须向当事人指明,并为当事人提供反驳的机会。

【案例1】 重庆文某案——刑事诉讼中的推定

【案情】 重庆市人民检察院第五分院指控:1996年至2009年,文某先后担任重庆市公安局党委委员、党委副书记、副局长,重庆市司法局党委书记、局长,在这期间,其利用职务上的便利,为他人谋取利益,单独或与其妻周某亚收受重庆兴安实业发展有限公司、重庆吉鑫装饰工程有限公司法定代表人周某梅(另案处理)等19家单位和个人所送财物1546.49万元。上述贿款多数涉嫌"卖官",共计923.63万元,占到其中六成;此外,文某另有78万余元涉黑,包庇、纵容黑社会性质的组织进行违法犯罪活动。另据检方查明,文某家庭财产、支出共计折合人民币3094.465511万元,其中有1062.82余万元的财产不能说明来源。

重庆市第五中级人民法院经审理查明:1996年至2009年,文某利用其先后担任重庆市公安局党委委员、党委副书记、副局长,重庆市司法局党委书记、局长的职务便利,为他人职务晋升、工作调动、就业安置、承揽工程等谋取利益，先后多次单独或伙同其妻周某亚收受包括黑社会性质组织的组织者、领导者在内的他人财物，折合人民币共计1211万余元，其中，文某、周某亚共同收受他人财物折合人民币449万余元。2003年至2008年，文某明知王某伦、谢某萍、岳某、马某、王某军等人组织、领导的多个黑社会性质组织从事有组织的违法犯罪活动，仍予以包庇、纵容。2007年8月28日晚，文某还强行与某女发生了性关系。此外，文某对1044万余元财物不能说明来源。

重庆市第五中级人民法院判决：文某因犯受贿罪，包庇、纵容黑社会性质组织罪、巨额财产来源不明罪、强奸罪，数罪并罚被判处死刑，剥夺政治权利终身，并处没收个人全部财产。重庆市高级人民法院裁定驳回文某上诉，维持原判。经最高人民法院核准，文某于2010年7月7日被执行死刑。

【评析】 本案是一起利用法律推定认定案件事实的典型案例。本案中，法院根据证据查明：文某有巨额资产2255万元，其中1211万元是其受贿所得，对剩下的1044万元，司法机关尚无充分证据证明是其非法所得，而文某本人也无法说明其是合法所得。因此，对这1044万元，从理论上讲，可能是合法所得，也可能是非法所得。根据我国《刑法》第395条的规定，国家工作人员的财产或者支出明显超过合法收入，差额巨大的，可以责令其说明来源。本人不能说明其来源是合法的，差额部分以非法所得论。本案正是根据此法律推定，认定1044万元为非法所得。

【案例2】 王某诉朱某人身伤害民事赔偿案〔13〕——司法认知

【案情】 王某和朱某是从小一起长大的邻居。2006年4月，两家因宅基地发生纠纷，经村民委员会协调未果。当月27日下午，朱某在翻地时与王某再次相遇，王某抢夺朱某手中的钉耙，继而双方发生了揪打，揪打中二人均不同程度受伤。之后，王某以朱某殴打造成其听力障碍构成八级伤残为由起诉，要求被告朱某给予赔偿。庭审中朱某以王某从小耳聋为由提出了对王某听力障碍原因和时间进行鉴定的要求。法院经审理发现，王某虽然主张揪打事件导致其右耳听力障碍八级伤残，左耳听力下降，但其所提供的事发当日在医院治疗的病历对听力无记载，直到20多天后的5月23日的病历才有原告治疗听力的记载。

【评析】 本案处理时，合议庭形成了两种不同的观点：第一种观点认为，王某起诉时提供的鉴定书已经认定王某右耳听力损害与外伤有关，被告的抗辩理由无相关证据印证，也不能反驳原告提供的鉴定意见，鉴定机关也无法明确王某听力障碍的原因和时间，故应对鉴定书予以认定，同时对原告的右耳听力障碍与外伤存在因果关系予以认定。第二种观点认为，鉴定书虽然已经认定王某右耳听力损害与外伤有关，但无法证明王某右耳听力损害与2006年4月27日下午的外伤有关。

法院最终根据司法认知推定原告的右耳听力障碍并非此次伤害造成，理由是：王某与朱某发生揪打的当日即去医院治疗，却并没有向首诊医生提出自己的听力出现问题，其有记载的听力治疗发生在20多天后。主审法官通过向医生和专家咨询，得知王某属于神经性耳

---

〔13〕 参见眭咏梅：《从一起案件谈司法认知在审判中的运用》，载《江苏法制报》2010年10月26日。

聋,诱发神经性耳聋的原因很多,如因外伤造成耳聋,一般当时即有所反映,而诸多医生和专家在查阅了原告的相关资料后均表示不能确定王某外伤半个月左右后所发生的耳聋与打架有关。